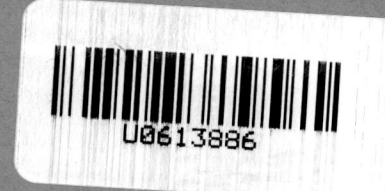

中國國家圖書館編

國家圖書館藏敦煌遺書

第一百四十册　北敦一五一五〇號——北敦一五二三一號

北京圖書館出版社

圖書在版編目(CIP)數據

國家圖書館藏敦煌遺書・第一百四十册/中國國家圖書館編;任繼愈主編. —北京:北京圖書館出版社,2011.5

ISBN 978 - 7 - 5013 - 3702 - 6

Ⅰ.國… Ⅱ.①中…②任… Ⅲ.敦煌學 - 文獻 Ⅳ.K870.6

中國版本圖書館 CIP 數據核字(2011)第 035909 號

ISBN 978-7-5013-3702-6

9 787501 337026 >

書　　名　國家圖書館藏敦煌遺書・第一百四十册

著　　者　中國國家圖書館編　任繼愈主編

責任編輯　徐　蜀　孫　彦

封面設計　李　璀

出　　版　北京圖書館出版社　(100034　北京西城區文津街 7 號)

發　　行　010 - 66139745　66151313　66175620　66126153
66174391(傳真)　66126156(門市部)

E-mail　btsfxb@ nlc. gov. cn(郵購)

Website　www. nlcpress. com → 投稿中心

經　　銷　新華書店

印　　刷　北京文津閣印務有限責任公司

開　　本　八開

印　　張　55.75

版　　次　2011 年 10 月第 1 版第 1 次印刷

印　　數　1 - 250 册(套)

書　　號　ISBN 978 - 7 - 5013 - 3702 - 6/K・1665

定　　價　990.00 圓

編輯委員會

主　編　任繼愈

常務副主編　方廣錩

副主編　李際寧　張志清

編委（按姓氏筆畫排列）　王克芬　王姿怡　吳玉梅　周春華　陳　穎　黃　霞（常務）　黃　建　程佳羽　劉玉芬

出版委員會

主　任　詹福瑞

副主任　陳　力

委　員（按姓氏筆畫排列）　李　健　姜　紅　郭又陵　徐　蜀　孫　彥

攝製人員（按姓氏筆畫排列）

于向洋　王富生　王遂新　谷韶軍　張　軍　張紅兵　張　陽　曹　宏　郭春紅　楊　勇　嚴　平

原件修整人員（按姓氏筆畫排列）

朱振彬　杜偉生　李　英　胡玉清　胡秀菊　張　平　劉建明

目錄

大智度初品中菩薩功德釋論第七
皆得陁羅尼諸三昧行空无相无作已得等
忍者問曰何以故以此三事次第讚菩薩摩
訶薩荅曰欲出諸菩薩實功德故應讚則讚
應信則信一切衆生所不能信甚深清淨法
故以此法讚菩薩復次先説菩薩摩訶薩名
字未説所以為菩薩摩訶薩得諸陁羅尼三
昧等忍等功德故名為菩薩摩訶薩問曰已
知次第義何以名陁羅尼云何陁羅尼荅曰
陁羅尼秦言能持或言能遮能持者集種種
善法持令不散不失譬如完器盛水水不漏
散能遮惡者不善根心生能遮不令生若欲
作惡罪持令不作是名陁羅尼是陁羅尼或
心相應或心不相應或有漏或无漏无色不
可見无對一持一入一陰攝法持法入九智
知除盡智一識識意識阿毗曇法陁羅尼義
如是復次得陁羅尼菩薩一切所聞法以念
力故能持不失復次是陁羅尼法常逐菩薩

BD15150號　大智度論卷五　（18–1）

可見无對一持一入一陰攝法持法入九智
知除盡智一識識意識阿毗曇法陁羅尼義
如是復次得陁羅尼菩薩一切所聞法以念
力故能持不失復次是陁羅尼法常逐菩薩
譬如間日瘧病是陁羅尼不離菩薩譬如鬼
著是陁羅尼常隨菩薩如善不善律儀復次
是陁羅尼持菩薩不令墮二地坑譬如慈父
愛子子欲墮坑持令不墮復次菩薩得陁羅
尼力故一切魔王魔民魔人无能動无能破
无能勝譬如須弥山凡人口吹不能令動問
曰是陁羅尼有幾種荅曰是陁羅尼甚多有
聞持陁羅尼得是陁羅尼一切語言諸法耳
所聞者皆不忘失復有分別知陁羅尼得是
陁羅尼者諸衆生諸法大小好醜分別悉知
如説偈言
諸象馬金　木石諸衣　男女穢水　種種不同
諸物名一　貴賤理殊　得此摠持　悉能分別
得次入音聲陁羅尼菩薩得此陁羅尼者聞
一切語言音不喜不瞋一切衆生如若恒沙
等劫惡言罵詈心不憎恨問曰菩薩諸漏未
盡云何能如恒沙等劫忍此諸惡荅曰我先
言得此陁羅尼力故能爾復次是菩薩雖未
盡漏大智利根能思惟除遣瞋心作是念若

BD15150號　大智度論卷五　（18–2）

言得此陁羅尼力故能尒復次是菩薩雖未
盡漏大智利根能思惟除遣瞋心作是念若
耳根不趣聲邊惡聲着誰又如罵聲聞便直
過若不分別誰當瞋者凡人心著我分別是
非而生恚恨復次若人能知語言隨生隨滅
前後不俱則无瞋恚亦知諸法內无有主誰
罵誰瞋若有人聞殊方異語此言為好彼以
為惡好惡无定雖罵不瞋若有人知語聲无
定則无瞋喜如親愛罵之雖罵不恨非親惡
言聞則生恚如遣風雨則入舍持蓋如地有
剌則著鞾鞋大寒然火熱時求水如是諸恚
但求遮法而不瞋之罵言語惡亦復如是但
以慈悲息此諸惡不生瞋心復次菩薩知諸
法不生不滅其性皆空若人瞋恚罵詈若打
若殺如夢如化誰瞋誰罵復次若有人如恒
沙等劫衆生讚嘆供養衣食臥具醫藥華香
无作三昧者問曰前言菩薩得諸三昧何以
故復言行空无相无作答曰前說三昧名未
說相今欲說相是故言行空无相无作若有
人行空无相无作是名得實相三昧如說偈
若持戒清淨　是名實比丘　若有能觀空　是名得三昧
若有能精進　是名行道人　若有得涅槃　是名為實樂
已得等忍者問曰云何得云何等云何忍答

人行空无相无作是名得實相三昧如說偈
若持戒清淨　是名實比丘　若有能觀空　是名得三昧
若有能精進　是名行道人　若有得涅槃　是名為實樂
已得等忍者問曰云何得云何等云何忍答
曰有二種等衆生等法等忍亦二種衆生忍
法忍云何衆生等一切衆生中等心等念等
愛等利是名衆生中等問曰慈悲力故於一
切衆生等念不應等觀无好无醜謂之等何
以故菩薩行實道不顛到云何於善人不善
人大人小人人及畜生一等觀不善人中實
有不善相善人中實有善相大人小人人及
畜生亦尒如牛相牛中住馬相馬中住牛相
非馬中相馬非牛中馬不作牛故衆生各各
相云何一等觀而不墮顛到答曰若善相不
善相是實菩薩應墮顛到何以故破諸法相
故以諸法非實善相非不善相非多相非
少相非人非畜生非一非異以是故汝難非
也如說諸法相偈
不生不滅　不斷不常　不一不異　不去不來
因緣生法　滅諸戲論　佛能說是　我今當禮
復次一切衆生中不着種種相衆生相空相
一等无異如是觀是名衆生等若人是中心
等无导直入不退是名得等忍得等忍菩
薩於一切衆生不瞋不惱如慈母愛子如說

一等无異如是觀是名衆生等若人是中心
等无㝵直入不退是名得等忍是得等忍菩
薩於一切衆生不瞋不惱如慈母愛子如說
觀聲如呼響　身行如鏡像　如此得觀人　云何而不忍
是名衆生等忍云何名法等忍善法不善法
有漏无漏有為无為等法如是諸法入不二
入法門入實法門相如是入竟是中深入諸
法實相時心忍直入无諍无㝵是名法等忍
如說偈言
諸法不生不滅　非不生非不滅　不生滅不生滅
非不生滅非非不生滅　已得解脫非空非不空
如是等捨滅諸戲論言語道斷深入佛法心
通无㝵不動不退名无生忍是助佛道初門
以是故說已得等忍得无㝵陁隣尼者問曰
前已說諸菩薩得陁隣尼今何以復說得无
㝵陁羅尼答曰无㝵陁隣尼最大故如一切
三昧中三昧王三昧最大如人中之王如諸
解脫中无㝵解脫如是一切諸陁隣尼中无
㝵陁羅尼大以是故重說復次先說諸菩薩
得陁隣尼不知是何等陁隣尼有諸小陁隣
尼如轉輪聖王仙人等所得聞持陁隣尼分
別衆生陁隣尼歸命救護不捨陁隣尼如是
等小陁隣尼餘人亦有是无㝵陁隣尼外道

BD15150號　大智度論卷五　（18–5）

尼如轉輪聖王仙人等所得聞持陁隣尼分
別衆生陁隣尼歸命救護不捨陁隣尼如是
等小陁隣尼餘人亦有是无㝵陁隣尼外道
聲聞辟支佛新學菩薩皆所不得唯无量福
德智慧大力諸菩薩獨有是陁隣尼以是故
別說復次是菩薩輩自利已具足但欲益彼
說法教化无盡以无㝵陁隣尼為根本以是
故諸菩薩常行无㝵陁隣尼悉是五通者如
意天眼天耳他心智自識宿命云何如意如
意有三種能到轉變自在聖如意能到有四
種一者身能飛行如鳥无㝵二者移遠令近
不往而到三者此沒彼出四者一念能至轉
變者大能作小小能作大一能作多多能作
一種種諸物皆能轉變外道輩轉變極久能
不過七日諸佛及弟子轉變自在无有久近
聖如意者外六塵中不愛不淨物能觀令淨愛
淨物能觀令不淨是自在法唯佛獨有是如意
通從脩四如意足生是如意通等色緣故次第
生不可一時得天眼通者於眼得色界四大
造清淨色是名天眼天眼所見自地及下地
六道中衆生諸物若近若遠若覆若細諸色
无不能照是天眼有二種一者從報生二者
從脩得是五通中天眼從脩得非報得何以

BD15150號　大智度論卷五　（18–6）

无不能照是天眼有二種一者從報生二者
從脩得是五通中天眼從脩得非報得何以
故常憶念種種光明故得復次有人言是諸
菩薩輩得无生法忍力故六道中不稱但為
教化衆生故現法身於十方三界中未得法
身菩薩或脩得或報得問曰若是諸菩薩功
德勝阿羅漢辟支佛者何以故讚凡夫所共
天眼小功德不讚諸菩薩慧眼法眼佛眼荅
曰有三種天一假号天二生天三清淨天轉
輪聖王諸餘大王等是名假号天從四天王
天乃至有頂生處是名生天諸佛法身菩薩
辟支佛阿羅漢是名清淨天是清淨天脩得
天眼是謂天眼通佛及法身菩薩清淨天眼
一切凡夫離欲五通所不能得聲聞辟支佛
亦所不得所以者何小阿羅漢小用心見一
千國土大用心見二千國土大阿羅漢小用
心見二千國土大用心見三千國土辟支佛
亦尒是名天眼通云何名天耳通於耳得色
界四大造清淨色能聞一切聲天聲人聲三
惡道聲云何得天耳通脩得常憶念種種聲
是名天耳通云何識宿命通本事常憶念日
月年歲至胎中及過世中一世十世百世千
万億世乃至大阿羅漢辟支佛知八万大劫

是名天耳通云何識宿命通本事常憶念日
月年歲至胎中及過世中一世十世百世千
万億世乃至大阿羅漢辟支佛知八万大劫
諸大菩薩及佛无量劫是名識宿命通云何
名知他心通知他心若有垢若无垢自觀心
生住滅時常憶念故得復次觀他人喜相瞋
相怖相畏相見此相已然後知心是為他心
智初門是五通略說言必信受者天人龍阿
脩羅等及一切大人皆信受其語是不綺語
報故諸綺語報者雖有實語一切人皆不信
受如說偈言
有墮餓鬼中　火炎從中出　四向發大聲　是為口過報
雖復多聞見　在大衆說法　以不誠信等　人皆不信受
若欲廣名聞　為人所信受　是故當至誠　不應作綺語
无復懈怠者懈怠法破在家人財利福利破
出家人生天樂涅槃樂在家出家名聲俱滅
大失大賊无過懈怠如說偈言
懈怠没善心　癡闇破智明　妙願皆為滅　大業亦以失
以是故說无復懈怠已捨利養名聞者是利
養法如賊如雹壞功德本傷害五穀利養名
聞亦復如是壞功德苗令不增長佛譬喻如
毛繩縛人斷膚截骨貪利養人斷功德本亦
如是如說偈言
得入栴檀林　而但取其葉　既入七寶山　而更取水精

毛繩縛人斷膚截骨貪利養人斷功德本亦
如是如說偈言
得入栴檀林　而但取其葉　既入七寶山　而更取水精
有人入佛法　不求涅槃樂　反求利供養　是輩為自欺
是故佛弟子　欲得甘露味　當棄捨雜毒　懃求涅槃利
譬如惡雹雨　傷害於五穀　若著利供養　破慚愧頭陌
今世燒善根　後世墮地獄　如提婆達多　為利養自沒
以是故言已捨利養名聞說法无所悕望者
大慈愍為衆說法不為衣食名聲勢力故
說大慈悲故心清淨故得无生忍法故如說
偈言
多聞辯慧巧言語　美說諸法轉人心
自不如法行不正　譬如雲雷而不雨
博學多聞有智慧　訥口拙言无巧便
不能顯發法寶藏　譬如无雷而小雨
不廣學問无智慧　不能說法无好行
是弊法師无慚愧　譬如小雲无大雨
多聞廣智美語言　巧說諸法轉人心
行法心正无所悕　如大雷雲而大雨
法之大將持法鏡　照明佛法智慧藏
持誦廣宣振法鈴　如海中船度一切
亦如蜂王集諸味　說如佛言隨佛意
助佛明法度衆生　如是法師甚難值

BD15150 號　大智度論卷五　（18–9）

持誦廣宣振法鈴　如海中船度一切
亦如蜂王集諸味　說如佛言隨佛意
助佛明法度衆生　如是法師甚難值
度深法忍者問曰云何名甚深法答曰十二
因緣是名深法佛口自說如佛告阿難是十
二因緣法甚深難解難知復次說法破過去
未來世六十二耶見網故名為甚深法如佛
語比丘凡夫无聞若欲讚佛所讚甚少所謂
若戒清淨若讚離諸欲若讚是甚深難解難
知法是為實讚佛是中梵网經應廣說復次三
解脫門是名甚深法如佛說般若波羅蜜中諸
天讚言世尊是法甚深佛言甚深法者空則是
義无作无相則是義復次解一切諸法相實
不可破不可動是名甚深法復次除內心想
智力但定心諸法清淨實相中住譬如熱氣
盛非黃見黃心想智力故於諸法轉觀是名
淺法譬如人眼清淨无熱氣如實見黃是黃
如是除內心想智力慧眼清淨見諸法實相
譬如真水精黃物著中則隨作黃色青赤白
色皆隨色變心亦如是凡夫人內心想智力
故見諸法異相觀諸法實相非空非不空不
有非不有是法中深入不轉无所罣㝵是名
度深法忍度名得深法具足滿无所㝵得度

BD15150 號　大智度論卷五　（18–10）

色皆隨色變心亦如是凡夫人內心想智力
故見諸法異相觀諸法實相非空非不空不
有非不有是法中深入不轉无所罣㝵是名
度深法忍度名得深法具足滿无所㝵得度
彼岸是名為度得无畏力者諸菩薩四无所
畏力成就問曰如菩薩所作未辯未得一切
智何以故說得四无所畏荅曰无所畏有二
種菩薩无所畏佛无所畏是諸菩薩雖未得
佛无所畏得菩薩无所畏是故名為得无畏
力問曰何等為菩薩四无所畏荅曰一者一
切能持故得諸陁隣尼故常憶念不忘故衆
中說法无所畏二者知一切衆生欲解脫因
緣諸根利鈍隨其所應而為說法故菩薩衆
中說法无所畏三者不見若東方南西北方
四維上下有來難問令我不能如法荅者不見
如是小許相故菩薩衆中說法无所畏四者
一切衆生聽受問難隨意如法荅能巧斷一
切衆生疑故菩薩在大衆中說法无所畏過
諸魔事者魔有四種一者煩惱魔二者陰魔
三者死魔四者他化自在天子魔是諸菩薩
得菩薩道故破煩惱魔得法身故破陰魔得
道得法身故破死魔常一心故一切處心不
着故入不動三昧故破他化自在天子魔以
是故說過諸魔事復次是般若波羅蜜覺魔

BD15150號　大智度論卷五　（18–11）

着故入不動三昧故破他化自在天子魔以
是故說過諸魔事復次是般若波羅蜜覺魔
品中佛自說魔業魔事是魔業魔事盡已過
故名已過魔事復次除諸法實相餘殘一切
法盡名為魔如諸煩惱結使欲縛取纏陰入
界魔王魔人魔民如是等盡名為魔問曰何
處說欲縛等諸結使名為魔荅曰雜藏經中
佛說偈語魔王言
欲是汝初軍　憂愁軍第二　飢渴軍第三　愛軍為第四
第五眠睡軍　怖畏軍第六　疑為第七軍　含毒軍第八
第九軍利養　着虛忘名聞　第十軍自高　輕慢於他人
汝軍等如是　一切世間人　及諸一切天　无能破之者
我以智慧箭　脩定智慧力　摧破汝魔軍　如坏瓶没水
一心脩智慧　以度於一切　我弟子精進　常念脩智慧
隨順如法行　必得至涅槃　汝雖不欲放　到汝不到處
是時魔王聞　懷愁而退去　是魔惡部黨　亦復沒不現
是名諸結使魔問曰五衆十八界十二入何
處說是魔荅曰莫拘羅山中佛教弟子羅陁
色衆是魔處受想行識亦如是復次若有欲
作未來世色身是為動處若欲作无色身是
亦為動處若欲作有想无想非有想非无想
身是為一切動處動是魔縛不動則不縛從
悪得脫此中說衆界入魔自在天子魔魔民

BD15150號　大智度論卷五　（18–12）

亦為動處若欲作有想无想非有想非无想
身是為一切動處動是魔縛不動則不縛從
惡得脫此中說衆果入魔自在天子魔魔民
魔人即是魔不須說問曰何以名魔荅曰奪
慧命壞道法功德善本是故名魔諸外道
名魔欲主亦名華箭亦名五箭破種種善事
故佛法中名為魔羅是業是事名為魔事
何等魔事如覺魔品中說復次人展轉世間
受苦樂結使因緣亦魔王力因緣是魔名諸
佛怨家一切聖人賊破一切逆流人事不言
涅槃是名魔魔有三事戲咲語言歌儛耶視
如是等從愛生縛打鞭考剌割斫截如是等
從瞋生炙身凍拔髮自餓入火赴淵投巖如
是等從愚癡生又世間不淨有大過失而深
著皆是魔事增惡涅槃及涅槃道亦是魔
事沒大苦海不自覺知如是等无量皆是魔
事除却已棄已捨是為過諸魔行一切業鄣
悉得解脫者一切惡業鄣得解脫是名業鄣
得解脫問曰若三種鄣煩惱鄣業鄣報鄣何
以捨二鄣但說業鄣荅曰三鄣中業力最大
諸業積集乃至百千万劫中不失不燒不壞
與果報時不忘是業能久久住和合時與果
報如穀草子在地得時節而生不失不壞是

BD15150號　大智度論卷五　（18–13）

諸業積集乃至百千万劫中不失不燒不壞
與果報時不忘是業能久久住和合時與果
報如穀草子在地得時節而生不失不壞是
諸佛一切智第一尊重如須弥山王常不能
轉是諸業何況於凡人如說偈言
生死輪載人　諸煩惱結難　大力自在轉　无人能禁止
先世業自作　轉為種種形　業力為最大　世界中无比
先世業自作　將人受果報　業力故輪轉　生死海中迴
大海水乾竭　須弥山地盡　先世因緣業　不燒亦不滅
諸業久和集　造者自逐去　譬如責物主　追逐人不置
是諸業果報　无有能轉者　亦无逃避處　非求哀可免
三界中衆生　追之不懸離　如阿梨判逐　是業佛所說
如風不入實　水流不仰行　虛空不受害　无業亦如是
諸業无量力　不逐非造者　果報時節來　不忘亦不失
從地飛上天　從天入須弥　從雪山入海　一切處常受
常恒隨逐我　无一時相捨　直至无失時　如星流趣月
以是故說一切諸業鄣悉得解脫巧說因緣
法者十二因緣生法種種法門能巧說煩惱
業事次第展轉相續生是名十二因緣是中
无明愛取三事名煩惱行有二事名為業餘
七分名為事是十二因緣初二過去世攝後
二未來世攝中八現在世攝是略說三事煩
惱苦苦是三事展轉更互為因緣是煩惱業

BD15150號　大智度論卷五　（18–14）

七分名為事是十二因緣初二過去世攝後
二未來世攝中八現在世攝是略說三事煩
惱苦是三事展轉更互為因緣是煩惱業
因緣業苦因緣苦苦因緣苦煩惱因緣煩惱
業因緣業苦因緣苦苦因緣是名展轉更互
為因緣過去世一切煩惱是名无明從无明
生業能作世界果故名為行從行生垢心初
身因如犢子識母自相識故名為識是識共
生无色四陰及四陰住處色是名名色是名
色中生眼等六情是名六入情塵識合是名
為觸從觸生受受中心著是名渴愛愛因緣
求是名取從取後世因緣是名有從有還受
後世五衆是名生從生五陰熟壞是名老死
老死生憂悲哭泣種種愁惱衆苦和合集若
一心觀諸法實相清淨則无明盡无明盡故
行盡乃至衆苦和合集皆盡是十二因緣相
如是能方便不著耶見為人演說是名為巧
復次是十二因緣觀中斷法愛心不著知實
相是名為巧如說般若波羅蜜不可盡品中
佛告須菩提癡如虛空不可盡行如虛空不
可盡乃至衆苦和合集如虛空不可盡菩薩
當作是知作是知者為捨癡際應无所入作
是觀十二緣起者則為坐道場得薩婆若從
阿僧祇劫以來發大誓願者阿僧祇義菩薩

BD15150號　大智度論卷五　（18–15）

當作是知作是知者為捨癡際應无所入作
是觀十二緣起者則為坐道場得薩婆若從
阿僧祇劫以來發大誓願者阿僧祇義菩薩
義品中已說劫義佛譬喻說四千里石山有
長壽人百歲過持細濡衣一來拂拭令是大
石山盡劫故未盡四千里大城滿中芥子不
概令平有長壽人百年過一來取一芥子芥
子盡劫故不盡菩薩如是无數劫發大正願
度脫衆生願名大心要誓必度一切衆生斷
諸結使成阿耨多羅三藐三菩提名為願復
色和悅常先問訊所語不惡者瞋恚本拔故
嫉妬除故常脩大慈悲大喜故四種耶語斷
故得顏色和合說偈言

若見乞道人　能以四種待　初見好眼視　迎逆敬問信
牀坐好供養　无滿施所欲　布施心如是　佛道如在掌
若能除四種　口過妄語毒　兩舌惡綺語　得大美果報
善濡人求道　欲度諸衆生　除四耶口業　如馬四種譽

於大衆中得无所畏者大德故堅實功德智
慧故得實辯隨層故於大衆中得无所畏
如說偈言

內心智德薄　外善以美言　譬如竹无內　但亦有其外
內心智德厚　外善以語言　譬如妙金剛　中外力具足

復次无畏法成就故端政貴族大力持戒禪
定智慧語義等皆成就以是故无所畏又是

BD15150號　大智度論卷五　（18–16）

内心智德薄 外善以美言 譬如竹无内 但亦有其外
内心智德厚 外善以語言 譬如妙金剛 中外力具足
復次无畏法成就故端政貴族大力持戒禪
定智慧語義等皆成就以是故无所畏以是
故於大衆中无所畏如說偈言
少德无智慧 不應處高坐 如犲見師子 竄伏不敢出
大智无所畏 應處師子坐 譬如師子吼 衆獸皆怖畏
无量无邊智慧福德力集故无所畏如說偈
若人撾衆惡 乃至无小罪 如是大德人 无顛而不滿
是人大智慧 世界中无惚 是故知此人 生死涅槃一
復次獨得菩薩无所畏故如毗耶娑那王經
中說菩薩獨得四无所畏如先說无數億劫
說法巧出者不放逸等諸善根自身好脩是
諸菩薩非一世二三四乃至无量阿僧祇劫
集功德智慧如說偈
為衆生故發大心 若有不敬而慢者
其罪甚重不可說 何況而復加惡者
復次是菩薩无數无量劫中脩身脩戒脩心
脩慧生擬縛解中自了了知解諸法實相有
三種解聞解義解得解種種說法門中无所
罣㝵皆得說法方便皆慧波羅蜜是諸菩薩
所說如聖人語皆應信受如說偈言
有慧无多聞 是不知實相 譬如大闇中 有目无所見

BD15150號 大智度論卷五 (18–17)

脩慧生擬縛解中自了了知解諸法實相有
三種解聞解義解得解種種說法門中无所
罣㝵皆得說法方便皆慧波羅蜜是諸菩薩
所說如聖人語皆應信受如說偈言
有慧无多聞 是不知實相 譬如大闇中 有目无所見
多聞无智慧 亦不知實義 譬如大明中 有燈而无目
多聞利智慧 是所說應受 无聞亦无智 是名人身牛
問曰應言无數億劫巧說法復何以言出沓
曰於无智人中及弟子中說法易若多聞利
智善論議人中說法難若小智法師是中退
縮若大學多聞問難中大勝歡喜一切衆中
有大威德如大會經中說偈言
面出齒光明 普照於大會 映奪諸天光 種種皆不現
以是故名為无數億劫巧說法中能得出

大智度論第五

BD15150號 大智度論卷五 (18–18)

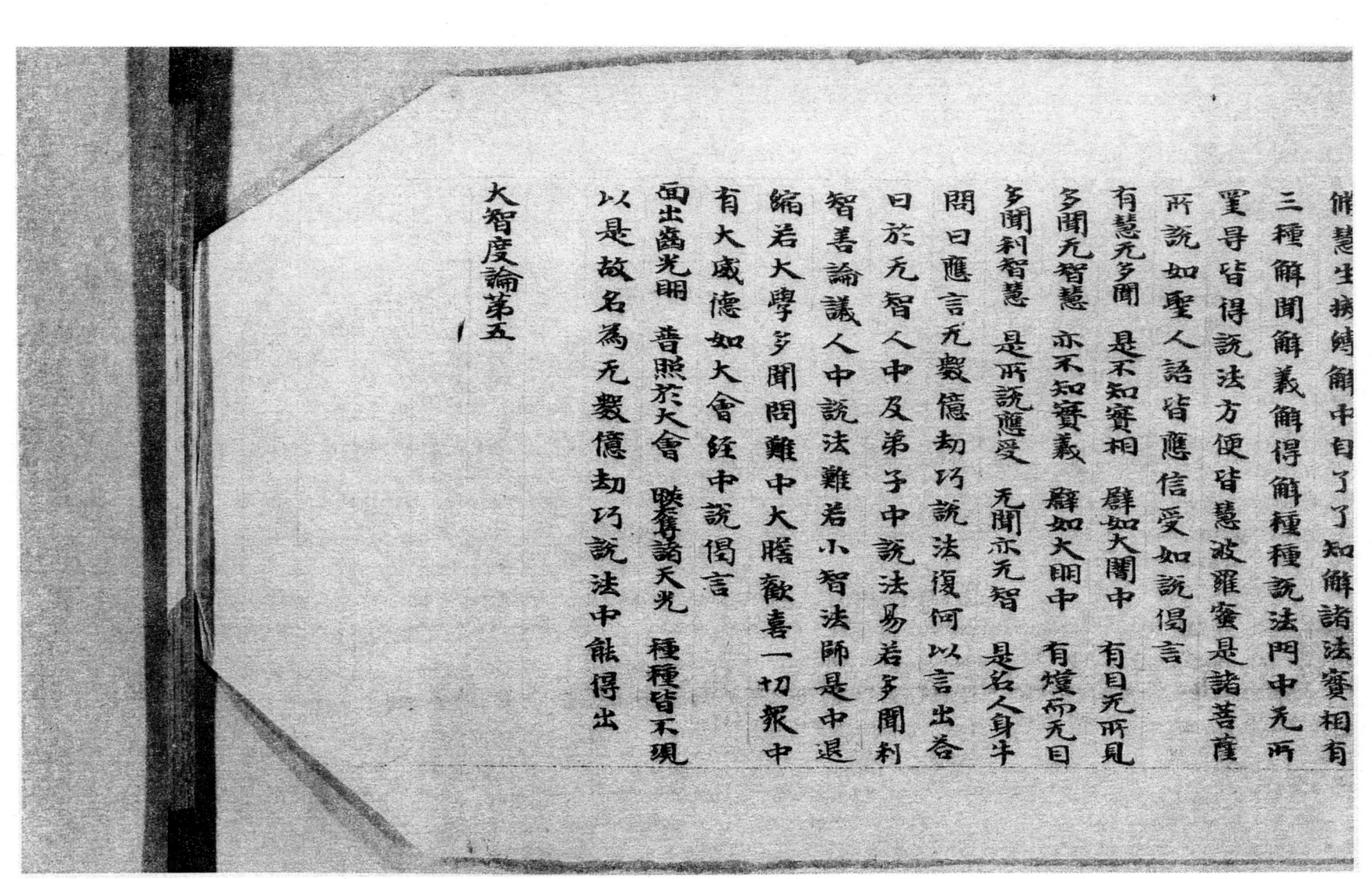

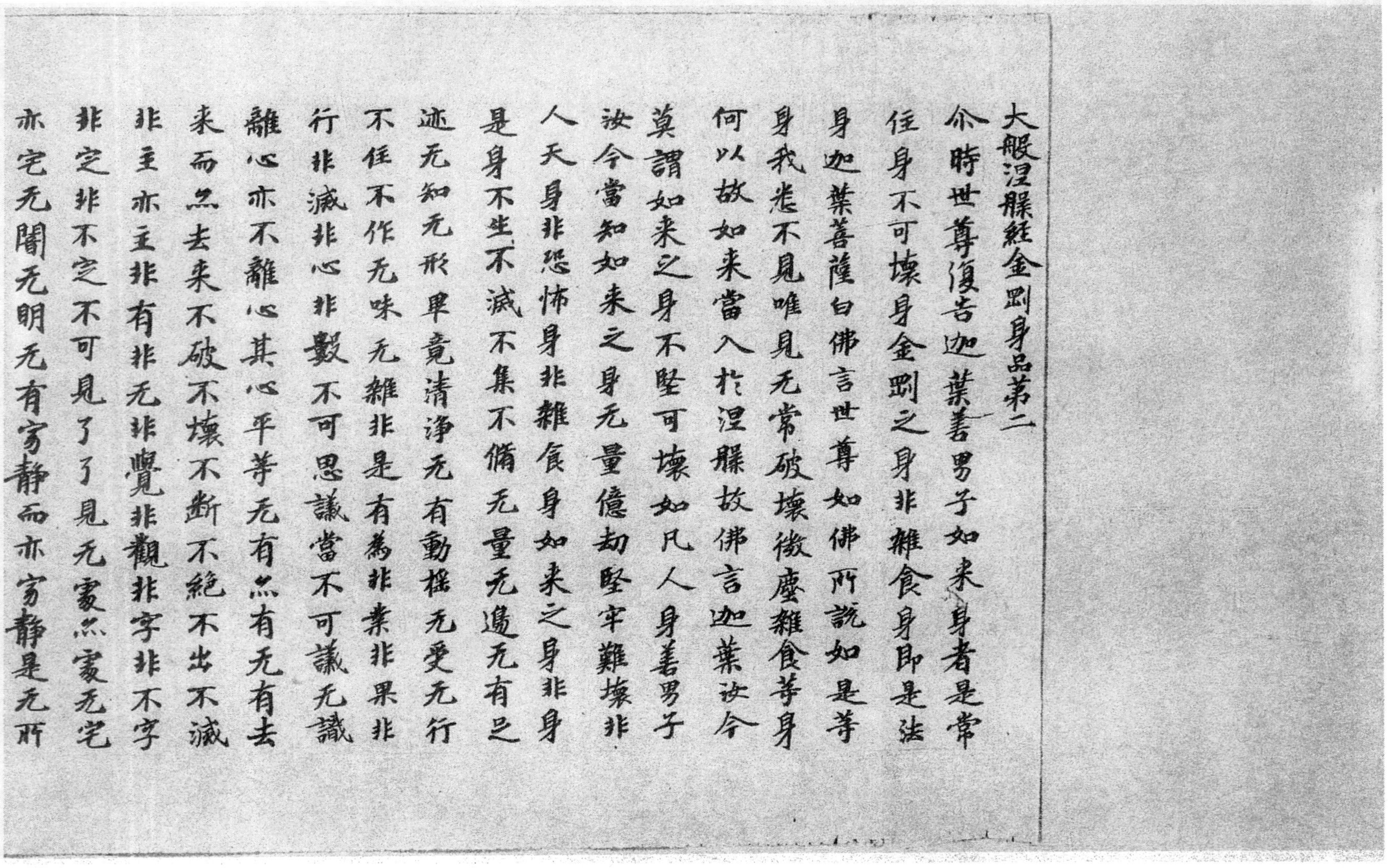

大般涅槃經金剛身品第二
尒時世尊復告迦葉善男子如来身者是常
住身不可壞身金剛之身非雜食身即是法
身迦葉菩薩白佛言世尊如佛所說如是等
身我悉不見唯見无常破壞微塵雜食等身
何以故如来當入於涅槃故佛言迦葉汝今
莫謂如来之身不堅可壞如凡人身善男子
汝今當知如来之身无量億劫堅牢難壞非
人天身非恐怖身非雜食身如来之身非身
是身不生不滅不集不脩无量无邊无有足
迹无知无形畢竟清淨无有動揺无受无行
不住不作无味无雜非是有為非業非果非
行非滅非心非數不可思議當不可議无識
離心亦不離心其心平等无有亦有无有去
来而亦去来不破不壞不斷不絶不出不滅
非主亦主非有非无非覺非觀非字非不字
非定非不定不可見了了見无處亦處无宅
亦宅无闇无明无有寂静而亦寂静是无所

BD15151 號　大般涅槃經（北本　思溪本）卷三　（9–1）

非主亦主非有非无非覺非觀非字非不字
非定非不定不可見了了見无處亦處无宅
亦宅无闇无明无有寂静而亦寂静是无所
有不受不施清淨无垢无諍斷諍住无住處
不取不墮非法非非法非福田非不福田无
盡不盡離一切盡是空離空雖不常住非念
念滅无有垢濁无字離字非聲非說亦非脩
集非稱非量非一非異非像非相諸相莊嚴
非勇非畏无寂不寂无熱不熱不可覩見无
有相貌如来度脫一切衆生无度脫故能解
衆生无有解故覺了衆生无覺了故如實說
法无有二故不可量无等等平如虚空无有
形貌同无生性不斷不常常行一乘衆生見
三不還不轉斷一切結不戰不觸非性住性
非合非散非長非短非圓非方非陰入界亦
陰入界非增非損非勝非負如来之身成就
如是无量功德无有知者无不知者无有見
者无不見者非有為非无為非世非不世非
作非不作非依非不依非四大非不四大非
因非不因非衆生非不衆生非沙門非婆羅
門是師子大師子非身非不身不可宣說除
一法相不可筭數般涅槃時不般涅槃如来
法身皆悉成就如是无量微妙功德迦葉唯
有如来乃知是相非諸聲聞緣覺所知迦葉

BD15151 號　大般涅槃經（北本　思溪本）卷三　（9–2）

一法相不可筭數般涅槃時不般涅槃如来
法身皆悉成就如是无量微妙功德迦葉唯
有如来乃知是相非諸聲聞緣覺所知迦葉
如是功德成如来身非是雜食所長養身迦
葉如来真身功德如是云何復得諸疾患苦
危脆不堅如坏器乎迦葉如来所以示病苦
者為欲調伏諸衆生故善男子汝今當知如
来之身即金剛身汝從今日常當專心思惟
此義莫念食身亦當為人說如来身即是法
身迦葉菩薩白佛言世尊如来成就如是功
德其身云何當有病苦无常破壞我從今日
常當思惟如来之身是常法身安樂之身亦
當為他如是廣說唯然世尊如来法身金剛
不壞而未能知所因云何佛言迦葉以能護
持正法因緣故得成就是金剛身迦葉我於
往昔護法因緣今得成就是金剛身常住不
壞善男子護持正法者不受五戒不脩威儀
應持刀劒弓箭牟梢守護持戒清淨比丘迦
葉菩薩白佛言世尊若有比丘離於守護獨
處空閑塚間樹下當說是人為真比丘若有
隨逐守護行者當知是輩是禿居士佛告迦
葉莫作是語言禿居士若有比丘隨所至處
供身趣足讀誦經典思惟坐禪有来問法即
為宣說所謂布施持戒福德少欲知足雖能

BD15151號　大般涅槃經（北本　思溪本）卷三　（9–3）

供身趣足讀誦經典思惟坐禪有来問法即
為宣說所謂布施持戒福德少欲知足雖能
如是種種說法然故不能作師子吼不為師
子之所圍遶不能降伏非法惡人如是比丘
不能自利及利衆生當知是輩懈怠懶墮雖
能持戒守護淨行當知是人无所能為若有
比丘供身之具亦常豐足復能護持所受禁
戒能師子吼廣說妙法謂脩多羅祇邪受記
伽陁優陁那伊帝曰多伽闍陁伽毗佛略阿
浮陁達磨以如是等九部經典為他廣說利
益安樂諸衆生故唱如是言涅槃經中制諸
比丘不應畜養奴婢牛羊非法之物若有比丘
畜如是等不淨之物應當治之如来先於異
部經中說有比丘畜如是等非法之物某甲
國王如法治之駈令還俗若有比丘能作如
是師子吼時有破戒者聞是語已咸共瞋恚
害是法師是說法者設復命終故名持戒自
利利他以是緣故我聽國主群臣宰相諸優
婆塞護說法人若有欲得護正法者當如是
學迦葉如是破戒不護法者名禿居士非持
戒者得如是名善男子過去之世无量无邊
阿僧祇劫於此拘尸那城有佛出世号歡喜
增益如来應正遍知明行足善逝世間解无
上士調御丈夫天人師佛世尊尒時世界廣

BD15151號　大般涅槃經（北本　思溪本）卷三　（9–4）

增益如来應正遍知明行足善逝世間解无
上士調御丈夫天人師佛世尊尒時世界廣
愽嚴淨豊樂安隱人民熾盛无有飢渴如安
樂國諸菩薩等彼佛世尊住世无量化衆生
已然後乃於娑羅雙樹入般涅槃佛涅槃後
正法住世无量億歲餘卌年佛法未滅尒時
有一持戒比丘名曰覺德多有徒衆眷屬圍
遶能師子吼頒宣廣說九部經典制諸比丘
不得畜養奴婢牛羊非法之物尒時多有破
戒比丘聞作是說皆生惡心執持刀杖逼是
法師是時國王名曰有德聞是事已為護法
故即便往至說法者所與是破戒諸惡比丘
極共戰鬪令說法者得免危害王於尒時身
被刀劒箭矟之瘡體无完處如芥子許尒時
覺德尋讚王言善哉善哉王今真是護正法
者當来之世此身當為无量法器王於是時
得聞法已心大歡喜尋即命終生阿閦佛國
而為彼佛作第一弟子其王將從人民眷屬
有戰鬪者有隨喜者一切不退菩提之心命
終悉生阿閦佛國覺德比丘却後壽終亦得
往生阿閦佛國而為彼佛作聲聞衆中第二
弟子若有正法欲滅盡時應當如是受持擁
護迦葉尒時王者則我身是說法比丘迦葉佛
是迦葉護正法者得如是等无量果報以是

BD15151號　大般涅槃經（北本　思溪本）卷三　（9–5）

護迦葉尒時王者則我身是說法比丘迦葉佛
是迦葉護正法者得如是等无量果報以是
因緣我於今日得種種相以自莊嚴成就法
身不可壞身迦葉菩薩復白佛言世尊如来
常身猶如畫石佛告迦葉菩薩善男子以是
因緣故比丘比丘尼優婆塞優婆夷應當懃
加護持正法護法果報廣大无量善男子是
故護法優婆塞等應執刀杖擁護如是持法
比丘若有受持五戒之者不得名為大乘人
也不受五戒為護正法乃名大乘護正法者
應當執持刀劒器杖侍說法者迦葉白佛言
世尊若諸比丘與如是等諸優婆塞持刀杖
者共為伴侶為有師邪為无師乎為是持戒
為是破戒佛告迦葉莫謂是等為破戒人善
男子我涅槃後濁惡之世國土荒亂互相抄
掠人民飢餓尒時多有為飢餓故發心出家
如是之人名為秃人是秃人輩見有持戒威
儀具足清淨比丘護持正法駈遣令出若煞
若害迦葉菩薩復白佛言世尊是持戒人護
正法者云何當得遊行村落城邑教化善男
子是故我今聽持戒人依諸白衣持刀杖者
以為伴侶若諸國王大臣長者優婆塞等為
護法故雖持刀杖我說是等名為持戒雖持
刀杖不應斷命若能如是即得名為第一持

BD15151號　大般涅槃經（北本　思溪本）卷三　（9–6）

護法故雖持刀杖我說是等名為持戒雖持
刀杖不應斷命若能如是即得名為第一持
戒迦葉言護法者謂具正見能廣宣說大乘
經典終不捉持王者寶蓋油瓶穀米種種菓
蓏不為利養親近國王大臣長者於諸檀越
心无諂曲具足威儀摧伏破戒諸惡人等是
名持戒護法之師能為衆生真善知識其心
弘廣譬如大海迦葉若有比丘以利養故為
他說法是人所有徒衆眷屬亦効是利貪求
利養是人如是便自壞衆迦葉衆有三種一
者犯戒雜僧二者愚癡僧三者清淨僧破戒
雜僧則易可壞持戒淨僧利養因緣所不能
壞云何破戒雜僧若有比丘雖持禁戒為利
養故與破戒者坐起行來共相親附同其事
業是名破戒亦名雜僧云何愚癡僧若有比
丘在阿蘭若處諸根不利闇鈍瞢瞢少欲乞
食於說戒日及自恣時教諸弟子清淨懺悔
見非弟子多犯禁戒不能教令清淨懺悔而
便與共說戒自恣是名愚癡僧云何名清淨
僧有比丘僧不為百千億數諸魔之所沮壞
是菩薩衆本性清淨能調如上二部之衆悉
令安住清淨衆中是名護法无上大師善持
律者為欲調伏利衆生故知諸戒相若輕若
重非是律者則不證知若是律者則便證知

BD15151號　大般涅槃經（北本　思溪本）卷三　（9–7）

是菩薩衆本性清淨能調如上二部之衆悉
令安住清淨衆中是名護法无上大師善持
律者為欲調伏利衆生故知諸戒相若輕若
重非是律者則不證知若是律者則便證知
云何調衆生故若諸菩薩為化衆生常入聚
落不擇時節或至寡婦婬女舍宅與同住止
經歷多年若是聲聞所不應為是名調伏利
益衆生云何知重若見如來因事制戒汝從
今日慎莫更犯如四重禁出家之人所不應
作而便故作非是沙門非釋種子是名為重
云何為輕若犯輕事如是三諫若能捨者是
名為輕非律不證者若有讚說不清淨物應
受用者不共同止是律應證者善學戒律不
近破戒見有所行隨順戒律心生歡喜如是
能知佛法所作善能解說是名律師善解一
字善持契經亦復如是如是善男子佛法无
量不可思議如來亦尒不可思議迦葉菩薩
白佛言世尊如是如是誠如聖教佛法无量
不可思議如來亦尒不可思議故知如來常
住不壞无有變異我今善學亦當為人廣宣
是義尒時佛讚迦葉菩薩善哉善哉如來身
者即是金剛不可壞身菩薩應當如是善學
正見正知若能如是了了知見即是見佛金
剛之身不可壞身如於鏡中見諸色像

BD15151號　大般涅槃經（北本　思溪本）卷三　（9–8）

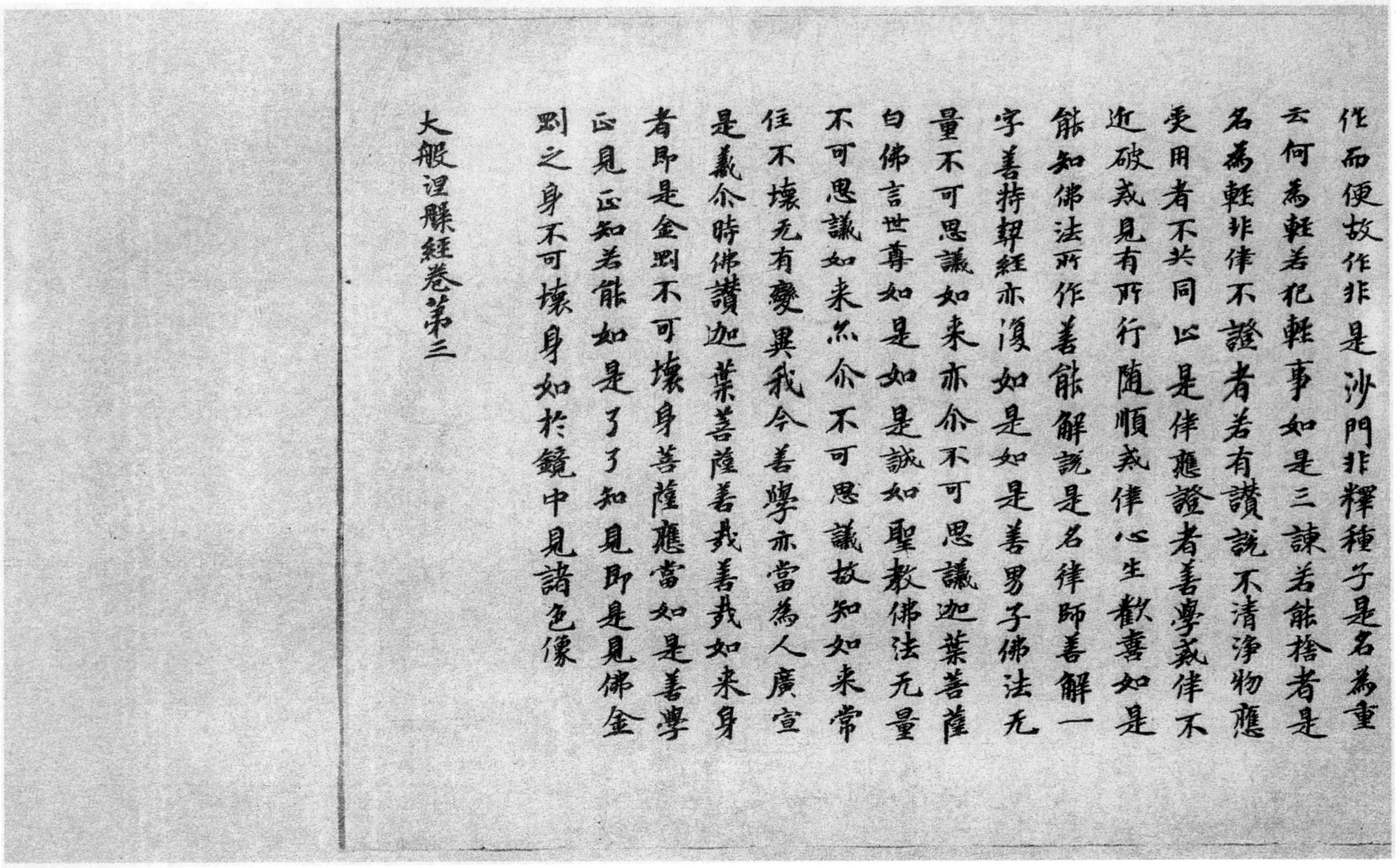

作而便故作非是沙門非釋種子是名為重
云何為輕若犯輕事如是三諫若能捨者是
名為輕非律不證者若有讚說不清淨物應
受用者不共同止是律應證者善學戒律不
近破戒見有所行隨順戒律心生歡喜如是
能知佛法所作善能解說是名律師善解一
字善持契經亦復如是如是善男子佛法无
量不可思議如来亦尒不可思議迦葉菩薩
白佛言世尊如是如是誠如聖教佛法无量
不可思議如来亦尒不可思議故知如来常
住不壞无有變異我今善學亦當為人廣宣
是義尒時佛讚迦葉菩薩善哉善哉如来身
者即是金剛不可壞身菩薩應當如是善學
正見正知若能如是了了知見即是見佛金
剛之身不可壞身如於鏡中見諸色像

大般涅槃經卷第三

BD15151 號　大般涅槃經（北本　思溪本）卷三　（9–9）

BD15152 背號　護首　（1–1）

摩訶般若波羅蜜經百波羅蜜品第卌三　　十九
尒時慧命須菩提白佛言世尊无邊波羅蜜
是般若波羅蜜佛言如虛空无邊故世尊等
波羅蜜是般若波羅蜜佛言諸法等故世尊
離波羅蜜是般若波羅蜜佛言畢竟空故世
尊不壞波羅蜜是般若波羅蜜佛言一切法
不可得故世尊无彼岸波羅蜜是般若波羅
蜜佛言无名无身故世尊空種波羅蜜是般
若波羅蜜佛言入出息不可得故世尊不可
說波羅蜜是般若波羅蜜佛言覺觀不可得
故世尊无名波羅蜜是般若波羅蜜佛言受
想行識不可得故世尊不去波羅蜜是般若

BD15152號　摩訶般若波羅蜜經（異本）卷一九　　（18–1）

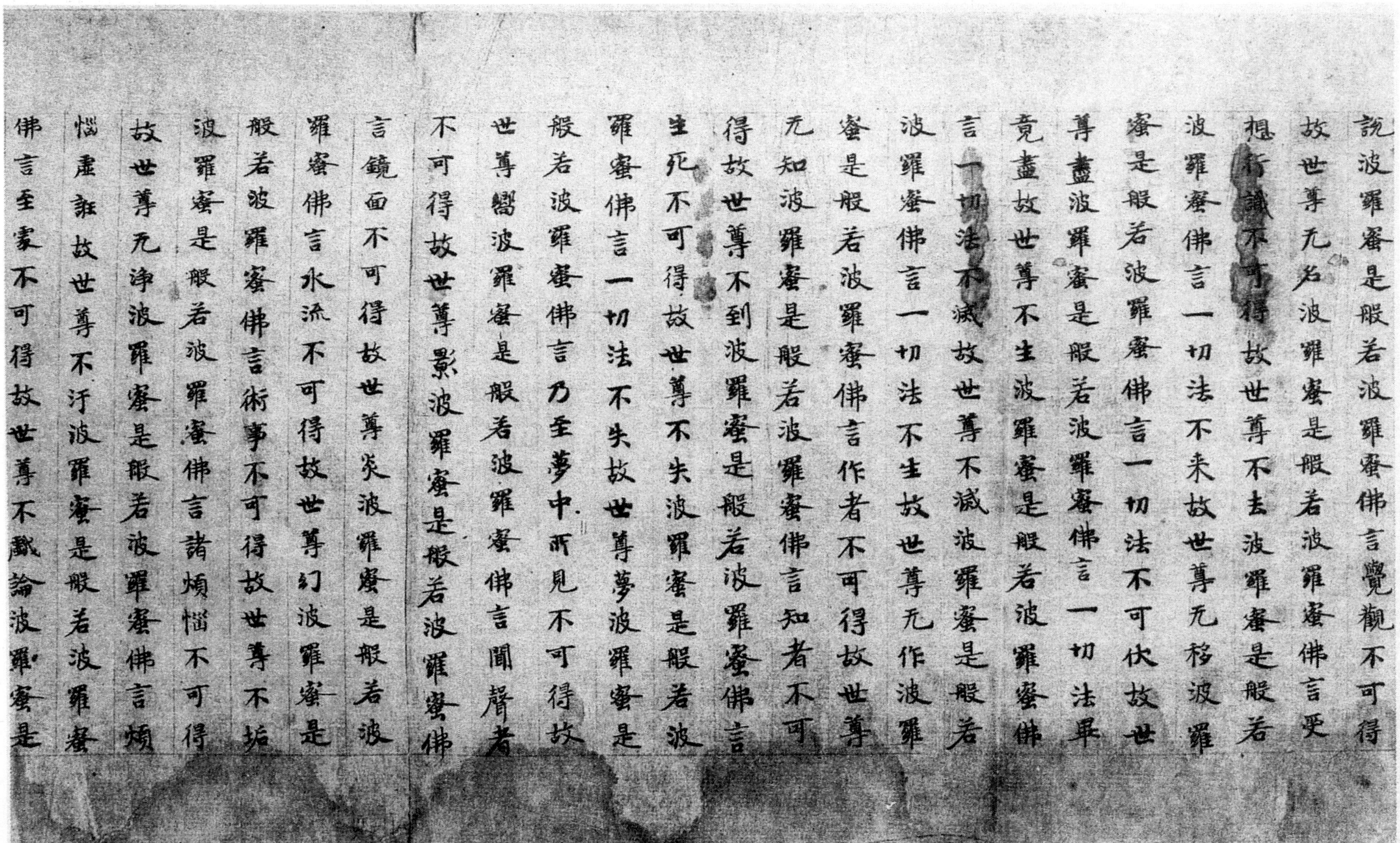

說波羅蜜是般若波羅蜜佛言覺觀不可得
故世尊无名波羅蜜是般若波羅蜜佛言受
想行識不可得故世尊不去波羅蜜是般若
波羅蜜佛言一切法不來故世尊无移波羅
蜜是般若波羅蜜佛言一切法不可伏故世
尊盡波羅蜜是般若波羅蜜佛言一切法畢
竟盡故世尊不生波羅蜜是般若波羅蜜佛
言一切法不滅故世尊不滅波羅蜜是般若
波羅蜜佛言一切法不生故世尊无作波羅
蜜是般若波羅蜜佛言作者不可得故世尊
无知波羅蜜是般若波羅蜜佛言知者不可
得故世尊不到波羅蜜是般若波羅蜜佛言
生死不可得故世尊不失波羅蜜是般若波
羅蜜佛言一切法不失故世尊夢波羅蜜是
般若波羅蜜佛言乃至夢中所見不可得故
世尊響波羅蜜是般若波羅蜜佛言聞聲者
不可得故世尊影波羅蜜是般若波羅蜜佛
言鏡面不可得故世尊炎波羅蜜是般若波
羅蜜佛言水流不可得故世尊幻波羅蜜是
般若波羅蜜佛言術事不可得故世尊不垢
波羅蜜是般若波羅蜜佛言諸煩惱不可得
故世尊无淨波羅蜜是般若波羅蜜佛言煩
惱虛誑故世尊不汙波羅蜜是般若波羅蜜
佛言至處不可得故世尊不戲論波羅蜜是

BD15152號　摩訶般若波羅蜜經（異本）卷一九　　（18–2）

故世尊无淨波羅蜜是般若波羅蜜佛言煩
惱盡誑故世尊不汙波羅蜜是般若波羅蜜
佛言垩處不可得故世尊不戲論波羅蜜是
般若波羅蜜佛言一切戲論破故世尊不念
波羅蜜是般若波羅蜜佛言一切念破故世
尊不動波羅蜜是般若波羅蜜佛言法性常
住故世尊无染波羅蜜是般若波羅蜜佛言
知一切法无妄解故世尊不起波羅蜜是般
若波羅蜜佛言一切法无分別故世尊寂滅
波羅蜜是般若波羅蜜佛言一切法相不可
得故世尊无欲波羅蜜是般若波羅蜜佛言
欲不可得故世尊无瞋波羅蜜是般若波羅
蜜佛言瞋恚不可得故世尊无癡波羅蜜是
般若波羅蜜佛言无明闇黑滅故世尊无煩
惱波羅蜜是般若波羅蜜佛言分別憶想盡
妄故世尊无衆生波羅蜜是般若波羅蜜佛言
衆生无所有故世尊斷波羅蜜是般若波羅蜜
佛言諸法不起故世尊无二邊波羅蜜是般
若波羅蜜佛言離二邊故世尊不破波羅蜜
是般若波羅蜜佛言一切法不相離故世尊
不取波羅蜜是般若波羅蜜佛言過聲聞辟
支佛地故世尊不分別波羅蜜是般若波羅
蜜佛言諸妄想不可得故世尊无量波羅蜜
是般若波羅蜜佛言諸法量不可得故世尊

BD15152 號　摩訶般若波羅蜜經（異本）卷一九　（18–3）

支佛地故世尊不分別波羅蜜是般若波羅
蜜佛言諸妄想不可得故世尊无量波羅蜜
是般若波羅蜜佛言諸法量不可得故世尊
虛空波羅蜜是般若波羅蜜佛言一切法无
所有故世尊无常波羅蜜是般若波羅蜜佛
言一切法破壞故世尊苦波羅蜜是般若波
羅蜜佛言一切法惱相故世尊无我波羅蜜
是般若波羅蜜佛言一切法不着故世尊空
波羅蜜是般若波羅蜜佛言一切法不可得
故世尊无相波羅蜜是般若波羅蜜佛言一
切法不生故世尊內空波羅蜜是般若波羅
蜜佛言內法不可得故世尊外空波羅蜜是
般若波羅蜜佛言外法不可得故世尊內外
空波羅蜜是般若波羅蜜佛言內外法不可
得故世尊空空波羅蜜是般若波羅蜜佛言
空法不可得故世尊大空波羅蜜是般若波
羅蜜佛言一切法不可得故世尊第一義空
波羅蜜是般若波羅蜜佛言涅槃不可得故
世尊有為空波羅蜜是般若波羅蜜佛言有
為法不可得故世尊无為空波羅蜜是般若
波羅蜜佛言无為法不可得故世尊畢竟空
波羅蜜是般若波羅蜜佛言諸法畢竟不可
得故世尊无始空波羅蜜是般若波羅蜜佛
言諸法无始不可得故世尊散空波羅蜜是

BD15152 號　摩訶般若波羅蜜經（異本）卷一九　（18–4）

波羅蜜佛言无為法不可得故世尊畢竟空
波羅蜜是般若波羅蜜佛言諸法畢竟不可
得故世尊无始空波羅蜜是般若波羅蜜佛
言諸法无始不可得故世尊散空波羅蜜是
般若波羅蜜佛言散法不可得故世尊性空
波羅蜜是般若波羅蜜佛言有為无為法不
可得故世尊諸法空波羅蜜是般若波羅蜜
佛言一切法不可得故世尊自相空波羅蜜
是般若波羅蜜佛言諸法自相離故世尊无
法空波羅蜜是般若波羅蜜佛言无法不可
得故世尊有法空波羅蜜是般若波羅蜜佛
言有法不可得故世尊无法有法空波羅蜜
是般若波羅蜜佛言无法有法空不可得故
世尊念處波羅蜜是般若波羅蜜佛言身受
心法不可得故世尊正懃波羅蜜是般若波
羅蜜佛言善不善法不可得故世尊如意足
波羅蜜是般若波羅蜜佛言四如意足不可
得故世尊五根波羅蜜是般若波羅蜜佛言
五根不可得故世尊力波羅蜜是般若波羅
蜜佛言五力不可得故世尊覺波羅蜜是般
若波羅蜜佛言七覺分不可得故世尊道波
羅蜜是般若波羅蜜佛言八聖道分不可得
故世尊无作波羅蜜是般若波羅蜜佛言无
作不可得故世尊空波羅蜜是般若波羅蜜

BD15152號　摩訶般若波羅蜜經（異本）卷一九　（18–5）

故世尊无作波羅蜜是般若波羅蜜佛言无
作不可得故世尊空波羅蜜是般若波羅蜜
佛言空相不可得故世尊无相波羅蜜是般
若波羅蜜佛言斷滅相不可得故世尊背捨
波羅蜜是般若波羅蜜佛言八背捨不可得
故世尊定波羅蜜是般若波羅蜜佛言九次
第定不可得故世尊檀波羅蜜是般若波羅
蜜佛言慳貪不可得故世尊尸羅波羅蜜是
般若波羅蜜佛言破戒不可得故世尊羼提
波羅蜜是般若波羅蜜佛言不忍辱不可得
故世尊毗梨耶波羅蜜是般若波羅蜜佛言
懈怠精進不可得故世尊禪波羅蜜是般若
波羅蜜佛言定乱不可得故世尊般若波羅
蜜是般若波羅蜜佛言癡慧不可得故世尊
十力波羅蜜是般若波羅蜜佛言一切法不
可伏故世尊无所畏波羅蜜是般若波羅蜜
佛言道種智不沒故世尊无閡智波羅蜜是
般若波羅蜜佛言一切法无鄣閡故世尊佛
法波羅蜜是般若波羅蜜佛言過一切法故
世尊如實說者波羅蜜是般若波羅蜜佛言
一切語實故世尊自然波羅蜜是般若波羅
蜜佛言一切法中自在故世尊佛波羅蜜是
般若波羅蜜佛言知一切法一切種智故
摩訶般若波羅蜜經逕耳品第卌四

BD15152號　摩訶般若波羅蜜經（異本）卷一九　（18–6）

一切語實故世尊自然波羅蜜是般若波羅
蜜佛言一切法中自在故世尊佛波羅蜜是
般若波羅蜜佛言知一切法一切種智故
摩訶般若波羅蜜經逕耳品第卌四
尒時釋提桓因作是念若善男子善女人得
聞般若波羅蜜經者是人於前世佛作功德
與善知識相随何況受持親近讀誦正憶念
如說行當知是善男子善女人多親近諸佛
能得聽受如說行能問能荅當知是善男子
善女人於前世多供養親近諸佛故聞是深
般若波羅蜜不驚不怖不畏當知是人亦於
无量億劫行檀波羅蜜尸羅波羅蜜羼提波
羅蜜毗梨耶波羅蜜禪波羅蜜般若波羅蜜
尒時舍利弗白佛言世尊若有善男子善女
人聞是深般若波羅蜜不驚不怖不畏聞已
受持親近如說習行當知是善男子善女人
如阿鞞跋致菩薩摩訶薩何以故世尊是般
若波羅蜜甚深若先世不久行檀波羅蜜尸
羅波羅蜜羼提波羅蜜毗梨耶波羅蜜禪波
羅蜜般若波羅蜜終不能信解深般若波羅
蜜世尊若有善男子善女人亦毀深般若波
羅蜜者當知是人前世亦毀深般若波羅
蜜何以故是善男子善女人聞說深般若波
羅蜜時无信樂心不清淨是善男子善女人

BD15152 號　摩訶般若波羅蜜經（異本）卷一九　（18–7）

蜜世尊若有善男子善女人亦毀深般若波
羅蜜者當知是人前世亦毀深般若波羅
蜜何以故是善男子善女人聞說深般若波
羅蜜時无信樂心不清淨是善男子善女人
先世不從諸佛及弟子問云何應行檀波羅
蜜尸羅波羅蜜羼提波羅蜜毗梨耶波羅蜜
禪波羅蜜般若波羅蜜云何應脩内空乃至云
何應脩无法有法空云何應脩四念處乃至
云何應脩八聖道分云何應脩佛十力乃至
云何應脩十八不共法釋提桓因語舍利弗
是深般若波羅蜜若有善男子善女人不久
行檀波羅蜜尸羅波羅蜜羼提波羅蜜
毗梨耶波羅蜜禪波羅蜜般若波羅蜜
不行内空乃至无法有法空不行四禪
四无量心四无色定不行四念處乃至八聖道
分不行佛十力乃至十八不共法如是人不
信解是般若波羅蜜有何可怪大德舍利弗
我礼般若波羅蜜礼般若波羅蜜是礼一切
知佛告釋提桓因如是如是憍尸迦礼般若
波羅蜜是礼一切智何以故憍尸迦諸佛一
切智皆從般若波羅蜜生一切智即是般若
波羅蜜以是故憍尸迦善男子善女人欲住
一切智當住般若波羅蜜若善男子善女人
欲生道種智當習行般若波羅蜜欲斷一切

BD15152 號　摩訶般若波羅蜜經（異本）卷一九　（18–8）

一切智當住般若波羅蜜若善男子善女人
欲生道種智當習行般若波羅蜜欲斷一切
諸結及習當習行般若波羅蜜善男子善女
人欲轉法輪當習行般若波羅蜜善男子善
女人欲得須陁洹果斯陁含果阿那含果阿
羅漢果當習行般若波羅蜜欲得辟支
佛道當習行般若波羅蜜欲教衆生令
得須陁洹果斯陁含果阿那含果阿羅漢果
辟支佛果當習行般若波羅蜜若善男子善
女人欲教衆生令得阿耨多羅三藐三菩提
若欲攝比丘僧當習行般若波羅蜜釋提
桓因白佛言世尊菩薩摩訶薩欲行般若波
羅蜜時云何名住般若波羅蜜禪波羅蜜毗
梨耶波羅蜜羼提波羅蜜尸羅波羅蜜檀波
羅蜜云何住內空乃至无法有法空云何住
四禪四无量心四无色定五神通云何住四
念處乃至八聖道分云何住佛十力乃至十八
不共法世尊菩薩摩訶薩云何習行般若
波羅蜜乃至檀波羅蜜內空乃至十八不共
法佛語釋提桓因善哉善哉憍尸迦汝能樂
問是事皆是佛神力憍尸迦若菩薩摩訶薩
行般若波羅蜜時若不住色中爲習行般若
波羅蜜若不住受想行識中爲習行般若波
羅蜜眼耳鼻舌身意色聲香味觸法眼界乃

BD15152號　摩訶般若波羅蜜經（異本）卷一九　　（18–9）

問是事皆是佛神力憍尸迦若菩薩摩訶薩
行般若波羅蜜時若不住色中爲習行般若
波羅蜜若不住受想行識中爲習行般若波
羅蜜眼耳鼻舌身意色聲香味觸法眼界乃
至意識界亦如是憍尸迦若菩薩摩訶薩不
住般若波羅蜜中爲習般若波羅蜜不住禪
波羅蜜中爲習禪波羅蜜不住毗梨耶波羅
蜜中爲習毗梨耶波羅蜜不住羼提波羅蜜
中爲習羼提波羅蜜不住尸羅波羅蜜中爲
習尸羅波羅蜜不住檀波羅蜜中爲習檀波
羅蜜如是憍尸迦是名菩薩摩訶薩不住般
若波羅蜜爲習般若波羅蜜憍尸迦不住內
空中爲習內空乃至不住无法有法空中爲
習无法有法空不住四禪中爲習四禪不住
四无量心中爲習四无量心不住四无色定
中爲習四无色定不住五神通中爲習五神
通不住四念處爲習四念處乃至不住八聖
道分爲習行八聖道分不住佛十力爲習行
佛十力乃至不住十八不共法爲習行十八
不共法何以故憍尸迦是菩薩不得色可住
可習處乃至十八不共法不得十八法可住
可習處復次憍尸迦菩薩摩訶薩不習色若
不習色是名習色受想行識乃至十八不共
法亦如是何以故是菩薩摩訶薩色前際不

BD15152號　摩訶般若波羅蜜經（異本）卷一九　　（18–10）

可習處乃至十八不共法不得十八法可住
可習處湏次憍尸迦菩薩摩訶薩不習色若
不習色是名習色受想行識乃至十八不共
法亦如是何以故是菩薩摩訶薩色前際不
可得中際不可得後際不可得乃至十八不
共法亦如是舍利弗白佛言世尊是般若波
羅蜜甚深佛言色如甚深故般若波羅蜜甚
深受想行識如甚深故般若波羅蜜甚深乃
至十八不共法亦如是舍利弗言世尊是般
若波羅蜜難可測量佛言色難可測量故般
若波羅蜜難可測量受想行識乃至十八不
共法難可測量故般若波羅蜜難可測量世
尊是般若波羅蜜无量佛言色无量故般若
波羅蜜无量受想行識乃至十八不共法无
量故般若波羅蜜无量佛告舍利弗若菩薩
摩訶薩行般若波羅蜜時不行色甚深為行
般若波羅蜜不行受想行識乃至不行十八
不共法甚深為行般若波羅蜜何以故色甚
深相為非色受想行識乃至十八不共法甚
深相為非十八不共法如是不行為行般若
波羅蜜舍利弗若菩薩摩訶薩行般若波羅
蜜時不行色難測量為行般若波羅蜜不行
受想行識乃至不行十八不共法難測量為
行般若波羅蜜何以故色難測量相為非色

BD15152號　摩訶般若波羅蜜經（異本）卷一九　（18–11）

波羅蜜舍利弗若菩薩摩訶薩行般若波羅
蜜時不行色難測量為行般若波羅蜜不行
受想行識乃至不行十八不共法難測量為
行般若波羅蜜何以故色難測量相為非色
受想行識乃至十八不共法難測量相為非
十八不共法舍利弗若菩薩摩訶薩行般若
波羅蜜時不行色无量為行般若波羅蜜不
行受想行識乃至不行十八不共法无量為
行般若波羅蜜何以故色是无量相為非色
受想行識乃至十八不共法无量相為非十
八不共法舍利弗白佛言世尊是般若波羅
蜜甚深甚深相難見難解不可思量不應在
新發意菩薩前說何以故新發意菩薩聞是
甚深般若波羅蜜或當驚怖心生疑悔不信
不行是甚深般若波羅蜜當在阿鞞跋致菩
薩摩訶薩前說是菩薩聞是甚深般若波羅
蜜不驚不怖心不疑悔則能信行釋提桓因
問舍利弗若在新發意菩薩摩訶薩前說是
深般若波羅蜜有何等過舍利弗報釋提桓
因憍尸迦若在新發意菩薩前說是深般若
波羅蜜或當驚怖呰毀不信是新發意菩薩
或有是處若新發意菩薩聞是深般若波羅
蜜毀呰不信種三惡道業是業因緣故久久
難得阿耨多羅三藐三菩提釋提桓因問舍

BD15152號　摩訶般若波羅蜜經（異本）卷一九　（18–12）

或有是處若新發意菩薩聞是深般若波羅
蜜毀呰不信種三惡道業是業因緣故久久
難得阿耨多羅三藐三菩提釋提桓因問舍
利弗頗有未受記菩薩摩訶薩聞是深般若
波羅蜜不驚不怖者不舍利弗言如是憍尸
迦若有菩薩摩訶薩聞是深般若波羅蜜不
驚不怖當知是菩薩受得阿耨多羅三藐三
菩提記不久不過一佛兩佛佛告舍利弗如
是如是菩薩摩訶薩久發意行六波羅蜜多
供養諸佛聞是深般若波羅蜜不驚不怖不
畏聞即受持如般若波羅蜜所說行尒時舍
利弗白佛言世尊我欲說譬喻如求菩薩道
善男子善女人夢中脩行般若波羅蜜入禪
定懃精進具足忍辱守護於戒行布施脩行
內空外空乃至坐於道場當知是善男子善
女人近阿耨多羅三藐三菩提何況菩薩摩
訶薩欲得阿耨多羅三藐三菩提覺時脩行
般若波羅蜜入禪定懃精進具足忍辱守護
於戒行布施而不疾成阿耨多羅三藐三菩
提坐於道場世尊善男子善女人善根成就
得聞般若波羅蜜受持乃至如說行當知是
菩薩摩訶薩久發意種善根多供養諸佛與
善知識相隨是人能受持般若波羅蜜乃至
正憶念是人近受阿耨多羅三藐三菩提記

BD15152號　摩訶般若波羅蜜經（異本）卷一九　（18–13）

菩薩摩訶薩久發意種善根多供養諸佛與
善知識相隨是人能受持般若波羅蜜乃至
正憶念是人近受阿耨多羅三藐三菩提記
當知是善男子善女人如阿鞞跋致菩薩摩
訶薩於阿耨多羅三藐三菩提不動轉能得
深般若波羅蜜得已能受持讀誦乃至正憶
念世尊譬如人欲過百由旬若二百三百四
百由旬曠野嶮道先見諸相若放牧人者若
壃界若園林如是等諸相故知近城邑聚落
是人見是相已作是念如我所見相當知城
邑聚落不遠心得安隱不畏賊難惡虫飢渴
世尊菩薩摩訶薩亦如是若得是深般若波
羅蜜受持讀誦乃至正憶念當知近受得阿
耨多羅三藐三菩提記不久當知是菩薩摩
訶薩不應畏憧聲聞辟支佛地是諸先相所
謂甚深般若波羅蜜得聞得見得受持乃至
正憶念故佛告舍利弗如是如是汝復樂說
者便說世尊譬如人欲見大海發心往趣不
見樹相不見山相是人雖未見大海知大海
不遠何以故大海處平无樹相无山相故如
是世尊菩薩摩訶薩聞是深般若波羅蜜受
持乃至正憶念時雖未佛前受劫數之記若
百劫千万百千万億劫是菩薩自知近受阿
耨多羅三藐三菩提記不久何以故我得聞

BD15152號　摩訶般若波羅蜜經（異本）卷一九　（18–14）

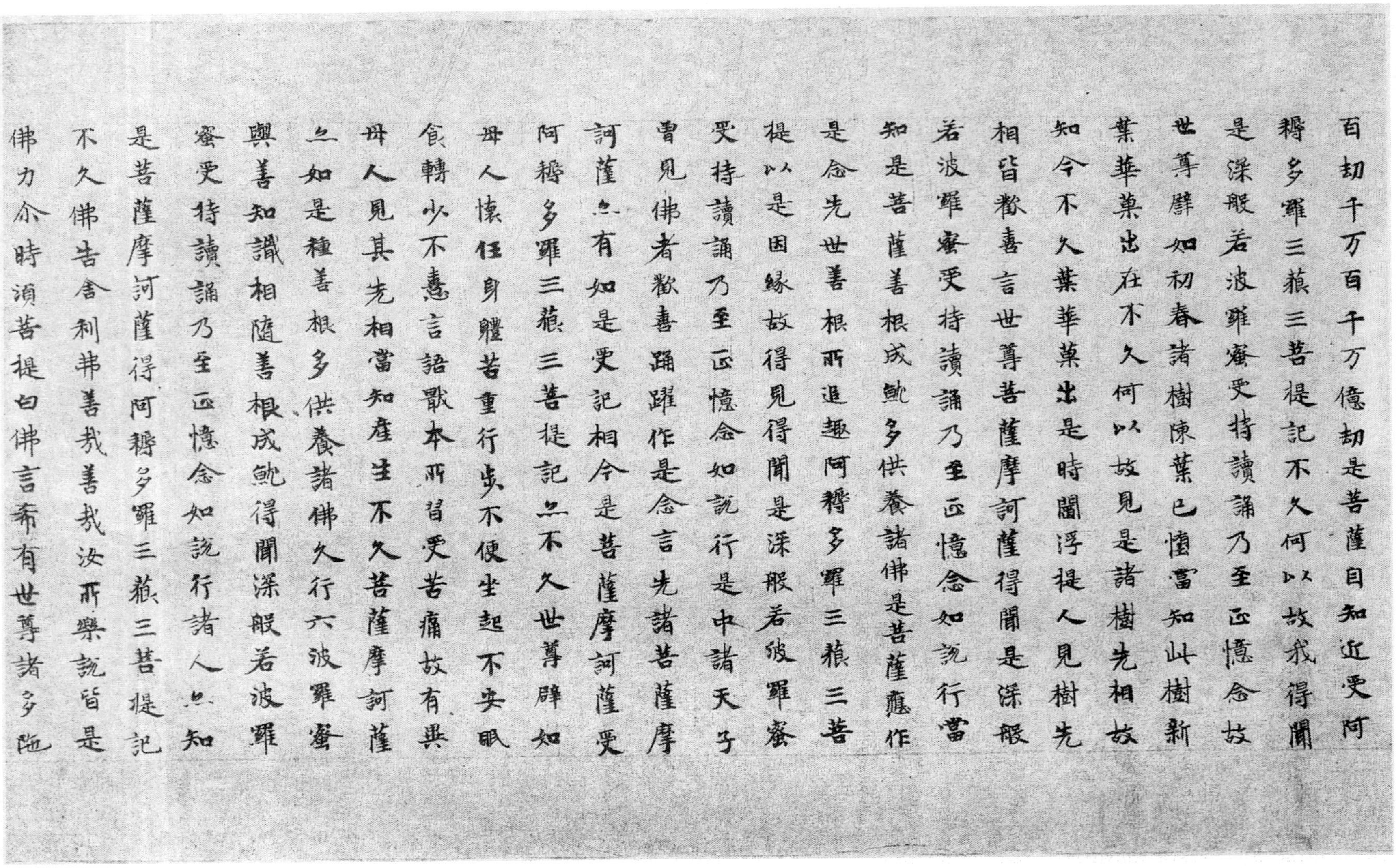
百劫千万百千万億劫是菩薩自知近受阿
耨多羅三藐三菩提記不久何以故我得聞
是深般若波羅蜜受持讀誦乃至正憶念故
世尊譬如初春諸樹陳葉已墮當知此樹新
葉華菓出在不久何以故見是諸樹先相故
知今不久葉華菓出是時閻浮提人見樹先
相皆歡喜言世尊菩薩摩訶薩得聞是深般
若波羅蜜受持讀誦乃至正憶念如說行當
知是菩薩善根成就多供養諸佛是菩薩應作
是念先世善根所追趣阿耨多羅三藐三菩
提以是因緣故得見得聞是深般若波羅蜜
受持讀誦乃至正憶念如說行是中諸天子
曾見佛者歡喜踊躍作是念言先諸菩薩摩
訶薩亦有如是受記相今是菩薩摩訶薩受
阿耨多羅三藐三菩提記亦不久世尊譬如
母人懷任身體苦重行步不便坐起不安眠
食轉少不憙言語猒本所習受苦痛故有異
母人見其先相當知産生不久菩薩摩訶薩
亦如是種善根多供養諸佛久行六波羅蜜
與善知識相隨善根成就得聞深般若波羅
蜜受持讀誦乃至正憶念如說行諸人亦知
是菩薩摩訶薩得阿耨多羅三藐三菩提記
不久佛告舍利弗善哉善哉汝所樂說皆是
佛力尒時須菩提白佛言希有世尊諸多陁

BD15152號　摩訶般若波羅蜜經（異本）卷一九　（18–15）

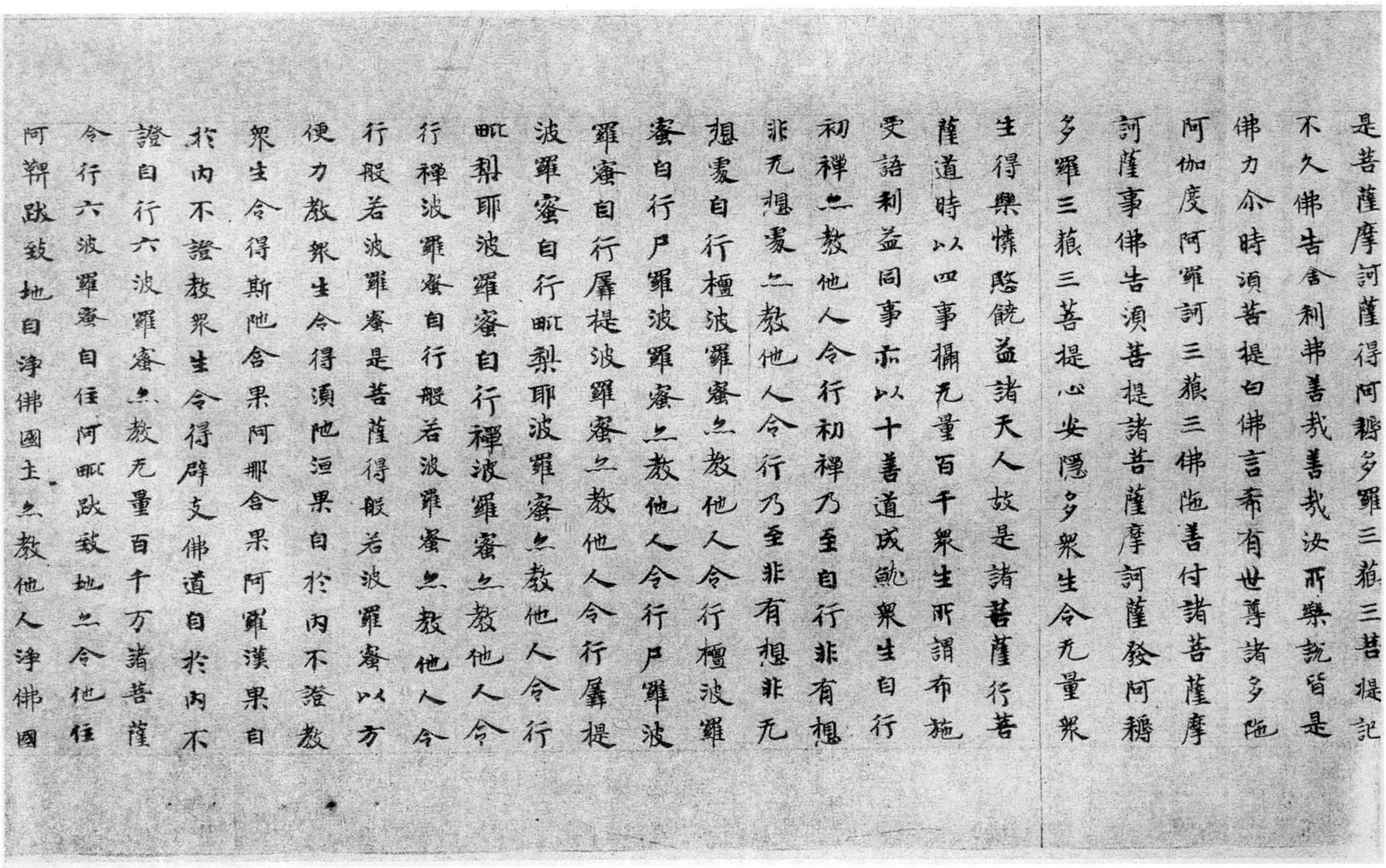
是菩薩摩訶薩得阿耨多羅三藐三菩提記
不久佛告舍利弗善哉善哉汝所樂說皆是
佛力尒時須菩提白佛言希有世尊諸多陁
阿伽度阿羅訶三藐三佛陁善付諸菩薩摩
訶薩事佛告須菩提諸菩薩摩訶薩發阿耨
多羅三藐三菩提心安隱多衆生令无量衆
生得樂憐愍饒益諸天人故是諸菩薩行菩
薩道時以四事攝无量百千衆生所謂布施
受語利益同事亦以十善道成就衆生自行
初禪亦教他人令行初禪乃至自行非有想
非无想處亦教他人令行乃至非有想非无
想處自行檀波羅蜜亦教他人令行檀波羅
蜜自行尸羅波羅蜜亦教他人令行尸羅波
羅蜜自行羼提波羅蜜亦教他人令行羼提
波羅蜜自行毗梨耶波羅蜜亦教他人令行
毗梨耶波羅蜜自行禪波羅蜜亦教他人令
行禪波羅蜜自行般若波羅蜜亦教他人令
行般若波羅蜜是菩薩得般若波羅蜜以方
便力教衆生令得須陁洹果自於内不證教
衆生令得斯陁含果阿那含果阿羅漢果自
於内不證教衆生令得辟支佛道自於内不
證自行六波羅蜜亦教无量百千万諸菩薩
令行六波羅蜜自住阿毗跋致地亦令他住
阿鞞跋致地自淨佛國土亦教他人淨佛國

BD15152號　摩訶般若波羅蜜經（異本）卷一九　（18–16）

證自行六波羅蜜亦教无量百千万諸菩薩
令行六波羅蜜自住阿鞞跋致地亦令他住
阿鞞跋致地自淨佛國土亦教他人淨佛國
土自成就衆生亦教他人成就衆生自得菩
薩神通亦教他人令得菩薩神通自淨陁憐
尼門亦教他人淨陁憐尼門自具足樂說辯
才亦教他人具足樂說辯才自受色成就亦
教他人令受色成就自成就三十二相亦教
他人成就卅二相自成就童真地亦教他人
成就童真地自成就佛十力亦教他人令成
就十力自行四无所畏亦教他人行四无所
畏自行十八不共法亦教他人行十八不共
法自行大慈大悲亦教他人令行大慈大悲
自得一切種智亦教他人令得一切種智自
離一切結使及習亦教他人令離一切結使
及習自轉法轉亦教他人轉法輪須菩提白
佛言希有世尊諸菩薩摩訶薩大功德成就
所謂為一切衆生行般若波羅蜜欲得阿耨
多羅三藐三菩提世尊云何諸菩薩摩訶薩
具足脩行般若波羅蜜佛告須菩提若菩薩
摩訶薩行般若波羅蜜時不見色增相亦不
見色減相不見受想行識增相亦不見減相
乃至一切種智不見增相亦不見減相菩薩
摩訶薩是時具足般若波羅蜜

BD15152號　摩訶般若波羅蜜經（異本）卷一九　（18–17）

畏自行十八不共法亦教他人行十八不共
法自行大慈大悲亦教他人令行大慈大悲
自得一切種智亦教他人令得一切種智自
離一切結使及習亦教他人令離一切結使
及習自轉法轉亦教他人轉法輪須菩提白
佛言希有世尊諸菩薩摩訶薩大功德成就
所謂為一切衆生行般若波羅蜜欲得阿耨
多羅三藐三菩提世尊云何諸菩薩摩訶薩
具足脩行般若波羅蜜佛告須菩提若菩薩
摩訶薩行般若波羅蜜時不見色增相亦不
見色減相不見受想行識增相亦不見減相
乃至一切種智不見增相亦不見減相菩薩
摩訶薩是時具足般若波羅蜜

摩訶般若波羅蜜經卷第十九

BD15152號　摩訶般若波羅蜜經（異本）卷一九　（18–18）

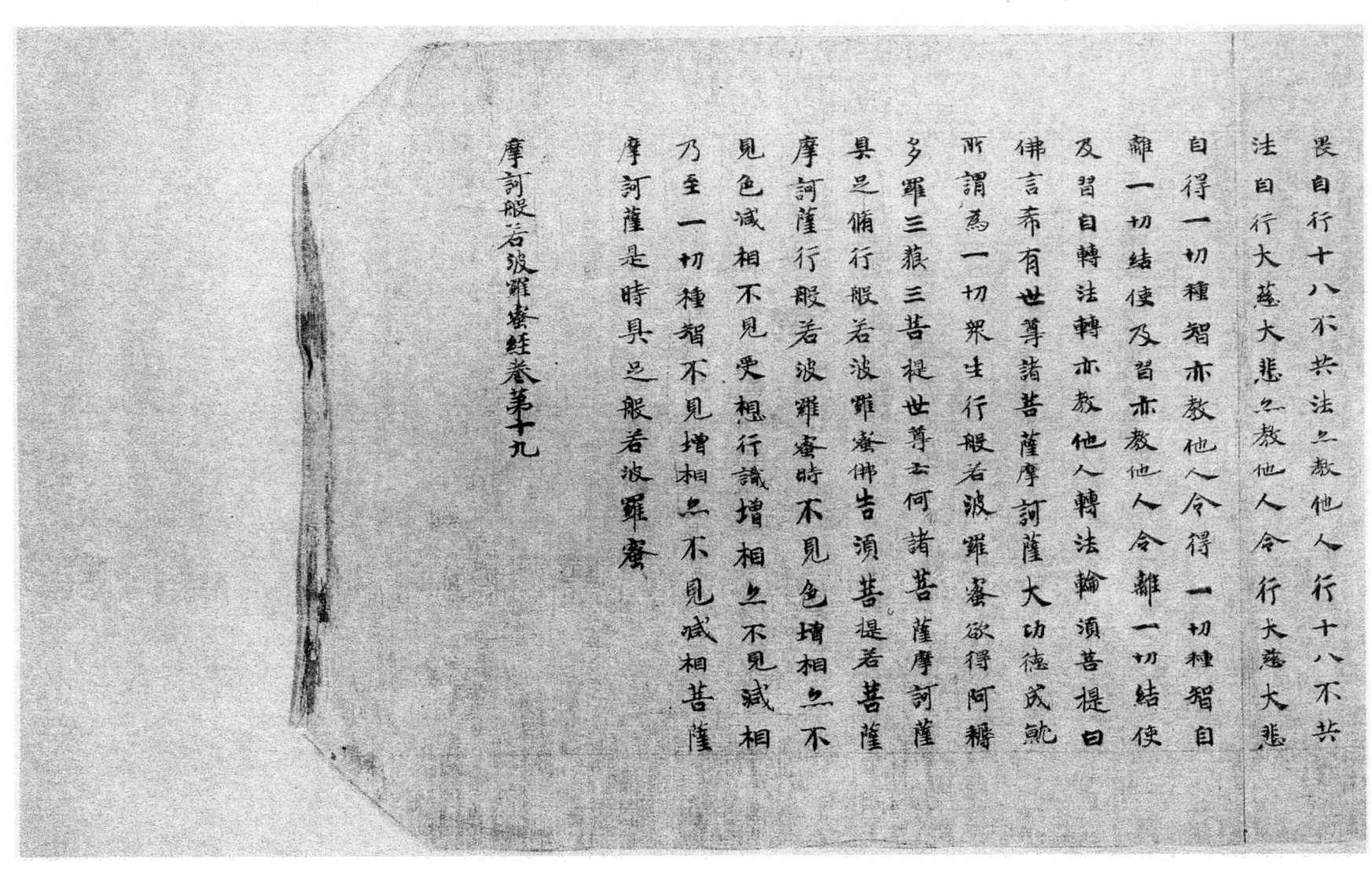

BD15153 號背　護首　　（1–1）

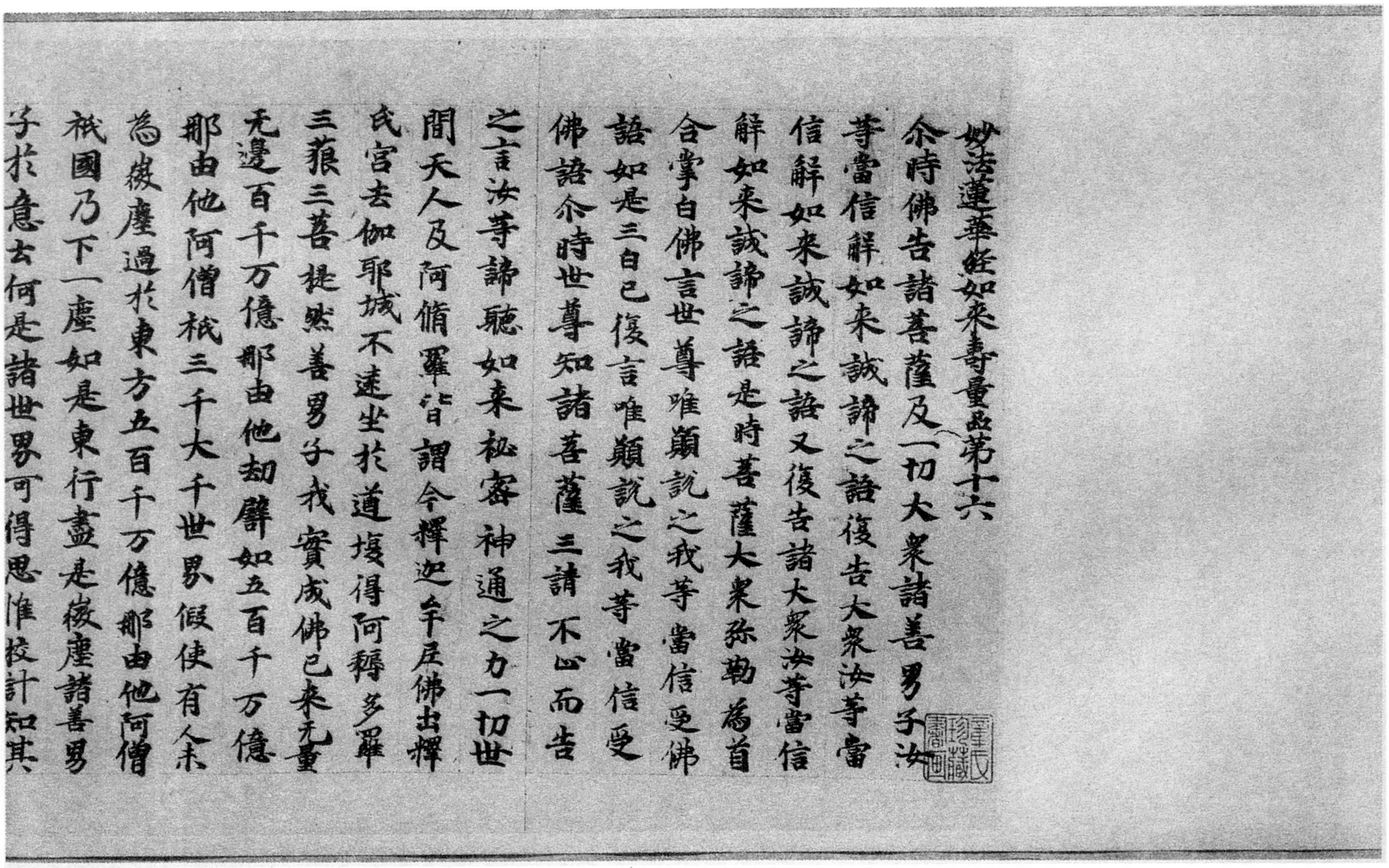

妙法蓮華經如來壽量品第十六
尒時佛告諸菩薩及一切大衆諸善男子汝
等當信解如來誠諦之語復告大衆汝等當
信解如來誠諦之語又復告諸大衆汝等當信
解如來誠諦之語是時菩薩大衆弥勒爲首
合掌白佛言世尊唯願說之我等當信受佛
語如是三白已復言唯願說之我等當信受
佛語尒時世尊知諸菩薩三請不止而告
之言汝等諦聽如來祕密神通之力一切世
間天人及阿脩羅皆謂今釋迦牟尼佛出釋
氏宮去伽耶城不遠坐於道場得阿耨多羅
三藐三菩提然善男子我實成佛已來无量
无邊百千万億那由他劫譬如五百千万億
那由他阿僧祇三千大千世界假使有人末
爲微塵過於東方五百千万億那由他阿僧
祇國乃下一塵如是東行盡是微塵諸善男
子於意云何是諸世界可得思惟校計知其

BD15153 號　妙法蓮華經卷五　　（6–1）

祇國乃下一塵如是東行盡是微塵諸善男
子於意云何是諸世界可得思惟校計知其
數不弥勒菩薩等俱白佛言世尊是諸世界
无量无邊非算數所知亦非心力所及一切聲
聞辟支佛以无漏智不能思惟知其限數我
等住阿惟越致地於是事中亦所不達世尊
如是諸世界无量无邊尒時佛告大菩薩衆
諸善男子今當分明宣語汝等是諸世界
若著微塵及不著者盡以為塵一塵一劫我
成佛已來復過於此百千万億那由他阿僧
祇劫自從是來我常在此娑婆世界說法教
化亦於餘處百千万億那由他阿僧祇國導
利衆生諸善男子於是中間我說燃燈佛等
又復言其入於涅槃如是皆以方便分別諸善
男子若有衆生來至我所我以佛眼觀其信
等諸根利鈍隨所應度處處自說名字不
同年紀大小亦復現言當入涅槃又以種種
方便說微妙法能令衆生發歡喜心諸善男
子如來見諸衆生樂於小法德薄垢重者為
是人說我少出家得阿耨多羅三藐三菩提
然我實成佛已來久遠若斯但以方便教化衆
生令入佛道作如是說諸善男子如來所演
經典皆為度脫衆生或說己身或說他身

BD15153號　妙法蓮華經卷五　（6–2）

生令入佛道作如是說諸善男子如來所演
經典皆為度脫衆生或說己身或說他身
或示己身或示他身或示己事或示他事諸
所言說皆實不虛所以者何如來如實知見
三界之相无有生死若退若出亦无在世及
滅度者非實非虛非如非異不如三界見於
三界如斯之事如來明見无有錯謬以諸衆
生有種種性種種欲種種行種種憶想分別
故欲令生諸善根以若干因緣譬喻言辭種
種說法所作佛事未曾暫廢如是我成佛已
來甚大久遠壽命无量阿僧祇劫常住不滅
諸善男子我本行菩薩道所成壽命今猶
未盡復倍上數然今非實滅度而便唱言當
取滅度如來以是方便教化衆生所以者何若
佛久住於世薄德之人不種善根貧窮下賤
貪著五欲入於憶想妄見網中若見如來常
在不滅便起憍恣而懷厭怠不能生難遭之
想恭敬之心是故如來以方便說比丘當知諸
佛出世難可值遇所以者何諸薄德人過无
量百千万億劫或有見佛或不見者以此事
故我作是言諸比丘如來難可得見斯衆
生等聞如是語必當生於難遭之想心懷戀慕
渴仰於佛便種善根是故如來雖不實滅而
言滅度又善男子諸佛如來法皆如是為度

BD15153號　妙法蓮華經卷五　（6–3）

渴仰於佛便種善根是故如来雖不實滅而
言滅度又善男子諸佛如来法皆如是為度
衆生皆實不虛譬如良醫智慧聡達明練
方藥善治衆病其人多諸子息若十二十乃至
百數以有事緣遠至餘國諸子於後飲他
毒藥藥發悶亂宛轉于地是時其父還来
歸家諸子飲毒或失本心或不失者遥見其
父皆大歡喜拜跪問訊善安隱歸我等愚癡誤
服毒藥願見救療更賜壽命父見子等苦惱如
是依諸經方求好藥草色香美味皆悉具足
擣篩和合與子令服而作是言此大良藥色香
美味皆悉具足汝等可服速除苦惱无復衆
患其諸子中不失心者見此良藥色香
俱好即便服之病盡除愈餘失心者見其父
来雖亦歡喜問訊求索治病然與其藥而不
肯服所以者何毒氣深入失本心故於此好色
香藥而謂不美父作是念此子可愍為毒所
中心皆顛倒雖見我喜求索救療如是好藥
而不肯服我今當設方便令服此藥即作是
言汝等當知我今衰老死時已至是好良藥
今留在此汝可取服勿憂不差作是教已復
至他國遣使還告汝父已死是時諸子聞父背
喪心大憂惱而作是念若父在者慈愍我

BD15153號　妙法蓮華經卷五　（6–4）

至他國遣使還告汝父已死是時諸子聞父背
喪心大憂惱而作是念若父在者慈愍我
等能見救護今者捨我遠喪他國自惟孤
露无復恃怙常懷悲感心遂醒悟乃知此藥
色味香美即取服之毒病皆愈其父聞子悉
已得差尋便来歸咸使見之諸善男子於意
云何頗有人能說此良醫虛妄罪不不也世
尊佛言我亦如是成佛已来无量无邊百千
万億那由他阿僧祇劫為衆生故以方便力言
當滅度亦无有能如法說我虛妄過者尒時
世尊欲重宣此義而說偈言
自我得佛来　所經諸劫數　无量百千万　億載阿僧祇
常說法教化　无數億衆生　令入於佛道　尒来无量劫
為度衆生故　方便現涅槃　而實不滅度　常住此說法
我常住於此　以諸神通力　令顛倒衆生　雖近而不見
衆見我滅度　廣供養舍利　咸皆懷戀慕　而生渴仰心
衆生既信伏　質直意柔軟　一心欲見佛　不自惜身命
時我及衆僧　俱出靈鷲山　我時語衆生　常在此不滅
以方便力故　現有滅不滅　餘國有衆生　恭敬信樂者
我復於彼中　為說无上法　汝等不聞此　但謂我滅度
我見諸衆生　沒在於苦惱　故不為現身　令其生渴仰
因其心戀慕　乃出為說法　神通力如是　於阿僧祇劫
常在靈鷲山　及餘諸住處　衆生見劫盡　大火所燒時
我此土安隱　天人常充滿　園林諸堂閣　種種寶莊嚴

BD15153號　妙法蓮華經卷五　（6–5）

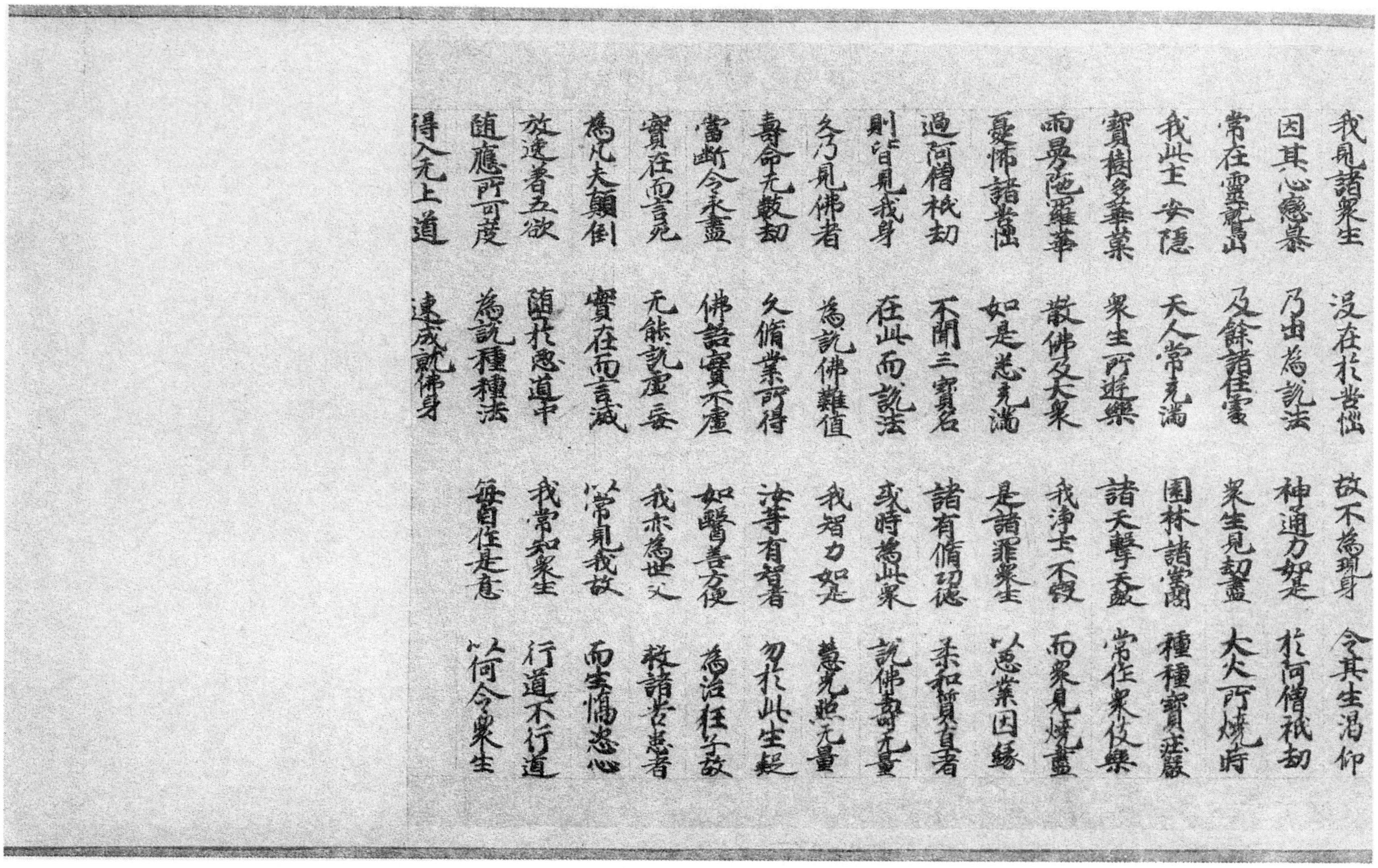

我見諸衆生　沒在於苦惱　故不為現身　令其生渴仰
因其心戀慕　乃出為說法　神通力如是　於阿僧祇劫
常在靈鷲山　及餘諸住處　衆生見劫盡　大火所燒時
我此土安隱　天人常充滿　園林諸堂閣　種種寶莊嚴
寶樹多華菓　衆生所遊樂　諸天擊天鼓　常作衆伎樂
雨曼陀羅華　散佛及大衆　我淨土不毀　而衆見燒盡
憂怖諸苦惱　如是悉充滿　是諸罪衆生　以惡業因緣
過阿僧祇劫　不聞三寶名　諸有修功德　柔和質直者
則皆見我身　在此而說法　或時為此衆　說佛壽無量
久乃見佛者　為說佛難值　我智力如是　慧光照無量
壽命無數劫　久修業所得　汝等有智者　勿於此生疑
當斷令永盡　佛語實不虛　如醫善方便　為治狂子故
實在而言死　無能說虛妄　我亦為世父　救諸苦患者
為凡夫顛倒　實在而言滅　以常見我故　而生憍恣心
放逸著五欲　墮於惡道中　我常知衆生　行道不行道
隨應所可度　為說種種法　每自作是意　以何令衆生
得入無上道　速成就佛身

BD15153 號　妙法蓮華經卷五　（6–6）

BD15154 號 1　無量壽宗要經　（5–1）
BD15154 號 2　彩繪供養人像（擬）

尒時有九十九殑伽佛等一時同聲說是无量壽宗要經陁羅尼曰　南謨薄伽勃底一阿波
唎蜜多二阿喻紇硯娜三須毗你悉指陁四囉佐耶五怛他羯他耶六怛姪他唵七薩婆桑悉迦囉八波唎
輸底九達磨底十伽伽娜十一莎訶某特伽底十二薩婆婆毗輸底十三摩訶娜耶十四波唎婆囉莎訶十五
尒時復有百四殑伽佛一時同聲說是无量壽宗要經陁羅尼曰　南謨薄伽勃底一阿波
唎蜜多二阿喻紇硯娜三須毗你悉指陁四囉佐耶五怛他羯他耶六怛姪他唵七薩婆桑悉迦囉八波唎輸底九
達磨底十伽伽娜十一莎訶某特伽底十二薩婆婆毗輸底十三摩訶娜耶十四波唎婆囉莎訶十五
尒時復有七殑伽佛一時同聲說是无量壽宗要經陁羅尼曰　南謨薄伽勃底一阿波唎蜜
多二阿喻紇硯娜三須毗你悉指陁四囉佐耶五怛他羯他耶六怛姪他唵七薩婆桑悉迦囉八波唎輸底九達
磨底十伽伽娜十一莎訶某特伽底十二薩婆婆毗輸底十三摩訶娜耶十四波唎婆囉莎訶十五
尒時復有六十五殑伽佛一時同聲說是无量壽宗要經陁羅尼曰　南謨薄伽勃底一阿波唎
蜜多二阿喻紇硯娜三須毗你悉指陁四囉佐耶五怛他羯他耶六怛姪他唵七薩婆桑悉迦囉八波唎輸底九達
磨底十伽伽娜十一莎訶某特伽底十二薩婆婆毗輸底十三摩訶娜耶十四波唎婆囉莎訶十五
尒時復有五十五殑伽佛一時同聲說是无量壽宗要經陁羅尼曰　南謨薄伽勃底一阿波唎
蜜多二阿喻紇硯娜三須毗你悉指陁四囉佐耶五怛他羯他耶六怛姪他唵七薩婆桑悉迦囉八波唎輸底九
達磨底十伽伽娜十一莎訶某特伽底十二薩婆婆毗輸底十三摩訶娜耶十四波唎婆囉莎訶十五
尒時復有四十五殑伽佛一時同聲說是无量壽宗要經陁羅尼曰　南謨薄伽勃底一阿波唎蜜
多二阿喻紇硯娜三須毗你悉指陁四囉佐耶五怛他羯他耶六怛姪他唵七薩婆桑悉迦囉八波唎輸底九達磨底十伽
伽娜十一莎訶某特伽底十二薩婆婆毗輸底十三摩訶娜耶十四波唎婆囉莎訶十五
尒時復有三十六殑伽佛一時同聲說是无量壽宗要經陁羅尼曰　南謨薄伽勃底一阿波唎蜜
多二阿喻紇硯娜三須毗你悉指陁四囉佐耶五怛他羯他耶六怛姪他唵七薩婆桑悉迦囉八波唎輸底九達
磨底十伽伽娜十一莎訶某特伽底十二薩婆婆毗輸底十三摩訶娜耶十四波唎婆囉莎訶十五
尒時復有二十五殑伽佛一時同聲說是无量壽宗要經陁羅尼曰　南謨薄伽勃底一阿波唎
蜜多二阿喻紇硯娜三須毗你悉指陁四囉佐耶五怛他羯他耶六怛姪他唵七薩婆桑悉迦囉八波唎輸底九
達磨底十伽伽娜十一莎訶某特伽底十二薩婆婆毗輸底十三摩訶娜耶十四波唎婆囉莎訶十五
尒時復有恒河沙殑伽佛一時同聲說是无量壽宗要經陁羅尼曰　南謨薄伽勃底一阿波唎
蜜多二阿喻紇硯娜三須毗你悉指陁四囉佐耶五怛他羯他耶六怛姪他唵七薩婆桑悉迦囉八波唎輸底九
達磨底十伽伽娜十一莎訶某特伽底十二薩婆婆毗輸底十三摩訶娜耶十四波唎婆囉莎訶十五
善男子若有自書寫教人書寫是无量壽宗要經如其命盡復得長壽滿百年陁羅尼曰
南謨薄伽勃底一阿波唎蜜多二阿喻紇硯娜三須毗你悉指陁四囉佐耶五怛他羯他耶六怛姪他唵七薩婆桑悉迦
囉八波唎輸底九達磨底十伽伽娜十一莎訶某特伽底十二薩婆婆毗輸底十三摩訶娜耶十四波唎婆囉莎訶十五
若有自書寫教人書寫是无量壽宗要經讀誦受持畢竟不墮地獄在在所生得宿命智陁羅
尼曰　南謨薄伽勃底一阿波唎蜜多二阿喻紇硯娜三須毗你悉指陁四囉佐耶五怛他羯他耶六
怛姪他唵七薩婆桑悉迦囉八波唎輸底九達磨底十伽伽娜十一莎訶某特伽底十二薩婆婆毗輸底十三
摩訶娜耶十四波唎婆囉莎訶十五
若有自書教人書寫是无量壽宗要經受持讀誦如同書寫八万四千一切經典陁羅尼曰
南謨薄伽勃底一阿波唎蜜多二阿喻紇硯娜三須毗你悉指陁四囉佐耶五怛他羯他耶六怛姪他唵七薩婆
桑悉迦囉八波唎輸底九達磨底十伽伽娜十一莎訶某特伽底十二薩婆婆毗輸底十三摩訶娜耶十四波唎

BD15154號1　無量壽宗要經　（5–2）

若有自書教人書寫是无量壽宗要經受持讀誦如同書寫八万四千一切經典陁羅尼曰
南謨薄伽勃底一阿波唎蜜多二阿喻紇硯娜三須毗你悉指陁四囉佐耶五怛他羯他耶六怛姪他唵七薩婆
桑悉迦囉八波唎輸底九達磨底十伽伽娜十一莎訶某特伽底十二薩婆婆毗輸底十三摩訶娜耶十四波唎
婆囉莎訶十五
若有自書寫教人書寫是无量壽宗要經即是書寫八万四千部建立塔廟陁羅
尼曰　南謨薄伽勃底一阿波唎蜜多二阿喻紇硯娜三須毗你悉指陁四囉佐耶五怛他羯
他耶六怛姪他唵七薩婆桑悉迦囉八波唎輸底九達磨底十伽伽娜十一莎訶某特伽底十二薩婆婆毗輸底十三
摩訶娜耶十四波唎婆囉莎訶十五
若有自書寫教人書寫是无量壽宗要經能消五无間等一切重罪陁羅尼曰
南謨薄伽勃底一阿波唎蜜多二阿喻紇硯娜三須毗你悉指陁四囉佐耶五怛他羯他耶六怛姪他唵七薩婆桑
悉迦囉八波唎輸底九達磨底十伽伽娜十一莎訶某特伽底十二薩婆婆毗輸底十三摩訶娜耶十四波唎婆
囉莎訶十五
若有自書寫教人書寫是无量壽宗要經受持讀誦設有重罪猶如須弥盡能
除滅陁羅尼曰　南謨薄伽勃底一阿波唎蜜多二阿喻紇硯娜三須毗你悉指陁四囉佐耶五怛他羯他耶六
怛姪他唵七薩婆桑悉迦囉八波唎輸底九達磨底十伽伽娜十一莎訶某特伽底十二薩婆婆毗輸底十三摩訶
娜耶十四波唎婆囉莎訶十五
若有自書寫教人書寫是无量壽宗要經受持讀誦若魔魔
之眷屬夜叉羅剎不得其便終无枉死陁羅尼曰
南謨薄伽勃底一阿波唎蜜多二阿喻紇硯娜三須毗你悉指陁四囉佐耶五怛他羯他耶六怛姪他唵七薩婆
桑悉迦囉八波唎輸底九達磨底十伽伽娜十一莎訶某特伽底十二薩婆婆毗輸底十三摩訶娜耶十四波唎婆
囉莎訶十五　若有自書教人書寫是无量壽宗要經受
持讀誦當命終時有九十九殑佛現其人前蒙千佛授手能遊一切佛剎莫於此經
生於疑惑陁羅尼曰　南謨薄伽勃底一阿波唎蜜多二阿喻紇硯娜三須毗你悉指陁四
囉佐耶五怛他羯他耶六怛姪他唵七薩婆桑悉迦囉八波唎輸底九達磨底十伽伽娜十一莎訶某特
伽底十二薩婆婆毗輸底十三摩訶娜耶十四波唎婆囉莎訶十五
若有自書寫教人書寫是无量壽宗要經受持讀誦常得四天大王隨其衛護陁羅尼曰
南謨薄伽勃底一阿波唎蜜多二阿喻紇硯娜三須毗你悉指陁四囉佐耶五怛他羯他耶六怛姪他唵七
薩婆桑悉迦囉八波唎輸底九達磨底十伽伽娜十一莎訶某特伽底十二薩婆婆毗輸底十三摩訶
娜耶十四波唎婆囉莎訶十五　若有自書教人書寫是无量壽宗要經受
持讀誦當得往生西方極樂世界阿弥陁淨土陁羅尼曰
南謨薄伽勃底一阿波唎蜜多二阿喻紇硯娜三須毗你悉指陁四囉佐耶五怛他羯他耶六怛姪他唵七薩婆
桑悉迦囉八波唎輸底九達磨底十伽伽娜十一莎訶某特伽底十二薩婆婆毗輸底十三摩訶娜耶十四
波唎婆囉莎訶十五
若有方所自書寫使人書寫是无量壽經典之處則為是塔皆應恭敬作礼若是畜
生禽為鳥獸得聞是經如是等類皆當不久得成一切種智陁羅尼曰
南謨薄伽勃底一阿波唎蜜多二阿喻紇硯娜三須毗你悉指陁四囉佐耶五怛他羯他耶六怛姪他唵七薩婆
桑悉迦囉八波唎輸底九達磨底十伽伽娜十一莎訶某特伽底十二薩婆婆毗輸底十三摩訶娜耶十四波唎婆囉
莎訶十五
若有於是无量壽經自書寫若使人書畢竟不受女人之身陁羅尼曰
南謨薄伽勃底一阿波唎蜜多二阿喻紇硯娜三須毗你悉指陁四囉佐耶五怛他羯他耶六怛姪他唵七薩婆
桑悉迦囉八波唎輸底九達磨底十伽伽娜十一莎訶某特伽底十二薩婆婆毗輸底十三摩訶娜耶十四

BD15154號1　無量壽宗要經　（5–3）

素悉迦囉八 波唎輸底九 達磨底十 伽伽娜十一 莎訶某持迦底十二 薩婆婆毗輸底十三 摩訶娜耶十四 波唎婆嚟
莎訶十五
若有於是无量壽經自書寫若使人書畢竟不受女人之身陁羅尼曰
南謨薄伽勃底一 阿波唎蜜多二 阿喻紇硯娜三 須毗你悉指陁四 囉佐耶五 怛他羯他耶六 怛姪他唵七 薩婆
桑悉迦囉八 波唎輸底九 達磨底十 伽伽娜十一 莎訶某持迦底十二 薩婆婆毗輸底十三 摩訶娜耶十四
波唎婆嚟莎訶十五
若有能於是經少分能惠施者等於三千大千世界滿中七寶布施陁羅尼曰
南謨薄伽勃底一 阿波唎蜜多二 阿喻紇硯娜三 須毗你悉指陁四 囉佐耶五 怛他羯他耶六 怛姪他唵七
薩婆桑悉迦囉八 波唎輸底九 達磨底十 伽伽娜十一 莎訶某持迦底十二 薩婆婆毗輸底十三 摩訶娜
耶十四 波唎婆嚟莎訶十五
若有能供養是經者則是供養一切諸經等无有異陁羅尼曰
南謨薄伽勃底一 阿波唎蜜多二 阿喻紇硯娜三 須毗你悉指陁四 囉佐耶五 怛他羯他耶六 怛姪他唵七 薩婆桑悉
迦囉八 波唎輸底九 達磨底十 伽伽娜十一 莎訶某持迦底十二 薩婆婆毗輸底十三 摩訶娜耶十四 波唎婆嚟莎訶十五
如是毗婆尸佛 尸弃佛 毗舍浮佛 俱留孫佛 俱那含牟尼佛 迦葉佛 釋迦牟尼佛
若有人以七寶供養如是七佛其福有限書寫受持是无量壽經典所有功德不可限量陁羅尼曰
南謨薄伽勃底一 阿波唎蜜多二 阿喻紇硯娜三 須毗你悉指陁四 囉佐耶五 怛他羯他耶六 怛姪他唵七 薩婆
桑悉迦囉八 波唎輸底九 達磨底十 伽伽娜十一 莎訶某持迦底十二 薩婆婆毗輸底十三 摩訶娜耶十四 波唎
婆嚟莎訶十五
若有七寶等於須弥以用布施其福上能知其限量是无量壽經典其福不可知數陁羅尼
曰
南謨薄伽勃底一 阿波唎蜜多二 阿喻紇硯娜三 須毗你悉指陁四 囉佐耶五 怛他羯
他耶六 怛姪他唵七 薩婆桑悉迦囉八 波唎輸底九 達磨底十 伽伽娜十一 莎訶某持迦底十二 薩婆婆
毗輸底十三 摩訶娜耶十四 波唎婆嚟莎訶十五
如是四大海水可知滴數是无量壽經典所生果報不可數量陁羅尼曰
南謨薄伽勃底一 阿波唎蜜多二 阿喻紇硯娜三 須毗你悉指陁四 囉佐耶五 怛他羯他耶六 怛姪他
唵七 薩婆桑悉迦囉八 波唎輸底九 達磨底十 伽伽娜十一 莎訶某持迦底十二 薩婆婆毗輸底十三 摩
訶娜耶十四 波唎婆嚟莎訶十五
若有自書使人書寫是无量壽經典又能護持供養即如恭敬供養一切十方佛土如來无有異
別陁羅尼曰
南謨薄伽勃底一 阿波唎蜜多二 阿喻紇硯娜三 須毗你悉指陁四
囉佐耶五 怛他羯他耶六 怛姪他唵七 薩婆桑悉迦囉八 波唎輸底九 達磨底十 伽伽娜十一 莎訶某持迦底十二
薩婆婆毗輸底十三 摩訶娜耶十四 波唎婆嚟莎訶十五
布施力能成正覺 悟布施力人師子 布施力能聲普聞 慈悲階漸最能入
持戒力能成正覺 悟持戒力人師子 持戒力能聲普聞 慈悲階漸最能入
忍辱力能成正覺 悟忍辱力人師子 忍辱力能聲普聞 慈悲階漸最能入
精進力能成正覺 悟精進力人師子 精進力能聲普聞 慈悲階漸最能入
禪定力能成正覺 悟禪定力人師子 禪定力能聲普聞 慈悲階漸最能入
智慧力能成正覺 悟智慧力人師子 智慧力能聲普聞 慈悲階漸最能入
尒時如來說是經已一切世間天人阿脩羅揵闥婆等聞佛所說皆大歡喜信受奉行

BD15154 號 1　無量壽宗要經　　（5–4）

若有七寶等於須弥以用布施其福上能知其限量是无量壽經典其福不可知數陁羅尼
曰
南謨薄伽勃底一 阿波唎蜜多二 阿喻紇硯娜三 須毗你悉指陁四 囉佐耶五 怛他羯
他耶六 怛姪他唵七 薩婆桑悉迦囉八 波唎輸底九 達磨底十 伽伽娜十一 莎訶某持迦底十二 薩婆婆
毗輸底十三 摩訶娜耶十四 波唎婆嚟莎訶十五
如是四大海水可知滴數是无量壽經典所生果報不可數量陁羅尼曰
南謨薄伽勃底一 阿波唎蜜多二 阿喻紇硯娜三 須毗你悉指陁四 囉佐耶五 怛他羯他耶六 怛姪他
唵七 薩婆桑悉迦囉八 波唎輸底九 達磨底十 伽伽娜十一 莎訶某持迦底十二 薩婆婆毗輸底十三 摩
訶娜耶十四 波唎婆嚟莎訶十五
若有自書使人書寫是无量壽經典又能護持供養即如恭敬供養一切十方佛土如來无有異
別陁羅尼曰
南謨薄伽勃底一 阿波唎蜜多二 阿喻紇硯娜三 須毗你悉指陁四
囉佐耶五 怛他羯他耶六 怛姪他唵七 薩婆桑悉迦囉八 波唎輸底九 達磨底十 伽伽娜十一 莎訶某持迦底十二
薩婆婆毗輸底十三 摩訶娜耶十四 波唎婆嚟莎訶十五
布施力能成正覺 悟布施力人師子 布施力能聲普聞 慈悲階漸最能入
持戒力能成正覺 悟持戒力人師子 持戒力能聲普聞 慈悲階漸最能入
忍辱力能成正覺 悟忍辱力人師子 忍辱力能聲普聞 慈悲階漸最能入
精進力能成正覺 悟精進力人師子 精進力能聲普聞 慈悲階漸最能入
禪定力能成正覺 悟禪定力人師子 禪定力能聲普聞 慈悲階漸最能入
智慧力能成正覺 悟智慧力人師子 智慧力能聲普聞 慈悲階漸最能入
尒時如來說是經已一切世間天人阿脩羅揵闥婆等聞佛所說皆大歡喜信受奉行
佛說无量壽宗要經
孟郎寫

BD15154 號 1　無量壽宗要經　　（5–5）

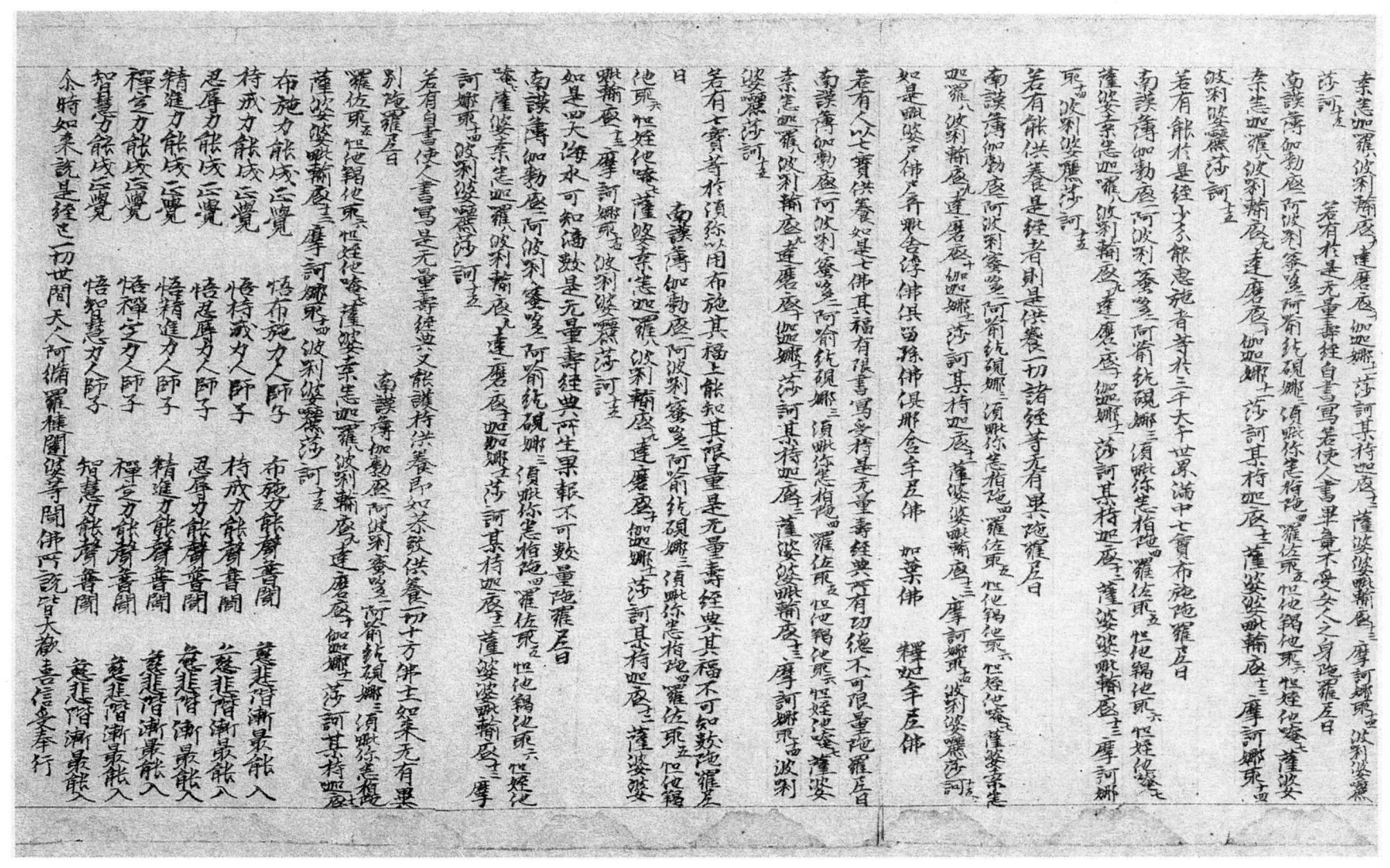

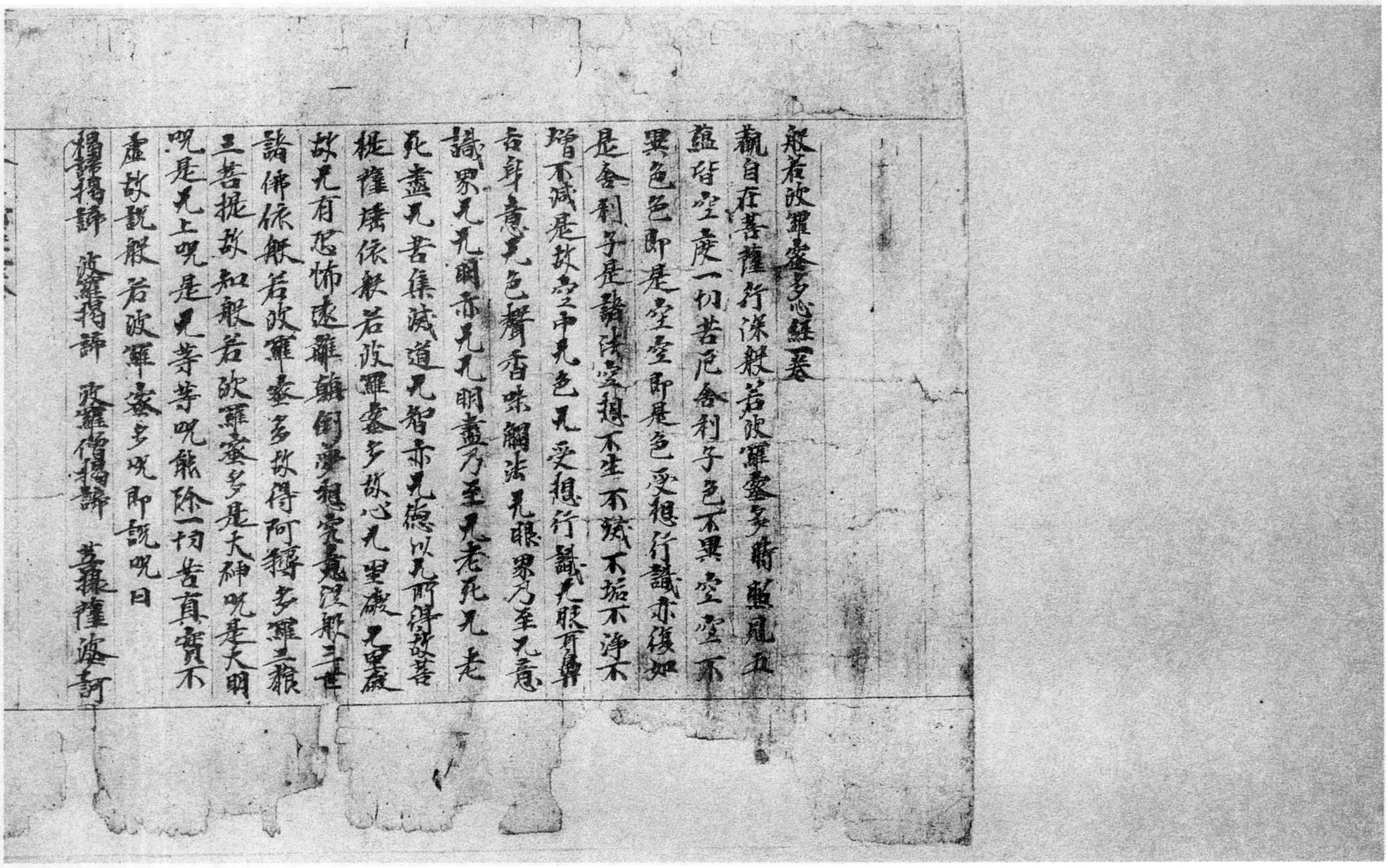
般若波羅蜜多心經一卷
觀自在菩薩行深般若波羅蜜多時照見五
蘊皆空度一切苦厄舍利子色不異空空不
異色色即是空空即是色受想行識亦復如
是舍利子是諸法空相不生不滅不垢不淨不
增不減是故空中无色无受想行識无眼耳鼻
舌身意无色聲香味觸法无眼界乃至无意
識界无无明亦无无明盡乃至无老死无老
死盡无苦集滅道无智亦无得以无所得故菩
提薩埵依般若波羅蜜多故心无罣礙无罣礙
故无有恐怖遠離顛倒夢想究竟涅槃三世
諸佛依般若波羅蜜多故得阿耨多羅三藐
三菩提故知般若波羅蜜多是大神呪是大明
呪是无上呪是无等等呪能除一切苦真實不
虛故說般若波羅蜜多呪即說呪曰
揭諦揭諦　波羅揭諦　波羅僧揭諦　菩提薩婆訶

BD15155 號　般若波羅蜜多心經　　（2–1）

舌身意无色聲香味觸法无眼界乃至无意
識界无无明亦无无明盡乃至无老死无老
死盡无苦集滅道无智亦无得以无所得故菩
提薩埵依般若波羅蜜多故心无罣礙无罣礙
故无有恐怖遠離顛倒夢想究竟涅槃三世
諸佛依般若波羅蜜多故得阿耨多羅三藐
三菩提故知般若波羅蜜多是大神呪是大明
呪是无上呪是无等等呪能除一切苦真實不
虛故說般若波羅蜜多呪即說呪曰
揭諦揭諦　波羅揭諦　波羅僧揭諦　菩提薩婆訶
蜜多心經一卷

BD15155 號　般若波羅蜜多心經　　（2–2）

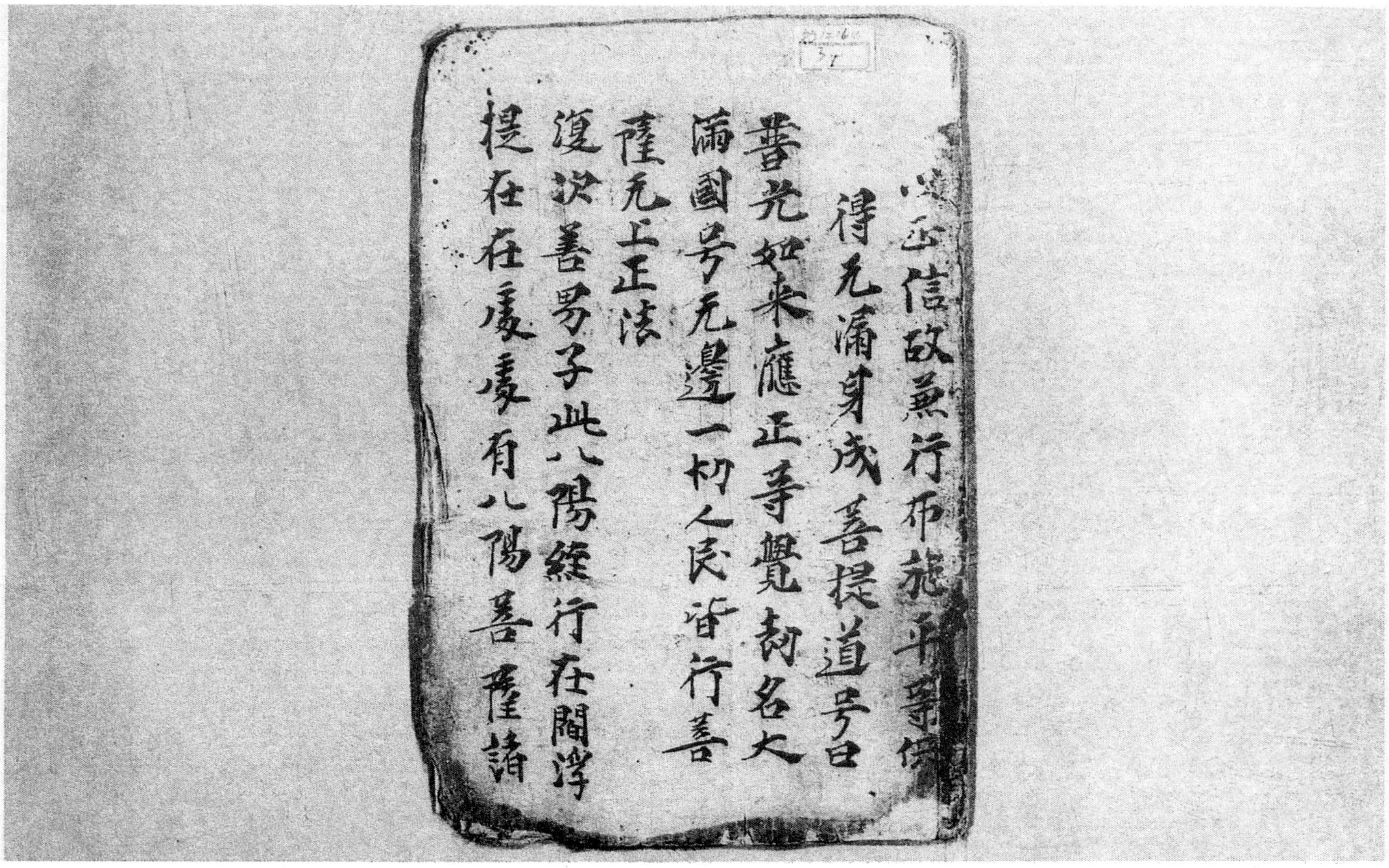
心正信敬兼行布施平等供
得无漏身成菩提道号曰
普光如來應正等覺劫名大
滿國号无邊一切人民皆行菩
薩无上正法
復次善男子此八陽經行在閻浮
提在在處處有八陽菩薩諸

BD15156 號　天地八陽神咒經　（6–1）

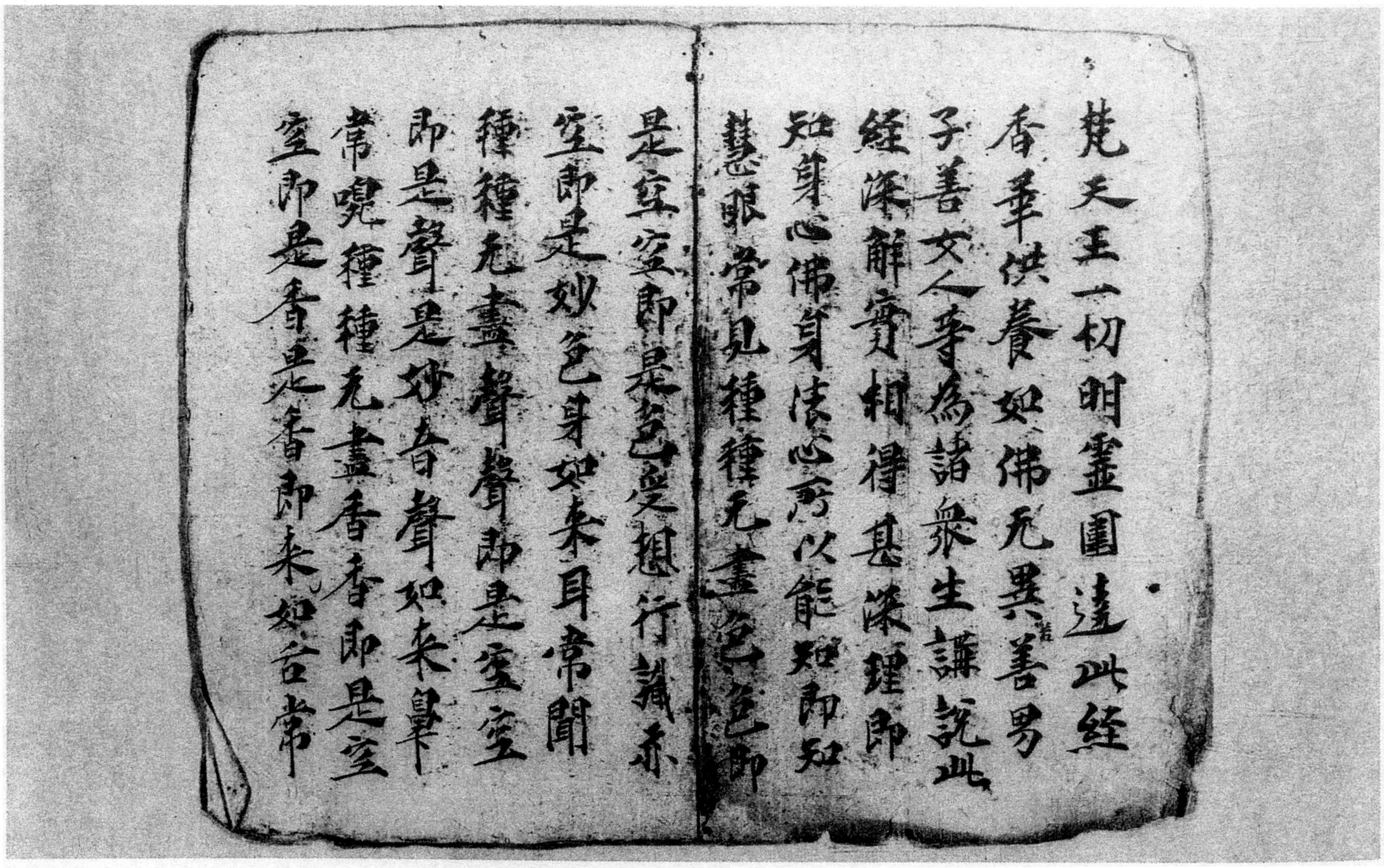
梵天王一切明靈圍遶此經
香華供養如佛无異善男
子善女人等為諸衆生講說此
經深解實相得甚深理即
知身心佛身法心所以能知即知
慧眼常見種種无盡色色即
是空空即是色受想行識亦
空即是妙色身如來耳常聞
種種无盡聲聲即是空空
即是聲聲是妙音聲如來鼻
常嗅種種无盡香香即是空
空即是香是香積如來舌常

BD15156 號　天地八陽神咒經　（6–2）

覺種種无盡味味即是空空
即是味是法喜如來身常覺
種種无盡觸觸即是空空
即是觸是智明如來意常想
分別種種无盡法法即是空空
即是法明來如善男子此六根
顯現人所口說其善法法輪常
轉得成聖道若說耶語惡法
常轉即墮惡趣善男子善
惡之理不得不信无身菩薩
人之身心是佛法器亦是十二部
大經卷也无始已來轉轉不盡

BD15156號　天地八陽神咒經　　（6–3）

不損毫毛如來藏經唯識心見
性者之所能知非諸聲聞凡
夫所能知也
復次善男子讀誦此經為他講
說深解真理者即知身心是
佛法器若醉迷不醒不了自
心是佛法根本流浪諸趣墮
於惡道永沉苦海不聞佛名
字无身菩薩復白佛言世尊
人之在世生死為重生不擇日
時至即生死不擇日時至即
死何因殯葬即問良辰吉日

BD15156號　天地八陽神咒經　　（6–4）

然始殯葬殯葬之後還有
妨害貧窮者多滅門者不
少唯願世尊為諸邪見无知
衆生說其因緣令得正道除
其顛倒
佛言善哉善哉善男子汝
實甚能問於衆生生死之
事殯葬之法汝等諦聽當
為汝說智慧之理大道之法
夫天地廣，太清日月廣長明時
年善善美實无有異善
男子人王菩薩甚大慈悲

BD15156號　天地八陽神咒經　（6–5）

愍念衆生皆如赤子下為人
主人之父母順於俗民教於俗
法造作曆日頒下天下令知
時節為有平滿成收開除
之字執危破煞之文愚人
依字信用无不免於凶禍之

BD15156號　天地八陽神咒經　（6–6）

界主梵天王尸棄大
屬万二千天子俱有八　難
陁龍王娑伽羅龍王和脩吉龍王德叉迦
王阿那婆達多龍王摩那斯龍王優鉢羅龍
王等各與若干百千眷屬俱有四緊那羅王
法緊那羅王妙法緊那羅王大法緊那羅王
持法緊那羅王各與若干百千眷屬俱有四
乾闥婆王樂乾闥婆王樂音乾闥婆王美乾
闥婆王美音乾闥婆王各與若干百千眷屬
俱有四阿脩羅王婆稚阿脩羅王佉羅騫大
阿脩羅王毗摩質多羅阿脩羅王羅睺阿脩
羅王各與若干百千眷屬俱有四迦樓羅王
大威德迦樓羅王大身迦樓羅王大滿迦樓
羅王如意迦樓羅王各與若干百千眷屬俱
韋提希子阿闍世王與若干百千眷屬俱各
礼佛足退坐一面尒時世尊四衆圍繞供養
恭敬尊重讚歎為諸菩薩說大乘經名无量
義教菩薩法佛所護念佛說此經已結跏趺
坐入於无量義處三昧身心不動是時天雨
曼陁羅華摩訶曼陁羅華曼殊沙華摩訶曼

BD15157號　妙法蓮華經卷一　（23–1）

義教菩薩法佛所護念佛說此經已結跏趺
坐入於无量義處三昧身心不動是時天雨
曼陁羅華摩訶曼陁羅華曼殊沙華摩訶曼
殊沙華而散佛上及諸大衆普佛世界六種震
動尒時會中比丘比丘尼優婆塞優婆夷
天龍夜叉乾闥婆阿脩羅迦樓羅緊那羅摩
睺羅伽人非人及諸小王轉輪聖王是諸大衆
得未曾有歡喜合掌一心觀佛尒時佛放
眉間白毫相光照于東方万八千世界靡不
周遍下至阿鼻地獄上至阿迦尼吒天於此世
界盡見彼土六趣衆生又見彼土現在諸佛
及聞諸佛所說經法并見彼諸比丘比丘尼
優婆塞優婆夷諸脩行得道者復見諸菩薩
摩訶薩種種因緣種種信解種種相貌行菩
薩道復見諸佛般涅槃者復見諸佛般涅槃
後以佛舍利起七寶塔尒時弥勒菩薩作是
念今者世尊現神變相以何因緣而有此瑞
今佛世尊入于三昧是不可思議現希有事
當以問誰誰能荅者復作此念是文殊師利
法王之子已曾親近供養過去无量諸佛必
應見此希有之相我今當問尒時比丘比丘
尼優婆塞優婆夷及諸天龍鬼神等咸作此
念是佛光明神通之相今當問誰尒時弥勒
菩薩欲自決疑又觀四衆比丘比丘尼優婆

BD15157號　妙法蓮華經卷一　（23–2）

尼優婆塞優婆夷及諸天龍鬼神等咸作此
念是佛光明神通之相今當問誰尒時弥勒
菩薩欲自決疑又觀四衆比丘比丘尼優婆
塞優婆夷及諸天龍鬼神等衆會之心而問
文殊師利言以何因緣而有此瑞神通之相
放大光明照于東方万八千土悉見彼佛國
界莊嚴於是弥勒菩薩欲重宣此義以偈問
曰
文殊師利　導師何故　眉間白豪　大光普照
雨曼陁羅　曼殊沙華　栴檀香風　悅可衆心
以是因緣　地皆嚴淨　而此世界　六種震動
時四部衆　咸皆歡喜　身意快然　得未曾有
眉間光明　照于東方　万八千土　皆如金色
從阿鼻獄　上至有頂　諸世界中　六道衆生
生死所趣　善惡業緣　受報好醜　於此悉見
又覩諸佛　聖主師子　演說經典　微妙第一
其聲清淨　出柔軟音　教諸菩薩　无數億万
梵音深妙　令人樂聞　各於世界　講說正法
種種因緣　以无量喻　照明佛法　開悟衆生
若人遭苦　猒老病死　為說涅槃　盡諸苦際
若人有福　曾供養佛　志求勝法　為說緣覺
若有佛子　脩種種行　求无上慧　為說淨道
文殊師利　我住於此　見聞若斯　及千億事
如是衆多　今當略說　我見彼土　恒沙菩薩

BD15157號　妙法蓮華經卷一　（23–3）

若有佛子　脩種種行　求无上慧　為說淨道
文殊師利　我住於此　見聞若斯　及千億事
如是衆多　今當略說　我見彼土　恒沙菩薩
種種因緣　而求佛道　或有行施　金銀珊瑚
真珠摩尼　車璖馬瑙　金剛諸珎　奴婢車乘
寶飾輦轝　歡喜布施　迴向佛道　願得是乘
三界第一　諸佛所歎　或有菩薩　駟馬寶車
欄楯華蓋　軒飾布施　復見菩薩　身肉手足
及妻子施　求无上道　又見菩薩　頭目身體
欣樂施與　求佛智慧　文殊師利　我見諸王
往詣佛所　問无上道　便捨樂土　宮殿臣妾
剃除鬚髮　而被法服　或見菩薩　而作比丘
獨處閑靜　樂誦經典　又見菩薩　勇猛精進
入於深山　思惟佛道　又見離欲　常處空閑
深脩禪定　得五神通　又見菩薩　安禪合掌
以千万偈　讚諸法王　復見菩薩　智深志固
能問諸佛　聞悉受持　又見佛子　定慧具足
以无量喻　為衆講法　欣樂說法　化諸菩薩
破魔兵衆　而擊法鼓　又見菩薩　寂然宴默
天龍恭敬　不以為喜　又見菩薩　處林放光
濟地獄苦　令入佛道　又見佛子　未嘗睡眠
經行林中　勤求佛道　又見具戒　威儀无缺
淨如寶珠　以求佛道　又見佛子　住忍辱力
增上慢人　惡罵捶打　皆悉能忍　以求佛道

BD15157號　妙法蓮華經卷一　（23–4）

淨如寶珠　以求佛道　又見佛子　住忍辱力
增上慢人　惡罵捶打　皆悉能忍　以求佛道
又見菩薩　離諸戲笑　及癡眷屬　親近智者
一心除亂　攝念山林　億千万歲　以求佛道
或見菩薩　餚饍飲食　百種湯藥　施佛及僧
名衣上服　價直千万　或无價衣　施佛及僧
千万億種　栴檀寶舍　衆妙卧具　施佛及僧
清淨園林　華果茂盛　流泉浴池　施佛及僧
如是等施　種種微妙　歡喜无猒　求无上道
或有菩薩　說寂滅法　種種教詔　无數衆生
或見菩薩　觀諸法性　无有二相　猶如虛空
又見佛子　心无所著　以此妙慧　求无上道
文殊師利　又有菩薩　佛滅度後　供養舍利
又見佛子　造諸塔廟　无數恒沙　嚴飾國界
寶塔高妙　五千由旬　縱廣正等　二千由旬
一一塔廟　各千幢幡　珠交露幔　寶鈴和鳴
諸天龍神　人及非人　香華伎樂　常以供養
文殊師利　諸佛子等　為供舍利　嚴飾塔廟
國界自然　殊特妙好　如天樹王　其華開敷
佛放一光　我及衆會　見此國界　種種殊妙
諸佛神力　智慧希有　放一淨光　照无量國
我等見此　得未曾有　佛子文殊　願決衆疑
四衆欣仰　瞻仁及我　世尊何故　放斯光明
佛子時荅　決疑令喜　何所饒益　演斯光明

BD15157 號　妙法蓮華經卷一　（23-5）

我等見此　得未曾有　佛子文殊　願決衆疑
四衆欣仰　瞻仁及我　世尊何故　放斯光明
佛子時荅　決疑令喜　何所饒益　演斯光明
佛坐道場　所得妙法　為欲說此　為當授記
示諸佛土　衆寶嚴淨　及見諸佛　此非小緣
文殊當知　四衆龍神　瞻察仁者　為說何等
尒時文殊師利語彌勒菩薩摩訶薩及諸大
士善男子等如我惟忖今佛世尊欲說大法
雨大法雨吹大法螺擊大法鼓演大法義諸
善男子我於過去諸佛曾見此瑞放斯光已
即說大法是故當知今佛現光亦復如是欲
令衆生咸得聞知一切世間難信之法故現
斯瑞諸善男子如過去无量无邊不可思議
阿僧祇劫尒時有佛号日月燈明如來應供
正遍知明行足善逝世間解无上士調御丈
夫天人師佛世尊演說正法初善中善後善
其義深遠其語巧妙純一无雜具足清白梵
行之相為求聲聞者說應四諦法度生老病
死究竟涅槃為求辟支佛者說應十二因緣
法為諸菩薩說應六波羅蜜令得阿耨多羅
三藐三菩提成一切種智次復有佛亦名日月
燈明次復有佛亦名日月燈明如是二万
佛皆同一字号日月燈明又同一姓頗羅
墮彌勒當知初佛後佛皆同一字名日月燈

BD15157 號　妙法蓮華經卷一　（23-6）

燈明次復有佛亦名日月燈明如是二万
佛皆同一字号日月燈明又同一姓頗羅
墮弥勒當知初佛後佛皆同一字名日月燈
明十号具足所可說法初中後善其最後佛
未出家時有八子一名有意二名善意三名
无量意四名寳意五名増意六名除疑意七
名響意八名法意是八王子威徳自在各領
四天下是諸王子聞父出家得阿耨多羅三
藐三菩提悉捨王位亦随出家發大乘意常
脩梵行皆為法師已於千万佛所殖諸善本
是時日月燈明佛說大乘經名无量義教菩
薩法佛所護念說是經已即於大衆中結跏
趺坐入於无量義處三昧身心不動是時天
雨曼陁羅華摩訶曼陁羅華曼殊沙華摩訶
曼殊沙華而散佛上及諸大衆普佛世界六
種震動尒時會中比丘比丘尼優婆塞優婆
夷天龍夜叉乾闥婆阿脩羅迦樓羅緊那羅
摩睺羅伽人非人及諸小王轉輪聖王等是
諸大衆得未曾有歡喜合掌一心觀佛尒時
如來放眉間白毫相光照于東方万八千佛
土靡不周遍如今所見是諸佛土弥勒當知尒
時會中有二十億菩薩樂欲聽法是諸菩薩
見此光明普照佛土得未曾有欲知此光所
為因緣時有菩薩名曰妙光有八百弟子是

BD15157號　妙法蓮華經卷一　（23–7）

見此光明普照佛土得未曾有欲知此光所
為因緣時有菩薩名曰妙光有八百弟子是
時日月燈明佛從三昧起因妙光菩薩說大
乘經名妙法蓮華教菩薩法佛所護念六十
小劫不起于座時會聽者亦坐一處六十小
劫身心不動聽佛所說謂如食頃是時衆中
无有一人若身若心而生懈惓日月燈明佛於
六十小劫說是經已即於梵魔沙門婆羅
門及天人阿脩羅衆中而宣此言如來於今
日中夜當入无餘涅槃時有菩薩名曰徳藏
日月燈明佛即授其記告諸比丘是徳藏菩
薩次當作佛号曰淨身多陁阿伽度阿羅訶
三藐三佛陁佛授記已便於中夜入无餘涅
槃佛滅度後妙光菩薩持妙法蓮華經滿八
十小劫為人演說日月燈明佛八子皆師妙
光妙光教化令其堅固阿耨多羅三藐三菩
提是諸王子供養无量百千万億佛已皆成
佛道其最後成佛者名曰然燈八百弟子中
有一人号曰求名貪著利養雖復讀誦衆經
而不通利多所忘失故号求名是人亦以種
諸善根因緣故得值无量百千万億諸佛供
養恭敬尊重讃歎弥勒當知尒時妙光菩薩
豈異人乎我身是也求名菩薩汝身是也今
見此瑞與本无異是故惟忖今日如來當說

BD15157號　妙法蓮華經卷一　（23–8）

豈異人乎我身是也求名菩薩汝身是也今
見此瑞與本无異是故惟忖今日如來當說
大乘經名妙法蓮華教菩薩法佛所護念尒
時文殊師利於大衆中欲重宣此義而說偈
言
我念過去世　无量无數劫　有佛人中尊　号日月燈明
世尊演說法　度无量衆生　无數億菩薩　令入佛智慧
佛未出家時　所生八王子　見大聖出家　亦隨脩梵行
時佛說大乘　經名无量義　於諸大衆中　而為廣分別
佛說此經已　即於法座上　跏趺坐三昧　名无量義處
天雨曼陀華　天鼓自然鳴　諸天龍鬼神　供養人中尊
一切諸佛土　即時大震動　佛放眉間光　現諸希有事
此光照東方　万八千佛土　示一切衆生　生死業報處
有見諸佛土　以衆寶莊嚴　瑠璃頗梨色　斯由佛光照
及見諸天人　龍神夜叉衆　乾闥婆那羅　各供養其佛
又見諸如來　自然成佛道　身色如金山　端嚴甚微妙
如淨瑠璃中　內現真金像　世尊在大衆　敷演深法義
一一諸佛土　聲聞衆无數　因佛光所照　悉見彼大衆
或有諸比丘　在於山林中　精進持淨戒　猶如護明珠
又見諸菩薩　行施忍辱等　其數如恒沙　斯由佛光照
又見諸菩薩　深入諸禪定　身心寂不動　以求无上道
又見諸菩薩　知法寂滅相　各於其國土　說法求佛道
尒時四部衆　見日月燈佛　現大神通力　其心皆歡喜
各各自相問　是事何因緣　天人所奉尊　適從三昧起

BD15157號　妙法蓮華經卷一　（23–9）

尒時四部衆　見日月燈佛　現大神通力　其心皆歡喜
各各自相問　是事何因緣　天人所奉尊　適從三昧起
讚妙光菩薩　汝為世間眼　一切所歸信　能奉持法藏
如我所說法　唯汝能證知　世尊既讚歎　令妙光歡喜
說是法華經　滿六十小劫　不起於此座　所說上妙法
是妙光法師　悉皆能受持　佛說是法華　令衆歡喜已
尋即於是日　告於天人衆　諸法實相義　已為汝等說
我今於中夜　當入於涅槃　汝一心精進　當離於放逸
諸佛甚難值　億劫時一遇　世尊諸子等　聞佛入涅槃
各各懷悲惱　佛滅一何速　聖主法之王　安慰无量衆
我若滅度時　汝等勿憂怖　是德藏菩薩　於无漏實相
心已得通達　其次當作佛　号曰為淨身　亦度无量衆
佛此夜滅度　如薪盡火滅　分布諸舍利　而起无量塔
比丘比丘尼　其數如恒沙　倍復加精進　以求无上道
是妙光法師　奉持佛法藏　八十小劫中　廣宣法華經
是諸八王子　妙光所開化　堅固无上道　當見无數佛
供養諸佛已　隨順行大道　相繼得成佛　轉次而授記
最後天中天　号曰然燈佛　諸仙之導師　度脫无量衆
是妙光法師　時有一弟子　心常懷懈怠　貪著於名利
求名利无猒　多遊族姓家　棄捨所習誦　廢忘不通利
以是因緣故　号之為求名　亦行衆善業　得見无數佛
供養於諸佛　隨順行大道　具六波羅蜜　今見釋師子
其後當作佛　号名曰彌勒　廣度諸衆生　其數无有量
彼佛滅度後　懈怠者汝是　妙光法師者　今則我身是

BD15157號　妙法蓮華經卷一　（23–10）

供養於諸佛　隨順行大道　具六波羅蜜　今見釋師子
其後當作佛　号名曰彌勒　廣度諸衆生　其數无有量
彼佛滅度後　懈怠者汝是　妙光法師者　今則我身是
我見燈明佛　本光瑞如此　以是知今佛　欲說法華經
今相如本瑞　是諸佛方便　今佛放光明　助發實相義
諸人今當知　合掌一心待　佛當雨法雨　充足求道者
諸求三乘人　若有疑悔者　佛當為除斷　令盡无有餘
妙法蓮華經方便品第二
尒時世尊從三昧安詳而起告舍利弗諸佛智
慧甚深无量其智慧門難解難入一切聲
聞辟支佛所不能知所以者何佛曾親近百
千万億无數諸佛盡行諸佛无量道法勇猛
精進名稱普聞成就甚深未曾有法隨宜所
說意趣難解舍利弗吾從成佛已來種種因
緣種種譬喻廣演言教无數方便引導衆生
令離諸著所以者何如來方便知見波羅蜜
皆已具足舍利弗如來知見廣大深遠无量
无礙力无所畏禪定解脫三昧深入无際成
就一切未曾有法舍利弗如來能種種分別
巧說諸法言辭柔軟悅可衆心舍利弗取要
言之无量无邊未曾有法佛悉成就止舍利
弗不須復說所以者何佛所成就第一希有
難解之法唯佛與佛乃能究盡諸法實相所
謂諸法如是相如是性如是體如是力如是

BD15157號　妙法蓮華經卷一　（23–11）

弗不須復說所以者何佛所成就第一希有
難解之法唯佛與佛乃能究盡諸法實相所
謂諸法如是相如是性如是體如是力如是
作如是因如是緣如是果如是報如是本末
究竟等尒時世尊欲重宣此義而說偈言
世雄不可量　諸天及世人　一切衆生類　无能知佛者
佛力无所畏　解脫諸三昧　及佛諸餘法　无能測量者
本從无數佛　具足行諸道　甚深微妙法　難見難可了
於无量億劫　行此諸道已　道場得成果　我已悉知見
如是大果報　種種性相義　我及十方佛　乃能知是事
是法不可示　言辭相寂滅　諸餘衆生類　无有能得解
除諸菩薩衆　信力堅固者　諸佛弟子衆　曾供養諸佛
一切漏已盡　住是最後身　如是諸人等　其力所不堪
假使滿世間　皆如舍利弗　盡思共度量　不能測佛智
正使滿十方　皆如舍利弗　及餘諸弟子　亦滿十方剎
盡思共度量　亦復不能知　辟支佛利智　无漏最後身
亦滿十方界　其數如竹林　斯等共一心　於億无量劫
欲思佛實智　莫能知少分　新發意菩薩　供養无數佛
了達諸義趣　又能善說法　如稻麻竹葦　充滿十方剎
一心以妙智　於恒河沙劫　咸皆共思量　不能知佛智
不退諸菩薩　其數如恒沙　一心共思求　亦復不能知
又告舍利弗　无漏不思議　甚深微妙法　我今已具得
唯我知是相　十方佛亦然　舍利弗當知　諸佛語无異
於佛所說法　當生大信力　世尊法久後　要當說真實

BD15157號　妙法蓮華經卷一　（23–12）

唯我知是相　十方佛亦然　舍利弗當知　諸佛語无異
於佛所說法　當生大信力　世尊法久後　要當說真實
告諸聲聞衆　及求緣覺乘　我令脫苦縛　逮得涅槃者
佛以方便力　示以三乘教　衆生處處著　引之令得出
尒時大衆中有諸聲聞漏盡阿羅漢阿若憍
陳如等千二百人及發聲聞辟支佛心比丘
比丘尼優婆塞優婆夷各作是念今者世尊
何故慇懃稱歎方便而作是言佛所得法甚
深難解有所言說意趣難知一切聲聞辟支
佛所不能及佛說一解脫義我等亦得此法
到於涅槃而今不知是義所趣尒時舍利弗
知四衆心疑自亦未了而白佛言世尊何因
何緣慇懃稱歎諸佛第一方便甚深微妙難
解之法我自昔來未曾從佛聞如是說今者
四衆咸皆有疑唯願世尊敷演斯事世尊何
故慇懃稱歎甚深微妙難解之法尒時舍利
弗欲重宣此義而說偈言
慧日大聖尊　久乃說是法　自說得如是　力无畏三昧
禪定解脫等　不可思議法　道場所得法　无能發問者
我意難可測　亦无能問者　无問而自說　稱歎所行道
智慧甚微妙　諸佛之所得　无漏諸羅漢　及求涅槃者
今皆墮疑網　佛何故說是　其求緣覺者　比丘比丘尼
諸天龍鬼神　及乾闥婆等　相視懷猶豫　瞻仰兩足尊
是事為云何　願佛為解說　於諸聲聞衆　佛說我第一

今皆墮疑網　佛何故說是　其求緣覺者　比丘比丘尼
諸天龍鬼神　及乾闥婆等　相視懷猶豫　瞻仰兩足尊
是事為云何　願佛為解說　於諸聲聞衆　佛說我第一
我今自於智　疑惑不能了　為是究竟法　為是所行道
佛口所生子　合掌瞻仰待　願出微妙音　時為如實說
諸天龍神等　其數如恒沙　求佛諸菩薩　大數有八万
又諸万億國　轉輪聖王至　合掌以敬心　欲聞具足道
尒時佛告舍利弗止止不須復說若說是事
一切世間諸天及人皆當驚疑舍利弗重白
佛言世尊唯願說之唯願說之所以者何是
會无數百千万億阿僧祇衆生曾見諸佛諸
根猛利智慧明了聞佛所說則能敬信尒時
舍利弗欲重宣此義而說偈言
法王无上尊　唯說願勿慮　是會无量衆　有能敬信者
佛復止舍利弗若說是事一切世間天人阿
脩羅皆當驚疑增上慢比丘將墜於大坑尒
時世尊重說偈言
止止不須說　我法妙難思　諸增上慢者　聞必不敬信
尒時舍利弗重白佛言世尊唯願說之唯願
說之今此會中如我等比百千万億世世已
曾從佛受化如此人等必能敬信長夜安隱
多所饒益尒時舍利弗欲重宣此義而說偈
言
无上兩足尊　願說第一法　我為佛長子　唯垂分別說

多所饒益尒時舍利弗欲重宣此義而説偈
言
无上兩足尊　願説第一法　我爲佛長子　唯垂分別説
是會无量衆　能敬信此法　佛已曾世世　教化如是等
皆一心合掌　欲聽受佛語　我等千二百　及餘求佛者
願爲此衆故　唯垂分別説　是等聞此法　則生大歡喜
尒時世尊告舍利弗汝已慇懃三請豈得不
説汝今諦聽善思念之吾當爲汝分別解説
説此語時會中有比丘比丘尼優婆塞優婆
夷五千人等即從座起礼佛而退所以者何
此輩罪根深重及增上慢未得謂得未證謂
證有如此失是以不住世尊嘿然而不制止
尒時佛告舍利弗我今此衆无復枝葉純有
貞實舍利弗如是增上慢人退亦佳矣汝今
善聽當爲汝説舍利弗言唯然世尊願樂欲
聞佛告舍利弗如是妙法諸佛如來時乃説
之如優曇鉢華時一現耳舍利弗汝等當信
佛之所説言不虚妄舍利弗諸佛隨宜説法
意趣難解所以者何我以无數方便種種囙
緣譬喻言辭演説諸法是法非思量分別之
所能解唯有諸佛乃能知之所以者何諸佛
世尊唯以一大事囙緣故出現扵世舍利弗
云何名諸佛世尊唯以一大事囙緣故出現
扵世諸佛世尊欲令衆生開佛知見使得清

BD15157號　妙法蓮華經卷一　（23–15）

世尊唯以一大事囙緣故出現扵世舍利弗
云何名諸佛世尊唯以一大事囙緣故出現
扵世諸佛世尊欲令衆生開佛知見使得清
淨故出現扵世欲示衆生佛知見故出現扵
世欲令衆生悟佛知見故出現扵世欲令衆
生入佛知見道故出現扵世舍利弗是爲諸
佛以一大事囙緣故出現扵世佛告舍利弗
諸佛如來但教化菩薩諸有所作常爲一事
唯以佛之知見示悟衆生舍利弗如來但以
一佛乘故爲衆生説法无有餘乘若二若三
舍利弗一切十方諸佛法亦如是舍利弗過
去諸佛以无量无數方便種種囙緣譬喻言
辭而爲衆生演説諸法是法皆爲一佛乘故
是諸衆生從諸佛聞法究竟皆得一切種智
舍利弗未來諸佛當出扵世亦以无量无數
方便種種囙緣譬喻言辭而爲衆生演説諸
法是法皆爲一佛乘故是諸衆生從佛聞法
究竟皆得一切種智舍利弗現在十方无量
百千万億佛土中諸佛世尊多所饒益安樂
衆生是諸佛亦以无量无數方便種種囙緣
譬喻言辭而爲衆生演説諸法是法皆爲一
佛乘故是諸衆生從佛聞法究竟皆得一切
種智舍利弗是諸佛但教化菩薩欲以佛之
知見示衆生故欲以佛之知見悟衆生故欲

BD15157號　妙法蓮華經卷一　（23–16）

佛乘故是諸衆生從佛聞法究竟皆得一切
種智舍利弗是諸佛但教化菩薩欲以佛之
知見示衆生故欲以佛之知見悟衆生故欲
令衆生入佛之知見故舍利弗我今亦復如
是知諸衆生有種種欲深心所著隨其本性
以種種因緣譬喻言辭方便力故而為說法
舍利弗如此皆為得一佛乘一切種智故舍
利弗十方世界中尚无二乘何况有三舍利
弗諸佛出於五濁惡世所謂劫濁煩惱濁衆
生濁見濁命濁如是舍利弗劫濁亂時衆生
垢重慳貪嫉妬成就諸不善根故諸佛以方
便力於一佛乘分別說三舍利弗若我弟子
自謂阿羅漢辟支佛者不聞不知諸佛如来
但教化菩薩事此非佛弟子非阿羅漢非辟
支佛又舍利弗是諸比丘比丘尼自謂已得
阿羅漢是最後身究竟涅槃便不復志求阿
耨多羅三藐三菩提當知此輩皆是增上慢
人所以者何若有比丘實得阿羅漢若不信
此法无有是處除佛滅度後現前无佛所以
者何佛滅度後如是等經受持讀誦解義者
是人難得若遇餘佛於此法中便得決了舍
利弗汝等當一心信解受持佛語諸佛如来
言无虛妄无有餘乘唯一佛乘尒時世尊欲
重宣此義而說偈言

BD15157號　妙法蓮華經卷一　（23–17）

利弗汝等當一心信解受持佛語諸佛如来
言无虛妄无有餘乘唯一佛乘尒時世尊欲
重宣此義而說偈言
比丘比丘尼　有懷增上慢　優婆塞我慢　優婆夷不信
如是四衆等　其數有五千　不自見其過　於戒有缺漏
護惜其瑕疵　是小智已出　衆中之糟糠　佛威德故去
斯人尠福德　不堪受是法　此衆无枝葉　唯有諸貞實
舍利弗善聽　諸佛所得法　无量方便力　而為衆生說
衆生心所念　種種所行道　若干諸欲性　先世善惡業
佛悉知是已　以諸緣譬喻　言辭方便力　令一切歡喜
或說脩多羅　伽陀及本事　本生未曾有　亦說於因緣
譬喻并祇夜　優波提舍經　鈍根樂小法　貪著於生死
於諸无量佛　不行深妙道　衆苦所惱亂　為是說涅槃
我設是方便　令得入佛慧　未曾說汝等　當得成佛道
所以未曾說　說時未至故　今正是其時　決定說大乘
我此九部法　隨順衆生說　入大乘為本　以故說是經
有佛子心淨　柔軟亦利根　无量諸佛所　而行深妙道
為此諸佛子　說是大乘經　我記如是人　来世成佛道
以深心念佛　脩持淨戒故　此等聞得佛　大喜充遍身
佛知彼心行　故為說大乘　聲聞若菩薩　聞我所說法
乃至於一偈　皆成佛无疑　十方佛土中　唯有一乘法
无二亦无三　除佛方便說　但以假名字　引導於衆生
說佛智慧故　諸佛出於世　唯此一事實　餘二則非真
終不以小乘　濟度於衆生　佛自住大乘　如其所得法

BD15157號　妙法蓮華經卷一　（23–18）

說佛智慧故　諸佛出於世　唯此一事實　餘二則非真
終不以小乘　濟度於衆生　佛自住大乘　如其所得法
定慧力莊嚴　以此度衆生　自證无上道　大乘平等法
若以小乘化　乃至於一人　我則墮慳貪　此事為不可
若人信歸佛　如來不欺誑　亦无貪嫉意　斷諸法中惡
故佛於十方　而獨无所畏　我以相嚴身　光明照世間
无量衆所尊　為說實相印　舍利弗當知　我本立誓願
欲令一切衆　如我等无異　如我昔所願　今者已滿足
化一切衆生　皆令入佛道　若我遇衆生　盡教以佛道
无智者錯亂　迷惑不受教　我知此衆生　未曾脩善本
堅著於五欲　癡愛故生惱　以諸欲因緣　墜墮三惡道
輪迴六趣中　備受諸苦毒　受胎之微形　世世常增長
薄德少福人　衆苦所逼迫　入邪見稠林　若有若无等
依止此諸見　具足六十二　深著虛妄法　堅受不可捨
我慢自矜高　諂曲心不實　於千万億劫　不聞佛名字
亦不聞正法　如是人難度　是故舍利弗　我為設方便
說諸盡苦道　示之以涅槃　我雖說涅槃　是亦非真滅
諸法從本來　常自寂滅相　佛子行道已　來世得作佛
我有方便力　開示三乘法　一切諸世尊　皆說一乘道
今此諸大衆　皆應除疑惑　諸佛語无異　唯一无二乘
過去无數劫　无量滅度佛　百千万億種　其數不可量
如是諸世尊　種種緣譬喻　无數方便力　演說諸法相
是諸世尊等　皆說一乘法　化无量衆生　令入於佛道
又諸大聖主　知一切世間　天人羣生類　深心之所欲

BD15157號　妙法蓮華經卷一　（23-19）

是諸世尊等　皆說一乘法　化无量衆生　令入於佛道
又諸大聖主　知一切世間　天人羣生類　深心之所欲
更以異方便　助顯第一義　若有衆生類　值諸過去佛
若聞法布施　或持戒忍辱　精進禪智等　種種脩福德
如是諸人等　皆已成佛道　諸佛滅度已　若人善軟心
如是諸衆生　皆已成佛道　諸佛滅度已　供養舍利者
起万億種塔　金銀及頗梨　車𤦲與馬瑙　玫瑰琉璃珠
清淨廣嚴飾　莊挍於諸塔　或有起石廟　栴檀及沈水
木蜜并餘材　塼瓦泥土等　若於曠野中　積土成佛廟
乃至童子戲　聚沙為佛塔　如是諸人等　皆已成佛道
若人為佛故　建立諸形像　刻雕成衆相　皆已成佛道
或以七寶成　鍮石赤白銅　白鑞及鉛錫　鐵木及與泥
或以膠漆布　嚴飾作佛像　如是諸人等　皆已成佛道
彩畫作佛像　百福莊嚴相　自作若使人　皆已成佛道
乃至童子戲　若草木及筆　或以指爪甲　而畫作佛像
如是諸人等　漸漸積功德　具足大悲心　皆已成佛道
但化諸菩薩　度脫无量衆　若人於塔廟　寶像及畫像
以華香幡蓋　敬心而供養　若使人作樂　擊鼓吹角貝
簫笛琴箜篌　琵琶鐃銅鈸　如是衆妙音　盡持以供養
或以歡喜心　歌唄頌佛德　乃至一小音　皆已成佛道
若人散亂心　乃至以一華　供養於畫像　漸見无數佛
或有人禮拜　或復但合掌　乃至舉一手　或復小低頭
以此供養像　漸見无量佛　自成无上道　廣度无數衆
入无餘涅槃　如薪盡火滅　若人散亂心　入於塔廟中

BD15157號　妙法蓮華經卷一　（23-20）

或有人礼拜　或復但合掌　乃至舉一手　或復小低頭
以此供養像　漸見无量佛　自成无上道　廣度无數衆
入无餘涅槃　如薪盡火滅　若人散亂心　入於塔廟中
一稱南无佛　皆已成佛道　於諸過去佛　在世或滅後
若有聞是法　皆已成佛道　未來諸世尊　其數无有量
是諸如來等　亦方便說法　一切諸如來　以无量方便
度脫諸衆生　入佛无漏智　若有聞法者　无一不成佛
諸佛本誓願　我所行佛道　普欲令衆生　亦同得此道
未來世諸佛　雖說百千億　无數諸法門　其實為一乘
諸佛兩足尊　知法常无性　佛種從緣起　是故說一乘
是法住法位　世間相常住　於道場知已　導師方便說
天人所供養　現在十方佛　其數如恒沙　出現於世間
安隱衆生故　亦說如是法　知第一寂滅　以方便力故
雖示種種道　其實為佛乘　知衆生諸行　深心之所念
過去所習業　欲性精進力　及諸根利鈍　以種種因緣
譬喻亦言辭　隨應方便說　今我亦如是　安隱衆生故
以種種法門　宣示於佛道　我以智慧力　知衆生性欲
方便說諸法　皆令得歡喜　舍利弗當知　我以佛眼觀
見六道衆生　貧窮无福慧　入生死險道　相續苦不斷
深著於五欲　如犛牛愛尾　以貪愛自蔽　盲瞑无所見
不求大勢佛　及與斷苦法　深入諸邪見　以苦欲捨苦
為是衆生故　而起大悲心　我始坐道場　觀樹亦經行
於三七日中　思惟如是事　我所得智慧　微妙最第一
衆生諸根鈍　著樂癡所盲　如斯之等類　云何而可度

BD15157號　妙法蓮華經卷一　（23–21）

於三七日中　思惟如是事　我所得智慧　微妙最第一
衆生諸根鈍　著樂癡所盲　如斯之等類　云何而可度
尒時諸梵王　及諸天帝釋　護世四天王　及大自在天
并餘諸天衆　眷屬百千万　恭敬合掌礼　請我轉法輪
我即自思惟　若但讚佛乘　衆生沒在苦　不能信是法
破法不信故　墜於三惡道　我寧不說法　疾入於涅槃
尋念過去佛　所行方便力　我今所得道　亦應說三乘
作是思惟時　十方佛皆現　梵音慰喻我　善哉釋迦文
第一之導師　得是无上法　隨諸一切佛　而用方便力
我等亦皆得　最妙第一法　為諸衆生類　分別說三乘
少智樂小法　不自信作佛　是故以方便　分別說諸果
雖復說三乘　但為教菩薩　舍利弗當知　我聞聖師子
深淨微妙音　喜稱南无佛　復作如是念　我出濁惡世
如諸佛所說　我亦隨順行　思惟是事已　即趣波羅柰
諸法寂滅相　不可以言宣　以方便力故　為五比丘說
是名轉法輪　便有涅槃音　及以阿羅漢　法僧差別名
從久遠劫來　讚示涅槃法　生死苦永盡　我常如是說
舍利弗當知　我見佛子等　志求佛道者　无量千万億
咸以恭敬心　皆來至佛所　曾從諸佛聞　方便所說法
我即作是念　如來所以出　為說佛慧故　今正是其時
舍利弗當知　鈍根小智人　著相憍慢者　不能信是法
今我喜无畏　於諸菩薩中　正直捨方便　但說无上道
菩薩聞是法　疑網皆已除　千二百羅漢　悉亦當作佛
如三世諸佛　說法之儀式　我今亦如是　說无分別法

BD15157號　妙法蓮華經卷一　（23–22）

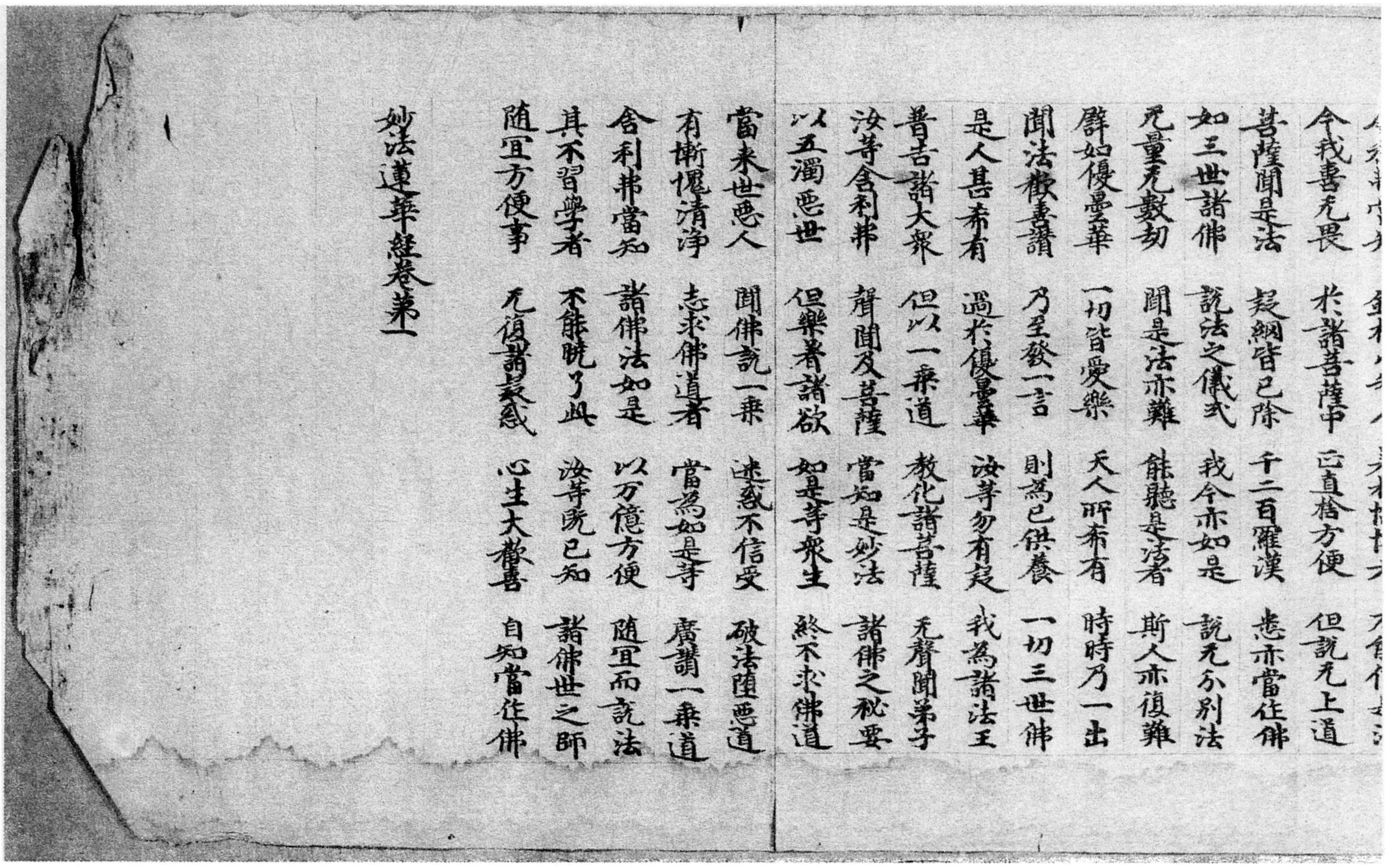
今我喜无畏　於諸菩薩中　正直捨方便　但說无上道
菩薩聞是法　疑網皆已除　千二百羅漢　悉亦當作佛
如三世諸佛　說法之儀式　我今亦如是　說无分別法
无量无數劫　聞是法亦難　能聽是法者　斯人亦復難
譬如優曇華　一切皆愛樂　天人所希有　時時乃一出
聞法歡喜讚　乃至發一言　則為已供養　一切三世佛
是人甚希有　過於優曇華　汝等勿有疑　我為諸法王
普告諸大衆　但以一乘道　教化諸菩薩　无聲聞弟子
汝等舍利弗　聲聞及菩薩　當知是妙法　諸佛之秘要
以五濁惡世　但樂著諸欲　如是等衆生　終不求佛道
當來世惡人　聞佛說一乘　迷惑不信受　破法墮惡道
有慚愧清淨　志求佛道者　當為如是等　廣讚一乘道
舍利弗當知　諸佛法如是　以万億方便　隨宜而說法
其不習學者　不能曉了此　汝等既已知　諸佛世之師
隨宜方便事　无復諸疑惑　心生大歡喜　自知當作佛

妙法蓮華經卷第一

BD15157 號　妙法蓮華經卷一　（23–23）

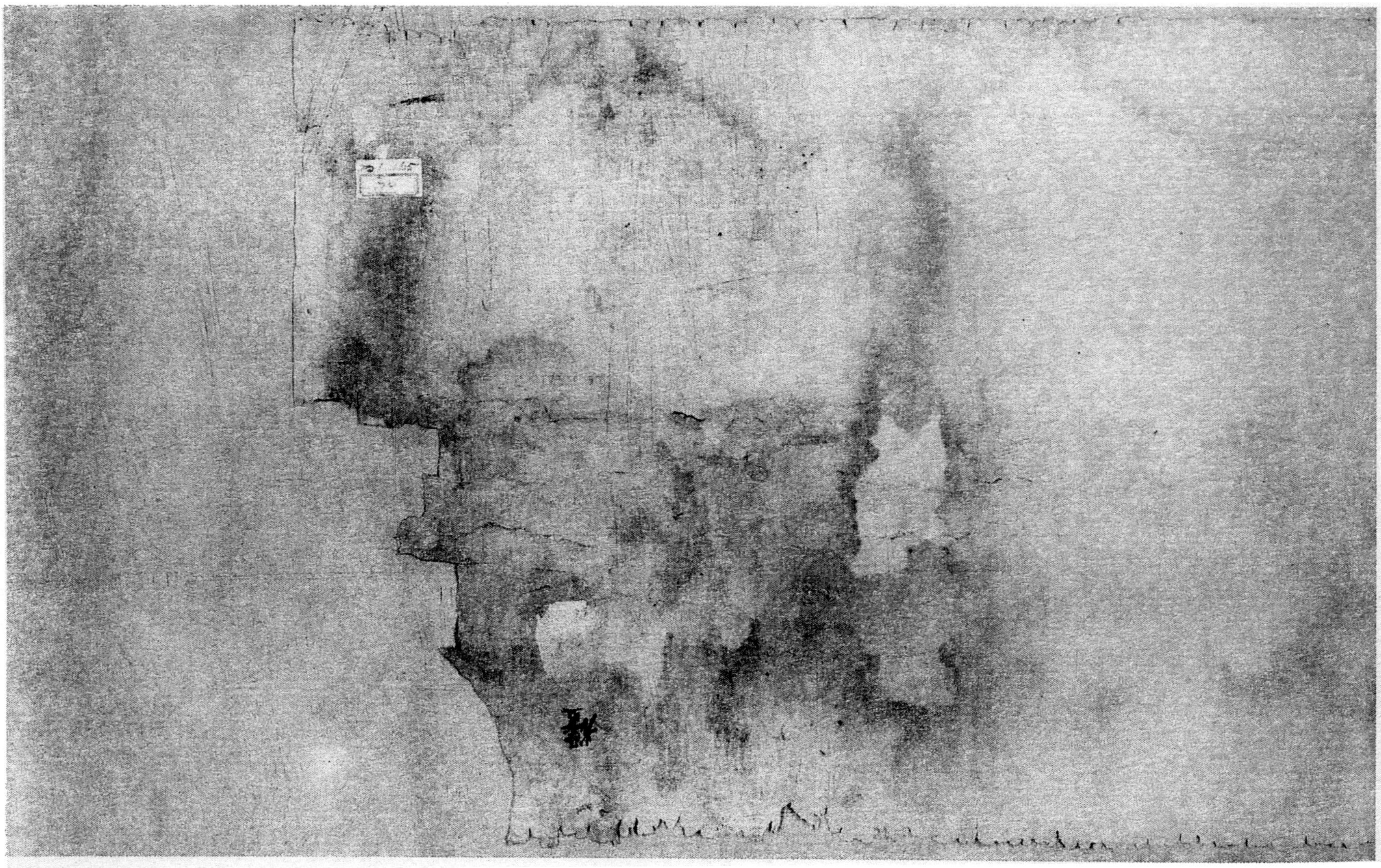

BD15157 號背　勘記　（1–1）

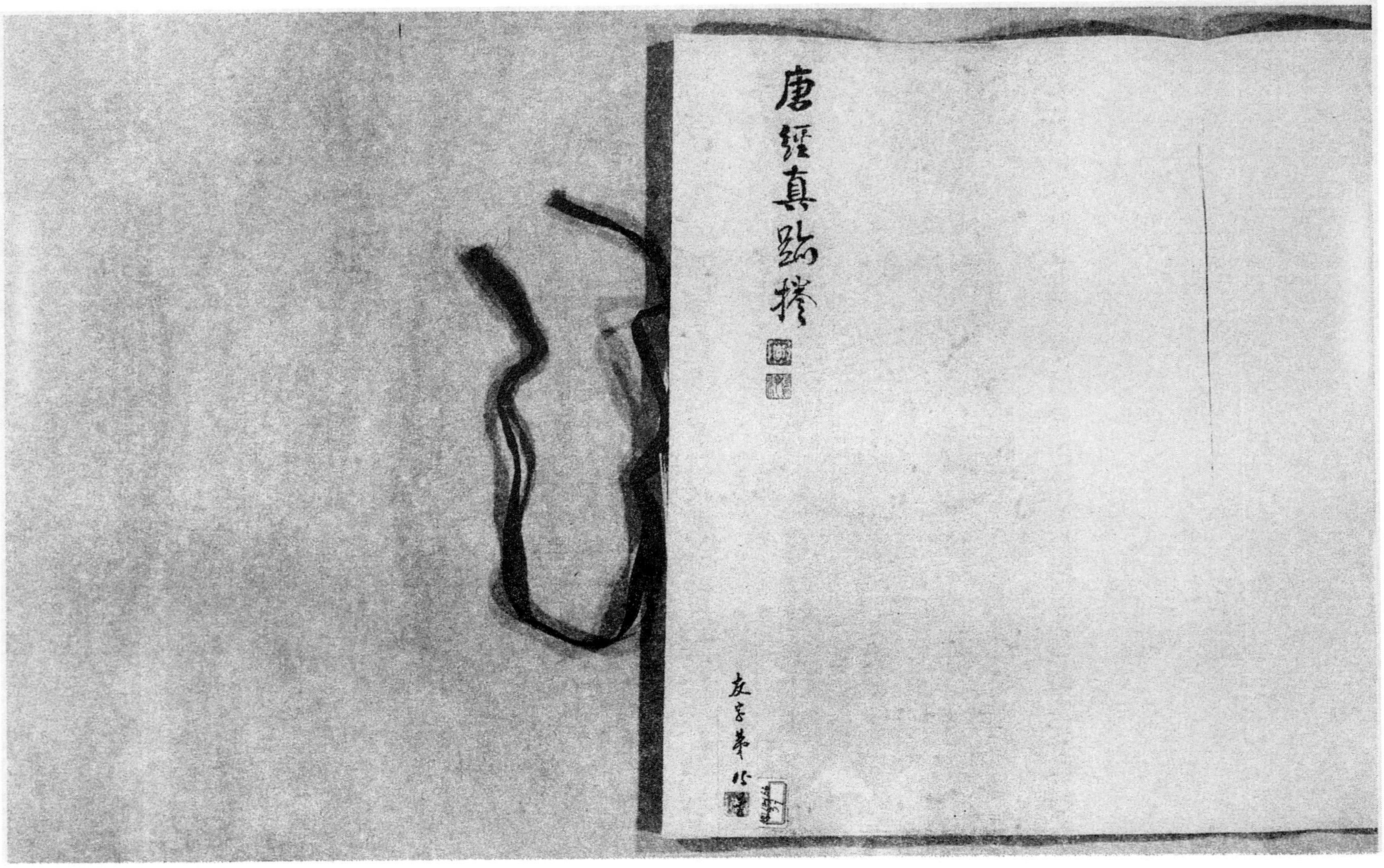

BD15158 號　護首　（1–1）

BD15158 號　大般若波羅蜜多經卷四六〇　（5–1）

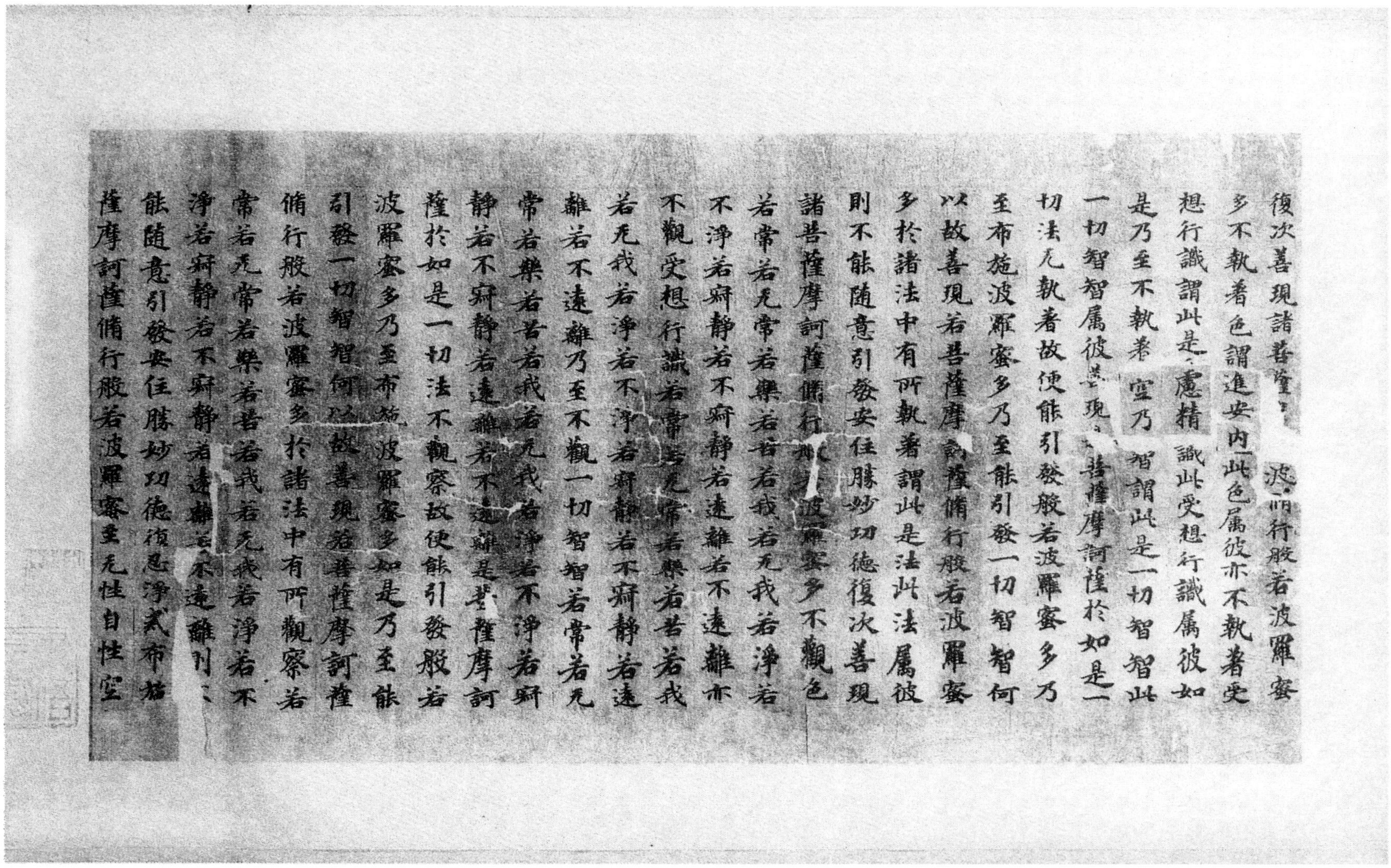

復次善現諸菩薩… 波□行般若波羅蜜
多不執着色謂進安內此色屬彼亦不執着受
想行識謂此是□慮精識此受想行識屬彼如
是乃至不執着空乃智謂此是一切智智此
一切智智屬彼善現□菩薩摩訶薩於如是一
切法无執着故便能引發般若波羅蜜多乃
至布施波羅蜜多乃至能引發一切智智何
以故善現若菩薩摩訶薩脩行般若波羅蜜
多於諸法中有所執着謂此是法此法屬彼
則不能隨意引發安住勝妙功德復次善現
諸菩薩摩訶薩脩行般若波羅蜜多不觀色
若常若无常若樂若苦若我若无我若淨若
不淨若寂靜若不寂靜若遠離若不遠離亦
不觀受想行識若常若无常若樂若苦若我
若无我若淨若不淨若寂靜若不寂靜若遠
離若不遠離乃至不觀一切智智若常若无
常若樂若苦若我若无我若淨若不淨若寂
靜若不寂靜若遠離若不遠離是菩薩摩訶
薩於如是一切法不觀察故便能引發般若
波羅蜜多乃至布施波羅蜜多如是乃至能
引發一切智智何以故善現若菩薩摩訶薩
脩行般若波羅蜜多於諸法中有所觀察若
常若无常若樂若苦若我若无我若淨若不
淨若寂靜若不寂靜若遠離若不遠離則□
能隨意引發安住勝妙功德復忍淨戒布施
薩摩訶薩脩行般若波羅蜜多无性自性空

BD15158號　大般若波羅蜜多經卷四六〇　（5–2）

波羅蜜多乃至布施波羅蜜多如是乃至能
引發一切智…多於諸法中有所觀察若
脩行般若波羅蜜多於諸法中有所觀察若
常若无常若樂若若…若淨若不
淨若寂靜若不寂…
能隨意引發安住勝妙功德…
薩摩訶薩脩行般若波羅蜜多无性自性空

姜堯章續書譜云真書或者專
喜方正極意歐顔或者怪務匀圓
專師虞永或者書殊並而有之得傳
刀較尺之物洵唐經中之特健藥
也
芸初其寶之勿輕示人　樹枏跋

鄯善土峪溝唐隸
高昌佛國近年出
土寫經甚多書手係北
庭見者之有實好見

BD15158號　大般若波羅蜜多經卷四六〇　（5–3）

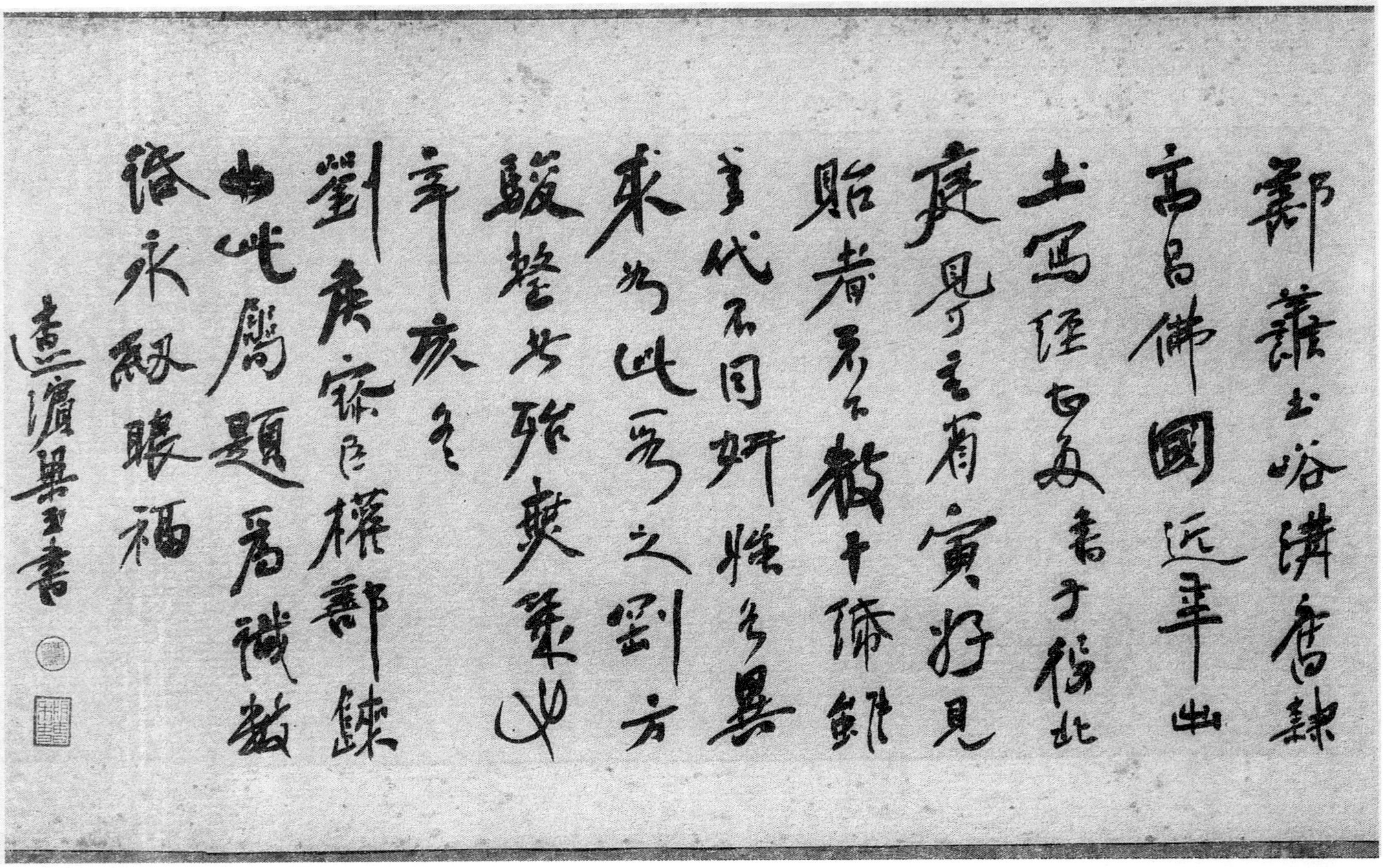

BD15158號　大般若波羅蜜多經卷四六〇　（5–4）

BD15158號　大般若波羅蜜多經卷四六〇　（5–5）

名字第一維衛佛
四句樓秦佛第五拘那含牟尼佛第六迦葉佛
第七釋迦牟尼佛
若有病痛苦厄者便當讀誦此佛名字諸惡
蠱道悉皆消滅无能復近佛說此經佛告阿
難言我今復憐愍衆生故便說六神名字一
名波奈羅二名加奈羅三名神叱迦 四名懃迦
五名摩頭六名摩祁
此是六神名字阿難若有衆生无男无女无貴
无賤有苦厄者皆當稱說六神名字所患消
除惡疾（鬼）氣不得來近一切滅盡无有遺餘佛
告无量无邊諸大菩薩摩訶薩及天神王一切
天人我滅度後若有受持我所囑法者汝等
常當晝夜擁護令得安隱文殊師利菩薩白
佛言世尊我當於佛滅後將廿五菩薩於惡
世中聞有讀此經典者我當晝夜在其左右擁
護是人衆邪魍魎不得來近常使是人卧安覺
安循行善法佛讚文殊師利言善哉善哉汝
能擁護我白千万億劫中所可循集阿耨多
羅三藐三菩提者
尒時四天神王偏袒右肩右膝著地一心合掌白

BD15159號　救護身命濟人疾病苦厄經　（4–1）

羅三藐三菩提者
尒時四天神王偏袒右肩右膝著地一心合掌白
佛言世尊我當於如來滅度後各將眷屬奉行
國界有能讀誦書寫受持是經者我等眷屬
常當隨逐是人晝夜擁護令不見惡是人欲
行曠野中我常隨逐導從懃心擁護不離是人
不令惡鬼妄來復近當得氣是不令飢渴所欲
求者我等神王悉令供給如其所願之少何以
故是人能流布此經循行善法供養三寶令不斷絕
尒時乾闥婆阿脩羅迦樓羅緊那羅摩睺羅
伽人非人等各各胡跪於如來前一心合掌白
佛言世尊我等天人常當飛行於惡世中聞有
讀誦書寫受持是經典者我等天人与其眷
屬共到是人所住之處聽受此法常當擁護晝
夜不離在其四面擁護是人衆魔惡鬼不得復
近不得奪其精氣不得撓亂絕命不得橫來
遠害不得求其長短不奪（能）犯命毒不行我等眷
屬至是人所住之處在於虛空中是人若遇大
火我等眷屬隨其方便救護其身不令火燒若
遇大水急馳瀾去我等眷屬即於虛空中來接
是人令不見溺水退還停得渡水難若遇大賊
我於四面救護是人能使賊心刀杖不舉即發
大慈心若遇官法繫縛枷鎖晝夜憂苦我等眷
屬於虛空中能令其官生歡喜心悉令放赦皆
得解脫我等眷屬一心救護不令他終而行撓

BD15159號　救護身命濟人疾病苦厄經　（4–2）

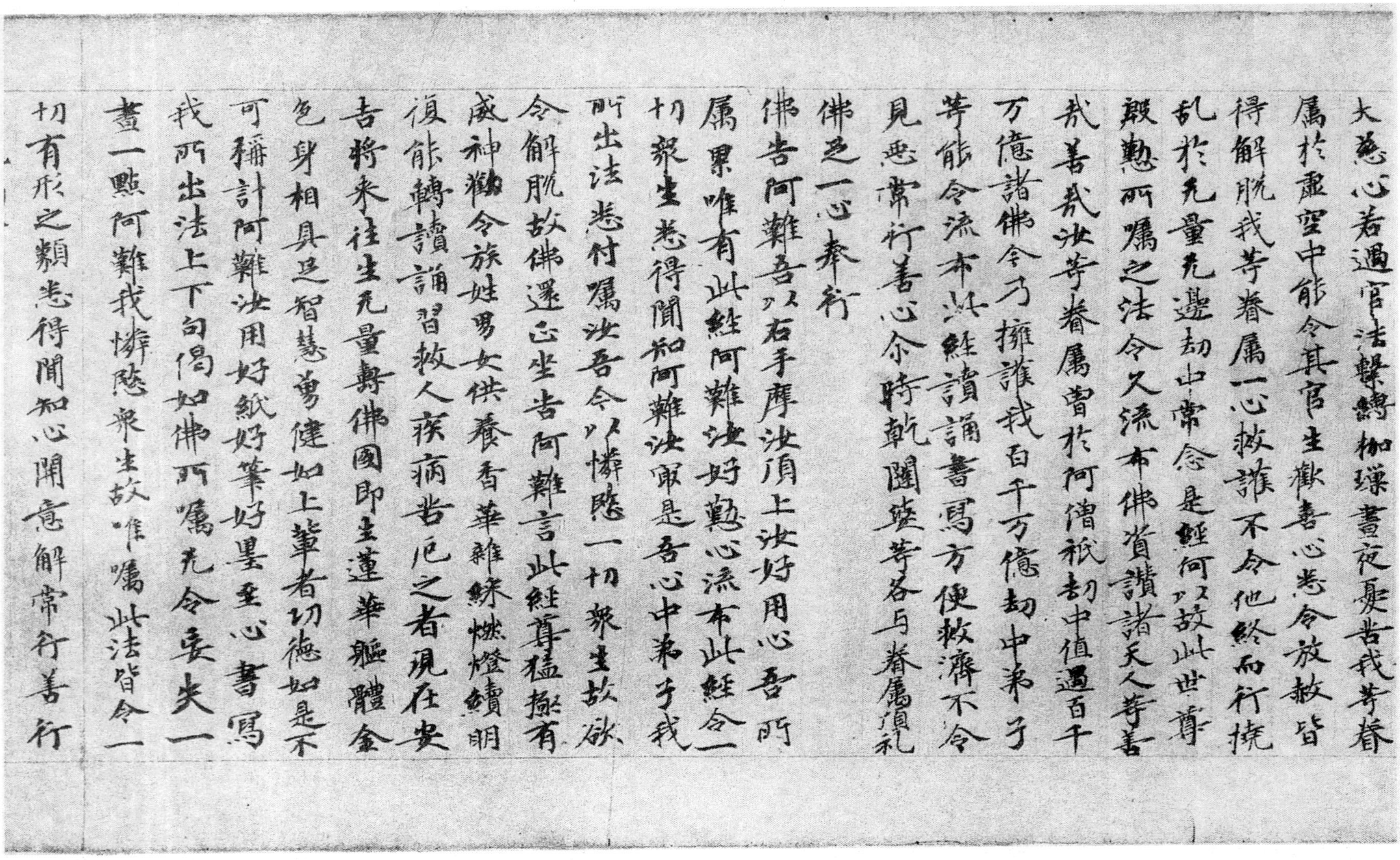

大慈心若過宮法槃轉枷鎖晝夜憂苦我等眷
屬於虛空中能令其宮生歡喜心悉令放赦皆
得解脫我等眷屬一心救護不令他終而行撓
亂於无量无邊劫中常念是經何以故此世尊
殷懃所囑之法令久流布佛資讚諸天人等善
哉善哉汝等眷屬曾於阿僧祇劫中值遇百千
万億諸佛令乃擁護我百千万億劫中弟子
等能令流布此經讀誦書寫方便救濟不令
見惡常行善心尒時乾闥婆等各与眷屬頂礼
佛足一心奉行
佛告阿難吾以右手摩汝頂上汝好用心吾所
屬累唯有此經阿難汝好懃心流布此經令一
切衆生悉得聞知阿難汝取是吾心中弟子我
所出法悉付囑汝吾今以憐愍一切衆生故欲
令解脫故佛還正坐告阿難言此經尊猛擬有
威神勸令族姓男女供養香華雜綵燃燈續明
復能轉讀誦習救人疾病苦厄之者現在安
吉將來往生无量壽佛國即生蓮華軀體金
色身相具足智慧勇健如上筆者功德如是不
可稱計阿難汝用好紙好筆好墨至心書寫
我所出法上下句偈如佛所囑无令妄失一
畫一點阿難我憐愍衆生故唯囑此法皆令一
切有形之類悉得聞知心開意解常行善行

BD15159號　救護身命濟人疾病苦厄經　（4–3）

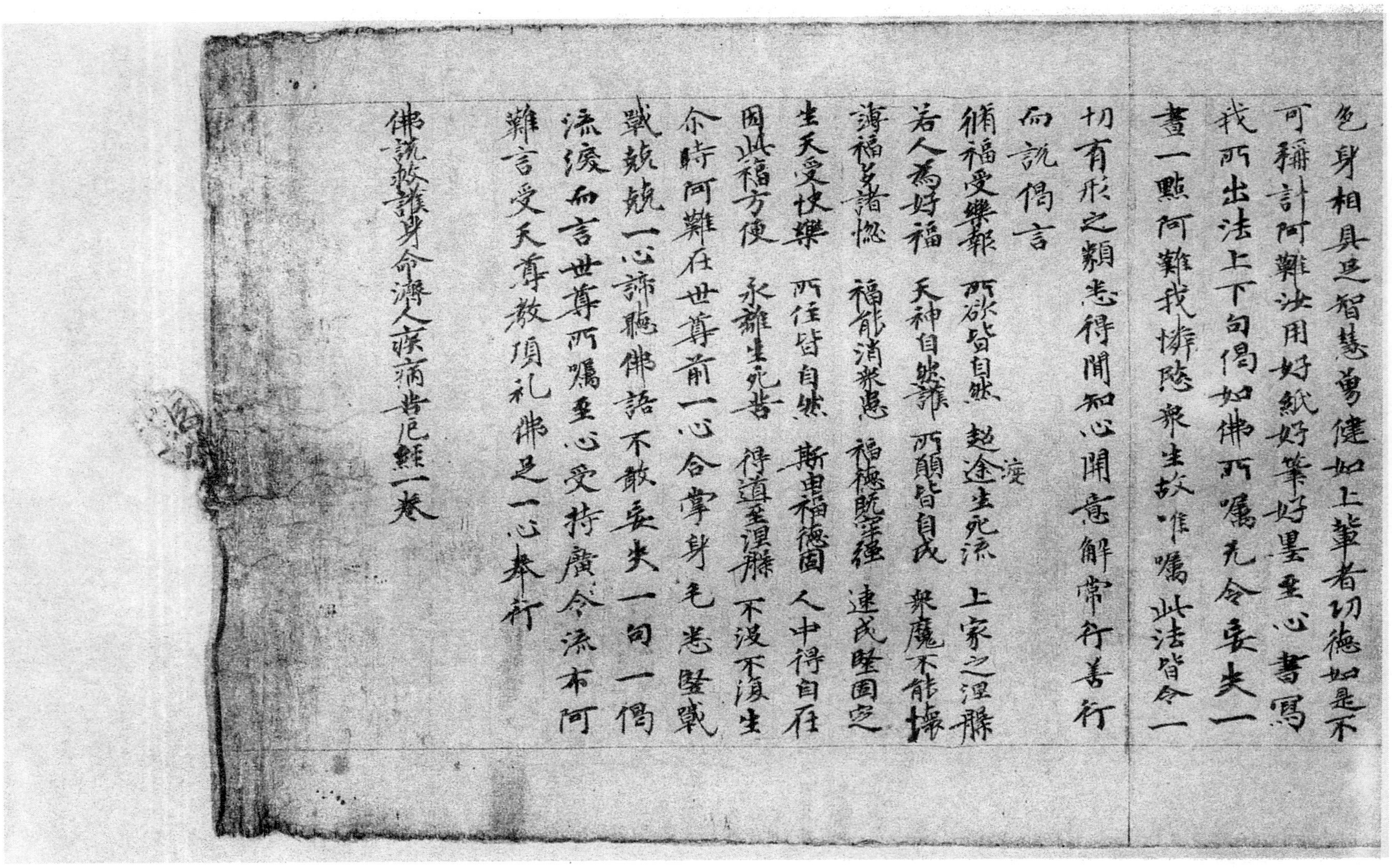

色身相具足智慧勇健如上筆者功德如是不
可稱計阿難汝用好紙好筆好墨至心書寫
我所出法上下句偈如佛所囑无令妄失一
畫一點阿難我憐愍衆生故唯囑此法皆令一
切有形之類悉得聞知心開意解常行善行
而說偈言
脩福受樂報　所欲皆自然　超途（渡）生死流　上家之涅槃
若人為好福　天神自然護　所願皆自成　衆魔不能壞
薄福召諸惱　福能消衆惡　福德既牢強　速成堅固定
生天受快樂　所往皆自然　斯由福德固　人中得自在
因此福方便　永離生死苦　得道至涅槃　不沒不須生
尒時阿難在世尊前一心合掌身毛悉豎戰
戰兢兢一心諦聽佛語不敢妄失一句一偈
流後而言世尊所囑至心受持廣令流布阿
難言受天尊教頂礼佛足一心奉行
佛說救護身命濟人疾病苦厄經一卷

BD15159號　救護身命濟人疾病苦厄經　（4–4）

BD15159 號背　勘記、印章　　（1–1）

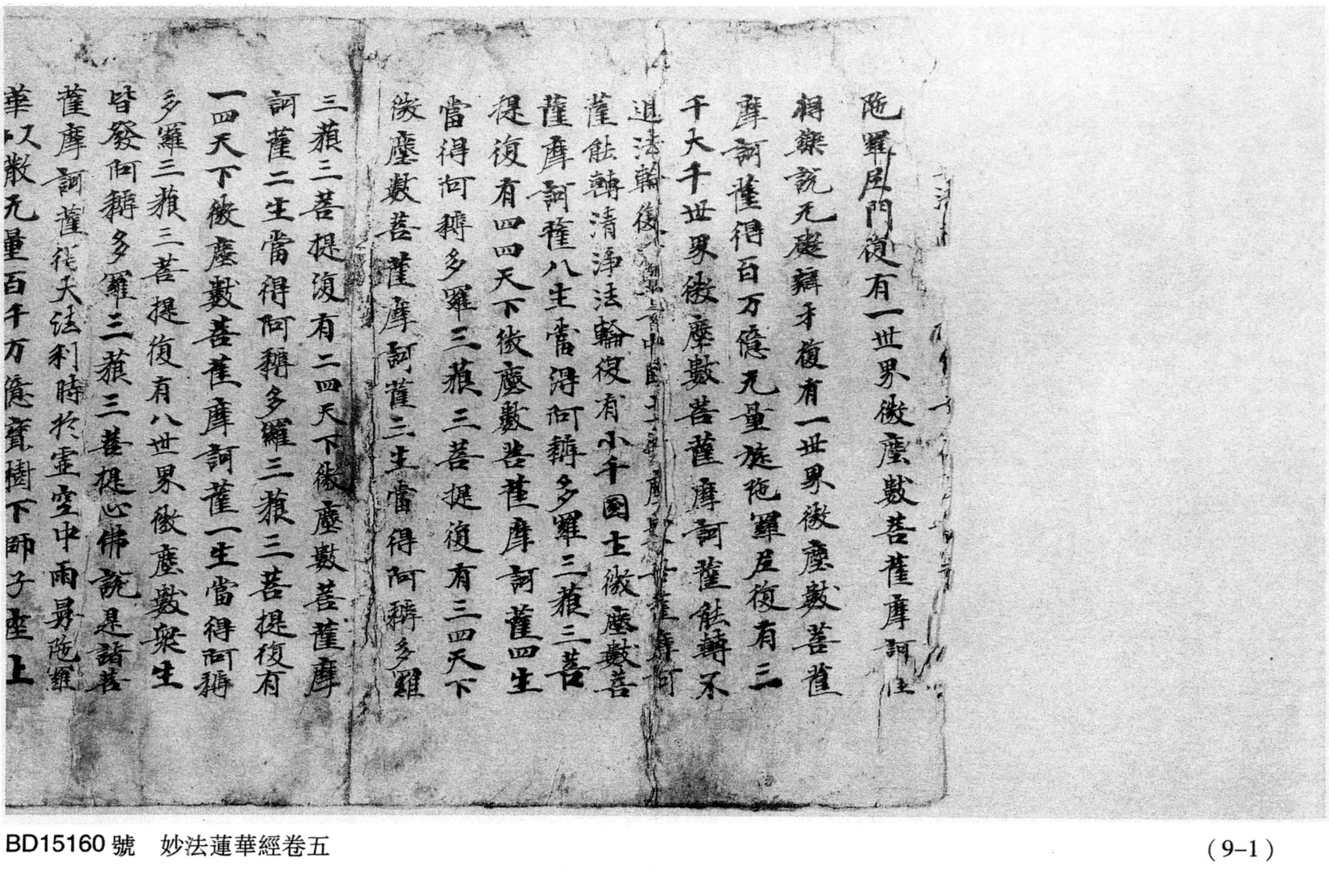

陁羅尼門復有一世界微塵數菩薩摩訶薩
得樂說无㝵辯才復有一世界微塵數菩薩
摩訶薩得百万億无量旋陁羅尼復有三
千大千世界微塵數菩薩摩訶薩能轉不
退法輪復有二千中國土微塵數菩薩摩訶
薩能轉清淨法輪復有小千國土微塵數菩
薩摩訶薩八生當得阿耨多羅三藐三菩
提復有四四天下微塵數菩薩摩訶薩四生
當得阿耨多羅三藐三菩提復有三四天下
微塵數菩薩摩訶薩三生當得阿耨多羅
三藐三菩提復有二四天下微塵數菩薩摩
訶薩二生當得阿耨多羅三藐三菩提復有
一四天下微塵數菩薩摩訶薩一生當得阿耨
多羅三藐三菩提復有八世界微塵數衆生
皆發阿耨多羅三藐三菩提心佛說是諸菩
薩摩訶薩得大法利時於虛空中雨曼陁羅
華以散无量百千万億寶樹下師子座上

BD15160 號　妙法蓮華經卷五　　（9–1）

[illegible]
一四天下微塵數菩薩摩訶薩一生當得阿耨
多羅三藐三菩提復有八世界微塵數衆生
皆發阿耨多羅三藐三菩提心佛說是諸菩
薩摩訶薩得大法利時於虛空中雨曼陀羅
華以散无量百千万億衆寶樹下師子座上
諸佛并散七寶塔中師子座上釋迦牟尼
佛及久滅度多寶如來亦散一切諸大菩薩及
四部衆又雨細末栴檀沈水香等於虛空中
天鼓自鳴妙聲深遠又雨千種天衣垂諸瓔
珞真珠瓔珞摩尼珠瓔珞如意珠瓔珞遍於
九方衆寶香爐燒无價香自然周至供養
大會一一佛上有諸菩薩執持幡蓋次第而上
至于梵天是諸菩薩以妙音聲歌无量頌讚
歎諸佛尒時弥勒菩薩從座而起偏袒右肩合
掌向佛而說偈言

佛說希有法　昔所未曾聞　世尊有大力　壽命不可量
无數諸佛子　聞世尊分別　說得法利者　歡喜充遍身
或住不退地　或得陀羅尼　或无礙樂說　万億旋總持
或有大千界　微塵數菩薩　各各皆能轉　不退之法輪
或有中千界　微塵數菩薩　各各皆能轉　清淨之法輪
復有小千界　微塵數菩薩　餘各八生在　當得成佛道
復有四三二　如是四天下　微塵諸菩薩　隨數生成佛
或一四天下　微塵數菩薩　餘有一生在　當成一切智

BD15160號　妙法蓮華經卷五　（9–2）

或有中千界　微塵數菩薩　各各皆能轉　清淨之法輪
復有小千界　微塵數菩薩　餘各八生在　當得成佛道
復有四三二　如是四天下　微塵諸菩薩　隨數生成佛
或一四天下　微塵數菩薩　餘有一生在　當成一切智
如是等衆生　聞佛壽長遠　得无量无漏　清淨之果報
復有八世界　微塵數衆生　聞佛說壽命　皆發无上心
世尊說无量　不可思議法　多有所饒益　如虛空无邊
雨天曼陀羅　摩訶曼陀羅　釋梵如恒沙　无數佛土來
雨栴檀沈水　繽紛而亂墜　如鳥飛空下　供散於諸佛
天鼓虛空中　自然出妙聲　天衣千万種　旋轉而來下
衆寶妙香爐　燒无價之香　自然悉周遍　供養諸世尊
其大菩薩衆　執七寶幡蓋　高妙万億種　次第至梵天
一一諸佛前　寶幢懸勝幡　亦以千万偈　歌詠諸如來
如是種種事　昔所未曾有　聞佛壽无量　一切皆歡喜
佛名聞十方　廣饒益衆生　一切具善根　以助无上心

尒時佛告弥勒菩薩摩訶薩阿逸多其有衆
生聞佛壽命長遠如是乃至能生一念信解
所得功德无有限量若有善男子善女人爲
阿耨多羅三藐三菩提於八十万億那由他劫
行五波羅蜜檀波羅蜜尸羅波羅蜜羼提波
羅蜜毗梨耶波羅蜜禪波羅蜜除般若波羅
蜜以是功德比前功德百分千分百千万億分
不及其一乃至筭數譬喻所不能知若善男

BD15160號　妙法蓮華經卷五　（9–3）

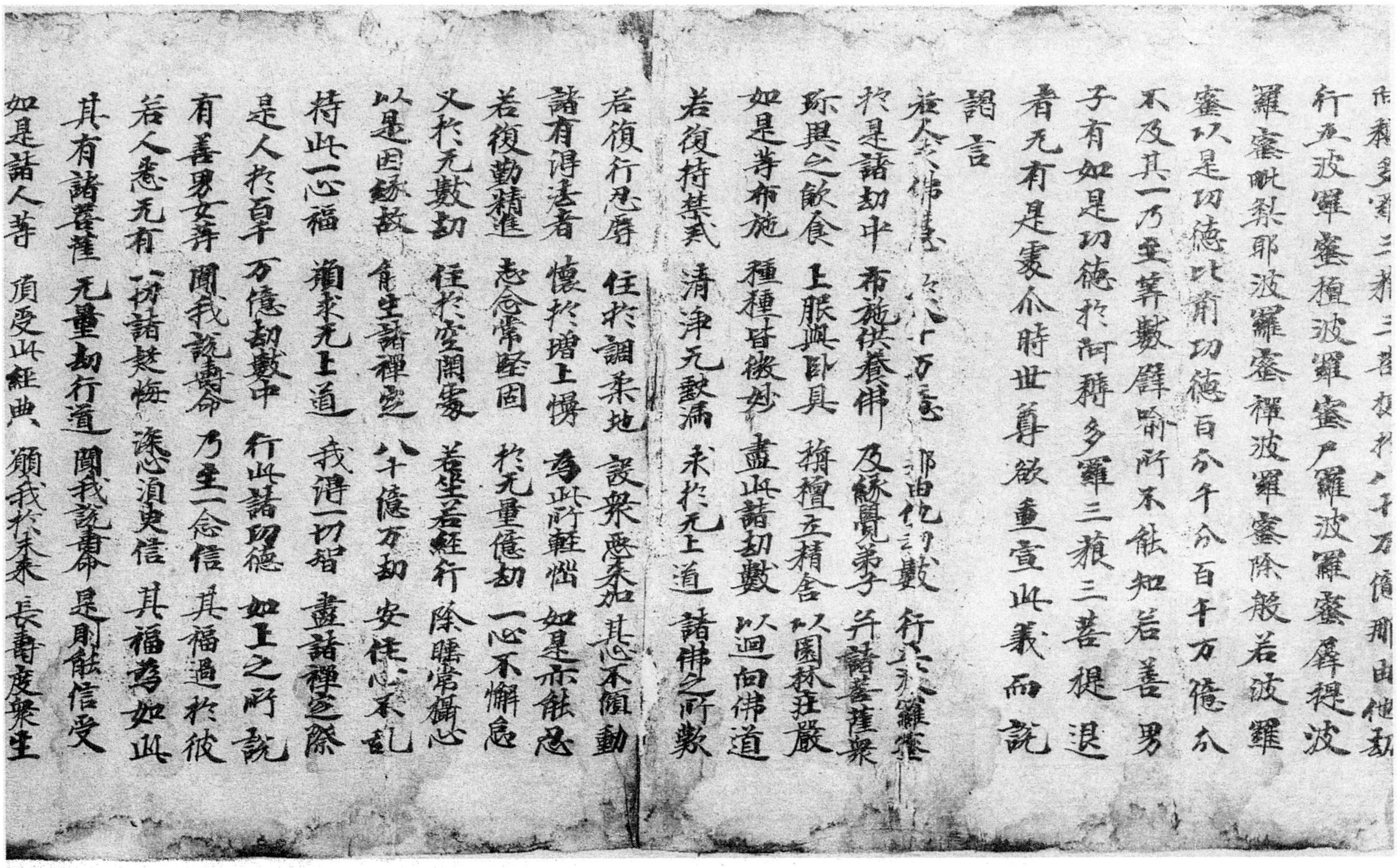
阿耨多羅三藐三菩提故於八十万億那由他劫
行五波羅蜜檀波羅蜜尸羅波羅蜜羼提波
羅蜜毗梨耶波羅蜜禪波羅蜜除般若波羅
蜜以是功德比前功德百分千分百千万億分
不及其一乃至筭數譬喻所不能知若善男
子有如是功德於阿耨多羅三藐三菩提退
者无有是處尒時世尊欲重宣此義而說
偈言
若人求佛慧　於八十万億　那由他劫數　行五波羅蜜
於是諸劫中　布施供養佛　及緣覺弟子　并諸菩薩衆
珎異之飲食　上服與卧具　栴檀立精舍　以園林莊嚴
如是等布施　種種皆微妙　盡此諸劫數　以迴向佛道
若復持禁戒　清淨无缺漏　求於无上道　諸佛之所歎
若復行忍辱　住於調柔地　設衆惡來加　其心不傾動
諸有得法者　懷於增上慢　為此所輕惱　如是亦能忍
若復勤精進　志念常堅固　於无量億劫　一心不懈怠
又於无數劫　住於空閑處　若坐若經行　除睡常攝心
以是因緣故　能生諸禪定　八十億万劫　安住心不亂
持此一心福　願求无上道　我得一切智　盡諸禪定際
是人於百千　万億劫數中　行此諸功德　如上之所說
有善男女等　聞我說壽命　乃至一念信　其福過於彼
若人悉无有　一切諸疑悔　深心須臾信　其福為如此
其有諸菩薩　无量劫行道　聞我說壽命　是則能信受
如是諸人等　頂受此經典　願我於未來　長壽度衆生

BD15160號　妙法蓮華經卷五　（9–4）

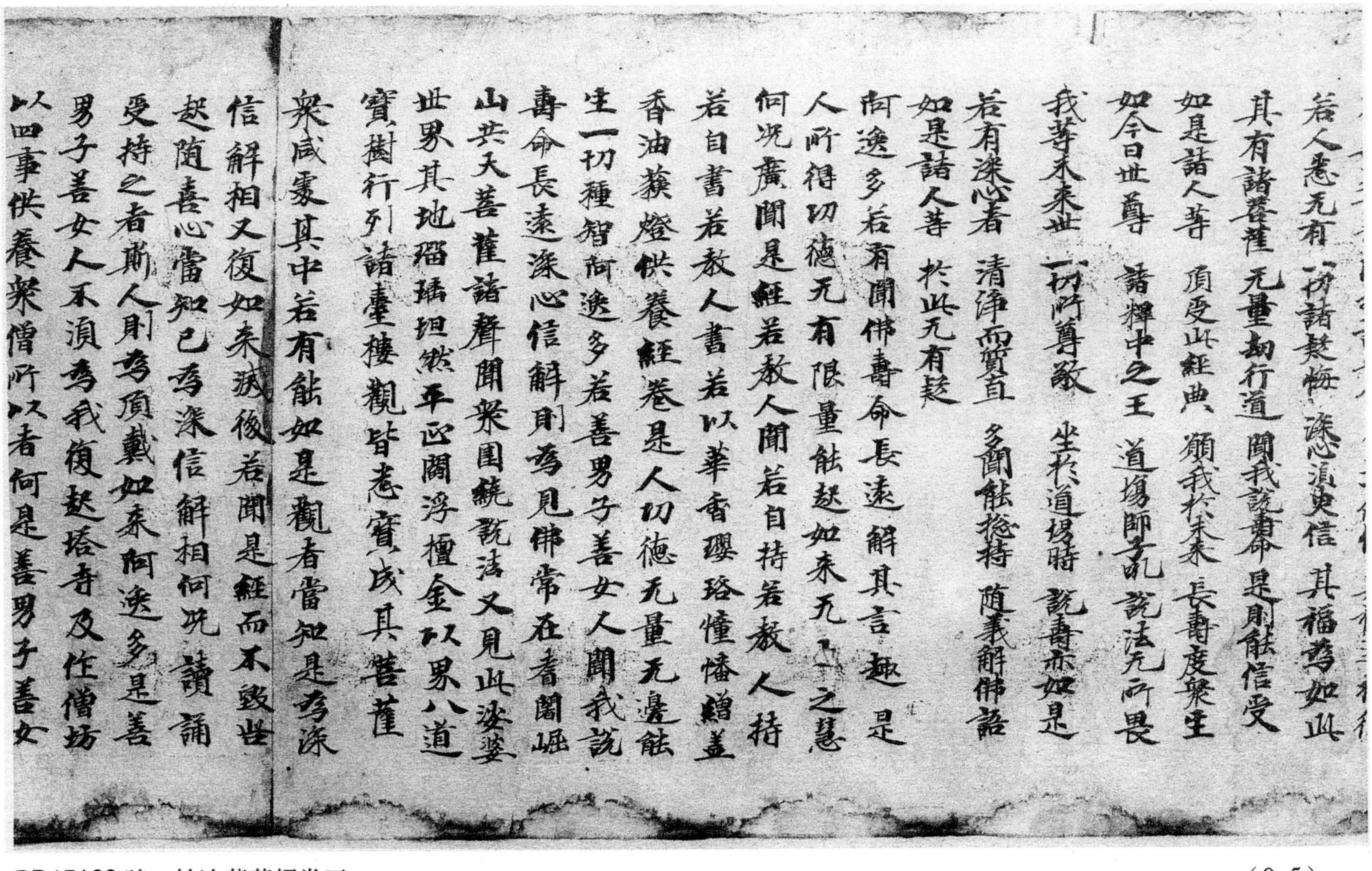
若人悉无有　一切諸疑悔　深心須臾信　其福為如此
其有諸菩薩　无量劫行道　聞我說壽命　是則能信受
如是諸人等　頂受此經典　願我於未來　長壽度衆生
如今日世尊　諸釋中之王　道場師子吼　說法无所畏
我等未來世　一切所尊敬　坐於道場時　說壽亦如是
若有深心者　清淨而質直　多聞能總持　隨義解佛語
如是諸人等　於此无有疑
阿逸多若有聞佛壽命長遠解其言趣是
人所得功德无有限量能起如來无上之慧
何況廣聞是經若教人聞若自持若教人持
若自書若教人書若以華香瓔珞幢幡繒蓋
香油蘇燈供養經卷是人功德无量无邊能
生一切種智阿逸多若善男子善女人聞我說
壽命長遠深心信解則為見佛常在耆闍崛
山共大菩薩諸聲聞衆圍繞說法又見此娑婆
世界其地瑠璃坦然平正閻浮檀金以界八道
寶樹行列諸臺樓觀皆悉寶成其菩薩
衆咸處其中若有能如是觀者當知是為深
信解相又復如來滅後若聞是經而不毀呰
起隨喜心當知已為深信解相何況讀誦
受持之者斯人則為頂戴如來阿逸多是善
男子善女人不須為我復起塔寺及作僧坊
以四事供養衆僧所以者何是善男子善女

BD15160號　妙法蓮華經卷五　（9–5）

[illegible]
起隨喜心當知已為深信解相何況讀誦
受持之者斯人則為頂戴如來阿逸多是善
男子善女人不須為我復起塔寺及作僧坊
以四事供養衆僧所以者何是善男子善女
人受持讀誦是經典者為已起塔造立僧坊
供養衆僧則為以佛舍利起七寶塔高廣漸
小至于梵天懸諸幡蓋及衆寶鈴華香瓔珞
末香塗香燒香衆鼓伎樂簫笛箜篌種種
舞戲以妙音聲歌唄讚頌則為於无量千万
億劫作是供養已阿逸多若我滅後聞是經
典有能受持若自書若教人書則為起立僧
坊以赤栴檀作諸殿堂三十有二高八多羅樹
高廣嚴好百千比丘於其中止園林流池經行禪
窟衣服飲食床褥湯藥一切樂具充滿其
中如是僧坊堂閣若干百千万億其數无
量以此現前供養於我及比丘僧是故我說
如來滅後若有受持讀誦為他人說若自書
若教人書供養經卷不須復起塔寺及造僧
坊供養衆僧況復有人能持是經兼行布
施持戒忍辱精進一心智慧其德最勝无
量无邊譬如虛空東西南北四維上下无量
无邊是人功德亦復如是无量无邊疾至一切

BD15160號　妙法蓮華經卷五　（9–6）

施持戒忍辱精進一心智慧其德最勝无
量无邊譬如虛空東西南北四維上下无量
无邊是人功德亦復如是无量无邊疾至一切
種智若人讀誦受持是經為他人說若自書若
教人書復能起塔及造僧坊供養讚歎聲
聞衆僧亦以百千万億讚歎之法讚歎菩薩
功德又為他人種種因緣隨義解說此法華
經復能清淨持戒與柔和者而共同止忍辱
无瞋志念堅固常貴坐禪得諸深定精進
勇猛攝諸善法利根智慧善答問難阿逸
多若我滅後諸善男子善女人受持讀誦
是經典者復有如是諸善功德當知是人已趣
道場近阿耨多羅三藐三菩提坐道樹下阿
逸多是善男子善女人若坐若立若行處此
中便應起塔一切天人皆應供養如佛之塔
爾時世尊欲重宣此義而說偈言
若我滅度後　能奉持此經　斯人福无量　如上之所說
是則為具足　一切諸供養　以舍利起塔　七寶而莊嚴
表剎甚高廣　漸小至梵天　寶鈴千万億　風動出妙音
又於无量劫　而供養此塔　華香諸瓔珞　天衣衆伎樂
然香油蘇燈　周帀常照明　惡世法末時　能持是經者
則為已如上　具足諸供養　若能持此經　則如佛現在

BD15160號　妙法蓮華經卷五　（9–7）

又於无量劫　而供養此塔　華香諸瓔珞　天衣衆伎樂
然香油蘇燈　周帀常照明　惡世法末時　能持是經者
則爲已如上　具足諸供養　若能持此經　則如佛現在
以牛頭栴檀　起僧坊供養　堂有三十二　高八多羅樹
上饌妙衣服　床卧皆具足　百千衆住處　園林諸浴池
經行及禪窟　種種皆嚴好　若有信解心　受持讀誦書
若復教人書　及供養經卷　散華香末香　以須曼瞻蔔
阿提目多迦　薰油常然之　如是供養者　得无量功德
如虛空无邊　其福亦如是　況復持此經　兼布施持戒
忍辱樂禪定　不瞋不惡口　恭敬於塔廟　謙下諸比丘
遠離自高心　常思惟智慧　有問難不瞋　隨順爲解說
若能行是行　功德不可量　若見此法師　成就如是德
應以天華散　天衣覆其身　頭面接足礼　生心如佛想
又應作是念　不久詣道樹　得无漏无爲　廣利諸人天
其所住止處　經行若坐卧　乃至說一偈　是中應起塔
莊嚴令妙好　種種以供養　佛子住此地　則是佛受用
常在於其中　經行及坐卧

妙法蓮華經卷第五

BD15160號　妙法蓮華經卷五　（9–8）

又應作是念　不久詣道樹　得无漏无爲　廣利諸人天
其所住止處　經行若坐卧　乃至說一偈　是中應起塔
莊嚴令妙好　種種以供養　佛子住此地　則是佛受用
常在於其中　經行及坐卧

妙法蓮華經卷第五

BD15160號　妙法蓮華經卷五　（9–9）

BD15160 號背　背面裱補紙　（2–1）

BD15160 號背　勘記、印章　（2–2）

妙法蓮華經法師品第十
尒時世尊因藥王菩薩告八萬大士藥王汝見
是大眾中無量諸天龍王夜叉乾闥婆阿
脩羅迦樓羅緊那羅摩睺羅伽人與非人及
比丘比丘尼優婆塞優婆夷求聲聞者求辟
支佛者求佛道者如是等類咸於佛前聞妙
法華經一偈一句乃至一念隨喜者我皆與受
記當得阿耨多羅三藐三菩提佛告藥王
又如來滅度之後若有人聞妙法華經乃至一
偈一句一念隨喜者我亦與受阿耨多羅
三藐三菩提記若復有人受持讀誦解說書
寫妙法華經乃至一偈於此經卷敬視如佛
種種供養華香瓔珞末香塗香燒香繒蓋幢
幡衣服伎樂乃至合掌恭敬藥王當知是諸
人等已曾供養十萬億佛於諸佛所成就大
願愍眾生故生此人間藥王若有人問何等
眾生於未來世當得作佛應示是諸人等於
未來世必得作佛何以故若善男子善女人於
法華經乃至一句受持讀誦解說書寫種

BD15161號　妙法蓮華經卷四　（22–1）

願愍眾生故生此人間藥王若有人問何等
眾生於未來世當得作佛應示是諸人等於
未來世必得作佛何以故若善男子善女人於
法華經乃至一句受持讀誦解說書寫種
種供養經卷華香瓔珞末香塗香燒香繒蓋
幢幡衣服伎樂合掌恭敬是人一切世間所應
瞻奉應以如來供養而供養之當知此人是
大菩薩成就阿耨多羅三藐三菩提哀愍眾
生願生此間廣演分別妙法華經何況盡能
受持種種供養者藥王當知是人自捨清淨
業報於我滅度後愍眾生故生於惡世廣
演此經若是善男子善女人我滅度後能竊
為一人說法華經乃至一句當知是人則如
來使如來所遣行如來事何況於大眾中廣
為人說藥王若有惡人以不善心於一劫中
現於佛前常毀罵佛其罪尚輕若人以一惡
言毀呰在家出家讀誦法華經者其罪甚重
藥王其有讀誦法華經者當知是人以佛莊嚴
而自莊嚴則為如來肩所荷擔其所至方應
隨向礼一心合掌恭敬供養尊重讚歎華
香瓔珞末香塗香燒香繒蓋幢幡衣服餚饌
作諸伎樂人中上供而供養之應持天寶而
以散之天上寶聚應以奉獻所以者何是人
歡喜說法須臾聞之即得究竟阿耨多羅三
藐三菩提故尒時世尊欲重宣此義而說偈
言

BD15161號　妙法蓮華經卷四　（22–2）

作諸伎樂人中上供而供養之應持天寶而
以散之天上寶聚應以奉獻所以者何是人
歡喜說法須臾聞之即得究竟阿耨多羅三
藐三菩提故尒時世尊欲重宣此義而說偈
言
若欲住佛道　成就自然智　常當勤供養　受持法華者
其有欲疾得　一切種智慧　當受持是經　并供持經者
若有能受持　妙法華經者　當知佛所使　愍念諸衆生
諸有能受持　妙法華經者　捨於清淨土　愍衆故生此
當知如是人　自在所欲生　能於此惡世　廣說無上法
應以天華香　及天寶衣服　天上妙寶聚　供養說法者
吾滅後惡世　能持是經者　當合掌礼敬　如供養世尊
上饌衆甘美　及種種衣服　供養是佛子　冀得須臾聞
若能於後世　受持是經者　我遣在人中　行於如來事
若於一劫中　常懷不善心　作色而罵佛　獲無量重罪
其有誦讀持　是法華經者　須臾加惡言　其罪復過彼
有人求佛道　而於一劫中　合掌在我前　以無數偈讚
由是讚佛故　得无量功德　歎美持經者　其福復過彼
於十八億劫　以最妙色聲　及與香味觸　供養持經者
如是供養已　若得須臾聞　則應自欣慶　我今獲大利
藥王今告汝　我所說諸經　而於此經中　法華最第一
尒時佛復告藥王菩薩摩訶薩我所說經典
无量千億已說今說當說而於其中此法華
經最為難信難解藥王此經是諸佛祕要之
藏不可分布妄授與人諸佛世尊之所守護
從昔已來未曾顯說而此經者如來現在猶

BD15161 號　妙法蓮華經卷四　（22–3）

經最為難信難解藥王此經是諸佛祕要之
藏不可分布妄授與人諸佛世尊之所守護
從昔已來未曾顯說而此經者如來現在猶
多怨嫉況滅度後藥王當知如來滅後其能書
持讀誦供養為他人說者如來則為以衣
覆之又為他方現在諸佛之所護念是人有
大信力及志願力諸善根力當知是人與如
來共宿則為如來手摩其頭藥王在在處處
若說若讀若誦若書若經卷所住之處皆應起
七寶塔極令高廣嚴飾不須復安舍利所以
者何此中已有如來全身此塔應以一切華
香瓔珞繒蓋幢幡伎樂歌頌供養恭敬尊重
讚歎若有人得見此塔礼拜供養當知是等
皆近阿耨多羅三藐三菩提藥王多有人在
家出家行菩薩道若不能得見聞讀誦書持
供養是法華經者當知是人未善行菩薩道
若有得聞是經典者乃能善行菩薩之道其
有衆生求佛道者若見若聞是法華經聞已
信解受持者當知是人得近阿耨多羅三藐
三菩提藥王譬如有人渴乏須水於彼高原穿
鑿求之猶見乾土知水尚遠施功不已轉見濕
土遂漸至泥其心決定知水必近菩薩亦
復如是若未聞未解未能修習是法華經
當知是人去阿耨多羅三藐三菩提尚遠若得
聞解思惟修習必知得近阿耨多羅三藐三

BD15161 號　妙法蓮華經卷四　（22–4）

土遂漸至泥其心決定知水必近菩薩亦
復如是若未聞未解未能修習是法華經
當知是人去阿耨多羅三藐三菩提尚遠若得
聞解思惟修習必知得近阿耨多羅三藐三
菩提所以者何一切菩薩阿耨多羅三藐
三菩提皆屬此經此經開方便門示真實相
是法華經藏深固幽遠無人能到今佛教化
成就菩薩而為開示藥王若有菩薩聞是法
華經驚疑怖畏當知是為新發意菩薩若聲
聞人聞是經驚疑怖畏當知是為增上慢者
藥王若有善男子善女人如來滅後欲為四
眾說是法華經者云何應說是善男子善
女人入如來室著如來衣坐如來座爾乃應為
四眾廣說斯經如來室者一切眾生中大慈
悲心是如來衣者柔和忍辱心是如來座者
一切法空是安住是中然後以不懈怠心為
諸菩薩及四眾廣說是法華經藥王我於餘
國遣化人為其集聽法眾亦遣化比丘比丘
尼優婆塞優婆夷聽其說法是諸化人聞法
信受隨順不逆若說法者在空閑處我時廣
遣天龍鬼神乾闥婆阿修羅等聽其說法我
雖在異國時時令說法者得見我身若於此
經忘失句逗我還為說令得具足爾時世尊
欲重宣此義而說偈言
欲捨諸懈怠　應當聽此經　是經難得聞　信受者亦難

BD15161 號　妙法蓮華經卷四　（22–5）

雖在異國時時令說法者得見我身若於此
經忘失句逗我還為說令得具足爾時世尊
欲重宣此義而說偈言
欲捨諸懈怠　應當聽此經　是經難得聞　信受者亦難
如人渴須水　穿鑿於高原　猶見乾燥土　知去水尚遠
漸見濕土泥　決定知近水　藥王汝當知　如是諸人等
不聞法華經　去佛智甚遠　若聞是深經　決了聲聞法
是諸經之王　聞已諦思惟　當知此人等　近於佛智慧
若人說此經　應入如來室　著於如來衣　而坐如來座
處眾無所畏　廣為分別說　大慈悲為室　柔和忍辱衣
諸法空為座　處此為說法　若說此經時　有人惡口罵
加刀杖瓦石　念佛故應忍　我千萬億土　現淨堅固身
於無量億劫　為眾生說法　若我滅度後　能說此經者
我遣化四眾　比丘比丘尼　及清信士女　供養於法師
引導諸眾生　集之令聽法　若人欲加惡　刀杖及瓦石
則遣變化人　為之作衛護　若說法之人　獨在空閑處
寂寞無人聲　讀誦此經典　我爾時為現　清淨光明身
若忘失章句　為說令通利　若人具是德　或為四眾說
空處讀誦經　皆得見我身　若人在空閑　我遣天龍王
夜叉鬼神等　為作聽法眾　是人樂說法　分別無罣礙
諸佛護念故　能令大眾喜　若親近法師　速得菩薩道
隨順是師學　得見恒沙佛
妙法蓮華經見寶塔品第十一
爾時佛前有七寶塔高五百由旬縱廣二百
五十由旬從地踊出住在空中種種寶物而莊
校之五千欄楯龕室千萬無數幢幡以為嚴

BD15161 號　妙法蓮華經卷四　（22–6）

妙法蓮華經見寶塔品第十一
尒時佛前有七寶塔高五百由旬縱廣二百
五十由旬從地踊出住在空中種種寶物而莊
挍之五千欄楯龕室千萬無數幢幡以為嚴
飾垂寶瓔珞寶鈴萬億而懸其上四面皆出
多摩羅跋栴檀之香充遍世界其諸幡蓋以
金銀瑠璃車𤦲馬碯真珠玫瑰七寶合成高
至四天王宮三十三天雨天曼陁羅華供養
寶塔餘諸天龍夜叉乾闥婆阿脩羅迦樓
羅緊那羅摩睺羅伽人非人等千萬億衆以
一切華香瓔珞幡蓋伎樂供養寶塔恭敬尊
重讚歎尒時寶塔中出大音聲歎言善哉善
哉釋迦牟尼世尊能以平等大慧教菩薩法
佛所護念妙法華經為大衆說如是如是釋
迦牟尼世尊如所說者皆是真實尒時四衆
見大寶塔住在空中又聞塔中所出音聲皆
得法喜恠未曾有從座而起恭敬合掌却
住一面尒時有菩薩摩訶薩名大樂說知一切
世間天人阿脩羅等心之所疑而白佛言世
尊以何因緣有此寶塔從地踊出又於其中
發是音聲尒時佛告大樂說菩薩此寶塔中
有如來全身乃往過去東方無量千萬億阿
僧祇世界國名寶淨彼中有佛號曰多寶其
佛行菩薩道時作大誓願若我成佛滅度之
後於十方國土有說法華經處我之塔廟為
聽是經故踊現其前為作證明讚言善哉彼

BD15161號　妙法蓮華經卷四　（22–7）

僧祇世界國名寶淨彼中有佛號曰多寶其
佛行菩薩道時作大誓願若我成佛滅度之
後於十方國土有說法華經處我之塔廟為
聽是經故踊現其前為作證明讚言善哉彼
佛成道已臨滅度時於天人大衆中告諸比
丘我滅度後欲供養我全身者應起一大塔
其佛以神通願力十方世界在在處處若有
說法華經者彼之寶塔皆踊出其前全身在
於塔中讚言善哉善哉大樂說今多寶如來
塔聞說法華經故從地踊出讚言善哉善
哉是時大樂說菩薩以如來神力故白佛言世
尊我等願欲見此佛身佛告大樂說菩薩摩
訶薩是多寶佛有深重願若我寶塔為聽法
華經故出於諸佛前時其有欲以我身示四
衆者彼佛分身諸佛在於十方世界說法盡
還集一處然後我身乃出現耳大樂說我分
身諸佛在於十方世界說法者今應當集大
樂說白佛言世尊我等亦願欲見世尊分身
諸佛禮拜供養尒時佛放白毫一光即見東
方五百萬億那由他恒河沙等國土諸佛彼
諸國土皆以頗梨為地寶樹寶衣以為莊嚴
無數千萬億菩薩充滿其中遍張寶幔寶網
羅上彼國諸佛以大妙音而說諸法及見無
量千萬億菩薩遍滿諸國為衆說法南西北
方四維上下白毫相光所照之處亦復如是
尒時十方諸佛各告衆菩薩言善男子我今

BD15161號　妙法蓮華經卷四　（22–8）

羅上彼國諸佛以大妙音而說諸法及見無
量千萬億菩薩遍滿諸國為衆說法南西北
方四維上下白毫相光所照之處亦復如是
爾時十方諸佛各告衆菩薩言善男子我今
應往娑婆世界釋迦牟尼佛所并供養多寶
如來寶塔時娑婆世界即變清淨琉璃為地
寶樹莊嚴黃金為繩以界八道無諸聚落村
營城邑大海江河山川林藪燒大寶香曼陁
羅華遍布其地以寶網幔羅覆其上懸諸寶
鈴唯留此會衆移諸天人置於他土是時諸
佛各將一大菩薩以為侍者至娑婆世界各
到寶樹下一一寶樹高五百由旬枝葉華菓次
第莊嚴諸寶樹下皆有師子之座高五由
旬亦以大寶而校飾之爾時諸佛各於此座
結加趺坐如是展轉遍滿三千大千世界而
於釋迦牟尼佛一方所分之身猶故未盡時
釋迦牟尼佛欲容受所分身諸佛故八方各
更變二百萬億那由他國皆令清淨無有地
獄餓鬼畜生及阿脩羅又移諸天人置於他
土所化之國亦以琉璃為地寶樹莊嚴樹高
五百由旬枝葉華菓次第嚴飾樹下皆有寶師
子座高五由旬種種諸寶以為莊校亦無大
海江河及目真隣陁山摩訶目真隣陁山鐵
圍山大鐵圍山須弥山等諸山王通為一佛國
土寶地平正寶交露幔遍覆其上懸諸幡
蓋燒大寶香諸天寶華遍布其地釋迦牟

BD15161號　妙法蓮華經卷四　（22–9）

子座高五由旬種種諸寶以為莊校亦無大
海江河及目真隣陁山摩訶目真隣陁山鐵
圍山大鐵圍山須弥山等諸山王通為一佛國
土寶地平正寶交露幔遍覆其上懸諸幡
蓋燒大寶香諸天寶華遍布其地釋迦牟
尼佛為諸佛當來坐故復於八方各更變二百
萬億那由他國皆令清淨無有地獄餓鬼畜
生及阿脩羅又移諸天人置於他土所化之國
亦以琉璃為地寶樹莊嚴樹高五百由旬枝
葉華菓次第莊嚴樹下皆有寶師子座高
五由旬亦以大寶而校飾之亦無大海江河
及目真隣陁山摩訶目真隣陁山鐵圍山大
鐵圍山須弥山等諸山王通為一佛國土寶地
平正寶交露幔遍覆其上懸諸幡蓋燒大寶
香諸天寶華遍布其地爾時東方釋迦牟尼
佛所分之身百千萬億那由他恒河沙等國
土中諸佛各各說法來集於此如是次第十方
諸佛皆悉來集坐於八方爾時一一方四百
萬億那由他國土諸佛如來遍滿其中是時
諸佛各在寶樹下坐師子座皆遣侍者問訊
釋迦牟尼佛各賫寶華滿掬而告之言善男
子汝往詣耆闍崛山釋迦牟尼佛所如我辭
曰少病少惱氣力安樂及菩薩聲聞衆悉安
隱不以此寶華散佛供養而作是言彼某
甲佛與欲開此寶塔諸佛遣使亦復如是爾
時釋迦牟尼佛見所分身佛悉已來集各各

BD15161號　妙法蓮華經卷四　（22–10）

曰少病少惱氣力安樂及菩薩聲聞眾悉安
隱不以此寶華散佛供養而作是言彼某
甲佛與欲開此寶塔諸佛遣使亦復如是尒
時釋迦牟尼佛見所分身佛悉已來集各各
坐於師子之座皆聞諸佛與欲同開寶塔即
從座起住虛空中一切四眾起立合掌一心
觀佛於是釋迦牟尼佛以右指開七寶塔戶
出大音聲如却關鑰開大城門即時一切眾
會皆見多寶如來於寶塔中坐師子座全身
不散如入禪定又聞其言善哉善哉釋迦牟
尼佛快說是法華經我為聽是經故而來至
此尒時四眾等見過去無量千萬億劫滅度佛
說如是言歎未曾有以天寶華聚散多寶
佛及釋迦牟尼佛上尒時多寶佛於寶塔中
分半座與釋迦牟尼佛而作是言釋迦牟尼
佛可就此座即時釋迦牟尼佛入其塔中坐
其半座結加趺坐尒時大眾見二如來在七
寶塔中師子座上結加趺坐各作是念佛座
高遠唯願如來以神通力令我等輩俱處虛
空即時釋迦牟尼佛以神通力接諸大眾皆
在虛空以大音聲普告四眾誰能於此娑婆
國土廣說妙法華經今正是時如來不久當
入涅槃佛欲以此妙法華經付囑有在尒時世
尊欲重宣此義而說偈言
聖主世尊　雖久滅度　在寶塔中　尚為法來

BD15161號　妙法蓮華經卷四　（22–11）

入涅槃佛欲以此妙法華經付囑有在尒時世
尊欲重宣此義而說偈言
聖主世尊　雖久滅度　在寶塔中　尚為法來
諸人云何　不勤為法　此佛滅度　無央數劫
處處聽法　以難遇故　彼佛本願　我滅度後
在在所往　常為聽法　又我分身　無量諸佛
如恒沙等　來欲聽法　及見滅度　多寶如來
各捨妙土　及弟子眾　天人龍神　諸供養事
令法久住　故來至此　為坐諸佛　以神通力
移無量眾　令國清淨　諸佛各各　詣寶樹下
如清淨池　蓮華莊嚴　其寶樹下　諸師子座
佛坐其上　光明嚴飾　如夜闇中　然大炬火
身出妙香　遍十方國　眾生蒙薰　喜不自勝
譬如大風　吹小樹枝　以是方便　令法久住
告諸大眾　我滅度後　誰能護持　讀說斯經
今於佛前　自說誓言　其多寶佛　雖久滅度
以大誓願　而師子吼　多寶如來　及與我身
所集化佛　當知此意　諸佛子等　誰能護法
當發大願　令得久住　其有能護　此經法者
則為供養　我及多寶　此多寶佛　處於寶塔
常遊十方　為是經故　亦復供養　諸來化佛
莊嚴光飾　諸世界者　若說此經　則為見我
多寶如來　及諸化佛　諸善男子　各諦思惟
此為難事　宜發大願　諸餘經典　數如恒沙
雖說此等　未足為難　若接須彌　擲置他方

BD15161號　妙法蓮華經卷四　（22–12）

莊嚴光飾　諸世界者　若說此經　則為見我
多寶如來　及諸化佛　諸善男子　各諦思惟
此為難事　宜發大願　諸餘經典　數如恒沙
雖說此等　未足為難　若接須彌　擲置他方
無數佛土　亦未為難　若以足指　動大千界
遠擲他國　亦未為難　若立有頂　為眾演說
無量餘經　亦未為難　若佛滅後　於惡世中
能說此經　是則為難　假使有人　手把虛空
而以遊行　亦未為難　於我滅後　若自書持
若使人書　是則為難　若以大地　置足甲上
昇於梵天　亦未為難　佛滅度後　於惡世中
暫讀此經　是則為難　假使劫燒　擔負乾草
入中不燒　亦未為難　我滅度後　若持此經
為一人說　是則為難　若持八萬　四千法藏
十二部經　為人演說　令諸聽者　得六神通
雖能如是　亦未為難　於我滅後　聽受此經
問其義趣　是則為難　若人說法　令千萬億
無量無數　恒沙眾生　得阿羅漢　具六神通
雖有是益　亦未為難　於我滅後　若能奉持
如斯經典　是則為難　我為佛道　於無量土
從始至今　廣說諸經　而於其中　此經第一
若有能持　則持佛身　諸善男子　於我滅後
誰能護持　讀誦此經　今於佛前　自說誓言
此經難持　若暫持者　我則歡喜　諸佛亦然
如是之人　諸佛所歎　是則勇猛　是則精進
是名持戒　行頭陀者　則為疾得　無上佛道

BD15161號　妙法蓮華經卷四　（22–13）

若有能持　則持佛身　諸善男子　於我滅後
誰能護持　讀誦此經　今於佛前　自說誓言
此經難持　若暫持者　我則歡喜　諸佛亦然
如是之人　諸佛所歎　是則勇猛　是則精進
是名持戒　行頭陀者　則為疾得　無上佛道
能於來世　讀持此經　是真佛子　住淳善地
佛滅度後　能解其義　是諸天人　世間之眼
於恐畏世　能須臾說　一切天人　皆應供養
妙法蓮華經提婆達多品第十二
爾時佛告諸菩薩及天人四眾吾於過去無
量劫中求法華經無有懈惓於多劫中常作
國王發願求於無上菩提心不退轉為欲滿
足六波羅蜜勤行布施心無恡惜象馬七珍國
城妻子奴婢僕從頭目髓腦身肉手足不惜
軀命時世人民壽命無量為於法故捐捨國
位委政太子擊鼓宣令四方求法誰能為我
說大乘者吾當終身供給走使時有仙人來
白王言我有大乘名妙法華若不違我當為
宣說王聞仙言歡喜踊躍即隨仙人供給所
須採菓汲水拾薪設食乃至以身而為牀座
身心無惓于時奉事經於千歲為於法故精
勤給侍令無所乏爾時世尊欲重宣此義而
說偈言
我念過去劫　為求大法故　雖作世國王　不貪五欲樂
椎鍾告四方　誰有大法者　若為我解說　身當為奴僕
時有阿私仙　來白於大王　我有微妙法　世間所希有

BD15161號　妙法蓮華經卷四　（22–14）

勤給侍令無所乏尒時世尊欲重宣此義而
說偈言
我念過去劫　為求大法故　雖作世國王　不貪五欲樂
椎鍾告四方　誰有大法者　若為我解說　身當為奴僕
時有阿私仙　來白於大王　我有微妙法　世間所希有
若能修行者　吾當為汝說　時王聞仙言　心生大喜悅
即便隨仙人　供給於所須　採薪及菓蓏　隨時恭敬與
情存妙法故　身心無懈惓　普為諸衆生　勤求於大法
亦不為己身　及以五欲樂　故為大國王　勤求獲此法
遂致得成佛　今故為汝說
佛告諸比丘尒時王者則我身是時仙人者
今提婆達多是由提婆達多善知識故令我
具足六波羅蜜慈悲喜捨三十二相八十種
好紫磨金色十力四無所畏四攝法十八不共
神通道力成等正覺廣度衆生皆因提婆
達多善知識故告諸四衆提婆達多却後過
無量劫當得成佛号曰天王如來應供正遍
知明行足善逝世間解無上士調御丈夫天
人師佛世尊世界名天道時天王佛住世二
十中劫廣為衆生說於妙法恒河沙衆生
得阿羅漢果无量衆生發緣覺心恒河沙衆生
發無上道心得無生忍至不退轉時天王佛
般涅槃後正法住世二十中劫全身舍利起
七寶塔高六十由旬縱廣四十由旬諸天人
民悉以雜華末香燒香塗香衣服瓔珞幢幡
寶蓋伎樂歌頌礼拜供養七寶妙塔无量衆

BD15161號　妙法蓮華經卷四　（22–15）

般涅槃後正法住世二十中劫全身舍利起
七寶塔高六十由旬縱廣四十由旬諸天人
民悉以雜華末香燒香塗香衣服瓔珞幢幡
寶蓋伎樂歌頌礼拜供養七寶妙塔无量衆
生得阿羅漢果無量衆生悟辟支佛不可思議
衆生發菩提心至不退轉佛告諸比丘未來
世中若有善男子善女人聞妙法蓮華經
提婆達多品淨心信敬不生疑惑者不墮地
獄餓鬼畜生生十方佛前所生之處常聞此
經若生人天中受勝妙樂若在佛前蓮華化
生於時下方多寶世尊所從菩薩名曰智積
白多寶佛當還本土釋迦牟尼佛告智積曰
善男子且待須臾此有菩薩名文殊師利可
與相見論說妙法可還本土尒時文殊師利
坐千葉蓮華大如車輪俱來菩薩亦坐寶華
從於大海娑竭龍宮自然踊出住虛空中詣
靈鷲山從蓮華下至於佛所頭面敬礼二世
尊足修敬已畢往智積所共相慰問却坐一
面智積菩薩問文殊師利仁往龍宮所化衆
生其數幾何文殊師利言其數無量不可稱
計非口所宣非心所測且待須臾自當有證所
言未竟無數菩薩坐寶蓮華從海踊出詣
靈鷲山住在虛空此諸菩薩皆是文殊師利
之所化度具菩薩行皆共論說六波羅蜜本
聲聞人在虛空中說聲聞行今皆修行大乘

BD15161號　妙法蓮華經卷四　（22–16）

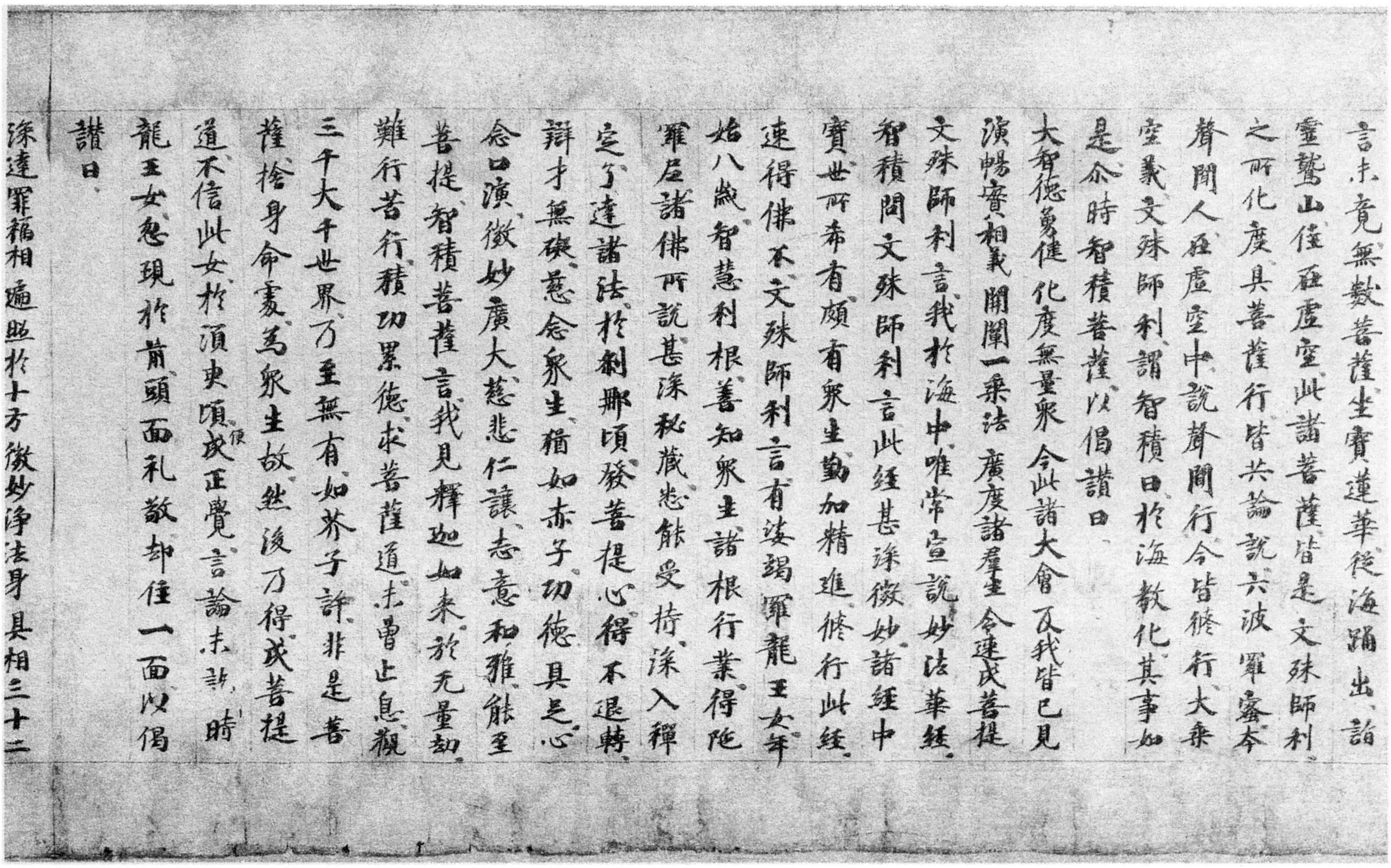
言未竟無數菩薩坐寶蓮華從海踊出詣
靈鷲山住在虛空此諸菩薩皆是文殊師利
之所化度具菩薩行皆共論說六波羅蜜本
聲聞人在虛空中說聲聞行今皆修行大乘
空義文殊師利謂智積曰於海教化其事如
是尒時智積菩薩以偈讚曰
大智德勇健 化度無量衆 今此諸大會 及我皆已見
演暢實相義 開闡一乘法 廣度諸羣生 令速成菩提
文殊師利言我於海中唯常宣說妙法華經
智積問文殊師利言此經甚深微妙諸經中
寶世所希有頗有衆生勤加精進修行此經
速得佛不文殊師利言有娑竭羅龍王女年
始八歲智慧利根善知衆生諸根行業得陁
羅尼諸佛所說甚深秘藏悉能受持深入禪
定了達諸法於剎那頃發菩提心得不退轉
辯才無礙慈念衆生猶如赤子功德具足心
念口演微妙廣大慈悲仁讓志意和雅能至
菩提智積菩薩言我見釋迦如來於無量劫
難行苦行積功累德求菩提道未曾止息觀
三千大千世界乃至無有如芥子許非是菩
薩捨身命處為衆生故然後乃得成菩提
道不信此女於須臾頃便成正覺言論未訖時
龍王女忽現於前頭面礼敬却住一面以偈
讚曰
深達罪福相 遍照於十方 微妙淨法身 具相三十二

BD15161 號　妙法蓮華經卷四　（22–17）

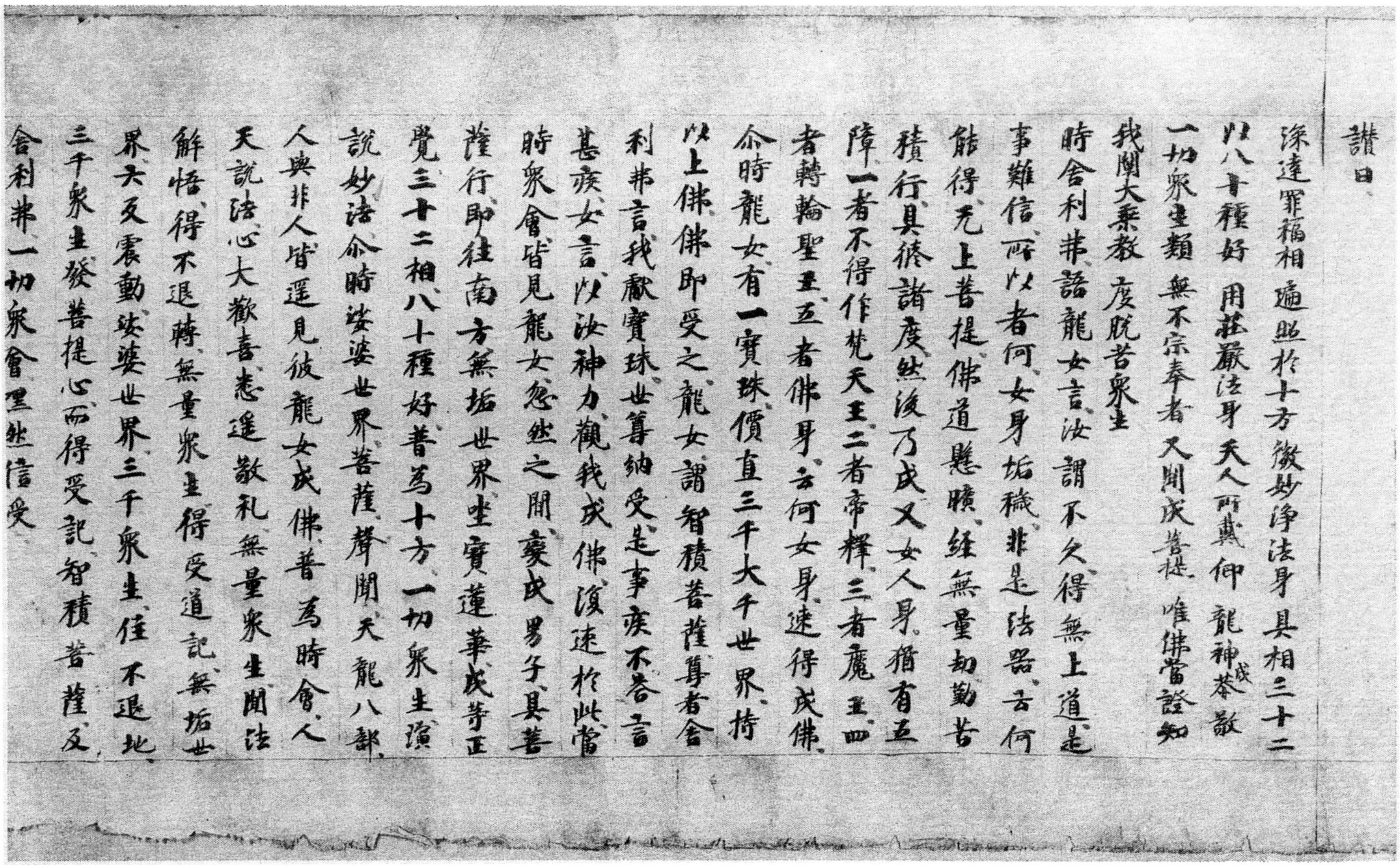
讚曰
深達罪福相 遍照於十方 微妙淨法身 具相三十二
以八十種好 用莊嚴法身 天人所戴仰 龍神咸恭敬
一切衆生類 無不宗奉者 又聞成菩提 唯佛當證知
我闡大乘教 度脫苦衆生
時舍利弗語龍女言汝謂不久得無上道是
事難信所以者何女身垢穢非是法器云何
能得無上菩提佛道懸曠經無量劫勤苦
積行具修諸度然後乃成又女人身猶有五
障一者不得作梵天王二者帝釋三者魔王四
者轉輪聖王五者佛身云何女身速得成佛
尒時龍女有一寶珠價直三千大千世界持
以上佛佛即受之龍女謂智積菩薩尊者舍
利弗言我獻寶珠世尊納受是事疾不答言
甚疾女言以汝神力觀我成佛復速於此當
時衆會皆見龍女忽然之間變成男子具菩
薩行即往南方無垢世界坐寶蓮華成等正
覺三十二相八十種好普為十方一切衆生演
說妙法尒時娑婆世界菩薩聲聞天龍八部
人與非人皆遙見彼龍女成佛普為時會人
天說法心大歡喜悉遙敬礼無量衆生聞法
解悟得不退轉無量衆生得受道記無垢世
界六反震動娑婆世界三千衆生住不退地
三千衆生發菩提心而得受記智積菩薩及
舍利弗一切衆會默然信受

BD15161 號　妙法蓮華經卷四　（22–18）

界六反震動娑婆世界三千衆生住不退地
三千衆生發菩提心而得受記智積菩薩及
舍利弗一切衆會嘿然信受
妙法蓮華經持品第十三
尒時藥王菩薩摩訶薩及大樂說菩薩摩訶
薩與二萬菩薩眷屬俱皆於佛前作是誓言
唯願世尊不以為慮我等於佛滅後當奉持
讀誦說此經典後惡世衆生善根轉少多增
上慢貪利供養增不善根遠離解脫雖難
可教化我等當起大忍力讀誦此經持說書
寫種種供養不惜身命尒時衆中五百阿羅
漢得受記者白佛言世尊我等亦自誓願於異
國土廣說此經復有學無學八千人得受記
者從座而起合掌向佛作是誓言世尊我等
亦當於他國土廣說此經所以者何是娑婆
國中人多弊惡懷增上慢功德淺薄瞋濁
諂曲心不實故尒時佛姨母摩訶波闍波提比
丘尼與學無學比丘尼六千人俱從座而起
一心合掌瞻仰尊顏目不暫捨於時世尊告
憍曇弥何故憂色而視如來汝心將無謂我
不說汝名授阿耨多羅三藐三菩提記耶憍
曇弥我先捴說一切聲聞皆已授記今汝欲
知記者將來之世當於六萬八千億諸佛法
中為大法師及六千學無學比丘尼俱為法
師汝如是漸漸具菩薩道當得作佛号一切

BD15161號　妙法蓮華經卷四　（22–19）

不說汝名授阿耨多羅三藐三菩提記耶憍
曇弥我先捴說一切聲聞皆已授記今汝欲
知記者將來之世當於六萬八千億諸佛法
中為大法師及六千學無學比丘尼俱為法
師汝如是漸漸具菩薩道當得作佛号一切
衆生憙見如來應供正遍知明行足善逝世
間解無上士調御丈夫天人師佛世尊憍曇
弥是一切衆生憙見佛及六千菩薩轉次授
記得阿耨多羅三藐三菩提尒時羅睺羅母
耶輸陀羅比丘尼作是念世尊於授記中獨
不說我名佛告耶輸陀羅汝於來世百千萬億
諸佛法中修菩薩行為大法師漸具佛道於
善國中當得作佛号具足千萬光相如來應
供正遍知明行足善逝世間解無上士調御
丈夫天人師佛世尊佛壽無量阿僧祇劫尒
時摩訶波闍波提比丘尼及耶輸陀羅比丘
尼并其眷屬皆大歡喜得未曾有即於佛前
而說偈言
世尊導師　安隱天人　我等聞記　心安具足
諸比丘尼說是偈已白佛言世尊我等亦
能於他方國土廣宣此經尒時世尊視八十萬
億那由他諸菩薩摩訶薩是諸菩薩皆是阿
惟越致轉不退法輪得諸陀羅尼即從座起
至於佛前一心合掌而作是念若世尊告勅
我等持說此經者當如佛教廣宣斯法復作

BD15161號　妙法蓮華經卷四　（22–20）

諸比丘尼說是偈已，白佛言：世尊！我等亦
能於他方國土廣宣此經。尒時，世尊視八十萬
億那由他諸菩薩摩訶薩。是諸菩薩皆是阿
惟越致，轉不退法輪，得諸陀羅尼，即從座起，
至於佛前，一心合掌，而作是念：若世尊告勅
我等持說此經者，當如佛教廣宣斯法。復作
是念：佛今默然，不見告勅，我當云何？時諸
敬順佛意，并欲自滿本願，便於佛
吼而發誓言：世尊！我等於如來滅後，周旋
反十方世界，能令眾生書寫此經，受持讀誦，
解說其義，如法修行，正憶念，皆是佛之威
唯願世尊在於他方遙見守護。即時諸菩薩
俱同發聲而說偈言：

唯願不為慮　於佛滅度後　恐怖惡世中　我等當廣說
有諸無智人　惡口罵詈等　及加刀杖者　我等皆當忍
惡世中比丘　邪智心諂曲　未得謂為得　我慢心充滿
或有阿練若　納衣在空閑　自謂行真道　輕賤人間者
貪著利養故　與白衣說法　為世所恭敬　如六通羅
是人懷惡心　常念世俗事　假名阿練若　好出我等
而作如是言　此諸比丘等　為貪利養故　說外道論
自作此經典　誑惑世間人　為求名聞故　分別
常在大眾中　欲毀我等故　向國王大臣　婆羅
及餘比丘眾　誹謗說我惡　謂是邪見人　說外
我等敬佛故　悉忍是諸惡　為斯所輕言　汝等
如此輕慢言　皆當忍受之　濁劫惡世中　多有
惡鬼入其身　罵詈毀辱我　我等敬信佛　當著

BD15161 號　妙法蓮華經卷四

(22–21)

或有阿練若　納衣在空閑　自謂行真道　輕賤人間者
貪著利養故　與白衣說法　為世所恭敬　如六通羅
是人懷惡心　常念世俗事　假名阿練若　好出我等
而作如是言　此諸比丘等　為貪利養故　說外道論
自作此經典　誑惑世間人　為求名聞故　分別
常在大眾中　欲毀我等故　向國王大臣　婆羅
及餘比丘眾　誹謗說我惡　謂是邪見人　說外
我等敬佛故　悉忍是諸惡　為斯所輕言　汝等
如此輕慢言　皆當忍受之　濁劫惡世中　多有
惡鬼入其身　罵詈毀辱我　我等敬信佛　當著
為說是經故　忍此諸難事　我不愛身命
我等於來世　護持佛所囑　世尊自當知
不知佛方便　隨宜所說法　惡口而顰蹙
遠離於塔寺　如是等眾惡　念佛告勅故
諸聚落城邑　其有求法者　我皆到其所　說
我是世尊使　處眾無所畏　我當善說法　願
我於世尊前　諸來十方佛　發如是誓言

妙法蓮華經卷第四

BD15161 號　妙法蓮華經卷四

(22–22)

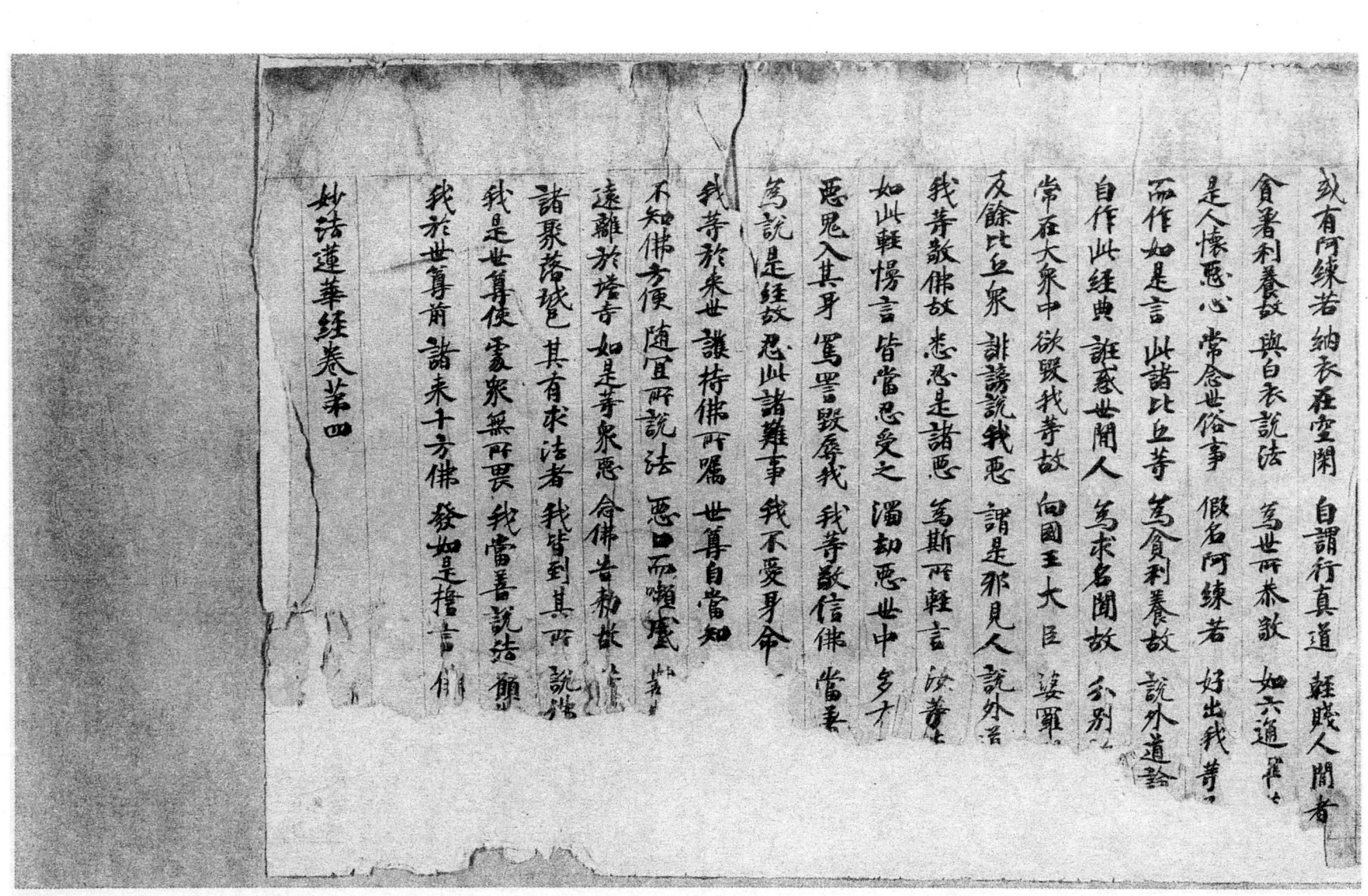

BD15161 號背　勘記、印章　（1–1）

切軍衆各各還向自地處去我今復欲更向
其餘放逸天處為除放逸
善時鵝王如是説已彼諸天衆於山頂上飛
昇虚空牟脩樓陁夜摩天王聞説法已隨喜
讃嘆上天宮殿天衆圍遶上昇虚空共諸天
衆諸天女衆之所圍遶復有餘天住山勝山
千峰之中遊戲受樂如是放逸放逸而行境
界所迷受樂境界為愛所壞於園林中蓮花
水池意念樹林如是如是迷共同伴遊戲受
樂五樂音聲天樂之音不可譬喻在飲食河
遊戲受樂一切時華一切時菓衆鳥音聲皆
迷具足饒蓮華池具足之處自業花菓受第
一樂如是乃至愛善業盡作集業盡善業盡
故如自業行或墮地獄或墮餓鬼或墮畜生
若以餘業得生人中同業之處第一富樂或
近海畔或在其餘饒流水處作大富人虞多

BD15162 號　正法念處經卷五五　（2–1）

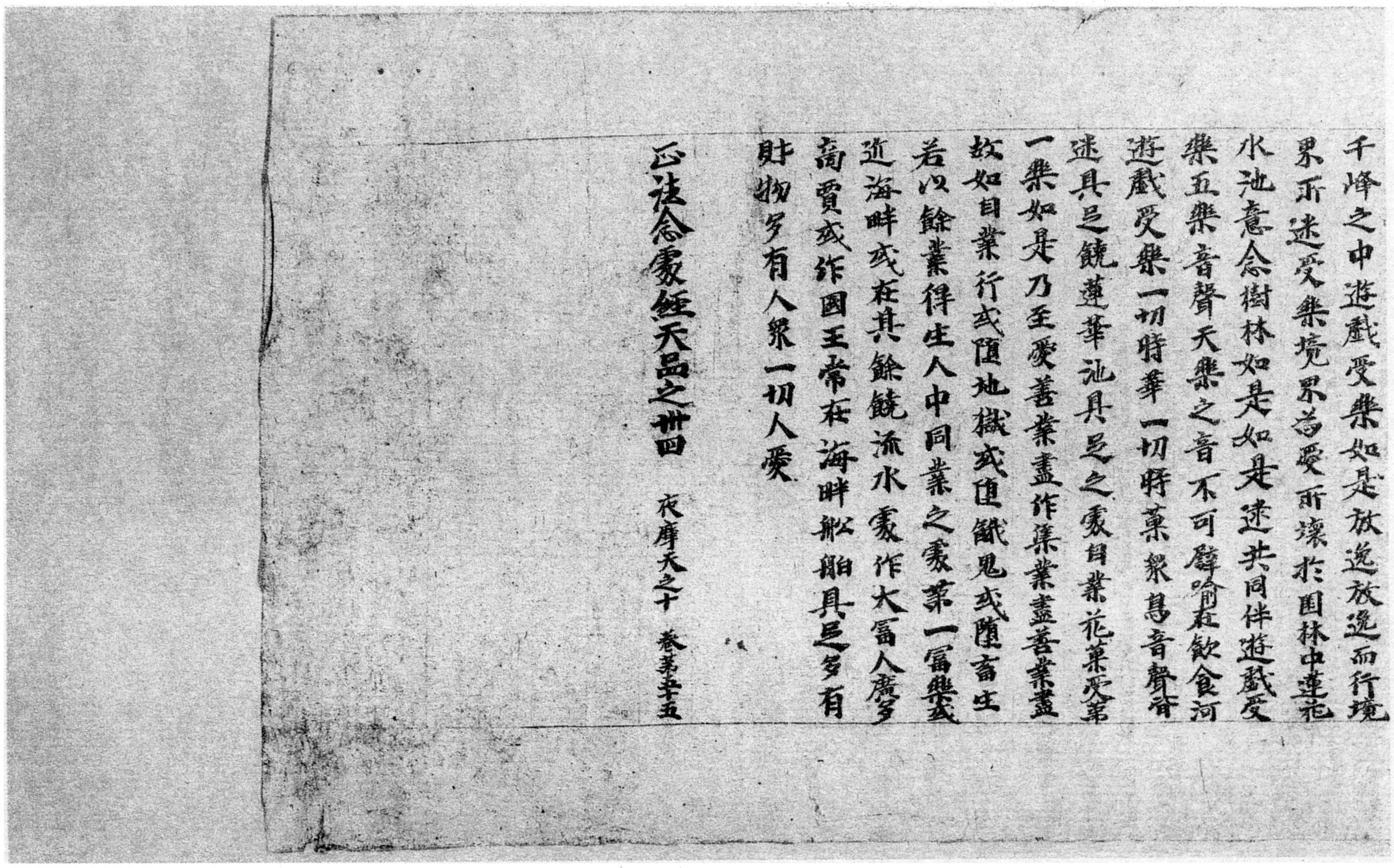
千峰之中遊戲受樂如是放逸放逸而行境
界所迷受樂境界爲愛所壞於園林中蓮花
水池意念樹林如是如是迷共同伴遊戲受
樂五樂音聲天樂之音不可譬喻在飲食河
遊戲受樂一切時華一切時葉衆鳥音聲皆
迷具足饒蓮華池具足之處自業花葉受第
一樂如是乃至愛善業盡作集業盡善業盡
故如自業行或墮地獄或墮餓鬼或墮畜生
若以餘業得生人中同業之處第一富樂或
近海畔或在其餘饒流水處作大富人麼多
商賈或作國王常在海畔船舶具足多有
財物多有人衆一切人愛

正法念處經天品之卅四　夜摩天之十　卷第五十五

BD15162 號　正法念處經卷五五　（2–2）

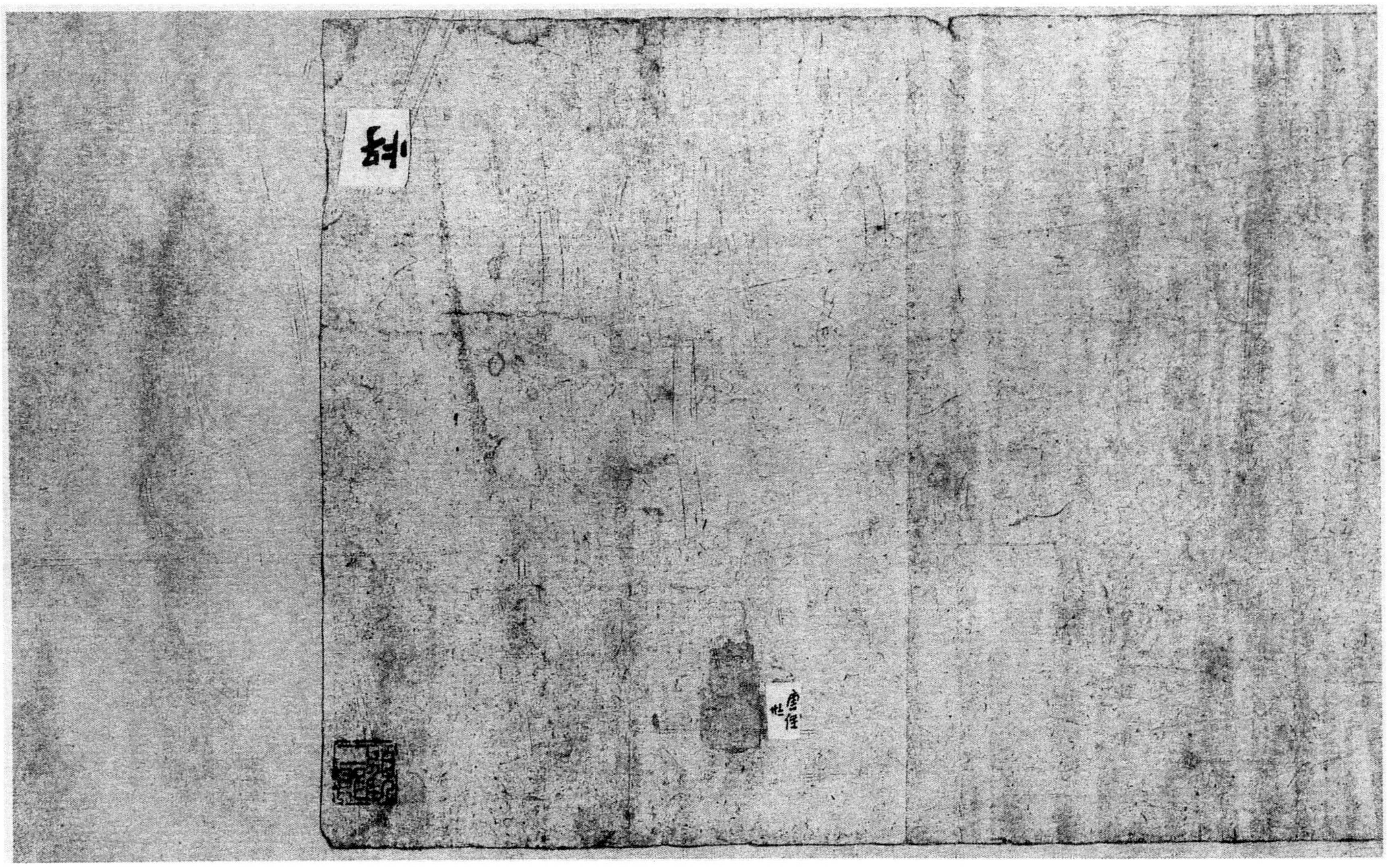

BD15162 號背　勘記、印章　（1–1）

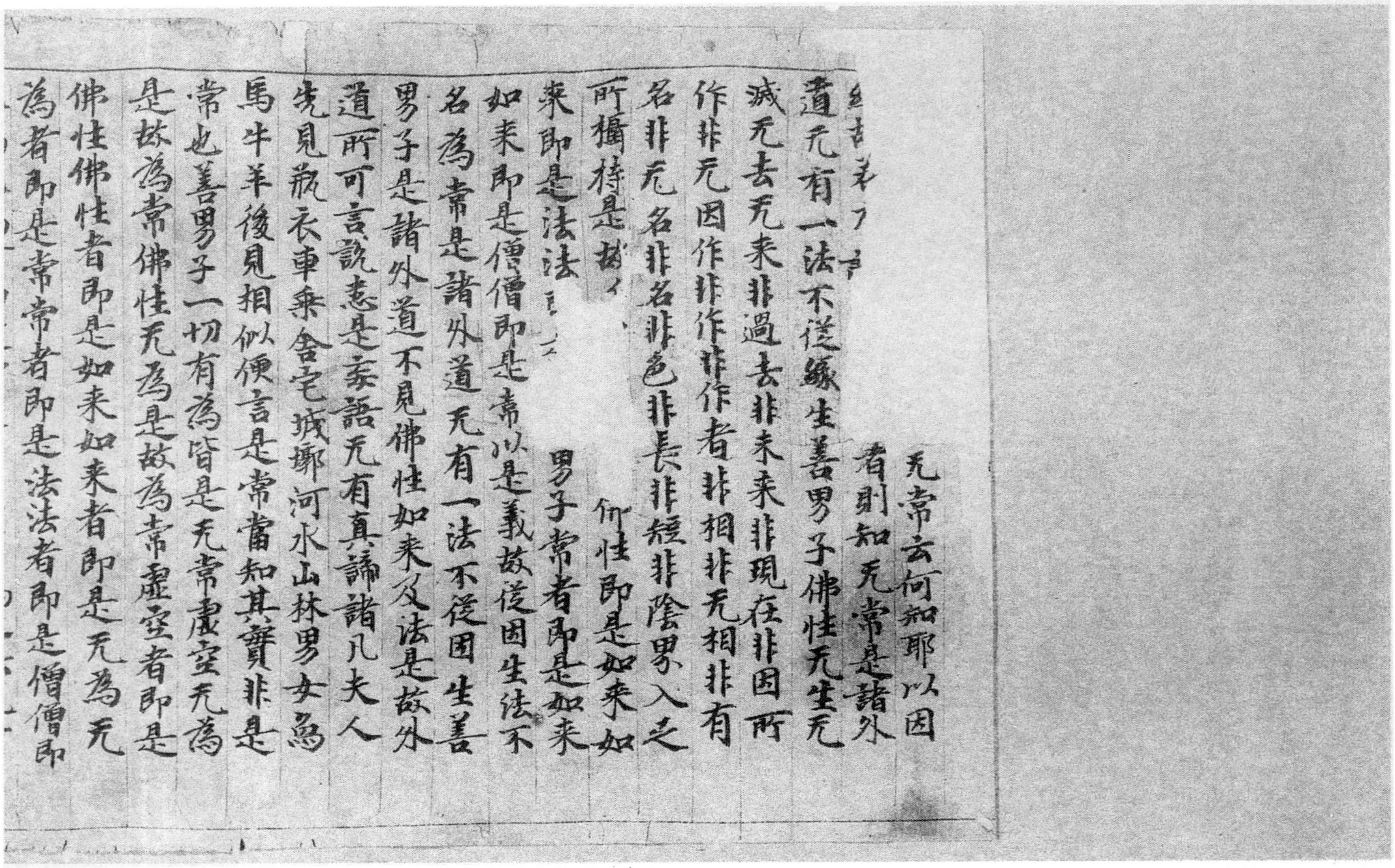
无常云何知耶以因
者則知无常是諸外
道无有一法不從緣生善男子佛性无生无
滅无去无来非過去非未来非現在非因所
作非无因作非作非作者非相非无相非有
名非无名非名非色非長非短非陰界入之
所攝持是故[illegible]　[illegible]性即是如来如
来即是法法[illegible]　男子常者即是如来
如来即是僧僧即是常以是義故從因生法不
名為常是諸外道无有一法不從因生善
男子是諸外道不見佛性如来及法是故外
道所可言説悉是妄語无有真諦諸凡夫人
先見瓶衣車乘舍宅城郭河水山林男女象
馬牛羊後見相似便言是常當知其實非是
常也善男子一切有為皆是无常虛空无為
是故為常佛性无為是故為常虛空者即是
佛性佛性者即是如来如来者即是无為无
為者即是常常者即是法法者即是僧僧即

BD15163 號　大般涅槃經（北本）卷一四　（23–1）

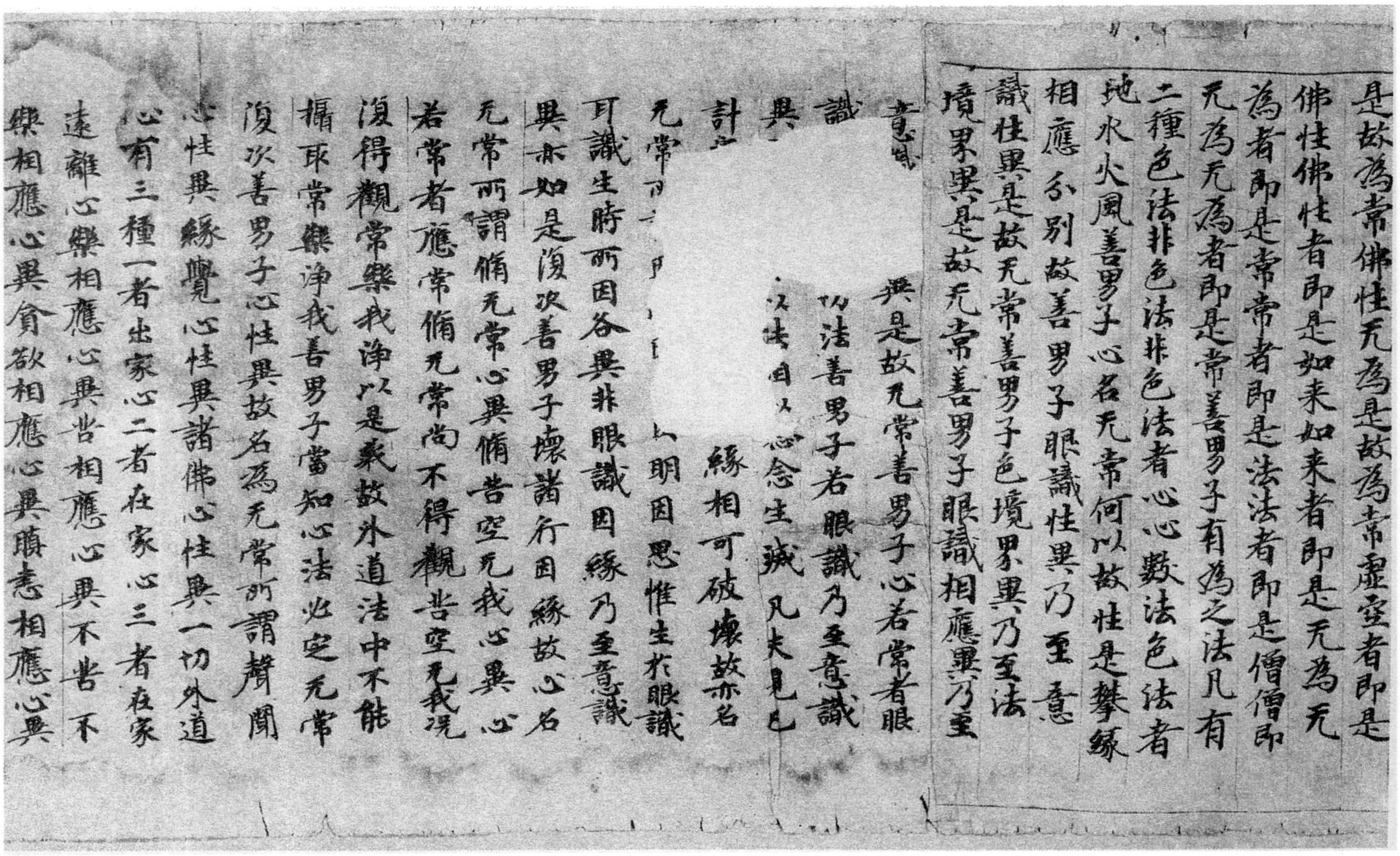
是故為常佛性无為是故為常虛空者即是
佛性佛性者即是如来如来者即是无為无
為者即是常常者即是法法者即是僧僧即
无為无為者即是常善男子有為之法凡有
二種色法非色法非色法者心心數法色法者
地水火風善男子心名无常何以故性是攀緣
相應分別故善男子眼識性異乃至意
識性異是故无常善男子色境界異乃至法
境界異是故无常善男子眼識相應異乃至
意識[illegible]　異是故无常善男子心若常者眼
識[illegible]　以法善男子若眼識乃至意識
異[illegible]　以法因[illegible]心念生滅凡夫見已
計[illegible]　緣相可破壞故亦名
无常[illegible]　明因思惟生於眼識
耳識生時所因各異非眼識因緣乃至意識
異亦如是復次善男子壞諸行因緣故心名
无常所謂脩无常心異脩苦空无我心異心
若常者應常脩无常尚不得觀苦空无我況
復得觀常樂我淨以是義故外道法中不能
攝取常樂淨我善男子當知心法必定无常
復次善男子心性異故名為无常所謂聲聞
心性異緣覺心性異諸佛心性異一切外道
心有三種一者出家心二者在家心三者在家
遠離心樂相應心異苦相應心異不苦不
樂相應心異貪欲相應心異瞋恚相應心異

BD15163 號　大般涅槃經（北本）卷一四　（23–2）

遠離心樂相應心異皆相應心異不皆不
樂相應心異貪欲相應心異瞋恚相應心異
愚癡相應心異一切外道心相亦異所謂愚
癡相應心異疑惑相應心異耶見相應心異
進止威儀其心亦異善男子心若常者亦復
不能分別諸色所謂青黃赤白紫色善男子
心若常者諸憶念法不應忘失善男子心若
常者凡所讀誦不應增長復次善男子心若
常者不應說言已作今作當作若有已作今
作當作當知是心必定无常善男子心若常
者則无怨親非怨非親心若常者則不應言
我物他物若死若生心若常者雖有所作不
應增長善男子以是義故當知心性各各別
異有別異故當知无常善男子我今於此非
色法中演說无常其義已顯復當為汝說色
无常是色无常本无有生生已滅故內身處
胎歌羅羅時本无有生生已變故外之牙莖
本亦无生生已變故是當知一切色法悉皆
无常善男子所有內色隨時而變歌羅羅
時異安浮陀時異伽那時異閉手時異諸皰
時異初生時異嬰孩時異童子時異乃至老
時各各變異所謂外色亦復如是牙異莖異
枝異葉異華異菓異復次善男子內味亦異

BD15163號　大般涅槃經（北本）卷一四　（23–3）

時各各變異所謂外色亦復如是牙異莖異
枝異葉異華異菓異復次善男子內味亦異
歌羅羅時乃至老時各各變異外味亦尒牙
莖枝葉華菓味異歌羅羅力異乃至老時力
異歌羅羅時狀貌異乃至老時狀貌亦異歌
羅羅時果報異乃至老時果報亦異歌羅羅
時名字異乃至老時名字亦異所謂內色壞
已還合故知无常外之樹木亦壞已還合故
知无常次第漸生故知无常次第生歌羅羅時
時乃至老時次第生乃至菓子故知无常
諸色可滅故知无常歌羅羅滅時異乃至老
滅時異牙滅時異乃至果滅時異故知无常
凡夫无智見相似生計以為常以是義故名
曰无常若无常即是苦若苦即是不淨善男
子我因迦葉先問是事於彼已答
復次善男子諸行无我善男子摠一切法謂
色非色色非我也何以故可破可壞可裂可
打生增長故我者不可破壞裂打生長以是
義故知色非我非色之法亦復非我何以故
因緣生故善男子若諸外道以專念故智有
我者專念之性實非我也若以專念為我
生者過去之事則有忘失有忘失故定知无我
善男子若諸外道以憶想故知有我者无憶
想故定知无我如說見人手有六指即復問

BD15163號　大般涅槃經（北本）卷一四　（23–4）

生者過去之事則有忘失有忘失故定知无我
善男子若諸外道以憶想故知有我者无憶
想故定知无我如説見人手有六指即復問
言我先何處共相見耶若有我者不應復問
以相問故定知无我善男子若諸外道以有
遮故知有我者善男子以有遮故定知无我
如言調達終不發言非調達也我亦如是若
定是我終不遮我以遮我故定知无我若以
遮故知有我者設令不遮定應无我善男子
若諸外道以伴非伴知有我者以无伴故應
无有我有法无伴所謂如来虚空佛性我亦
如是實无有伴以是義故定知无我復次善
男子若諸外道以名字故知有我者无我法
中亦有我名如貧賤人名字富貴如言我死
若我死者我則殺我而我實不可殺假名殺
我亦如短人名為長者以是義故定知无我
復次善男子若諸外道生已求乳知有我者
善男子若有我者一切嬰兒不應執持糞穢
大虵毒藥以是義故定知无我復次善男子
一切衆生於三法中悉有等智所謂婬欲飲
食恐怖是故无我復次善男子若諸外道以
相貌故知有我者善男子相故无我无相故
亦无我若人睡時不能進止府仰視眴不覺
苦樂不應有我若以進止府仰視眴知有我

BD15163號　大般涅槃經（北本）卷一四　　（23-5）

亦无我若人睡時不能進止府仰視眴不覺
苦樂不應有我若以進止府仰視眴知有我
者機關木人亦應有我善男子如来亦尒不
進不止不俯不仰不視不眴不苦不樂不貪
不恚不癡不行如来如是真實有我復次善
男子若諸外道以見他食菓口中生涎知有
我者善男子以憶念故見則生涎涎非我也
我亦非涎非喜非悲非非只非咲非隨非起非
飢非飽以是義故定知无我善男子是諸外
道癡如小兒无慧方便不能了達常与无常
苦樂淨不淨我无我壽命非壽命衆生非衆
生實非實有非有於佛法中取少許分虚妄
計有常樂我淨而實不知常樂我淨如生盲
人不識乳色便問他言乳色何似他人荅言
色白如貝盲人復問是乳色者如貝聲耶荅
言不也復問貝色為何似耶荅言如稲米末
盲人復問乳色柔濡如稲米末耶稲米末者
復何所似荅言如雪盲人復言彼稲米末冷
如雪耶雪復何似荅言猶如白鶴是生盲人
雖聞如是四種譬喻終不能得識乳真色是
諸外道亦復如是終不能識常樂我淨善男
子以是義故我佛法中有真實諦非於外道
文殊師利白佛言希有世尊如来於今臨般涅

BD15163號　大般涅槃經（北本）卷一四　　（23-6）

諸外道亦復如是終不能識常樂我淨善男
子以是義故我佛法中有真實諦非於外道
文殊師利白佛言希有世尊如来於今臨般涅
槃方更轉於无上法輪乃作如是分別真諦
佛告文殊師利汝今云何於如来生涅槃
想善男子如来實是常住不變不般涅槃
善男子若有計我是佛我成阿耨多羅三藐
三菩提我即是法法是我所我即是道道是
我所我即世尊世尊即是我所我即聲聞聲
聞即是我所我能說法令他聽受我轉法輪
餘人不能如来終不作如是計是故如来不
轉法輪善男子若有人作如是妄計我即是
眼眼即我所耳鼻舌身意亦復如是我即是
色色是我所乃至法亦如是我即是地地即
我所水火風等亦如是善男子若人計言我
即是信信是我所我是多聞多聞即是我所
我是檀波羅蜜檀波羅蜜即是我所我是尸
波羅蜜尸波羅蜜即是我所我是羼提波羅
蜜羼提波羅蜜即我所我是毗梨耶波羅蜜
禪波羅蜜即是我所我是般若波羅蜜般若
波羅蜜即是我所我是四念處四念處即是
我所四正勤四如意足五根五力七覺分八
聖道分亦復如是善男子如来終不作如是
計是故如来不轉法輪善男子若言常住无

BD15163號　大般涅槃經（北本）卷一四　（23-7）

聖道分亦復如是善男子如来終不作如是
計是故如来不轉法輪善男子若言常住无
有變易云何說言佛轉法輪是故汝今不應
說言如来方更轉於法輪善男子譬如因眼
緣色緣明緣思惟因緣和合得生眼識善男
子眼不念言我能生識色乃至思惟終不念
言我生眼識眼識亦復不作念言我能自生
善男子如是等法因緣和合得名為見善男
子如来亦尒因六波羅蜜卅七助菩提之法覺
了如来亦尒因六波羅蜜卅七助菩提之法覺了
諸法須因咽喉舌齒脣口言語音聲為憍陳
如初始說法名轉法輪以是義故如来不名
轉法輪也善男子若不轉者即名為法法即
如来善男子譬如因燧因鑽因手因乾牛糞
而得生火燧亦不言我能生火鑽手牛糞各
不念言我能生火火亦不言我能自生如来
亦尒因六波羅蜜乃至憍陳如名轉法輪如
来亦復不生念言我轉法輪善男子若不生
者是則名為轉正法輪是轉法輪即名如来
善男子譬如因酪因水因攢因瓶因繩因人
手提而得出蘇酪不念言我能出蘇乃至人
手亦不念言我能出蘇蘇亦不言我能自出
衆緣和合故得出蘇如来亦尒終不念言我
轉法輪善男子若不出者是則名為轉正法

BD15163號　大般涅槃經（北本）卷一四　（23-8）

衆緣和合故得出蘇如來亦尒終不念言我
轉法輪善男子若不出者是則名爲轉正法
輪是轉法輪即是如來善男子譬如因子因
地因水因火因風因糞因時因人作業而牙
得生善男子子亦不言我能生牙乃至作業亦
不念言我能生牙牙亦不言我能自生如來
亦尒終不念言我轉法輪善男子若不作者
是則名爲轉正法輪是轉法輪即是如來善
男子譬如因鼓因空因皮因人因桴和合
出聲而鼓不念言我能出聲乃至桴亦如是
聲亦不言我能自生善男子如來亦尒終不
念言我轉法輪善男子轉法輪者名爲不作
不作者即轉法輪轉法輪者即是如來善男
子轉法輪者乃是諸佛世尊境界非諸聲聞
緣覺所知善男子虛空非生非出非作非造
非有爲法如來亦尒非生非出非作非造非
有爲法如如來性佛性亦尒非生非出非作
非造非有爲法善男子諸佛世尊語有二種
一者世語二者出世語善男子如來爲諸聲
聞緣覺説於世語爲諸菩薩説出世語善男
子是諸大衆復有二種一者求小乘二者求
大乘我於昔日波羅㮈城爲諸聲聞轉于法
輪今始於此拘尸那城爲諸菩薩轉大法輪
復次善男子復有二人中根上根爲中根人於
波羅㮈轉於法輪爲上根人人中爲王迦葉

BD15163號　大般涅槃經（北本）卷一四　（23–9）

復次善男子復有二人中根上根爲中根人於
波羅㮈轉於法輪爲上根人人中爲王迦葉
菩薩等今於此間拘尸那城轉大法輪善
男子極下根者如來終不爲轉法輪極下根
者即一闡提復次善男子求佛道者復有二
種一中精進二上精進於波羅㮈爲中精進
轉於法輪今於此城爲上精進轉大法輪復
次善男子我昔於彼波羅㮈城初轉法輪八
万天人得須陁洹果今於此間拘尸那城八
十万億人不退轉於阿耨多羅三藐三菩提
復次善男子波羅㮈城大梵天王稽首請我
轉於法輪今於此間拘尸那城迦葉菩薩稽
首請我轉大法輪復次善男子我昔於彼波羅
㮈城轉法輪時演説无常苦空无我今於
此間拘尸那城轉法輪時説常樂我淨復次
善男子我昔於彼波羅㮈城轉法輪時所出
音聲聞于梵天如來今於拘尸那城轉法輪
時所出音聲遍於東方廿恒河沙等諸佛世
界南西北方四維上下亦復如是復次善男
子諸佛世尊凡有所説皆悉名爲轉法輪也
善男子譬如聖王所有輪寶未降伏者能令
降伏已降伏者能令安隱善男子諸佛世尊
凡所説法亦復如是无量煩惱未調伏者能
令調伏已調伏者令生善根善男子譬如聖

BD15163號　大般涅槃經（北本）卷一四　（23–10）

凡所說法亦復如是无量煩惱未調伏者能
令調伏已調伏者令生善根善男子譬如聖
王所有輪寶則能消滅一切怨賊如来演法
亦復如是能令一切諸煩惱賊皆悉寂靜復
次善男子譬如聖王所有輪寶下上迴轉如
来說法亦復如是能令下趣諸惡衆生上生
人天乃至佛道善男子是故汝今不應讚言
如来於此更轉法輪尒時文殊師利白佛言
世尊我於此義非爲不知所以問者爲欲利
益諸衆生故世尊我已久知轉法輪者實是
諸佛如来境界非是聲聞緣覺所及尒時世
尊告迦葉菩薩善男子是名菩薩住於大乘
大涅槃經所行聖行
迦葉菩薩白佛言世尊復以何義名爲聖行
善男子聖名諸佛世尊以是義故名爲聖行
世尊若是諸佛之所行者則非聲聞緣覺菩
薩所能脩行善男子諸佛世尊安住於此大
般涅槃而作如是開示分別演說其義以是
義故名曰聖行聲聞緣覺及諸菩薩如是聞
已則能奉行故名聖行善男子是菩薩摩訶
薩得是行已則得住於无所畏地善男子若
有菩薩得住如是无所畏地則不復畏貪恚
愚癡生老病死亦復不畏惡道地獄畜生餓

BD15163號　大般涅槃經（北本）卷一四　（23–11）

有菩薩得住如是无所畏地則不復畏貪恚
愚癡生老病死亦復不畏惡道地獄畜生餓
鬼善男子惡有二種一者阿脩羅二者人中
人中有三種惡一者一闡提二者誹謗方等
經典三者犯四重禁善男子住是地中諸菩
薩等終不畏隨如是惡中亦復不畏沙門婆
羅門外道耶見天魔波旬亦復不畏受廿五
有是故此地名无所畏善男子菩薩摩訶薩
住无畏地得廿五三昧壞廿五有善男子得
无垢三昧能壞地獄有得无退三昧能壞畜
生有得心樂三昧能壞餓鬼有得歡喜三昧
能壞阿脩羅有得日光三昧能斷弗婆提有
得月光三昧能斷瞿耶尼有得熱炎三昧能斷
欝單越有得如幻三昧能斷閻浮提有得
一切法不動三昧能斷四天處有得難伏三
昧能斷三十三天處有得悅意三昧能斷炎
摩天有得青色三昧能斷兜率天有得黃色
三昧能斷化樂天有得赤色三昧能斷他化
自在天有得白色三昧能斷初禪有得種種
三昧能斷大梵王有得雙三昧能斷二禪有
得雷音三昧能斷三禪有得澍雨三昧能斷
四禪有得如虛空三昧能斷无想有得照鏡
三昧能斷淨居阿那含有得无閡三昧能斷

BD15163號　大般涅槃經（北本）卷一四　（23–12）

四禪有得如虚空三昧能斷无想有得照鏡
三昧能斷淨居阿那含有得无閡三昧能斷
空處有得常三昧能斷識處有得樂三昧能
斷不用處有得我三昧能斷非想非非想處
有善男子是名菩薩得廿五三昧斷廿五有
善男子如是廿五三昧名諸三昧王善男子
菩薩摩訶薩入如是等諸三昧王若欲吹壞
須弥山王隨意即能欲知三千大千世界所
有衆生心之所念亦悉能知欲以三千大千
世界所有衆生内於己身一毛孔中隨意
即能亦令衆生无迫迮想若欲化作无量衆生
悉令充滿三千大千世界中者亦能隨意能
分一身以為多身復合多身以為一身雖作
如是心无所著猶如蓮華善男子菩薩摩訶
薩得入如是三昧王已即得住於自在之地菩
薩住是自在地者得自在力隨欲生處即
得往生善男子譬如聖王領四天下隨意
所行无能鄣閡菩薩摩訶薩亦復如是一切生
處若欲生者隨意往生善男子菩薩摩訶薩
若見地獄一切衆生有可得令住善根者菩
薩即往而生其中菩薩雖生非本業果菩薩
摩訶薩住自在地力因緣故而生其中善男
子菩薩摩訶薩雖在地獄不受燋燃碎身等
善善男子菩薩摩訶薩所可成就如是功德

BD15163號　大般涅槃經（北本）卷一四　（23–13）

子菩薩摩訶薩雖在地獄不受燋燃碎身等
苦善男子菩薩摩訶薩所可成就如是功德
无量无邊百千万億尚不可説何况諸佛所
有功德而當可説
尒時衆中有一菩薩名住无垢藏王有大威
德成就神通得大總持三昧具足得无所畏
即從座起偏袒右肩右膝著地長跪合掌白
佛言世尊如佛所説諸佛菩薩所可成就功
德智慧无量无邊百千万億實不可説我意
猶謂故不如是大乘經典何以故因是大乘
方等經力故能出生諸佛世尊阿耨多羅三
藐三菩提時佛讚言善哉善哉善男子如是
如是如汝所説是諸大乘方等經典雖復成
就无量功德欲比是經不得為譬百倍千倍
百千万億乃至筭數譬喻所不能及善男子
譬如從牛出乳從乳出酪從酪出生蘇從生
蘇出熟蘇從熟蘇出醍醐醍醐最上若有服
者衆病皆除所有諸藥悉入其中善男子佛
亦如是從佛出於十二部經從十二部經出
修多羅從修多羅出方等經從方等經出般
若波羅蜜從般若波羅蜜出大涅槃猶如醍
醐言醍醐者譬於佛性佛性者即是如來善
男子以是義故説言如來所有功德无量无
邊不可稱計

BD15163號　大般涅槃經（北本）卷一四　（23–14）

男子以是義故說言如來所有功德无量无
邊不可稱計
迦葉菩薩白佛言世尊如佛讚大涅槃經猶
如醍醐㝡上㝡妙若有能服衆病悉除一切
諸藥悉入其中我聞是已竊復思念若有不
能聽受是經當知是人為大愚癡无有善
心世尊我於今者實能堪忍剝皮為紙刺血
為墨以髓為水折骨為筆書寫如是大涅槃
經書已讀誦令其通利然後為人廣說其義
世尊若有衆生貪著財物我當施財然後以
是大涅槃經勸之令讀若尊貴者先以愛語
隨順其意然後漸當以是大乘大涅槃經勸
之令讀若凡庶者當以威勢逼之令讀若憍
慢者為作僕使隨順其意令其歡喜然後復
以大涅槃經而教導之若有誹謗方等經者當
以勢力摧之令伏既摧伏已然後勸令讀大涅
槃經若有愛樂大乘經者我當躬往恭敬供
養尊重讚歎尒時佛讚迦葉菩薩善哉善
哉汝甚愛樂大乘經典貪大乘經大乘經
味大乘經信敬尊重供養大乘善男子汝今
以此善心因緣當得超越无量无邊恒河沙
等大菩薩前成就阿耨多羅三藐三菩提汝
亦不久復當如我廣為大衆演說如是大般
涅槃如來佛性諸佛所說秘密之藏善男子

BD15163號　大般涅槃經（北本）卷一四　（23–15）

亦不久復當如我廣為大衆演說如是大般
涅槃如來佛性諸佛所說秘密之藏善男子
過去之世佛日未出我於尒時作婆羅門脩
菩薩行悉能通達一切外道所有經論脩寂
滅行具足威儀其心清淨不為外來能生欲
想之所破壞滅瞋恚火受持常樂淨我之法
周遍求索大乘經典乃至不聞方等名字我
於尒時住於雪山其山清淨流泉浴池樹林
藥木充滿其地處處石間有清流水多諸香
華周遍嚴飾衆鳥禽獸不可稱計甘菓滋繁
種別難計復有无量藕根甘根青木香根我
於尒時獨處其中唯食諸菓食已繫心思惟
坐禪經无量歲亦不聞有如來出世大乘經
名善男子我脩如是苦難行時釋提桓因諸
天人等心大驚怪即共集會各各相謂而說
偈言
各共相指示　清淨雪山中　寂靜離欲主　功德莊嚴王
以離貪瞋慢　永斷諂愚癡　口初未曾說　麁惡等語言
尒時衆中有一天子名曰歡喜復說偈言
如是離欲人　清淨勤精進　將不求帝釋　及以諸天耶
若是求道者　脩行諸苦行　是人多欲求　帝釋所坐處
尒時復有一仙天子即為帝釋而說偈言
天主憍尸迦　不應生是意　外道脩苦行　何必求帝處
說是偈已復作是言憍尸迦世有大士為衆

BD15163號　大般涅槃經（北本）卷一四　（23–16）

天主憍尸迦　不應生是悳　外道脩苦行　何必求常處
說是偈已復作是言憍尸迦世有大士為衆
生故不貪己身為欲利益諸衆生故而脩種
種无量苦行如是之人見生死中諸過咎故
設見珎寶滿此大地諸山大海不生貪著如
視洟唾如是大士棄捨財寶所愛妻子頭目
髓腦手足枝節所居舍宅象馬車乘奴婢僮
僕亦不願求生於天上唯求欲令一切衆生得
受快樂如我所解如是大士清淨无染衆結
永盡唯欲志求阿耨多羅三藐三菩提釋提
桓因復作是言如汝言者是人則為攝取
一切世間衆生大仙若此世間有佛樹者能
除一切諸天世人及阿脩羅煩惱毒虵若諸
衆生住是佛樹蔭涼中者煩惱諸毒悉得消
滅大仙是人若當未來世中作善逝者我等
悉當得度无量熾然煩惱如是之事實為難
信何以故无量衆生發阿耨多羅三藐三菩
提心見少微緣於阿耨多羅三藐三菩提即
便動轉如水中月水動則動猶如畫像難成
易壞菩提之心亦復如是難發易壞大仙如
有多人以諸鎧仗牢自莊嚴欲前討賊臨陣
恐怖則便退散无量衆生亦復如是發菩提
心牢自莊嚴見生死過心生恐怖即便退散
大仙我見如是无量衆生發心之後皆生動

心牢自莊嚴見生死過心生恐怖即便退散
大仙我見如是无量衆生發心之後皆生動
轉是故我今雖見是人脩於苦行无惱无熱
住於道嶮其行清淨未能信也我今要當自
往試之知其實能堪任荷負阿耨多羅三藐
三菩提大重擔不大仙猶如車有二輪則有
載用鳥有二翼堪任飛行是苦行者亦復
如是我雖見其堅持禁戒未知其人有深智
不若有深智當知則能堪任荷負阿耨多羅
三藐三菩提之重擔也大仙譬如魚母多有胎
子成就者少如菴羅樹華多菓少衆生發
心乃有无量及其成就少不足言大仙我當與
汝俱往試之大仙譬如真金三種試已乃知
其真謂燒打磨試彼苦行亦當如是尒時釋
提桓因自變其身作羅刹像形甚可畏下至
雪山去其不遠而便立住是時羅刹心无所
畏勇健難當辯才次第其聲清雅宣過去
佛所說半偈
諸行无常　是生滅法
說是半偈已便住其前所現形貌甚可怖畏
顧眄遍視觀於四方是苦行者聞是半偈心
生歡喜譬如估客於嶮難處夜行失伴恐怖
推索還遇同侶心生歡喜踊躍无量亦如久
病未遇良醫瞻病好藥後卒得之如人沒海

病未遇良醫瞻病好藥後卒得之如人沒海
卒遇船舫如渴乏人遇清冷水如為怨逐忽
然得脫如久繫人卒聞得出亦如農夫炎旱
值雨亦如行人還得歸家家人見已生大歡
喜善男子我於尒時聞是半偈心中歡喜亦
復如是即從座起以手舉髮四向顧視而作
是語向所聞偈誰之所說尒時亦更不見餘
人唯見羅剎即說是言誰開如是解脫之門
誰能雷震諸佛言聲誰於生死睡眠之中而
獨覺寤唱如是言誰能於此示導生死飢饉
衆生无上道味无量衆生沉生死海誰能於
中作大船師是諸衆生常為煩惱重病所纏
誰能於中為作良醫說是半偈啓悟我心猶
如半月漸開蓮華善男子我於尒時更无所
見唯見羅剎復作是念將是羅剎說是偈耶
覆復生疑或非其說何以故是人形容甚可
怖畏若有得聞是偈句者一切恐怖醜陋即
除何有此人形貌如是能說此偈不應火中
出生蓮華非日光中出生冷水善男子我於
尒時復作是念我今无智而此羅剎或能得
見過去諸佛從諸佛所聞是半偈我今當問
即便前至是羅剎所作如是言善哉大士汝
於何處得是過去離怖畏者所說半偈大士
汝於何處而得如是半如意珠大士是半偈

BD15163號　大般涅槃經（北本）卷一四　（23–19）

於何處得是過去離怖畏者所說半偈大士
汝於何處而得如是半如意珠大士是半偈
義乃是過去未來現在諸佛世尊之正道也
一切世間无量衆生常為諸見羅網所覆終
身於此外道法中初不得聞如是出世十力世
雄所說空義善男子我問是已即答我言大
大婆羅門汝今不應問我是義何以故我不
食來已逕多日處處求索了不能得飢渴苦
惱心亂讝語非我本心之所知也我今力能
飛行虛空至欝單曰乃至天上處處求食亦
不能得以是之故我說是語善男子我時即
復語羅剎言大士若能為我說是偈竟我當
終身為汝弟子大士汝所說者名字不終義
亦不盡以何因緣不欲說耶夫財施者則有
竭盡法施因緣不可盡也雖无所盡多所利
益我今聞此半偈法已心生驚疑汝今幸可
為我除斷說此偈竟我當終身為汝弟子羅
剎答言汝智太過但自憂身都无見念今我
定為飢苦所逼實不能說我即問言汝所食
者為是何物羅剎答言汝不足問我若說者
令多人怖我復語言此中獨處更无有人我
不畏汝何故不說羅剎答言我所食者唯人
暖肉其所飲者唯人熱血自我薄福唯食此
食周遍求索困不能得世雖多人皆有福德
兼為諸天之所守護而我无力不能得殺善

BD15163號　大般涅槃經（北本）卷一四　（23–20）

食用遍求索困不能得世雖多人皆有福德
兼為諸天之所守護而我无力不能得聲善
男子我復語言汝但具足說是半偈我聞偈
已當以此身奉施供養大士我設命終如此
之身无所復用當為虎狼鵄梟鵰鷲之所噉
食而復不得一豪之福我今為求阿耨多羅三
藐三菩提捨不堅身以易堅身羅剎荅言
誰當信汝如是之言為八字故棄所愛身善
男子我即荅言汝真无智譬如有人施他瓦
器得七寶器我亦如是捨不堅身得金剛身
汝言誰當信者我今有證大梵天王釋提桓
因及四天王能證是事復有天眼諸菩薩等
為欲利益无量衆生脩行大乘具六度者亦
能證知復有十方諸佛世尊利衆生者亦能
證我為八字故捨是身命羅剎復言汝若如
是能捨身者諦聽諦聽當為汝說其餘半偈
善男子我於尒時聞是語已心中歡喜即解
已身所著鹿皮為此羅剎敷置法座白言和
上願坐此座我即於前叉手長跪而作是言
唯願和上善為我說其餘半偈令得具足羅
剎即說
生滅滅已　寂滅為樂
尒時羅剎說是偈已復作是言菩薩摩訶薩
汝今已聞具足偈義汝之所願為悉滿足若

BD15163號　大般涅槃經（北本）卷一四　（23–21）

尒時羅剎說是偈已復作是言菩薩摩訶薩
汝今已聞具足偈義汝之所願為悉滿足若
必欲利諸衆生者時施我身善男子我於尒
時深思此義然後處處若石若壁若樹若道
書寫此偈即便更繫所著衣裳恐於死後身
體露現即上高樹尒時樹神復問我言善哉
仁者欲作何事善男子我時荅言我欲捨身以
報偈價樹神問言如是偈者何所利益我時
荅言如是偈句乃是過去未來現在諸佛
所說開空法道我為此法棄捨身命不為利
養名聞財寶轉輪聖王四大天王釋提桓因
大梵天王人天中樂為欲利益一切衆生故
捨此身善男子我捨身時復作是願願令一
切慳惜之人悉來見我捨離此身若有少施
起貢高者亦令得見我為一偈捨此身命如
棄草木我於尒時說是語已尋即放身自
投樹下未至地時虛空之中出種種聲其聲乃
至阿迦尼吒尒時羅剎還復釋身即於空中接
取菩薩安置平地尒時釋提桓因及諸天人
大梵天王稽首頂礼菩薩足下讚言善哉善
哉真是菩薩能大利益无量衆生欲於无明
黑闇之中然大法炬由我愛惜如來大法故
相嬈惱唯願聽我懺悔罪咎汝於未來必定
成就阿耨多羅三藐三菩提願見濟度尒時

BD15163號　大般涅槃經（北本）卷一四　（23–22）

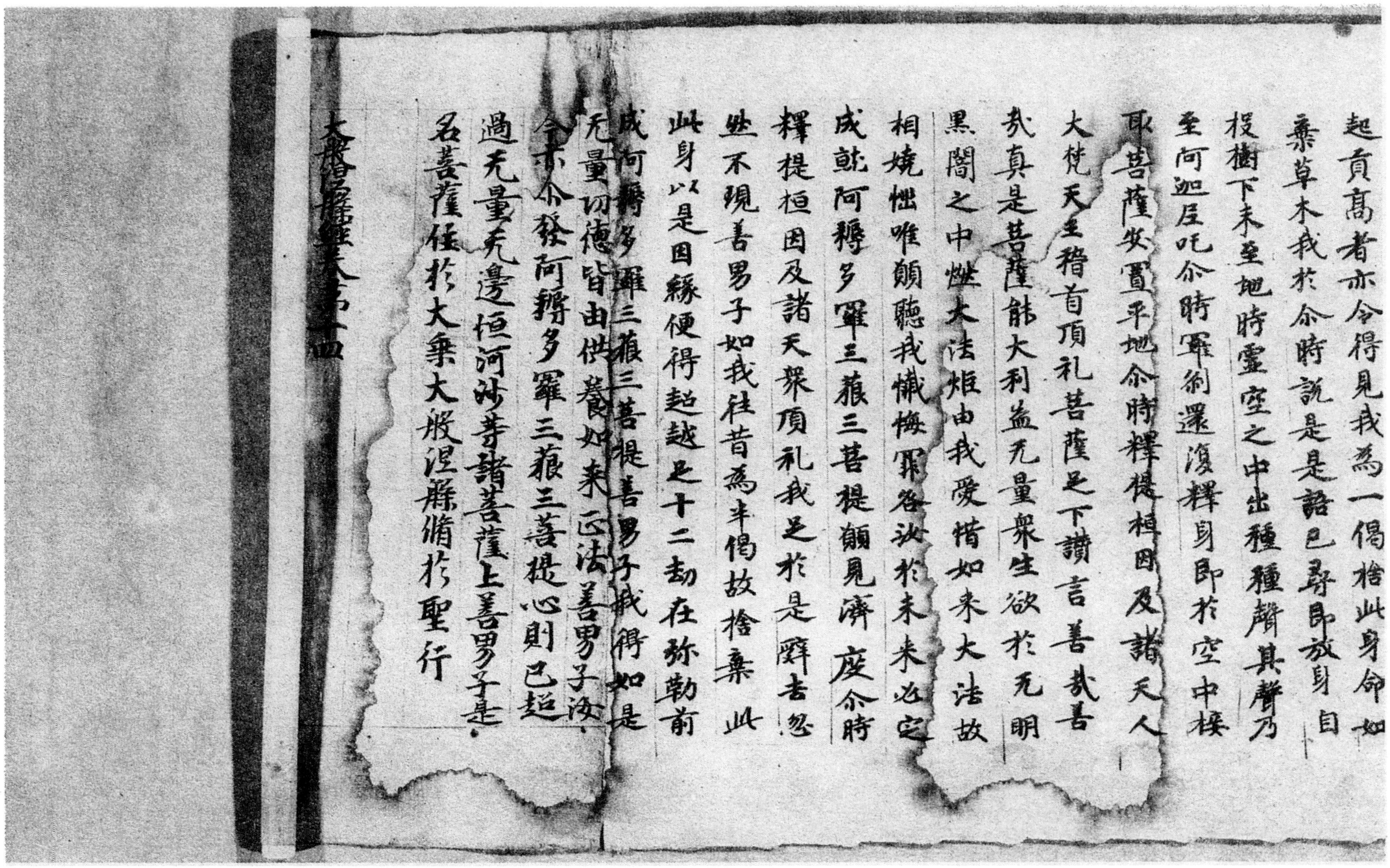

起貢高者亦令得見我為一偈捨此身命如
棄草木我於尒時說是語已尋即放身自
投樹下未至地時虛空之中出種種聲其聲乃
至阿迦尼吒尒時羅刹還復釋身即於空中接
取菩薩安置平地尒時釋提桓因及諸天人
大梵天王稽首頂礼菩薩足下讚言善哉善
哉真是菩薩能大利益无量眾生欲於无明
黑闇之中然大法炬由我愛惜如來大法故
相嬈惱唯願聽我懺悔罪咎汝於未來必定
成就阿耨多羅三藐三菩提願見濟度尒時
釋提桓因及諸天眾頂礼我足於是辭去忽
然不現善男子如我往昔為半偈故捨棄此
身以是因緣便得超越足十二劫在弥勒前
成阿耨多羅三藐三菩提善男子我得如是
无量功德皆由供養如來正法善男子汝
今亦尒發阿耨多羅三藐三菩提心則已超
過无量无邊恒河沙等諸菩薩上善男子是
名菩薩住於大乘大般涅槃脩於聖行

大般涅槃經卷第十四

BD15163 號　大般涅槃經（北本）卷一四　（23–23）

唐人寫經

BD15164 號背　護首　（1–1）

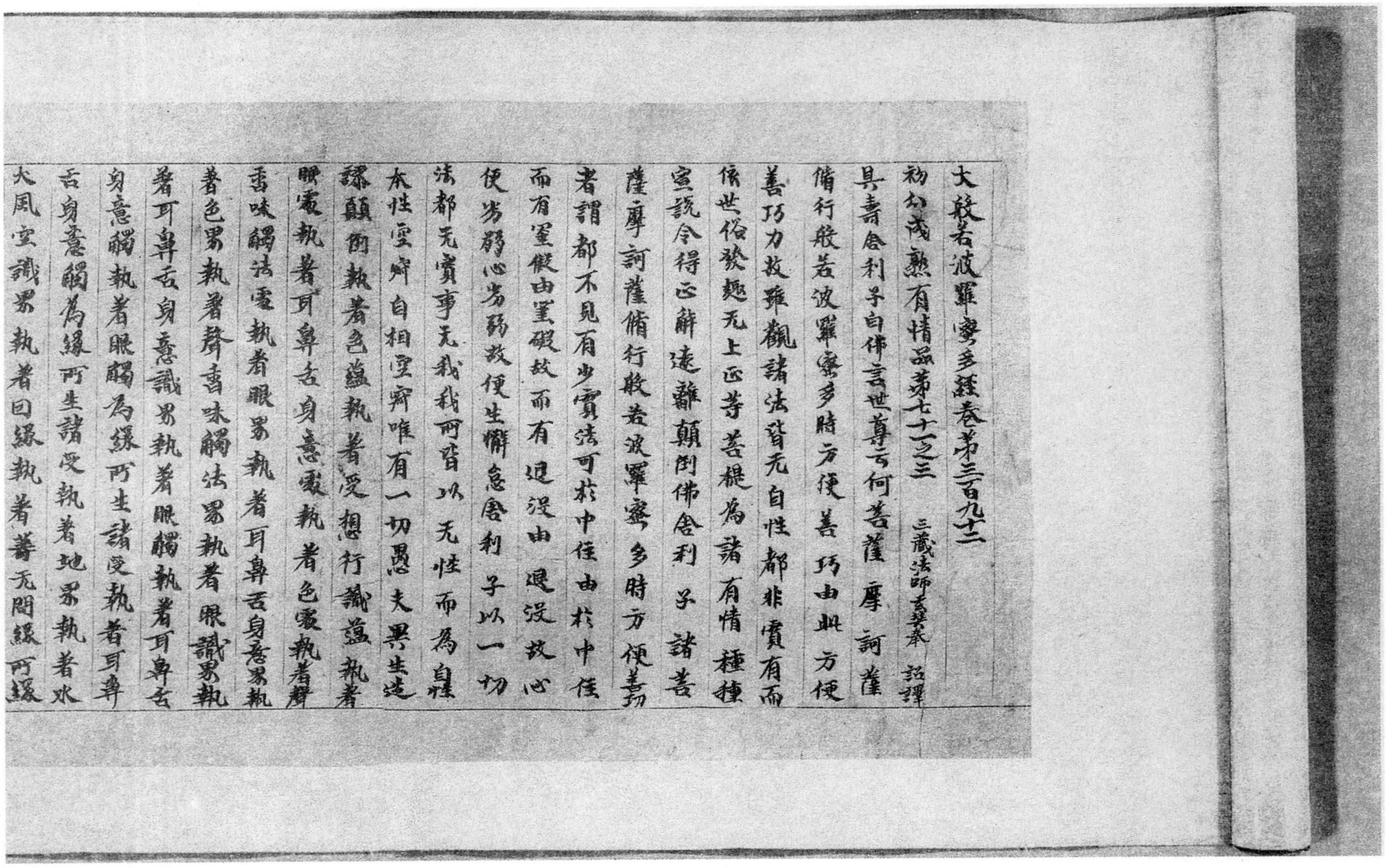
大般若波羅蜜多經卷第三百九十二
初分成熟有情品第七十一之三　三藏法師玄奘奉　詔譯
具壽舍利子白佛言世尊云何菩薩摩訶薩
修行般若波羅蜜多時方便善巧由與方便
善巧力故雖觀諸法皆无自性都非實有而
依世俗發趣无上正等菩提為諸有情種種
宣說令得正解遠離顛倒佛舍利子諸菩
薩摩訶薩修行般若波羅蜜多時方便善巧
者謂都不見有少實法可於中住由於中住
而有罣礙由罣礙故而有退沒由退沒故心
便劣弱心劣弱故便生懈怠舍利子以一切
法都无實事无我我所皆以无性而為自性
本性空寂自相空寂唯有一切愚夫異生迷
謬顛倒執著色蘊執著受想行識蘊執著
眼處執著耳鼻舌身意處執著色處執著聲
香味觸法處執著眼界執著耳鼻舌身意界執
著色界執著聲香味觸法界執著眼識界執
著耳鼻舌身意識界執著眼觸執著耳鼻舌
身意觸執著眼觸為緣所生諸受執著耳鼻
舌身意觸為緣所生諸受執著地界執著水
火風空識界執著因緣執著等无間緣所緣

BD15164 號　大般若波羅蜜多經卷三九二　（3–1）

著耳鼻舌身意識界執著眼觸執著耳鼻舌
身意觸執著眼觸為緣所生諸受執著耳鼻
舌身意觸為緣所生諸受執著地界執著水
火風空識界執著因緣執著等无間緣所緣
緣增上緣執著從緣所生諸法執著无明執
著行識名色六處觸受愛取有生老死愁歎
苦憂惱執著布施波羅蜜多執著淨戒安忍
精進靜慮般若波羅蜜多執著內空執著外
空內外空空空大空勝義空有為空无為空
畢竟空无際空散空无變異空本性空自相
空共相空一切法空不可得空无性空自性
空无性自性空執著四念住執著四正斷四
神足五根五力七等覺支八聖道支執著苦
聖諦執著集滅道聖諦執著四靜慮執著四
无量四无色定執著八解脫執著八勝處九
次第定十遍處執著陀羅尼門執著三摩地
門執著空解脫門執著无相无願解脫門執
著極喜地執著離垢地發光地焰慧地極難
勝地現前地遠行地不動地善慧地法雲地
執著五眼執著六神通執著佛十力執著四
无所畏四无礙解大慈大悲大喜大捨十八
佛不共法執著三十二大士相執著八十隨
好執著无忘失法執著恒住捨性執著一切
智執著道相智一切相智執著預流果執著
一來不還阿羅漢果獨覺菩提執著一切菩
薩摩訶薩行執著諸佛无上正等菩提執著
異生執著預流一來不還阿羅漢獨覺菩薩
摩訶薩如來應正等覺

BD15164 號　大般若波羅蜜多經卷三九二　（3–2）

空内外空空大空勝義空有為空无為空
畢竟空无際空散空无變異空本性空自相
空共相空一切法空不可得空无性空自性
空无性自性空執著四念住執著四正斷四
神足五根五力七等覺支八聖道支執著苦
聖諦執著集滅道聖諦執著四靜慮執著
无量四无色定執著八解脫執著八勝處九
次第定十遍處執著陁羅尼門執著三摩地
門執著空解脫門執著无相无願解脫門執
著極喜地執著離垢地發光地焰慧地極難
勝地現前地遠行地不動地善慧地法雲地
執著五眼執著六神通執著佛十力執著四
无所畏四无礙解大慈大悲大喜大捨十八
佛不共法執著三十二大士相執著八十隨
好執著无忘失法執著恒住捨性執著一切
智執著道相智一切相智執著預流果執著
一來不還阿羅漢果獨覺菩提執著一切菩
薩摩訶薩行執著諸佛无上正等菩提執著
異生執著預流一來不還阿羅漢獨覺菩薩
摩訶薩如來應正等覺

BD15164 號　大般若波羅蜜多經卷三九二　　（3–3）

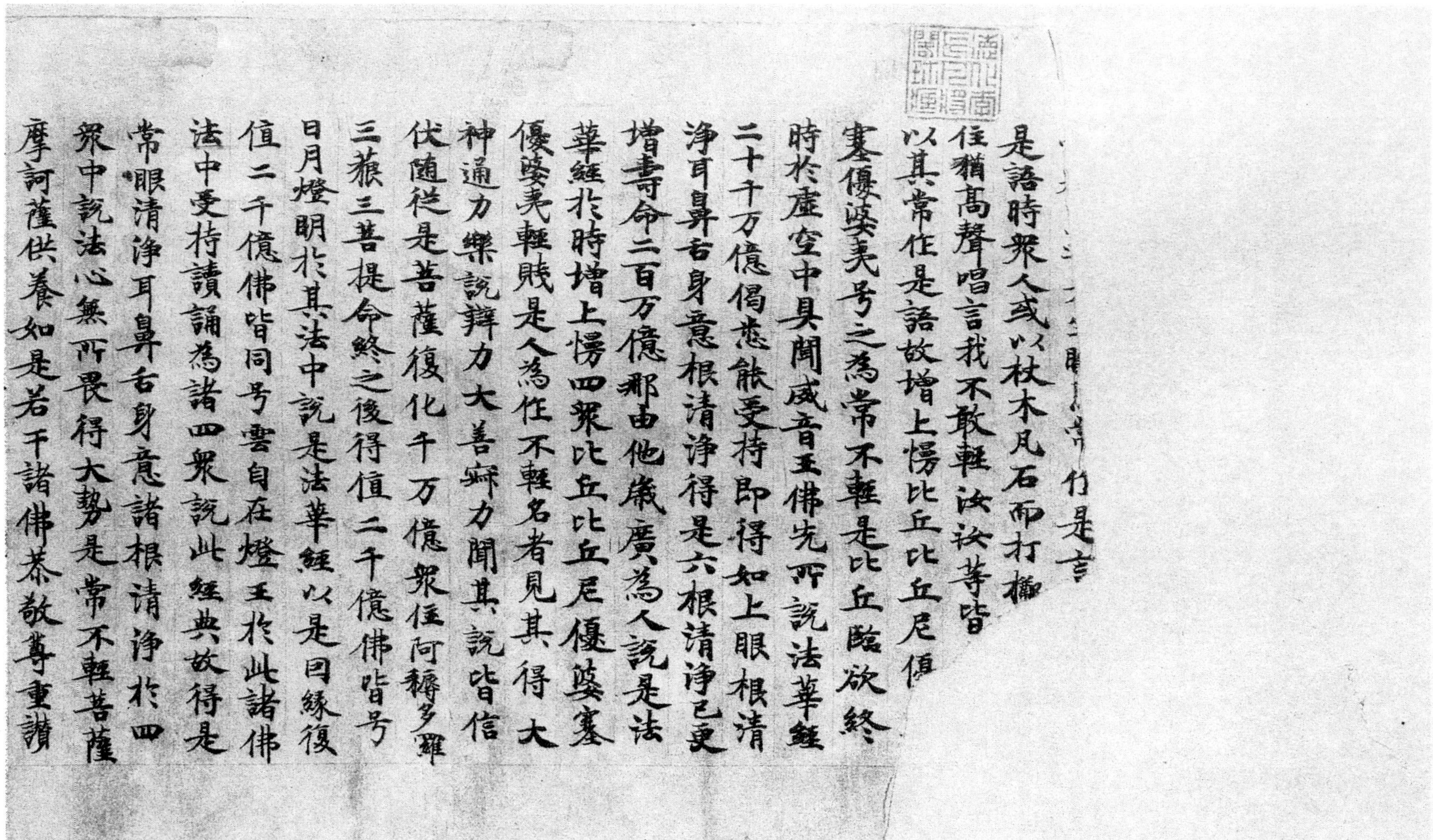
作是言
是語時衆人或以杖木瓦石而打擲
住猶高聲唱言我不敢輕汝汝等皆
以其常作是語故增上慢比丘比丘尼優
塞優婆夷号之為常不輕是比丘臨欲終
時於虛空中具聞威音王佛先所說法華經
二十千万億偈悉能受持即得如上眼根清
淨耳鼻舌身意根清淨得是六根清淨已更
增壽命二百万億那由他歲廣為人說是法
華經於時增上慢四衆比丘比丘尼優婆塞
優婆夷輕賤是人為作不輕名者見其得大
神通力樂說辯力大善寂力聞其所說皆信
伏隨從是菩薩復化千万億衆令住阿耨多羅
三藐三菩提命終之後得值二千億佛皆号
日月燈明於其法中說是法華經以是因緣復
值二千億佛同号雲自在燈王於此諸佛
法中受持讀誦為諸四衆說此經典故得是
常眼清淨耳鼻舌身意諸根清淨於四
衆中說法心無所畏得大勢是常不輕菩薩
摩訶薩供養如是若干諸佛恭敬尊重讚

BD15165 號　妙法蓮華經（八卷本）卷七　　（21–1）

法中受持讀誦為諸四衆說此經典故得是
常眼清淨耳鼻舌身意諸根清淨於四
衆中說法心無所畏得大勢是常不輕菩薩
摩訶薩供養如是若干諸佛恭敬尊重讚
歎種諸善根於後復千万億佛亦於諸佛
法中說是經典功德成就當得作佛得大勢
於意云何尒時常不輕菩薩豈異人乎則我身
是若我於宿世不受持讀誦此經為他人說者
不能疾得阿耨多羅三藐三菩提我於先佛
所受持讀誦此經為他人說故疾得阿耨多
羅三藐三菩提得大勢彼時四衆比丘比丘尼
優婆塞優婆夷以瞋恚意輕賤我故二百億
劫常不值佛不聞法不見僧千劫於阿鼻地
獄受大苦惱畢是罪已復遇常不輕菩薩教
化阿耨多羅三藐三菩提得大勢於汝意云
何尒時四衆常輕是菩薩者豈異人乎今此會
中跋陁婆羅等五百菩薩師子月等五百比
丘尼思佛等五百優婆塞皆於阿耨多羅三
藐三菩提不退轉者是得大勢當知是法華
經大饒益諸菩薩摩訶薩能令至於阿耨多
羅三藐三菩提是故諸菩薩摩訶薩於如來
滅後常應受持讀誦解說書寫是經尒時世
尊欲重宣此義而說偈言

過去有佛　号威音王　神智無量　將導一切
天人龍神　所共供養
是佛滅後　法欲盡時　有一菩薩　名常不輕

BD15165號　妙法蓮華經（八卷本）卷七　（21–2）

過去有佛　号威音王　神智無量　將導一切
天人龍神　所共供養
是佛滅後　法欲盡時　有一菩薩　名常不輕
時諸四衆　計著於法　不輕菩薩　往到其所
而語之言　我不輕汝　汝等行道　皆當作佛
諸人聞已　輕毀罵詈　不輕菩薩　能忍受之
其罪畢已　臨命終時　得聞此經　六根清淨
神通力故　增益壽命　復為諸人　廣說是經
諸著法衆　皆蒙菩薩　教化成就　令住佛道
不輕命終　值無數佛　說是經故　得無量福
漸具功德　疾成佛道　彼時不輕　則我身是
時四部衆　著法之者　聞不輕言　汝當作佛
以是因緣　值無數佛　此會菩薩　五百之衆
并及四部　清信士女　今於我前　聽法者是
我於前世　勸是諸人　聽受斯經　第一之法
開示教人　令住涅槃　世世受持　如是經典
億億万劫　至不可議　時乃得聞　是法華經
億億万劫　至不可議　諸佛世尊　時說是經
是故行者　於佛滅後　聞如是經　勿生疑惑
應當一心　廣說此經　世世值佛　疾成佛道

妙法蓮華經如來神力品第二十一

尒時千世界微塵等菩薩摩訶薩從地踊出
者皆於佛前一心合掌瞻仰尊顏而白佛言
世尊我等於佛滅後世尊分身所在國土滅
度之處當廣說此經所以者何我等亦自欲得
是真淨大法受持讀誦解說書寫而供養

BD15165號　妙法蓮華經（八卷本）卷七　（21–3）

度之處當廣說此經所以者何等亦自欲得
是真淨大法受持讀誦解說書寫而供養
之尒時世尊於文殊師利等無量百千万億
舊住娑婆世界菩薩摩訶薩及諸比丘比丘
優婆塞優婆夷天龍夜叉乾闥婆阿脩羅
迦樓羅緊那羅摩睺羅伽人非人等一切衆前
現大神力出廣長舌上至梵世一切毛孔放
於無量無數色光皆悉遍照十方世界衆寶
樹下師子座上諸佛亦復如是出廣長舌放
無量光釋迦牟尼佛及寶樹下諸佛現神力
時滿百千歲然後還攝舌相一時謦欬俱共
彈指是二音聲遍至十方諸佛世界地皆六
種振動其中衆生天龍夜叉乾闥婆阿脩羅
迦樓羅緊那羅摩睺羅伽人非人等以佛神力
故皆見此娑婆世界無量無邊百千万億衆
寶樹下師子座上諸佛及見釋迦牟尼佛
共多寶如來在寶塔中坐師子座又見無量
無邊百千万億菩薩摩訶薩及諸四衆恭敬
圍遶釋迦牟尼佛既見是已皆大歡喜得未
曾有即時諸天於虛空中高聲唱言過此無
量無邊百千万億阿僧祇世界有國名娑婆
是中有佛名釋迦牟尼今為諸菩薩摩訶薩
說大乘經名妙法蓮華教菩薩法佛所護念
汝等當深心隨喜亦當礼拜供養釋迦牟尼
佛彼諸衆生聞虛空中聲已合掌向娑婆

BD15165號　妙法蓮華經（八卷本）卷七　（21–4）

說大乘經名妙法蓮華教菩薩法佛所護念
汝等當深心隨喜亦當礼拜供養釋迦牟尼
佛彼諸衆生聞虛空中聲已合掌向娑婆
世界作如是言南無釋迦牟尼佛南无釋迦
牟尼佛以種種華香瓔珞幡蓋及諸嚴身之
具珎寶妙物皆共遙散娑婆世界所散諸物
從十方來譬如雲集變成寶帳遍覆此間諸
佛之上于時十方世界通達無礙如一佛土尒
時佛告上行等菩薩大衆諸佛神力如是
无量无邊不可思議若我以是神力於無量
无邊百千万億阿僧祇劫為屬累故說此經
功德猶不能盡以要言之如來一切所有之
法如來一切自在神力如來一切秘要之藏
如來一切甚深之事皆於此經宣示顯說是
故汝等於如來滅後應一切受持讀誦解說
書寫如說脩行所在國土若有受持讀誦解
說書寫如說脩行若經卷所住之處若於園
中若於林中若於樹下若於僧坊若白衣舍
若在殿堂若山谷曠野是中皆應起塔供養
所以者何當知是處即是道場諸佛於此得
阿耨多羅三藐三菩提諸佛於此轉于法輪
諸佛於此而般涅槃尒時世尊欲重宣此義
而說偈言
諸佛救世者　住於大神通　為悅衆生故　現无量神力
舌相至梵天　身放无數光　為求佛道者　現此希有事

BD15165號　妙法蓮華經（八卷本）卷七　（21–5）

而說偈言
諸佛救世者　住於大神通　為悅衆生故　現无量神力
舌相至梵天　身放无數光　為求佛道者　現此希有事
諸佛謦欬聲　及彈指之聲　周聞十方國　地皆六種動
以佛滅度後　能持是經故　諸佛皆歡喜　現無量神力
屬累是經故　讚美受持者　於無量劫中　猶故不能盡
是人之功德　无邊无有窮　如十方虛空　不可得邊際
能持是經者　則為已見我　亦見多寶佛　及諸分身者
又見我今日　教化諸菩薩
能持是經者　令我及分身　滅度多寶佛　一切皆歡喜
十方現在佛　并過去未来　亦見亦供養　亦令得歡喜
諸佛坐道場　所得秘要法　能持是經者　不久亦當得
能持是經者　於諸法之義　名字及言詞　樂說无窮盡
如風於空中　一切無障礙
於如来滅後　知佛所說經　因緣及次第　隨義如實說
如日月光明　能除諸幽冥　斯人行世間　能滅衆生闇
教無量菩薩　畢竟住一乘
是故有智者　聞此功德利　於我滅度後　應受持斯經
是人於佛道　決定無有疑
妙法蓮華經屬累品第廿二
尒時釋迦牟尼佛從法座起現大神力以右手
摩無量菩薩摩訶薩頂而作是言我於无量
百千万億阿僧祇劫脩集是難得阿耨多羅
三藐三菩提法今以付屬汝等汝等應當一
心流布此法廣令增益如是三摩諸菩薩
摩訶薩頂而作是言我於无量百千万億阿

BD15165號　妙法蓮華經（八卷本）卷七　（21-6）

百千万億阿僧祇劫脩集是難得阿耨多羅
三藐三菩提法今以付屬汝等汝等應當一
心流布此法廣令增益如是三摩諸菩薩
摩訶薩頂而作是言我於无量百千万億阿
僧祇劫脩集是難得阿耨多羅三藐三菩提
法今以付屬汝等汝等當受持讀誦廣宣
此法令一切衆生普得聞知所以者何如来有
大慈悲無諸慳悋亦無所畏能與衆生佛之
智慧如来智慧自然智慧如来是一切衆生
之大施主汝等亦應隨學如来之法勿生慳
悋於未来世若有善男子善女人信如来
智慧者當為演說此法華經使得聞知為令
其人得佛慧故若有衆生不信受者當於如
来餘深法中示教利喜汝等若能如是則為
已報諸佛之恩時諸菩薩摩訶薩聞佛作是
說已皆大歡喜遍滿其身益加恭敬曲躬低頭
合掌向佛俱發聲言如世尊勅當具奉行唯
然世尊願不有慮諸菩薩摩訶薩衆如是三
反俱發聲言如世尊勅當具奉行唯然世尊
願不有慮尒時釋迦牟尼佛令十方来諸分
身佛各還本土而作是言諸佛各隨所安多
寶佛塔還可如故說是語時十方無量分身
諸佛坐寶樹下師子座上者及多寶佛并上
行等無邊阿僧祇菩薩大衆舍利弗等聲
聞四衆及一切世間天人阿脩羅等聞佛所說
皆大歡喜

BD15165號　妙法蓮華經（八卷本）卷七　（21-7）

諸佛坐寶樹下師子座上者及多寶佛并上
行等無邊阿僧祇菩薩大衆舍利弗等聲
聞四衆及一切世間天人阿脩羅等聞佛所說
皆大歡憙

妙法蓮華經藥王菩薩本事品第廿三

尒時宿王華菩薩白佛言世尊藥王菩薩云
何遊於娑婆世界世尊是藥王菩薩有若干百
千万億那由他難行苦行善哉世尊願少解
說諸天龍神夜叉乾闥婆阿脩羅迦樓羅
緊那羅摩睺羅伽人非人等又他方國土諸來
菩薩及此聲聞衆聞皆歡憙尒時佛告宿
王華菩薩乃往過去無量恒河沙劫有佛号
日月淨明德如來應供正遍知明行足善逝
世間解無上士調御丈夫天人師佛世尊其佛
有八十億大菩薩摩訶薩七十二恒河沙大
聲聞衆佛壽四万二千劫菩薩壽命亦等彼
國无有女人地獄餓鬼畜生阿脩羅等及以諸
難地平如掌瑠璃所成寶樹莊嚴寶帳覆
上垂寶華幡寶瓶香爐周遍國界七寶為
臺一樹一臺其樹去臺盡一箭道此諸寶樹皆
有菩薩聲聞而坐其下諸寶臺上各有百億
諸天作天伎樂歌歎於佛以為供養尒時彼
佛為一切衆生憙見菩薩及衆菩薩諸聲聞
衆說法華經是一切衆生憙見菩薩樂集苦
行於日月淨明德佛法中精進經行一心求佛
滿万二千歲已得現一切色身三昧得此三

衆說法華經是一切衆生憙見菩薩樂集苦
行於日月淨明德佛法中精進經行一心求佛
滿万二千歲已得現一切色身三昧得此三
昧已心大歡憙即作念言我得現一切色身三
昧皆是得聞法華經力我今當供養日月淨
明德佛及法華經即時入是三昧於虛空中
雨曼陁羅華摩訶曼陁羅華細末堅黑栴
檀滿虛空中如雲而下又雨海此岸栴檀之香
此香六銖價直娑婆世界以供養佛作是供
養已從三昧起而自念言我雖以神通力供養
於佛不如以身供養即服諸香栴檀薰陸
兜樓婆畢力迦沉水膠香又飲瞻蔔諸
華香油滿千二百歲已香油塗身於日月淨
明德佛前以天寶衣而自纏身灌諸香油以
神通力願而自然身光明遍照八十億恒河
沙世界其中諸佛同時讚言善哉善哉善
男子是真精進是名真法供養如來若以
華香瓔珞燒香塗香末香天繒幡蓋及海此岸
栴檀之香如是等種種諸物供養所不能
及假使國城妻子布施亦所不及善男子是名
第一之施於諸施中最尊最上以法供養
諸如來故作是語已而各默然其身火然千
二百歲過是已後其身乃盡一切衆生憙見
菩薩作如是法供養已命終之後復生日月
淨明德佛國中於淨德王家結跏趺坐忽然
化生即為其父而說偈言

菩薩作如是法供養已命終之後復生日月
淨明德佛國中於淨德王家結加趺坐忽然
化生即為其父而說偈言
大王今當知　我經行彼處　即時得一切　現諸身三昧
勤行大精進　捨所愛之身
說是偈已而白父言日月淨明德佛今故現在
我先供養佛已得解一切眾生語言陁羅
尼復聞是法華經八百千万億那由他甄迦
羅頻婆阿閦婆等偈大王我今當還供養
此佛白已即坐七寶之臺上昇虛空高七多
羅樹往到佛所頭面礼足合十指爪以偈讚
佛
容顏甚奇妙　光明照十方　我適曾供養　今復還親覲
尒時一切眾生憙見菩薩說是偈已而白佛
言世尊世尊猶故在世尒時日月淨明德佛
告一切眾生憙見菩薩善男子我涅槃時到
滅盡時至汝可安施牀座我於今夜當般涅
槃又勅一切眾生憙見菩薩善男子我以佛
法囑累於汝及諸菩薩大弟子并阿耨多羅
三藐三菩提法亦以三千大千七寶世界諸寶
樹寶臺及給侍諸天悉付於汝我滅度後所
有舍利亦付囑汝當令流布廣設供養應
起若千千塔如是日月淨明德佛勅一切眾生
憙見菩薩已於夜後分入於涅槃尒時一切
眾生憙見菩薩見佛滅度悲感懊惱戀慕
於佛即以海此岸栴檀為積供養佛身而以

起若千千塔如是日月淨明德佛勅一切眾生
憙見菩薩已於夜後分入於涅槃尒時一切
眾生憙見菩薩見佛滅度悲感懊惱戀慕
於佛即以海此岸栴檀為積供養佛身而以
燒之火滅已後收取舍利作八万四千寶瓶以起
八万四千塔高三世界表剎莊嚴垂諸幡
蓋懸眾寶鈴尒時一切眾生憙見菩薩復自
念言我雖作是供養心猶未足我今當更供
養舍利便語諸菩薩大弟子及天龍夜叉等
一切大眾汝等當一心念我今供養日月淨
明德佛舍利作是語已即於八万四千塔前
然百福莊嚴臂七万二千歲而以供養令无
數求聲聞眾無量阿僧祇人發阿耨多羅
三藐三菩提心皆使得住現一切色身三昧
尒時諸菩薩大弟子天人阿脩羅等見其无
臂憂惱悲哀而作是言此一切眾生憙見菩
薩是我等師教化我者而今燒臂身不具足
于時一切眾生憙見菩薩於大眾中立此誓
言我捨兩臂必當得佛金色之身若實不虛
令我兩臂還復如故作是誓已自然還復由
斯菩薩福德智慧淳厚所致當尒之時三千
大千世界六種震動天雨寶華一切天人得
未曾有佛告宿王華菩薩於汝意云何一切
眾生憙見菩薩豈異人乎今藥王菩薩是也
其所捨身布施如是無量百千万億那由他
數宿王華若有發心欲得阿耨多羅三藐三

衆生憙見菩薩豈異人乎今藥王菩薩是也
其所捨身布施如是無量百千万億那由他
數宿王華若有發心欲得阿耨多羅三藐三
菩提者能然手指乃至足一指供養佛塔勝
以國城妻子及三千大千國土山林河池諸珎
寶物而供養者若復有人以七寶滿三千大
千世界供養於佛及大菩薩辟支佛阿羅漢
是人所得功德不如受持此法華經乃至一四
句偈其福最多宿王華譬如一切川流江河
諸水之中海為第一此法華經亦復如是於
諸如來所說經中最為深大又如土山黑山小
鐵圍山大鐵圍山及十寶山衆山之中須弥山
為第一此法華經亦復如是於諸經中最為
其上又如衆星之中月天子最為第一此法華
經亦復如是於千万億種諸經法中最為照
明又如日天子能除諸闇此經亦復如是能
破一切不善之闇又如諸小王中轉輪聖王最
為第一此經亦復如是於衆經中最為其
尊又如帝釋於三十三天中王此經亦復如
是諸經中王又如大梵天王一切衆生之父
此經亦復如是一切賢聖學無學及發菩
薩心者之父又如一切凡夫人中須陁洹斯陁
含阿那含阿羅漢辟支佛為第一此經亦復
如是一切如來所說若菩薩所說若聲聞所
說諸經法中最為第一有能受持是經典者
亦復如是於一切衆生中亦為第一一切聲

BD15165號　妙法蓮華經（八卷本）卷七　（21–12）

含阿那含阿羅漢辟支佛為第一此經亦復
如是一切如來所說若菩薩所說若聲聞所
說諸經法中最為第一有能受持是經典者
亦復如是於一切衆生中亦為第一一切聲
聞辟支佛中菩薩為第一此經亦復如是於
一切諸經法中最為第一如佛為諸法王此經
亦復如是諸經中王宿王華此經能救一切
衆生者此經能令一切衆生離諸苦惱此經
能大饒益一切衆生充滿其願如清涼池
能滿一切諸渴乏者如寒者得火如裸者得
衣如商人得主如子得母如渡得船如病得
醫如闇得燈如貧得寶如民得王如賈客
得海如炬除闇此法華經亦復如是能令衆
生離一切苦一切病痛能解一切生死之縛
若人得聞此法華經若自書若使人書所得
功德以佛智慧籌量多少不得其邊若書是
經卷華香瓔珞燒香末香塗香幡蓋衣服種
種之燈蘇燈油燈諸香油燈瞻蔔油燈須曼
油燈波羅油燈婆利師迦油燈那婆摩利油燈
供養所得功德亦復無量宿王華若有人聞
是藥王菩薩本事品者亦得無量無邊功
德若有女人聞是藥王菩薩本事品能受
持者盡是女身後不復受若如來滅後後五
百歲中若有女人聞是經典如說脩行於此命
終即往安樂世界阿弥陁佛大菩薩衆圍遶
住處生蓮華中寶座之上不復為貪欲所惱

BD15165號　妙法蓮華經（八卷本）卷七　（21–13）

持者盡是女身後不復受若如來滅後後五
百歲中若有女人聞是經典如說脩行於此命
終即往安樂世界阿弥陁佛大菩薩衆圍遶
住處生蓮華中寶座之上不復為貪欲所惱
亦復不為瞋恚愚癡所惱亦復不為憍慢
嫉妬諸垢所惱得菩薩神通無生法忍得是
忍已眼根清淨以是清淨眼見七百万二
千億那由他恒河沙等諸佛如來是時諸佛
遥共讃言善哉善哉善男子汝能於釋迦
牟尼佛法中受持讀誦思惟是經為他人說
所得福德無量無邊火不能焚水不能漂汝
之功德千佛共說不能令盡汝今已能破諸魔
賊壞生死軍諸餘怨敵皆悉摧滅善男子百
千諸佛以神通力共守護汝於一切世間天人之
中無如汝者唯除如來其諸聲聞辟支佛乃
至菩薩智慧禪定無有與汝等者宿王華
此菩薩成就如是功德智慧之力若有人聞是
藥王菩薩本事品能隨喜讃善者是人
現世口中常出青蓮華香身毛孔中常出牛
頭栴檀香所得功德如上所說是故宿王華
以此藥王菩薩本事品屬累於汝我滅度後
後五百歲中廣宣流布於閻浮提無令斷
絶惡魔魔民諸天龍夜叉鳩槃荼等得其便
也宿王華汝當以神通之力守護是經所以者
何此經則為閻浮提人病之良藥若人有病
得聞是經病即消滅不老不死宿王華汝若

BD15165號　妙法蓮華經（八卷本）卷七　（21–14）

絶惡魔魔民諸天龍夜叉鳩槃荼等得其便
也宿王華汝當以神通之力守護是經所以者
何此經則為閻浮提人病之良藥若人有病
得聞是經病即消滅不老不死宿王華汝若
見有受持是經者應以青蓮華盛滿末香供散
其上散已作是念言此人不久必當取草坐於
道場破諸魔軍當吹法螺擊大法鼓度脫
一切衆生老病死海是故求佛道者見有受
持是經典人應當知是生恭敬心說是藥王
菩薩本事品時八万四千菩薩得解一切
衆生語言陁羅尼多寶如來於寶塔中讃宿
王華菩薩言善哉善哉宿王華汝成就不可
思議功德乃能問釋迦牟尼佛如是之事利
益無量一切衆生

妙法蓮華經妙音菩薩品第二十四

尒時釋迦牟尼佛放大人相肉髻光明及放眉
間白毫相光遍照東方百八万億那由他恒
河沙等諸佛世界過是數已有世界名淨光
莊嚴其國有佛号淨華宿王智如來應供正
遍知明行足善逝世間解無上士調御丈夫
天人師佛世尊無量無邊菩薩大衆恭敬圍
遶而為說法釋迦牟尼佛白毫光明遍照
其國尒時一切淨光莊嚴國中有一菩薩名
曰妙音久已殖衆德本供養親近無量百千
万億諸佛而悉成就甚深智慧得妙幢相三
昧法華三昧淨德三昧宿王戲三昧無緣三昧

BD15165號　妙法蓮華經（八卷本）卷七　（21–15）

曰妙音久已殖衆德本供養親近無量百千
万億諸佛而悉成就甚深智慧得妙幢相三
昧法華三昧淨德三昧宿王戲三昧無緣三昧
智印三昧解一切衆生語言三昧集一切
功德三昧清淨三昧神通遊戲三昧慧炬三
昧莊嚴王三昧淨光明三昧淨藏三昧不共
三昧日旋三昧得如是等百千万億恒河沙
等諸大三昧釋迦牟尼佛光照其身即白
淨華宿王智佛言世尊我當往詣娑婆世界礼
拜親近供養釋迦牟尼佛及見文殊師利法王
子菩薩藥王菩薩勇施菩薩宿王華菩薩
上行意菩薩莊嚴王菩薩藥上菩薩尒時淨
華宿王智佛告妙音菩薩汝往莫輕彼國生
下劣想善男子彼娑婆世界高下不平土石
諸山穢惡充滿佛身卑小諸菩薩衆其形亦
小而汝身四万二千由旬我身六百八十万由
旬汝身第一端正百千万福光明殊妙是故
汝往莫輕彼國若佛菩薩及國土生下劣
想妙音菩薩白其佛言世尊我今詣娑婆世
界皆是如来之力如来神通遊戲如来功德
智慧莊嚴於是妙音菩薩不起于坐身不
動搖而入三昧以三昧力於耆闍崛山去法座
不遠化作八万四千衆寶蓮華閻浮檀金為
莖白銀為葉金剛為鬚甄叔迦寶以為其臺
尒時文殊師利法王子見是蓮華而白佛言
世尊是何因緣先現此瑞有若干千万蓮華

BD15165 號　妙法蓮華經（八卷本）卷七　　（21–16）

莖白銀為葉金剛為鬚甄叔迦寶以為其臺
尒時文殊師利法王子見是蓮華而白佛言
世尊是何因緣先現此瑞有若干千万蓮華
閻浮檀金為莖白銀為葉金剛為鬚甄叔迦
寶以為其臺尒時釋迦牟尼佛告文殊師利
是妙音菩薩摩訶薩欲從淨華宿王智佛國
與八万四千菩薩圍遶而来至此娑婆世界
供養親近礼拜於我亦欲供養聽法華經文
殊師利白佛言世尊是菩薩種何善本脩何
功德而能有是大神通力行何三昧願為我等
說是三昧名字我等亦欲勤脩行之行此三
昧乃能見是菩薩色相大小威儀進止唯願
世尊以神通力彼菩薩来令我得見尒時
釋迦牟尼佛告文殊師利此久滅度多寶如
来當為汝等而現其相時多寶佛告彼菩
薩善男子来文殊師利法王子欲見汝身于
時妙音菩薩於彼國沒與八万四千菩薩俱
共發来所經諸國六種震動皆悉雨於七寶
蓮華百千天樂不鼓自鳴是菩薩目如廣大
青蓮華葉正使和合百千万月其面貌端正復
過於此身真金色無量百千功德莊嚴威德
熾盛光明照曜諸相具足如那羅延堅固之
身入七寶臺上昇虛空去地七多羅樹諸菩
薩衆恭敬圍遶而来詣此娑婆世界耆闍
崛山到已下七寶臺以價直百千瓔珞持至
釋迦牟尼佛所頭面礼足奉上瓔珞而白佛

BD15165 號　妙法蓮華經（八卷本）卷七　　（21–17）

薩衆恭敬圍遶而来詣此娑婆世界耆闍
崛山到已下七寶臺以價直百千瓔珞持至
釋迦牟尼佛所頭面礼足奉上瓔珞而白佛
言世尊淨華宿王智佛問訊世尊少病少惱
起居輕利安樂行不四大調和不世事可忍不
衆生易度不无多貪欲瞋恚愚癡嫉妬慳慢
不無不孝父母不敬沙門不無邪見不無不善
心不攝五情不世尊衆生能降伏諸魔怨不
久滅度多寶如来在七寶塔中来聽法不
又問訊多寶如来安隱少惱堪忍久住不世
尊我今欲見多寶佛身唯願世尊示我令見
尒時釋迦牟尼佛語多寶佛是妙音菩薩欲
得相見時多寶佛告妙音言善哉善哉汝
能為供養釋迦牟尼佛及聽法華經并見文
殊師利等故来至此尒時華德菩薩白佛言
世尊是妙音菩薩種何善根脩何功德有是
神力佛告華德菩薩過去有佛名雲雷音王
多陁阿伽度阿羅呵三藐三佛陁國名現一切
世間劫名喜見妙音菩薩於万二千歳以十万
種伎樂供養雲雷音王佛并奉上八万四千
七寶鉢以是因緣果報今生淨華宿王智
佛所有是神力華德於汝意云何尒時雲雷
音王佛所妙音菩薩伎樂供養奉上寶器者
豈異人乎今此妙音菩薩摩訶薩是華德是
妙音菩薩已曾供養親近無量諸佛久殖德
本又值恒河沙等百千万億那由他佛華德

BD15165 號　妙法蓮華經（八卷本）卷七　　（21–18）

豈異人乎今此妙音菩薩摩訶薩是華德是
妙音菩薩已曾供養親近無量諸佛久殖德
本又值恒河沙等百千万億那由他佛華德
汝但見妙音菩薩其身在此如是菩薩現種種
身處處為諸衆生說是經典或現梵王身或
現帝釋身或現自在天身或現大自在天身
或現天大將軍身或現毗沙門王身或現轉輪
王身或現諸小王身或現長者身或現居士身
或現宰官身或現婆羅門身或現比丘比丘
尼優婆塞優婆夷身或現長者居士婦女
身或現宰官婦女身或現婆羅門婦女身或
現童男童女身或現天龍夜叉乾闥婆阿
脩羅迦樓羅緊那羅摩睺羅伽人非人等
身而說是經諸有地獄餓鬼畜生及衆難處
皆能救濟乃至於王後宮變為女身而說是
經華德是妙音菩薩能救濟娑婆世界諸衆
生者是妙音菩薩如是種種變化現身在此
娑婆國土為諸衆生說是經典於神通變化
智慧無所損減是菩薩以若干智慧明照娑
婆世界令一切衆生各得所知於十方恒河沙
世界中亦復如是若應以聲聞形得度者現
聲聞形而為說法應以辟支佛形得度者
現辟支佛形而為說法應以菩薩形得度者
現菩薩形而為說法應以佛形得度者即現
佛形而為說法如是種種隨所應度者而為
現形乃至應以滅度而得度者示現滅度華

BD15165 號　妙法蓮華經（八卷本）卷七　　（21–19）

現辟支佛形而為說法應以菩薩形得度者
現菩薩形而為說法應以佛形得度者即現
佛形而為說法如是種種隨所應度者而為
現形乃至應以滅度而得度者示現滅度華
德妙音菩薩摩訶薩成就大神通智慧之力
其事如是尒時華德菩薩白佛言世尊是妙
音菩薩深種善根世尊是菩薩住何三昧而
能如是在所變現度脫衆生佛告華德菩薩
善男子其三昧名現一切色身妙音菩薩住
是三昧中能如是饒益無量衆生說是妙音
菩薩品時與妙音菩薩俱来者八万四千人
皆得現一切色身三昧此娑婆世界無量菩
薩亦得是三昧及陁羅尼尒時妙音菩薩摩
訶薩供養釋迦牟尼佛及多寶佛塔已還
歸本土所經諸國六種振動雨寶蓮華作百
千万億種種伎樂既到本國與八万四千菩薩
圍遶至淨華宿王智佛所白佛言世尊我到
娑婆世界饒益衆生見釋迦牟尼佛及見多
寶佛塔礼拜供養又見文殊師利法王子及見
藥王菩薩得勤精進力菩薩勇施菩薩等亦
令是八万四千菩薩得現一切色身三昧說是妙
音菩薩来往品時四万二千天子得無生法忍
華德菩薩得法華三昧

妙法蓮華經卷第七

BD15165號　妙法蓮華經（八卷本）卷七　（21–20）

薩亦得是三昧及陁羅尼尒時妙音菩薩摩
訶薩供養釋迦牟尼佛及多寶佛塔已還
歸本土所經諸國六種振動雨寶蓮華作百
千万億種種伎樂既到本國與八万四千菩薩
圍遶至淨華宿王智佛所白佛言世尊我到
娑婆世界饒益衆生見釋迦牟尼佛及見多
寶佛塔礼拜供養又見文殊師利法王子及見
藥王菩薩得勤精進力菩薩勇施菩薩等亦
令是八万四千菩薩得現一切色身三昧說是妙
音菩薩来往品時四万二千天子得無生法忍
華德菩薩得法華三昧

妙法蓮華經卷第七

貞觀五年十月弟子董處亮為身患寫此經

BD15165號　妙法蓮華經（八卷本）卷七　（21–21）

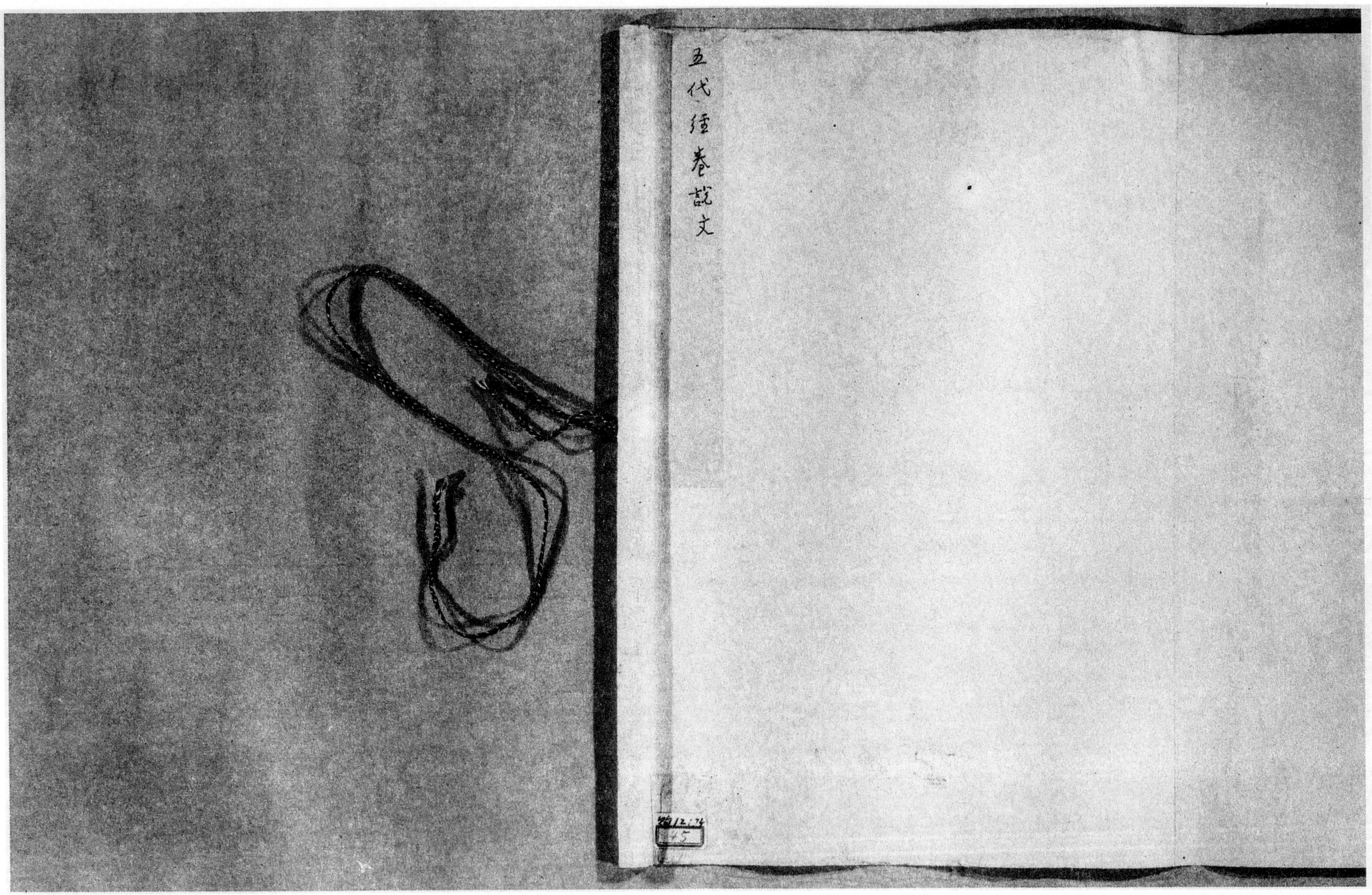

BD15166號背　護首　　　　（1–1）

BD15166號　大乘無生方便門　　（9–1）

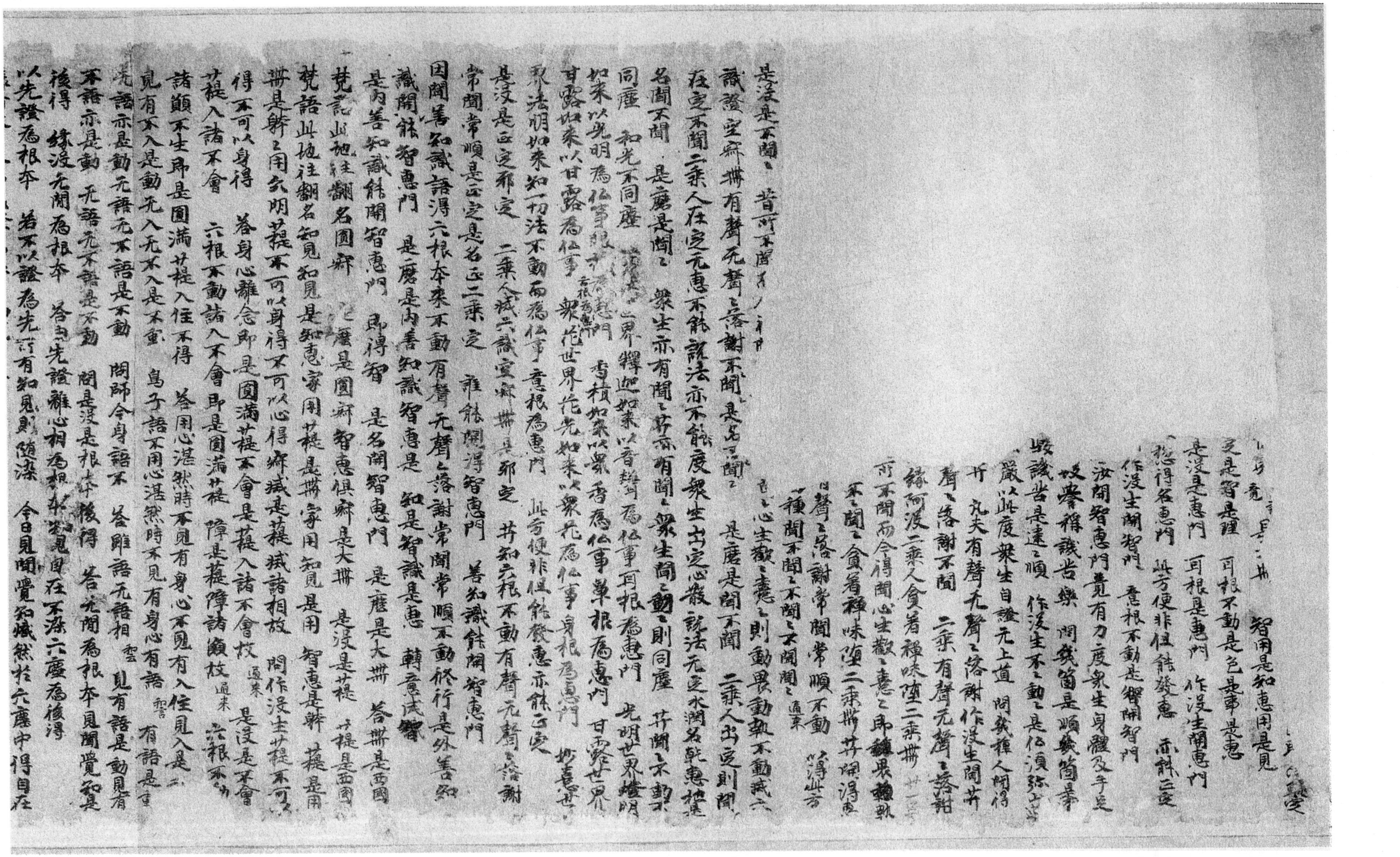

BD15166號　大乘無生方便門　（9–2）

見有不入是動无入无不入是不重　息子語不用心湛然時不見有身心有語　有語是重
語亦是動无語无不語是不動　問師今身語不　答雖語无語相　見有語是動見有
不語亦是動　无語无不語是不動　問是沒是根本後得　答无間為根本見聞覺知是
後得　緣沒无間為根本　答由先證離心相為根本智見自在不染六塵為後得
以先證為根本　若不以證為先有知見則隨染　今日見聞覺知湛然於六塵中得自在
緣阿沒　答由先證為根本知見自在則不染六塵　明知見自在於證後得為之後得智
眼見色心不起是根本智　見自在為後得智　耳聞聲心不起是根本智　聞自在為後
得智　鼻覺香心不起根本智　覺自在後得智　舌覺味心不起根本智
覺自在後得智　身覺觸心不起根本智　根本後得處處分明處處解脫處處修行
无方便慧縛　有方便慧解　緣阿沒二乘人出定則聞在定不聞　二乘人在定无慧不能
說法亦不能度眾生　出定心散說法无定水潤名乾慧地　是无方便慧縛　何為有方便慧解
菩薩知六根本來不動有聲无聲聲落謝常聞常順不動修行　是名有慧方便解
何為无慧方便縛　是沒是方便　答不動是　何物不動　答心不動若將心住不動亦是動
故遺教經云一切世間動不動法皆是敗壞不安之相畏動執不動滅六識證空寂菩薩有聲无聲
聲落謝不聞不聞貪著禪味墮二乘菩薩是名无慧方便縛　何為有慧方便解　菩薩不貪著
了見聞覺知心不動是名有慧方便解　已上經云　何為无慧方便縛　菩薩以愛見心莊嚴眾生於空
无相无作法中而調伏是名无方便慧縛　通云受為菩薩見為清淨六根為佛土不動
為莊嚴　證得六根不動了貪瞋癡性空見空取空為證厭生死住菩薩是名无方
便慧縛　何謂有方便慧解　不以愛見心莊嚴佛土成就眾生於空无相无作法中以
自調伏而不疲厭是名有方便慧解　不愛菩薩不見清淨六根為佛土不動為莊嚴證
得六根不動了貪瞋癡性空見空不取空為證不厭生死不住菩薩是名有慧方便解
何為无慧方便縛　菩薩住貪瞋欲恚耶見等諸煩惱而殖眾得本是名无慧方便縛
證得六根不動了貪瞋癡性空見空取空為證厭生死住菩薩　是菩薩住貪欲瞋恚邪
見等諸煩惱而殖眾德本有聲无聲聲落謝不聞是无慧方便縛　何為有慧方便
解　菩薩為離諸貪欲瞋恚邪見等諸煩惱而殖眾得本迴向阿耨菩提是名有慧方便
解　證得六根不動了貪瞋癡性空見空不取空為證不厭生死不住菩薩即是離諸貪
欲瞋恚邪見等諸煩惱而殖眾得本迴向阿耨菩提有聲无聲聲落謝常聞是名有慧
方便解　經云又復觀身不離病病不離身是身是病非新非故過去无明種子為因
非新現在四大五蔭非故身心不起斷无漏因當得菩薩具足果　非因果法諸佛之本
源　處世界如虛空如蓮花不著水心清淨超於彼稽首禮无上尊　處是心五蔭為世
界　心是處世界如虛空是心　心如是智　如蓮花花是色色如是慧　智慧清淨超於彼五
根是超於彼　亦超二乘稽是敬禮是順常順智慧修行无上尊　又順无相理照見本心
是无上尊　妙法蓮華　心是妙法　色是蓮華　心是如智　色如是慧　是智慧經
常依智慧修行　大方廣經花嚴經　方廣是心　花嚴是色　心如是智　色如是慧　是智慧經
是智慧經　金是心剛是色　心如是智色如是慧　是智慧經　妙法蓮花是沒是妙法　蓮花雖在
答定慧是妙法蓮華是命由有定慧於世間不染世間明知定慧是妙法
於水不被水之所染見聞覺知自在用不被六塵所染如蓮花開敷香潔合談合之
所愛敬所以舉之為喻未得定慧者令得定慧　開方便門　亦真實相　是沒是真實
方便門　答六根不動是開方便門　是沒是示真實相　答定慧是由有定慧藏諸
功德　法相圓滿藏无漏法財　是法華經藏　凡夫二乘不能到　天魔外道不休來自

BD15166號　大乘無生方便門

答定惠是妙法蓮華是令由有定惠於世間不染世間明知定惠是妙法　蓮花雖處
於水不被水之所染見聞覺知自在用不被六塵所染如蓮花開敷香潔含蘂令
所愛敬所以舉之為喻未得定惠者令得定惠　開方便門　示真實相　是沒是示真實
方便門　答六根不動是開方便門　是沒是示真實相　答定惠是由有定惠藏諸
功德　法相圓滿藏無漏法財　是法華經藏　凡夫二乘不能到　天魔外道不能擾深固幽
遠無人能到　為諸菩薩說大乘經名無量義教菩法仏所護念　是沒是大乘經
答智惠經是亦妙法蓮花經是　是沒是名無量義　答一實相性義　是沒是教菩法
答定惠法是　是沒是仏所護念　答本來身心清淨離念　仏說此經已結加趺坐入於
無量義處三昧身心不動　是沒是仏說此經已　答亦名竟亦名盡　是沒是結加
趺坐　答來身心不動　是沒是入於無量義處三昧身心不動　答有心即有量無心即
無量身心不動色如是惠心不動心如是智三是正三昧是心正心修行智惠順一相實性
尒時世尊從三昧安祥而起告舍利弗諸仏智惠甚深無量其智惠門難解難入一
切聲聞辟支仏所不能入　是沒是甚是沒是無量　答智是甚深惠是無量
作沒生智甚深惠無量　答如來智海無底名曰甚深　惠能超過六塵外故稱無量
其智惠門難解難入一切聲聞辟支仏所不能知　二乘人有生滅思求執心解脫
聲聞乘有思求動搖心難入　菩薩離思求動搖易解易入　五位聲聞不能測仏智
問緣何沒不能測仏智　答以有思求心不能測仏智　作沒生則能測仏智　答無思求心
能測仏智　思何處沒去　答轉思成智則能測仏智　又告舍利弗無偏不思議甚深微
妙法我今已具得唯我知是相十方仏亦然　我妙法難思諸增上慢者聞必不敬信　是塵是慢
問是沒是增上慢　答無所得法是上法　增加有所得心慢他上法是增上慢
答乘理曰慢　問乘是沒理　答乘無所得證理　問上法無得二乘人增得　上法無證
二乘人增證　增得增證　即離增慢　檀波羅蜜是梵語此地往翻
名布施自身見布施見他不布施　即慢他上法　不見有布施不見不布施　二相平等慢
即不生　從此檀上得離增上慢是品波羅蜜　尸波羅蜜是西國梵語此地往翻
名戒自身見有戒見他破戒是即慢他上法不見有戒不見無戒二相平等慢即不生從此
戒上得離增上慢是上品波羅蜜　羼提波羅蜜是梵語此翻名忍自身忍見他不忍
是即慢他上法不見忍不見不忍二相平等慢即不生從此忍上得離增上慢是上品
波羅蜜　毗梨耶波羅蜜梵語此名精進自身見精進見他不精進是即慢他上
法不見精進不見懈怠二相平等慢即不生從此精進上得離增上慢是上品波
羅蜜　禪波羅蜜梵語此名定自身見定見他散亂是即慢他上法不見有
定不見散亂二相平等慢即不生從此定上得離增上慢是上品波羅蜜
般若波羅蜜梵語此名惠自身見有惠見他愚癡是即慢他上法不見有
惠不見愚癡二相平等慢即不生從此惠上得離增上慢是上品波羅蜜
自身見端正見他醜漏是即慢他上法不見端正不見醜漏二相平等慢即不
生從此色上得離增上慢是仏色　自身見有勢力見他無勢力是即慢上
他法不見有勢力不見無勢力二相平等慢即不生從此力上得離增上慢
是仏力　諸仏世尊唯以一大事因緣故出仏現於世　問是沒是因是沒是緣
答知是因見為緣即此因緣為一大事因心緣眼見　問知知是沒見見是沒

佛法不見有勢力不見无勢力二相平等得即不生從此力上得離增上慢
是仏力　諸仏世尊唯以一大事因緣故出仏現於世　問是沒是因是沒是緣
答知是因　見爲緣即此因緣爲一大事因心緣眼見　問知〻是沒見〻是沒
答知心〻不起　見〻色本來空　問是沒是出現於世　答五蘊爲世　了五蘊
本空即出現於世　如來王宮生雙樹滅亦出現於世　諸仏世尊來謂
衆生開仏知見　問聞聲否　答聞住沒生不動〻是開聞是示　領解爲悟　无間修
行是入　開示屬仏　悟入爲修行人　問是沒處開示　答无明五蘊中示　耳根是色
受想行是心　耳根具五蘊聞聲不動是開　五蘊空開得仏知見　學人耳根令
〻囑聽有聞音聲領悟分明　證入修行　取无爲道　不動是開仏知見　學人
耳根令〻囑聽示仏知見　領悟分明是悟仏知見　證入修行取无爲道是入仏知見
仏說般若波羅蜜則非般若波羅蜜　是名般若波羅蜜　是名般若波羅蜜
是三世諸仏同說以〻不動故則非世人執地般若波羅蜜是名无地般若波羅蜜不執相
是智无相是惠　仏說微塵衆即非微塵衆是名微塵衆是三世諸仏同以不動
故即非世人執微塵衆是名无相微塵衆不執相是智无相是惠了
維摩詰言唯舍利弗諸仏菩有解脫名不可思議　問是沒是不可思　是沒是不可議
答心不思口不議　心不思心離繫縛心得解脫　口不議色離繫縛色得解脫色心俱離
繫縛是名不思議解脫　菩住是解脫者以須弥之高廣内界子之中无所增減須
弥山王本相如故　作沒生須弥納芥子中无所增減　答弥須是色芥子亦是色
心不思心如須弥芥子俱色如同一如相无所增減須弥山王本相如故
是沒是本相如故須弥不減芥子不增　如所无增減是名須弥山王本相如故
如四天王切利諸天不覺不知已之所入　問四天王依是沒住　答依弥須山住
緣何沒不覺不知　答緣有思議不覺不知　作沒生即得知无思即得知
須弥山帶一切唯應度者乃見須弥入芥子中　是沒是唯應度者　答心不思
度過思議是唯應度者　乃見須弥入芥子中心不思則不見須弥大相亦不見芥子
小相亦不見入亦不見不入作如是見乃名真見　无思則无相无相无入无不入此諸
驚怖聲聞除其心量聲聞未悟則見須弥芥子大小相聲聞既悟了須弥芥子本
性空　何入何不入是名乃見須弥入芥子中　是名不可思議解脫法門　是沒是不可
思議解脫法門　起心思議是縛不得解脫　不起心思議離縛解脫　心不思知是智
口不議色如是惠　是名不可思議智惠解脫法門　又以四大海水入一毛孔不嬈魚鱉黿鼉
鱉黿鼉水性之屬不彼大海大相如故　問作沒生四大海水入一毛孔　答海水是
是色　毛孔亦是色　心不思如〻　海水毛孔俱是色如同一如相即不嬈魚鱉黿鼉
水性之屬而彼大海本相如故　是沒是本相如故　答海水不減毛孔不增如所无增
減　是名本相如故　諸龍鬼神阿修羅等不覺不知已之所入　諸龍等依是沒住
答依海住　緣何沒不覺不知　緣有思不覺不知作沒生即得知　无思即得知
山衆生亦復无所嬈同一如衆生自如四海水毛孔亦自如於此衆生亦无嬈　又舍利弗
住不可思議解脫菩斷取三千大千世界　貪是大千　嗔是中千　癡是小千
比來爲有思議即有貪嗔癡結集生死輪迴六道如陶家輪着右掌中
是沒是右　答右爲用也　用不思議斷貪嗔癡摶入如　是沒是擲過恒沙世界之

山衆生亦復无所娆同一切衆生自如四海水毛孔亦自如於此衆生亦无娆　又舍利弗
住不可思議解脫菩薩取三千大千世界　貪是大千　嗔是中千　癡是小千
以來為有思議即有貪嗔癡結集生死輪迴六道如陶家輪着右掌中
是沒是右　名右為用也　用不思議斷貪嗔癡摶入如　是沒是擲過恒沙世界之
外恒沙是煩惱超過煩惱即是擲過恒河沙世界之外　其中衆生不覺不知已之
所往　緣何沒不覺不知　緣有思議不覺不知　又復還置本處　是沒是本處
名不思議處是本處　都不使人往來相　是沒是往來相　名起心思議即有往來
相不起心思議即无往來相而此世界本相如故　是沒是本相如故　名六根本
來如而此世界本相如故　又舍利弗或有衆生樂久住世而可度者菩薩即演七日以為
一劫令彼衆生為之一劫　二乘不樂久住欲得短即促一劫以為七日　凡夫二乘為有
有滿促長短　菩薩為无思則无滿促長短　尒時舍利弗見此室中无有
□思則有床座　无思則有无床座　夫求法者不貪軀命何況床座有
思則貪軀命　□□則不貪軀命　夫求法者非有色受想行識之求非有蘊界
入之求　非有設色无色之求有思則有色受想行識之求　无思則无有蘊界入之
求　夫求法者不着佛求不着法求不着衆求　心不思不着佛求　口不議不着法求
心色俱如不着衆求　夫求法者无見苦求无斷集求无造盡證修道之求二乘之
見苦集滅證修　菩薩解苦无見苦求　知集无和合无斷集求不以二相得道
无造盡證之求於畢竟法无滅修道之若言我當見苦斷集證滅道是則戲論非求
之道　无思則无見苦斷集滅證修道　法无戲論无思法无戲論无思法名寂滅
有思則有生滅若求生滅非求法也　乃至法名无為亦准上說是法　五百天子於
諸法中得法眼淨　五百是五根清淨不染五色則是得法眼淨　文殊師利言居
士東方度卅六恒河沙國有世界名須彌其佛号須彌燈王　覺心初起名東方三十是
三毒十是十惡六是六根　恒沙何煩惱有思則有卅六恒河沙　无思則无卅六恒河沙
无思議心是國有世界五蘊為世界名須彌　須彌相是色　其佛号須彌燈王
佛是離念亦是色　王是心王今現在彼佛身長八万四千由旬　了八万四千生滅煩惱本
空即佛身長八万四千由旬　其師子座高八万四千由旬了八万四千色相如來從初得
道至般涅槃㧾三百五十度說波羅蜜法　四大六衰為二万一千貪嗔癡等分為
八万四千諸塵勞門　起心思議則有八万四千生滅色相　不起心思議則了八万四千生
滅色相本來清淨　即是師子座高八万四千由旬　湛然不動是嚴飾心如是第一
於是長者維摩詰現神通力現不思議即現神通力即時彼佛遣三万二千師
三是三毒二千是内高廣嚴淨　高廣是心心色如是嚴淨　來入維摩詰室以不
思議為室　就師子座文令就師子座上人俱座當自立身如彼座像理如於事事如
理當自立身如彼座像其得神通菩薩即自變刑　變二乘刑為四万二千　四万是四
二千是我人衆生乃至大弟子皆不能昇　緣何沒不能昇　緣有思不能昇
為須彌燈王如來作礼　須彌燈王如如自在即是燈王如來作礼礼是順順不思議即得坐師
子座　无思則无迫迮以一佛土嚴飾之事集在一國尒於衆生通來　六根為佛度
湛然不動是嚴飾之事　根塵无二即集在一國　心色是衆生　又菩薩以一佛土衆生量

二千是我人衆生乃至大第子皆不能昇　緣有思不能昇
爲須弥燈王如來作礼　須弥燈王如〻自在即是燈王如來作礼〻是順〻不思議即得坐師
子座　无思則无迫迮以一仏土嚴飾之事集在一國尔於衆生 通來 六根爲仏度
湛然不動是嚴飾之事　根塵无二即集在一國　心色是衆生　又菩以一仏土衆生量
於右掌飛到十方遍示一切根塵心色爲一切仏土衆生　右掌是方便用心如即飛到十方
色如即遍示一切　心不起不動本處　色如皆合得見風亦如口亦如身如同一如相即所有
諸風芥悲能吸著口中而身无損　樹木本相如　又於下方過恒河沙等諸仏世界取一
仏土舉著上方過恒河沙无數世界如持針鋒舉一棗葉　心緣五根是上方
色緣五塵是下方　上方亦如同一如相　啓悟迅速如持針鋒舉一棗葉現身是惠用
一切色聲如旦暮　譬如有人於盲者前現衆色像非彼所見 通來 不了自心是仏如盲者
不達本色空即現衆色像非彼所見　二乘人以得卌隨增上慢我等何爲永絕其根耗
此大乘以爲敗種 通來 二乘已得卌隨增上慢障礙大乘即永絕其根信心不發由如敗種
一切魔衆无二之何 通來 魔有四種天魔煩惱魔蘊魔死魔三魔在内天魔在外
三魔未成仏即斷要當成仏即斷心色離念湛然不動即是无二之何 第三
明細問梵天言云何諸法正性　梵天言離欲際是名諸法正性　是沒是自性
答見聞覺知四大一切人各有自性　問自性從何生　答從自妄心生　是沒是真性
答心不起常无相清淨即是真性　是沒是欲際　答識緣眼色是色欲際
識緣耳聲是聲欲際　識緣身觸是觸欲際　是沒是離自性離欲際　答達摩
和上解云　心不起離自　識不生離欲際　是名諸法正性　如水大流盡波浪即不起
如是意識滅種〻識不生　善來文殊師利不來相而來　不見相而見　不來相
心不起是定　而來識不生是惠　不見相心不起是定而見識不生是惠 已上先定後惠照
文殊師利言如是居士若來已更不來若去已更不去所以者何來者无所從來去
者无所至可見者更不見　若來已識不生是惠　更不來心不起是定　若去識
不生是惠　更不去心不起是定　生者識不生是惠　无所至心不起是定　所可見
者識不生是惠　更不可見心不起是定 已上先惠後定解照　通六根　不眼相心不起是
定　而眼識不生是惠　不耳相心不起是定　而耳識不生是惠　不鼻相心不起是定
而鼻識不生是惠　不舌相心不起是定　而舌識不生是惠　不身相心不起是定
而身識不生是惠　不意相心不起是定　而意識不生是惠　通六塵色聲香味觸法
通見聞覺知 准上　善來文殊師利　若眼已更不眼六根 准上　六塵 准上　通一切物
若樹已更不樹　若瓶已更不瓶　若鉢已更不鉢　地水火風 一切准上　通理事不眼
是理　而眼是事　不耳是理　而耳是事　六根六塵見聞覺知 准上　通事理 准前
答所可見者是存法　更可不見是離過存法則有生死卌　離過則无生死卌
問生死卌若箇勝若箇劣 通來 存法有生死有涅槃生死劣卌勝　離過即生死
卌平等 和云 離過生死卌平等平等平等而不平等離過平等法存　離過即諸法平等
平〻等〻熟照无邊所存之法皆是緣〻生〻至法體性自空離過皆不相違
問汝從何沒處來　答從寺裏　因心時亦不見來亦不見來　未來時來否　答未來時

無平等 和云 離過生死無平等平等而不平等離過平等法存　離過即諸法平等
平々等々熟照无邊所存之法皆是緣々生々至法體性自空離過皆不相違
問汝從何沒處來　答從奇裏　用心時亦不見來亦不見來　未來時來否　答未來時
亦來　和云　常來者所為當淨法　是沒是當淨法　答六塵是當淨法　六塵若生諸法
六塵不生則諸法本自性淨　能緣心不生諸法本自淨所緣心不起諸法離亦不可得能緣
不起心離過　所緣不起色離心俱離過空定惠平等即是成自性　能緣於心所緣境
緣妄想所緣々起妄想緣起不成離成自性不可立　問成自性既是真性何得不立
答妄想緣起是病自性是藥了妄想緣起本空成自性所以不立无生本性空三性
存是三无性　思益經云　一切法正一切法邪　問何謂一切法正一切法邪　答諸法性无心
故一切法名為正　若於无心法中以心分別觀者一切名為邪　是沒是六入　通來无蹤　眼耳鼻舌
身心六塵於人之處是六入對境不起六塵不入心常无相清淨即六入无積　問不在於
三界三垢已離　通來　答二乘人已文字數見有三界心生厭離不得解脫　菩心常清淨湛然
无相不見三界亦无三垢可離心得解脫　問頂三解脫門具足三明与无明等　通來
答明与无明其性无二々之性即是實性　問我觀如來前際不生後際不去今則不住　通來
答前際不生後念不起今則无蹤　問不觀色不觀色如不觀色性　通來　答不觀色者觀
色體性空即不觀色　不觀色如者了五蘊空不起心如不觀色如者了五蘊性以不動
問无有量已過量　通來　答眼耳鼻舌身心有量　離眼耳鼻舌身心清淨是已過量
六根不相了々分明念々熟照无鄣修行　第四
長短无異　高下无異　了无異　自然无导解脫道　一切无导人一道　出生死非長亦
非短解脫人所道　无导道　解脫道　无住道　是沒是解脫道　是沒是无导道
是沒是无住道　根不导塵是无导道　塵不导根々離染是解脫道　塵離々染是无住道
法華經言毀等无異　老少无異　數量无異　二佛坐无異　多寶是有　體過去是惠　一坐同一如无異
過現无異　一濟二惠无異　淨經云入々無々不無无異　有聲无聲无異　遍不遍无異
苦樂无異　動不動无異　住劫賊劫无異　凡夫阿羅漢无異　黑白无異　无邊身
菩從東方來身量无邊世界亦邊　通來　東方來者覺心初起名東方來是惠
智惠无異　寶幢幡蓋長短无異　多少无異　維摩經云五百長者子　各將一蓋　通來
佛以威神合諸寶蓋合成一蓋多少无異　蓋中現一蓋遍覆一切是惠々中衆山无異
諸佛无異　一切有无々異　離念則遍覆有念則不遍一切无导人一道出生死了生死無
无二種則見一道出生死　是沒非長亦非短　長短无異　謂用心无異　故則離長短
相　是沒是解脫人所　塵不导根離染則是解脫人所　是沒是大定大惠　根不导塵々離染
是大定所　以言大定者五根与五塵合時意識不与五識同緣五識无分別是則定
定則智々則是成所作智々中合惠故名大々定々　塵不导根々離染則是大惠所以言
大惠者五塵与根合時由心離念五識不々生々是惠々則无导惠中定故名大惠
於花嚴經賢首菩品中　六根入出定義菩得方細三昧一切方中現身入出自在且於六根
指授　於眼根中入正定　於色塵中從定出　示現色性不思議　一切天人莫能知
於色塵中入正定　於眼從定心不亂　從眼无生无有起　性空寂滅无所作　於耳根中入正定

諸仏无異 一切有无〻異 離念則遍覆有念則不遍 一切无身人一道出生死乃生死卌
无二性則見一道出生死 是沒非長亦非短 長短无異 謂用心无異 故則離長短
相 是沒是解脫人所 塵不身根〻染則是解脫人所 是沒是大定大惠 根不身塵〻離染
是大定所 以言大定者五根与五塵合時意識不与五識同緣五識无分別是則定
定則智〻則是我所作 智〻中合惠故名大〻定〻 塵不身根〻離染則是大惠所鑒
大惠者五塵与根合時由心離念五識不〻生〻是惠〻則无身惠中定故名大惠
華嚴経賢首品中 六根入出定義并得方便三昧一切方中觀身入出自在是於六根
指授 於眼根中入正定 於色塵中從定出 示現色性不思議 一切天人莫能知
於色塵中入正定 於眼從定心不乱 從眼无生无有起 性空寂滅无所作 於耳根中入正定
於聲塵中從定出 分別一切語言音 諸天世人莫能知 於聲塵中入正定 於耳起定心不乱
說耳无生无有起 性空寂滅无所作 於鼻根中入正定 於香塵中從定出 普得一切上妙香
諸天世人莫能知 於香塵中入正定 於鼻起定心不乱 說鼻无生无有起 性空寂滅无所作
於舌根中入正定 於味塵中從定出 普得一切諸上味 諸天世人莫能知 於味塵中入正定
於舌起定心不乱 說舌无生无有起 性空寂滅无所作 於身根中入正定 於觸塵中從定出
善能分別一切觸 諸天世人莫能知 於觸塵中入正定 於身起定心不乱 說身无生无有起
性空寂滅无所作 於意根中入正定 於法塵中從定出 分別一切諸法相 諸天世人莫能知
於法塵中入正定 於意起定心不乱 說意无生无有起 性空寂滅所作 用心不見身心相
於是无身道 見聞覺知塵不染是解脫道 身心不異是无身道離塵 既離根塵
一〻法亦无唯有知見獨在光明遍照无去來 是則解脫道離染 二月十五日臨卌時
答卌不卌无異 以仏神力出大音聲 其聲遍滿 答有聲无聲无異 遍不遍无異
同時舉聲悲嗁 鄉哭嗚呼慈父痛哉苦哉 答苦不苦无異 尒時世〻間〻虛〻空无異
大地諸河大海皆悉振動 答動不動无異 莫般卌住世一劫若減一劫 答住劫无十百
千 諸比丘等皆阿羅漢滅劫无異 答凡夫阿羅漢无異 舉身毛豎遍體血現
答現不現无異 尒時拘尸那城娑羅樹林變白猶白鶴 答黑白无身位皆十地安住不動
方便現身 答動不動无異 現不現无異 第五

BD15166號 大乘無生方便門 （9–9）

无垢淨光大陁羅尼經

BD15167 號背　護首　　（1–1）

无垢淨光大陁羅尼經　　三藏沙門弥山共法藏等奉 詔譯
如是我聞一時佛在迦毗羅城大精舍中與
大比丘衆无量人俱復有无量百千億那由
他菩薩摩訶薩其名曰除一切蓋障菩薩執
金剛主菩薩觀世音菩薩文殊師利菩薩普

BD15167 號　無垢淨光大陀羅尼經　　（17–1）

无垢淨光大陁羅尼經

三藏沙門弥山共法藏等奉　勑譯

如是我聞一時佛在迦毗羅城大精舍中與
大比丘衆无量人俱復有无量百千億那由
他菩薩摩訶薩其名曰除一切蓋障菩薩執
金剛主菩薩觀世音菩薩文殊師利菩薩普
賢菩薩无盡慧菩薩弥勒菩薩如是等而為
上首復有无量天龍夜叉乾闥婆阿脩羅迦
樓羅緊那羅摩睺羅伽人非人等无量大衆
恭敬圍遶而為説法時彼城中有大婆羅門
名劫比羅戰荼歸敬外道不信佛法有善相
師而告之言大婆羅門汝却後七日必當命
終時婆羅門聞是語已心懷愁惱驚懼怖畏
作是思惟誰能救我我當依誰復作是念沙
門瞿曇稱一切智證一切智我當詣彼彼若
實是一切智者必當説我憂惱之事作是念
已即往佛所於衆會前遥觀如來意欲請問
而懷猶豫時釋迦如來於三世法无不明見
知婆羅門心之所念以慈愛音而告之言大
婆羅門汝却後七日定當命終墮可畏處阿
鼻地獄從此復入十六地獄出已復受旃陁
羅身命終之後復生猪中恒居臭穢常食糞
穢壽命長時多受衆苦後得為人貧窮下賤
不淨臭穢醜形黑瘦乾枯羸病人不喜見其
咽如針恒乏飲食為人捶打受大苦惱時婆
羅門聞是語已生大怖悲泣憂愁疾至佛

BD15167 號　無垢淨光大陀羅尼經　（17–2）

不淨臭穢醜形黑瘦乾枯羸病人不喜見其
咽如針恒乏飲食為人捶打受大苦惱時婆
羅門聞是語已生大怖悲泣憂愁疾至佛
所頂礼雙足而白佛言如來即是救濟一切
諸衆生者我今悔過歸命世尊唯願救我大
地獄苦佛言大婆羅門此迦毗羅城三岐道
處有古佛塔於中現有如來舍利其塔崩壞
汝應往彼重更脩理及造輪樣寫陁羅尼以
置其中興大供養依法七遍念誦神呪令汝
命根還復增長久後壽終生極樂界於百千
劫受大勝樂次後復於妙喜世界亦百千劫
如前受樂後復於諸兜率天宮亦百千劫相
續受樂一切生處常憶宿命除一切障滅一
切罪永離一切地獄等苦常見諸佛恒為如
來之所攝護婆羅門若有比丘比丘尼優婆
塞優婆夷善男女等或有短命或多病者應
脩故塔或造小塔依法書寫陁羅尼呪呪索
作壇由此福故命將欲盡者復更增壽諸病
苦者皆得除愈永離地獄畜生餓鬼耳尚不
聞地獄之聲何況身受時婆羅門聞此語已
心懷歡喜即欲往彼故壞塔所依教脩營時
衆會中除蓋鄣菩薩從坐而起合掌向佛白
言世尊何者是彼陁羅尼法而能生長福德
善根佛言有大陁羅尼名最勝无垢清淨光

BD15167 號　無垢淨光大陀羅尼經　（17–3）

衆會中除蓋鄣菩薩從坐而起合掌向佛白
言世尊何者是彼陁羅尼法而能生長福德
善根佛言有大陁羅尼名最勝无垢清淨光
明大壇場法諸佛以此安慰衆生若有聞此
陁羅尼者滅五逆罪閇地獄門除滅慳貪嫉
妬罪垢命短促者皆得延壽諸吉祥事无不
成辦時除蓋障菩薩復白佛言世尊願佛說
此陁羅尼法令一切衆生得長壽故淨除一
切諸罪鄣故為一切衆生作大明故尒時世
尊聞是請已即於頂上放大光明普照三千
大千世界遍覺一切諸如來已還歸本處從
佛頂入時佛即以美妙悅意迦陵頻伽和雅之
音而說呪曰
南謨颯哆颯怛底(顛以反 下同)弊(毗也反 脣聲一)三藐三佛陁俱
胝喃(奴喃反 下同二)鉢唎式(輸聿反 下同)陁摩㮈婆(三)薄(去聲 引)
質多鉢唎底瑟恥哆喃(四)南謨薄伽跋底阿弥
多喻殺寫怛他揭怛寫(五)唵(引聲 六)怛他揭多式
苐(七)阿喻毗輸達你(八)僧歌(呵葛反)囉僧歌囉(九)
薩婆怛他揭多毗唎耶跋麗娜(十)鉢唎底僧
歌囉阿喻(十一)薩囉薩囉(十二)薩婆怛他揭多三
昧皦(十三)菩提菩提(十四)勃地(亭也反 下同)毗勃地(十五)菩馱
也菩馱也(十六)薩婆播波(引)阿伐唎拏(上)毗式
苐(十七)毗揭多末羅颯皦(十八)蘇勃馱勃苐(十九)
虎嚕虎嚕莎(引聲)訶(引聲)

BD15167號　無垢淨光大陀羅尼經　（17–4）

也菩馱也(十六)薩婆播波(引)阿伐唎拏(上)毗式
苐(十七)毗揭多末羅颯皦(十八)蘇勃馱勃苐(十九)
虎嚕虎嚕莎(引聲)訶(引聲)
佛言除蓋障此是根本陁羅尼呪若欲作此
法者當於月八日或十三日或十四日或十五
日右遶舍利塔滿七十七帀誦此陁羅尼亦
七十七遍應當作壇於上護淨書寫此呪滿
七十七本尊重法故於書寫人以香華飲食
淨衣洗浴塗香熏香而為供養或施七寶或
隨力施當持呪本置於塔中供養此塔或作
小泥塔滿足七十七各以一本置於塔中而
興供養如法作已命欲盡者而更延壽一切
宿障諸惡趣業悉皆滅盡永離地獄餓鬼畜
生所生之處常憶宿命一切所願皆得滿足
則為已得七十七億諸如來所而種善根一切
衆病及諸煩惱咸得消除
若人病重命將欲盡當為作方壇於壇上畫
作種種形狀(所謂輪形金剛杵臺形月字形蓮花形四角畫蓮花上安瓶)瓶滿香水置
於四角布列香鑪燒衆名香以五色鉢盛種
種食及三白食(謂乳酪粳米飯)復以五鉢(各盛香華水及粳米)壇上
供養種種飲食盛滿一器及水一瓶置壇中
心於壇近水及粳米邊作毗那夜迦像頂上
安燈將彼病人在於壇西面向此壇盛一器
食對病人前置於壇上呪師要須清淨如法
呪此病人七十七遍令將死之人昏寘七日

BD15167號　無垢淨光大陀羅尼經　（17–5）

心於壇近水及粳米邊作毗那夜迦像須上
安燈將彼病人在於壇西面向此壇盛一器
食對病人前置於壇上呪師要須清淨如法
呪此病人七十七遍令將死之人惛寘七日
命續識還如從夢覺
若有護淨日別一遍誦念此呪滿足百年是人
命終生極樂界若一切時常念誦者乃至菩
提恒憶宿命永離夭壽及諸惡趣
若復有人為於亡者稱其名字至心誦呪滿
七十七遍若彼亡人墮惡趣者應時即得離
惡道苦生天受樂或稱彼名依法書寫此陁
羅尼置佛塔中如法供養亦令亡者得離惡
趣生於天上或復得生兜率天宮乃至菩提
不墮惡道
若有善男子善女人於此佛塔或右遶或礼
拜或供養者當得授記於阿耨多羅三藐三
菩提而不退轉一切宿障一切罪業悉皆消
滅下至飛馬畜生之類至此塔影當得永離
畜生惡趣若有五无間罪或在塔影或觸彼
塔皆得除滅置塔之處无諸邪魅夜叉羅刹
富單那毗舍闍等惡獸惡龍毒虫毒草亦无
魍魎諸惡鬼神奪精氣者亦无刀兵水火霜
雹飢饉橫死惡夢不祥苦惱之事於彼國土
若有諸惡先相現時其塔即便現於神變出
大光燄令彼諸惡不祥之事无不殄滅若復

BD15167號　無垢淨光大陀羅尼經　（17–6）

雹飢饉橫死惡夢不祥苦惱之事於彼國土
若有諸惡先相現時其塔即便現於神變出
大光燄令彼諸惡不祥之事无不殄滅若復
於彼有惡心衆生或是怨讎及怨伴侶并諸
劫盜窛賊等類欲壞此國其塔亦便出大火
光即於其處現諸兵仗惡賊見已自然退散
常有一切諸天善神守護其國於國四周各
百由旬結戎大界其中男女乃至畜生无諸
疫癘疾苦鬪諍不作一切非法之事其餘呪
術所不能壞是名根本陁羅尼法善男子今
為汝說相輪橖中陁羅尼法即說呪曰
唵引一 薩婆怛他揭多毗補羅曳移熱反下同 瑟撳竹几反下同二
末尼羯諾迦舉佉反 日喇折唠三 毗菩瑟唠曳
瑟撳四 杜嚕杜嚕五 三曼哆毗嚕吉帝六 薩
囉薩囉播跋輸達尼七 菩達尼三菩達尼八
鉢囉上伐囉上曳瑟撳伐灑九 末尼脫揞十
鶻嚕乚囉上 末羅毗弍第十一 吽引吽引莎引
訶
善男子應當如法書寫此呪九十九本安於
相輪橖四周安置又寫此呪及功能法於橖
中心密覆安處如是作已則為建立九万九
千相輪橖已亦為安置九万九千佛舍利已
亦為已造九万九千佛舍利塔亦為已造九
万九千八大寶塔亦為已造九万九千菩提
道場塔若造一小泥塔於中安置此陁羅尼

BD15167號　無垢淨光大陀羅尼經　（17–7）

千相輪欑已亦為安置九万九千佛舍利已
亦為已造九万九千佛舍利塔亦為已造九
万九千八大寶塔亦為已造九万九千菩提
道場塔若造一小泥塔於中安置此陁羅尼
者則為已造九万九千諸小寶塔若有衆生
右遶此塔或礼一拜或一合掌或以一華或
以一香燒香塗香鈴鐸幡蓋而供養者則為
供養九万九千諸佛塔已是則成就廣大善
根福德之聚若有飛鳥蚊虻蝇等至塔影中
當得授記於阿耨多羅三藐三菩提而不退
轉若遥見此塔或聞鈴聲或聞其名彼人所
有五无間業一切罪障皆得消滅常為一切
諸佛護念得於如来清淨之道是名相輪陁
羅尼法善男子今為汝說脩造佛塔陁羅尼
法即說呪曰
唵一引 薩婆怛他揭多二 末羅毗輸達尼三上 健陁
鞞黎鉢娜伐䌫四 鉢喇底僧塞迦囉五 怛他
揭多馱都達䌫六 達囉達囉七 珊達囉珊達
囉八 薩婆怛他揭多阿地瑟恥帝莎引訶
若有比丘比丘尼優婆塞優婆夷若自造塔
若教人造若脩故塔若作小塔或以泥作或用
執石應先呪滿一千八遍然後造作其塔分
量或如爪甲或長一肘乃至由旬以其呪力
及至心故於泥等塔中出妙香氣所謂牛頭
旃檀赤白旃檀龍惱麝香鬱金香等及天香

BD15167 號　無垢淨光大陀羅尼經　（17–8）

量或如爪甲或長一肘乃至由旬以其呪力
及至心故於泥等塔中出妙香氣所謂牛頭
旃檀赤白旃檀龍惱麝香鬱金香等及天香
氣自作教人皆得成就廣大善根福德之聚
命若短促便得延壽後臨終時得見九十九
億百千那由他佛常為一切諸佛憶念而與
授記生極樂界壽命九十九億百千那由他
歲常得宿命天眼天身天耳天鼻天旃檀香
從其身出口中常出優鉢羅花香得五神通
於阿耨多羅三藐三菩提得不退轉若呪香
泥下至極少如芥子許塗此塔上彼人亦得
如上所說大福德聚
若比丘比丘尼優婆塞優婆夷如法書寫陁
羅尼法以清淨心尊重供養如佛无異於書
寫人亦增上供養如前所說書呪即已置於
塔中及所脩塔内并相輪橖中如法成就是
人當得廣大善根福德之聚佛說此陁羅尼
印法時十方一切諸佛如来同聲讃言善哉善
哉釋迦牟尼如来應正等覺乃能善說此大
陁羅尼印法令一切衆生皆无空過獲大利
益攝大福聚乃至於阿耨多羅三藐三菩
提得不退轉
尒時衆中天龍八部及諸菩薩執金剛主四
王帝釋梵天王那羅延摩醯首羅摩尼跋陁
羅補那跋陁及跋羅神夜摩神婆樓摩神俱

BD15167 號　無垢淨光大陀羅尼經　（17–9）

提得不退轉
尒時衆中天龍八部及諸菩薩執金剛主四
王帝釋梵天王那羅延摩醯首羅摩尼跋陁
羅補那跋陁及跋羅神夜摩神婆樓摩神俱
薜羅神婆颰婆神諸仙衆等聞此法已起猒
離心調伏柔耎生大歡喜以大音聲手相謂
言希有希有諸佛如來希有希有真正妙法
希有希有此陁羅尼印法如來所說甚難值
遇是時刧比羅戰荼大婆羅門聞此大功德
殊勝利益大陁羅尼法印即得明達法性遠
塵離垢斷諸煩惱滅諸罪障壽命延長生大
歡喜踊躍无量令一切衆生亦皆當得心意
清淨
尒時除蓋障菩薩摩訶薩持一寶臺種種衆
寶間錯莊嚴以佛莊嚴而莊嚴之愛樂法故
供養如來右遶三帀頂礼佛足而白佛言世
尊此大陁羅尼壇場法印甚難值遇世尊說
此一切衆生妙法庫藏鎮閻浮提令諸衆生
種大善根施其壽命消滅煩惱我今亦當為
令衆生種善根故供養一切諸如來故令於
佛前說自心印陁羅尼法即說呪曰
南謨薄伽伐帝納婆納代底喃一 三藐三佛陁
俱胝那庾多設多索訶薩囉引喃二 南謨薩
婆你伐囉拏上聲 毗瑟緉鼻尼引 菩提薩埵也
三 唵引四 覩嚕覩嚕五 薩婆阿伐囉拏毗弍達尼

BD15167 號　無垢淨光大陀羅尼經　（17–10）

俱胝那庾多設多索訶薩囉引喃二 南謨薩
婆你伐囉拏上聲 毗瑟緉鼻尼引 菩提薩埵也
三 唵引四 覩嚕覩嚕五 薩婆阿伐囉拏毗弍達尼
六 薩婆怛他揭多摩庾播剌尼七 毗布灑八 昵
末灑薩婆恚陁南摩塞訖栗帝九 跋羅跋
囉十 薩婆薩埵婆盧羯尼一十 吽引 薩婆尼伐
囉拏上聲 毗瑟緉毗泥二十 薩婆播波毗燒達尼
莎引訶世尊此陁羅尼是九十九億諸佛所
說若有至心暫念誦者一切罪業悉皆消
滅若有依法書寫此呪滿九十九本置於塔
中或塔四周有人礼拜及以讚嘆或以香花
塗香燈燭供養此塔彼善男女於現生中滅
一切罪除一切障滿一切願則為供養九十
九億百千那由他恒河沙等諸如來已亦為
供養九十九億百千那由他恒河沙等舍利
塔已是則成就廣大善根福德之聚若有比
丘於月八日十三日十四日十五日洗浴護淨
着鮮潔衣於一日一夜而不飲食或時唯食
三種白食右遶佛塔誦此陁羅尼滿一百八
遍百千刧罪及五无間皆得除滅我除蓋障
即為現身令其所願皆悉滿足得見一切諸
佛如來若有誦滿二百八遍得諸禪定若有
誦滿三百八遍得淨一切障三眛若有誦滿
四百八遍得四大天王常來親近現身衛護
加其身心增大威德若有誦滿五百八遍攝

BD15167 號　無垢淨光大陀羅尼經　（17–11）

誦滿三百八遍得淨一切障三昧若有誦滿
四百八遍得四大天王常來親近現身衛護
加其身心增大威德若有誦滿五百八遍攝
得无量阿僧祇不可量諸大善根若有誦滿
六百八遍便得此呪根本法成為持呪天
仙若有誦滿七百八遍得大威德具足光明
若有誦滿八百八遍得心清淨若有誦滿九
百八遍得五根清淨若有誦滿一千八遍當
得須陁洹果若誦滿二千遍當得斯陁含果
若誦滿三千遍當得阿那含果若誦滿四千
遍當得阿羅漢果若誦滿五千遍當得辟支
佛果若滿六千遍當得普賢地若滿七千遍
當得初地若滿八千遍當得苐五地若滿九
千遍當得普門陁羅尼若滿十千遍當得不
動地若復滿十一千遍當得如來地成大人相
大師子吼
若復有人欲於現生成就切德大利益者應
脩故塔誦呪右遶滿百八遍心中所願无不
成滿時釋迦牟尼佛讚除蓋鄣言善哉善哉
善男子汝能如是隨順如來所演呪法而助
宣説
時執金剛大夜叉主白佛言世尊此大呪王
陁羅尼法同如來藏亦如佛塔世尊以此勝
法鎮閻浮提令一切衆生皆得解脱能於後
時作大佛事佛言執金剛主此大呪法若在

BD15167 號　無垢淨光大陀羅尼經　（17–12）

時執金剛大夜叉主白佛言世尊此大呪王
陁羅尼法同如來藏亦如佛塔世尊以此勝
法鎮閻浮提令一切衆生皆得解脱能於後
時作大佛事佛言執金剛主此大呪法若在
世時同如來在以其能作佛所作事少有所
作成大福聚況多切用所穫善根假使百千
億那由他恒沙諸佛説不能盡佛眼所見不
可為喻不可量不可説執金剛主言以何因
緣少用切力成大福聚佛言諦聽當為汝説
若比丘比丘尼優婆塞優婆夷欲得滿足大
切德聚當依前法書寫此四大陁羅尼呪法
之王各九十九本然後於佛塔前造一方壇
牛糞塗地於壇四角置香水滿瓶香鑪布列
以供養鉢（盛香花水粳米）置於壇上及三味食（烏麻綠豆粳米）
（和羹）并三白食各置瓶中布於壇上種種菓
子數滿九十九并四種食一切所須及諸香
華皆置其上以陁羅尼呪置相輪橖中及塔
四周以呪王法置於塔内想十方佛至心誦
念此陁羅尼即説呪曰
南謨納婆納伐底喃怛他揭多俱胝喃（一）瓊
伽㮈地婆盧迦三摩喃（二）唵（引三）毗補羅毗末
羅（四）鉢囉伐羅（五）市那（上）伐羅（六）薩羅薩羅
（七）薩婆怛他揭多馱都揭鞞（八）薩底（丁耶反）地瑟
恥帝莎（引）訶（九）阿（引）耶（臾我反下同）咄都飯尼莎（引）訶（十）
薩婆提婆耶婆訶耶（十一）勃陁阿地瑟恥耶（上）

BD15167 號　無垢淨光大陀羅尼經　（17–13）

七薩婆怛他揭多馱都揭糫八薩底丁耶反地瑟
恥帝莎引訶九阿引耶戍我反下同咄都飯尼莎引訶十
薩婆提婆耶婆訶耶咧十一勃陁阿地瑟侘耶上
三摩也莎引訶
應燒香相續誦此陁羅尼呪二十八遍即時
八大菩薩八大夜叉王執金剛夜叉主四王
帝釋梵天王那羅延摩醯首羅各以自手共
持彼塔及相輪橖亦有九十九億百千那由
他恒河沙諸佛皆至其處加持彼塔安佛舍
利由加持故令塔猶如大摩尼寶是人由此
則為已造九十九億百千那由他諸大寶塔
由此當得廣大善根壽命延長身淨无垢衆
病悉除災障殄滅若見此塔者滅五逆罪聞
塔鈴聲消諸一切惡業捨身當生極樂世界
若有傳聞此塔名者當得阿鞞跋致下至馬
獸得聞其聲離畜生趣永不復受當得廣大
福德之聚
若復有人欲得滿足六波羅蜜者當作方壇
先牛糞塗後以淨土而覆其上灑以香湯滑
淨塗拭五供養鉢置於壇上寫前四種陁羅
尼呪各九十九本手作小塔滿九十九於此塔
中各置一本其相輪呪還置小塔相輪橖中
行列壇上以諸香華供養右旋遶七遍誦
此陁羅尼曰
南謨納婆納伐底喃怛他揭多一𤚥伽捺地婆
盧迦二俱胝那庾多設多索訶薩囉喃二唵

BD15167號　無垢淨光大陀羅尼經　（17–14）

行列壇上以諸香華供養右旋遶七遍誦
此陁羅尼曰
南謨納婆納伐底喃怛他揭多一𤚥伽捺地婆
盧迦二俱胝那庾多設多索訶薩囉喃二唵
引四菩怖哩五折里尼六折哩慕上哩忽哩六社
邏跌上哩莎引訶
若依此法而受持者六波羅蜜悉皆成滿是則
同造九十九億百千那由他恒河沙等七寶塔
已是則供養九十九億百千那由他如來應
正等覺皆以諸天大供養雲種種莊嚴諸天
宮殿諸天供具而為供養彼諸如來皆悉憶
念此善男女令其當得廣大善根福德之聚
若有於此呪王如法書寫受持讀誦供養
恭敬佩於身上以呪威力擁護是人令諸怨
家及怨朋黨一切夜叉羅刹富單那等皆於
此人不能為惡各懷怨怖迯散諸方若有得
與彼人語之者得除滅五无間業若有得聞
此人語聲或在其影或觸其身令彼一切宿
障重罪皆得消除所有諸毒不能為害大
不能燒水不能漂厭禱邪魅不得其便雷電
霹靂无能驚嬈常為諸佛而共加持一切如
来安慰讚念諸天善神增其勢力非餘呪術
之所能制是故應當於一切處求此呪法寫
已置於當路塔中令往来衆下至馬獸蟻蠅
蟻子皆得永離一切地獄及諸惡趣生諸天

BD15167號　無垢淨光大陀羅尼經　（17–15）

霹靂无能驚嬈常爲諸佛而共加持一切如
来安慰讃念諸天善神增其勢力非餘呪術
之所能制是故應當於一切處求此呪法寫
已置於當路塔中令往来衆下至鳥獸蚊蝱
蟻子皆得永離一切地獄及諸惡趣生諸天
宫常憶宿命至不退轉
尒時佛告除蓋障菩薩摩訶薩執金剛主四
王帝釋梵天王等及其眷屬那羅延天摩醯
首羅等言善男子我以此呪法之王付囑汝
等應當守護住持擁衛以肩荷擔寶篋盛之
於後時中莫令断絶應善執持應善覆護授
與後世一切衆生令得見聞離五无間
是時除蓋障菩薩執金剛主四王帝釋梵天
王那羅延摩醯首羅及天龍八部等咸礼佛
足同聲白言我等已蒙世尊加護授此呪法
及造塔法咸皆守衛住持讀誦書寫供養爲
護一切諸衆生故於後時亦令彼衆生悉得
聞知不墮地獄及諸惡趣我等爲報如来大
恩咸共守護令廣流通尊重恭敬如佛无異
不令此法而有壞滅佛言善哉善哉汝等乃
能堅固守護住持如是陁羅尼法時諸大衆
聞佛説已歡喜奉行

无垢淨光大陁羅尼經

BD15167號　無垢淨光大陀羅尼經　（17–16）

王那羅延摩醯首羅及天龍八部等咸礼佛
足同聲白言我等已蒙世尊加護授此呪法
及造塔法咸皆守衛住持讀誦書寫供養爲
護一切諸衆生故於後時亦令彼衆生悉得
聞知不墮地獄及諸惡趣我等爲報如来大
恩咸共守護令廣流通尊重恭敬如佛无異
不令此法而有壞滅佛言善哉善哉汝等乃
能堅固守護住持如是陁羅尼法時諸大衆
聞佛説已歡喜奉行

无垢淨光大陁羅尼經

BD15167號　無垢淨光大陀羅尼經　（17–17）

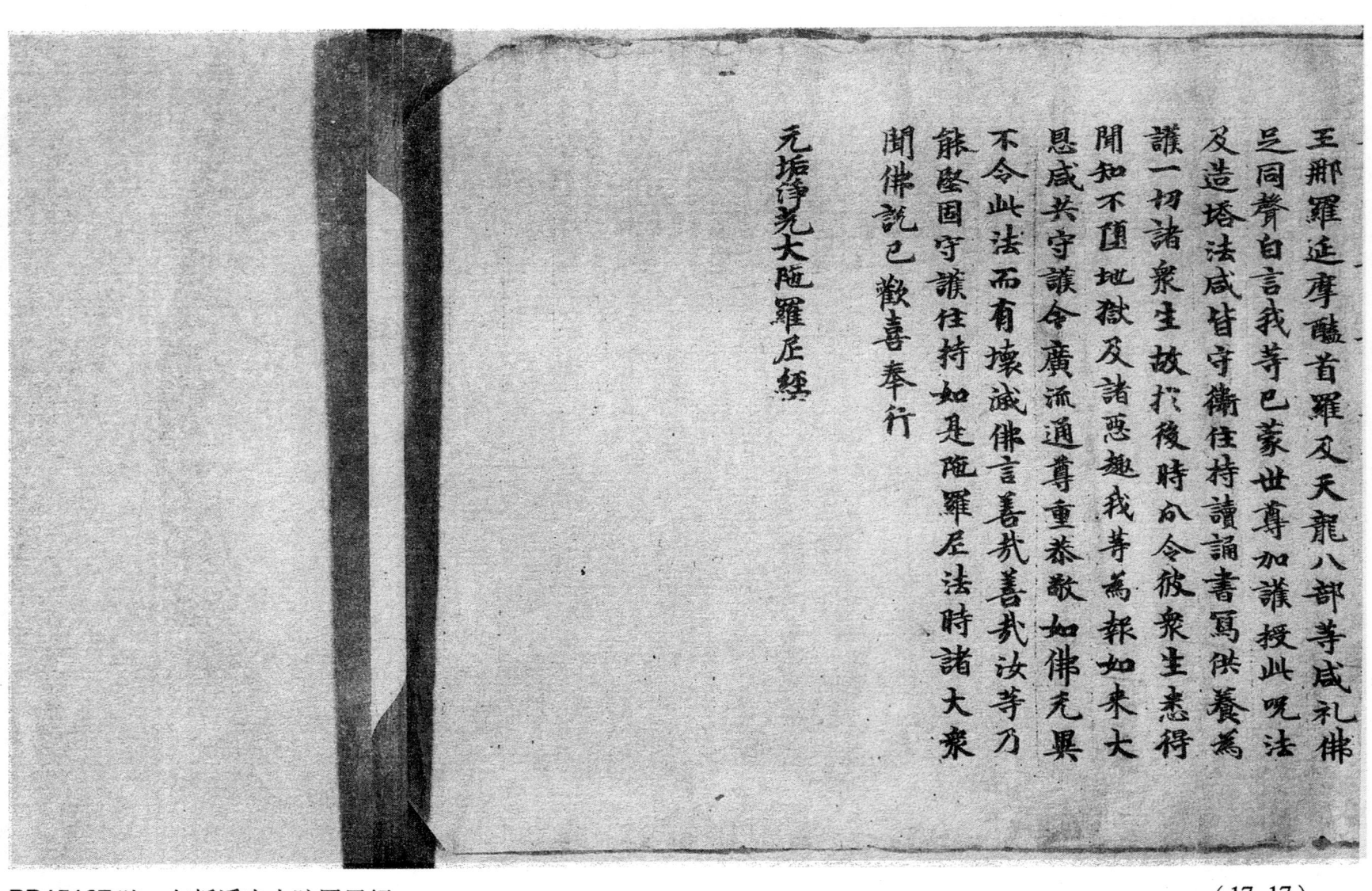

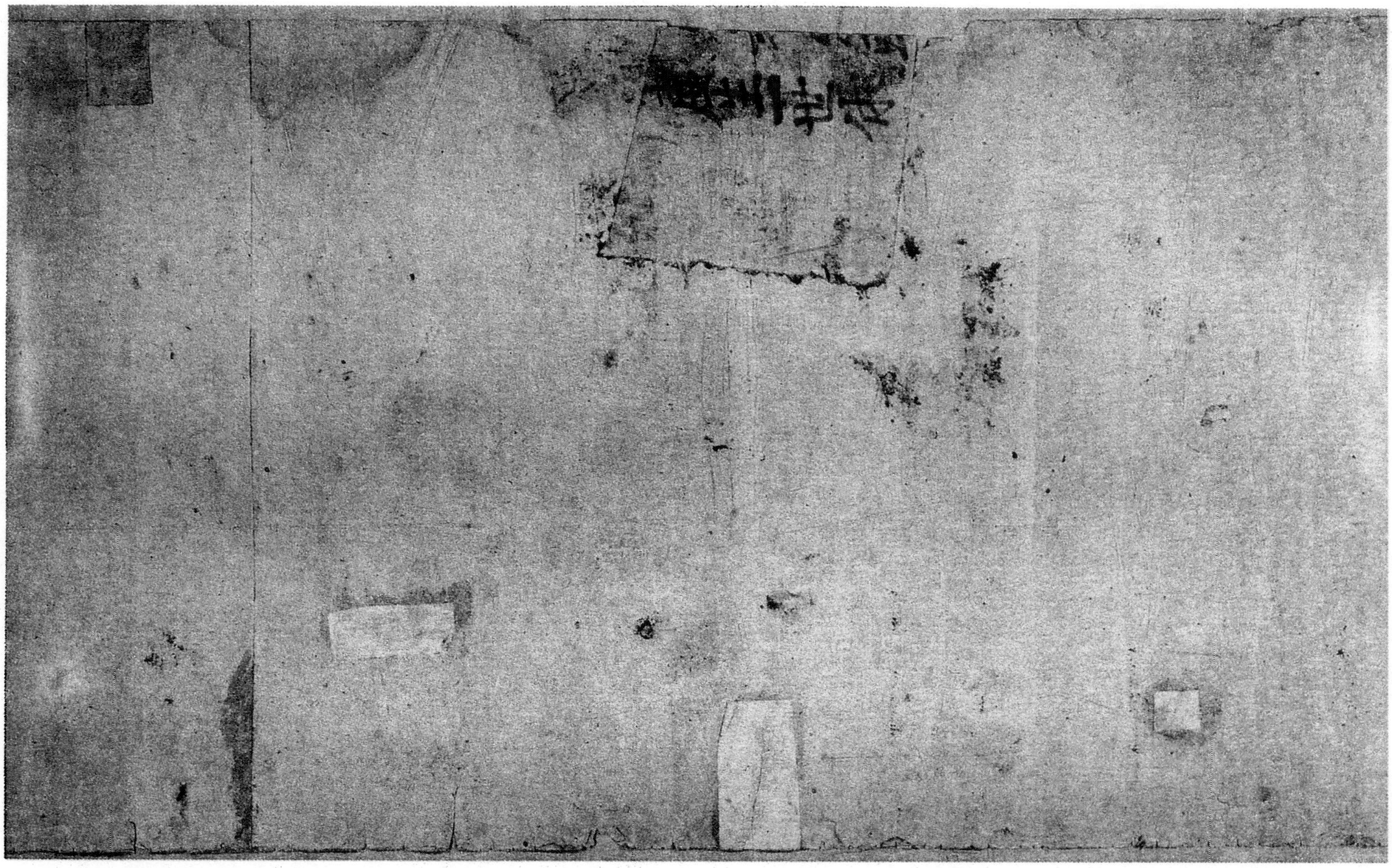

BD15167 號背　裱補紙　（1–1）

BD15168號背　護首

（1–1）

BD15168號　比丘羯磨（擬）　（12–1）

不得邪婬是優婆塞戒能持不善……婆
塞戒能持不 善言能 盡形壽不得飲酒是
子汝今已成五戒優婆塞竟□之
次應受沙弥戒　戒師應語沙弥言善
禪定三昧寸手亦能長養菩提無上
授持此戒果報勝彼三千大千今
世間富貴不能超生理死然持
此沙弥戒能令衆生不墮三塗應當
心作是誓願寧捨身命不犯禁戒
海情及非情上得无量戒汝今隨我一
歸依僧　我今隨仏出家某甲和上
尊三説次應語言善男子盡形壽不得
盡形壽不得盗是沙弥戒能持不 善言
持 善言能 盡形壽不得婬是沙弥戒能
是沙弥戒能持不 善言能 盡形壽不得妄
盡形壽不得着華鬘香油塗身是
不得歌舞倡伎及往觀聽是沙弥戒能持不 善言能 盡形壽不
得高廣牀上坐是沙弥戒能持不 善言能 盡形壽不得非時食
是沙弥戒能持不 善言能 盡形不壽得捉持生像金銀寶物是沙
弥戒能持不 善言能 此是沙弥十戒盡形壽不得犯能持不 善言能
善男子已受沙弥戒竟當供養三寶　四修三業坐禪誦經
勸作衆事何以故出家功德高於須弥深於巨海廣於虛空是故
應發廣大誓願所有受戒功德迴施六道衆生令汝發上品戒
解汝今隨我口云　我沙弥某甲所有受三歸五戒十戒功德迴施
一切衆生未離苦者願皆離苦未得樂者願皆得樂未成仏者
願皆成仏願沙弥某甲現在身中无諸災障消滅惡業念念消
除智慧善根運運增長行住坐卧身心安樂盡未來際不墮三塗
不生八難具足根常遇三寶當來世中生弥勒宮又隨弥勒下生閻
浮龍花三會聞法得道法界衆生一時成仏　引受戒人先入僧中
教使次第頭面一一礼僧足已然後至和上所教令兩手捧足　引人應
語沙弥言此和上是汝得戒根本若无此人承習無由聞□尊

不生八難具足根常遇三寶當來世中生彌勒宮又隨彌勒下生閻
浮龍花三會聞法得道法界衆生一時成仏　引受戒人先入僧中
教使次第頭面一一札僧足已然後至和上所教令兩手捧足　引人應
語沙彌言此和上是汝得戒根本若无此人承習莫由關於六尊
不能生長一切善根是須請〇仏初成道諸比丘以下請師故多
造非法外道呵責仏因制戒是故須請汁汝自陳不解故隨口
云　大德一心念我某甲今請大德爲和上大德爲我作和上我
依大德故得受具足戒慈愍故三說　和上應語彼言可尔教授清
淨莫放逸受者應善須奉持　次應請羯磨師應具威儀至羯
磨師前淨人教云此羯磨闍梨是受戒正因若无此人乘於聖
法法界善根无由得生故須增上殊重心於戒師所方發无作汝今
隨我口云　大德一心念我某甲今請大德爲羯磨阿闍梨願大德
爲我作羯磨阿闍梨我依大德故得受具足戒慈愍故三說次
請教授師　亦具修威儀至前所淨人教云由此人爲汝教授引
導開解令至僧中發汝具戒緣起方便並因此師重心請者方
乃發戒是故須請隨我口云　大德一心念我某甲今請大德爲教授
阿闍梨願大德爲我作教授阿闍梨我依大德故得受具足戒
慈愍故三說　二教發戒緣應語言善男子汝應諦聽戒是成仏之
原斷惡修善之本亦是人天〇之三乘福田一切諸仏菩薩聲
聞緣覺乃至人天所有勝果莫不因持戒而得欲入一切智海
先須以戒爲因因戒生定因定能發慧〇斷煩惱方得聖果所以
諸仏以大悲故留此要門若欲度生死至無岸〇應發上品心即得
法界上品善根故須至誠殊重起希有意如闇遇明如貧得寶
如寒念火如渴思漿生難遭想所以然者其發戒相乃有无
量由求受戒要緣法界令欲進受誡前惡境並起善心故戒發
所因還遍法界於情非情空有二諦誡理涅槃仏說聖教文字卷
軸形像塔廟地水火風虛空識等法界爲量並是戒體故知
衆生无邊戒亦无邊大地无量乃至草木海水盡空无際戒亦
同等以是義故歸新受戒人與仏戒齊德以此而推出家僧尼真
是功德善法之聚位尊人天良由於此是故汝今發殷重心即得上
品戒若發下品心者乃至羅漢亦下品汝若發心戒今求道當救一切
衆生一切衆生皆〇皆壽命以此事受是下品軟心雖得仏戒猶非上
勝故名下品云何中品若言我今正心向道解脫衆生殺我爲一切而作

衆生一切衆生皆皆壽命以此事受是下品軟心雖得仏戒猶非上
勝故名下品云何中品若言我今正心向道解衆生數我為一切而作
津梁亦能自利復利他人受持正戒名中品發去向上品若言我今
發心受戒為成三聚戒故趣三脫門正求近涅果又以此法引導衆
生至涅槃岸令正法久住如此發心得上品戒汝今當知心之分齊
得仏淨戒亦有分齊故令勤求上品善根　第三當立受戒量
眼凡耳不聞處令當披七條及衣鉢在彼而立　第四差威儀師
令和上語羯磨師　大德令作羯磨復語威儀師長老今受羯磨
彼戒師當問誰能為某甲作教授師若言我某甲能　戒師應白
大德僧聽彼某甲從和上某甲求受具足戒若僧時到僧忍聽某甲
為教授師白如是　應下座礼僧已來當威儀至受者所　第四出家
衆問緣　教授師至受戒者所善於時先示三衣及鉢應語言此安
陁會鬱多羅僧僧伽梨鉢多羅此衣鉢是汝有不（彼應善言是我所有）威儀師
應語言善男子諦聽今是真誠時實語時我今隨所問汝汝當隨
實答汝不犯邊罪不　汝不犯淨比丘尼不汝不賊心受戒不汝不破內
外道不　汝非黃門不　汝不殺父不　汝非殺母不　汝非殺阿羅漢不　汝
非破僧不　汝不惡心出仏身血不　汝非非人不　汝非畜生不　汝非二形不　汝字
何等和上字誰年滿廿三衣鉢具不父母聽汝不汝不負人債不非奴
不汝非官人不汝非丈夫丈夫有如是病癩癰疽白癩乾痟癲狂
病汝今有如是病不（有當答有无當答无）又應語受者言汝莫恐懼須臾之間
持汝著高勝處汝今已无遮定得受戒如我今問汝僧中亦當
如此問如汝向者答我僧中亦當如是答　又應教起立為正著
七條令威儀齊整復褾坐具令着肩上衣鉢襆羃手中語云
汝此處立我至僧中為汝通請若僧許可我舉手召汝可即來第
五單白入衆法　彼教授師如是問已還來僧中如常威儀立當
作白言　大德僧聽彼某甲從和上某甲求受具足戒若僧時到
僧忍聽我已問竟聽將來白如是　白已安詳還出至受者所言汝
來彼來已為捉衣鉢執手引至僧中教礼僧足已至戒師前右膝
着地合掌　第六正明乞戒法　彼教授師將鉢付戒師已又令受者頂
禮礼僧足已還至戒師所為整衣服安慰其心懇惻至誠仰憑請
衆求哀乞戒應語云此戒法唯仏出世暨立此法極故勝故不令諸人
聞之故六道之中唯人得受猶含遮難不得具受汝今既无其是
淨器當深心乞戒須臾之間入三寶數若輕淨心戒不可得但乞戒由

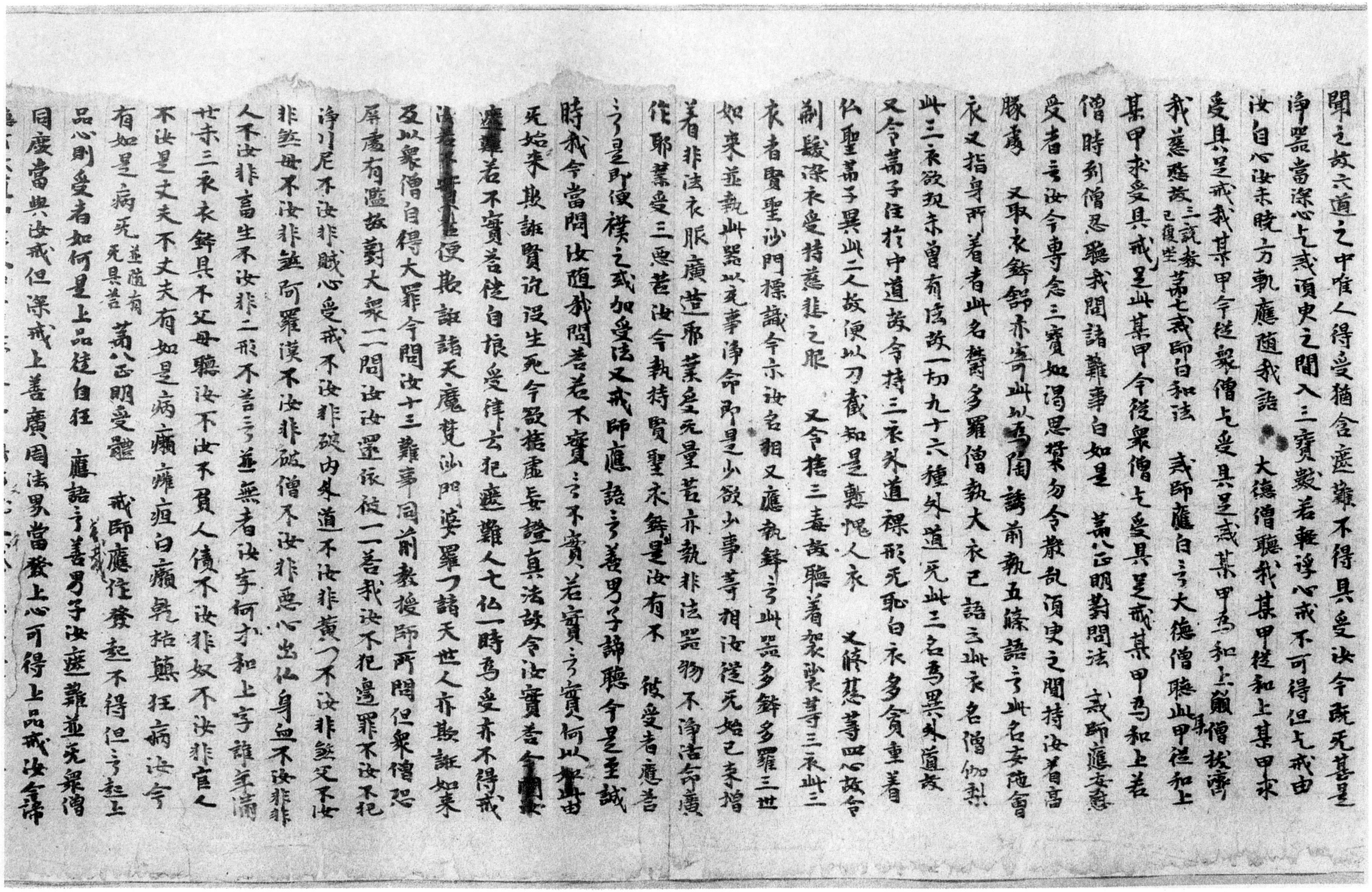

BD15168號　比丘羯磨（擬）　（12–5）

品心則受者如何是上品從自在　應語言善男子汝遮難並無衆僧
同慶當與汝戒但深戒上善廣周法界當發上心可得上品戒汝今諦
聽於六道中唯人中有餘道並無此法就人或有能得或不能得汝今
並無遮難決定成受法器並於一切衆生上應發悲心令發廣大戒體
戒者成佛之原斷惡脩善之本三乘福田一切賢聖所有勝福皆因
持戒而得免欲入佛法海先須以戒為足因生戒定定能發慧慧斷煩
惱方得聖果故經云戒如大智炬能破無明闇戒如大寶藏能滿
衆生願戒如大法船能度三有苦戒如大平地能生禪定手是故汝
今作如是念為離泥洹果向三解脫門成就三聚戒故　受此戒法又以
此發法引導衆生重興令正法久住故如是心中受者名上品戒汝
作是意由塵沙戒注汝身中終不以報得身心而得善受應發心
作虛空器量身方得受法界善法故若此戒法有形色者當入汝身
中作天崩地裂之聲由是非色法故令汝不覺汝當發慇懃意發
上品殷重心令為汝作羯磨聖法此是如來所制發得塵沙法界善
法注汝身心汝須知之　應告僧言大衆慈悲布施其戒同心共氣願
勿異緣令他不得應四顧望之不令非別之相有者嘆令如法告
言衆僧聽作羯磨　餘時羯磨師白云　大德僧聽此某甲從和上
某甲求受具足戒此某甲今從衆僧乞受具足戒某甲為和上某甲
自說清淨無諸難事年滿廿三衣鉢具若僧時到僧忍聽授某甲
具足戒某甲為和上白如是　作白已問僧成就不僧中知法者應答
言成就　又羯磨師應語授者言已作白竟僧皆隨喜今作羯磨動
彼戒法莫令心流舉當用承仰又白僧言當聽羯磨　大德僧聽此某
甲從和上某甲求受具足戒此某甲今從衆僧乞授具足戒某甲為
和上某甲自說清淨無諸難事年滿廿三衣鉢具僧今授某甲具足
戒某甲為和上誰諸長老忍僧与某甲授具足戒某甲為和上者默然
誰不忍者說此是初羯磨問僧成就不告受者言已作初羯磨僧
皆默然令十方法界善法並皆動轉當起於心勿從怠意　次作二羯
磨如上同已告受者言已作二羯法僧並和合令十方法界善法並舉集
空中至第三羯磨時當法界功德入汝身心餘一羯磨在汝當發身意
虛空戒心緣救攝三有衆生并發護持三世佛法真依此語不同上廣
仍白僧言鐵僧同時慈濟前生同共合掌佐助舉此羯磨便即作之乃
至是事如是持已　和上闍梨教授師等應須知授戒時節若冬若春
若夏若干日月若食前若食後乃至量影長應預持一尺木至授訖
日中豎之記其影頭卧尺量之計為尺寸以為常法或立取腳隨身

BD15168號　比丘羯磨（擬）

若夏若干日月若食前若食後乃至量影隨應須持一尺木至般泥
日中量之記其影頭卧尺量之計為尺寸以為常法或立取脚隨身
量示春冬時衆數多少後說四依四重寸應告云　善男子汝授戒已
必謹奉持若但有受意无持心者授戒不得空顏无益寧起小用不
須顛求經論如此但佛世難值正法難聞人身難得奉戒者難故上
品高達能授能持脩道會聖下品小人能授能破心无慚愧世惡
名不消利養死入惡道中品之徒善不自發望上而學若准下流邪
鄙毀壞破佛戒不如不授是須依佛正教順授隨學五夏已來專
於律部善達持犯辯比丘事脩道習惠會正可離自此已外雜學
言誠汙淨識戒定慧无猶得生者佛則不許若師闕教受當餘處
學為長益沙門果　然後依文為說戒相應語言善男子諦聽如來无
所着等正覺說四波羅夷法若比丘犯一一法非沙門非釋種子汝一切不
得犯婬作不淨行若比丘犯不淨行受婬欲法乃至共畜生非沙門非
釋種子汝是中盡形壽不得犯能持不　答言能　一切不得盜乃至草葉
若比丘盜人五錢若過五錢若自取若教人取若自所教人斫若自
破教人破若燒若埋若壞色非沙門非釋種子汝是中盡形壽不得
犯能不持　答言能　一切不得故斷衆生命乃至蟻子若比丘故自手斷人命
持刀授與人教死讚死勸死與人藥若墮胎若厭禱𧜵自作方便
教人作方便非沙門非釋種子汝是中盡形壽不得犯能持不　答言能　一切
得故妄語乃至戲笑若比丘不真實語非己有自稱言得上人法
得禪得解脫得定得四空定得須陁洹果斯陁含果阿那含果
阿羅漢果言天來龍來鬼神供養我非沙門非釋種子汝是中
盡形壽不得犯能持不　答言能　便說譬喻若善男子諦聽如來
无所着等正覺說四依法比丘依此得出家受具足戒成比丘皆
依糞掃衣比丘依此得出家受具足戒成比丘皆是中盡形壽能
持不　答言能　若得長利種越施衣割壞衣得受　依乞食比丘依此得
出家受具足戒成比丘皆是中盡形壽能持不　答言能　若得長利若
僧差食檀越送食月八日食十五日食月一日食衆僧常食檀越
請食得受　依樹下坐比丘依此得出家受具足戒成比丘皆是中
盡形壽能持不　答　若得長利別房尖頭屋小房石室兩房一戸
得受　依腐爛藥比丘依此出家人法是中盡形壽能持不　答　若得
長利蘇油蜜石蜜得受汝已受戒竟白四羯磨如法成就得處所
和上如法阿闍梨如法衆僧具足汝當善受教法應勸化作福治

長利禮油臺石塞得受汝已受戒竟白四羯磨如法成就得處所
和上如法阿闍梨如法衆僧具足汝當善受教法應勸化作福治
塔供養衆僧和上阿闍梨一切如法教勑不得違逆汝應學問
誦經勤求方便於佛法中當得須陀洹果斯陀含果阿那含果阿
羅漢果汝始發心出家功德福不唐捐果報不絕餘所未知當
問和上阿闍梨　應令受戒人在前而去　比丘懺悔法　凡結戒罪種理
須懺除則形心俱淨應同僧法是故經云无有一法在於心者不可以
暫惡便永棄之故須懺悔又涅槃經佛自執說如我所責　犯禁
又人令彼自責護持禁戒說三惡道爲諸善故　又在於佛法中有
一種人一者愚癡謂不見犯見已不能如法懺悔二者智人謂見犯
見已如法能懺　故經云我諸弟子前心犯戒如雲覆日後心懺悔如
炬消闇是故阿闍世王弊殺父害母由生悔故地獄重報現世得
滅　如伊舞羅龍離作小罪由无慚愧不生悔恨不信因果輕蕩
佛語命終已後墮大龍中於无量劫受大苦惱乃至千佛出世由
不得免　是故汝今猶應生殊重心自責其過陳悔前愆慚愧追
謝生護法心猶是因緣雖作重罪生悔心故佛說是人不名破戒
若有比丘曾犯小罪无怖畏不生慚愧不能發露又復說言犯戒无
罪當知是人即是趣向一闡提道於長時中增長地獄諸惡因緣
汝今欲得重罪現滅未來不受苦報者應須至心礼十方佛如對目
前生殊重心但自呵責猶无慚愧輕慢聖教故犯成業三時報熟
之受无疑若當思念應須泣血失聲振地　是故須起殊重悔
過心又作是一懺已後乃至命終永斷相續更不敢犯　又汝今就布
罪偏袒右肩對衆合掌專心諦聽然懺法次第多種差別但今
對衆僧與汝懺悔　初二篇下方便偷蘭遮罪　若有比丘无慚无
愧輕慢佛語縱放身心犯波羅夷罪於此身中不可懺悔乃至命終
墮地獄若犯僧殘於僧中如法得滅廣如律說若犯偷蘭於四僧
懺悔得滅今與汝集[illegible]清淨衆欲拔地獄重報現世得滅未來
世中生尊貴處然僧已集更无餘難汝應具脩威儀次第礼僧求
哀懺悔至誠徹到發殊重心如渴思漿如飢思食又於己身作重病
相於清淨僧作醫王想陳過於僧一一次第作如是意願僧除滅
心道若病　若次第礼僧已又令對衆應乞懺悔云　大德僧我某
比丘犯媱方便偷蘭遮罪乃至妄語方便偷蘭遮罪又犯摩觸
方便偷蘭遮罪乃至惡性遠諫方便偷蘭遮罪合不億數今從

比丘犯婬方便偷蘭遮罪乃至妄語方便偷蘭遮罪又犯摩觸方便偷蘭遮罪乃至惡性違諫方便偷蘭遮罪各不憶數今從大德僧乞懺悔願僧聽我某甲懺悔慈愍故三說 又應語云衆僧同意聽汝懺悔汝今更莫增上尊重意其心勿令雜亂莫緣異念專意正心又令具威儀至上座前傍人亦語云此上座滅罪已緣若无此人令汝懺者法界善法无由得生无量苦報不可得滅故須發增上心於懺主所隨我口言大德一心念我某甲比丘今請大德為我作偷蘭遮懺悔主願大德為我作偷蘭遮懺悔主慈愍故三說 又須受懺者單白索欲曰和上若云犯偷蘭遮單白受懺羯磨 應白言大德僧聽某甲比丘犯波羅夷方便偷蘭遮罪又犯僧殘方便偷蘭遮罪若憶數今從衆僧乞懺悔若僧時到僧忍聽我某甲比丘受其甲比丘懺悔白如是

次須懺主當為敘罪名罪種罪相破戒餘習先為說持破之相後分別輕重悔法當量前事皆之若是犯婬方便遮語言比丘比之法本无纖塵涅槃經云若犯婬欲乃起染愛心不名為僧汝以无心違於仏教不能謹慎汙本所受甚可慚恥自責其過罪即非有輕重然皆能鄣聖道譬如不淨多少俱臭亦如毒藥俱能害人是故經云勿輕小罪以為无殃雨滴雖微漸盈大器由起方便後犯根本因犯此戒不生慚愧覆藏其過不能發露現世惡名流布善神不護常見惡夢法不入心至死生獄乃命終已後定墮地獄之故此罪一能往重罪亦因亦能斷諸善根是故仏說若我滅後於像法時有多種滅法之相甚可怖畏一比丘雖少有得便為已聖二者雜猜家人入道而多破戒三者破戒之人多有助伴乃至羅漢亦被打罵四者自不備身戒心慧復度他人不令備身戒心法五者多畜沙弥及与他依心相與淨人沙弥共住不知掘地斫草流灌等相乃至自為上座一國所遵而不持戒但備不善後生信習便捨戒學又佛說言破戒之人人所不敬其處如塚又失諸法功德譬如枯樹人所可捉譬如羅刹惡心可畏如大病人人所不近譬如毒蛇無可蘊雖復剃髮染衣衣次第攝僧實非比丘若著法衣變為地獄鉢盂則是熱鐵鍱洋銅器凡所食噉吞熱鐵丸飲洋銅汁則是地獄之人又常壞怖懼我為佛賊常畏死至如是種種破戒之相不可稱說汝應當至誠發露悔過前愆發勇猛心一心持戒然戒是成仏之源則惡備善之本亦是人天聖三乘福田一切賢聖所有勝福莫不皆因持戒而得凡欲入佛法海先須以戒為因方戒生定方能發慧方斷煩惱

則惡備善之本亦是人天星三乘福田一切聖所有勝福莫不皆因
持戒而得凡欲入佛法海先須以戒為因々戒生定々能發慧々斷煩惱
乃得聖果故戒經云微塵𦬇衆由是成正覺汝今應知戒是菩提之
因能生一切善法功德故先須持戒後[illegible]於餘行若不持戒欲得斷
惑反生人天越出三界无有是處是故十方𦬇諸仏為五濁衆生開
禁戒又經云求善大利當堅持戒々是諸德之本出家之要如擔重
負如護身命戒是一切善法住處故又如人无足欲行遠路如鳥无翅欲
如海无船欲渡彼岸終不可得若无戒者欲得聖果亦不可得
於山居苦行空无所得人雖貪賤而能持戒香聞十方名聲
人敬愛所願皆得持戒之人壽終之時刀風解身節脈斷
畏又應云善男子仏世比丘能受戒能持戒能得聖果仏
比丘能受戒能破戒能入惡道々者既內无護心外縱身口今
至死處由有勝因改心懺悔大衆隨喜一懺已後形心俱淨
更勿復犯縱更續犯怖心難生懺罪无處故經說言善持
戒人我法不滅今時惡世尚不喜聞持戒之名豈當聽汝
法又攝經云犯戒因緣墮三惡道縱得人身由破戒習難得
犯此戒今為汝說所懺罪名汝今有三種罪一者偷蘭遮罪
於後懺二者從偷蘭遮所生吉羅罪三者展轉覆藏吉羅
罪杓懺汝應知　又示罪種於波羅夷方便偷蘭種類
欲種類偷蘭遮二盜戒種類偷蘭遮三煞戒種類偷蘭
已得聖戒鎌種類偷蘭遮此四種罪偷蘭並是犯杓
於僧殘有十三種類偷蘭從漏失方便偷蘭乃至惡性違
應知汝既是凡夫處煩惱海不能謹慎放縱三業行李所
悔還須發至誠徹倒心怖畏惡趣令身毛皆豎若能發
所有罪業悉皆消滅戒品善根運々增長汝今大須努力
愧時努々力々勿生散亂令心專住依我口云今對清衆与汝懺
心念我某甲犯媱方便偷蘭遮罪不憶數乃至犯妄語方
便罪不憶數又犯摩觸才僧殘方便偷蘭遮罪各不憶數
發露懺悔不敢覆藏懺悔則安樂不懺悔不安樂憶念犯
不敢覆藏願大德憶我清淨戒身具足清淨布卅三說
彼言長老自識知是罪相不　彼又言識　懺主又言當自責心
言亦須義持　若對二三四人懺者初應請懺主二受懺者應口邊
辭三為說罪名種相四正指罪其詞曰大德一心念我某甲

BD15168號　比丘羯磨（擬）

（12–10）

答言頂戴持 若對二三四人懺者，初應請懺主，二受懺者應口邊
諱三爲說罪名種相，四正捨罪，其詞曰：大德一心念，我某甲
觸女人身上衣偷蘭遮不憶數，隨有言憶，今向大德發露懺
藏，懺悔則安樂，不懺悔不安樂，憶念犯發露，知而不敢
德憶我清淨，戒身具足清淨布薩。三說 懺主應語懺
自識知是罪相不 識 答言爾 懺主又言：當自責心，生厭離
答持
法 初明捨方法：令前人所有長衣，所離三衣，寸物束在
中，彼比丘應偏袒右肩，脫革屣，四面禮僧足，䠒跪合掌
執衣 然僧中上座應告云：僧集不？次座比丘應答：僧
云不來諸比丘說欲及清淨者云 上座及說欲者出衆
然後令此人手執所捨衣，口云 大德僧聽，我某甲比丘，故
畜衣過限，不淨施，犯捨墮，故離僧伽梨等衣，犯捨墮，又買得
捨墮。餘有隨事言之 今持此衣捨與衆僧。一說 第二令捨畜心，應語
由畜心故，多貯畜長財，令既捨財，即離罪緣，又復應捨畜
因。以貯畜相續，無心捨淨，故犯此罪。汝既能捨所犯財物，由
因未除，雖懺，還犯。故律云：衣以捨，罪已悔，畜心不斷，若當日
所得之物，並犯捨墮。 第三明捨罪法，於中有七種：●一者對僧
令彼比丘在僧中如前威儀，合掌口言 大德僧聽：某甲比丘
長財不說淨，犯捨墮，又離三衣宿，犯捨墮，又貿易得衣，若
又犯捨長財，已用壞盡，是中各有根本波逸提罪不憶數
乞懺悔，願僧聽我某甲比丘懺悔，慈愍故。三說 上座應告僧云
懺悔 ●二請懺悔主，令彼比丘至清淨僧前，䠒跪合掌云
我某甲比丘請大德爲波逸提懺悔主，願大德爲我波逸提懺
故 受懺者亦得言可不 ●三懺主單白和僧法，受懺者和僧索欲問答已，應
聽某甲比丘故畜衆多長衣不作說淨，犯捨墮，離僧伽梨三衣
諸衣物已捨與僧，是中犯長波逸提罪不憶數，離僧伽梨一切波
逸提 已用壞盡，亦有根本波逸提罪不憶數，今從衆僧乞懺悔
僧忍聽我某甲比丘受某甲比丘懺悔，白如是。 作是白已，前所
已者告云：爾。若小者云：可受汝懺悔 ●四爲說罪名種相破戒
說持破之相，分別輕重，悔法當量前事告之，若是犯長
法，本無積聚涅槃經云：證不名爲僧，令以凡心遠於佛教
離衣者告云：佛言我爲諸弟子結戒，寧死不犯，比丘只有三衣

我某甲比丘請大德為波逸提懺悔主願大德為我波逸提懺
故受懺者亦得言可不 三懺主單白和僧法受懺者和僧索欲問答已應
聽某甲比丘故畜衆多長衣不作說淨犯捨墮離僧伽梨三衣
下諸衣物已捨與僧是中犯長波逸提罪不憶數離僧伽梨一切波
逸提用擿盡亦有根本波逸提罪不憶數今從衆僧乞懺悔
僧忍聽我某甲比丘受某甲比丘懺悔白如是 作是白已前所
已者告云尒若小者云可受汝懺悔 四為說罪名種相破戒
說持破之相後分別輕重悔法當量前事告之若是犯長
一法本无積聚涅槃經云證不名為僧今以凡心遠於佛教甚
離衣者告云佛言我為諸弟子結戒寧死不犯此比丘只有三衣
過身猶如飛鳥无所顧戀令播佛正法垂劍隨身放逸留
子若離此衣即名破戒之人妄食信施執鉢盂即洋銅器所
之熱鐵鍱乃至破戒餘習難從地獄出於人中受无量苦若得
此戒汝今應須至誠發露懺悔作永斷相續心 即得滅罪
淨長老若能改往修來深生悔根當知无罪不滅辟如濁
之明珠戒力故水即澄清故經說云有二白法能救衆生一者
欲有衆生造惡業已深生慚愧 悔過前愆呵責自身當知
已滅若有造罪覆藏不悔名无慚愧如是之人定受无趣長老
不能謹慎雖救身心汙本所受雖然罪有輕重皆能障道猶如
惧見亦如毒藥乃至微塵俱能煞人故涅槃云多輕小罪以為
如菩薩護戒寧捨身命乃至吉羅罪猶不肯犯長老既具慚愧
戒悔若能如是无

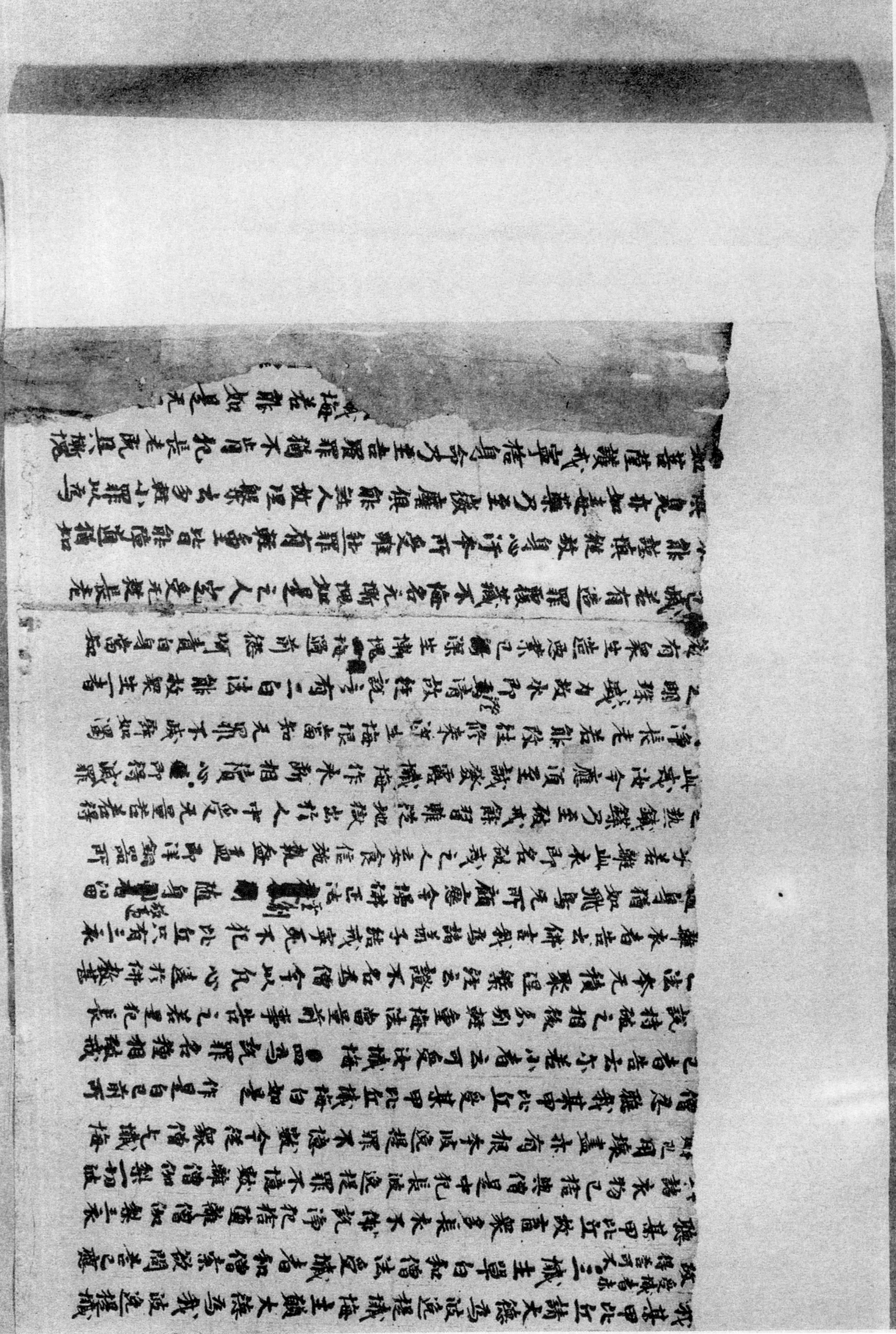

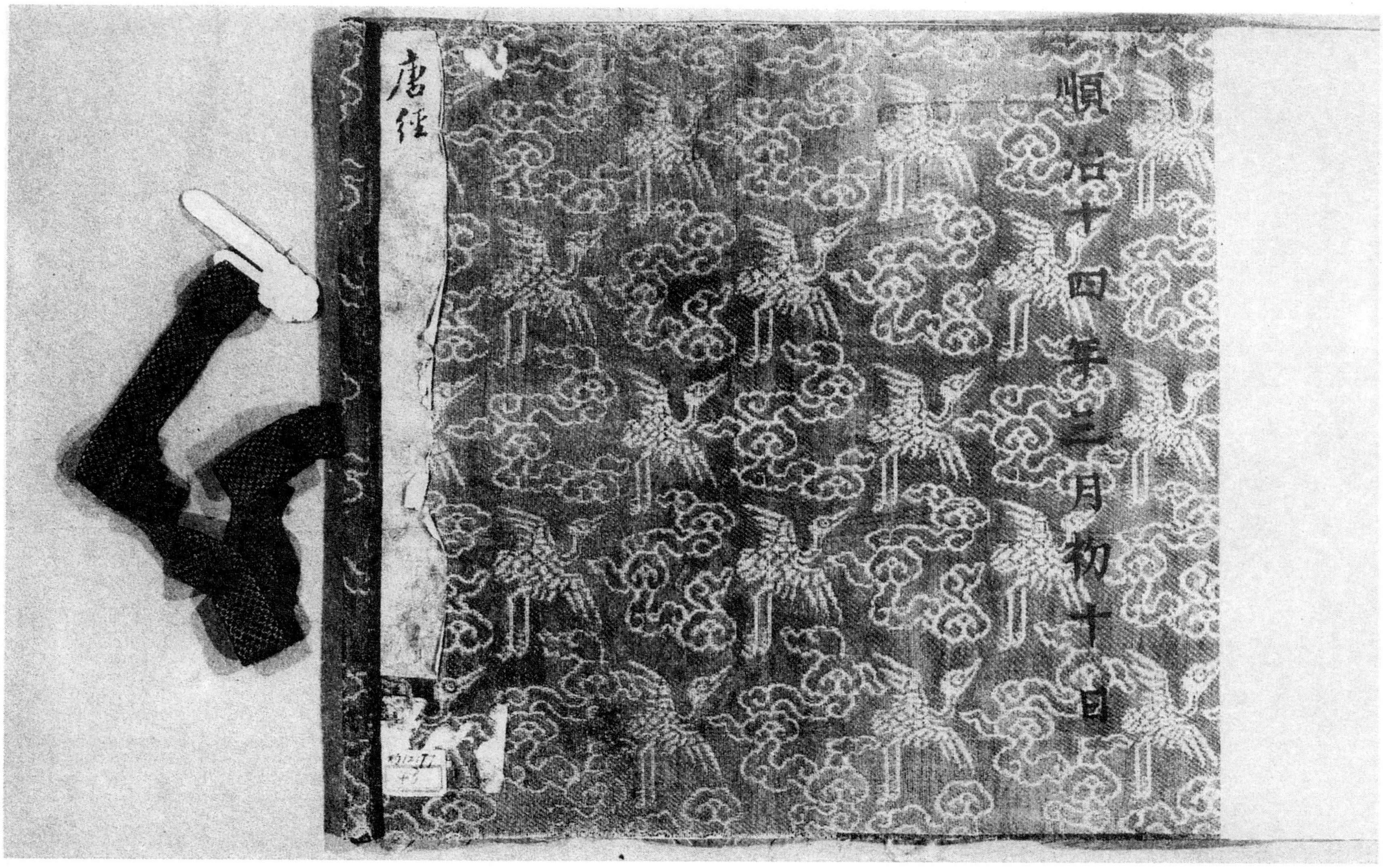

BD15169 號背　護首　　　　　　　　　　　　　　　　（1–1）

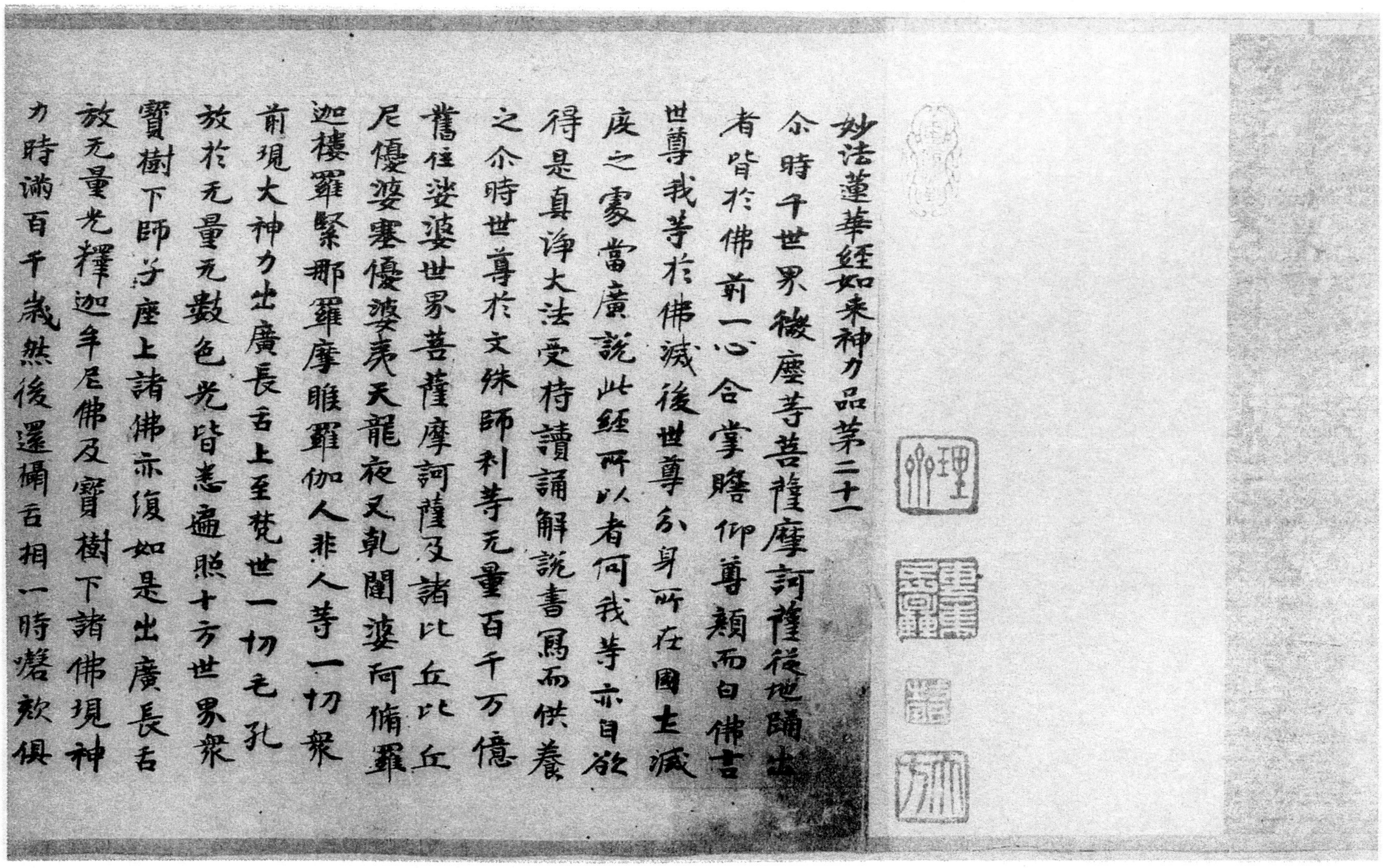

妙法蓮華經如來神力品第二十一
尒時千世界微塵等菩薩摩訶薩從地踊出
者皆於佛前一心合掌瞻仰尊顏而白佛言
世尊我等於佛滅後世尊分身所在國土滅
度之處當廣說此經所以者何我等亦自欲
得是真淨大法受持讀誦解說書寫而供養
之尒時世尊於文殊師利等无量百千万億
舊住娑婆世界菩薩摩訶薩及諸比丘比丘
尼優婆塞優婆夷天龍夜叉乾闥婆阿脩羅
迦樓羅緊那羅摩睺羅伽人非人等一切衆
前現大神力出廣長舌上至梵世一切毛孔
放於无量无數色光皆悉遍照十方世界衆
寶樹下師子座上諸佛亦復如是出廣長舌
放无量光釋迦牟尼佛及寶樹下諸佛現神
力時滿百千歲然後還攝舌相一時謦欬俱

BD15169 號　妙法蓮華經卷六　　　　　　　　　　　　（8–1）

力時滿百千歲然後還攝舌相一時謦欬俱
共彈指是二音聲遍至十方諸佛世界地皆
六種震動其中衆生天龍夜叉乾闥婆阿脩
羅迦樓羅緊那羅摩睺羅伽人非人等以佛
神力故皆見此娑婆世界无量无邊百千万
億衆寶樹下師子座上諸佛及見釋迦牟尼
佛共多寶如來在寶塔中坐師子座又見无
量无邊百千万億菩薩摩訶薩及諸四衆恭
敬圍繞釋迦牟尼佛既見是已皆大歡喜得
未曾有即時諸天於虛空中高聲唱言過此
无量无邊百千万億阿僧祇世界有國名娑
婆是中有佛名釋迦牟尼今為諸菩薩摩訶
薩說大乘經名妙法蓮華教菩薩法佛所護
念汝等當深心隨喜亦當礼拜供養釋迦牟
尼佛彼諸衆生聞虛空中聲已合掌向娑婆
世界作如是言南无釋迦牟尼佛南无釋迦
牟尼佛以種種華香瓔珞幡蓋及諸嚴身之
具珎寶妙物皆共遙散娑婆世界所散諸物
從十方來譬如雲集變成寶帳遍覆此間諸
佛之上于時十方世界通達无礙如一佛土
尒時佛告上行等菩薩大衆諸佛神力如是
无量无邊不可思議若我以是神力於无量
无邊百千万億阿僧祇劫為囑累故說此經

BD15169 號　妙法蓮華經卷六　（8–2）

无邊百千万億阿僧祇劫為囑累故說此經
功德猶不能盡以要言之如來一切所有之
法如來一切自在神力如來一切祕要之藏
如來一切甚深之事皆於此經宣示顯說是
故汝等於如來滅後應一心受持讀誦解說
書寫如說脩行所在國土若有受持讀誦解
說書寫如說脩行若經卷所住之處若於園
中若於林中若於樹下若於僧坊若白衣舍
若在殿堂若山谷曠野是中皆應起塔供養
所以者何當知是處即是道場諸佛於此得
阿耨多羅三藐三菩提諸佛於此轉于法輪
諸佛於此而般涅槃尒時世尊欲重宣此義
而說偈言
諸佛救世者　住於大神通　為悅衆生故　現无量神力
舌相至梵天　身放无數光　為求佛道者　現此希有事
諸佛謦欬聲　及彈指之聲　周聞十方國　地皆六種動
以佛滅度後　能持是經故　諸佛皆歡喜　現无量神力
囑累是經故　讚美受持者　於无量劫中　猶故不能盡
是人之功德　无邊无有窮　如十方虛空　不可得邊際
能持是經者　則為已見我　亦見多寶佛　及諸分身者
又見我今日　教化諸菩薩　能持是經者　令我及分身
滅度多寶佛　一切皆歡喜　十方現在佛　并過去未來
亦見亦供養　亦令得歡喜　諸佛坐道場　所得祕要法
能持是經者　不久亦當得　能持是經者　於諸法之義

BD15169 號　妙法蓮華經卷六　（8–3）

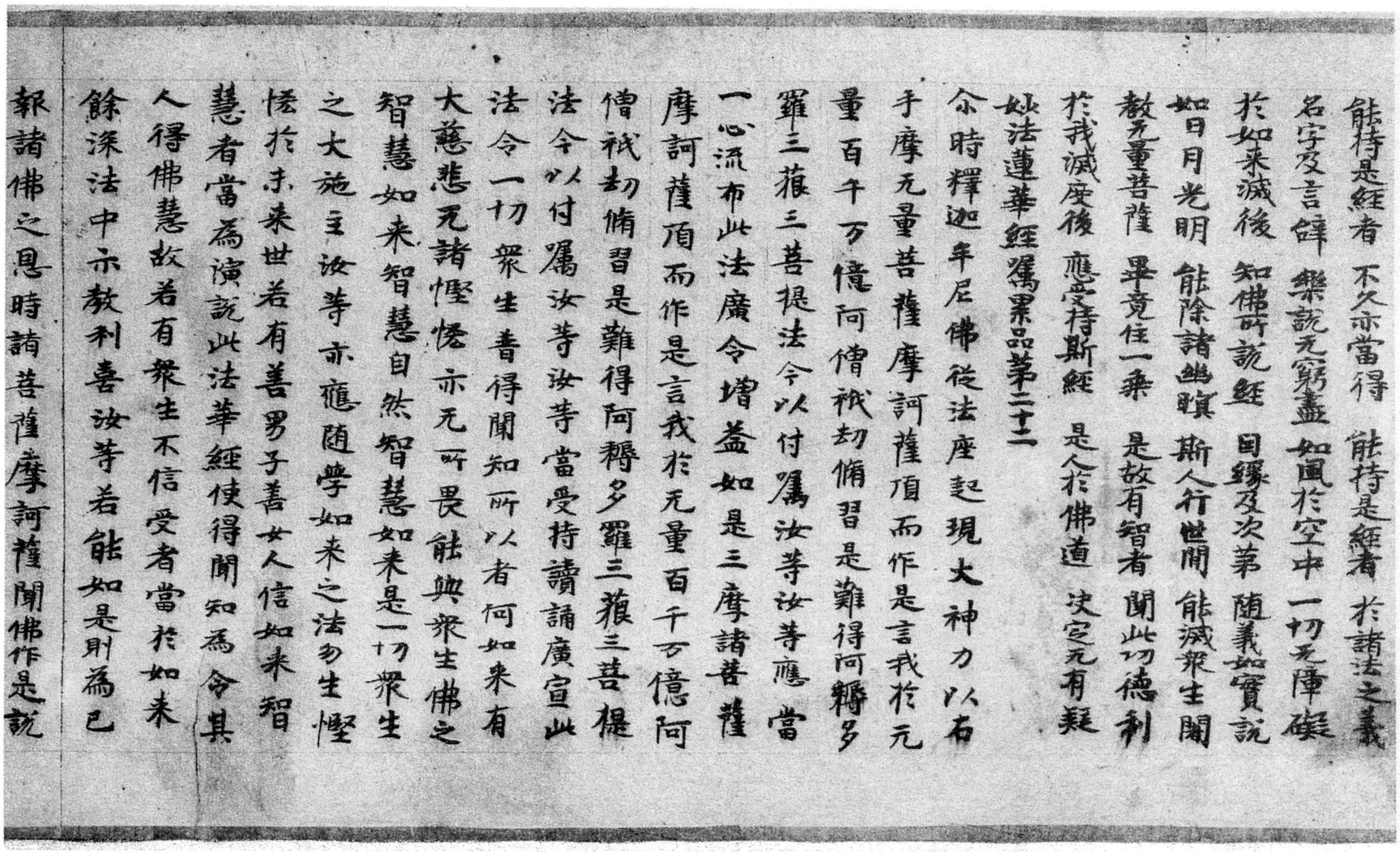

能持是經者 不久亦當得 能持是經者 於諸法之義
名字及言辭 樂說無窮盡 如風於空中 一切無障礙
於如來滅後 知佛所說經 因緣及次第 隨義如實說
如日月光明 能除諸幽冥 斯人行世間 能滅衆生闇
教無量菩薩 畢竟住一乘 是故有智者 聞此功德利
於我滅度後 應受持斯經 是人於佛道 決定無有疑
妙法蓮華經囑累品第二十二
尒時釋迦牟尼佛從法座起現大神力以右
手摩無量菩薩摩訶薩頂而作是言我於無
量百千万億阿僧祇劫脩習是難得阿耨多
羅三藐三菩提法今以付囑汝等汝等應當
一心流布此法廣令增益如是三摩諸菩薩
摩訶薩頂而作是言我於無量百千万億阿
僧祇劫脩習是難得阿耨多羅三藐三菩提
法今以付囑汝等汝等當受持讀誦廣宣此
法令一切衆生普得聞知所以者何如來有
大慈悲無諸慳悋亦無所畏能與衆生佛之
智慧如來智慧自然智慧如來是一切衆生
之大施主汝等亦應隨學如來之法勿生慳
悋於未來世若有善男子善女人信如來智
慧者當為演說此法華經使得聞知為令其
人得佛慧故若有衆生不信受者當於如來
餘深法中示教利喜汝等若能如是則為已
報諸佛之恩時諸菩薩摩訶薩聞佛作是說

BD15169號　妙法蓮華經卷六　（8–4）

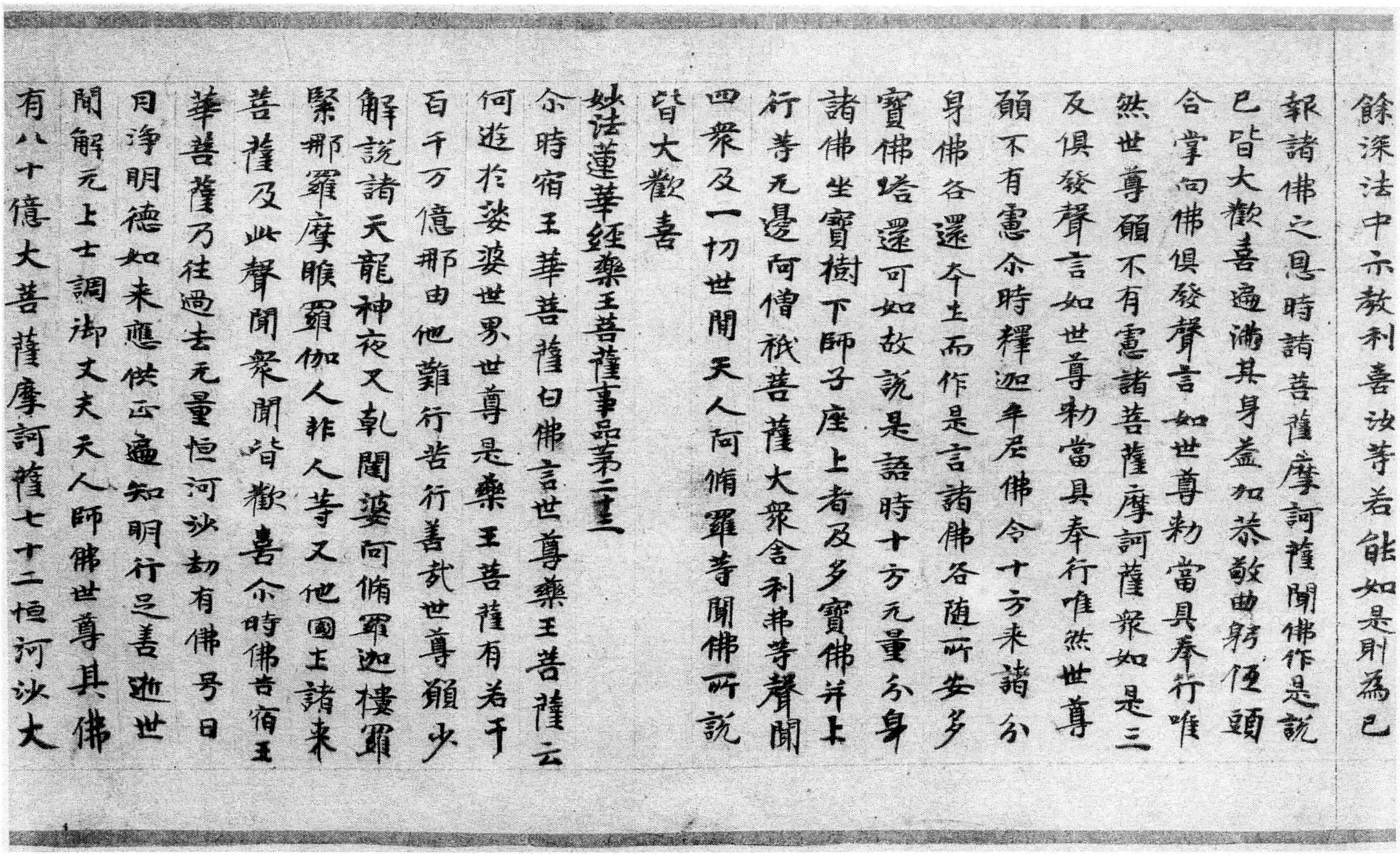

餘深法中示教利喜汝等若能如是則為已
報諸佛之恩時諸菩薩摩訶薩聞佛作是說
已皆大歡喜遍滿其身益加恭敬曲躬低頭
合掌向佛俱發聲言如世尊勅當具奉行唯
然世尊願不有慮諸菩薩摩訶薩衆如是三
反俱發聲言如世尊勅當具奉行唯然世尊
願不有慮尒時釋迦牟尼佛令十方來諸分
身佛各還本土而作是言諸佛各隨所安多
寶佛塔還可如故說是語時十方無量分身
諸佛坐寶樹下師子座上者及多寶佛并上
行等無邊阿僧祇菩薩大衆舍利弗等聲聞
四衆及一切世間天人阿脩羅等聞佛所說
皆大歡喜
妙法蓮華經藥王菩薩本事品第二十三
尒時宿王華菩薩白佛言世尊藥王菩薩云
何遊於娑婆世界世尊是藥王菩薩有若干
百千万億那由他難行苦行善哉世尊願少
解說諸天龍神夜叉乾闥婆阿脩羅迦樓羅
緊那羅摩睺羅伽人非人等又他國土諸來
菩薩及此聲聞衆聞皆歡喜尒時佛告宿王
華菩薩乃往過去無量恒河沙劫有佛号日
月淨明德如來應供正遍知明行足善逝世
間解無上士調御丈夫天人師佛世尊其佛
有八十億大菩薩摩訶薩七十二恒河沙大

BD15169號　妙法蓮華經卷六　（8–5）

聞解无上士調御丈夫天人師佛世尊其佛
有八十億大菩薩摩訶薩七十二恒河沙大
聲聞衆佛壽四万二千劫菩薩壽命亦等彼
國无有女人地獄餓鬼畜生阿脩羅等及以
諸難地平如掌琉璃所成寶樹莊嚴寶帳覆
上垂寶華幡寶瓶香爐周遍國界七寶為臺
一樹一臺其樹去臺盡一箭道此諸寶樹皆
有菩薩聲聞而坐其下諸寶臺上各有百億
諸天作天伎樂歌嘆於佛以為供養尒時彼
佛為一切衆生喜見菩薩及衆菩薩諸聲聞
衆說法華經是一切衆生喜見菩薩樂習苦
行於日月淨明德佛法中精進經行一心求
佛滿万二千歲已得現一切色身三昧得此
三昧已心大歡喜即作念言我得現一切色
身三昧皆是得聞法華經力我當供養日
月淨明德佛及法華經即時入是三昧於虛
空中雨曼陁羅華摩訶曼陁羅華細末堅黑
栴檀滿虛空中如雲而下又雨海此岸栴檀
之香此香六銖價直娑婆世界以供養佛作
是供養已從三昧起而自念言我雖以神力
供養於佛不如以身供養即服諸香栴檀薰
陸兜樓婆畢力迦沈水膠香又飲瞻蔔諸華
香油滿千二百歲已香油塗身於日月淨明
德佛前以天寶衣而自纏身灌諸香油以神

BD15169號　妙法蓮華經卷六　（8-6）

香油滿千二百歲已香油塗身於日月淨明
德佛前以天寶衣而自纏身灌諸香油以神
通力願而自燃身光明遍照八十億恒河沙
世界其中諸佛同時讚言善哉善哉善男子
是真精進是名真法供養如來若以華香瓔
珞燒香末香塗香天繒幡蓋及海此岸栴檀
之香如是等種種諸物供養所不能及假使
國城妻子布施亦所不及善男子是名第一
之施於諸施中最尊最上以法供養諸如來
故作是語已而各嘿然其身火燃千二百歲
過是已後其身乃盡一切衆生喜見菩薩作
如是法供養已命終之後復生日月淨明德
佛國中於淨德王家結加趺坐忽然化生即
為其父而說偈言
大王今當知　我經行彼處　即時得一切　現諸身三昧
勤行大精進　捨所愛之身
說是偈已而白父言日月淨明德佛今故現
在我先供養佛已得解一切衆生語言陁羅
尼復聞是法華經八百千万億那由他甄迦
羅頻婆羅阿閦婆等偈大王我今當還供養
此佛白已即坐七寶之臺上升虛空高七多
羅樹往到佛所頭面礼足合十指爪以偈讚
佛
容顏甚奇妙　光明照十方　我適曾供養　今復還親近

BD15169號　妙法蓮華經卷六　（8-7）

佛
容顏甚奇妙　光明照十方　我適曾供養　今復還親近
尒時一切衆生喜見菩薩說是偈已而白佛
言世尊世尊猶故在世尒時日月淨明德佛
告一切衆生喜見菩薩善男子我涅槃時到
滅盡時至汝可安施床座我於今夜當般涅
槃又勅一切衆生喜見菩薩善男子我以佛
法囑累於汝及諸菩薩大弟子并阿耨多羅
三藐三菩提法亦以三千大千七寶世界諸
寶樹寶臺及給侍諸天悉付於汝我滅度後
所有舍利亦付囑汝當令流布廣設供養應
起若干千塔如是日月淨明德佛勅一切衆
生喜見菩薩已於夜後分入於涅槃尒時一
切衆生喜見菩薩見佛滅度悲感懊惱戀慕
於佛即以海此岸栴檀爲積供養佛身而以
燒之火滅已後收取舍利作八万四千寶瓶
以起八万四千塔高三世界表刹莊嚴垂諸
幡蓋懸衆寶鈴尒時一切衆生喜見菩薩復
自念言我雖作是供養心猶未足我今當更

BD15169 號　妙法蓮華經卷六　（8–8）

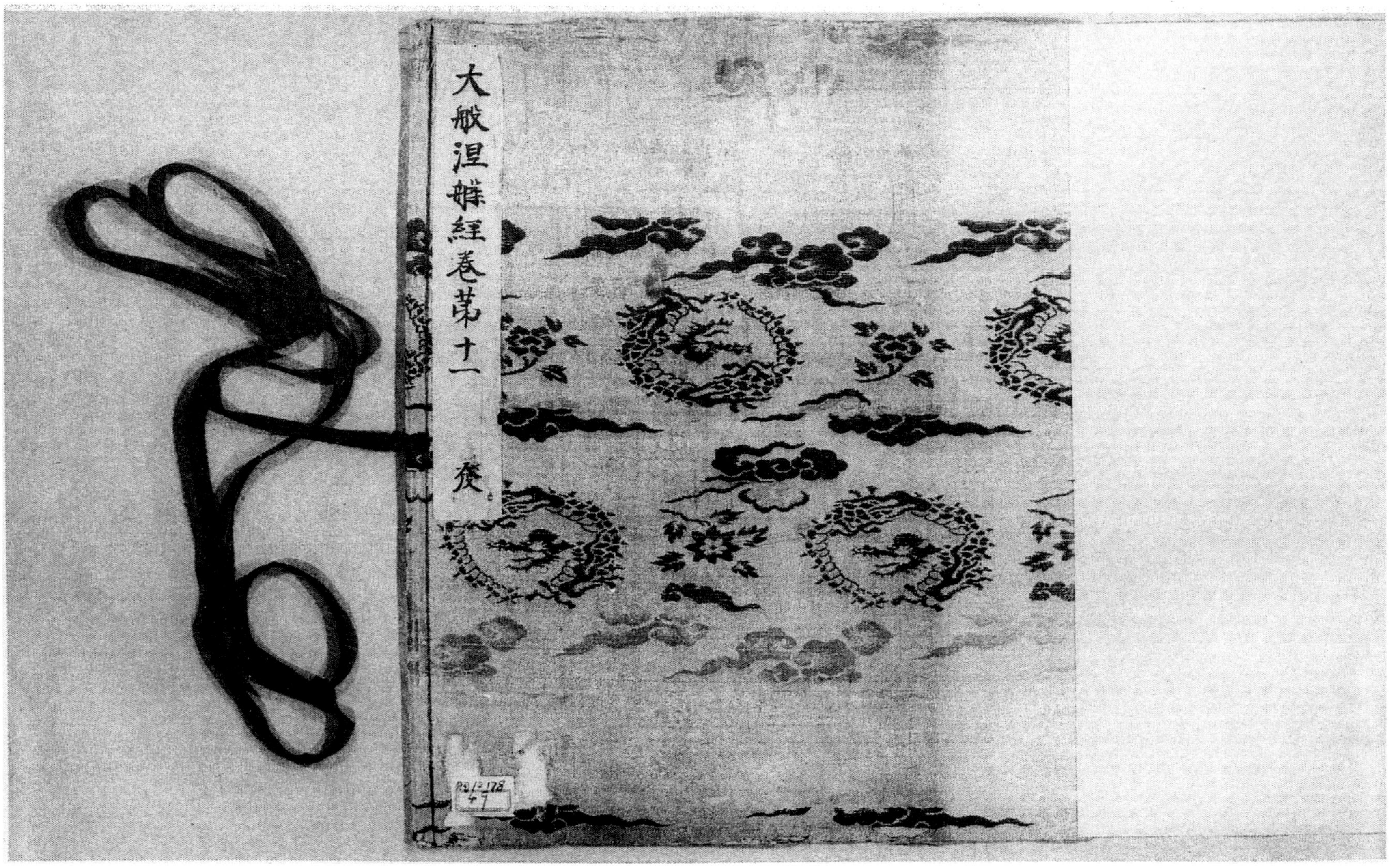

BD15170 號背　護首　（1–1）

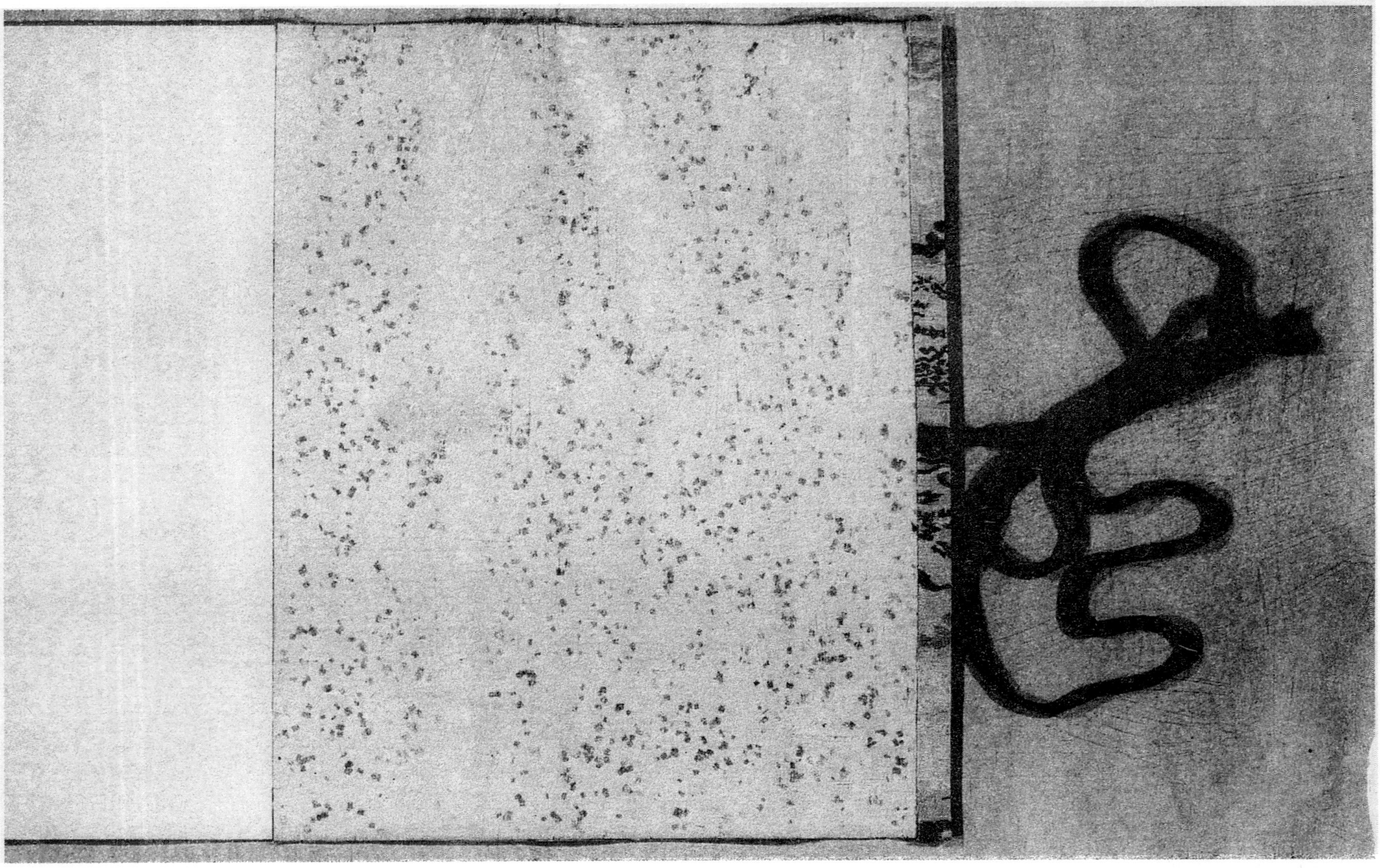

BD15170號　大般涅槃經（北本）卷一一　　（24–1）

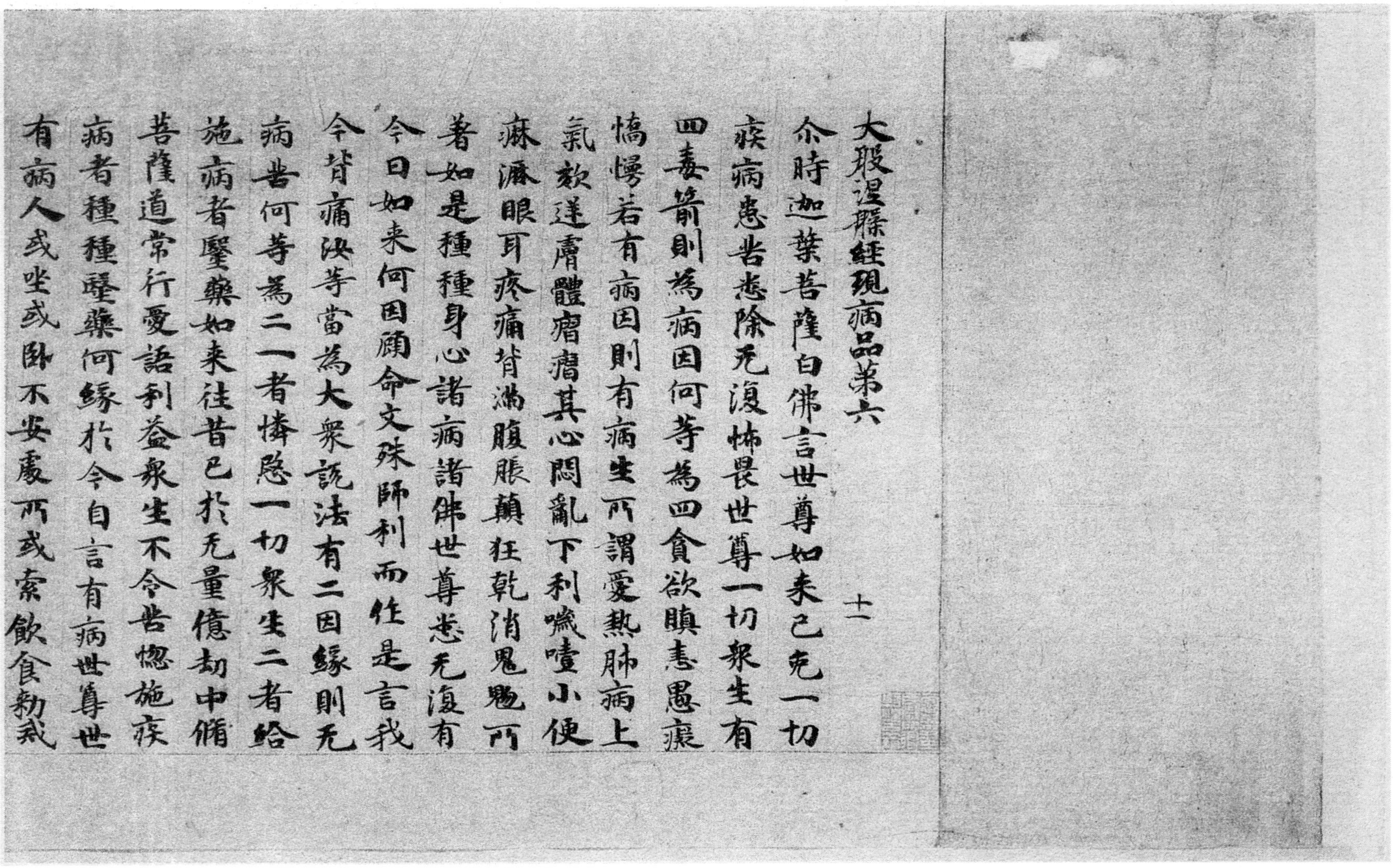

大般涅槃經現病品第六　　十一
尒時迦葉菩薩白佛言世尊如來已免一切
疾病患苦悉除无復怖畏世尊一切衆生有
四毒箭則為病因何等為四貪欲瞋恚愚癡
憍慢若有病因則有病生所謂愛熱肺病上
氣欬逆膚體𤺊𤸒其心悶亂下利噦噎小便
淋瀝眼耳疼痛背滿腹脹顛狂乾消鬼魅所
著如是種種身心諸病諸佛世尊悉无復有
今日如來何因顧命文殊師利而作是言我
今背痛汝等當為大衆說法有二因緣則无
病苦何等為二一者憐愍一切衆生二者給
施病者醫藥如來往昔已於无量億劫中脩
菩薩道常行愛語利益衆生不令苦惱施疾
病者種種醫藥何緣於今自言有病世尊世
有病人或坐或卧不安處所或索飲食勑戒

BD15170號　大般涅槃經（北本）卷一一　　（24–2）

病者種種醫藥何緣於今自言有病世尊世
有病人或坐或卧不安處所或索飲食勅戒
家屬脩治產業何故如來嘿然而卧不教弟
子聲聞人等尸波羅蜜諸禪解脫三摩跋提
脩諸正勤何緣不說如是甚深大乘經典如
來何故不以无量方便教大迦葉人中象王
諸天人等令不退於阿耨多羅三藐三菩提
何故不治諸惡比丘受畜一切不淨物者世
尊實无有病云何嘿然右脅而卧諸菩薩等
凡所給施病者醫藥所得善根悉施衆生而
共迴向一切種智為除衆生諸煩惱鄣業鄣
報鄣煩惱鄣者貪欲瞋恚愚癡忿結纏蓋焦
惱嫉妬慳悋姧詐諛諂无慚无愧慢慢慢不
如慢增上慢我慢邪慢慢慢放逸貢高懟恨
諍訟邪命諂媚詐現異相以求利惡求多求
无有恭敬不隨教誨親近惡友貪利无猒纏
縛難解欲於惡欲貪於惡貪身見有見及以
无見頻申憙睡欠呿不樂貪嗜飲食其心瞢
瞢心緣異想不善思惟身口多惡好憙多語
諸根闇鈍發言多虛常為欲覺恚覺害覺之
所覆蓋是名煩惱鄣業鄣者五无間罪重惡
之病報鄣者生在地獄畜生餓鬼誹謗正法
及一闡提是名報鄣如是三鄣名為大病而

BD15170號　大般涅槃經（北本）卷一一　（24–3）

所覆蓋是名煩惱鄣業鄣者五无間罪重惡
之病報鄣者生在地獄畜生餓鬼誹謗正法
及一闡提是名報鄣如是三鄣名為大病而
諸菩薩於无量劫脩菩提時給施一切疾病
醫藥常作是願令諸衆生永斷如是三鄣重
病復次世尊菩薩摩訶薩脩菩提時給施一
切病者醫藥常作是願願令衆生永斷諸病
得成如來金剛之身又願一切无量衆生作
妙藥王斷除一切諸惡重病願諸衆生得阿
伽陁藥以是藥力能除一切无量惡毒又願
衆生於阿耨多羅三藐三菩提无有退轉速
得成就无上佛藥消除一切煩惱毒箭又願
衆生勤脩精進成就如來金剛之心作微妙
藥療治衆病不令有人生諍訟想亦願衆生
作大藥樹療治一切諸惡重病又願衆生拔
出毒箭得成如來无上光明又願衆生得入
如來智慧大藥微密法藏世尊菩薩如是已
於无量百千万億那由他劫發是誓願令諸
衆生悉无復病何緣如來乃於今日唱言有
疾復次世尊世有病人不能坐起俯仰進止
飲食不御漿水不下亦復不能教戒諸子脩
治家業尒時父母妻子兄弟親屬知識各於
是人生必死想世尊如來今日亦復如是右

BD15170號　大般涅槃經（北本）卷一一　（24–4）

飲食不御漿水不下亦復不能教勅諸子脩
治家業尒時父母妻子兄弟親屬知識各於
是人生必死想世尊如来今日亦復如是右
脅而卧无所論說此閻浮提有諸愚人當作
是念如来正覺必當涅槃生滅度想而如来
性實不畢竟入於涅槃何以故如来常住无
變易故以是因緣不應說言我今背痛復次
世尊世有病者身體羸損若偃若側卧著牀
蓐尒時家室心生惡賤起必死想如来今者
亦復如是當爲外道九十五種之所輕慢生
无常想彼諸外道當作是言不如我等以我
性人自在時節微塵等法而爲常住无有變
易沙門瞿曇无常所遷是變易法以是義故
世尊今日不應嘿然右脅而卧復次世尊世
有病者四大增損互不調適羸瘦之極是故
不能隨意坐起卧著牀蓐如来四大无不和
適身力具足亦无羸損世尊如十小牛力不
如一大牛力十大牛力不如一青牛力十青
牛力不如一凡象力十凡象力不如一野象
力十野象力不如一二牙象力十二牙象力
不如一四牙象力十四牙象力不如雪山一
白象力十雪山白象力不如一香象力十香
象力不如一青象力十青象力不如一黄象

BD15170號　大般涅槃經（北本）卷一一　（24–5）

白象力十雪山白象力不如一香象力十香
象力不如一青象力不如一黄象
力十黄象力不如一赤象力十赤象力不如
一白象力十白象力不如一山象力十山象
力不如一優鉢羅象力十優鉢羅象力不如
一拘物頭象力十拘物頭象力不如一分陁
利象力十分陁利象力不如人中一力士力
十人中力士力不如一鉢建提力十鉢建提
力不如一八臂那羅延力十那羅延力不如一
十住菩薩一節之力一切凡夫身中諸節節
不相到人中力士節相到鉢建提身諸節相
接那羅延身節頭相拘十住菩薩諸節骨解
蟠龍相結是故菩薩其力最大世界成時從
金剛際起金剛坐上至道場菩提樹下菩薩坐
已其心即時逮得十力如来今者不應如彼
嬰孩小兒愚癡无智无所能說以是義故隨
意偃側无人譏呵如来世尊有大智慧照明
世間人中之龍具大威德成就神通无上仙
人永斷疑因已拔毒箭進止安詳威儀具足
得无所畏今者何故右脅而卧令諸人天憂
愁苦惱尒時迦葉菩薩即於佛前而說偈言
瞿曇大聖德　願起演妙法　不應如小兒　病者卧牀席
調御天人師　倚卧雙樹間　下愚凡夫見　當言必涅槃

BD15170號　大般涅槃經（北本）卷一一　（24–6）

瞿曇大聖德　頗起演妙法　不應如小兒　病者卧牀席
調御天人師　倚卧雙樹間　下愚凡夫見　當言必涅槃
不知方等典　甚深佛所行　不見微密藏　猶盲不見道
唯有諸菩薩　文殊師利等　能解是甚深　譬如善射者
三世諸世尊　大悲為根本　如是大慈悲　今為何所在
若无大悲者　是則不名佛　佛若必涅槃　是則不名常
唯願无上尊　哀受我等請　利益於眾生　摧伏諸外道
尒時世尊大悲勳心知諸眾生各各所念將
欲隨順畢竟利益即從卧起結跏趺坐顏貌
憫怡如融金聚面目端嚴猶月盛滿形容清
淨无諸垢穢放大光明充遍虛空其光大盛
過百千日照于東方南西北方四維上下諸
佛世界惠施眾生大智之炬悉令得滅无明
黑闇令百千億那由他眾生安止不退菩提
之心尒時世尊心无疑慮如師子王以三十
二大人之相八十種好莊嚴其身於其身上
一切毛孔一一毛孔出一蓮華其華微妙各
具千葉純真金色瑠璃為莖金剛為鬚玫瑰
為臺形大團圓猶如車輪是諸蓮華各出種
種雜色光明青黃赤白紫頗梨色是諸光明
皆悉遍至阿鼻地獄想地獄黑繩地獄眾合
地獄叫喚地獄大叫喚地獄焦熱地獄大焦
熱地獄是八地獄其中眾生常為諸苦之所
逼切所謂燒煮火炙斫刺劑剝遇斯光已如

BD15170號　大般涅槃經（北本）卷一一　（24–7）

地獄叫喚地獄大叫喚地獄焦熱地獄大焦
熱地獄是八地獄其中眾生常為諸苦之所
逼切所謂燒煮火炙斫刺劑剝遇斯光已如
是眾苦悉滅无餘安隱清涼快樂无極是光
明中宣說如來祕密之藏言諸眾生皆有佛
性眾生聞已即便命終生人天中乃至八種
寒冰地獄所謂阿波波地獄阿吒吒地獄阿
羅羅地獄阿婆婆地獄優鉢羅地獄波頭摩
地獄拘物頭地獄分陁利地獄是中眾生常
為寒苦之所逼切所謂辟裂身體碎壞互相
殘害遇斯光已如是等苦亦滅无餘即得調
和煴燸適身是光明中亦復宣說如來祕密
之藏言諸眾生皆有佛性眾生聞已即便命
終生人天中尒時於此閻浮提界及餘世界
所有地獄皆悉空虛无受罪者除一闡提餓
鬼眾生飢渴所逼以髮纏身於百千歲未曾
得聞漿水之名遇斯光已飢渴即除是光明
中亦說如來微密祕藏言諸眾生皆有佛性
眾生聞已即便命終生人天中令諸餓鬼亦
悉空虛除謗大乘方等正典畜生眾生互相
殺害共相殘食遇斯光已恚心悉滅是光明
中亦說如來祕密之藏言諸眾生皆有佛性
眾生聞已即便命終生人天中當尒之時畜
生亦盡除謗正法是一一華各有一佛圓光

BD15170號　大般涅槃經（北本）卷一一　（24–8）

中亦說如來秘密之藏言諸衆生皆有佛性
衆生聞已即便命終生人天中當尒之時畜
生亦盡除謗正法是一一華各有一佛圓光
一尋金色晃曜微妙端嚴最上无比三十二
相八十種好莊嚴其身是諸世尊或有坐者
或有行者或有卧者或有住者或震雷者或
注雨者或放雷光或復放風或出烟焰身如
火聚或有示現七寶諸山池泉河水山林樹
木或復示現寶國土城邑聚落宮殿屋宅或
復示現象馬師子虎狼孔雀鳳凰諸鳥或復
示現令閻浮提所有衆生悉見地獄畜生餓
鬼或復示現欲界六天復有世尊或說陰界
諸入多諸過患或復有說四聖諦法或復有
說說法因緣或復有說諸業煩惱皆因緣生
或復有說我與无我或復有說苦樂二法或
復有說常无常善或復有說淨與不淨復有
世尊為諸菩薩演說所行六波羅蜜或復有
說諸大菩薩所得功德或復有說諸佛世尊
所得功德或復有說聲聞之人所得功德或
復有說隨順一乘或復有說三乘成道或有
世尊左脅出水右脅出火或有示現初生出
家坐於道場菩提樹下轉妙法輪入于涅槃
或有世尊作師子吼我此會中有得一果二

BD15170 號　大般涅槃經（北本）卷一一　（24–9）

家坐於道場菩提樹下轉妙法輪入于涅槃
或有世尊作師子吼我此會中有得一果二
果三果至第四果或復有說出離生死无量
因緣尒時於此閻浮提中所有衆生遇斯光
已盲者見色聾者聽聲瘂者能言拘躄者能
行貧者得財慳者能施恚者慈心不信者信
如是世界无一衆生脩行惡法除一闡提尒
時一切天龍鬼神乾闥婆阿脩羅迦樓羅緊
那羅摩睺羅伽羅剎達陁憂摩陁阿婆摩羅
人非人等悉共同聲唱如是言善哉善哉无
上天尊多所利益說是語已踊躍歡喜或歌
或舞或身動轉以種種華散佛及僧所謂天
優鉢羅華拘物頭華波頭摩華分陁利華曼
陁羅華摩訶曼陁羅華曼殊沙華摩訶曼殊
沙華散陁那華摩訶散陁那華盧脂那華摩
訶盧脂那華香華大香華適意華大適意華
愛見華大愛見華端嚴華第一端嚴華復散
諸香所謂沉水多伽樓香旃檀鬱金和合雜
香海岸聚香復以天上寶幢幡蓋諸天伎樂
箏笛笙瑟箜篌鼓吹供養於佛而說偈言
我今稽首大精進　无上正覺兩足尊
天人大衆所不知　唯有瞿曇乃能了
世尊往昔為我故　於无量劫脩苦行

BD15170 號　大般涅槃經（北本）卷一一　（24–10）

我今稽首大精進　无上正覺兩足尊
天人大衆所不知　雖有瞿曇乃能了
世尊往昔為我故　於无量劫脩苦行
如何一旦捨本誓　而便捨命欲涅槃
一切衆生不能見　諸佛世尊祕密藏
以是因緣難得出　輪轉生死墮惡道
如佛所說阿羅漢　一切皆當至涅槃
如是甚深佛行處　凡夫下愚誰能知
施諸衆生甘露法　為欲斷除其煩惱
若有服此甘露已　不復受生老病死
如來世尊已療治　百千无量諸衆生
令其所有諸重病　一切消滅无遺餘
世尊久已捨病苦　故得名為第七佛
唯願今日兩法雨　潤漬我等功德種
是諸大衆及人天　如是請已默然住

說是偈時蓮華臺中一切諸佛從閻浮提遍至淨居悉皆聞之尒時佛告迦葉菩薩善哉善哉善男子汝已具足如是甚深微妙智慧不為一切諸魔外道之所破壞善男子汝已安住不為一切諸雜惡風之所傾動善男子汝已成就樂說辯才已曾供養過去无量恒河沙等諸佛世尊是故能問如來正覺如是之義善男子我於往昔无量无邊億那由他百千万劫已除病根永離倚卧迦葉過去无

BD15170號　大般涅槃經（北本）卷一一　（24–11）

汝已成就樂說辯才已曾供養過去无量恒河沙等諸佛世尊是故能問如來正覺如是之義善男子我於往昔无量无邊億那由他百千万劫已除病根永離倚卧迦葉過去无量阿僧祇劫有佛出世號无上勝如來應供正遍知明行足善逝世間解无上士調御丈夫天人師佛世尊為諸聲聞說是大乘大涅槃經開示分別顯發其義我於尒時亦為彼佛而作聲聞受持如是大涅槃典讀誦通利書寫經卷廣為他人開示分別解說其義以是善根迴向阿耨多羅三藐三菩提善男子我從是來未曾為惡煩惱業緣隨於惡道誹謗正法作一闡提受黃門身无根二根反逆父母殺阿羅漢破塔壞僧出佛身血犯四重禁從是已來身心安隱无諸苦惱迦葉我今實无一切疾病所以者何諸佛世尊久已遠離一切病故迦葉是諸衆生不知大乘方等密語便謂如來真實有疾迦葉如言如來人中師子而如來者實非師子如是之言即是如來秘密之教迦葉如言如來人中大龍而我已於无量劫中捨離是業迦葉如言如來是人是天而我真實非人非天亦非鬼神乾闥婆阿脩羅迦樓羅緊那羅摩睺羅伽非我非命非可長養非人士夫非作非不作非受

BD15170號　大般涅槃經（北本）卷一一　（24–12）

闡婆阿脩羅迦樓羅緊那羅摩睺羅伽非我
非命非可長養非人士夫非作非不作非受
非不受非世尊非聲聞非說非不說如是等
語皆是如來秘密之教迦葉如言如來猶如
大海須弥山王而如來者實非醎味同於石
山當知是語亦是如來秘密之教迦葉如言
如來如分陁利而我實非分陁利也如是之
言即是如來秘密之教迦葉如言如來猶如
父母而如來者實非父母如是之言亦是如
來秘密之教迦葉如言如來是大舩師而如
來者實非舩師如是之言亦是如來秘密之
教迦葉如言如來猶如商主而如來者實非
商主如是之言亦是如來秘密之教迦葉如
言如來能摧伏魔而如來者實无惡心欲令
他伏如是之言皆是如來秘密之教迦葉如
言如來能治癰瘡而我實非治癰師也如是
之言亦是如來秘密之教迦葉如我先說若
有善男子善女人善能脩治身口意業捨命
之時雖有親族取其屍體或以火燒或投大
水或棄冢間狐狼禽獸競共食噉然心意識
即生善道而是心法實无去來亦无所至直
是前後相似相續相貌不異如是之言即是
如來秘密之教迦葉我今言病亦復如是亦

BD15170號　大般涅槃經（北本）卷一一　（24–13）

水或棄冢間狐狼禽獸競共食噉然心意識
即生善道而是心法實无去來亦无所至直
是前後相似相續相貌不異如是之言即是
如來秘密之教迦葉我今言病亦復如是亦
是如來秘密之教是故顧命文殊師利吾今
背痛汝等當為四衆說法迦葉如來正覺實
无有病右脅而卧亦不畢竟入於涅槃迦葉
是大涅槃即是諸佛甚深禪定如是禪定非
是聲聞緣覺行處迦葉汝先所問如來何故
倚卧不起不索飲食戒勅家屬脩治產業迦
葉虛空之性亦无起坐求索飲食勅戒家屬
脩治產業亦无去來生滅老壯出沒傷破解
脫繫縛亦不自說亦不說他亦不自解亦不
解他非安非病善男子諸佛世尊亦復如是
猶如虛空云何當有諸病苦耶迦葉世有三
人其病難治一謗大乘二者五逆罪三一闡
提如是三病世中極重悉非聲聞緣覺菩薩
之所能治善男子譬如有病必死難治若有
瞻病隨意醫藥若无瞻病隨意醫藥如是之
病定不可治當知其人必死不疑善男子是
三種人亦復如是若有聲聞緣覺菩薩或有
說法或不說法不能令其發阿耨多羅三藐
三菩提心迦葉譬如病人若有瞻病隨意醫

BD15170號　大般涅槃經（北本）卷一一　（24–14）

說法或不說法不能令其發阿耨多羅三藐
三菩提心迦葉辟如病人若有瞻病隨意醫
藥則可令差若无此三則不可差聲聞緣覺
亦復如是從佛菩薩得聞法已即能發於阿
耨多羅三藐三菩提心非不聞法能發心也
迦葉辟如病人若有瞻病隨意醫藥若无瞻
病隨意醫藥皆悉可差有一種人亦復如是
或值聲聞不值聲聞或值緣覺不值緣覺或
值菩薩不值菩薩或值如來不值如來或得
聞法或不聞法自然得成阿耨多羅三藐三
菩提所謂有人或為自身或為他身或為怖
畏或為利養或為諛諂或為誑他書寫如是
大涅槃經受持讀誦供養恭敬為他說者迦
葉有五種人於是大乘大涅槃典有病行處
非如來也何等為五一斷三結得須陁洹果
不墮地獄畜生餓鬼人天七反永斷諸苦入
於涅槃迦葉是名第一人有病行處是人未
來過八万劫便當得成阿耨多羅三藐三菩
提迦葉第二人者斷三結縛薄貪恚癡得斯
陁含果一往來永斷諸苦入於涅槃迦葉是
名第二人有病行處是人未來過六万劫便
當得成阿耨多羅三藐三菩提迦葉第三人
者斷五下結得阿那含果更不來此永斷諸

BD15170號　大般涅槃經（北本）卷一一　（24-15）

當得成阿耨多羅三藐三菩提迦葉第三人
者斷五下結得阿那含果更不來此永斷諸
苦入於涅槃是名第三人有病行處是人未
來過四万劫便當得成阿耨多羅三藐三菩
提迦葉第四人者永斷貪欲瞋恚愚癡得阿
羅漢果煩惱无餘入於涅槃亦非麒麟獨一之
行是名第四人有病行處是人未來過二
万劫便當得成阿耨多羅三藐三菩提迦葉
第五人者永斷貪欲瞋恚愚癡得辟支佛道
煩惱无餘入於涅槃真是麒麟獨一之行是
名第五人有病行處是人未來過十千劫便
當得成阿耨多羅三藐三菩提迦葉是名第
五人有病行處非如來也
大般涅槃經聖行品第七
尒時佛告迦葉菩薩善男子菩薩摩訶薩應
當於是大涅槃經專心思惟五種之行何等
為五一者聖行二者梵行三者天行四者嬰
兒行五者病行善男子菩薩摩訶薩常當修
集是五種行復有一行是如來行所謂大乘
大涅槃經迦葉云何菩薩摩訶薩所修聖行
菩薩摩訶薩若從聲聞若從如來得聞如是
大涅槃經聞已生信信已應作如是思惟諸
佛世尊有无上道有大正法大衆正行復有

BD15170號　大般涅槃經（北本）卷一一　（24-16）

大涅槃經聞已生信信已應作如是思惟諸
佛世尊有无上道有大正法大衆正行復有
方等大乘經典我今當爲愛樂貪求大乘經
故捨離所愛妻子眷屬所居舍宅金銀珎寶
微妙瓔珞香華伎樂奴僕給使男女大小象
馬車乘牛羊雞犬豬豚之屬復作是念居家
迫迮猶如牢獄一切煩惱由之而生出家寬
曠猶如虛空一切善法因之增長若在家居
不得盡壽淨脩梵行我今應當剃除鬚髮出
家學道作是念已我今定當出家脩學无上
正真菩提之道菩薩如是欲出家時天魔波
旬生大苦惱言是菩薩復當與我興大戰諍
善男子如是菩薩何處當復與人戰諍是時
菩薩即至僧坊若見如來及佛弟子威儀具
足諸根寂靜其心柔和清淨寂滅即至其所
而求出家剃除鬚髮服三法衣既出家已奉
持禁戒威儀不缺進止安詳無觸所犯乃至
小罪心生怖畏護戒之心猶如金剛善男子
譬如有人帶持浮囊欲度大海尒時海中有
一羅剎即從其人乞索浮囊其人聞已即作
是念我今若與必定沒死荅言羅剎汝寧殺
我浮囊叵得羅剎復言汝若不能全與我者
見惠其半是人猶故不肯與之羅剎復言汝

我浮囊叵得羅剎復言汝若不能全與我者
見惠其半是人猶故不肯與之羅剎復言汝
若不能惠我半者幸願與我三分之一是人
不肯羅剎復言若不能者當施手許是人不
肯羅剎復言汝今若復不能與我如手許者
我今飢窮衆苦所逼願當濟我如微塵許是
人復言汝今所索誠復不多然我今日方當
渡海不知前途近遠如何若與汝者氣當漸
出大海之難何由得過脫能中路沒水而死
善男子菩薩摩訶薩護持禁戒亦復如是如
彼渡人護惜浮囊菩薩如是護戒之時常有
煩惱諸惡羅剎語菩薩言汝當信我終不相
欺但破四禁護持餘戒以是因緣令汝安隱
得入涅槃菩薩尒時應作是言我今寧持如
是禁戒墮阿鼻獄終不毀犯而生天上煩惱
羅剎復作是言卿若不能破四禁者可破僧
殘以是因緣令汝安隱得入涅槃菩薩亦應
不隨其語羅剎復言卿若不能犯僧殘者亦
可故犯偷蘭遮罪以是因緣令汝安隱得入
涅槃菩薩尒時亦復不隨羅剎復言卿若不
能犯偷蘭遮可犯捨墮以是因緣可得安隱
入於涅槃菩薩尒時亦不隨之羅剎復言卿
若不能犯捨墮者可破波夜提以是因緣令

入於涅槃菩薩尒時亦不隨之羅剎復言卿
若不能犯捨墮者可破波夜提以是因緣令
汝安隱得入涅槃菩薩尒時亦不隨之羅剎
復言汝若不能犯波夜提者幸可毀破突吉
羅戒以是因緣可得安隱入於涅槃菩薩尒
時心自念言我今若犯突吉羅罪不發露者
即不能度生死彼岸而得涅槃菩薩摩訶薩
於是微小諸戒律中護持堅固心如金剛菩薩
摩訶薩持四重禁及突吉羅敬重堅固等无
差別菩薩若能如是堅持則為具足五枝諸
戒所謂具足菩薩根本業清淨戒前後眷屬
餘清淨戒非諸惡覺覺清淨戒護持正念念
清淨戒迴向阿耨多羅三藐三菩提戒迦葉
菩薩摩訶薩復有二種戒一者受世教戒二
者復正法戒菩薩若受正法戒者終不為惡
受世教戒者白四羯磨然後乃得復次善男
子有二種戒一者性重戒二者息世譏嫌戒
性重戒者謂四禁也息世譏嫌者不作販賣
輕秤小斗欺誑於人因他形勢取人財物害
心繫縛破壞成功然明而臥田澤種殖家業
坐肆不畜象馬車乘牛羊駝驢雞犬獼猴孔
雀鸚鵡共命及拘枳羅豺狼虎豹猫狸猪及
餘惡獸童男童女大男大女奴婢僮僕金銀

BD15170號　大般涅槃經（北本）卷一一　（24–19）

坐肆不畜象馬車乘牛羊駝驢雞犬獼猴孔
雀鸚鵡共命及拘枳羅豺狼虎豹猫狸猪及
餘惡獸童男童女大男大女奴婢僮僕金銀
瑠璃頗梨真珠車𤦲馬瑙珊瑚璧玉珂貝諸
赤銅白鑞鍮石盂器氍毹毾㲪拘執𦡀衣一
切穀米大小麥豆䴸粟稻麻生熟食具常受
一食不曾再食若行乞食及僧中食常知心
足不受別請不食肉不飲酒五辛能薰悉不
食之是故其身无有臭處常為諸天一切世
人恭敬供養尊重讚歎趣足而食終不長受
所受衣服裁足覆身進止常與三衣鉢俱終
不捨離如鳥二翼不畜根子莖子節子接子
子子不畜寶藏若金若銀飲食廚庫衣裳服
餝高廣大牀象牙金牀雜色綖織悉不用坐
不畜一切細耎諸席不坐象馬麤不以細
耎上妙衣裳用敷牀臥其牀兩頭不置二枕
亦不受畜妙好丹枕安黃木枕終不觀看為
鬪馬鬪車鬪兵鬪男鬪女鬪牛鬪羊鬪水牛
雞雉鸚鵡等鬪亦不故往觀看軍陣不應故
聽吹貝鼓角琴瑟箏笛箜篌歌叫伎樂之聲
除供養佛樗蒱圍碁波羅塞戲師子象鬪禪
碁六博拍毱擲石投壺牽道八道行成一切
戲笑悉不觀作終不占相手腳面目不以爪

BD15170號　大般涅槃經（北本）卷一一　（24–20）

碁六博拍毬擲石投壺牽道八道行成一切
戲笑悉不觀作終不占相手脚面目不以爪
鏡芝草楊枝鉢盂髑髏而作卜筮亦不仰觀
虛空星宿除欲解睡不作王家往反使命以
此語彼以彼語此終不諂媚邪命自活亦不
宣說王臣盜賊鬪諍飲食國土飢饉恐怖豐
樂安隱之事善男子是名菩薩摩訶薩息世
譏嫌戒善男子菩薩摩訶薩堅持如是遮制
之戒與性重戒等无差別善男子菩薩摩訶
薩受持如是諸禁戒已作是願言寧以此身
投於熾然猛火深坑終不毀犯過去未來現
在諸佛所制禁戒與剎利女婆羅門女居士
女而行不淨復次善男子菩薩摩訶薩復作
是願寧以熱鐵周帀纏身終不敢以破戒之
身受於信心檀越衣服復次善男子菩薩摩
訶薩復作是願寧以此口吞熱鐵丸終不敢
以毀戒之口食於信心檀越飲食復次善男
子菩薩摩訶薩復作是願寧臥此身大熱鐵
上終不敢以破戒之身受於信心檀越牀臥
敷具復次善男子菩薩摩訶薩復作是願我
寧以此身受三百鉾終不敢以毀戒之身受
於信心檀越醫藥復次善男子菩薩摩訶薩
復作是願寧以此身投熱鐵鑊不以破戒受
信心檀越房舍屋宅復次善男子菩薩摩訶

BD15170號　大般涅槃經（北本）卷一一　（24–21）

於信心檀越醫藥復次善男子菩薩摩訶薩
復作是願寧以此身投熱鐵鑊不以破戒受
信心檀越房舍屋宅復次善男子菩薩摩訶
薩復作是願寧以鐵鎚打碎此身從頭至足
令如微塵不以破戒受諸剎利婆羅門居士
恭敬禮拜復次善男子菩薩摩訶薩復作是
願寧以熱鐵挑其兩目不以染心視他好色
復次善男子菩薩摩訶薩復作是願寧以鐵
錐遍身攙刺不以染心聽好音聲復次善男
子菩薩摩訶薩復作是願寧以利刀割去其
鼻不以染心貪嗅諸香復次善男子菩薩摩
訶薩復作是願寧以利刀割截其舌不以染
心貪著美味復次善男子菩薩摩訶薩復作
是願寧以利斧斬斫其身不以染心貪著諸
觸何以故以是因緣能令行者墮於地獄畜
生餓鬼迦葉是名菩薩摩訶薩護持禁戒菩
薩摩訶薩護持如是諸禁戒已悉以施與一
切眾生以是因緣願令眾生護持禁戒得清
淨戒善戒不缺戒不析戒大乘戒不退戒隨
順戒畢竟戒具足成就波羅蜜戒善男子菩
薩摩訶薩脩治如是清淨戒時即得住於初
不動地云何名為不動地也菩薩住是不動
地中不動不墮不退不散善男子譬如須彌
山旋嵐猛風不能令動墮落退散菩薩摩訶

BD15170號　大般涅槃經（北本）卷一一　（24–22）

薩摩訶薩脩治如是清淨戒時即得住於初
不動地云何名為不動地也菩薩住是不動
地中不動不墮不退不散善男子譬如須弥
山旋藍猛風不能令動墮落退散菩薩摩訶
薩住是地中亦復如是不為色聲香味觸所
動不墮地獄畜生餓鬼不退聲聞辟支佛地
不為異見邪風所散而作邪命復次善男子
又復動者不為貪欲恚癡所動又復墮者不
墮四重又復退者不退戒還家又復散者不
為違逆大乘經者之所散壞復次菩薩摩訶
薩亦復不為諸煩惱魔之所傾動不為陰魔
所墮乃至坐於道場菩提樹下雖有天魔不
能令其退於阿耨多羅三藐三菩提亦復不
為死魔所散善男子是名菩薩摩訶薩脩集
聖行善男子云何名為聖行聖行者佛及菩
薩之所行故故名聖行以何等故名佛菩薩
為聖人也如是等人有聖法故常觀諸法性
空寂故以是義故故名聖聖人有聖戒故復
名聖人有聖定慧故故名聖人有七聖財所
謂信戒慚愧多聞智慧捨離故名聖人有七
聖覺故名聖人以是義故復名聖行

大般涅槃經卷第十一

BD15170號　大般涅槃經（北本）卷一一　（24–23）

能令其退於阿耨多羅三藐三菩提亦復不
為死魔所散善男子是名菩薩摩訶薩脩集
聖行善男子云何名為聖行聖行者佛及菩
薩之所行故故名聖行以何等故名佛菩薩
為聖人也如是等人有聖法故常觀諸法性
空寂故以是義故故名聖聖人有聖戒故復
名聖人有聖定慧故故名聖人有七聖財所
謂信戒慚愧多聞智慧捨離故名聖人有七
聖覺故名聖人以是義故復名聖行

大般涅槃經卷第十一

BD15170號　大般涅槃經（北本）卷一一　（24–24）

尒時會中新發意菩薩八千人咸作是念我等尚不聞諸大
菩薩得如是記有何因緣而諸聲聞得如是决尒時
諸菩薩心之所念而告之曰諸善男子我與阿難
於空王佛所同時發阿耨多羅三藐三菩提心阿
難常樂多聞我常勤精進是故我已成得阿耨多羅三
藐三菩提而阿難護持我法亦護將來諸佛法藏教化
成就諸菩薩衆其本願如是故獲斯記阿難面於佛前
自授記已及國土莊嚴所願具足心大歡喜得未曾有即
時憶念過去无量千万億諸佛法藏通達无礙
所聞亦識本願尒時阿難而說偈言
世尊甚希有　令我念過去　无量諸佛法　如今日所聞
我今无復疑　安住於佛道　方便為侍者　護持諸佛法
我今无復疑　安住於
尒時佛告羅睺羅汝於來世當得作佛号蹈七寶華
應供正遍知明行足善逝世間解无上士調御丈夫天人師佛
世尊當供養十方世界微塵等數諸佛如來常為諸
佛而作長子猶如今也是蹈七寶華佛國土莊嚴壽
命劫數所化弟子正法像法亦如山海慧自在通王如來
无異亦為此佛而作長子過是已後當得阿耨多羅
三藐三菩提尒時世尊欲重宣此義而說偈言
我為太子時　羅睺為長子　我今成佛道　受法為法子
於未來世中　見无量億佛　皆為其長子　一心求佛道
羅睺羅密行　唯我能知之　現為我長子　以示諸衆生
无量億千万　功德不可數　安住於佛法　以求无上道
尒時世尊見學无學二千人其意柔軟寂然清淨一心
觀佛佛告阿難汝見是學无學二千人不唯然已見阿難
是諸人等當供養五十世界微塵數諸佛如來恭敬尊
重護持法藏末後同時於十方國各得成佛皆同一号
名曰寶相如來應供正遍知明行足善逝世間解无上

BD15171號　妙法蓮華經卷四　（16–1）

重護持法藏末後同時於十方國各得成佛皆同一号
名曰寶相如來應供正遍知明行足善逝世間解无上
士調御丈夫天人師佛世尊壽命一劫國土莊嚴聲
聞菩薩正法像法皆悉同等尒時世尊欲重宣此義而說偈言
是二千聲聞　今於我前住　悉皆與授記　未來當成佛
所供養諸佛　如上說塵數　護持其法藏　後當成正覺
各於十方國　悉同一名号　俱時坐道場　以證无上慧
皆名為寶相　國土及弟子　正法與像法　悉等无有異
咸以諸神通　度十方衆生　名聞普周遍　漸入於涅槃
尒時學无學二千人聞佛授記歡喜踊躍而說偈言
世尊慧燈明　我聞授記音　心歡喜充滿　如甘露見灌
妙法蓮華經法師品第十
尒時世尊因藥王菩薩告八萬大士藥王汝見是大衆中无
量諸天龍王夜叉乾闥婆阿脩羅迦樓羅緊那羅摩睺
羅伽人與非人及比丘比丘尼優婆塞優婆夷求聲
聞求辟支佛者求佛道者如是等類咸於我前聞
妙法華經一偈一句乃至一念隨喜者我皆與授記當
得阿耨多羅三藐三菩提佛告藥王又如來滅度之後
若有人聞妙法華經乃至一偈一句一念隨喜者我亦
與授阿耨多羅三藐三菩提記若復有人受持讀誦
解說書寫妙法華經乃至一偈於此經卷敬視如佛種種
供養華香瓔珞末香塗香燒香繒蓋幢幡衣服伎樂
乃至合掌恭敬藥王當知是諸人等已曾供養十万億
佛於諸佛所成就大願愍衆生故生此人間
藥王若有人問何等衆生於未來世當得作佛應示是
諸人等於未來世必得作佛何以故若善男子善女人
於法華經乃至一句受持讀誦解說書寫種種供養經
卷華香瓔珞末香塗香燒香繒蓋幢幡衣服伎樂合掌恭
敬是人一切世間所應瞻奉應以如來供養而供養之當知此
人是大菩薩成就阿耨多羅三藐三菩提哀愍衆生願生

BD15171號　妙法蓮華經卷四　（16–2）

敬是人一切世間所應瞻奉應以如來供養而供養之當知此
人是大菩薩成就阿耨多羅三藐三菩提哀愍眾生願生
此間廣演分別妙法華經何況盡能受持種種供養者藥王
當知是人自捨清淨業報於我滅度後愍眾生故生於惡世
廣演此經若是善男子善女人我滅度後能竊為一人說
法華經乃至一句當知是人則如來使如來所遣行如來事何
況於大眾中廣為人說藥王若有惡人以不善心於一劫中現於
佛前常毀罵佛其罪尚輕若人以一惡言毀呰在家出家讀
誦法華經者其罪甚重藥王其有讀誦法華經者當知是人以
佛莊嚴而自莊嚴則為如來肩所荷擔其所至方應隨向禮
一心合掌恭敬供養尊重讚歎華香瓔珞末香塗香燒
香繒蓋幢幡衣服餚饌作諸伎樂人中上供而供養之應
持天寶而以散之天上寶聚應以奉獻所以者何是人歡喜
說法須臾聞之即得究竟阿耨多羅三藐三菩提故尒時世
尊欲重宣此義而說偈言

若欲成佛道　成就自然智　常當勤供養　受持法華經
其有欲疾得　一切種智慧　當受持是經　并供養持者
若人能受持　妙法華經者　當知佛所使　愍念諸眾生
諸有能受持　妙法華經者　捨於清淨土　愍念故生此
當知如是人　自在所欲生　能於此惡世　廣說无上法
應以天華香　及天寶衣服　天上妙寶聚　供養說法者
吾滅後惡世　能持是經者　當合掌禮敬　如供養世尊
上饌眾甘美　及種種衣服　供養是佛子　冀得須臾聞
若能於後世　受持是經者　我遣在人中　行於如來事
若於一劫中　常懷不善心　作色而罵佛　獲无量重罪
其有讀誦持　是法華經者　須臾加惡言　其罪復過彼
有人求佛道　而於一劫中　合掌在我前　以无數偈讚
由是讚佛故　得无量功德　歎美持經者　其福復過彼
於八十億劫　以最妙色聲　及與香味觸　供養持經者
藥王今告汝　我所說諸經　而於此經中　法華最第一

BD15171 號　妙法蓮華經卷四　（16–3）

於八十億劫　以最妙色聲　及與香味觸　供養持經者
藥王今告汝　我所說諸經　而於此經中　法華最第一

尒時佛告藥王菩薩摩訶薩我所說經典无量千億
已說今說當說而於其中此法華經最為難信難解藥王
此經是諸佛祕要之藏不可分布妄授與人諸佛世尊之
所守護從昔已來未曾顯說而此經者如來現在猶多怨
嫉況滅度後藥王當知如來滅後其能書持讀誦供養為
他人說者如來則為以衣覆之又為他方現在諸佛所
護念是人有大信力及志願力諸善根力當知是人與如來
共宿則為如來手摩其頭藥王在在處處若說若讀若誦
若書經卷所住處皆應起七寶塔極令高廣嚴飾不須
復安舍利所以者何此中已有如來全身此塔應以一切華香
瓔珞繒蓋幢幡伎樂歌頌供養恭敬尊重讚歎若有人得見
此塔禮拜供養當知是等皆近阿耨多羅三藐三菩提藥王
多有人在家出家行菩薩道若不能得見聞讀誦書持
供養是法華經者當知是人未善行菩薩道若有得聞
是經典者乃能善行菩薩之道其有眾生求佛道者若見
若聞是法華經聞已信解受持者當知是人得近阿耨
多羅三藐三菩提
藥王譬如有人渴乏須水於彼高原穿鑿求之猶見乾土
知水尚遠施功不已轉見濕土遂漸至泥其心決定知水
必近菩薩亦復如是若未聞未解未能修習是法華經當
知是人去阿耨多羅三藐三菩提尚遠若得聞解思
惟修習必知得近阿耨多羅三藐三菩提所以者何
一切菩薩阿耨多羅三藐三菩提皆屬此經此經開方
便門示真實相是法華經藏深固幽遠无人能到今佛
教化成就菩薩而為開示藥王若有菩薩聞是法華經
驚疑怖畏當知是為新發意菩薩若聲聞人聞是經驚
疑怖畏當知是為增上慢者藥王若有善男子善女人
如來滅後欲為四眾說是法華經者云何應說是善男

BD15171 號　妙法蓮華經卷四　（16–4）

起怖畏當知是為增上慢者藥王若有善男子善女人
如來滅後欲為四衆說是法華經者云何應說是善男
子善女人入如來室著如來衣坐如來座尒乃應為四衆
廣說斯經如來室者一切衆生中大慈悲心是如來衣者
柔和忍辱心是如來座者一切法空是安住是中然後
以不懈怠為諸菩薩及四衆廣說是法華經藥王
我於餘國遣化人為其集聽法衆亦遣化比丘比丘尼優
婆塞優婆夷聽其說法是諸化人聞法信受隨順
不逆若說法者在空閑處我時廣遣天龍鬼神乾闥婆
阿脩羅等聽其說法我雖在異國時時令說法者得見我
身若於此經忘失句逗我還為說令得具足尒時世尊
欲重宣此義而說偈言
欲捨諸懈怠　應當聽此經　是經得難聞　信受者亦難
如人渴須水　穿鑿於高原　猶見乾燥土　知去水尚遠
漸見濕土泥　決定知近水
藥王汝當知　如是諸人等　不聞法華經　去佛智甚遠
若聞是深經　決了聲聞法　是諸經之王　聞已諦思惟
當知此人等　近於佛智慧　若人說此經　應入如來室
著於如來衣　而坐如來座　處衆无所畏　廣為分別說
大慈悲為室　柔和忍辱衣　諸法空為座　處此為說法
若說此經時　有人惡口罵　加刀杖瓦石　念佛故應忍
我千万億土　現淨堅固身　於无量億劫　為衆生說法
若我滅度後　能說此經者　我遣化四衆　比丘比丘尼
及清信士女　供養於法師　引道諸衆生　集之令聽法
若人欲加惡　刀杖及瓦石　則遣變化人　為之作衛護
若說法之人　獨在空閑處　寂寞无人聲　讀誦此經典
我尒時為現　清淨光明身　若忘失章句　為說令通利
若人具是德　或為四衆說　空處獨誦經　皆得見我身
若人在空閑　我見天龍王　夜叉鬼神等　為作聽法衆
是人樂說法　分別无罣礙　諸佛護念故　能令大衆喜

若人在空閑　我見天龍王　夜叉鬼神等　為作聽法衆
是人樂說法　分別无罣礙　諸佛護念故　能令大衆喜
若親近法師　速得菩薩道　隨順是師學　得見恒沙佛
妙法蓮華經見寶塔品第十一
尒時佛前有七寶塔高五百由旬縱廣二百五十由旬從
地踊出住在空中種種寶物而莊校之五千欄楯龕室
千万无數幢幡以為嚴飾垂寶瓔珞寶鈴万億而懸
其上四面皆出多摩羅跋栴檀之香充遍世界其諸幡蓋
以金銀琉璃車磲馬瑙真珠玫瑰七寶合成高至四天
王宮三十三天雨天曼陀羅華供養寶塔餘諸天龍夜
叉乾闥婆阿脩羅迦樓羅緊那羅摩睺羅伽人非人等千万億衆
以一切華香瓔珞幡蓋伎樂供養寶塔恭敬尊重讚歎尒時
寶塔中出大音聲歎言善哉善哉釋迦牟尼世尊能以平
等大慧教菩薩法佛所護念妙法華經為大衆說如是如是
釋迦牟尼世尊如所說者皆是真實
尒時四衆見大寶塔住在空中又聞塔中所出音聲皆得
法喜怪未曾有從座而起恭敬合掌却住一面尒時有
菩薩摩訶薩名大樂說知一切世間天人阿脩羅等心
之所疑而白佛言世尊以何因緣有此寶塔從地踊出
又於其中發是音聲尒時佛告大樂說菩薩此寶塔
中有如來全身乃往過去東方无量千万億阿僧祇世界
國名寶淨彼中有佛号曰多寶其佛菩薩道時作
大誓願若我成佛滅度之後於十方國土有說法華經
處我之塔廟為聽是經故踊現其前為作證明讚言善
哉彼佛成道已臨滅度時於天人大衆中告諸比丘我
滅度後欲供養我全身者應起一塔其佛以神通願
力十方世界在在處處若有說法華經者彼之寶塔
皆踊出其前全身在於塔中讚言善哉善哉大樂說今
多寶如來塔聞說法華經故從地踊出讚言善哉善哉
是時大樂說菩薩以如來神力故白佛言世尊我等願

多寶如來塔聞說法華經故從地踊出讚言善哉善哉
是時大樂說菩薩以如來神力故白佛言世尊我等願
欲見此佛身佛告大樂說菩薩摩訶薩是多寶佛有深
重願若我寶塔為聽法華經故出於諸佛前時其有欲以
我身示四眾者彼佛分身諸佛在於十方世界說法盡還集
一處然後我身乃出現耳大樂說我分身諸佛在於十
方世界說法者今應當集大樂說白佛言世尊我
等亦願欲見世尊分身諸佛禮拜供養
尒時佛放白毫一光即見東方五百万億那由他恒河沙
等國土諸佛彼諸國土皆以頗梨為地寶樹寶衣以
為莊嚴无數千万億菩薩充滿其中遍張寶幔寶網
羅上彼國諸佛以大妙音而說諸法及見无量千万億菩
薩遍滿諸國為眾說法南西北方四維上下白毫相光
所照之處亦復如是尒時十方諸佛各告眾菩薩言善
男子我今應往娑婆世界釋迦牟尼佛所并供養多寶
如來寶塔時娑婆世界即變清淨琉璃為地寶樹莊嚴
黃金為繩以界八道无諸聚落村營城邑大海河江山
川林藪燒大寶香曼陀羅華遍布其地以寶網幔羅覆
其上懸諸寶鈴唯留此會眾移諸天人置於他土是時諸佛
各將一大菩薩以為侍者至娑婆世界各到寶樹下
一一寶樹高五百由旬枝葉華菓次第莊嚴諸寶樹下
皆有師子之座高五百由旬亦以大寶而校飾之
尒時諸佛各於此座結加趺坐如是展轉遍滿三千大千
世界而於釋迦牟尼佛一方所分之身猶故未盡時釋
迦牟尼佛欲容受所分身諸佛故八方各更變二百万
億那由他國皆令清淨无有地獄餓鬼畜生及阿脩
羅又移諸天人置於他土所化之國亦以琉璃為地寶樹
莊嚴樹高五百由旬枝葉華菓次第嚴飾樹下皆有寶
師子座高五百由旬種種諸寶以為莊嚴亦无大海江河
及目真隣陀山摩訶目真隣陀山鐵圍山大鐵圍山
須弥山等諸山王通為一佛國土寶地平正寶交露幔

BD15171 號　妙法蓮華經卷四

（16–7）

及目真隣陀山摩訶目真隣陀山鐵圍山大鐵圍山
須弥山等諸山王通為一佛國土寶地平正寶交露幔
遍覆其上懸諸幡蓋燒大寶香諸天寶華遍布其
地釋迦牟尼佛為諸佛當來坐故復於八方各變二百万
億那由他國皆令清淨无有地獄餓鬼畜生及阿脩羅又
移諸天人置於他土所化之國亦以琉璃為地寶樹莊嚴
樹高五百由旬枝葉華菓次第莊嚴樹下皆有寶師子座
高五百由旬亦以大寶而校飾之亦无大海江河及目真隣陀
山摩訶目真隣陀山鐵圍山大鐵圍山須弥山等諸山王通為一
佛國土寶地平正寶交露幔遍覆其上懸諸幡蓋燒大
寶香諸天寶華遍布其地尒時東方釋迦牟尼佛所分之
身百千万億那由他恒河沙等國土中諸佛各各說法來
集於此如是次第十方諸佛皆悉來集坐於八方尒時一一
方四百万億那由他國土諸佛如來遍其中是時諸佛各在寶
樹下坐師子座皆遣侍者問訊釋迦牟尼佛各賷寶華
滿掬而告之言善男子汝往詣耆闍崛山釋迦牟尼佛所如
我辭曰少病少惱氣力安樂及菩薩聲聞眾悉安隱不以
此寶華散佛供養而作是言彼某甲佛與欲開此寶塔
諸佛遣使亦復如是尒時釋迦牟尼佛見所分身佛悉
已來集各各坐於師子之座皆聞諸佛與欲同開寶塔即
從座起住虛空中一切四眾起立合掌一心觀佛於是
釋迦牟尼佛以右指開七寶塔戶出大音聲如却關鑰開
大城門即時一切眾會皆見多寶如來於寶塔中坐師子座
全身不散如入禪定又聞其言善哉善哉釋迦牟尼佛
快說是法華經我為聽是經故而來至此尒時四眾等
過去无量千万億劫滅度佛說如是言歎未曾
有以天寶華聚散多寶佛及釋迦牟尼佛上尒時
多寶佛於寶塔中分半座與釋迦牟尼佛而作是言
釋迦牟尼佛可就此座即時釋迦牟尼佛入其塔中坐其
半座結加趺坐尒時大眾見二如來在七寶塔中師子
座上結加趺坐各作是念佛座高遠唯願如來以神

BD15171 號　妙法蓮華經卷四

（16–8）

半座結跏趺坐尒時大衆見二如來在七寶塔中師子
座上結跏趺坐各作是念佛座高遠唯願如來以神
通力令我等輩俱處虛空即時釋迦牟尼佛以神通力
接諸大衆皆在虛空以大音聲普告四衆誰能於娑婆國
土廣說法華經今正是時如來不久當入涅槃佛欲以此
法華經付屬有在尒時世尊欲重宣此義而說偈言
聖主世尊　雖久滅度　在寶塔中　尚為法來
諸人云何　不勤為法
此佛滅度　无央數劫　處處聽法　以難遇故
彼佛本願　我滅度後　在在所往　常為聽法
又我分身　无量諸佛　如恒沙等　來欲聽法
及見滅度　多寶如來　各捨妙土　及弟子衆
天人龍神　諸供養事　令法久住　故來至此
為坐諸佛　以神通力　移无量衆　令國清淨
諸佛各各　詣寶樹下　如清涼池　蓮華莊嚴
其寶樹下　諸師子座　佛坐其上　光明嚴飾
如夜闇中　然大炬火　身出妙香　遍十方國
衆生蒙薰　喜不自勝　譬如大風　吹小樹枝
以是方便　令法久住　告諸大衆　我滅度後
誰能護持　讀說是經　今於佛前　自說誓言
其多寶佛　雖久滅度　以大誓願　而師子吼
多寶如來　及與我身　所集化佛　當知此意
諸佛子等　誰能護法　當發大願　令得久住
其有能護　此經法者　則為供養　我及多寶
此多寶佛　處於寶塔　常遊十方　為是經故
亦復供養　諸來化佛　莊嚴光飾　諸世界者
若說此經　則為見我　多寶如來　及諸化佛
諸善男子　各諦思惟　此為難事　宜發大願
諸餘經典　數如恒沙　雖說此等　未足為難
若接須彌　擲置他方　无數佛土　亦未為難

BD15171 號　妙法蓮華經卷四　（16–9）

諸餘經典　數如恒沙　雖說此等　未足為難
若接須彌　擲置他方　无數佛土　亦未為難
若以足指　動大千界　遠擲他國　亦未為難
若立有頂　為衆演說　无量餘經　亦未為難
假使有人　手把虛空　而以遊行　亦未為難
於我滅後　若自書持　若使人書　是則為難
若以大地　置足甲上　昇於梵天　亦未為難
佛滅度後　於惡世中　暫讀此經　是則為難
假使劫燒　擔負乾草　入中不燒　亦未為難
我滅度後　若持此經　為一人說　是則為難
若持八万　四千法藏　十二部經　為人演說
令諸聽者　得六神通　雖能如是　亦未為難
於我滅後　聽受此經　問其義趣　是則為難
若人說法　令千万億　无量无數　恒沙衆生
得阿羅漢　具六神通　雖有此益　亦未為難
於我滅後　若能奉持　如斯經典　是則為難
我為佛道　於无量土　從始至今　廣說諸經
而於其中　此經第一　若有能持　則持佛身
諸善男子　於我滅後　誰能受持　讀誦此經
今於佛前　自說誓言
此經難持　若暫持者　我則歡喜　諸佛亦然
如是之人　諸佛所歎　是則勇猛　是則精進
是名持戒　行頭陀者　則為疾得　无上佛道
能於來世　讀持此經　是真佛子　住純善地
佛滅度後　能解其義　是諸天人　世間之眼
於恐畏世　能須臾說　一切天人　皆應供養
妙法蓮華經提婆達多品第十二
尒時佛告諸菩薩及天人四衆吾於過去无量劫中求法
華經无有懈惓於多劫中常作國王發願求无上菩提
心不退轉為欲滿足六波羅蜜勤行布施心无悋惜象

BD15171 號　妙法蓮華經卷四　（16–10）

華經无有懈惓於多劫中常作國王發願求无上菩提
心不退轉為欲滿足六波羅蜜勤行布施心无悋惜象
馬七珍國城妻子奴婢僕從頭目髓腦身肉手足不惜軀
命時世人民壽命无量為法故捐捨國位委政太子
擊鼓宣令四方求法誰能為我說大乘者吾當終身供
給走使時有仙人來白王言我有大乘名妙法蓮華經
若不違我當為宣說王聞仙言歡喜踊躍即隨仙人
供給所須採菓汲水拾薪設食乃至以身而為牀座
身心无倦于時奉事經於千歲為於法故精勤給侍令无
所乏尒時世尊欲重宣此義而說偈言
我念過去劫　為求大法故　雖作世國王　不貪五欲樂
椎鍾告四方　誰有大法者　若為我解說　身當為奴僕
時有阿私仙　來白於大王　我有微妙法　世間所希有
若能修行者　吾當為汝說　時王聞仙言　心生大喜悅
即便隨仙人　供給於所須　採薪及菓蓏　隨時恭敬與
情存妙法故　身心无懈惓　普為諸衆生　勤求於大法
亦不為己身　及以五欲樂　故為大國王　勤求獲此法
遂致得成佛　今故為汝說
佛告諸比丘尒時王者則我身是時仙人者今提婆達多
是由提婆達多善知識故令我具足六波羅蜜慈悲喜捨
三十二相八十種好紫磨金色十力四无所畏四攝法十八
不共神通道力成等正覺廣度衆生皆因提婆達多
善知識故告四衆提婆達多却後過无量劫當得成
佛號天王如來應供正遍知明行足善逝世間解无上
士調御丈夫天人師佛世尊世界名天道時天王佛住
世二十中劫廣為衆生說於妙法恒河沙衆生得阿羅
漢果无量衆生發緣覺心恒河沙衆生發无上道心
得无生法忍至不退轉時天王佛般涅槃後正法住
世二十中劫全身舍利起七寶塔高六十由旬縱廣
四十由旬諸天人民悉以雜華末香燒香塗香衣服瓔珞

BD15171號　妙法蓮華經卷四　（16–11）

世二十中劫全身舍利起七寶塔高六十由旬縱廣
四十由旬諸天人民悉以雜華末香燒香塗香衣服瓔珞
幢幡寶蓋伎樂歌頌禮拜供養七寶妙塔无量衆生
得阿羅漢果无量衆生悟辟支佛不思議衆生發菩
提心至不退轉佛告諸比丘未來世中若有善男子善女
人聞妙法華經提婆達多品淨心信敬不生疑惑
者不墮地獄餓鬼畜生生十方佛前所生之處常聞
此經若生人天中受勝妙樂若在佛前蓮華化生於時
下方多寶世尊所從菩薩名曰智積白多寶佛當還
本土釋迦牟尼佛告智積曰善男子且待須臾此有菩薩
名文殊師利可與相見論說妙法可還本國尒時文
殊師利坐千葉蓮華大如車輪俱來菩薩亦坐寶蓮華
從於大海娑竭羅龍宮自然踊出住虛空中詣靈鷲
山從蓮華下至於佛所頭面禮敬二世尊足修敬已畢
往智積所共相慰問却坐一面智積菩薩問文殊師利仁者
往龍宮所化衆生其數幾何文殊言其數无量不可
稱計非口所宣非心所測且待須臾自當有證所言未
竟无數菩薩坐寶蓮華從海踊出詣靈鷲山住在
虛空此諸菩薩皆是文殊師利之所化度具菩薩行皆
共論說六波羅蜜本聲聞人在虛空中說聲聞行今皆
修行大乘空義文殊師利謂智積曰於海教化其事如
此尒時智積菩薩以偈讚曰
大智德勇健　化度无量衆　今此諸大會　及我皆已見
演暢實相義　開闡一乘法　廣導諸群生　令速成菩提
文殊師利言我於海中唯常宣說妙法華經智積問文
殊師利言此經甚深微妙諸經中寶世所希有頗有衆
生勤加精進修行此經速得成佛不文殊師利言有娑
竭羅龍王女年始八歲智慧利根善知衆生諸根利鈍
得陀羅尼諸佛所說甚深秘藏悉能受持深入禪定了
達諸法於剎那頃發菩提心得不退轉辯才无礙慈念
衆生猶如赤子功德具足心念口演微妙廣大慈悲仁讓

BD15171號　妙法蓮華經卷四　（16–12）

達諸法於剎那頃發菩提心得不退轉辯才无㝵慈念
衆生猶如赤子功德具足心念口演微妙廣大慈悲仁讓
志意和雅能至菩提智積菩薩言我見釋迦如來於
无量劫難行苦行積功累德求菩薩道未曾止息觀
三千大千世界乃至无有如芥子許非是菩薩捨身命
處為衆生故然後乃得成菩提道不信此女於須臾頃
便成正覺言論未訖時龍王女忽現於前頭面礼敬却住
一面以偈讃曰
深達罪福相　遍照於十方　微妙淨法身　具相三十二
以八十種好　用莊嚴法身　天人所戴仰　龍神咸恭敬
一切衆生類　无不宗奉者　又聞成菩提　唯佛當證知
我闡大乘教　度脫苦衆生
時舍利弗語龍女言汝謂不久得无上道是事難信所以
者何女身垢穢非是法器云何能得无上菩提佛道
懸曠經无量劫勤苦積行具修諸度然後乃成又女人
身由有五障一者不得作梵天王二者帝釋三者魔王
四者轉輪聖王五者佛身云何女身速得成佛尒時龍
女有一寶珠價直三千大千世界持以上佛佛即受之
龍女謂智積菩薩尊者舍利弗言我獻寶珠世尊納受
是事疾不答言甚疾女言以汝神力觀我成佛復速於此
當時衆會皆見龍女忽然之間變成男子具菩薩行即
往南方无垢世界坐寶蓮華成等正覺三十二相八十
種好普為十方一切衆生演說妙法尒時娑婆世界菩薩
聲聞天龍八部人與非人皆遙見彼龍女成佛普為時
會人天說法心大歡喜悉遙敬礼无量衆生聞法解悟得
不退轉无量衆生得授道記无垢世界六反震動娑婆
世界三千衆生住不退地三千衆生發菩提心而得受
記智積菩薩及舍利弗一切衆會默然信受
妙法蓮華經勸持品第十三
尒時藥王菩薩摩訶薩及大樂說菩薩摩訶薩與二万
菩薩眷屬俱皆於佛前作是誓言唯願世尊不以為慮

BD15171 號　妙法蓮華經卷四　（16–13）

妙法蓮華經勸持品第十三
尒時藥王菩薩摩訶薩及大樂說菩薩摩訶薩與二万
菩薩眷屬俱皆於佛前作是誓言唯願世尊不以為慮
我等於佛滅後當奉持讀誦說此經典後惡世衆生善根
轉少多增上慢貪利供養增不善根遠離解脫雖難可教
化我等當起大忍力讀誦此經持說書寫種種供養不惜身
命尒時衆中五百阿羅漢得受記者白佛言世尊我等亦
自誓願於異國土廣說此經復有學无學八千人得授記
者從座而起合掌向佛作是誓言世尊我等亦於他國土
廣說此經所以者何是娑婆國中人多弊惡懷增上慢功
德淺薄瞋濁諂曲心不實故
尒時佛姨母摩訶波闍波提比丘尼與學无學比丘尼六千人俱
從座而起一心合掌瞻仰尊顏目不暫捨於時世尊告憍曇彌
何故憂色而視如來汝心將无謂我不說汝名阿耨多羅三藐三
菩提記耶憍曇彌我先總說一切聲聞皆已授記今汝欲知記者
將來之世當於六万八千億諸佛法中為大法師及六千學无學比
丘尼俱為法師汝如是漸漸具菩薩道當得作佛号一切衆生
喜見如來應供正遍知明行足善逝世間解无上士調丈夫
天人師佛世尊憍曇彌是一切衆生喜見佛及六千菩薩轉次
授記得阿耨多羅三藐三菩提尒時羅睺羅母耶輸陀羅
比丘尼作是念世尊於授記中獨不說我名佛告耶輸陀羅
汝於來世百千万億諸佛法中修菩薩行為大法師漸具佛道
於善國中當得作佛号具足千万光明如來應正遍知明行
足善逝世間解无上士調御丈夫天人師佛世尊佛壽无量阿僧祇劫
尒時摩訶波闍波提比丘尼及耶輸陀羅比丘尼并其眷屬
皆大歡喜得未曾有即於佛前而說偈言
世尊導師　安隱天人　我等聞記　心安具足
諸比丘尼說是偈已白言世尊我等亦能於他方國土廣宣此經
尒時世尊視八十万億那由他諸菩薩摩訶薩是諸菩薩
皆是阿惟越致轉不退法輪得諸陀羅尼即從座起至於
佛前一心合掌而作是言若世尊告勅我等持說此經者

BD15171 號　妙法蓮華經卷四　（16–14）

尒時世尊視八十万億那由他諸菩薩摩訶薩是諸菩薩
皆是阿惟越致轉不退法輪諸陁羅尼即從坐起至於
佛前一心合掌而作是言若世尊告勅我等持說此經者
當如佛教廣宣斯法復作是念佛今默然不見告勅我
當云何時諸菩薩敬順佛意并欲自滿本願便於佛
前作師子吼而發誓言世尊我等於如來滅後周旋往反十
方世界能令眾生書寫此經受持讀誦解說其義如法脩
行正憶念皆是佛之威力唯願世尊在於他方遙見守護
即時諸菩薩俱同發聲而說偈言

唯願不為慮　於佛滅度後　恐怖惡世中　我等當廣說
有諸无智人　惡口罵詈者　及加刀杖者　我等皆當忍
惡世中比丘　邪智心諂曲　未得謂為得　我慢心充滿
或有阿練若　納衣在空閑　自謂行真道　輕賤人間者
貪著利養故　與白衣說法　為世所恭敬　如六通羅漢
是人懷惡心　常念世俗事　假名阿練若　好出我等過
而作如是言　此諸比丘等　為貪利養故　說外道論義
自作此經典　誑惑世間人　為求名聞故　分別於是經
常在大眾中　欲毀我等故　向國王大臣　婆羅門居士
又餘比丘眾　誹謗說我惡　謂是邪見人　說外道論義
我等敬佛故　悉忍是諸惡　為斯所輕言　汝等皆是佛
如此輕慢言　皆當忍受之
濁劫惡世中　多有諸恐怖　惡鬼入其身　罵詈毀辱我
我等敬信佛　當著忍辱鎧　為說是經故　忍此諸難事
我不愛身命　但惜无上道　我等於來世　護持佛所囑
世尊自當知　濁世惡比丘　不知佛方便　隨宜所說法
惡口而顰蹙　數數見擯出　遠離於塔寺　如是等眾惡
念佛告勅故　皆當忍是事
諸聚落城邑　其有求法者　我皆到其所　說佛所囑法
我是世尊使　處眾无所畏　我當善說法　願佛安隱住
我於世尊前　諸來十方佛　發如是誓言　佛自知我心

BD15171 號　妙法蓮華經卷四　（16–15）

即時諸菩薩俱同發聲而說偈言

唯願不為慮　於佛滅度後　恐怖惡世中　我等當廣說
有諸无智人　惡口罵詈者　及加刀杖者　我等皆當忍
惡世中比丘　邪智心諂曲　未得謂為得　我慢心充滿
或有阿練若　納衣在空閑　自謂行真道　輕賤人間者
貪著利養故　與白衣說法　為世所恭敬　如六通羅漢
是人懷惡心　常念世俗事　假名阿練若　好出我等過
而作如是言　此諸比丘等　為貪利養故　說外道論義
自作此經典　誑惑世間人　為求名聞故　分別於是經
常在大眾中　欲毀我等故　向國王大臣　婆羅門居士
又餘比丘眾　誹謗說我惡　謂是邪見人　說外道論義
我等敬佛故　悉忍是諸惡　為斯所輕言　汝等皆是佛
如此輕慢言　皆當忍受之
濁劫惡世中　多有諸恐怖　惡鬼入其身　罵詈毀辱我
我等敬信佛　當著忍辱鎧　為說是經故　忍此諸難事
我不愛身命　但惜无上道　我等於來世　護持佛所囑
世尊自當知　濁世惡比丘　不知佛方便　隨宜所說法
惡口而顰蹙　數數見擯出　遠離於塔寺　如是等眾惡
念佛告勅故　皆當忍是事
諸聚落城邑　其有求法者　我皆到其所　說佛所囑法
我是世尊使　處眾无所畏　我當善說法　願佛安隱住
我於世尊前　諸來十方佛　發如是誓言　佛自知我心

妙法蓮華經卷第四

BD15171 號　妙法蓮華經卷四　（16–16）

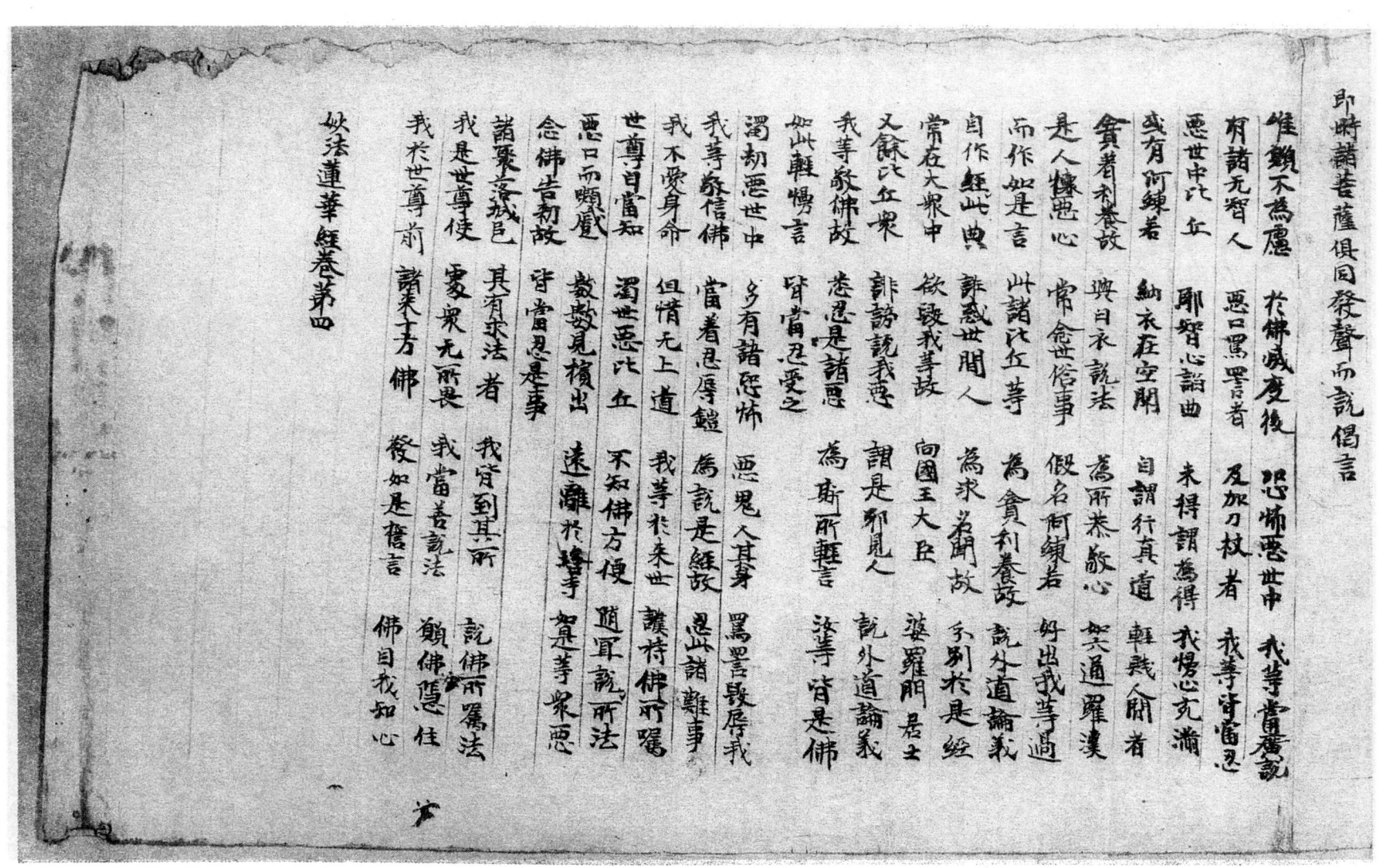

BD15172 號背　護首　　（1–1）

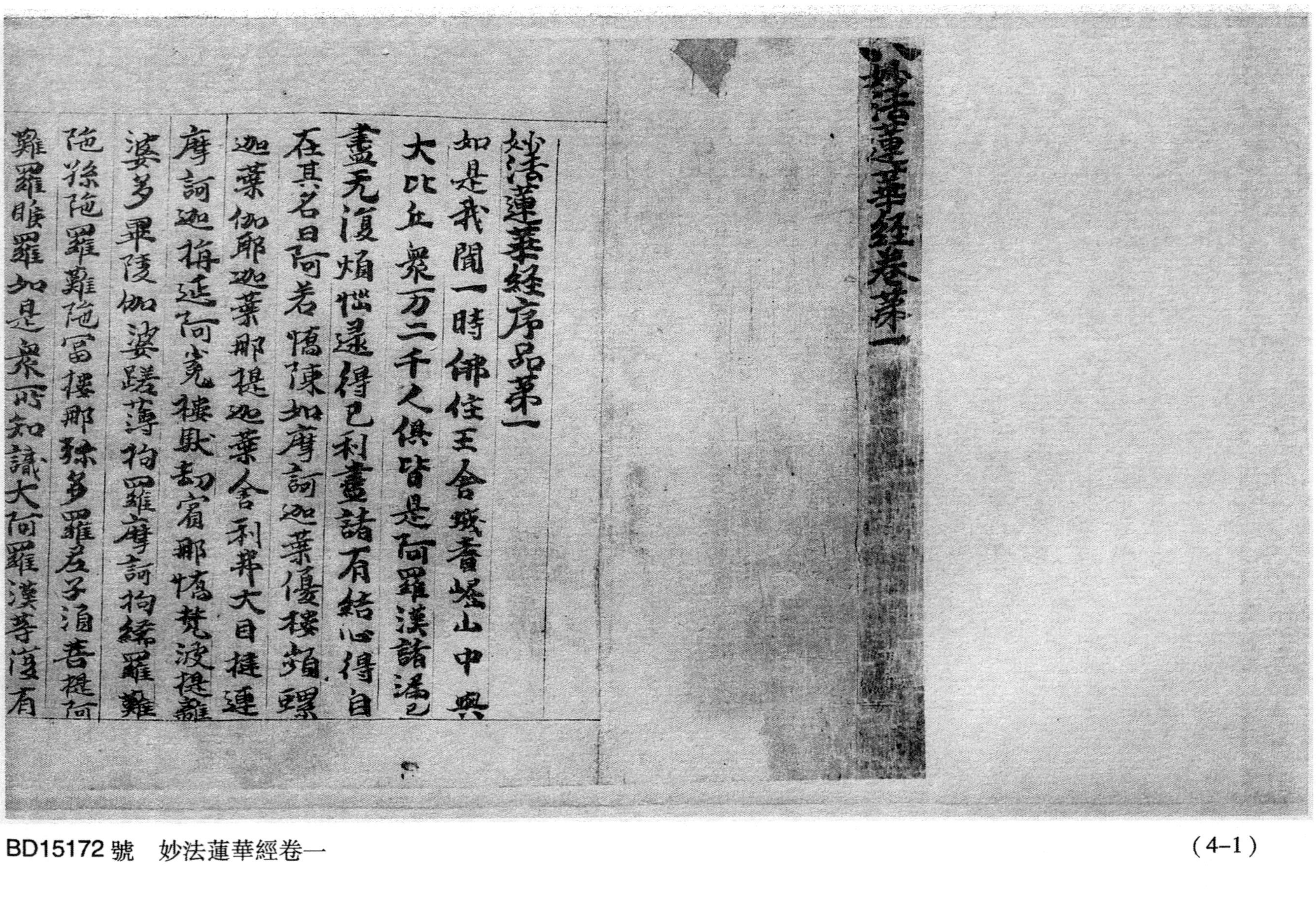

妙法蓮華經卷第一

妙法蓮華經序品第一
如是我聞一時佛住王舍城耆闍崛山中與
大比丘衆万二千人倶皆是阿羅漢諸漏已
盡无復煩惱逮得己利盡諸有結心得自
在其名曰阿若憍陳如摩訶迦葉優樓頻螺
迦葉伽耶迦葉那提迦葉舍利弗大目揵連
摩訶迦旃延阿㝹樓馱劫賓那憍梵波提離
婆多畢陵伽婆蹉薄拘羅摩訶拘絺羅難
陀孫陀羅難陀富樓那彌多羅尼子須菩提阿
難羅睺羅如是衆所知識大阿羅漢等復有

BD15172 號　妙法蓮華經卷一　　（4–1）

婆多畢陵伽婆蹉薄拘羅摩訶拘絺羅難
陁孫陁羅難陁富樓那彌多羅尼子須菩提阿
難羅睺羅如是衆所知識大阿羅漢等復有
學无學二千人摩訶波闍波提比丘尼與眷屬
六千人俱羅睺羅母耶輸陁羅比丘尼亦與眷
屬俱菩薩摩訶薩八万人皆於阿耨多羅三
藐三菩提不退轉皆得陁羅尼樂說辯才
轉不退轉法輪供養无量百千諸佛於諸佛
所殖衆德本常為諸佛之所稱歎以慈脩身
善入佛慧通達大智到於彼岸名稱普聞
无量世界能度无數百千衆生其名曰文
殊師利菩薩觀世音菩薩得大勢菩薩常精
進菩薩不休息菩薩寶掌菩薩藥王菩薩
勇施菩薩寶月菩薩月光菩薩滿月菩薩
大力菩薩无量力菩薩越三界菩薩跋陁婆
羅菩薩弥勒菩薩寶積菩薩導師菩薩
如是等菩薩摩訶薩八万人俱尒時釋提桓因
與其眷屬二万天子俱復有名月天子普香
天子寶光天子四大天王與其眷屬万天子俱
自在天子大自在天子與其眷屬三万天子俱娑
婆世界主梵天王尸棄大梵光明大梵等與其
眷屬万二千天子俱有八龍王難陁龍王跋難
陁龍王娑伽羅龍王和脩吉龍王德叉迦龍
王阿那婆達多龍王摩那斯龍王優鉢羅

BD15172號　妙法蓮華經卷一　（4–2）

眷屬万二千天子俱有八龍王難陁龍王跋難
陁龍王娑伽羅龍王和脩吉龍王德叉迦龍
王阿那婆達多龍王摩那斯龍王優鉢羅
龍王等各與若干百千眷屬俱有四緊那
羅王法緊那羅王妙法緊那羅王大法緊那
羅王持法緊那羅王各與若干百千眷屬
俱有四乾闥婆王樂乾闥婆王樂音乾闥婆
王美乾闥婆王美音乾闥婆王各與若干百
千眷屬俱有四阿脩羅王婆稚阿脩羅王佉
羅騫大阿脩羅王毗摩質多羅阿脩羅王羅
睺阿脩羅王各與若干百千眷屬俱有四迦樓
羅王大威德迦樓羅王大身迦樓羅王大滿
迦樓羅王如意迦樓羅王各與若干百千
眷屬俱韋提希子阿闍世王與若干
百千眷屬俱各礼佛足退坐一面
尒時世尊四衆圍繞供養恭敬尊重讚歎為諸
菩薩說大乘經名无量義教菩薩法佛所護
念佛說此經已結加趺坐入於无量義處三
昧身心不動是時天雨曼陁羅華摩訶曼陁
羅華曼殊沙華而散佛上及諸大衆普佛
世界六種震動尒時會中比丘比丘尼優婆塞
優婆夷天龍夜叉乾闥婆阿脩羅迦樓羅緊
那羅摩睺羅伽人非人及諸小王轉輪聖王是

BD15172號　妙法蓮華經卷一　（4–3）

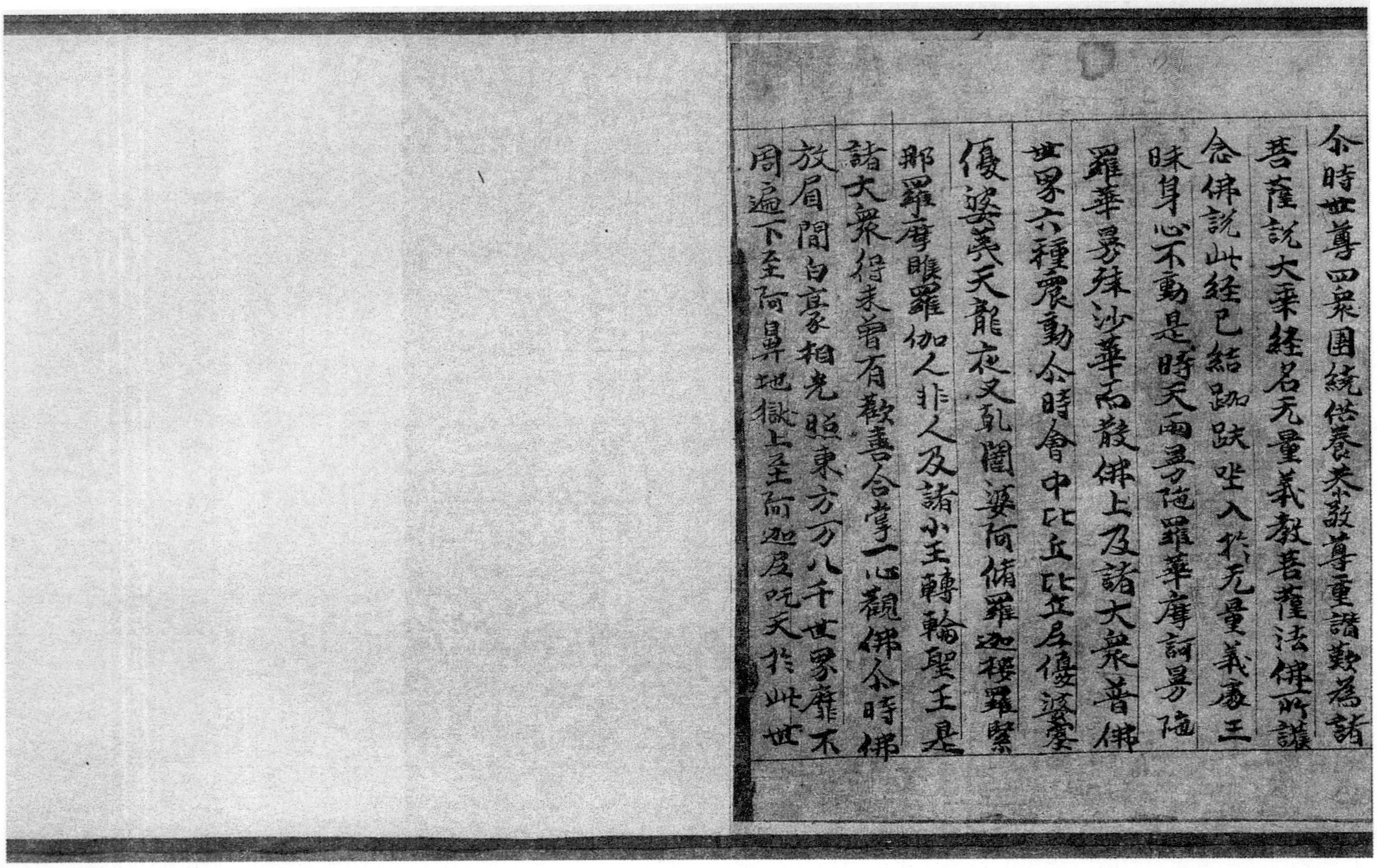

尒時世尊四衆圍繞供養恭敬尊重讚歎為諸
菩薩說大乘經名无量義教菩薩法佛所護
念佛說此經已結跏趺坐入於无量義處三
昧身心不動是時天雨曼陁羅華摩訶曼陁
羅華曼殊沙華而散佛上及諸大衆普佛
世界六種震動尒時會中比丘比丘尼優婆塞
優婆夷天龍夜叉乾闥婆阿脩羅迦樓羅緊
那羅摩睺羅伽人非人及諸小王轉輪聖王是
諸大衆得未曾有歡喜合掌一心觀佛尒時佛
放眉間白毫相光照東方万八千世界靡不
周遍下至阿鼻地獄上至阿迦尼吒天於此世

BD15172 號　妙法蓮華經卷一　（4–4）

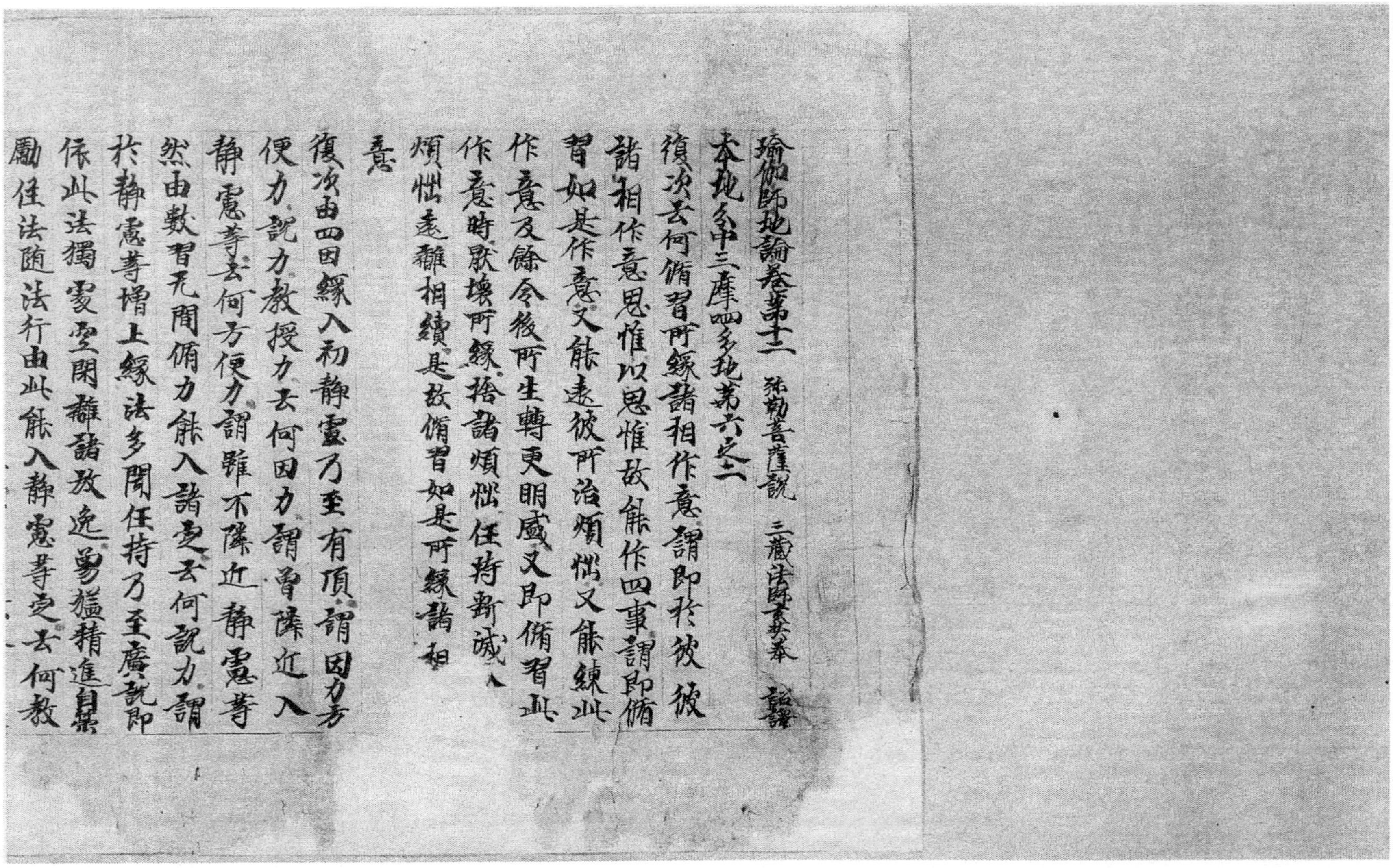

瑜伽師地論卷第十二　彌勒菩薩說　三藏法師玄奘奉　詔譯
本地分中三摩呬多地第六之二
復次云何脩習所緣諸相作意謂即於彼彼
諸相作意思惟以思惟故能作四事謂即脩
習如是作意又能遠彼所治煩惱又能練此
作意及餘令後所生轉更明盛又即脩習此
作意時猒壞所緣捨諸煩惱任持斷滅入
煩惱遠離相續是故脩習如是所緣諸相
意
復次由四因緣入初靜慮乃至有頂謂因力方
便力說力教授力云何因力謂曾隣近入
靜慮等云何方便力謂雖不隣近靜慮等
然由數習无間脩力能入諸定云何說力謂
於靜慮等增上緣法多聞任持乃至廣說即
依此法獨處空閑離諸放逸勇猛精進自策
勵住法隨法行由此能入靜慮等定云何教

BD15173 號　瑜伽師地論卷一二　（17–1）

依此法獨處空閑離諸放逸勇猛精進自策
勵住法隨法行由此能入靜慮等定云何教
授力謂於親教軌範師所或於隨一餘尊
所獲得隨順初靜慮等无倒教授從此審
作意思惟能入靜慮及諸餘定如是顯示四
觀行者謂具因力者方便力者若利根者及
鈍根者
復次有四得靜慮者一愛上靜慮者二見上靜
慮者三慢上靜慮者四疑上靜慮者云何
愛上靜慮者謂如有一先聞靜慮諸定功德
而不聞彼出離方便於彼一向見勝功德勇猛
精進由此因緣入初靜慮或所餘定如是入已
後生愛味云何見上靜慮謂如有一從自師
所或餘師所聞諸世間皆是常等如是
方便入初靜慮乃至有頂能得清淨解脫
出離彼依此見勇猛精進由是因緣入初靜
慮或所餘定如是入已能自憶念過去多劫
遂生是見我及世間皆是常等從定起已即
於此見堅執不捨復於後時當思當慮當諦
觀察謂由此故當得清淨解脫出離云何慢
上靜慮者謂如有一聞如是名諸長者等
初靜慮乃至有頂聞是事已遂生憍慢彼既
能入靜慮等定我復何緣而不當入依止此慢
勇猛精進由是因緣入初靜慮及所餘定如
是入已後生憍慢或入定已作是思惟唯我
能得如是靜慮餘不能得彼依此慢復於彼
時於諸靜慮當思當慮當諦觀察云何疑上
靜慮者謂如有一為性闇鈍本常樂習奢摩

BD15173號　瑜伽師地論卷一二　（17–2）

是入已後生憍慢或入定已作是思惟唯我
能得如是靜慮餘不能得彼依此慢復於彼
時於諸靜慮當思當慮當諦觀察云何疑上
靜慮者謂如有一為性闇鈍本常樂習奢摩
他行由此因緣入諸靜慮或所餘定如是入
已復於上定勤脩方便為得未得於四聖諦
勤脩現觀性闇鈍故不能速證聖諦現觀由
此因緣於餘所證便生疑惑依此疑惑復於勝
進當思當慮當諦觀察
復次云何愛味相應靜慮定謂有鈍根或貪
行故或煩惱多故唯得聞初靜慮等所有
功德廣說如前愛上靜慮於上出離不了
知故便生愛味躭著堅住其所受味當言已
出其能愛味當言正入云何清淨靜慮等定
謂有中根或利根性薄煩惱行或薄塵行
從他聞初靜慮等愛味過患及上出離勇猛
精進入初靜慮或所餘定如是入已便能思惟
諸定過患於上出離亦能了知不生愛味云
何无漏靜慮等定謂如有一是隨信行或隨
法行薄塵行類彼或先時於四聖諦已入現
觀或復正脩現觀方便彼先所由諸行狀相
入初靜慮或所餘定今於此行此狀此相不
復思惟然於諸色乃至識法思惟如病如
癰等行於有為法心生厭患怖畏制伏於甘
露界繫念思惟如是方能入无漏定
復次云何順退分定謂有鈍根下劣欲解勤
精進故入初靜慮或所餘定於喜於樂於

BD15173號　瑜伽師地論卷一二　（17–3）

復思惟，然於諸色乃至識法思惟如病如
癰等行，於有為法心生厭惡怖畏，制伏於甘
露界繫念思惟，如是方能入无漏定。
復次云何順退分定？謂有鈍根下劣欲解，勤
精進故入初靜慮，或所餘定，於喜於樂於
勝功德不堪忍故，從靜慮退，如聲入諸定差
別。如是如是還復退失，乃至未善調練諸根。
云何順住分定？謂有中根，或利根性，彼唯得
聞諸定功德廣說，如前愛味相應，於所得定
唯生愛味，不能上進，亦不退下。云何順勝分
定？謂有亦聞出離方便，於所得定不生喜足，
是故於彼不生愛味，更求勝位，由此因緣便
得勝進。云何順決擇分定？謂於一切薩迦耶
中深見過患，由此因緣能入无漏。又諸无漏
名決擇分，極究竟故，猶如世間殊勝等物，已
善簡者名為決擇，自此已後无可擇故；此亦
如是過此更无可簡擇，故名決擇分。
復次云何无間入諸等至？謂如有一得初靜
慮，乃至有頂，然未圓滿清淨鮮白，先順次入
乃至有頂，後逆次入至初靜慮。
復次云何超越入諸等至？謂即於此已得圓
滿清白故，從初靜慮无間超入第三靜慮，第
三无間超入空无邊處，空處无間超入无所
有處，乃至廣說；逆超亦爾，以極遠故，无有能
超第三等至，唯除如來及出第二阿僧企耶
諸大菩薩，彼隨所欲入諸定故。
復次云何勳修靜慮？謂如有一已得有漏及

超第三等至，唯除如來及出第二阿僧企耶
諸大菩薩，彼隨所欲入諸定故。
復次云何勳修靜慮？謂如有一已得有漏及
與无漏四種靜慮，為於等至得自在故，為受
等至自在果故，長時相續入諸靜慮，有漏无
漏更相間雜，乃至有漏无間无漏現前，无漏
無間還入有漏，當知齊此勳修成就。若於是
處是時是事，欲入諸定即於此處此時此事
能入諸定，是名於諸等至獲得自在。於等至自
在果者，謂於現法樂住，轉更明淨，又由此故
得不退道，又淨修治解脫勝處及遍處等勝
品功德，能引之道，若有餘取而命終者，由此
因緣便入淨居，由品類中上品修諸靜慮，有差
別故，於一切處受三地果，如前有尋有伺地已
廣分別。修習無尋唯伺三摩地故，得為大
梵；由受中上上勝上極品勳修力故，生五淨
居。當知因修清淨靜慮定故，生靜慮地，不由
習近愛味相應。既生彼已，若起愛味，即便退
沒；若修清淨，還生於彼，或生下定，或進上定。
先於此間修得定已，後往彼生，何以故？非未離
欲得生彼故，非諸異生未修得定能離欲
故；又非此間及在彼處入諸等至樂有差別，
唯所依身而有差別。
復次已說修習作意相差別，云何攝諸經宗
要？謂八解脫等，如經廣說。八解脫者，謂如前
說有色觀諸色等，前七解脫，於已解脫生勝
解故，名為解脫；第八解脫棄背想受，故名解

復次已說修習作意相差別云何攝諸經宗
要謂八解脫等如經廣說八解脫者謂如前
說有色觀諸色等前七解脫於已解脫生勝
解故名為解脫第八解脫棄背想受故名解
脫云何有色觀諸色謂生欲界已離欲界欲
未離色界欲彼於如是所解脫中已得解脫
即於欲界諸色以有光明相作意思惟而生
勝解由二因緣名為有色謂生欲界故得色
界定故又於有光明而作勝解故問觀諸
色者觀何等色復以何行答欲界諸色於
諸勝處所制少色若好若惡若劣若勝如是
於多乃至廣說何故修習如是觀行為淨修治
能引發勝功德方便何等名為發勝功德謂
勝處遍處諸聖神通无諍願智无礙解等
雖先於彼欲界諸色已得離欲然於彼色未
能證得勝解自在為證得故數數於彼思惟勝
解云何內无色想觀外諸色謂生欲界已離
色界欲无色界定不現在前又不思惟彼想
明相但於外色而作勝解若於是色已得離
欲說彼為外由二因緣名內无色想謂已證
得无色等至亦自了知得此定故不思惟內
光明相故餘如前說云何淨解脫身作證具
足住謂如有一已得捨念圓滿清白以此為
依修習清淨聖行圓滿名淨解脫何以故三
因緣故謂已超過諸苦樂故一切動亂已離
靜故善摩瑩故身作證者於此住中一切賢
聖多所住故云何空无邊處解脫謂如有一

依修習清淨聖行圓滿名淨解脫何以故三
因緣故謂已超過諸苦樂故一切動亂已離
靜故善摩瑩故身作證者於此住中一切賢
聖多所住故云何空无邊處解脫謂如有一
於彼空處已離得欲即於虛空思惟勝解如
是識无邊處解脫於彼識處已得離欲即於
是識思惟勝解无所有處解脫者謂已得
无所有處於識无邊處思惟勝解有頂解脫
更不於餘而作勝解乃至遍於想可生處即於
是處應作勝解
復次先已修治作意勝解後方能起勝知勝
見故名勝處此勝當知復有五種一飛奪異
下故名為勝謂如有一以已勝上工巧等事
飛奪他人置下劣位二制伏羸劣故名為勝
謂如有一以已強力摧諸劣者三能隱蔽他
故名為勝謂穊毛等能有覆鄣或諸藥草
呪術神通有所隱蔽四厭壞所緣故名為勝謂
厭壞境界捨諸煩惱五自在迴轉故名為勝
謂世君王隨所欲為處分臣僕於此義中意
顯隱蔽及自在勝前解脫中勝解自在今於
勝處制伏自在觀色少者謂諸有情資具等
色觀色多者謂諸宮殿房舍等色言好色者
謂美妙顯色一向淨妙故與此相違名為惡
色言劣色者謂聲香味觸不可意色與此相
違當如勝色此四顯色有情資具宮殿等攝
言勝知者謂數數隱蔽所緣勝解有如是想
者謂有制伏想也

謂美妙顯色一向淨妙故與此相違名惡
色言劣色者謂聲香味觸不可意色與此相
違當如勝色此四顯色有情資具宮殿等攝
言勝知者謂數數隱蔽所緣勝解有如是想
者謂有制伏想也
復次由諸遍處於勝解事生遍勝解故名遍
處言無二者謂諸賢聖無我我所二差別故
言無量者遍一切故何故遍處唯說色觸
一處達至由此二種共自他身遍色界常相
續故眼等根色唯爲自身香味二塵不遍一
切聲聲有間是故不說如是有色諸遍處
定色界後邊於無色中空遍一切故立遍處
識所行境遍一切故亦立遍處
復次修觀行者先於所緣思惟勝解次能制
伏既於制伏得自在已後即於此遍一切處
如其所欲而作勝解是故此三如是次第八色
遍處善清淨故能引賢聖勝解神通及於
諸事轉變神通如其勝解隨所轉變皆能成
就又能變作金銀等物堪有所用由識遍處
善清淨故便能引發無諍願智無礙解等諸
勝功德由空遍處善清淨故隨其所欲皆
轉成空譬如世間無鐵金師初知深等亦善
調練解脫位亦爾如善調練勝處位亦爾如調
練已隨欲轉變遍處位亦爾
復次三三摩地者云何空三摩地謂於遠離
有情命者及養育者數取趣等心住一緣
當知空性略有四種一觀察空謂觀察諸法空
無常樂乃至空無我及我所等二彼果空謂

復次三三摩地者云何空三摩地謂於遠離
有情命者及養育者數取趣等心住一緣
當知空性略有四種一觀察空謂觀察諸法空
無常樂乃至空無我及我所等二彼果空謂
不動心解脫空無貪等一切煩惱三者內空
謂於自身空無我我所及我慢等一切僻執
四者外空謂於五欲空無欲愛如說我已超
過一切有色想故於外空身作證具足住乃
至廣說此中緣妙欲想名爲色想此想所起
貪欲斷故說爲外空又修行者由彼果空或
時作意思惟外空或時作意思惟內外空觀
察空或時思惟內外空性由此力故心俱證會
設復於此內外空性不證會者便應作意思
惟無動言無動者謂無常想或復苦想是
思惟便不爲我慢等動由彼不爲計我我
慢乃至廣說動其心故便於二空心俱證會
云何無願心三摩地謂於五取蘊思惟無
或思惟苦心住一緣云何無相心三摩地
即於彼諸取蘊滅思惟寂靜心住一緣如經
言無相心三摩地不低不昂乃至廣說云何
名爲不低不昂違順二相不相應故又二因
緣入無相定一不思惟一切相故二正思惟無
相界故由不思惟一切相故於彼諸相不
藏不壞唯不加行作意思惟故名不低於
相界正思惟故於彼無相不堅執著故名
昂此三摩地略有二種一者方便二方便果
言方便者數數策勵思擇安立於彼諸相亦

无相果故由不思惟一切相故於彼諸相不
厭不壞唯不加行作意思惟故名不住於
相果正思惟故於彼无相不堅執着故名一
昂此三摩地略有二種一者方便二方便果
言方便者數數策勵思擇安立於彼諸相未
能解脫由隨相識於時時中擾亂心故彼復
數數自策自勵思擇安立方能取果解脫隨
相於此解脫又解脫故不自策勵思擇而住
是故名為極善解脫若數策勵思擇安立方
得住者雖名解脫非善解脫又曉了果曉
切德者謂煩惱斷究竟故現法樂住究
故又復滅道俱應曉了即此二種隨其次第
名曉了果曉了切德又諦現觀阿羅漢果俱
應曉了於見道位中名曉了果於阿羅漢果
名曉了切德若於此處无有彼物由此道理
觀之為空故名空性即所觀空无可希願故
名无願觀此遠離一切行相故名无相何
此中先說空性餘處宣說无常故苦故无
我彼方說空謂若无我想无常苦觀終不
清淨要先安住无我之想從此无間方得无
是故經言諸无常想依无我想而得安住
至廣說彼於无常觀无我已不生希願唯厭
无相專求出離故此无間宣說无相
復次云何有尋有伺三摩地謂三地尋伺
相應云何无尋唯伺三摩地謂三摩地唯伺
相應大梵修已為大梵王云何无尋无伺三
摩地謂三摩地尋伺二種俱不相應修習以

相應云何无尋唯伺三摩地謂三摩地唯伺
相應大梵修已為大梵王云何无尋无伺三
摩地謂三摩地尋伺二種俱不相應修習以
故生次上地乃至有頂唯除无漏諸三摩地
云何无尋无伺三摩地相謂於尋伺心生棄
捨唯由一味於內所緣而作勝解又唯一
平等顯現
復次云何小三摩地謂或由所緣故小觀小
色故或由作意故小小信小欲小勝解故云
何大三摩地謂或由所緣故大觀多色故
非无邊无際觀諸已故或由作意故大上信
欲上勝解故而非无邊无際信欲勝解故云
何无量三摩地謂或由所緣故无量无邊
際觀諸色故或由作意故无量无邊无
欲勝解故此中大心三摩地者謂於一樹下
想諸天光而生勝解乃至廣說无量心三摩
者謂四无量云何於一樹下想諸天光而生
勝解謂於欲果極厭壞已得初靜慮為令
善清淨故更修方便又聞諸天身帶光明便
思惟彼身光明相遍一樹下乃至大地大海
邊際發生勝解由三摩地後後轉增有差別
故令所生起而有差別云何作意得成唯二
謂隨勝解分齊施設作意故云何作意唯
為緣修成唯二謂即由此作意力故施設所修
定有差別圓滿清淨轉增勝故云何以修唯
二為緣行成唯二謂如如善修定轉增勝如
是如是施設所感生有差別云何以行唯二

受有差別圓滿清淨轉增勝故云何以脩習
二為緣行成唯二謂如如善脩受轉增勝如
是如是施設所感生有差別云何以行唯二
為緣補特伽羅建立唯二謂此因故所生有
情施設高下勝劣差別謂初二靜慮諸天光
明有何差別答如末尼珠外有光明內无光
明初靜慮身亦復如是外施光明內无光明
譬如明燈外發光明內自照了第二靜慮身
亦如是若內若外俱有光明是故經說彼地
已上唯一種身非於下地
復次云何建立四无量受謂諸有情有三品
故一者无苦无樂二者有苦三者有樂如其
次第欲與其樂欲令離苦欲令其樂永不相
離於彼作意有四種故如其次第建立四種謂
由與樂作意故拔苦作意故樂不相離隨
喜作意故建立前三即於此三欲與樂等為
欲令彼不樂愚癡不染汙作意故瞋恚不染
汙作意故貪欲不染汙作意故建立於捨經
言以慈俱心乃至廣說現前饒益故名慈俱
饒益相故名慈善友其饒益相略有二種一
欲利益二欲安樂此二種相一切无量之所顯
示无怨者離惡意樂故无敵者離現乖諍
故无惱害者離不饒益事故廣者所緣廣
大故大者利益安樂思惟殊勝故无量者果
无量故如四大河衆流雜處善脩習者極純熟
故設有問言慈俱等心有何等相故次答言

BD15173號　瑜伽師地論卷一二　（17–12）

故无惱害者離不饒益事故廣者所緣廣
大故大者利益安樂思惟殊勝故无量者果
无量故如四大河衆流雜處善脩習者極純熟
故設有問言慈俱等心有何等相故次答言
勝解遍滿者是增上意
樂勝解周普義具足者圓滿清白故住者所
脩觀行日夜專注時專注故如經言善脩
習慈極於遍淨乃至廣說此何密意答第三
靜慮於諸樂中其樂最勝憶念此樂脩習慈
心慈最第一故說脩慈極於遍淨憶念空處
脩習悲心亦最第一以脩悲者樂欲拔苦无色
界中遠離衆苦斷壞等苦彼都无故是故
憶念无邊空處脩悲等至作如是念當令一切
有苦有情到无衆苦及所依處脩喜受者亦
常憶念无邊識處廣諸有情所得安樂作
如是念當令一切有情之類受无量樂如識處
識无限量是故憶念識无邊處脩習喜受
為最第一脩捨受者亦常憶念无所有處作
如是念无所有處无漏心地最為後邊捨最
第一如阿羅漢苾芻一切苦樂不苦不樂現
行位中皆无染汙當令一切有情之類得如
是捨是故憶念无所有處脩習捨受為最第
一如是一切皆是聖行唯聖能脩故經宣說覺
分俱行
復次云何一分脩三摩地謂於此中或唯作
意思光明相或唯作意思惟色相而入於定
如是二種隨其次第或了光明或覩衆色云

BD15173號　瑜伽師地論卷一二　（17–13）

分俱行
復次云何一分修三摩地謂於此中或唯作
意思光明相或唯作意思惟色相而入於定
如是二種隨其次第或了光明或覩衆色云
何具分修三摩地謂俱思惟而入於定亦了
光明亦見衆色如是修習光明定者定難差
別有十一種所謂疑等如經廣說問此諸難耶
答三摩地相相有二種謂所緣相及因緣相
用彼為依住三摩地若退彼相便不能住
此中最初於所顯現光明色相不善知故便
覺有疑方便緩故有不作意如於衆色不欲
見者或閉於目或復背面此觀行者於諸色
中不欲作意亦復如是由不善守根門等故
有身麁重多習睡眠或多覺悟便增惛睡不
見衆色設有所見而不圓滿為此二事極作
功用力勵思惟故有太過勇猛精進由有太
過策勵過故還極下劣如急捉持又鶏鳥者
彼唯思求光明之相此與見色若俱生時希
一得二便生踊躍猶如有人得二伏藏遍於
諸方欲然並見不祥之色便生大怖猶如入兩
邊鬪諍事起彼於時或復住時於世雜類
起種種想如是外想與定為難或復因其所
修習定謂已為勝覩他為劣便自高舉如是
亦得名種種想或多言論或久尋思令身疲
勞心不得定如是多言與定為難若從定生
光明定相及見色時便捨內修相續作意願
樂於外諦視衆色故極思察與定為難如是
諸難隨其所應障三摩地所地境相及因緣

BD15173號　瑜伽師地論卷一二　（17–14）

亦得名種種想或多言論或久尋思令身疲
勞心不得定如是多言與定為難若從定生
光明定相及見色時便捨內修相續作意願
樂於外諦視衆色故極思察與定為難如是
諸難隨其所應障三摩地所地境相及因緣
相或有遇此退失所緣因緣相故如其次第
二相俱沒
復次云何喜俱行三摩地謂初二靜慮諸三
摩地云何樂俱行三摩地謂第三靜慮諸三
摩地云何捨俱行三摩地謂第四靜慮已上
諸三摩地
復次云何修定為得現法樂住謂於四種現
法樂住方便道中所有修定及未圓滿清淨
鮮白諸根本地所有修定為顯修習未曾得
定是故世尊說初靜慮前方便道何修定
為得智見謂諸菩薩於光明相慇懃[illegible]
諦而取廣說如經當知此在能發天眼前方
便道所有修定此中天眼於諸色境能照能
觀說名為見能知諸天如是名字如是種類
乃至廣說如勝天經是名為智云何修定生
分別慧謂諦現觀預流果向方便道中所有
修定或為修習諸無礙解云何修定為盡諸
漏謂阿羅漢果方便道中所有修定
復次云何五聖智三摩地謂我此三摩地是
聖無染無執廣說如經此中示現五行相
智謂自體智補特伽羅智清淨智果智入出
定相智聖者善故聖又無漏故名聖無染著

BD15173號　瑜伽師地論卷一二　（17–15）

復次云何五聖智三摩地謂我此三摩地是
聖无染无執廣說如經此中亦現五行相
智謂自體智補特伽羅智清淨智果智入出
定相智聖者善故聖又无漏故名聖无染者
顯善聖性无執者顯无聖性非凡夫所近
者謂諸佛及聖弟子所近故是聰叡所讚
者謂即彼所稱讚故是諸聰叡同梵行者
常不可毀者謂一切時常稱讚故非如世間初
靜慮等為其下地脩方便故先以靜相而稱
讚之為趣上地脩方便故後以麁相而復呵
毀寂靜者所治煩惱永寂靜故微妙者自
地煩惱不愛味故得安隱道者所得之道无退
轉故證心一趣者已得无尋无伺地故現在安
樂者能得現法樂住故後樂異熟者於无
餘依涅槃樂故正念而入者善取能入三摩
地相无忘失故正念而出者善取能出三摩
地相无忘失故
復次云何聖五支三摩地謂諸苾芻即此身
內離生喜樂廣說如經離生喜樂者謂初靜
慮地所攝喜樂所滋潤者謂喜所潤遍滋潤
者謂樂所潤遍充滿者謂加行究竟作
意位遍適悅者謂在已前謂作意位由彼位亦
有喜樂時時間起然非久住亦不圓滿於此身
中无有少分而不充滿者謂在加行究竟果
作意位譬如黠慧能沐浴人或彼弟子者
當知喻於脩觀行者銅器或蠡蛤器
者喻為離欲生喜樂故教授教誡細沐浴末
者喻能順彼出離尋等水洗灌者當知喻於

BD15173號　瑜伽師地論卷一二　（17-16）

中无有少分而不充滿者謂在加行究竟果
作意位譬如黠慧能沐浴人或彼弟子者
當知喻於脩觀行者銅器或蠡蛤器
者喻為離欲生喜樂故教授教誡細沐浴末
者喻能順彼出離尋等水洗灌者當知喻於
尋清淨道沐浴摶者以喻於身帶津膩者喻
喜和合膩所隨者喻樂和合遍內外者喻无間
隙喜樂和合不強者喻无散動不弱者喻无
染汙亦无愛味又於第二喻有差別山者喻
於无尋伺定喻於第二靜无尋无
伺於所緣境一味勝解泉者喻於內等淨
支水輪者謂水傍流出水索者謂水上涌出
此二種喻如其次第顯示喜樂滋潤等言如
前解釋无不充滿者當知喻於无間相應之
於第三喻有差別如殟鉢羅等離喜之樂故
相應法及所依身當知亦爾水喻離喜无尋
伺定喜踊躍由无彼故喻花胎處沒在水
中又於第四喻有差別清淨心者謂與捨念
清淨相應超過下地諸災患故鮮白者謂性
是善自地煩惱无愛味故何故復以長者為喻
喻謂彼所作皆審悉故不放逸故思惟等
量觀察勝故於增減門无不知故證得清淨
第四靜慮者亦復如是凡有所為審諦圓滿无

BD15173號　瑜伽師地論卷一二　（17-17）

瑜伽師地論卷第十二

BD15173 號背　勘記　　（1–1）

妙法蓮華經觀世音菩薩普門品第廿五
尒時無盡意菩薩即從座起偏袒右肩合掌
向佛而作是言世尊觀世音菩薩以何因緣
名觀世音佛告無盡意菩薩善男子若有無
量百千万億衆生受諸苦惱聞是觀世音菩
薩一心稱名觀世音菩薩即時觀其音聲皆
得解脫若有持是觀世音菩薩名者設入大
火火不能燒由是菩薩威神力故若為大水
所漂稱其名号即得淺處若有百千万億衆
生為求金銀琉璃車璖馬瑙珊瑚虎珀真珠
等寶入於大海假使黑風吹其船舫漂墮羅
剎鬼國其中若有乃至一人稱觀世音菩薩
名者是諸人等皆得解脫羅剎之難以是
因緣名觀世音若復有人臨當被害稱觀世
音菩薩名者彼所執刀仗尋段段壞而得解脫
若三千大千國土滿中夜叉羅剎欲來惱人
聞其稱觀世音菩薩名者是諸惡鬼尚不能
以惡眼視之况復加害設復有人若有罪若
無罪杻械枷鎖檢繫其身稱觀世音菩薩
名者皆悉斷壞即得解脫若三千大千國土

BD15174 號 1　觀世音經　　（7–1）

無罪杻械枷鏁撿繫其身稱觀世音菩薩
名者皆悉斷壞即得解脫若三千大千國土
滿中怨賊有一商主將諸商人賫持重寶經
過嶮路其中一人作是唱言諸善男子勿得恐
怖汝等應當一心稱觀世音菩薩名號是菩
薩能以无畏施於衆生汝等若稱名者於此
怨賊當得解脫衆商人聞俱發聲言南无觀
世音菩薩稱其名故即得解脫无盡意觀世
音菩薩摩訶薩威神之力巍巍如是若有
衆生多於婬欲常念恭敬觀世音菩薩便得
離欲若多瞋恚常念恭敬觀世音菩薩便得
離瞋若多愚癡常念恭敬觀世音菩薩便得
離癡无盡意觀世音菩薩有如是等大威神
力多所饒益是故衆生常應心念若有女人
設欲求男礼拜供養觀世音菩薩便生福德
智慧之男設欲求女便生端正有相之女宿
殖德本衆人愛敬无盡意觀世音菩薩有如
是力若有衆生恭敬礼拜觀世音菩薩福不
唐捐是故衆生皆應受持觀世音菩薩名号
无盡意若有人受持六十二億恒河沙菩薩
名字復盡形供養飲食衣服臥具醫藥於汝
意云何是善男子善女人功德多不无盡意
言甚多世尊佛言若復有人受持觀世音菩

BD15174 號 1　觀世音經　（7–2）

无盡意若有人受持六十二億恒河沙菩薩
名字復盡形供養飲食衣服臥具醫藥於汝
意云何是善男子善女人功德多不无盡意
言甚多世尊佛言若復有人受持觀世音菩
薩名号乃至一時礼拜供養是二人福正等
无異於百千万億劫不可窮盡无盡意受持
觀世音菩薩名号得如是无量无邊福德之
利无盡意菩薩白佛言世尊觀世音菩薩云何
遊此娑婆世界云何而爲衆生說法方便之
力其事云何佛告无盡意菩薩善男子若有
國土衆生應以佛身得度者觀世音菩薩即
現佛身而爲說法應以辟支佛身得度者即
現辟支佛身而爲說法應以聲聞身得度者
即現聲聞身而爲說法應以梵王身得度者
即現梵王身而爲說法應以帝釋身得度者
即現帝釋身而爲說法應以自在天身得度
者即現自在天身而爲說法應以大自在天
身得度者即現大自在天身而爲說法應以
天大將軍身得度者即現天大將軍身而爲
說法應以毗沙門身得度者即現毗沙門身
而爲說法應以小王身得度者即現小王身
而爲說法應以長者身得度者即現長者身
而爲說法應以居士身得度者即現居士身

BD15174 號 1　觀世音經　（7–3）

而為說法應以居士身得度者即現居士身
而為說法應以宰官身得度者即現宰官身
而為說法應以婆羅門身得度者即現婆羅
門身而為說法應以比丘比丘尼優婆塞優
婆夷身得度者即現比丘比丘尼優婆塞優
婆夷身而為說法應以長者居士宰官婆羅
門婦女身得度者即現婦女身而為說法應
以童男童女身得度者即現童男童女身而
為說法應以天龍夜叉乾闥婆阿脩羅迦樓
羅緊那羅摩睺羅伽人非人等身得度者
即皆現之而為說法應以執金剛神得度者即
現執金剛神而為說法无盡意是觀世音菩薩
成就如是功德以種種形遊諸國土度脫眾
生是故汝等應當一心供養觀世音菩薩是
觀世音菩薩摩訶薩於怖畏急難之中能施
无畏是故此娑婆世界皆號之為施无畏者
无盡意菩薩白佛言世尊我今當供養觀世
音菩薩即解頸眾寶珠瓔珞價直百千兩金
而以與之作是言仁者受此法施珎寶瓔珞
時觀世音菩薩不肯受之无盡意復白觀世
音菩薩言仁者愍我等故受此瓔珞尒時佛
告觀世音菩薩當愍此无盡意菩薩及四眾
天龍夜叉乾闥婆阿脩羅迦樓羅緊那羅摩

BD15174 號 1　觀世音經　（7–4）

告觀世音菩薩當愍此无盡意菩薩及四眾
天龍夜叉乾闥婆阿脩羅迦樓羅緊那羅摩
睺羅伽人非人等故受是瓔珞即時觀世音
菩薩愍諸四眾及於天龍人非人等受其瓔
珞分作二分一分奉釋迦牟尼佛一分奉多
寶佛塔无盡意觀世音菩薩有如是自在神
力遊於娑婆世界尒時無盡意菩薩以偈問
曰
世尊妙相具　我今重問彼　佛子何因緣　名為觀世音
具足妙相尊　偈荅無盡意　汝聽觀音行　善應諸方所
弘誓深如海　歷劫不思議　侍多千億佛　發大清淨願
我為汝略說　聞名及見身　心念不空過　能滅諸有苦
假使興害意　推落大火坑　念彼觀音力　火坑變成池
或漂流巨海　龍魚諸鬼難　念彼觀音力　波浪不能沒
或在須彌峯　為人所推墮　念彼觀音力　如日虛空住
或被惡人逐　墮落金剛山　念彼觀音力　不能損一毛
或值怨賊遶　各執刀加害　念彼觀音力　咸即起慈心
或遭王難苦　臨刑欲壽終　念彼觀音力　刀尋段段壞
或囚禁枷鎖　手足被杻械　念彼觀音力　釋然得解脫
呪詛諸毒藥　所欲害身者　念彼觀音力　還著於本人
或遇惡羅剎　毒龍諸鬼等　念彼觀音力　時悉不敢害
若惡獸圍遶　利牙爪可怖　念彼觀音力　疾走無邊方
蚖蛇及蝮蠍　氣毒煙火然　念彼觀音力　尋聲自迴去

BD15174 號 1　觀世音經　（7–5）

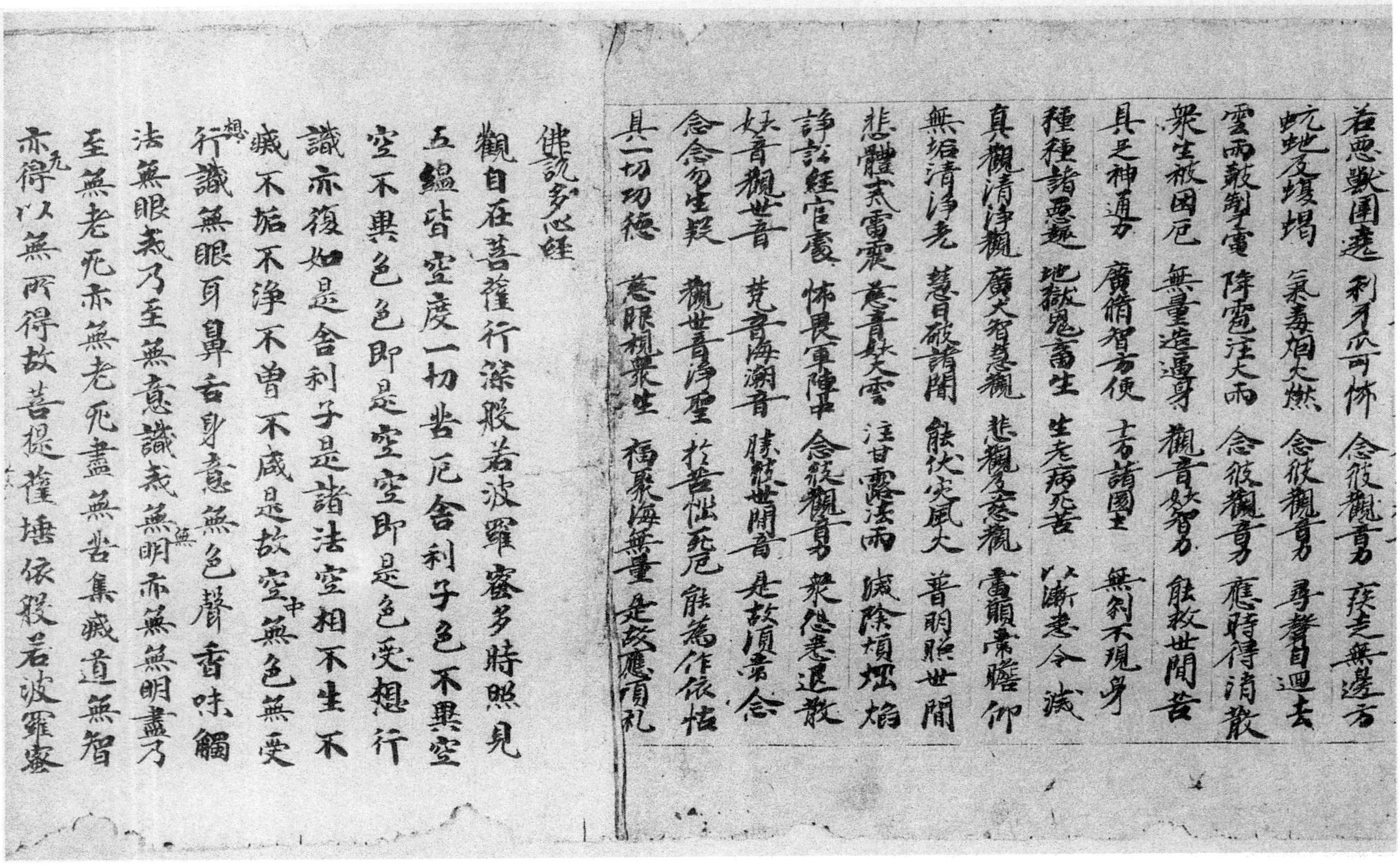

若惡獸圍遶　利牙爪可怖　念彼觀音力　疾走無邊方
蚖蛇及蝮蝎　氣毒煙火燃　念彼觀音力　尋聲自迴去
雲雷鼓掣電　降雹澍大雨　念彼觀音力　應時得消散
衆生被困厄　無量苦逼身　觀音妙智力　能救世間苦
具足神通力　廣修智方便　十方諸國土　無刹不現身
種種諸惡趣　地獄鬼畜生　生老病死苦　以漸悉令滅
真觀清淨觀　廣大智慧觀　悲觀及慈觀　常願常瞻仰
無垢清淨光　慧日破諸闇　能伏災風火　普明照世間
悲體戒雷震　慈意妙大雲　澍甘露法雨　滅除煩惱焰
諍訟經官處　怖畏軍陣中　念彼觀音力　衆怨悉退散
妙音觀世音　梵音海潮音　勝彼世間音　是故須常念
念念勿生疑　觀世音淨聖　於苦惱死厄　能為作依怙
具一切功德　慈眼視衆生　福聚海無量　是故應頂禮

佛說多心經
觀自在菩薩行深般若波羅蜜多時照見
五蘊皆空度一切苦厄舍利子色不異空
空不異色色即是空空即是色受想行
識亦復如是舍利子是諸法空相不生不
滅不垢不淨不增不減是故空無色無受
行識無眼耳鼻舌身意無色聲香味觸
法無眼界乃至無意識界無明亦無無明盡乃
至無老死亦無老死盡無苦集滅道無智
亦得以無所得故菩提薩埵依般若波羅蜜

BD15174號1　觀世音經　（7–6）
BD15174號2　般若波羅蜜多心經

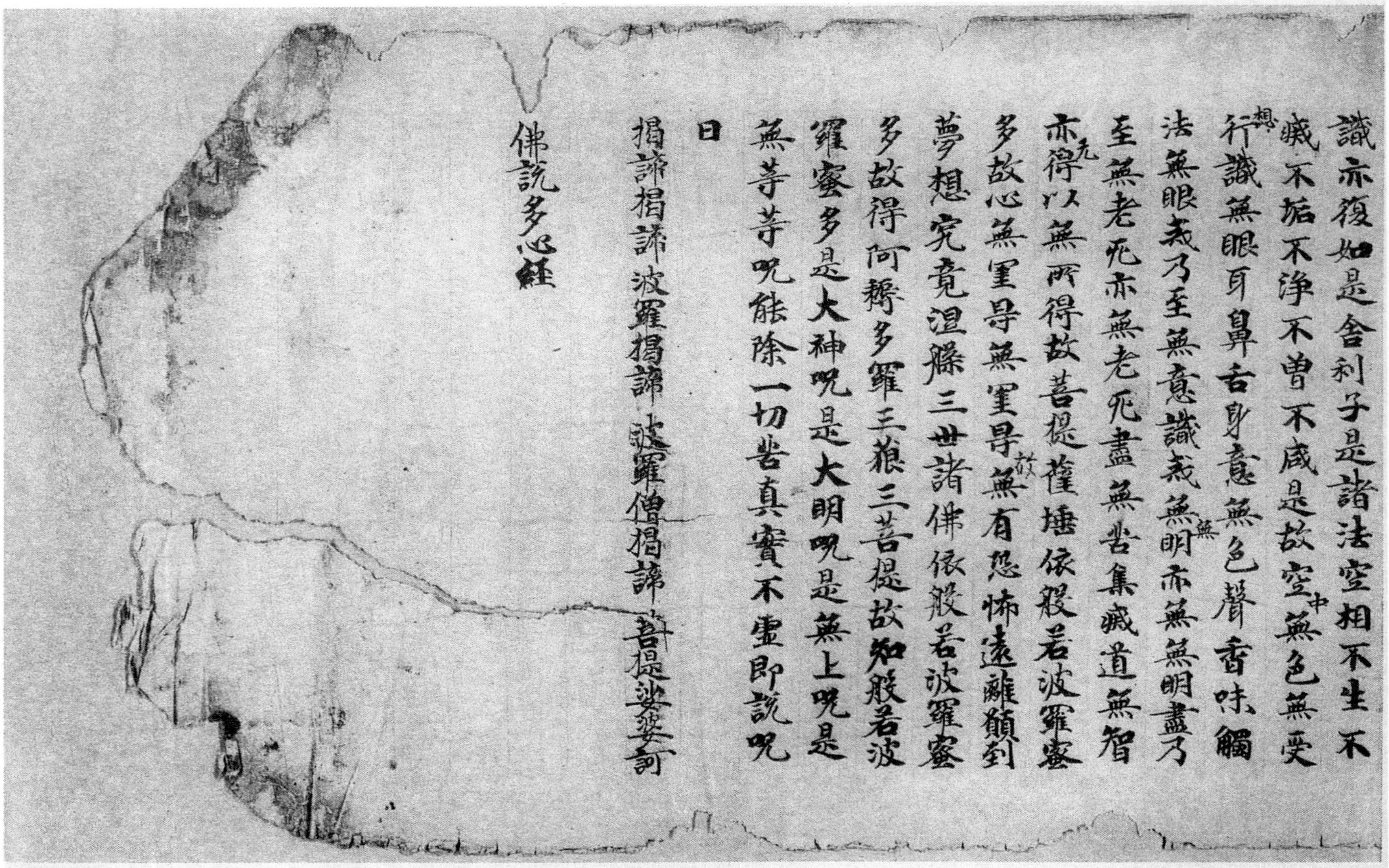

識亦復如是舍利子是諸法空相不生不
滅不垢不淨不增不減是故空無色無受
行識無眼耳鼻舌身意無色聲香味觸
法無眼界乃至無意識界無明亦無無明盡乃
至無老死亦無老死盡無苦集滅道無智
亦得以無所得故菩提薩埵依般若波羅蜜
多故心無罣㝵無罣㝵故無有恐怖遠離顛倒
夢想究竟涅槃三世諸佛依般若波羅蜜
多故得阿耨多羅三藐三菩提故知般若波
羅蜜多是大神呪是大明呪是無上呪是
無等等呪能除一切苦真實不虛即說呪
曰
揭諦揭諦　波羅揭諦　波羅僧揭諦　菩提娑婆訶
佛說多心經

BD15174號2　般若波羅蜜多心經　（7–7）

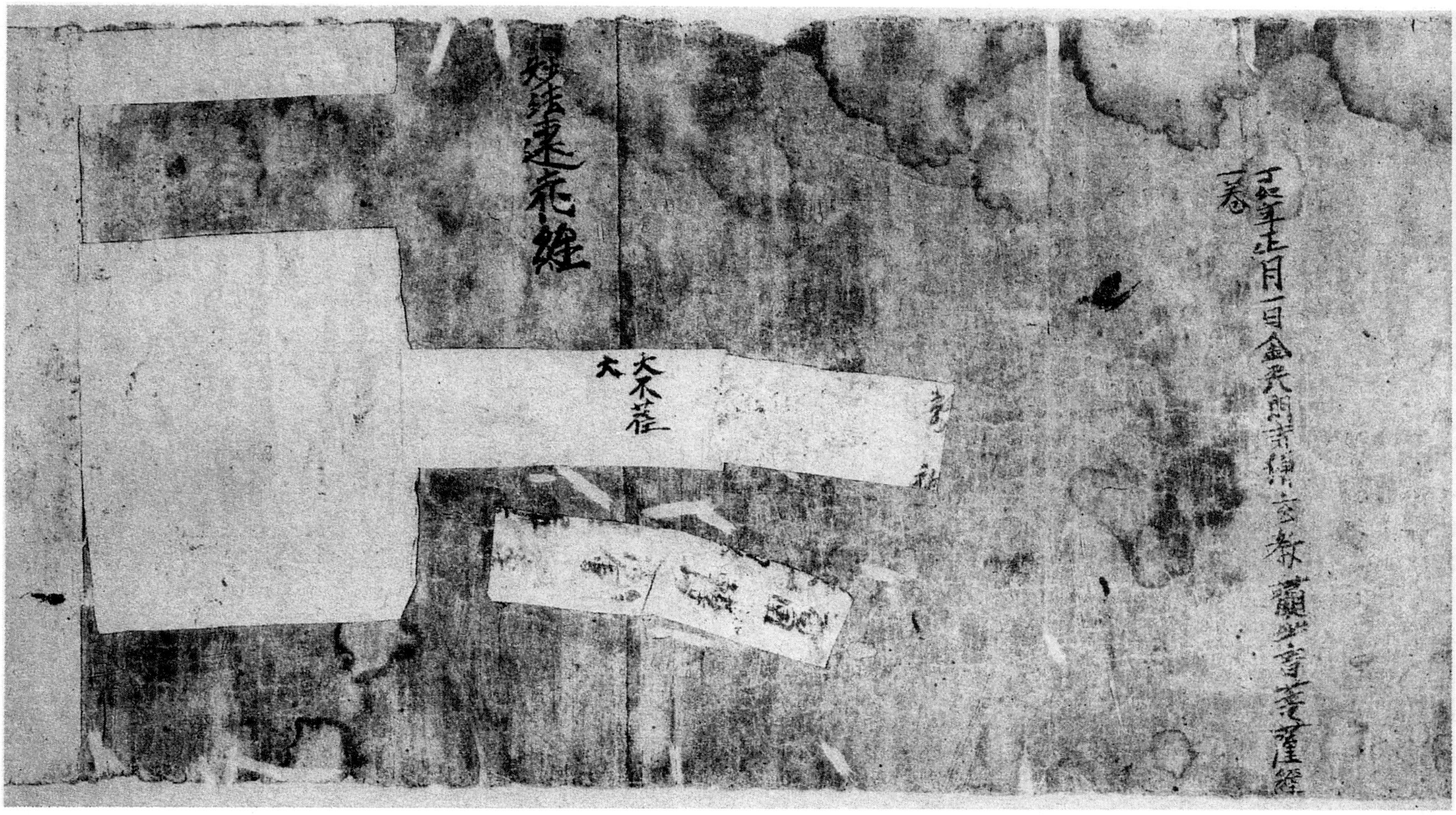

BD15174 號背　題記、雜寫　　　　（3–1）

BD15174 號背　題記、雜寫　　　　（3–2）

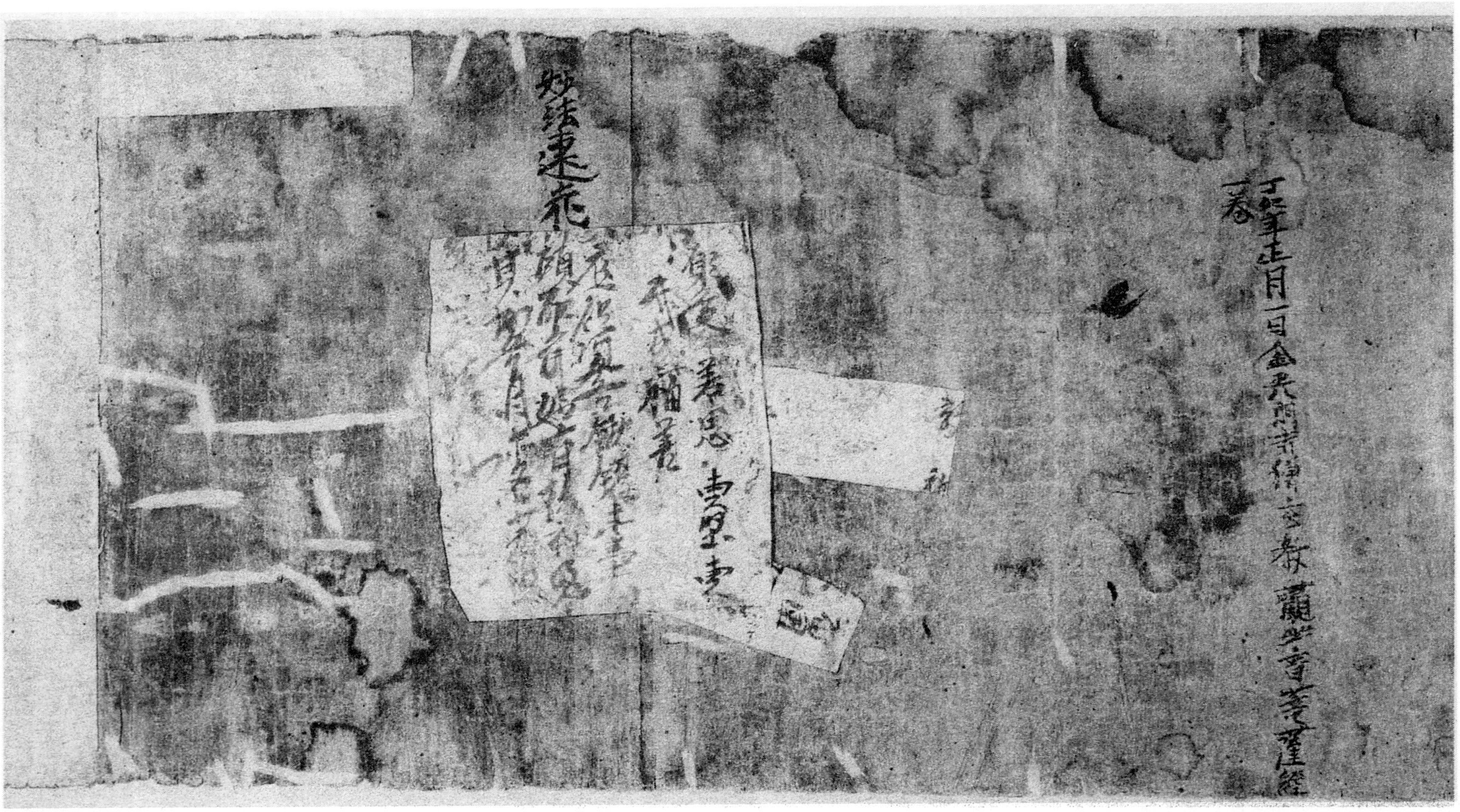

BD15174 號背　社司轉帖　　（3–1）

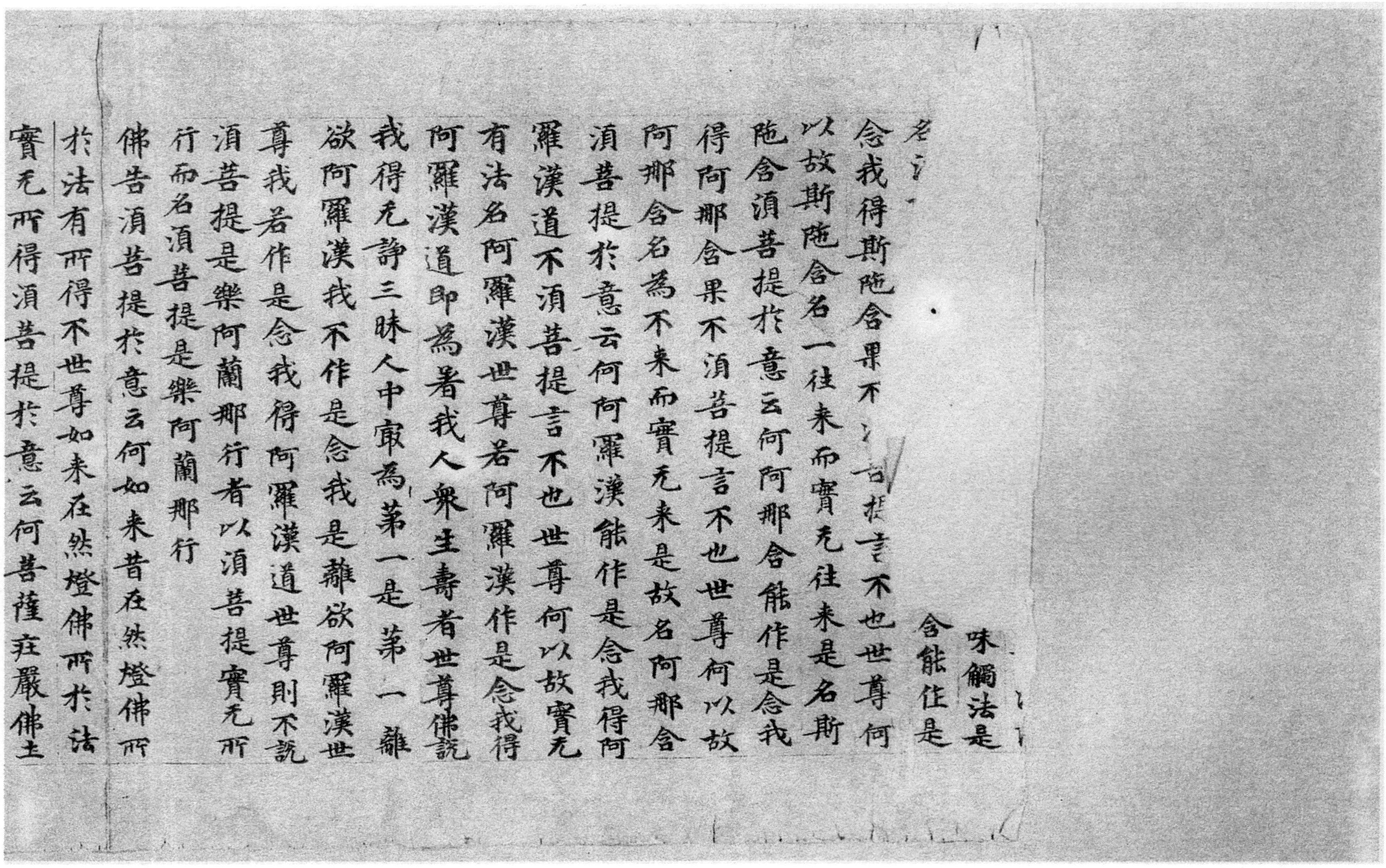
味觸法是
含能住是
念我得斯陁含果不須菩提言不也世尊何
以故斯陁含名一往來而實无往來是名斯
陁含須菩提於意云何阿那含能作是念我
得阿那含果不須菩提言不也世尊何以故
阿那含名為不來而實无來是故名阿那含
須菩提於意云何阿羅漢能作是念我得阿
羅漢道不須菩提言不也世尊何以故實无
有法名阿羅漢世尊若阿羅漢作是念我得
阿羅漢道即為著我人衆生壽者世尊佛說
我得无諍三昧人中最為第一是第一離
欲阿羅漢我不作是念我是離欲阿羅漢世
尊我若作是念我得阿羅漢道世尊則不說
須菩提是樂阿蘭那行者以須菩提實无所
行而名須菩提是樂阿蘭那行
佛告須菩提於意云何如來昔在然燈佛所
於法有所得不世尊如來在然燈佛所於法
實无所得須菩提於意云何菩薩莊嚴佛土

BD15175 號　金剛般若波羅蜜經　　（11–1）

於法有所得不世尊如来在然燈佛所於法
實无所得須菩提於意云何菩薩莊嚴佛土
不不也世尊何以故莊嚴佛土者則非莊嚴是
名莊嚴是故須菩提諸菩薩摩訶薩應如是
生清淨心不應住色生心不應住聲香味
觸法生心應无所住而生其心須菩提譬如
有人身如須弥山王於意云何是身為大不須
菩提言甚大世尊何以故佛說非身是名大身
須菩提如恒河中所有沙數如是沙等恒河
於意云何是諸恒河沙寧為多不須菩提言
甚多世尊但諸恒河尚多无數何況其沙須
菩提我今實言告汝若有善男子善女人
以七寶滿尒所恒河沙數三千大千世界以用
布施得福多不須菩提言甚多世尊佛告須
菩提若善男子善女人於此經中乃至受持
四句偈等為他人說而此福德勝前福德復
次須菩提隨說是經乃至四句偈等當知此
處一切世間天人阿脩羅皆應供養如佛塔
廟何況有人盡能受持讀誦須菩提當知是
人成就冣上第一希有之法若是經典所在
之處則為有佛若尊重弟子
尒時須菩提白佛言世尊當何名此經我等
云何奉持佛告須菩提是經名為金剛般若
波羅蜜以是名字汝當奉持所以者何須菩
提佛說般若波羅蜜則非般若波羅蜜須
菩提於意云何如来有所說法不須菩提白佛

BD15175號　金剛般若波羅蜜經　（11–2）

提佛說般若波羅蜜則非般若波羅蜜須
菩提於意云何如来有所說法不須菩提白佛
言世尊如来无所說須菩提於意云何三千
大千世界所有微塵是為多不須菩提言甚
多世尊須菩提諸微塵如来說非微塵是名
微塵如来說世界非世界是名世界須菩提於
意云何可以卅二相見如来不不也世尊何
以故如来說卅二相即是非相是名卅二相
須菩提若有善男子善女人以恒河沙等身
命布施若復有人於此經中乃至受持四句
偈等為他人說其福甚多
尒時須菩提聞說是經深解義趣涕淚悲
泣而白佛言希有世尊佛說如是甚深經典我
從昔来所得慧眼未曾得聞如是之經世尊
若復有人得聞是經信心清淨則生實相當
知是人成就第一希有功德世尊是實相者
則是非相是故如来說名實相世尊我今得
聞如是經典信解受持不足為難若當来世
後五百歲其有衆生得聞是經信解受持是
人則為第一希有何以故此人无我相人相
衆生相壽者相所以者何我相即是非相人
相衆生相壽者相即是非相何以故離一切
諸相則名諸佛佛告須菩提如是如是若復
有人得聞是經不驚不怖不畏當知是人甚
為希有何以故須菩提如来說第一波羅蜜

BD15175號　金剛般若波羅蜜經　（11–3）

諸相則名諸佛佛告須菩提如是如是若復
有人得聞是經不驚不怖不畏當知是人甚
為希有何以故須菩提如來說第一波羅蜜
非第一波羅蜜是名第一波羅蜜
須菩提忍辱波羅蜜如來說非忍辱波羅
蜜何以故須菩提如我昔為歌利王割截身體
我於尒時无我相无人相无衆生相无壽者相
何以故我於往昔節節支解時若有我相
人相衆生相壽者相應生瞋恨須菩提又
念過去於五百世作忍辱仙人於尒所世无我
相无人相无衆生相无壽者相是故須菩提
菩薩應離一切相發阿耨多羅三藐三菩提
心不應住色生心不應住聲香味觸法生心
應生无所住心若心有住則為非住是故佛
說菩薩心不應住色布施須菩提菩薩為利
益一切衆生應如是布施如來說一切諸相
即是非相又說一切衆生則非衆生須菩提
如來是真語者實語者如語者不誑語者不
異語者須菩提如來所得法此法无實无虛須
菩提若菩薩心住於法而行布施如人入闇
則无所見若菩薩心不住法而行布施如人
有目日光明照見種種色須菩提當來之世
若有善男子善女人能於此經受持讀誦則
為如來以佛智慧悉知是人悉見是人皆得
成就无量无邊功德
須菩提若有善男子善女人初日分以恒河

為如來以佛智慧悉知是人悉見是人皆得
成就无量无邊功德
須菩提若有善男子善女人初日分以恒河
沙等身布施中日分復以恒河沙等身布施
後日分亦以恒河沙等身布施如是无量百
千万億劫以身布施若復有人聞此經典信
心不逆其福勝彼何況書寫受持讀誦為人
解說須菩提以要言之是經有不可思議不
可稱量无邊功德如來為發大乘者說為發
㝡上乘者說若有人能受持讀誦廣為人說
如來悉知是人悉見是人皆成就不可量不
可稱无有邊不可思議功德如是人等則為
荷擔如來阿耨多羅三藐三菩提何以故須
菩提若樂小法者著我見人見衆生見壽者
見則於此經不能聽受讀誦為人解說須菩
提在在處處若有此經一切世間天人阿脩
羅所應供養當知此處則為是塔皆應供敬
作礼圍繞以諸華香而散其處
復次須菩提善男子善女人受持讀誦此經
若為人輕賤是人先世罪業應墮惡道以今
世人輕賤故先世罪業則為消滅當得阿耨
多羅三藐三菩提須菩提我念過去无量阿
僧祇劫於然燈佛前得值八百四千万億那
由他諸佛悉皆供養承事无空過者若復有
人於後末世能受持讀誦此經所得功德於
我所供養諸佛功德百分不及一千万億分

人於後末世能受持讀誦此經所得功德於
我所供養諸佛功德百分不及一千万億分
乃至筭數譬喻所不能及須菩提若善男子
善女人於後末世有受持讀誦此經所得功
德我若具說者或有人聞心則狂亂狐疑不
信須菩提當知是經義不可思議果報亦不
可思議
尒時須菩提白佛言世尊善男子善女人發
阿耨多羅三藐三菩提心云何應住云何降
伏其心佛告須菩提善男子善女人發阿耨
多羅三藐三菩提者當生如是心我應滅度
一切衆生滅度一切衆生已而无有一衆生
實滅度者何以故若菩薩有我相人相衆生
相壽者相則非菩薩所以者何須菩提實无
有法發阿耨多羅三藐三菩提者須菩提於
意云何如來於然燈佛所有法得阿耨多羅
三藐三菩提不不也世尊如我解佛所說義
佛於然燈佛所无有法得阿耨多羅三藐三
菩提佛言如是如是須菩提實无有法如來
得阿耨多羅三藐三菩提須菩提若有法如
來得阿耨多羅三藐三菩提者然燈佛則不
與我受記汝於來世當得作佛号釋迦牟尼
以實无有法得阿耨多羅三藐三菩提是故
然燈佛與我受記作是言汝於來世當得作
佛号釋迦牟尼何以故如來者即諸法如義

BD15175 號　金剛般若波羅蜜經　（11–6）

以實无有法得阿耨多羅三藐三菩提是故
然燈佛與我受記作是言汝於來世當得作
佛号釋迦牟尼何以故如來者即諸法如義
若有人言如來得阿耨多羅三藐三菩提須
菩提實无有法佛得阿耨多羅三藐三菩提
須菩提如來所得阿耨多羅三藐三菩提於
是中无實无虛是故如來說一切法皆是佛
法須菩提所言一切法者即非一切法是故
名一切法須菩提譬如人身長大須菩提言
世尊如來說人身長大則為非大身是名大
身須菩提菩薩亦如是若作是言我當滅度
无量衆生則不名菩薩何以故須菩提實无
有法名為菩薩是故佛說一切法无我无人
无衆生无壽者須菩提若菩薩作是言我當
莊嚴佛土是不名菩薩何以故如來說莊嚴
佛土者即非莊嚴是名莊嚴須菩提若菩薩
通達无我法者如來說名真是菩薩
須菩提於意云何如來有肉眼不如是世尊
如來有肉眼須菩提於意云何如來有天眼
不如是世尊如來有天眼須菩提於意云何
如來有慧眼不如是世尊如來有慧眼須菩
提於意云何如來有法眼不如是世尊如來
有法眼須菩提於意云何如來有佛眼不如
是世尊如來有佛眼須菩提於意云何恒河
中所有沙佛說是沙不如是世尊如來說是
沙須菩提於意云何如一恒河中所有沙有

BD15175 號　金剛般若波羅蜜經　（11–7）

中所有沙佛説是沙不如是世尊如来説是
沙須菩提於意云何如一恒河中所有沙有
如是等恒河是諸恒河所有沙數佛世界如是
寧為多不甚多世尊佛告須菩提尒所國
土中所有衆生若干種心如来悉知何以故
如来説諸心皆為非心是名為心所以者何
須菩提過去心不可得現在心不可得未来
心不可得須菩提於意云何若有人滿三千
大千世界七寶以用布施是人以是因緣得
福多不如是世尊此人以是因緣得福甚多
須菩提若福德有實如来不説得福德多
以福德无故如来説福德多
須菩提於意云何佛可以具足色身見不
也世尊如来不應以具足色身見何以故如
来説具足色身即非具足色身是名具足色
身須菩提於意云何如来可以具足諸相見
不不也世尊如来不應以具足諸相見何以故
如来説諸相具足即非具足是名諸相具足
須菩提汝勿謂如来作是念我當有所説
法莫作是念何以故若人言如来有所説法
即為謗佛不能解我所説故須菩提説法者
无法可説是名説法須菩提白佛言世尊如
是如是須菩提我於阿耨多羅三藐三菩提
乃至无有少法可得是名阿耨多羅三藐三
菩提復次須菩提是法平等无有高下是名
阿耨多羅三藐三菩提以无我无人无衆生

BD15175號　金剛般若波羅蜜經　（11-8）

乃至无有少法可得是名阿耨多羅三藐三
菩提復次須菩提是法平等无有高下是名
阿耨多羅三藐三菩提以无我无人无衆生
无壽者脩一切善法則得阿耨多羅三藐三
菩提須菩提所言善法者如来説非善法是
名善法須菩提若三千大千世界中所有諸
須弥山王如是等七寶聚有人持用布施若
人以此般若波羅蜜經乃至四句偈等受持
為他人説於前福德百分不及一百千万億
分乃至筭數譬喻所不能及
須菩提於意云何汝等勿謂如来作是念我
當度衆生須菩提莫作是念何以故實无有
衆生如来度者若有衆生如来度者如来則
有我人衆生壽者須菩提如来説有我者則
非有我而凡夫之人以為有我須菩提凡夫
者如来説則非凡夫須菩提於意云何可以
卅二相觀如来不須菩提言如是如是以卅
二相觀如来佛言須菩提若以卅二相觀如
来者轉輪聖王則是如来須菩提白佛言世
尊如我解佛所説義不應以卅二相觀如来
尒時世尊而説偈言
若以色見我　以音聲求我　是人行邪道　不能見如来
須菩提汝若作是念如来不以具足相故得
阿耨多羅三藐三菩提須菩提莫作是念
如来不以具足相故得阿耨多羅三藐三菩
提須菩提汝若作是念發阿耨多羅三藐三

BD15175號　金剛般若波羅蜜經　（11-9）

如来不以具足相故得阿耨多羅三藐三菩
提須菩提汝若作是念發阿耨多羅三藐三
菩提者說諸法斷滅相莫作是念何以故發
阿耨多羅三藐三菩提者於法不說斷滅相須
菩提若菩薩以滿恒河沙等世界七寶布施
若復有人知一切法无我得成於忍此菩薩
勝前菩薩所得功德須菩提以諸菩薩不受
福德故須菩提白佛言世尊云何菩薩不受
福德須菩提菩薩所作福德不應貪著是故
說不受福德須菩提若有人言如来若来若
去若坐若卧是人不解我所說義何以故如
来者无所從来亦无所去故名如来
須菩提若善男子善女人以三千大千世界
碎爲微塵於意云何是微塵衆寧爲多不
甚多世尊何以故若是微塵衆實有者佛則
不說是微塵衆所以者何佛說微塵衆則非
微塵衆是名微塵衆世尊如来所說三千大
千世界則非世界是名世界何以故若世界實
有者則是一合相如来說一合相則非一合相
是名一合相須菩提一合相者則是不可說
但凡夫之人貪著其事須菩提若人言佛
說我見人見衆生見壽者見須菩提於意
云何是人解我所說義不世尊是人不解如
来所說義何以故世尊說我見人見衆生見
壽者見即非我見人見衆生見壽者見是名
我見人見衆生見壽者見須菩提發阿耨多

BD15175號　金剛般若波羅蜜經　（11–10）

千世界則非世界是名世界何以故若世界實
有者則是一合相如来說一合相則非一合相
是名一合相須菩提一合相者則是不可說
但凡夫之人貪著其事須菩提若人言佛
說我見人見衆生見壽者見須菩提於意
云何是人解我所說義不世尊是人不解如
来所說義何以故世尊說我見人見衆生見
壽者見即非我見人見衆生見壽者見是名
我見人見衆生見壽者見須菩提發阿耨多
羅三藐三菩提心者於一切法應如是知如是
見如是信解不生法相須菩提所言法相者
如来說即非法相是名法相須菩提若有
人以滿无量阿僧祇世界七寶持用布施若
有善男子善女人發菩薩心者持於此經乃
至四句偈等受持讀誦爲人演說其福勝彼
云何爲人演說不取於相如如不動何以故
一切有爲法　如夢幻泡影　如露亦如電　應作如是觀
佛說是經已長老須菩提及諸比丘比丘尼
優婆塞優婆夷一切世間天人阿脩羅聞
佛所說皆大歡喜信受奉行

金剛般若波羅蜜經

BD15175號　金剛般若波羅蜜經　（11–11）

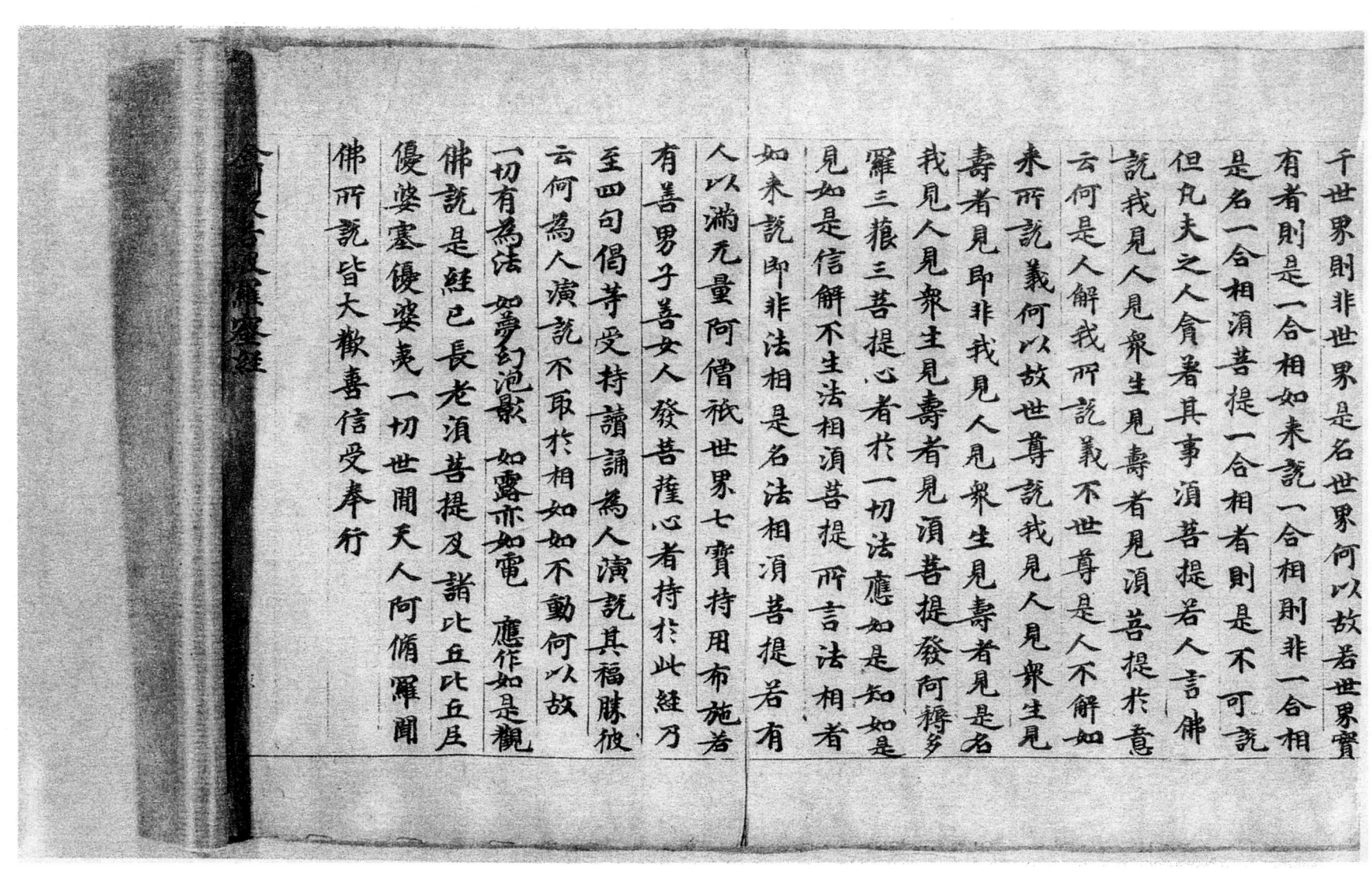

BD15175 號背　勘記、印章　（1–1）

BD15176 號背　題簽　（1–1）

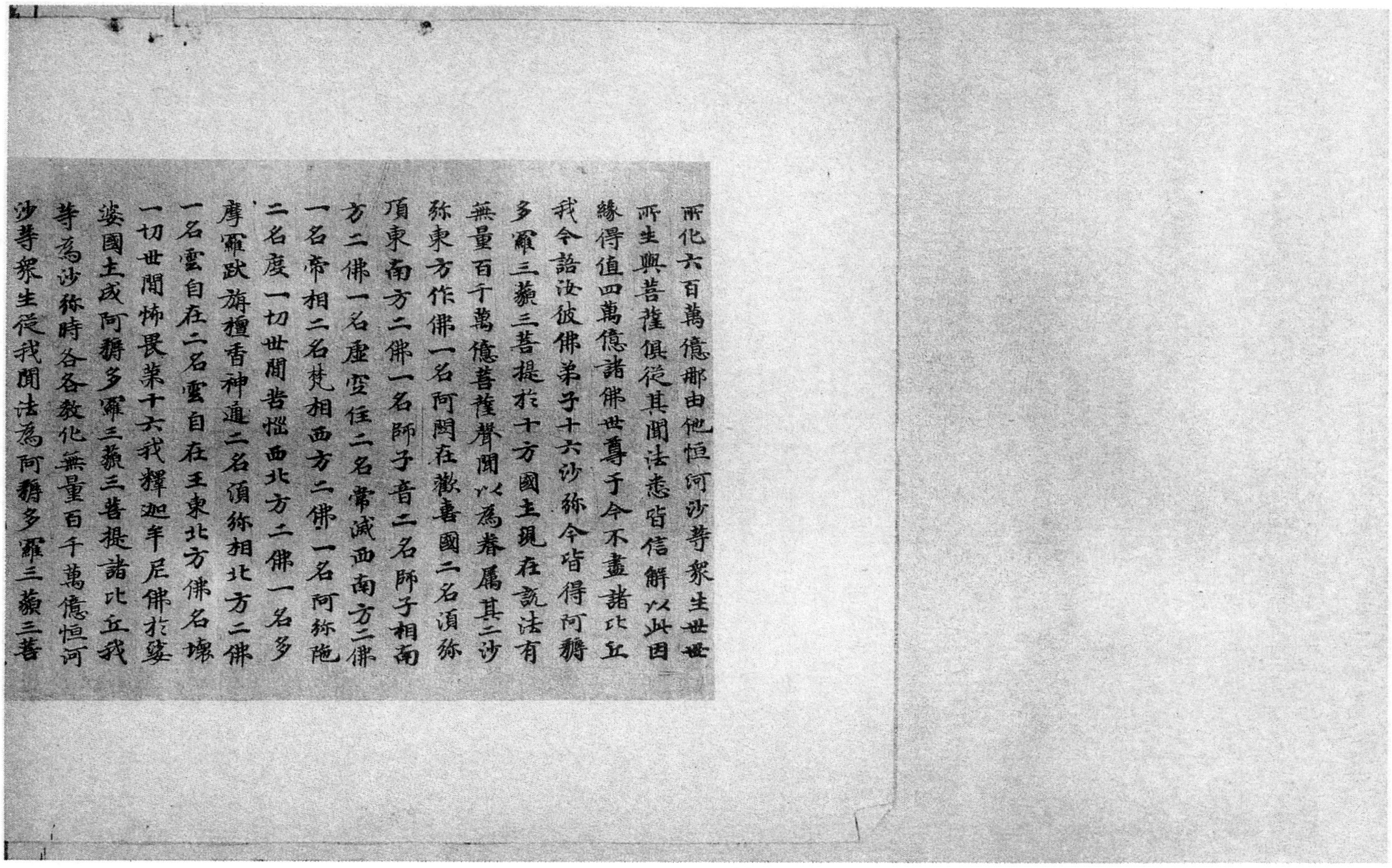

所化六百萬億那由他恒河沙等衆生世世
所生與菩薩俱從其聞法悉皆信解以此因
緣得值四萬億諸佛世尊于今不盡諸比丘
我今語汝彼佛弟子十六沙弥今皆得阿耨
多羅三藐三菩提於十方國土現在說法有
無量百千萬億菩薩聲聞以為眷屬其二沙
弥東方作佛一名阿閦在歡喜國二名須弥
頂東南方二佛一名師子音二名師子相南
方二佛一名虛空住二名常滅西南方二佛
一名帝相二名梵相西方二佛一名阿弥陁
二名度一切世間苦惱西北方二佛一名多
摩羅跋栴檀香神通二名須弥相北方二佛
一名雲自在二名雲自在王東北方佛名壞
一切世間怖畏第十六我釋迦牟尼佛於娑
婆國土成阿耨多羅三藐三菩提諸比丘我
等為沙弥時各各教化無量百千萬億恒河
沙等衆生從我聞法為阿耨多羅三藐三菩

BD15176 號　妙法蓮華經卷三　（2–1）

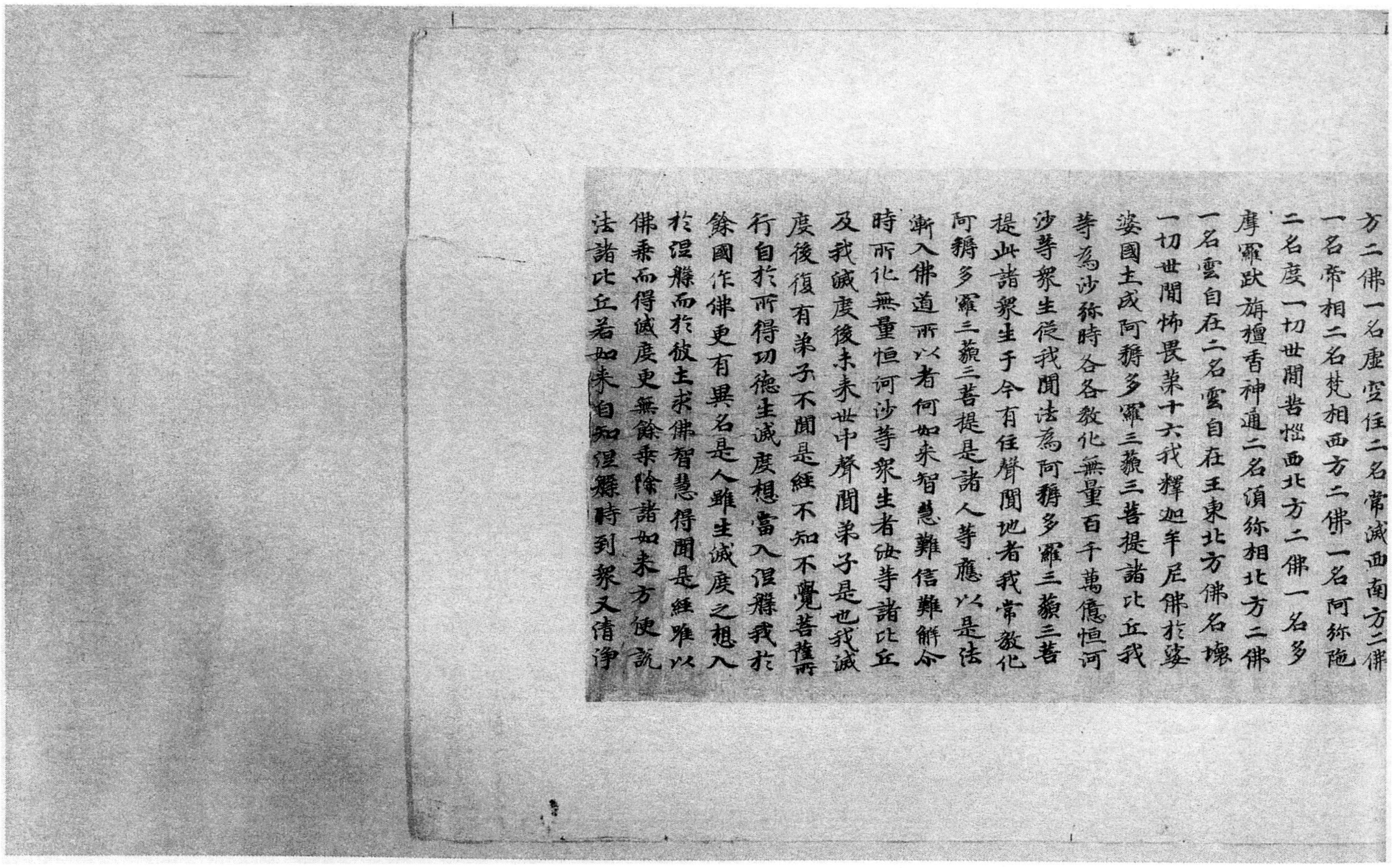

方二佛一名虛空住二名常滅西南方二佛
一名帝相二名梵相西方二佛一名阿弥陁
二名度一切世間苦惱西北方二佛一名多
摩羅跋栴檀香神通二名須弥相北方二佛
一名雲自在二名雲自在王東北方佛名壞
一切世間怖畏第十六我釋迦牟尼佛於娑
婆國土成阿耨多羅三藐三菩提諸比丘我
等為沙弥時各各教化無量百千萬億恒河
沙等衆生從我聞法為阿耨多羅三藐三菩
提此諸衆生于今有住聲聞地者我常教化
阿耨多羅三藐三菩提是諸人等應以是法
漸入佛道所以者何如来智慧難信難解尒
時所化無量恒河沙等衆生者汝等諸比丘
及我滅度後未来世中聲聞弟子是也我滅
度後復有弟子不聞是經不知不覺菩薩所
行自於所得功德生滅度想當入涅槃我於
餘國作佛更有異名是人雖生滅度之想入
於涅槃而於彼土求佛智慧得聞是經唯以
佛乘而得滅度更無餘乘除諸如来方便說
法諸比丘若如来自知涅槃時到衆又清淨

BD15176 號　妙法蓮華經卷三　（2–2）

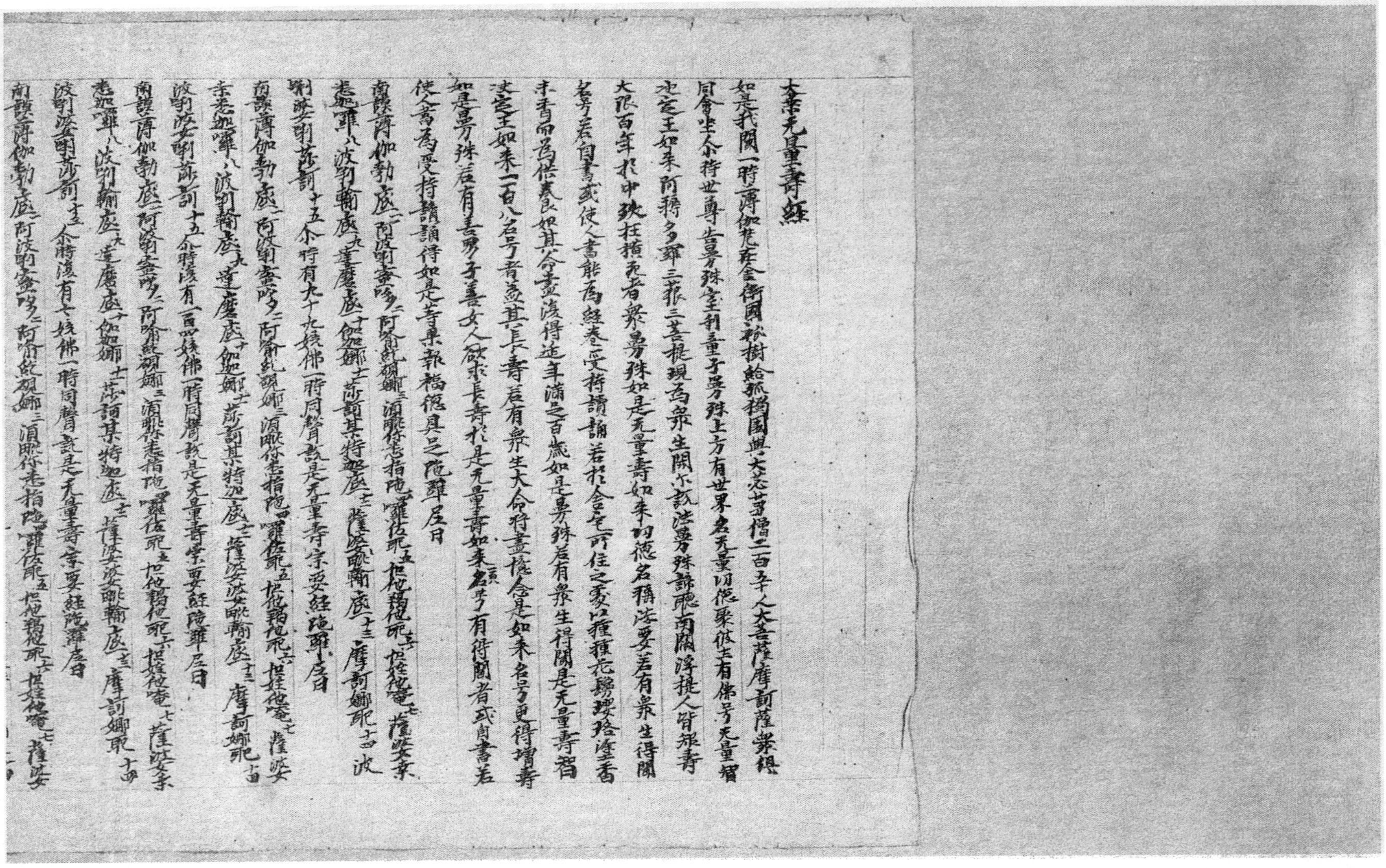

大乘无量壽經
如是我聞一時薄伽梵在舍衛國祇樹給孤獨園與大苾芻僧千二百五十人大菩薩摩訶薩衆俱
爾時世尊告曼殊室利童子曼殊室利上方有世界名无量功德聚彼土有佛號无量智
決定王如來阿羅訶三藐三菩提現為衆生開示說法曼殊室利諦聽南閻浮提人皆短壽
大限百年於中夭枉者衆曼殊室利如是无量壽如來功德名稱法要若有衆生得聞
名號若自書或使人書能為經卷受持讀誦若於舍宅所住之處以種種花鬘瓔珞塗香
末香而為供養如其命盡復得延年滿足百歲如是曼殊室利若有衆生得聞是无量壽智
決定王如來一百八名號者益其長壽若有衆生大命將盡憶念是如來名號更得增壽
如是曼殊室利若有善男子善女人欲求長壽於是无量壽如來名號一百八有得聞者或自書若
使人書為受持讀誦得如是等果報福德具足陀羅尼曰
南謨薄伽勃底一阿波唎蜜哆二阿喻紇硯娜三須毗你悉指陀四囉佐耶五怛他羯他耶六怛姪他唵七薩婆桑
悉迦囉八波唎輸底九達磨底十伽伽娜十一莎訶某特迦底十二薩婆婆毗輸底十三摩訶娜耶十四波
唎婆嚟莎訶十五爾時有九十九姟佛一時同聲說是无量壽宗要經陀羅尼曰
南謨薄伽勃底一阿波唎蜜哆二阿喻紇硯娜三須毗你悉指陀四囉佐耶五怛他羯他耶六怛姪他唵七薩婆
桑悉迦囉八波唎輸底九達磨底十伽伽娜十一莎訶某特迦底十二薩婆婆毗輸底十三摩訶娜耶十四
波唎婆嚟莎訶十五爾時復有一百四姟佛一時同聲說是无量壽宗要經陀羅尼曰
南謨薄伽勃底一阿波唎蜜哆二阿喻紇硯娜三須毗你悉指陀四囉佐耶五怛他羯他耶六怛姪他唵七薩婆桑
悉迦囉八波唎輸底九達磨底十伽伽娜十一莎訶某特迦底十二薩婆婆毗輸底十三摩訶娜耶十四
波唎婆嚟莎訶十五爾時復有七十七姟佛一時同聲說是无量壽宗要經陀羅尼曰
南謨薄伽勃底一阿波唎蜜哆二阿喻紇硯娜三須毗你悉指陀四囉佐耶五怛他羯他耶六怛姪他唵七薩婆

BD15177 號　無量壽宗要經　　（5–1）

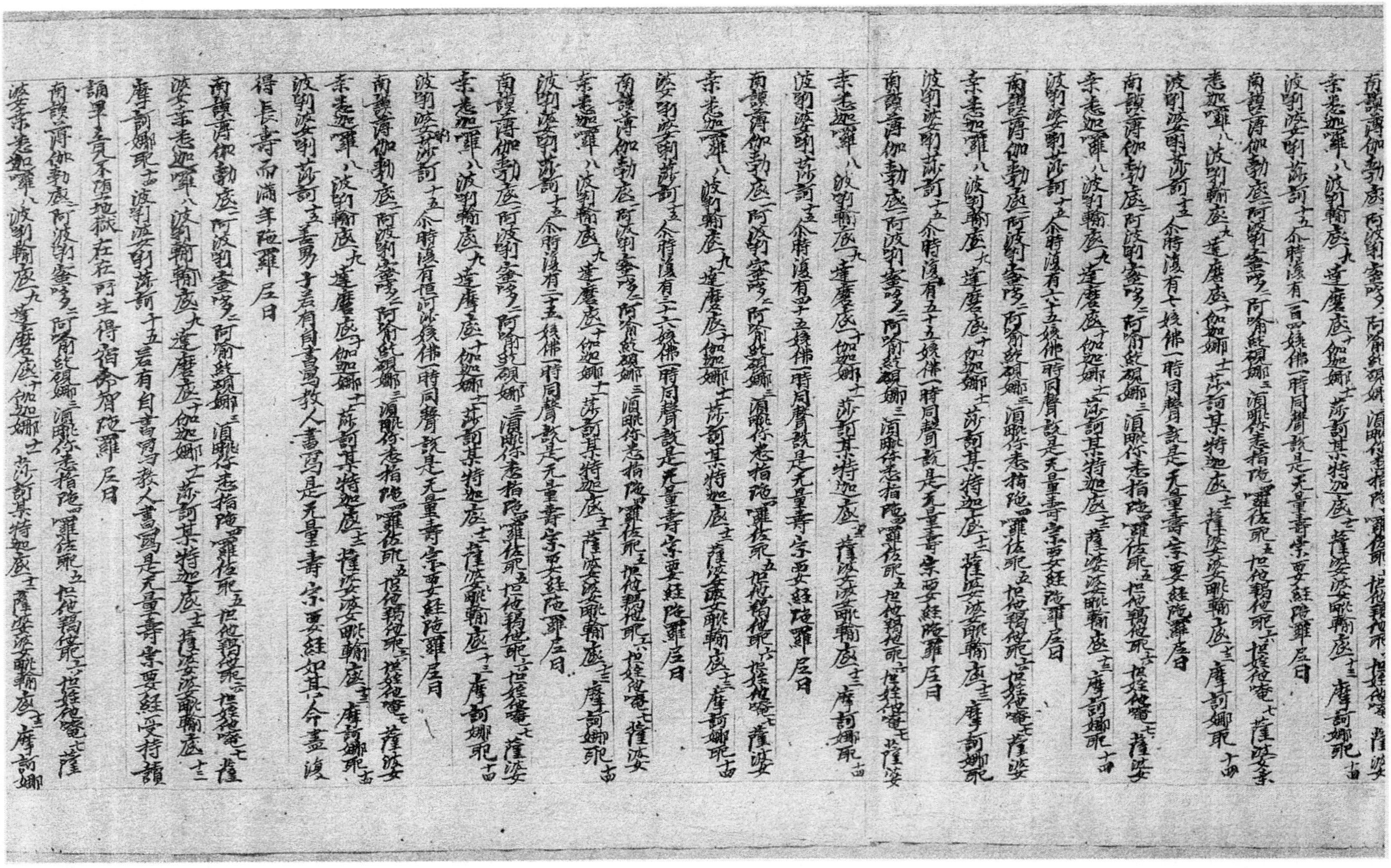

南謨薄伽勃底一阿波唎蜜哆二阿喻紇硯娜三須毗你悉指陀四囉佐耶五怛他羯他耶六怛姪他唵七薩婆
桑悉迦囉八波唎輸底九達磨底十伽伽娜十一莎訶某特迦底十二薩婆婆毗輸底十三摩訶娜耶十四
波唎婆嚟莎訶十五爾時復有一百四姟佛一時同聲說是无量壽宗要經陀羅尼曰
南謨薄伽勃底一阿波唎蜜哆二阿喻紇硯娜三須毗你悉指陀四囉佐耶五怛他羯他耶六怛姪他唵七薩婆桑
悉迦囉八波唎輸底九達磨底十伽伽娜十一莎訶某特迦底十二薩婆婆毗輸底十三摩訶娜耶十四
波唎婆嚟莎訶十五爾時復有七十七姟佛一時同聲說是无量壽宗要經陀羅尼曰
南謨薄伽勃底一阿波唎蜜哆二阿喻紇硯娜三須毗你悉指陀四囉佐耶五怛他羯他耶六怛姪他唵七薩婆
桑悉迦囉八波唎輸底九達磨底十伽伽娜十一莎訶某特迦底十二薩婆婆毗輸底十三摩訶娜耶十四
波唎婆嚟莎訶十五爾時復有六十五姟佛一時同聲說是无量壽宗要經陀羅尼曰
南謨薄伽勃底一阿波唎蜜哆二阿喻紇硯娜三須毗你悉指陀四囉佐耶五怛他羯他耶六怛姪他唵七薩婆
桑悉迦囉八波唎輸底九達磨底十伽伽娜十一莎訶某特迦底十二薩婆婆毗輸底十三摩訶娜耶
波唎婆嚟莎訶十五爾時復有五十五姟佛一時同聲說是无量壽宗要經陀羅尼曰
南謨薄伽勃底一阿波唎蜜哆二阿喻紇硯娜三須毗你悉指陀四囉佐耶五怛他羯他耶六怛姪他唵七薩婆
桑悉迦囉八波唎輸底九達磨底十伽伽娜十一莎訶某特迦底十二薩婆婆毗輸底十三摩訶娜耶十四
波唎婆嚟莎訶十五爾時復有四十五姟佛一時同聲說是无量壽宗要經陀羅尼曰
南謨薄伽勃底一阿波唎蜜哆二阿喻紇硯娜三須毗你悉指陀四囉佐耶五怛他羯他耶六怛姪他唵七薩婆
桑悉迦囉八波唎輸底九達磨底十伽伽娜十一莎訶某特迦底十二薩婆婆毗輸底十三摩訶娜耶十四
婆唎婆嚟莎訶十五爾時復有三十六姟佛一時同聲說是无量壽宗要經陀羅尼曰
南謨薄伽勃底一阿波唎蜜哆二阿喻紇硯娜三須毗你悉指陀四囉佐耶五怛他羯他耶六怛姪他唵七薩婆
桑悉迦囉八波唎輸底九達磨底十伽伽娜十一莎訶某特迦底十二薩婆婆毗輸底十三摩訶娜耶十四
波唎婆嚟莎訶十五爾時復有二十五姟佛一時同聲說是无量壽宗要經陀羅尼曰
南謨薄伽勃底一阿波唎蜜哆二阿喻紇硯娜三須毗你悉指陀四囉佐耶五怛他羯他耶六怛姪他唵七薩婆
桑悉迦囉八波唎輸底九達磨底十伽伽娜十一莎訶某特迦底十二薩婆婆毗輸底十三摩訶娜耶十四
波唎婆嚟莎訶十五爾時復有恒河沙姟佛一時同聲說是无量壽宗要經陀羅尼曰
南謨薄伽勃底一阿波唎蜜哆二阿喻紇硯娜三須毗你悉指陀四囉佐耶五怛他羯他耶六怛姪他唵七薩婆
桑悉迦囉八波唎輸底九達磨底十伽伽娜十一莎訶某特迦底十二薩婆婆毗輸底十三摩訶娜耶十四
波唎婆嚟莎訶十五善男子若有自書寫教人書寫是无量壽宗要經如其人命盡復
得長壽而滿年陀羅尼曰
南謨薄伽勃底一阿波唎蜜哆二阿喻紇硯娜三須毗你悉指陀四囉佐耶五怛他羯他耶六怛姪他唵七薩
婆桑悉迦囉八波唎輸底九達磨底十伽伽娜十一莎訶某特迦底十二薩婆婆毗輸底十三
摩訶娜耶十四波唎婆嚟莎訶十五若有自書寫教人書寫是无量壽宗要經受持讀
誦畢竟不墮地獄在在所生得宿命智陀羅尼曰
南謨薄伽勃底一阿波唎蜜哆二阿喻紇硯娜三須毗你悉指陀四囉佐耶五怛他羯他耶六怛姪他唵七薩
婆桑悉迦囉八波唎輸底九達磨底十伽伽娜十一莎訶某特迦底十二薩婆婆毗輸底十三摩訶娜

BD15177 號　無量壽宗要經　　（5–2）

摩訶娜耶十四 波唎婆唎莎訶十五 若有自書寫教人書寫是无量壽宗要經受持讀
誦畢竟不墮地獄在在所生得宿命智陁羅尼曰
南謨薄伽勃底一 阿波唎蜜哆二 阿喻紇硯娜三 須毗你悉指陁四 囉佐耶五 怛他羯他耶六 怛侄他唵七 薩
婆桑悉迦囉八 波唎輸底九 達磨底十 伽伽娜十一 莎訶某特迦底十二 薩婆婆娑毗輸底十三 摩訶娜
耶十四 波唎婆唎莎訶十五 若有自書寫教人書寫是无量壽宗要經受持讀誦如同書寫
八万四千一切經典陁羅尼曰
南謨薄伽勃底一 阿波唎蜜哆二 阿喻紇硯娜三 須毗你悉指陁四 囉佐耶五 怛他羯他耶六 怛侄他唵七 薩
婆桑悉迦囉八 波唎輸底九 達磨底十 伽伽娜十一 莎訶某特迦底十二 薩婆婆娑毗輸底十三 摩訶
娜耶十四 波唎婆唎莎訶十五 若有自書寫教人書寫是无量壽宗要經即是書寫八万
四千部建立塔廟陁羅尼曰
南謨薄伽勃底一 阿波唎蜜哆二 阿喻紇硯娜三 須毗你悉指陁四 囉佐耶五 怛他羯他耶六 怛侄他唵七
薩婆桑悉迦囉八 波唎輸底九 達磨底十 伽伽娜十一 莎訶某特迦底十二 薩婆婆娑毗輸底十三 摩訶
娜耶十四 波唎婆唎莎訶十五 若有自書寫教人書寫是无量壽宗要經能消五无
間等一切重罪陁羅尼曰
南謨薄伽勃底一 阿波唎蜜哆二 阿喻紇硯娜三 須毗你悉指陁四 囉佐耶五 怛他羯他耶六 怛侄他唵七 薩
婆桑悉迦囉八 波唎輸底九 達磨底十 伽伽娜十一 莎訶某特迦底十二 薩婆婆娑毗輸底十三 摩訶
娜耶十四 波唎婆唎莎訶十五 若有自書寫教人書寫是无量壽宗要經受持讀誦設
有重罪猶如須彌盡除能滅陁羅尼曰
南謨薄伽勃底一 阿波唎蜜哆二 阿喻紇硯娜三 須毗你悉指陁四 囉佐耶五 怛他羯他耶六 怛侄他唵七
薩婆桑悉迦囉八 波唎輸底九 達磨底十 伽伽娜十一 莎訶某特迦底十二 薩婆婆娑毗輸底十三 摩訶娜耶十四
波唎婆唎莎訶十五 若有自書寫教人書寫是无量壽宗要經受持讀誦若魔魔
之屬眷屬夜叉羅刹不得其便終无狂死陁羅尼曰
南謨薄伽勃底一 阿波唎蜜哆二 阿喻紇硯娜三 須毗你悉指陁四 囉佐耶五 怛他羯他耶六 怛侄他唵七 薩
婆桑悉迦囉八 波唎輸底九 達磨底十 伽伽娜十一 莎訶某特迦底十二 薩婆婆娑毗輸底十三 摩訶娜
耶十四 波唎婆唎莎訶十五 若有自書寫教人書寫是无量壽宗要經受持讀誦壽命終時
有九十九俱胝佛現其人前來千佛授手能遊一切佛剎莫於此經生於疑惑陁羅尼曰
南謨薄伽勃底一 阿波唎蜜哆二 阿喻紇硯娜三 須毗你悉指陁四 囉佐耶五 怛他羯他耶六 怛侄他唵七 薩婆
桑悉迦囉八 波唎輸底九 達磨底十 伽伽娜十一 莎訶某特迦底十二 薩婆婆娑毗輸底十三 摩訶娜耶
波唎婆唎莎訶十五 若有自書寫教人書寫是无量壽宗要經受持讀誦常得四天大王隨
其衛護陁羅尼曰
南謨薄伽勃底一 阿波唎蜜哆二 阿喻紇硯娜三 須毗你悉指陁四 囉佐耶五 怛他羯他耶六 怛侄他唵七 薩婆
桑悉迦囉八 波唎輸底九 達磨底十 伽伽娜十一 莎訶某特迦底十二 薩婆婆娑毗輸底十三 摩訶娜耶十四
波唎婆唎莎訶十五 若有自書寫教人書寫是无量壽宗要經受持讀誦當往生西方極樂
世界阿彌陁淨土陁羅尼曰

BD15177號　無量壽宗要經　（5–3）

桑悉迦囉八 波唎輸底九 達磨底十 伽伽娜十一 莎訶某特迦底十二 薩婆婆娑毗輸底十三 摩訶娜耶十四
波唎婆唎莎訶十五 若有自書寫教人書寫是无量壽宗要經受持讀誦當往生西方極樂
世界阿彌陁淨土陁羅尼曰
南謨薄伽勃底一 阿波唎蜜哆二 阿喻紇硯娜三 須毗你悉指陁四 囉佐耶五 怛他羯他耶六 怛侄他唵七 薩婆
桑悉迦囉八 波唎輸底九 達磨底十 伽伽娜十一 莎訶某特迦底十二 薩婆婆娑毗輸底十三 摩訶娜耶
波唎婆唎莎訶十五 若有方所有書寫教人書寫是无量壽經典之處則為是塔皆應
恭敬作禮若是畜生或為鳥獸得聞是經如是等類皆當不久得成一切
種智陁羅尼曰
南謨薄伽勃底一 阿波唎蜜哆二 阿喻紇硯娜三 須毗你悉指陁四 囉佐耶五 怛他羯他耶六 怛侄他唵
薩婆桑悉迦囉八 波唎輸底九 達磨底十 伽伽娜十一 莎訶某特迦底十二 薩婆婆娑毗輸底十三 摩
訶娜耶十四 波唎婆唎莎訶十五 若有於是无量壽經自書寫教人書寫畢竟不受
女人之身陁羅尼曰
南謨薄伽勃底一 阿波唎蜜哆二 阿喻紇硯娜三 須毗你悉指陁四 囉佐耶五 怛他羯他耶六 怛侄他唵七
薩婆桑悉迦囉八 波唎輸底九 達磨底十 伽伽娜十一 莎訶某特迦底十二 薩婆婆娑毗輸底十三 摩
訶娜耶十四 波唎婆唎莎訶十五 若有能於是經少分能惠施者等於三千大千世
界滿中七寶布施陁羅尼曰
南謨薄伽勃底一 阿波唎蜜哆二 阿喻紇硯娜三 須毗你悉指陁四 囉佐耶五 怛他羯他耶六 怛侄他唵七 薩
婆桑悉迦囉八 波唎輸底九 達磨底十 伽伽娜十一 莎訶某特迦底十二 薩婆婆娑毗輸底十三 摩訶
娜耶十四 波唎婆唎莎訶十五 若有供能養則是供養一切諸經等无有別異
陁羅尼曰
南謨薄伽勃底一 阿波唎蜜哆二 阿喻紇硯娜三 須毗你悉指陁四 囉佐耶五 怛他羯他耶六 怛侄他唵七 薩
婆桑悉迦囉八 波唎輸底九 達磨底十 伽伽娜十一 莎訶某特迦底十二 薩婆婆娑毗輸底十三 摩訶娜耶
波唎婆唎莎訶十五 如是毗婆尸佛 尸棄佛 毗舍浮佛 俱留孫佛 俱那含牟尼佛 迦葉佛
釋迦牟尼佛 若有人以七寶供養如是七佛其福有限書寫受持是无量壽經典所
生功德不可限量陁羅尼曰
南謨薄伽勃底一 阿波唎蜜哆二 阿喻紇硯娜三 須毗你悉指陁四 囉佐耶五 怛他羯他耶六 怛侄他唵七 薩
婆桑悉迦囉八 波唎輸底九 達磨底十 伽伽娜十一 莎訶某特迦底十二 薩婆婆娑毗輸底十三 摩訶
娜耶十四 波唎婆唎莎訶十五 若有七寶等於須彌以用布施其福止限書寫受於是无量
壽經典其福不可知數陁羅尼曰
南謨薄伽勃底一 阿波唎蜜哆二 阿喻紇硯娜三 須毗你悉指陁四 囉佐耶五 怛他羯他耶六 怛侄他唵七 薩
婆桑悉迦囉八 波唎輸底九 達磨底十 伽伽娜十一 莎訶某特迦底十二 薩婆婆娑毗輸底十三 摩訶娜耶十四
波唎婆唎莎訶十五 如是四大海水可知滴數是无量壽經典所生果報
不可數量陁羅尼曰
南謨薄伽勃底一 阿波唎蜜哆二 阿喻紇硯娜三 須毗你悉指陁四 囉佐耶五 怛他羯他耶六 怛侄他唵七 薩

BD15177號　無量壽宗要經　（5–4）

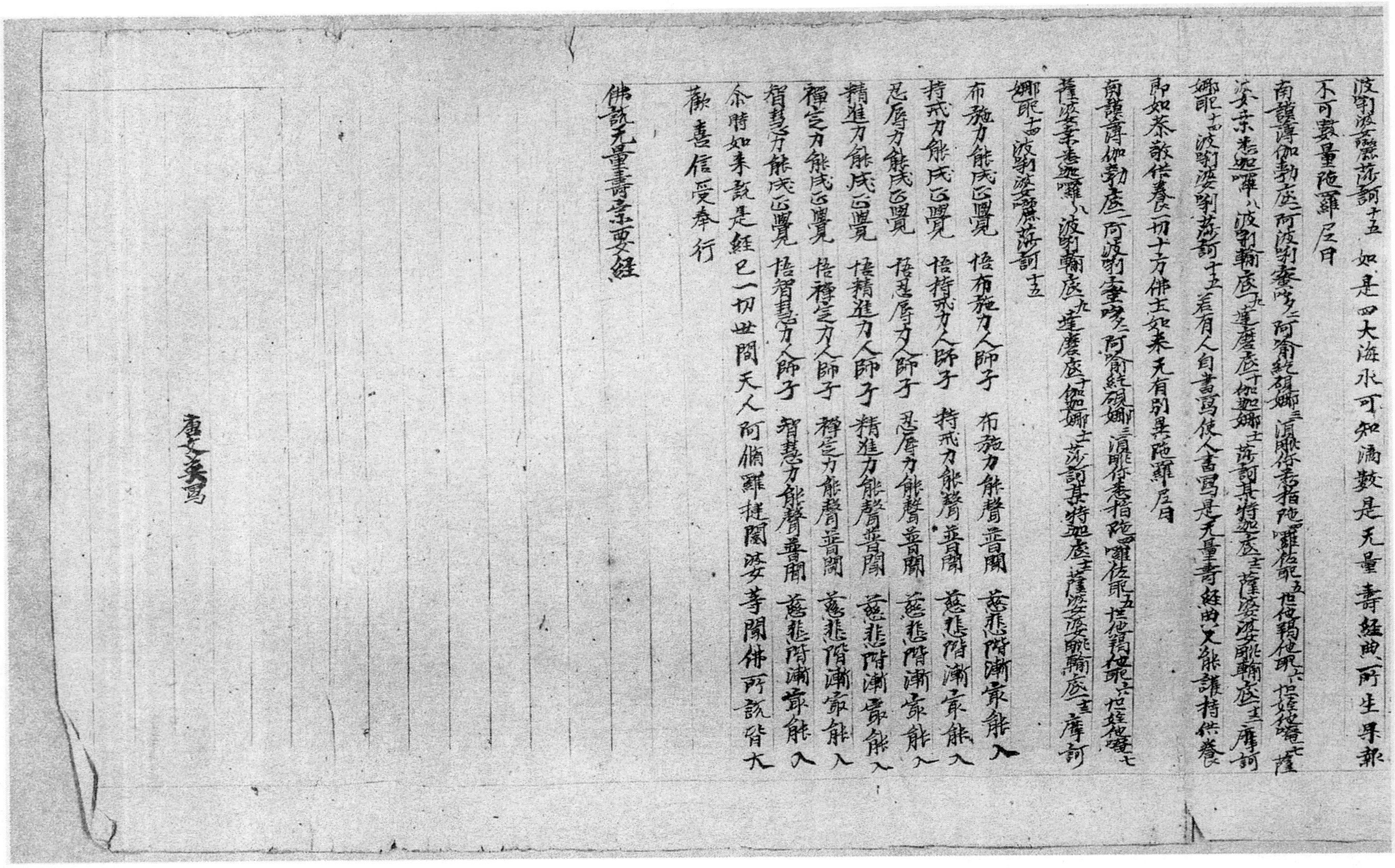

波唎婆𠼪嚩娑訶十五　如是四大海水可知滴數是无量壽經典所生果報
不可數量陁羅尼曰
南謨薄伽勃底一阿波唎蜜哆二阿喻紇硯娜三須毗你悉指陁四囉佐耶五怛他羯他耶六怛姪他七唵薩
婆桑悉迦囉八波唎輸底九達磨底十伽伽娜十一莎訶其特迦底十二薩婆婆毗輸底十三摩訶
娜耶十四波唎婆嚩娑訶十五若有人自書寫使人書寫是无量壽經典又能讀持供養
即如恭敬供養一切十方佛土如來无有別異陁羅尼曰
南謨薄伽勃底一阿波唎蜜哆二阿喻紇硯娜三須毗你悉指陁四囉佐耶五怛他羯他耶六怛姪他七唵
薩婆桑悉迦囉八波唎輸底九達磨底十伽伽娜十一莎訶其特迦底十二薩婆婆毗輸底十三摩訶
娜耶十四波唎婆𠼪嚩娑訶十五
布施力能成正覺　悟布施力人師子　布施力能聲普聞　慈悲階漸處能入
持戒力能成正覺　悟持戒力人師子　持戒力能聲普聞　慈悲階漸處能入
忍辱力能成正覺　悟忍辱力人師子　忍辱力能聲普聞　慈悲階漸處能入
精進力能成正覺　悟精進力人師子　精進力能聲普聞　慈悲階漸處能入
禪定力能成正覺　悟禪定力人師子　禪定力能聲普聞　慈悲階漸處能入
智慧力能成正覺　悟智慧力人師子　智慧力能聲普聞　慈悲階漸處能入
尒時如來說是經已一切世間天人阿脩羅揵闥婆等聞佛所說皆大
歡喜信受奉行
佛說无量壽宗要經

唐文英寫

BD15177 號　無量壽宗要經　（5–5）

BD15177 號背　勘記、印章　（1–1）

入楞伽經卷第四云　大慧云何者三結謂身見疑戒取大慧彼五
種結上上勝進得阿羅漢果大慧身見有二種何等為二一者俱生二
者虛妄分別而生如因緣分別法故大慧譬如依諸因緣法相虛
妄分別而生實相彼因緣法中非有非無以分別有無非實相故
愚癡凡夫執著種種法相如諸禽獸見於陽炎取以為水大慧是
名須陀洹分別身見何以故以無智故无始世來虛妄取相故大慧此
身見垢見人無我乃能遠離大慧何者須陀洹俱生身見所謂自身
他身俱見彼二四陰无色色陰生時依於四大及四塵等彼此因緣和
合生色而須陀洹知已能離有无邪見斷於身見斷身見已不生
貪心大慧是名須陀洹身見之相大慧何者須陀洹疑相謂得證法
善見相已先斷身見及於二見分別之心是故於諸法中不生疑心復不
生心於餘尊者以為尊相為淨不淨故大慧是名須陀洹疑相大慧
何者須陀洹不取戒相謂善見受生處苦相故是故不取戒相大慧戒
取者謂諸凡夫持戒精進種種善行求樂境界生諸天中彼須陀
洹不取是之相而取自身內證迴向進趣勝處離諸妄想修無漏戒
分大慧是名須陀洹戒取相大慧須陀洹斷三結煩惱離貪瞋癡
卷第五云　尒時聖者大慧菩薩復白佛言世尊如世尊說善男子
善女人行五無間業世尊何等是五無間業而善男子善女人行五無
間人於無間佛告聖者大慧菩薩言善哉善哉大慧諦聽諦聽
當為汝說大慧白佛言善哉世尊唯然受教佛告大慧五無間者
一者殺母二者殺父三者殺阿羅漢四者破和合僧五者惡心出佛身
血大慧何者眾生母謂更受後生貪喜俱出如緣母立大慧何者為父謂

BD15178號　入楞伽經鈔（擬）　（7-1）

分大慧是名須陀洹戒取相大慧須陀洹斷三結煩惱離貪瞋癡
卷第五云　尒時聖者大慧菩薩復白佛言世尊如世尊說善男子
善女人行五無間業世尊何等是五無間業而善男子善女人行五無
間人於無間佛告聖者大慧菩薩言善哉善哉大慧諦聽諦聽
當為汝說大慧白佛言善哉世尊唯然受教佛告大慧五無間者
一者殺母二者殺父三者殺阿羅漢四者破和合僧五者惡心出佛身
血大慧何者眾生母謂更受後生貪喜俱出如緣母立大慧何者為父謂
無明為父生六入聚落大慧斷彼二種能生根本名殺父母大慧何者殺阿羅漢
謂諸使如鼠毒發狀諸使怨根本不生大慧是名殺阿羅漢大慧何
者破和合僧謂五陰異相和合積聚究竟斷破名為破僧大慧何
者惡心出佛身血謂自相同相見外自心相八種識身依無漏三解脫門
究竟斷八種識佛名為惡心出佛身血大慧是名內身五種無間若善
男子善女人行此無間得名無間者无間者名證如實法故復次大慧
我為汝等說外五種無間之相諸菩薩聞是義已於未來世不生疑心大慧
何者是外五種無間謂殺父母羅漢破和合僧出佛身血行此無間者於
彼三種解脫門中不能得證一一解脫除依如來力住持應化聲聞菩薩如來神
力為五種罪人懺悔疑心斷疑心令生善根為彼罪人作應化說大慧若犯五種
无間罪者畢竟不得證入道分除見自心惟是虛妄離身資生所依
住處分別見我我所相於無量无量劫中遇善知識於異道身離於
自心虛妄見過尒時世尊重說偈言　貪愛名為母　无明則為父
了境識為佛　諸使為羅漢　陰聚名為僧　无間斷相續　更无有業間
得真如无間　尒時聖者大慧菩薩復白佛言世尊惟願為我說諸如來
知覺之相佛告聖者大慧菩薩摩訶薩言大慧如實知人无我法无我如
實能知二種障故遠離二種煩惱大慧是名如來如實知覺大慧聲聞辟
支佛得此法者亦名為佛大慧是因緣故我說一乘尒時世尊重說偈
言　善知二無我　二障二煩惱　得不思議變　是名佛知覺
卷第六云　尒時聖者大慧菩薩復白佛言世尊惟願世尊為我解說惟
願善逝為我解說如來處處說言諸法不生不滅世尊復言不生不
滅者名如來法身故言不生不滅世尊如來言不生不滅者為是無
故名不生不滅為是如來異名不生不滅而佛如來常說諸法不生不滅
以離建立有無法故世尊若一切法不生者此不得言一切法以一切不生故
若依餘法有此名者世尊應為我說　佛告大慧菩薩言善哉善哉善
哉大慧諦聽諦聽當為汝說大慧菩薩白佛言善哉世尊唯然受教佛告
大慧如來法身非是無物亦非一切法不生不滅亦不得言依因緣有亦
非虛妄說不生不滅大慧我常說言不生不滅者名意生身如來法
身非諸外道聲聞辟支佛境界故住七地菩薩亦非境界大慧我言

BD15178號　入楞伽經鈔（擬）　（7-2）

故名不生不滅為是如來異名不生不滅而佛如來常說諸法不生不滅
以離建立有無法故世尊若一切法不生者此不得言一切法以一切不生故
若依餘法有此名者世尊應為我說　佛告大慧菩薩言善哉善哉善
哉大慧諦聽諦聽當為汝說大慧菩薩白佛言善哉世尊唯然受教佛告
大慧如來法身非是無物亦非一切法不生不滅亦不得言依因緣有亦
非虛妄說不生不滅大慧我常說言不生不滅者名意生身如來法
身非諸外道聲聞辟支佛境界故住七地菩薩亦非境界大慧我言
不生不滅者即如來異名　卷第七云　入道品第九
尒時聖者大慧菩薩摩訶薩復白佛言世尊惟願世尊為我說諸一切
菩薩聲聞辟支佛入滅盡定次第相續相及一切諸菩薩等若得善知入滅盡定次
第之相巧方便者不墮聲聞辟支佛三昧三摩跋提滅盡定樂不墮聲
聞辟支佛外道迷惑之法佛告聖者大慧菩薩言善哉善哉善哉大慧諦聽
諦聽當為汝說大慧菩薩白佛言善哉世尊唯然受教佛告大慧菩薩從初地
乃至六地入滅盡定聲聞辟支佛亦入滅盡定大慧諸菩薩摩訶薩於七地中
念念入滅盡定以諸菩薩悉能遠離一切諸法有無相故大慧聲聞辟支
佛不能念念入滅盡定以聲聞辟支佛緣有為行入滅盡定墮在可取能取
境界是故聲聞辟支佛不能於七地中念念入滅盡定以聲聞辟支佛生驚怖
相以墮諸法無異相故以覺諸法種種異相有法無法善不善法同相異
相而入滅盡定是故聲聞辟支佛不能入七地中念念入滅盡定以無善巧方便智
故大慧七地菩薩摩訶薩轉滅聲聞辟支佛心意意識大慧初地乃至六地菩薩
摩訶薩見於三界但是自心心意意識離我我所法惟是自心分別
不墮外法種種諸相惟是凡夫內心愚癡墮於二邊見於可取能取之
法以無知故而不覺知無始世來身口意妄相煩惱戲論熏習而生
諸法大慧菩薩於八地中一切菩薩聲聞辟支佛入涅槃相大慧諸菩薩摩訶薩
承自心三昧佛力不入三昧樂門墮涅槃而住以不滿足如來地者捨菩
住三昧分者休息度脫一切衆生斷如來種滅如來家為示如來不可思
議諸境界故是故不入涅槃大慧諸菩薩摩訶薩聲聞辟支佛墮三昧樂門法是故聲聞
辟支佛生涅槃相大慧諸菩薩摩訶薩從初地來乃至七地具巧方便觀
察心意意識之相遠離我我所取相之法觀察我空法空觀察同相異相
善解四無礙巧方便義自在次第入於諸地種種分法大慧我若不說諸菩薩摩
訶薩同相異相法者一切菩薩不如實知諸地次第恐墮外道邪見等法故
我次第說諸地相大慧若人次第入諸地者不墮餘道我說諸地次第
相者惟自心見習地地次第及三界中種種行相而諸凡夫不覺不知以諸
凡夫不覺知故是故我及一切諸佛說於諸地次第之相及建立三界種種
行相復次大慧聲聞辟支佛於第八菩薩地中樂著寂滅三昧樂門醉故不
能善知惟自心見墮自相同相熏習障礙故墮人無我法無我見過故以
分別心名為涅槃而不能知諸法寂靜大慧諸菩薩摩訶薩以見寂靜三昧樂
門憶念本願大慈悲心度諸衆生知十無盡句如實行智是故不即入於涅槃
大慧諸菩薩摩訶薩遠離虛妄分別之心遠離能取可取境界名入涅槃

訶薩同相異相法者一切菩薩不如實知諸地次第恐墮外道邪見等法故
我次第說諸地相大慧若人次第入諸地者不墮餘道我說諸地次第
相者惟自心見習地地次第及三界中種種行相而諸凡夫不覺不知以諸
凡夫不覺知故是故我及一切諸佛說於諸地次第之相及建立三界種種
行相復次大慧聲聞辟支佛於第八菩薩地中樂著寂滅三昧樂門醉故不
能善知惟自心見墮自相同相熏習障礙故墮人無我法無我見過故以
分別心名為涅槃而不能知諸法寂靜大慧諸菩薩摩訶薩以見寂靜三昧樂
門憶念本願大慈悲心度諸衆生知十無盡句如實行智是故不即入於涅槃
大慧諸菩薩摩訶薩遠離虛妄分別之心遠離能取可取境界名入涅槃
以如實智知一切諸法惟是自心是故不生分別之心是故菩薩不取心意意識不
著外法實有之相而非不為佛法修行依根本智展轉修行為於自身求
佛如來證地智故大慧如人睡夢度大海水起大方便欲度自身未度中間忽
然便寤作是思惟此[illegible]為是實為是虛妄彼復思惟如是之相非實非虛
惟是我本虛妄分別不實境界熏習因故見種種色形相顛倒不離有
無意識熏習於夢中見大慧菩薩摩訶薩亦復如是於八地中見分別心初
地七地諸法同相如夢如幻平等無異離諸功用可取能取分別之心見心
心數法為於未得上上佛法修行者令得故菩薩摩訶薩修行勝法名為涅
槃非滅諸法名為涅槃菩薩摩訶薩遠離心意意識分別相故得無生
法忍大慧第一義中亦無次第無次第行諸法寂靜亦如虛空大慧菩薩
白佛言世尊世尊說聲聞辟支佛入第八菩薩地寂滅樂門如來復說聲
聞辟支佛不知但是自心分別復說諸聲聞得人無我而不得法無我空若
如是說聲聞辟支佛尚未能證初地之法何況八地寂滅樂門佛告大慧我
今為汝分別宣說大慧聲聞有三種者入八地寂滅門者此是先修菩薩行者
墮聲聞地還依本心[illegible]修菩薩行同入八地寂滅樂門非增上慢寂滅聲聞以彼
不能入菩薩行未曾覺知三界惟心未曾修行菩薩諸法未曾修行諸波羅
蜜十地之行是故決定寂滅聲聞不能證彼菩薩所行寂滅樂門尒時世尊
重說偈言　惟心無所有　諸行及佛地　去來現在佛　三世說如是
七地為心地　無所有八地　二地名為行　餘地名我地　內身證及淨
此名為我地　自在最勝處　阿迦尼吒天　焰耀如炎火　出妙諸光明
種種義可樂　化作於三界　化現三界色　或有在先化　彼處說諸乘
是我自在地　十地為初地　初地為八地　九地為七地　七地為八地
二地為三地　四地為五地　三地為六地　寂滅有何次　決定諸聲聞
不行菩薩行　同入八地者　是本菩薩行　卷第八云
剎那品第十四　尒時聖者大慧菩薩摩訶薩復白佛言世尊惟願如
來應正遍知為我說善不善法為我說一切法生滅之相云何如來說一切法念
念不住佛告大慧菩薩言善哉善哉善哉大慧汝今諦聽當為汝說大慧
言善哉世尊唯然受教佛告大慧一切法一切法者所謂善法不善法

BD15178 號　入楞伽經鈔（擬）　（7–5）

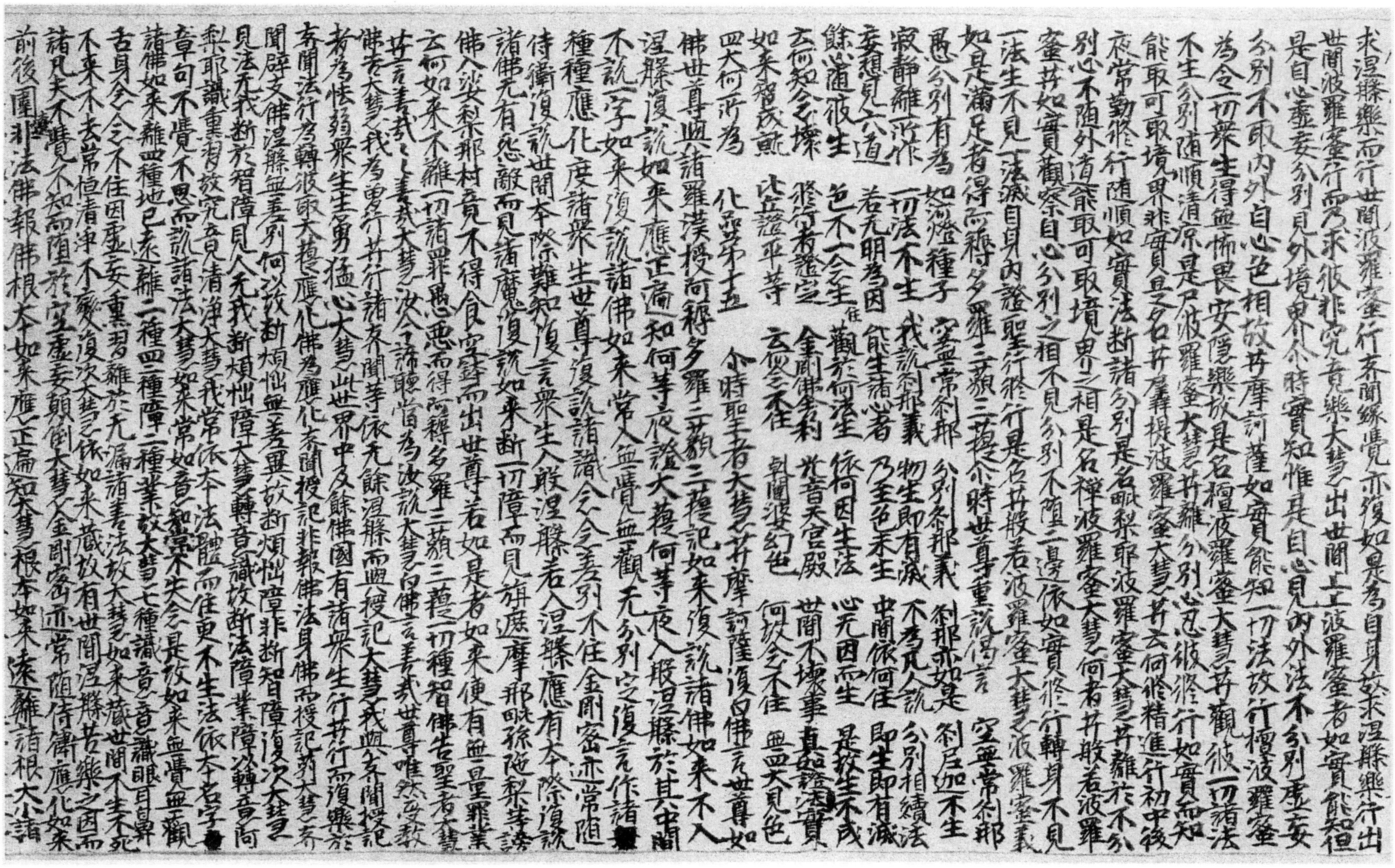

BD15178 號　入楞伽經鈔（擬）　（7–6）

善言善哉々々大慧々汝今諦聽當為汝說大慧白佛言善哉世尊唯然受教
佛告大慧々我為曾行菩薩行諸聲聞等依無餘涅槃而與授記大慧我與聲聞授記
者為怯弱眾生生勇猛心大慧々此世界中及餘佛國有諸眾生行菩薩行而復樂於
聲聞法行為轉彼取大菩提應化佛為應化聲聞授記非報佛法身佛而授記別大慧々聲
聞辟支佛涅槃無差別何以故斷煩惱無差異故斷煩惱障非斷智障復次大慧々
見法無我斷於智障見人無我斷煩惱障大慧々轉意識故斷法障業障以轉意阿
梨耶識熏習故究竟清淨大慧々我常依本法體而住更不生法依本名字
章句不覺不思而說諸法大慧々如來常如意知常不失念是故如來無覺無觀
諸佛如來離四種地已遠離二種四種障二種業故大慧々七種識意意識眼耳鼻
舌身念念不住因虛妄熏習離於無漏諸善法故大慧々如來藏世間不生不死
不來不去常恒清淨不變復次大慧々依如來藏故有世間涅槃苦樂之因而
諸凡夫不覺不知而墮於空虛妄顛倒大慧々金剛密迹常隨侍衛應化如來
前後圍遶非法佛報佛根本如來應正遍知大慧々根本如來遠離諸根大小諸
量遠離一切凡夫聲聞辟支佛等大慧々如實修行得彼真如樂行境界者
知根本佛以得平等法忍心故是故金剛密迹隨應化佛大慧々應化佛者無
業無諍而應化佛不異法佛報佛如來而亦不一如陶師陶器等作所作事應
化佛作化眾生事異真實相說法不說內所證法聖智境界復次大慧々一切凡
外道聲聞辟支佛等見六識滅墮於斷見不見阿梨耶識墮於常見復次
大慧々不見自心分別本際是故世間名無本際大慧々遠離自心分別見者名為
解脫得涅槃證大慧々諸佛如來遠離四種熏習氣故是無過人時世尊重說
偈言 三乘及非乘 諸佛無量乘 一切說佛地 說諸煩惱斷 內身證聖智
及無餘涅槃 誘進怯眾生 是故隱覆說 如來得證智 亦說於彼道 眾生依倉道
二乘無涅槃 見欲色及有 及四種熏地 意識亦所生 見意識共住 見意眼識
等 常無常斷滅 常見依意等 而起涅槃見

BD15178 號　入楞伽經鈔（擬）

（7–7）

文殊師利問經卷上
云　文殊師利白佛言世尊若如來無心意識云何當作眾生事未
來眾生當有此疑佛告文殊師利如虛空無心意識亦為一切眾生處四大無
心意識為一切眾生所依日月無心意識光照一切眾生樹木無心意識能與眾
生華藥如是文殊師利有摩尼珠名隨一切眾生意生於海中安置幢上
隨人所樂金銀琉璃真珠等物從摩尼珠出能長養壽命摩尼珠
者無心意識隨眾生意而無損減若此世間一切消盡當往餘方珠若
未墮大海不乾文殊師利如來如是於一切眾生事如來不減何以故如來
無心意識故佛說此祇夜　佛無心意識　作一切眾事　如來無意識　能信者無
無我品第四　文殊師利白佛言世尊未來眾生當說有我遍一切處何以故
一切行彼出過三世苦樂瞋愛慳悲我相世尊外道計我其意如是佛告文殊

BD15178 號背 1　文殊師利問經鈔兌廢稿（擬）

（7–1）

者無心意識隨衆生意而無損減若此世間一切消盡當往餘方殊若
未墮大海不乾文殊師利如來如是作一切衆生事如來不減何以故如來
無心意識故佛說此祇夜　佛無心意識　作一切衆事　如來不滅識　能信者亦然
無我品第四　文殊師利白佛言世尊未來衆生當說有我遍一切處何以故
一切行故出過三世苦樂瞋愛悉是我相世尊外道計我其意如是佛告文殊
師利譬如慈石吸一切鐵屑為鐵屑是我慈石是我若汝當說鐵屑非我
慈石非我是則非遍若慈石鐵屑悉是我者云何以我而自吸我又亦不
遍何以故自吸其身故一所有色一切是果一切無常者無常不真實若不
真實不諦若不諦無處無處故無我文殊師利猶如老人於夜中坐自
捉兩膝說如是言耶得有此兩小兒耶若此老人身中有我云何不識自膝
謂是小兒以是事故實無有我是邪見人於無處橫執譬如見焰
而生水想實無有水以眼亂故如是非我橫生我想是闇惑邪見非正
見也　若我遍一切處則遍行五道人天是樂地獄餓鬼畜生是苦
若我遍一切處我受地獄苦則人天亦應苦樂者由善業得苦者由惡
業得樂者生染苦者生瞋或有勇健或有怖畏如是異相故知不遍
我不說此是真實思惟若我過三世者過去已沒如燈已滅未來
未到如未來燈現在不得猶如流水我非過去非未來非現在
無時節何以故過時節故若無時則無數以無數故亦無有我何以故
以可分故何者離我聲多者不破魔者滅憍慢又何者真實離
我真實離我故兩過說何是故文殊師利分別字故空無有我佛說此
祇夜　慈石吸鐵屑　二種誰是我　不遍及自吸　決定無我故
如渴人見焰　非水生水想　邪見橫執我　其事亦復然　分別於何字
空知無有我

上出世間戒品第十二

尒時文殊師利白佛言世尊云何上出世間戒無漏不可思議無處無所
著文殊師利戒者於彼衆生無我非無我無事無因無教化人無行無
不行無行處無名無色無色相無無色相無窮無不窮無可取無不可
取無真實無不真實無身無言無說無心無世間無非世間非世法非不
世法不自歎戒不毀他戒不求他過不以持戒輕慢他人不覺戒不思
惟戒無所思惟無所覺故文殊師利此謂上出世間聖戒無漏無生無所
著出三界離一切依佛說此祇夜　有出世戒人　無垢無所有　憍慢及所依
無明與繫縛　如是諸過惡　一切皆無有　無內解外解　亦無內外解
內外覺亦無　智者得解脫　文殊師利是有戒人於佛法不自觀身不著
壽命不著一切生得行心行是正住文殊師利是謂有戒於佛法不著世間不
依世間得光明無明闇無所有無自想無他想不著想清淨戒不此岸不彼

尒時文殊師利白佛言世尊云何上出世間戒無漏不可思議無處無所
著文殊師利戒者於彼衆生無我非無我無事無因無教化人無行無
不行無行處無名無色無色相無無色相無窮無不窮無可取無不可
取無真實無不真實無身無言無說無心無世間無非世間非世法非不
世法不自歎戒不毀他戒不求他過不以持戒輕慢他人不覺戒不思
惟戒無所思惟無所覺故文殊師利此謂上出世間聖戒無漏無生無所
著出三界離一切依佛說此祇夜　有出世戒人　無垢無所有　憍慢及所依
無明與繫縛　如是諸過惡　一切皆無有　無內解外解　亦無內外解
內外覺亦無　智者得解脫　文殊師利是有戒人於佛法不自觀身不著
壽命不著一切生得行心行是正住文殊師利是謂有戒於佛法不著世間不
依世間得光明無明闇無所有無自想無他想不著想清淨戒不此岸不彼
岸不中流無所著無所縛無罪過無漏文殊師利此有戒人於佛法及名色
心不執着常平等饒益常寂靜心無我無我所是人如所說戒住無所
學無解脫無所作是得上道是清淨戒相無勝戒無定戒無智慧戒是
聖人性不可得是佛所歎戒是空無與我等戒能安聖定若清淨定
戒循行慧以慧得智以智得解脫　下卷云　尒時文殊師
利白佛言世尊先說無有衆生非時節死何以故雖必當死非時不死故諸
邪見人當作是說至其死時我及得殺是故殺者無有罪過何以故是其
死時故是故我殺無有罪過當云何答佛告文殊師利譬如有人造作宮殿既
已成就樂欲住止問占相者何日好住何日不好彼人答言汝不宜入何以故必當為
火之所燒故若人故燒亦必被燒若不故燒亦被燒故主人又言若有此事作何方
計相師答言當勤守護主人即便勤加守護有人將火來燒此宮文殊師利此持火
人有罪過不文殊師利言世尊有罪有罪如是文殊師利若死時若非死時有殺
害者必得殺罪當入地獄如燒宮殿佛說此祇夜　至時不至時　若人殺害彼
必當入地獄　譬如燒宮殿

大乘入楞伽經无常品第三之一　卷四

云　大慧復有三種智謂知自相共相智知生滅智知不生不滅智復次大慧知生滅是
識不生滅是智墮相无相及以有无種種相因是識離相无相及有无因是智有積
集相是識无積集相是智著境界相是識不著境界相是智三和合相應生是
識无礙相應自性相是智有得相是識无得相是智證自聖智所行境界如水
中月不入不出故　卷第五　刹那品第六　尒時大慧菩薩摩訶薩復白佛言
世尊為三性入五法中為各有自相佛言大慧三性八識及二无我悉入五法其中名及相
是妄計性以依彼分別心心所法俱時而起如日與光是緣起性正智如如不可壞故是
圓成性大慧於自心所現生執著時有八種分別起此差別相皆是不實唯妄計
性若能捨離二種我執二无我智即得生長大慧聲聞緣覺菩薩如來自證聖智
諸地位次一切佛法悉皆攝入此五法中復次大慧五法者所謂相名分別如如正
智此中相者■謂所見色等形狀各別是名為相依彼諸相立瓶等名此如是此
不異是名為名施設眾名顯示諸相心心所法是名分別彼名彼相畢竟无有但
是妄心展轉分別如是觀察乃至覺滅是名如如大慧真實決定究竟根本
自性可得是如如相我及諸佛隨順證入如其實相開示演說若能於此隨順
悟解離斷離常不生分別入自證處出於外道二乘境界是名正智大慧
此五種法三性八識及二无我一切佛法普皆攝盡大慧於此法中汝應以自智
善巧通達亦勸他人令其通達通達此已心則決定不隨他轉

信力入印法門經云　復次文殊師利菩薩摩訶薩有五種法則能清淨初歡喜地得大
無畏安隱之處何等為五一謂菩薩如是心我已得住有為無差別無為智故生安隱心為令他住
有為無差別無為智故起安慰心有言有為無差別無為智者所謂有為體即是無為體何以
故以無為體不異有為體有為體不異無為體即有為體是無為故依彼有為體無為智一切法
無為以事無差別故二謂菩薩如是心我已得住事無差別無事智故生安隱心為令他住事無差
別無事智故起安慰心有言事無差別無事智者所謂事體即無事體何以故以無事體不異
事體事體不異無事體故以即事體是無事故依彼事體無事智一切法無事故三謂菩薩如
是心我已得住依止無差別無依止智故生安隱心為令他住依止無差別無依止智故起安慰心有
言依止無差別無依止智者所謂依止體即無依止體何以故無依止體不異依止體依止體不異
無依止體即依止體無依止故依彼依止體無依止智一切法無止故四謂菩薩如是心我已得住觀

BD15178號背 2　大乘入楞伽經鈔兑廢稿（擬）　（7–4）

智此中相者■謂所見色等形狀各別是名為相依彼諸相立瓶等名此如是此
不異是名為名施設眾名顯示諸相心心所法是名分別彼名彼相畢竟无有但
是妄心展轉分別如是觀察乃至覺滅是名如如大慧真實決定究竟根本
自性可得是如如相我及諸佛隨順證入如其實相開示演說若能於此隨順
悟解離斷離常不生分別入自證處出於外道二乘境界是名正智大慧
此五種法三性八識及二无我一切佛法普皆攝盡大慧於此法中汝應以自智
善巧通達亦勸他人令其通達通達此已心則決定不隨他轉

信力入印法門經云　復次文殊師利菩薩摩訶薩有五種法則能清淨初歡喜地得大
無畏安隱之處何等為五一謂菩薩如是心我已得住有為無差別無為智故生安隱心為令他住
有為無差別無為智故起安慰心有言有為無差別無為智者所謂有為體即是無為體何以
故以無為體不異有為體有為體不異無為體即有為體是無為故依彼有為體無為智一切法
無為以事無差別故二謂菩薩如是心我已得住事無差別無事智故生安隱心為令他住事無差
別無事智故起安慰心有言事無差別無事智者所謂事體即無事體何以故以無事體不異
事體事體不異無事體故以即事體是無事故依彼事體無事智一切法無事故三謂菩薩如
是心我已得住依止無差別無依止智故生安隱心為令他住依止無差別無依止智故起安慰心有
言依止無差別無依止智者所謂依止體即無依止體何以故無依止體不異依止體依止體不異
無依止體即依止體無依止故依彼依止體無依止智一切法無止故四謂菩薩如是心我已得住觀
無差別無觀智故生安隱心為令他住觀無差別無觀智故起安慰心有言觀無差別無觀
智者所謂觀體即無觀體何以故以無觀體不異觀體觀體不異無觀體故以即
觀體是無觀故依彼觀體無觀智一切法無觀故五謂菩薩如是心我已得住對治無差
別無對治智故生安隱心為令他住對治無差別無對治智故起安慰心有言對治
無差別無對治智者所謂對治體即無對治體何以故以無對治體不異對治體■
對治體不異無對治體即對治體無對治故依彼對治體無對治智一切法無對治
故文殊師利是名五法諸菩薩摩訶薩得此五法故能清淨初歡喜地得大無畏安隱之
處

BD15178號背 3　信力入印法門經鈔兑廢稿（擬）　（7–5）

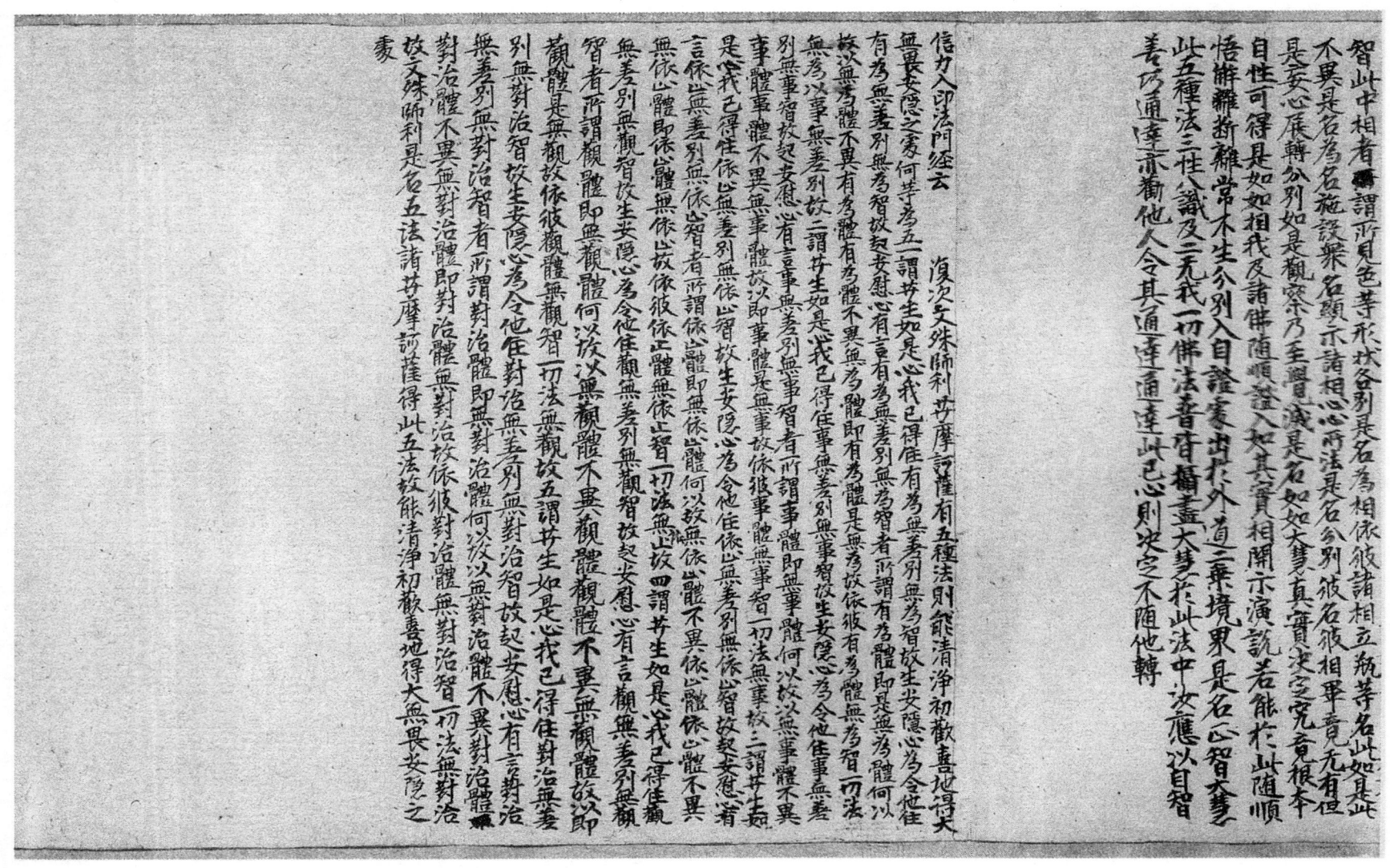

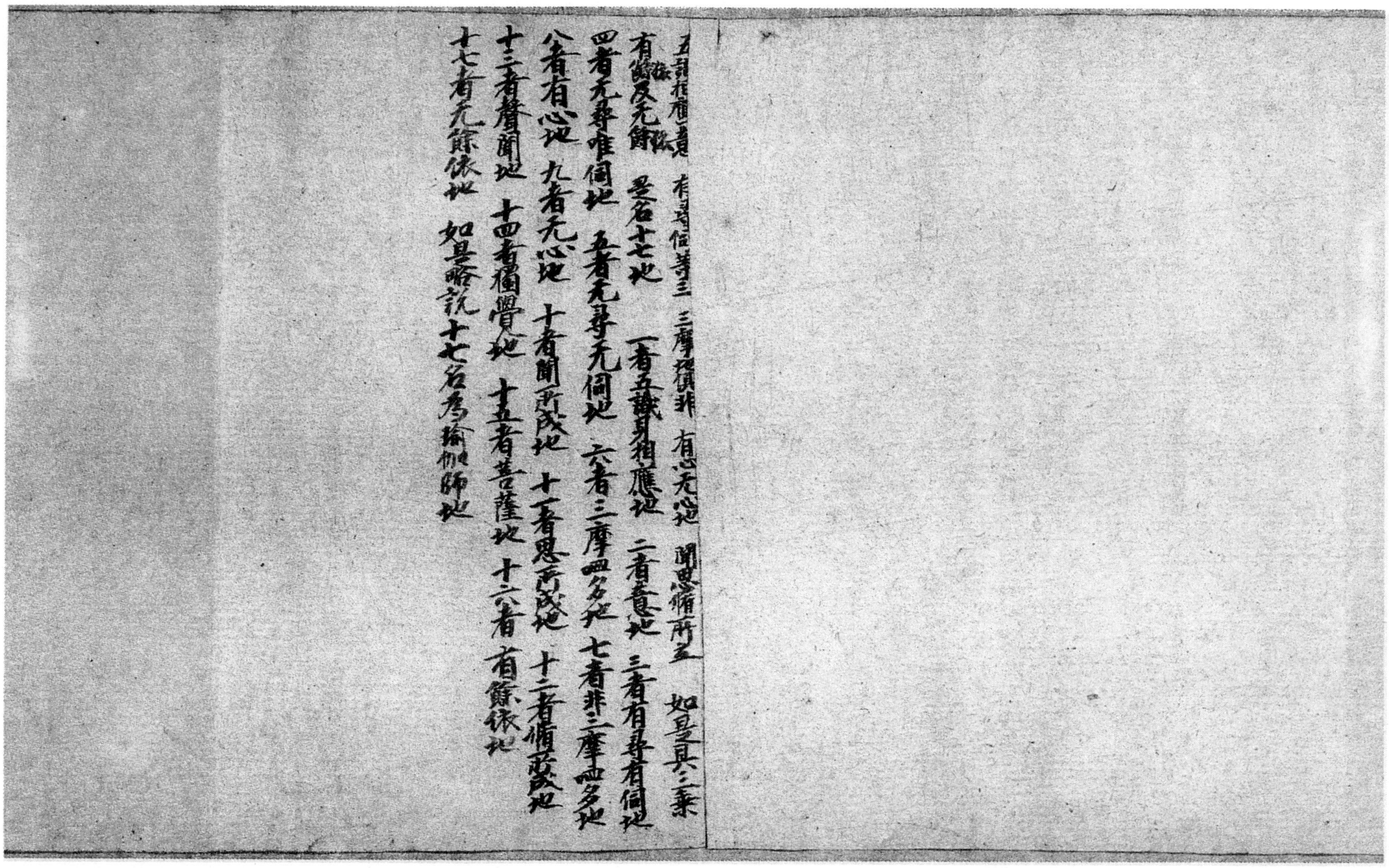
五識相應意 有尋伺等三 三摩地俱非 有心无心地 聞思修所立 如是具三乘
有依及无依 是名十七地 一者五識身相應地 二者意地 三者有尋有伺地
四者无尋唯伺地 五者无尋无伺地 六者三摩呬多地 七者非三摩呬多地
八者有心地 九者无心地 十者聞所成地 十一者思所成地 十二者脩所成地
十三者聲聞地 十四者獨覺地 十五者菩薩地 十六者有餘依地
十七者无餘依地 如是略說十七名為瑜伽師地

BD15178 號背 4　瑜伽師地論鈔兑廢稿（擬）　（7–6）

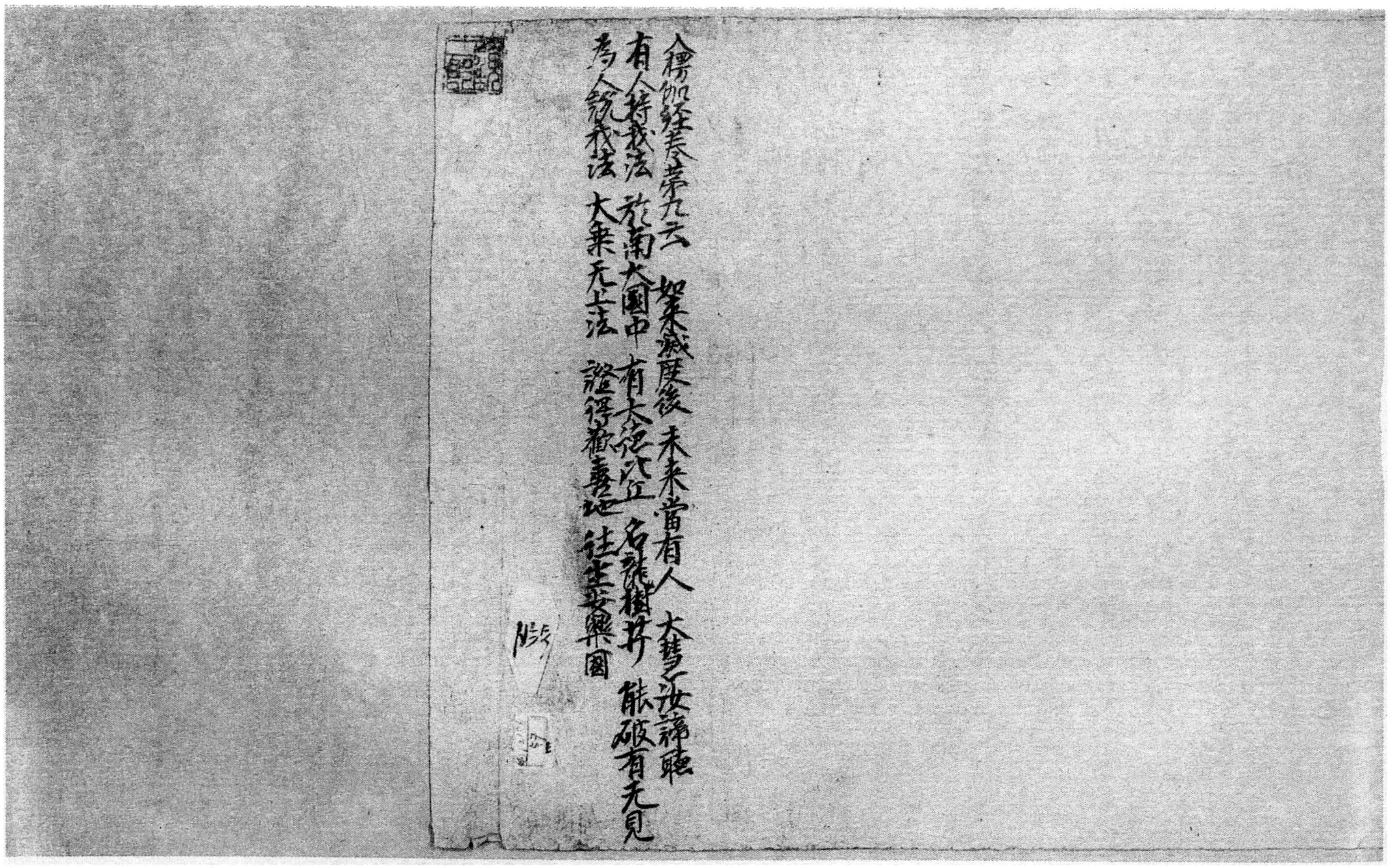
入楞伽經卷第九云 如來滅度後 未來當有人 大慧汝諦聽
有人持我法 於南大國中 有大德比丘 名龍樹菩薩 能破有无見
為人說我法 大乘无上法 證得歡喜地 往生安樂國

BD15178 號背 5　入楞伽經鈔兑廢稿（擬）　（7–7）

法供養品第十三
尒時釋提桓因於大衆中白佛言世尊我雖
從佛及文殊師利聞百千經未曾聞此不可
思議自在神通決定實相經典如我解佛所
說義趣若有衆生聞是經法信解受持讀
誦之者必得是法不疑何况如說循行斯人則
為閇衆惡趣開諸善門常為諸佛之所護念
降伏外學摧滅魔怨循治菩提安處道場履
踐如來所行之跡世尊若有受持讀誦如說
循行者我當與諸眷屬供養給事所在聚落
城邑山林曠野有是經處我亦與諸眷屬聽受
法故共到其所其未信者當令生信其已信
者當為作護佛言善哉善哉天帝如汝所說
吾助尒喜此經廣說過去未來現在諸佛不可
思議阿耨多羅三藐三菩提是故天帝若善男子
善女人受持讀誦供養是經者則為供養去
來今佛天帝正使三千大千世界如來滿中

BD15179 號　維摩詰所說經卷下　（5–1）

善女人受持讀誦供養是經者則為供養去
來今佛天帝正使三千大千世界如來滿中
譬如甘蔗竹葦稻麻叢林若有善男子善女
人或一劫或減一劫恭敬尊重讚嘆供養奉
諸所安至諸佛滅後以一一全身舍利起七寶
塔縱廣一四天下高至梵天表刹莊嚴以一切
華香瓔珞幢幡伎樂微妙第一若一劫若減
一劫而供養之於天帝意云何其人殖福
寧為多不釋提桓因言多矣世尊彼之福德
若以百千億劫說不能盡佛告天帝當知是
善男子善女人聞是不可思議解脫經典信
解受持讀誦循行福多於彼所以者何諸佛
菩提皆從是生菩提之相不可限量以是
因緣福不可量
佛告天帝過去無量阿僧祇劫時世有佛号
曰藥王如來應供正遍知明行足善逝世間
解無上士調御丈夫天人師佛世尊世界名
大莊嚴佛壽廿小劫其聲聞僧卅六億那
由他菩薩僧有十二億天帝是時有轉輪
聖王名曰寶蓋七寶具足主四天下王有千
子端政勇健能伏怨敵尒時寶蓋與其眷
屬供養藥王如來施諸所安至滿五劫過
五劫已告其千子汝等亦當如我以深心
供養於佛於是千子受父王命供養藥王

BD15179 號　維摩詰所說經卷下　（5–2）

五劫已告其千子汝等亦當如我皆以深心
供養於佛於是千子受父王命供養藥王
如來復滿五劫一切施安其王一子名曰月蓋
獨坐思惟寧有供養殊過此者以佛神力
空中有天曰善男子法之供養勝諸供養即
問何謂法之供養天曰汝可往問藥王如來當
廣爲汝說法之供養即時月蓋王子行詣藥
王如來稽首佛足却住一面白佛言世尊諸供
養中法供養勝云何爲法供養佛言善男子
法供養者諸佛所說深經一切世間難信難
受微妙難見清淨无染非但分別思惟之所能
得菩薩法藏所攝陁羅尼印印之至不退轉
成就六度善分別義順菩提法衆經之上
入大慈悲離衆魔事及諸邪見順因緣法
无我无衆生无壽命空无相无作无起能令
衆生坐於道場而轉法輪諸天龍神乾闥
婆等所共歎譽能令衆生入佛法藏攝諸
賢聖一切智慧說衆菩薩所行之道依於
諸法實相之義明宣无常苦空无我寂滅能
救一切毀禁衆生諸魔外道及貪著者能使
怖畏諸佛賢聖所共稱歎背生死苦示涅槃
樂十方三世諸佛所說若聞如是等經信
解受持讀誦以方便力爲諸衆生分別解
說顯示分明守護法故是名法之供養

BD15179 號　維摩詰所說經卷下　（5–3）

解受持讀誦以方便力爲諸衆生分別解
說顯示分明守護法故是名法之供養
又於諸法如說脩行隨順十二因緣離諸邪見
得无生忍決定无我无有衆生而於因緣果
報无違无諍離諸我所依於義不依語依
於智不依識依了義經不依不了義經依
於法不依人隨順法相无所入无所歸无明畢
竟滅故諸行亦畢竟滅乃至生畢竟滅故老
死亦畢竟滅作如是觀十二因緣无有盡相
不復起見是名最上法之供養
佛告天帝王子月蓋從藥王佛聞如是法得
柔順忍即解寶衣嚴身之具以供養佛白佛
言世尊如來滅後我當行法供養守護正法
願以威神加哀建立令我得降魔怨脩菩薩
行佛知其深心所念而記之曰汝於末後守
護法城天帝時王子月蓋見法清淨聞佛授
記以信出家脩集善法精進不久得五神通
通菩薩道得陁羅尼无斷辯才於佛滅後
以其所得神通揔持辯才之力滿十小劫
藥王如來所轉法輪隨而分布月蓋比丘以守
護法懃行精進即於此身化百万億人於阿
耨多羅三藐三菩提立不退轉十四那由他
人深發聲聞辟支佛心无量衆生得生天上
天帝時王寶蓋豈異人乎今現得佛号寶炎

BD15179 號　維摩詰所說經卷下　（5–4）

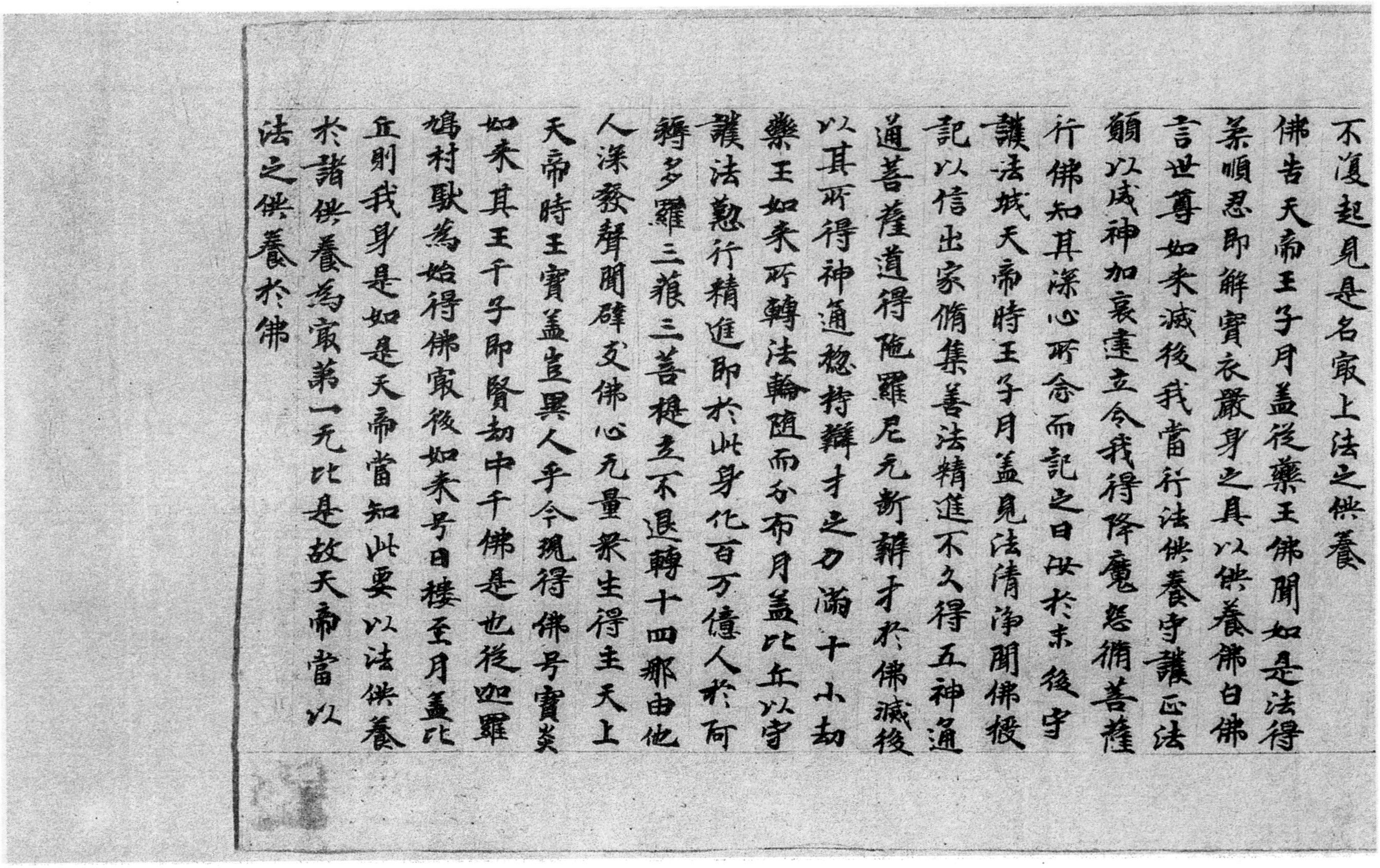
不復起見是名最上法之供養
佛告天帝王子月蓋從藥王佛聞如是法得
柔順忍即解寶衣嚴身之具以供養佛白佛
言世尊如來滅後我當行法供養守護正法
願以威神加哀建立令我得降魔怨脩菩薩
行佛知其深心所念而記之曰汝於末後守
護法城天帝時王子月蓋見法清淨聞佛授
記以信出家脩集善法精進不久得五神通
通菩薩道得陁羅尼无斷辯才於佛滅後
以其所得神通揔持辯才之力滿十小劫
藥王如來所轉法輪隨而分布月蓋比丘以守
護法懃行精進即於此身化百万億人於阿
耨多羅三藐三菩提立不退轉十四那由他
人深發聲聞辟支佛心无量眾生得生天上
天帝時王寶蓋豈異人乎今現得佛号寶炎
如來其王千子即賢劫中千佛是也從迦羅
鳩村馱為始得佛最後如來号曰樓至月蓋比
丘則我身是如是天帝當知此要以法供養
於諸供養為最第一无比是故天帝當以
法之供養於佛

BD15179 號　維摩詰所說經卷下　（5–5）

BD15179 號背　勘記、印章　（1–1）

惱无得
力所堪多少勿令過
汝等比丘晝則懃心脩習善法
夜後夜亦勿有癈中夜誦經以自消
睡眠因緣令一生空過无所得也當念
常之火燒諸世間早求自度勿睡眠也諸
煩惱賊常伺煞人甚於怨家安可睡眠不
自驚悟煩惱毒蛇睡在汝心辟如黑蚖在
汝室睡當以持戒之鉤早併除之睡蛇既
出乃可安眠不出而眠是无慚人也慚恥
之服於諸莊嚴最為第一慚如鐵鉤能
制人非法是故比丘常當慚恥勿得暫
替若離慚恥則失諸功德有愧之人則
有善法若无愧者與諸禽獸无相異也
汝等比丘若有人來節節支解當自攝心无
令瞋恨亦當護口勿出惡言若縱恚心則
自妨道失功德利忍之為德持戒苦行所不能

BD15180號　佛垂般涅槃略說教誡經　（6–1）

汝等比丘若有人來節節支解當自攝心无
令瞋恨亦當護口勿出惡言若縱恚心則
自妨道失功德利忍之為德持戒苦行所不能
及能行忍者乃可名為有力大人若其不能
歡喜忍受惡罵之毒如飲甘露者不名入道
智慧人也所以者何瞋恚之害則破諸法壞
好名聞今世後世人不喜見當知瞋心甚於
猛火常當防護无令得入劫功德賊无過瞋
恚白衣受欲非行道人无法自制瞋猶可恕
出家行道无欲之人而懷瞋恚甚不可也辟
如冬日清冷雲中霹靂起火非所應也
汝等比丘當自摩頭以捨餝好著壞色衣執
持應器以乞自活自見如是若起憍慢當疾
滅之增長憍慢尚非世俗白衣所宜何況出家
入道之人為解脫故自降其身而行乞也
汝等比丘諂曲之心與道相違是故宜應質
直其心當知諂曲但為欺誑入道之人則无
是處是故汝等宜當端心質直為本
汝等比丘當知多欲之人多求利故苦惱亦
多少欲之人无求无欲則无此患直尒少欲
尚應脩集何況少欲能生諸功德少欲之人
則无諂曲以求人意亦復不為諸根所牽行
少欲者心則坦然无所憂畏觸事有餘常
无不足有少欲者則有涅槃是名少欲
汝等比丘若欲脫諸苦惱者當觀知足知足

BD15180號　佛垂般涅槃略說教誡經　（6–2）

則无諂曲以求人意亦復不為諸根所牽行
少欲者心則坦然无所憂畏觸事有餘常
无不足有少欲者則有涅槃是名少欲
汝等比丘若欲脫諸苦惱者當觀知足知足
之法即是富樂安隱住處知足之人雖卧地
上猶為安樂不知足者雖處天堂亦不稱意
不知足者雖富而貧知足之人雖貧而富不
知足者常為五欲所牽為知足者之所憐愍
是名知足
汝等比丘若求寂靜无為安樂當離憒丙獨
處閑居靖處之人帝釋諸天所共敬重是故
當捨己衆他衆空閑獨處思滅苦本若樂衆
者則受衆惱譬如大樹衆鳥集之則有枯折
之患世間縛著没於衆苦譬如老象溺泥
不能自出是為遠離
汝等比丘若懃精進則事无難者是故汝
等當懃精進譬如小水常流則能穿石若
行者之心數數懈廢譬如鑽火未熱而息雖
欲得火火難可得是名精進
汝等比丘求善知識求善護助如不忘念若有
不忘念者諸煩惱賊則不能入是故汝等常
當攝念在心若失念者則失諸功德若念力
堅強雖入欲五欲賊中不為所害譬如著鎧入陣
則无所畏是名不忘念
汝等比丘若攝心者心則在定心在定故能知世

BD15180 號　佛垂般涅槃略說教誡經　（6–3）

堅強雖入欲五欲賊中不為所害譬如鎧入陣
則无所畏是名不忘念
汝等比丘若攝心者心則在定心在定故能知世
間生滅法相是故汝等常當精懃脩習諸定
若得定者心則不散譬如惜水之家善治堤
塘行者為智慧水故善治諸禪定令不漏
失是名為定
汝等比丘若有智慧則无貪著常自省察
勿令有失是則於我法中能得解脫若不
尒者既非道人又非白衣无所名也實智慧
者則是度老病死海堅牢舩也亦是无明黒
闇大明燈也一切病者之良藥也伐煩惱樹
之利斧也是故汝等當以聞思脩慧而自增
益若人有智慧之照雖无天眼而是明見人
也是為智慧
汝等比丘若種種戲論其心則亂雖復出家
猶未得脫是故比丘常急捨離亂心戲論若
汝等欲得寂滅樂者唯當善滅戲論之患是
名不戲論
汝等比丘於諸功德常當一心捨諸放逸如
離怨賊大悲世尊所欲利益皆已究竟汝
等但當懃而行之若於山間若空澤中若在
樹下閑靜寂室念所受法勿令忘失常當自
勉精進脩之无為空死後致有悔我如良醫
知病說藥服與不服非醫咎也又如善導導

BD15180 號　佛垂般涅槃略說教誡經　（6–4）

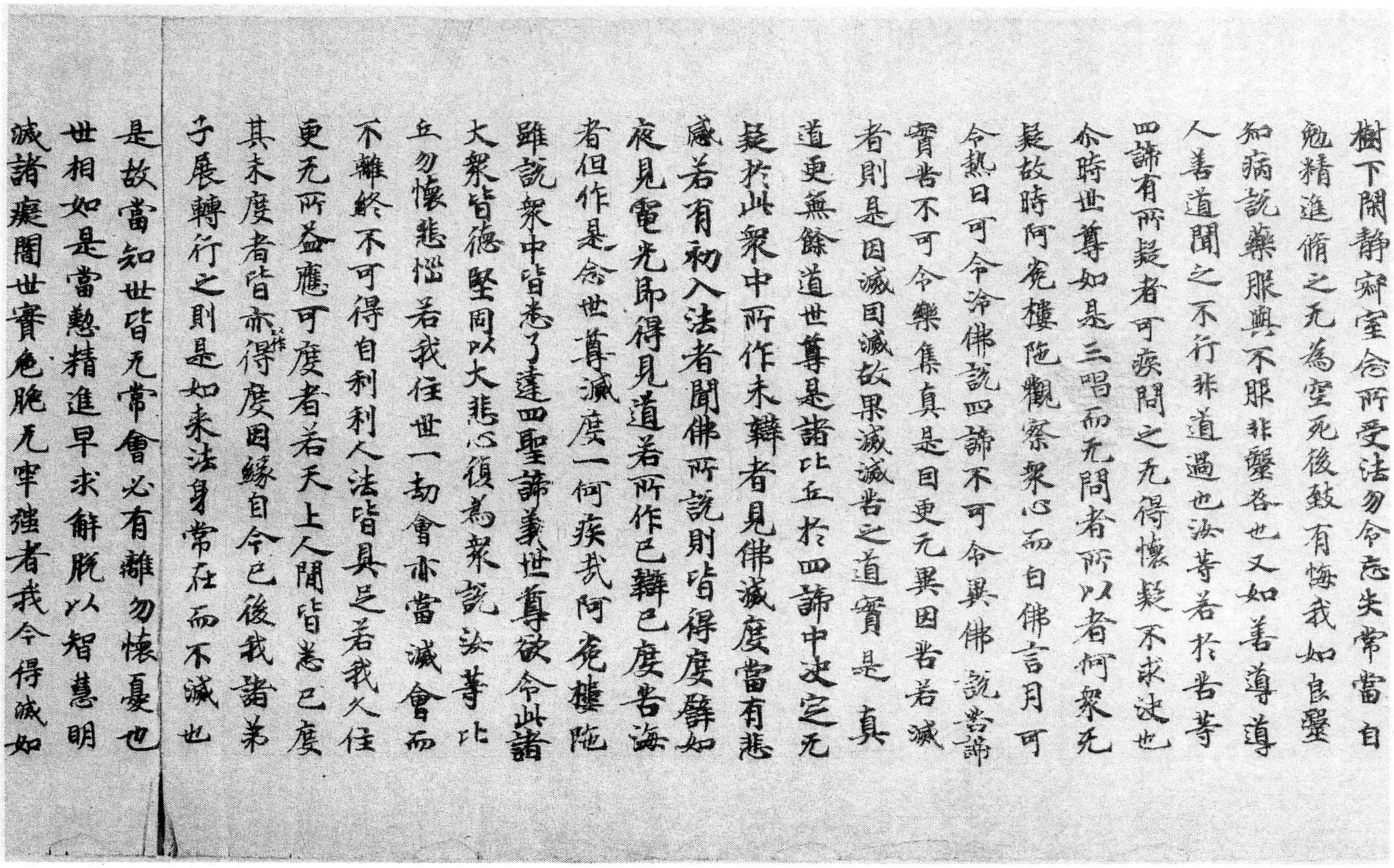

樹下閑靜寂室念所受法勿令忘失常當自
勉精進脩之无為空死後致有悔我如良醫
知病說藥服與不服非醫咎也又如善導導
人善道聞之不行非道過也汝等若於苦等
四諦有所疑者可疾問之无得懷疑不求決也
尒時世尊如是三唱而无問者所以者何衆无
疑故時阿㝹樓陁觀察衆心而白佛言月可
令熱日可令冷佛說四諦不可令異佛說苦諦
實苦不可令樂集真是因更无異因苦若滅
者則是因滅因滅故果滅滅苦之道實是真
道更無餘道世尊是諸比丘於四諦中決定无
疑於此衆中所作未辯者見佛滅度當有悲
感若有初入法者聞佛所說則皆得度譬如
夜見電光即得見道若所作已辯已度苦海
者但作是念世尊滅度一何疾哉阿㝹樓陁
雖說衆中皆悉了達四聖諦義世尊欲令此諸
大衆皆得堅固以大悲心復為衆說汝等比
丘勿懷悲惱若我住世一劫會亦當滅會而
不離終不可得自利利人法皆具足若我久住
更无所益應可度者若天上人間皆悉已度
其未度者皆亦得度因緣自今已後我諸弟
子展轉行之則是如來法身常在而不滅也
是故當知世皆无常會必有離勿懷憂也
世相如是當懃精進早求解脫以智慧明
滅諸癡闇世實危脆无牢強者我今得滅如

BD15180號　佛垂般涅槃略說教誡經　（6–5）

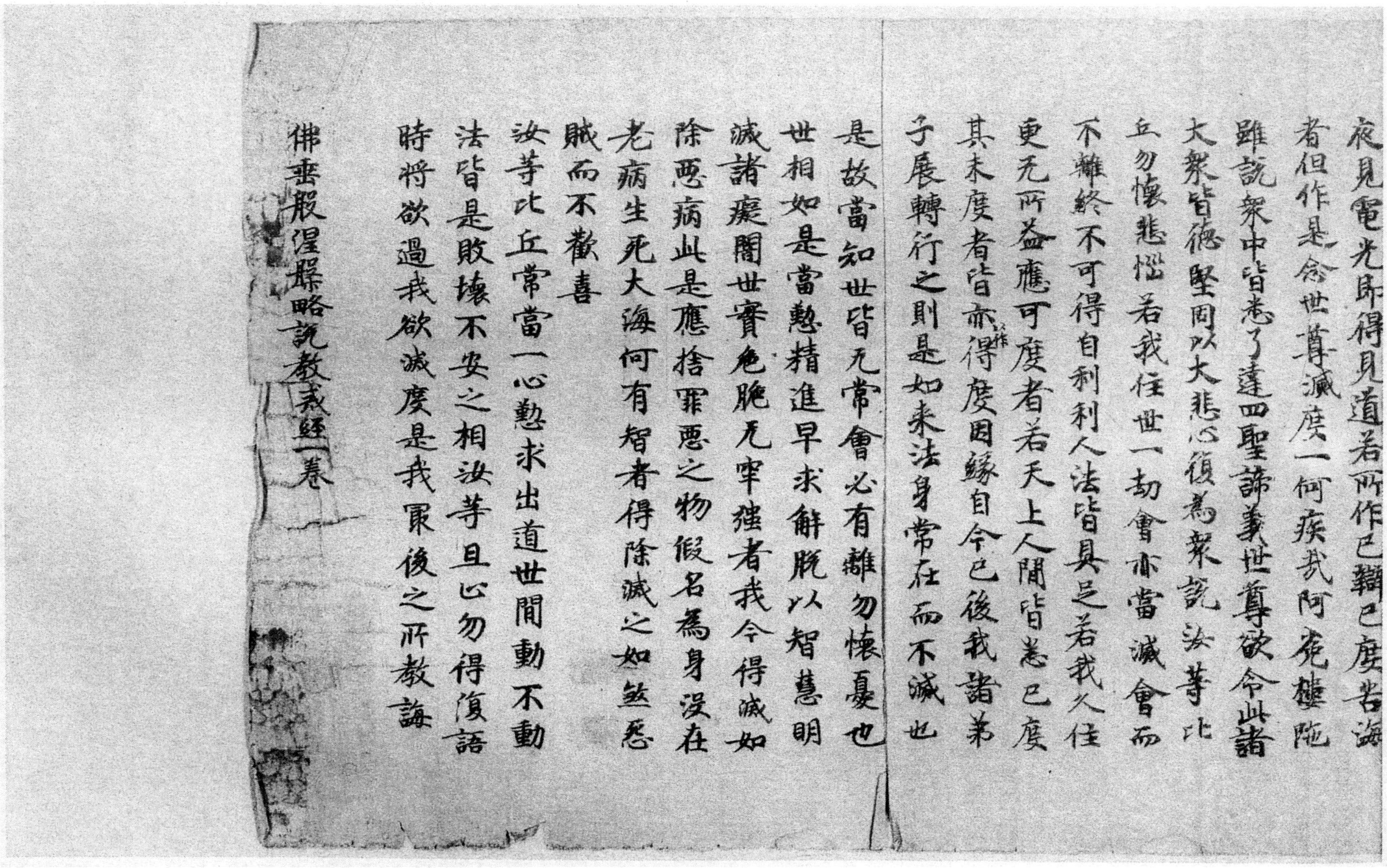

夜見電光即得見道若所作已辯已度苦海
者但作是念世尊滅度一何疾哉阿㝹樓陁
雖說衆中皆悉了達四聖諦義世尊欲令此諸
大衆皆得堅固以大悲心復為衆說汝等比
丘勿懷悲惱若我住世一劫會亦當滅會而
不離終不可得自利利人法皆具足若我久住
更无所益應可度者若天上人間皆悉已度
其未度者皆亦得度因緣自今已後我諸弟
子展轉行之則是如來法身常在而不滅也
是故當知世皆无常會必有離勿懷憂也
世相如是當懃精進早求解脫以智慧明
滅諸癡闇世實危脆无牢強者我今得滅如
除惡病此是應捨罪惡之物假名為身沒在
老病生死大海何有智者得除滅之如殺怨
賊而不歡喜
汝等比丘常當一心懃求出道世間動不動
法皆是敗壞不安之相汝等且止勿得復語
時將欲過我欲滅度是我最後之所教誨

佛垂般涅槃略說教戒經一卷

BD15180號　佛垂般涅槃略說教誡經　（6–6）

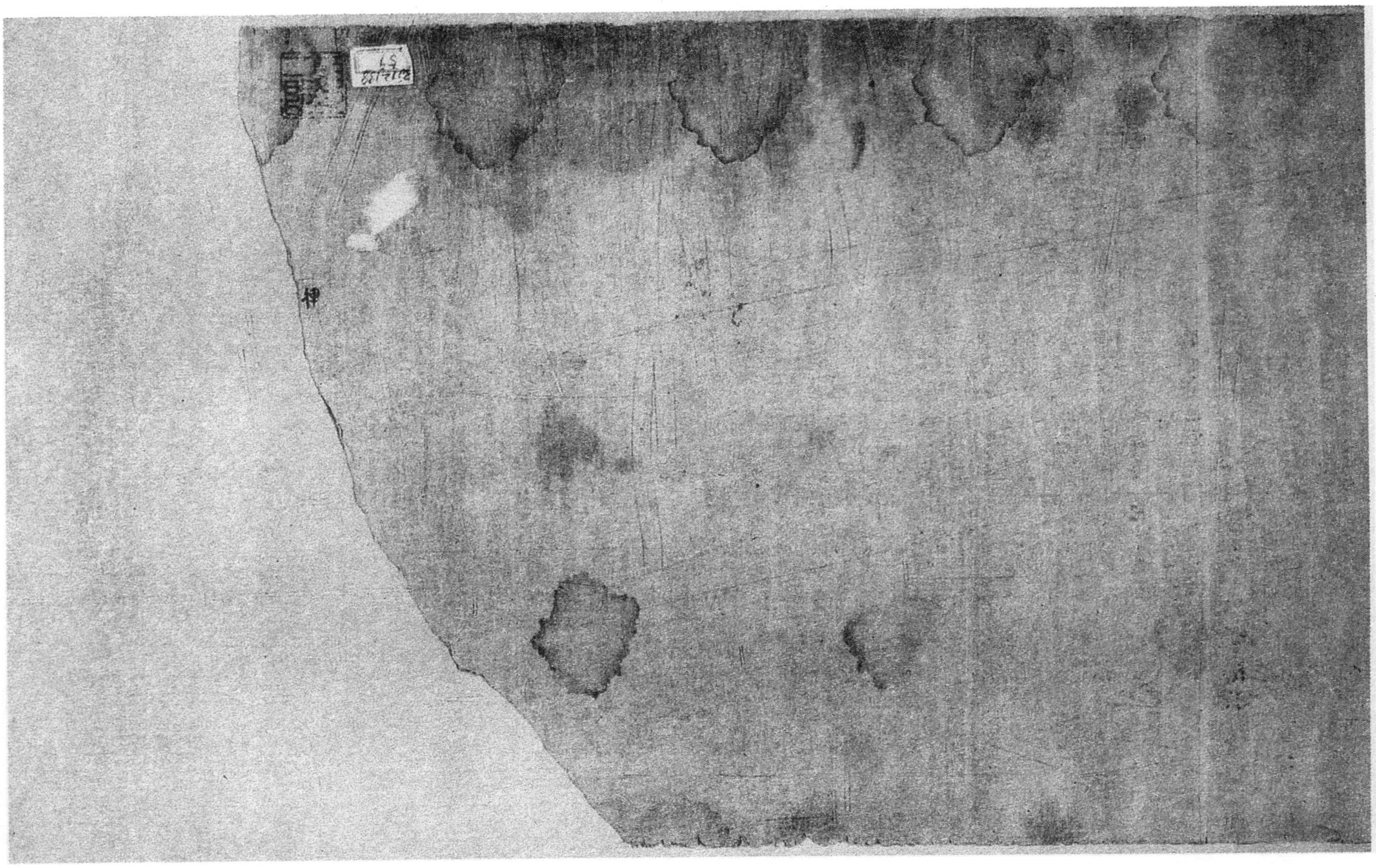

BD15180 號背　勘記、印章

（2–1）

BD15180 號背　勘記、印章

（2–2）

文殊師利問疾品第五　　卷中
尒時佛告文殊師利汝行詣維摩詰問疾文
殊師利白佛言世尊彼上人者難為酬對深
達實相善說法要辯才无滯智慧无礙一切
菩薩法式悉知諸佛秘藏无不得入降伏衆
魔遊戲神通其慧方便皆已得度雖然當
承佛聖旨詣彼問疾於是衆中諸菩薩大弟
子釋梵四天王等咸作是念今二大士文殊師利
維摩詰共談必說妙法即時八千菩薩五百
聲聞百千天人皆欲隨從於是文殊師利與
諸菩薩大弟子衆及諸天人恭敬圍繞入毗
耶離大城尒時長者維摩詰心念今文殊師
利與大衆俱來即以神力空其室內除去所
有及諸侍者唯置一牀以疾而臥文殊師利
既入其舍見其室空无諸所有獨寢一牀時
維摩詰言善來文殊師利不來相而來不見
相而見文殊師利言如是居士若來已更不
來若去已更不去所以者何來者无所從來

BD15181號　維摩詰所說經卷二　（5-1）

維摩詰言善來文殊師利不來相而來不見
相而見文殊師利言如是居士若來已更不
來若去已更不去所以者何來者无所從來
去者无所至所可見者更不可見且置是事
居士是疾寧可忍不療治有損不至增乎世
尊慇懃致問无量居士是疾何所因起其生
久如當云何滅維摩詰言從癡有愛則我病
生以一切衆生病是故我病若一切衆生病
滅則我病滅所以者何菩薩為衆生故入
生死有生死則有病若衆生得離病者則
菩薩无復病譬如長者唯有一子其子得病
父母亦病若子病愈父母亦愈菩薩如是於
諸衆生愛之若子衆生病則菩薩病衆生病
愈菩薩亦愈又言是疾何所因起菩薩疾者
以大悲起文殊師利言居士此室何以空无
侍者維摩詰言諸佛國土亦復皆空又問以
何為空答曰以空空又問空何用空答曰以
无分別空故空又問空可分別耶答曰分別
亦空又問空當於何求答曰當於六十二見
中求又問六十二見當於何求答曰當於諸
佛解脫中求又問諸佛解脫當於何求答曰
當於一切衆生心行中求又仁所問何无侍
者一切衆魔及諸外道皆吾侍也所以者何
衆魔者樂生死菩薩於生死而不捨外道者

BD15181號　維摩詰所說經卷二　（5-2）

佛解脫中求又問諸佛解脫當於何求答曰
當於一切衆生心行中求又仁所問何无侍
者一切衆魔及諸外道皆吾侍也所以者何
衆魔者樂生死菩薩於生死而不捨外道者
樂諸見菩薩於諸見而不動文殊師利言居
士所疾爲何等相維摩詰言我病无形不可
見又問此病身合耶心合耶答曰非身合身
相離故亦非心合心如幻故又問地大水大火
大風大於此四大何大之病答曰是病非地
大亦不離地大水火風大亦復如是而衆
生病從四大起以其有病是故我病尒時文
殊師利問維摩詰言菩薩應云何慰喻有疾
菩薩維摩詰言說身无常不說厭離於身說
身有苦不說樂於涅槃說身无我而說教導
衆生說身空寂不說畢竟寂滅說悔先罪而
不說入於過去以己之疾愍於彼疾當識宿
世无數劫苦當念饒益一切衆生憶所脩福
念於淨命勿生憂惱常起精進當作醫王療
治衆病菩薩應如是慰喻有疾菩薩令其歡
喜文殊師利言居士有疾菩薩云何調伏其
心維摩詰言有疾菩薩應作是念今我此病
皆從前世妄想顛倒諸煩惱生无有實法誰
受病者所以者何四大合故假名爲身四大
无主身亦无我又此病起皆由著我是故於

BD15181 號　維摩詰所說經卷二　（5–3）

皆從前世妄想顛倒諸煩惱生无有實法誰
受病者所以者何四大合故假名爲身四大
无主身亦无我又此病起皆由著我是故於
我不應生著既知病本即除我想及衆生想
當起法想應作是念但以衆法合成此身起唯
法起滅唯法滅又此法者各不相知起時不
言我起滅時不言我滅彼有疾菩薩爲滅
法想當作是念此法想者亦是顛倒顛倒者
是即大患我應離之云何爲離離我我所云
何離我我所謂離二法云何離二法謂不念
內外諸法行於平等云何平等謂我等涅槃
等所以者何我及涅槃此二皆空以何爲空
但以名字故空如此二法无決定性得是平等
无有餘病唯有空病空病亦空是有疾菩
薩以无所受而受諸受未具佛法亦不滅受
而取證也設身有苦當念惡趣衆生起大悲
心我既調伏亦當調伏一切衆生但除其病而
不除法爲斷病本而教導之何謂病本謂有
攀緣從有攀緣則有病本何所攀緣謂之
三界云何斷攀緣以无所得若无所得則无攀
緣何謂无所得謂離二見何謂二見謂內見
外見是无所得文殊師利是爲有疾菩薩調
伏其心爲斷老病死苦是菩薩菩提若不如
是己所脩治爲无慧利譬如勝怨乃可爲勇

BD15181 號　維摩詰所說經卷二　（5–4）

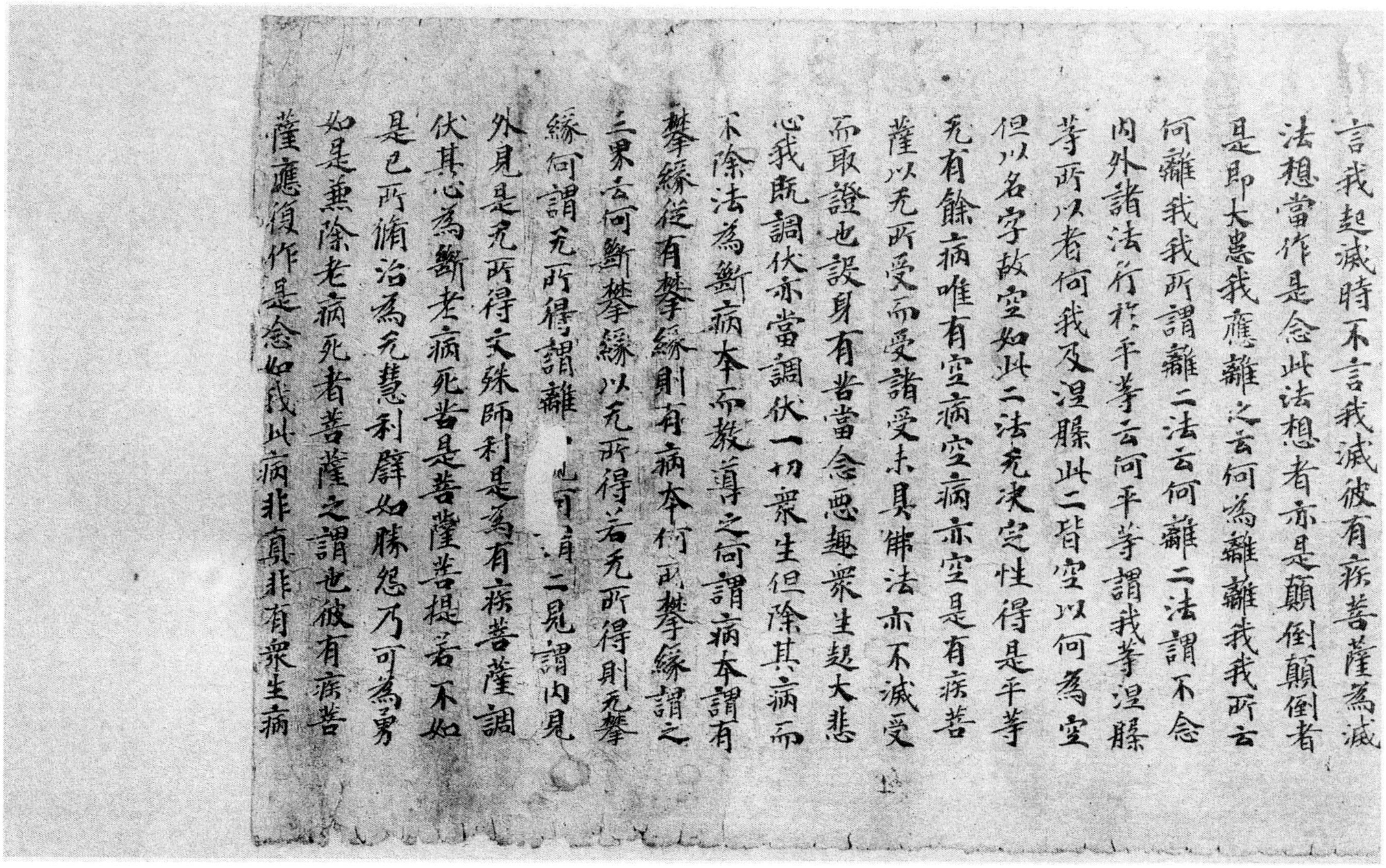
言我起滅時不言我滅彼有疾菩薩為滅
法想當作是念此法想者亦是顛倒顛倒者
是即大患我應離之云何為離離我我所云
何離我我所謂離二法云何離二法謂不念
內外諸法行於平等云何平等謂我等涅槃
等所以者何我及涅槃此二皆空以何為空
但以名字故空如此二法无決定性得是平等
无有餘病唯有空病空病亦空是有疾菩
薩以无所受而受諸受未具佛法亦不滅受
而取證也設身有苦當念惡趣衆生起大悲
心我既調伏亦當調伏一切衆生但除其病而
不除法為斷病本而教導之何謂病本謂有
攀緣從有攀緣則為病本何所攀緣謂之
三界云何斷攀緣以无所得若无所得則无攀
緣何謂无所得謂離二見何謂二見謂內見
外見是无所得文殊師利是為有疾菩薩調
伏其心為斷老病死苦是菩薩菩提若不如
是已所脩治為无慧利譬如勝怨乃可為勇
如是兼除老病死者菩薩之謂也彼有疾菩
薩應復作是念如我此病非真非有衆生病

BD15181 號　維摩詰所說經卷二　（5–5）

BD15181 號背　勘記、印章　（2–1）

BD15181 號背　勘記、印章　　（2–2）

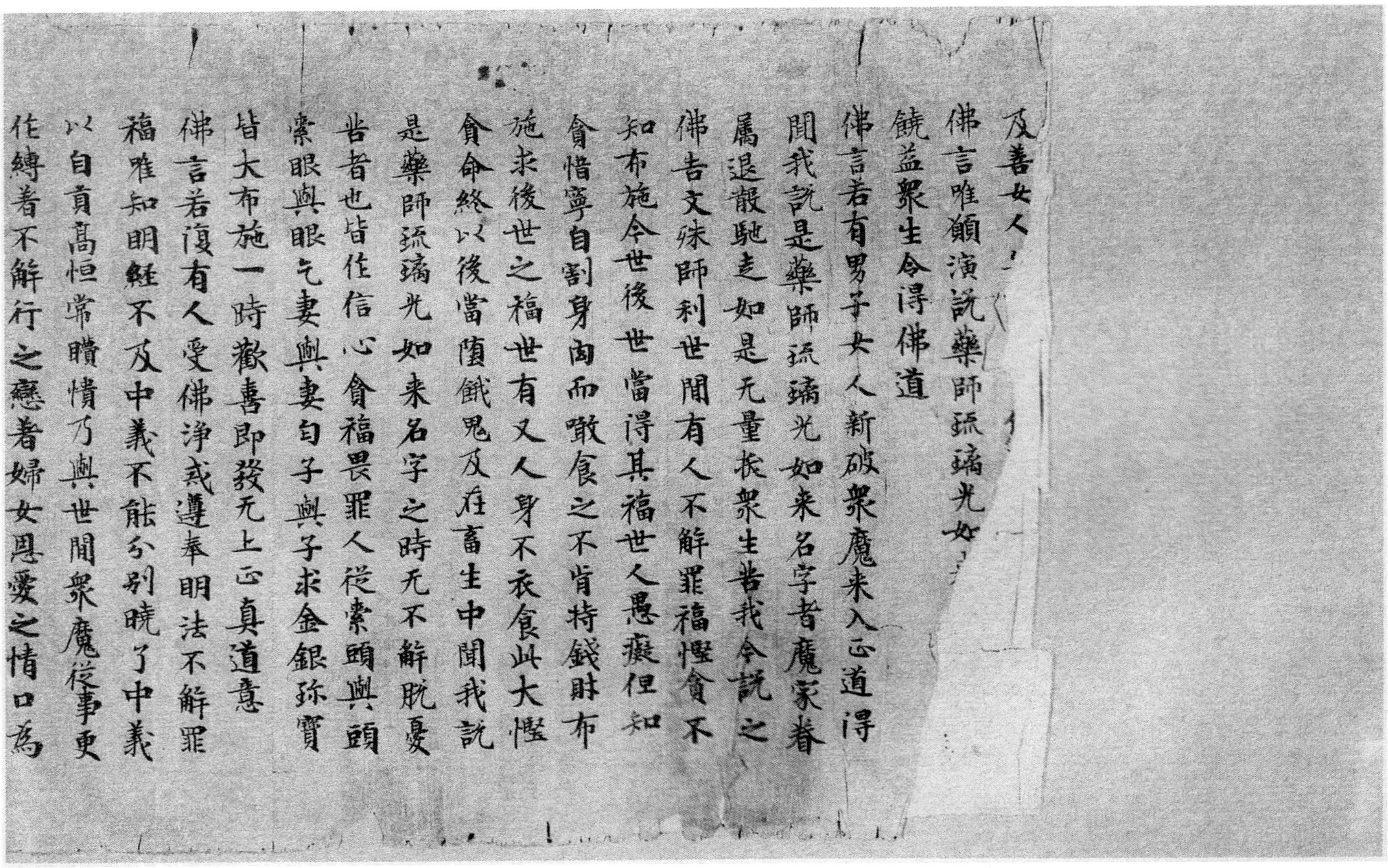

及善女人…
佛言唯願演説藥師琉璃光如…
鐃益衆生令得佛道
佛言若有男子女人新破衆魔来入正道得
聞我説是藥師琉璃光如来名字者魔家眷
屬退散馳走如是无量扶衆生普我今説之
佛告文殊師利世間有人不解罪福慳貪不
知布施今世後世當得其福世人愚癡但知
貪惜寧自割身肉而噉食之不肯持錢財布
施求後世之福世有又人身不衣食此大慳
貪命終以後當墮餓鬼及在畜生中聞我説
是藥師琉璃光如来名字之時无不解脱憂
苦者也皆作信心貪福畏罪人從索頭與頭
索眼與眼乞妻與妻乞子與子求金銀珎寶
皆大布施一時歡喜即發无上正真道意
佛言若復有人受佛淨戒遵奉明法不解罪
福唯知明經不及中義不能分別曉了中義
以自貢高恒常瞋惜乃與世間衆魔從事更
作縛着不解行之戀着婦女恩愛之情口爲

BD15182 號　灌頂章句拔除過罪生死得度經　　（9–1）

福唯知明經不及中義不能分别曉了中義
以自貢高恒常瞋憤乃與世間衆魔從事更
作縛著不解行之戀著婦女恩愛之情口為
説空行在有中不能發覺復不自知但能論
説他人是非如此人輩皆當墮三惡道中聞
我説是藥師琉璃光本願功德无不歡喜念
欲捨家行作沙門者也
佛言世間有人好自稱譽皆是貢高當墮三
惡道中後還為人牛馬奴婢生下賤中人當
乘其力負重而行困苦疲極亡失人身聞我
説是藥師琉璃光如来本願功德者皆當一
心歡喜踊躍更作讓敬即得解脱衆苦之患
長得歡樂聡明智慧遠離惡道得生善處與
善知識共相值遇無復憂惱離諸魔縛佛言
世間愚癡人輩兩舌鬪諍惡口罵詈更相嫌
恨或就山神樹下鬼神日月之神南斗北辰
諸鬼神所作諸呪詛或作名字或作人形像
或作符書以相厭禱呪咀言説聞我説是藥
師琉璃光本願功德无不兩作和解俱生慈
心慈意悲滅各各歡喜无復慈念
佛言若四輩弟子比丘比丘尼清信士清信
女常脩月六齋年三長齋或晝夜精懃一心
苦行願欲往生西方阿弥陁佛國者憶念晝
夜若一日二日三日四日五日六日七日或
復中悔聞我説是琉璃光本願功德盡其壽

BD15182 號　灌頂章句拔除過罪生死得度經　（9–2）

夜若一日二日三日四日五日六日七日或
復中悔聞我説是琉璃光本願功德盡其壽
命欲終之日有八菩薩文殊師利菩薩觀世
音菩薩大勢至菩薩寳檀華菩薩无盡意菩
薩藥王菩薩藥上菩薩弥勒菩薩皆當飛往
迎其精神不逕八難生蓮華中自然音樂而
相娱樂
佛言假使壽命自欲盡時臨終之日得聞我
説是琉璃光佛本願功德者命終皆得上生
天上不復歴三惡道中天上福盡若下生人
間當為帝王家作子或生豪姓長者居士富
貴家生皆當端政聰明智慧高才勇猛若是
女人化成男子无復憂苦患難者也
佛語文殊我稱譽顯説琉璃光佛至真等正
覺本所脩集無量行願功德如是文殊師利
從坐而起長跪叉手白佛言世尊佛去世後
當以此法開化十方一切衆生使其受持是
妙經典若有男子女人愛樂是經受持讀誦
宣通之者復能專念若一日二日三日四日
五日乃至七日憶念不忘能以好素白書取
是經五色雜綵作囊盛之者是時當有天諸
善神四天大王龍神八部常来營衛愛敬此
經能日日作礼是持經者不墮横死所在安
隱惡氣消滅諸魔鬼神亦不中害佛言如是
如是如汝所説文殊師利言天尊所説言无

BD15182 號　灌頂章句拔除過罪生死得度經　（9–3）

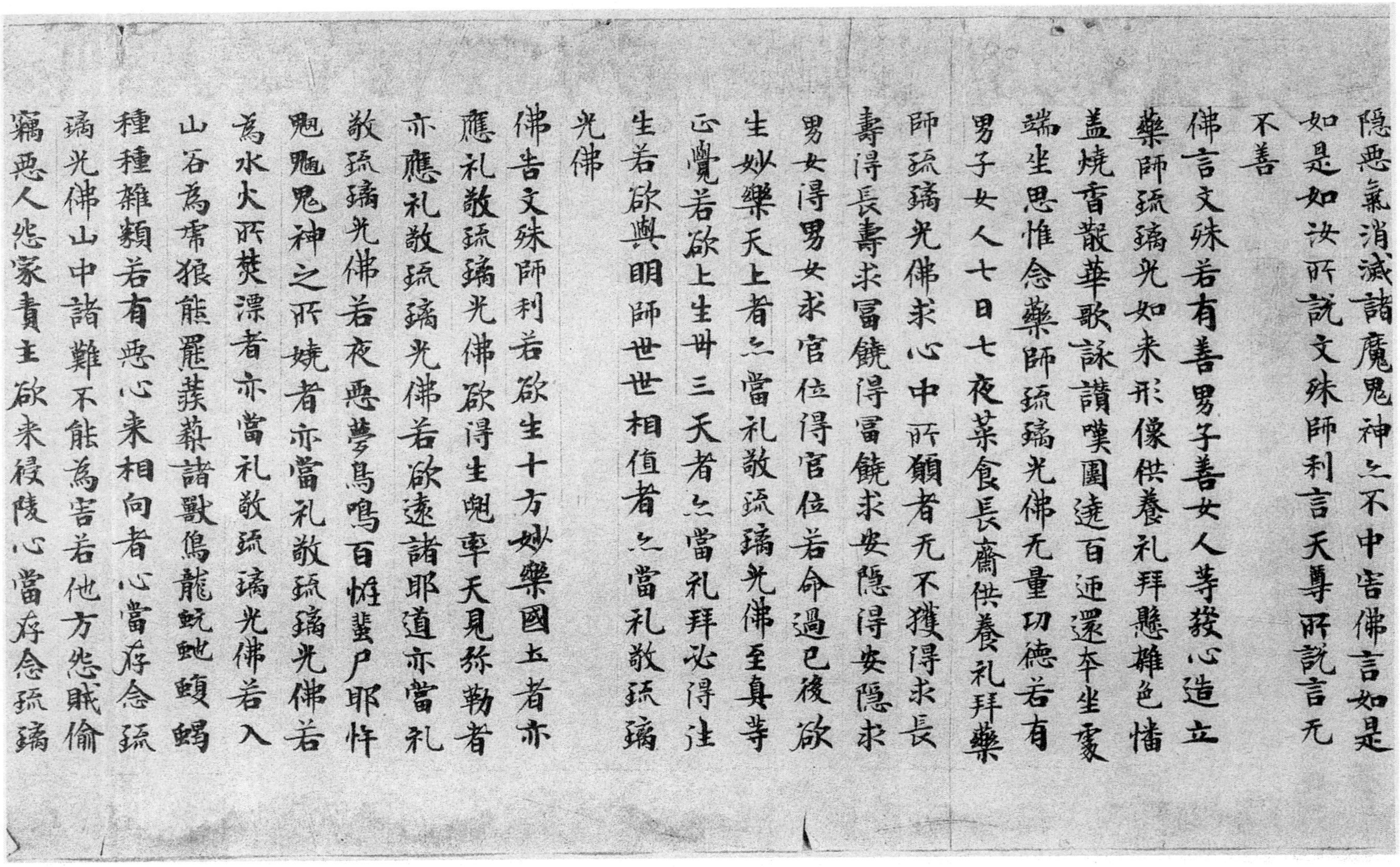
隱惡氣消滅諸魔鬼神亦不中害佛言如是
如是如汝所說文殊師利言天尊所說言无
不善
佛言文殊若有善男子善女人等發心造立
藥師琉璃光如來形像供養礼拜懸雜色幡
蓋燒香散華歌詠讚嘆圍遶百迊還本坐處
端坐思惟念藥師琉璃光佛无量功德若有
男子女人七日七夜菜食長齋供養礼拜藥
師琉璃光佛求心中所願者无不獲得求長
壽得長壽求富饒得富饒求安隱得安隱求
男女得男女求官位得官位若命過已後欲
生妙樂天上者亦當礼敬琉璃光佛至真等
正覺若欲上生卅三天者亦當礼拜必得往
生若欲與明師世世相值者亦當礼敬琉璃
光佛
佛告文殊師利若欲生十方妙樂國土者亦
應礼敬琉璃光佛欲得生兜率天見彌勒者
亦應礼敬琉璃光佛若欲遠諸耶道亦當礼
敬琉璃光佛若夜惡夢鳥鳴百怪蜚尸耶忤
魍魎鬼神之所嬈者亦當礼敬琉璃光佛若
為水火所焚漂者亦當礼敬琉璃光佛若入
山谷為虎狼熊羆蒺藜諸獸蟲龍蚖虵蝮蝎
種種雜類若有惡心來相向者心當存念琉
璃光佛山中諸難不能為害若他方怨賊偷
竊惡人怨家債主欲來侵陵心當存念琉璃

BD15182號　灌頂章句拔除過罪生死得度經　（9–4）

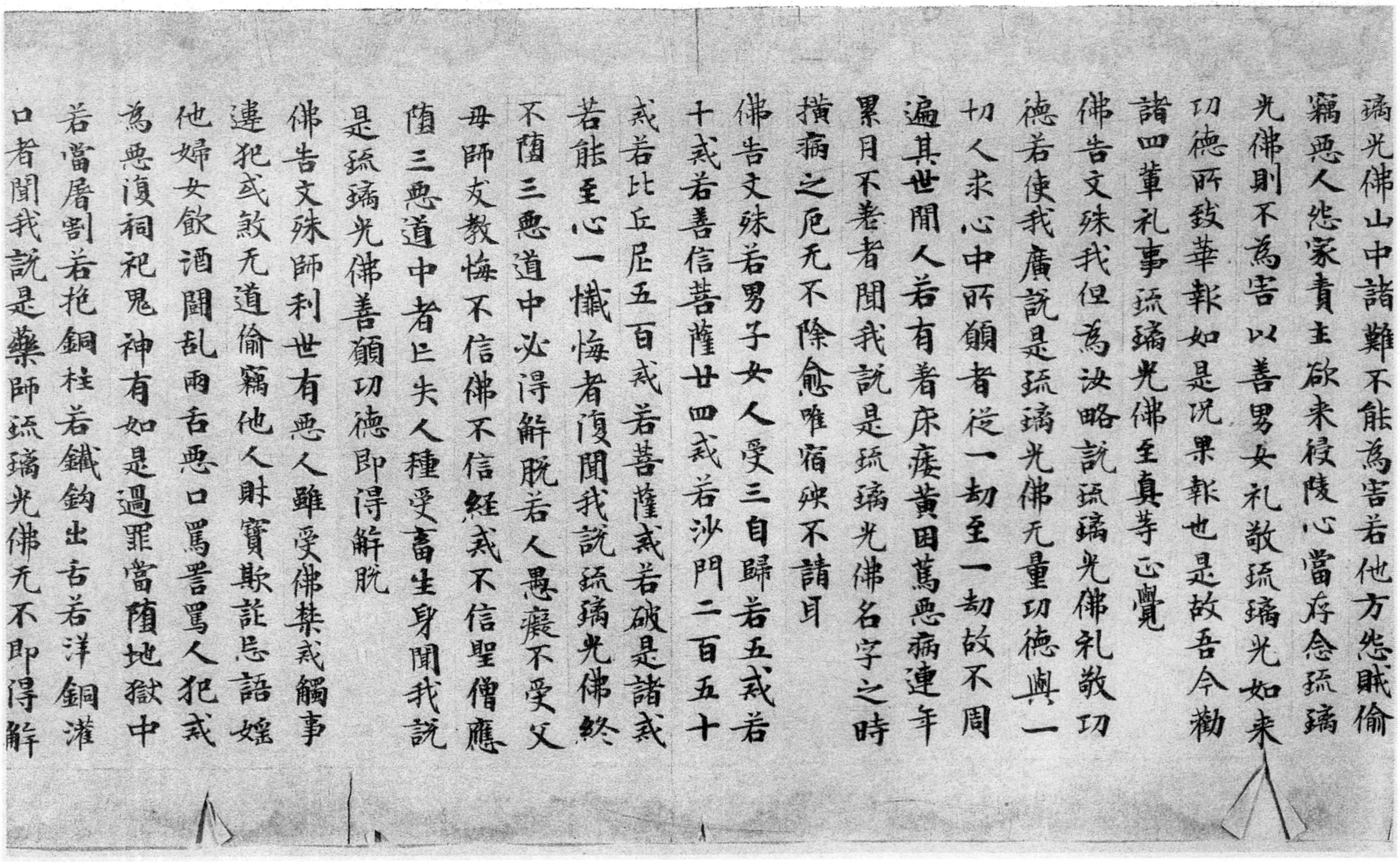
璃光佛山中諸難不能為害若他方怨賊偷
竊惡人怨家債主欲來侵陵心當存念琉璃
光佛則不為害以善男女礼敬琉璃光如來
功德所致華報如是況果報也是故吾今勸
諸四輩礼事琉璃光佛至真等正覺
佛告文殊我但為汝略說琉璃光佛礼敬功
德若使我廣說是琉璃光佛无量功德與一
切人求心中所願者從一劫至一劫故不周
遍其世間人若有着床瘦黃困篤惡病連年
累月不差者聞我說是琉璃光佛名字之時
擯痛之厄无不除愈唯宿殃不請耳
佛告文殊若男子女人受三自歸若五戒若
十戒若善信菩薩廿四戒若沙門二百五十
戒若比丘尼五百戒若菩薩戒若破是諸戒
若能至心一懺悔者復聞我說琉璃光佛終
不墮三惡道中必得解脫若人愚癡不受父
母師友教悔不信佛不信經戒不信聖僧應
墮三惡道中者上失人種受畜生身聞我說
是琉璃光佛善願功德即得解脫
佛告文殊師利世有惡人雖受佛禁戒觸事
違犯或殺无道偷竊他人財寶欺詐忘語婬
他婦女飲酒鬪乱兩舌惡口罵詈罵人犯戒
為惡復祠祀鬼神有如是過罪當墮地獄中
若當屠割若抱銅柱若鐵鈎出舌若洋銅灌
口者聞我說是藥師琉璃光佛无不即得解

BD15182號　灌頂章句拔除過罪生死得度經　（9–5）

若當屠割若抱銅柱若鐵鉤出舌若洋銅灌
口者聞我說是藥師琉璃光佛无不即得解
脫者也
佛告文殊其世間人豪貴下賤不信佛不信
經道不信沙門不信有須陁洹不信有斯陁
含不信有阿那含不信有阿羅漢不信有辟
支佛不信有十住菩薩不信有三世之事不
信有十方諸佛不信有本師釋迦文佛不信
人死神明更生善者受福惡者受殃有如是
之罪應墮惡道聞我說是藥師琉璃光佛名
字之者一切過罪自然消滅
佛告文殊若有善男子善女人聞我說是藥
師琉璃光佛至真等正覺其誰不發无上正
真道意後皆當得作佛人居世間仕宦不遷
治生不得飢寒困厄亡失財產无復方計聞
我說是藥師琉璃光佛各各得心中所願士
宦皆得高遷財物自然長益飲食充饒皆得
富貴若為縣官所拘錄惡人侵枉若為怨家
所得便者心當存念琉璃光佛若他婦女生
產難者皆當念是琉璃光佛兒則易生身體
平正无諸疾痛六情具足聰明智慧壽命得
長不遭狂橫善神擁護不為惡鬼舐其頭也
佛說是語時阿難在右邊佛顧語阿難言汝
信我為文殊師利說往昔東方過十恒沙有
佛名藥師琉璃光本願功德者不阿難白佛

BD15182 號　灌頂章句拔除過罪生死得度經　（9–6）

信我為文殊師利說往昔東方過十恒沙有
佛名藥師琉璃光本願功德者不阿難白佛
言唯唯天中天佛之所言何敢不信耶佛復
語阿難言其世間人雖有眼耳鼻舌身意人
常用是六事以自迷惑信世間魔耶之言不
信至真至誠度世告切之語是輩人難可開
化也阿難白佛言世尊世人多有惡逆下賤
之者若聞佛說經開人耳目破治人病除人
陰冥使覩光明解人疑惑去人重罪千劫万
劫无復憂患皆因佛說是藥師琉璃光本願
功德悉令安隱得其福也
佛言阿難汝口為言善而汝內心狐疑我言
阿難汝莫作是念以自毀敗佛言阿難我見
汝心我知汝意汝知之不阿難即以頭面著
地長跪白佛言審如天中天所說我造次聞
佛說是藥師琉璃光撿大尊貴智慧巍巍難
可度量我心有小疑耳敢不首伏佛言汝智
慧淺劣少見少聞汝聞我說深妙之法无上
空義應生信敬貴重之心必當得至无上正
真道也
文殊師利問佛言世尊佛說是藥師琉璃光
如來无量功德如是不審誰肯信此言者佛
荅文殊言唯有百億諸菩薩摩訶薩當信此
言耳唯有十方三世諸佛當信是言
佛言我說是藥師琉璃光如來本願功德難

BD15182 號　灌頂章句拔除過罪生死得度經　（9–7）

言日唯有十方三世諸佛當信是言
佛言我說是藥師琉璃光如来本願功德難
可得見何况得聞之難得說難得書寫之難
得讀文殊師利若有男子女人能信是經受
持讀誦書著竹帛復能為他人解說中義此
皆先世以發道意今復得聞此微妙法開化
十方无量衆生當知此人必當得至无上正
真道也
佛告阿難我從佛以来從生死復至生死懃
苦累劫无所不更无所不應无所不作无所
不為如是不可思議况復琉璃光佛本願功
德者乎汝所以有疑者之復如是阿難汝聞
佛所說汝諦信之莫作疑惑佛語至誠无有
虛偽之无二言佛為信者施不為疑者說也
阿難汝莫作小疑以毀大乘之業汝却後之
當發摩訶衍莫以小道毀汝功德也阿難言
唯唯天中天我從今日以去无復尒心唯佛
自當知我心耳
佛語阿難此經能照諸天宮宅若三災起時
中有天人發心念此琉璃光佛本願功德經
者皆得離於彼處之難是經能除水涸不調
是經能除他方逆賊悉令斷滅四方夷狄各
還正治不相嬈惱國土交通人民歡樂是經
能除穀貴飢凍是經能滅惡星變怪是經能
除疫毒之病是經能救三惡道苦地獄餓鬼

BD15182號　灌頂章句拔除過罪生死得度經　（9–8）

真道也
佛告阿難我從佛以来從生死復至生死懃
苦累劫无所不更无所不應无所不作无所
不為如是不可思議况復琉璃光佛本願功
德者乎汝所以有疑者之復如是阿難汝聞
佛所說汝諦信之莫作疑惑佛語至誠无有
虛偽之无二言佛為信者施不為疑者說也
阿難汝莫作小疑以毀大乘之業汝却後之
當發摩訶衍莫以小道毀汝功德也阿難言
唯唯天中天我從今日以去无復尒心唯佛
自當知我心耳
佛語阿難此經能照諸天宮宅若三災起時
中有天人發心念此琉璃光佛本願功德經
者皆得離於彼處之難是經能除水涸不調
是經能除他方逆賊悉令斷滅四方夷狄各
還正治不相嬈惱國土交通人民歡樂是經
能除穀貴飢凍是經能滅惡星變怪是經能
除疫毒之病是經能救三惡道苦地獄餓鬼
畜生等苦若人得聞此經典者无不解脫厄
難者也
尒時衆中有一菩薩名曰拔脫從坐而起懃

BD15182號　灌頂章句拔除過罪生死得度經　（9–9）

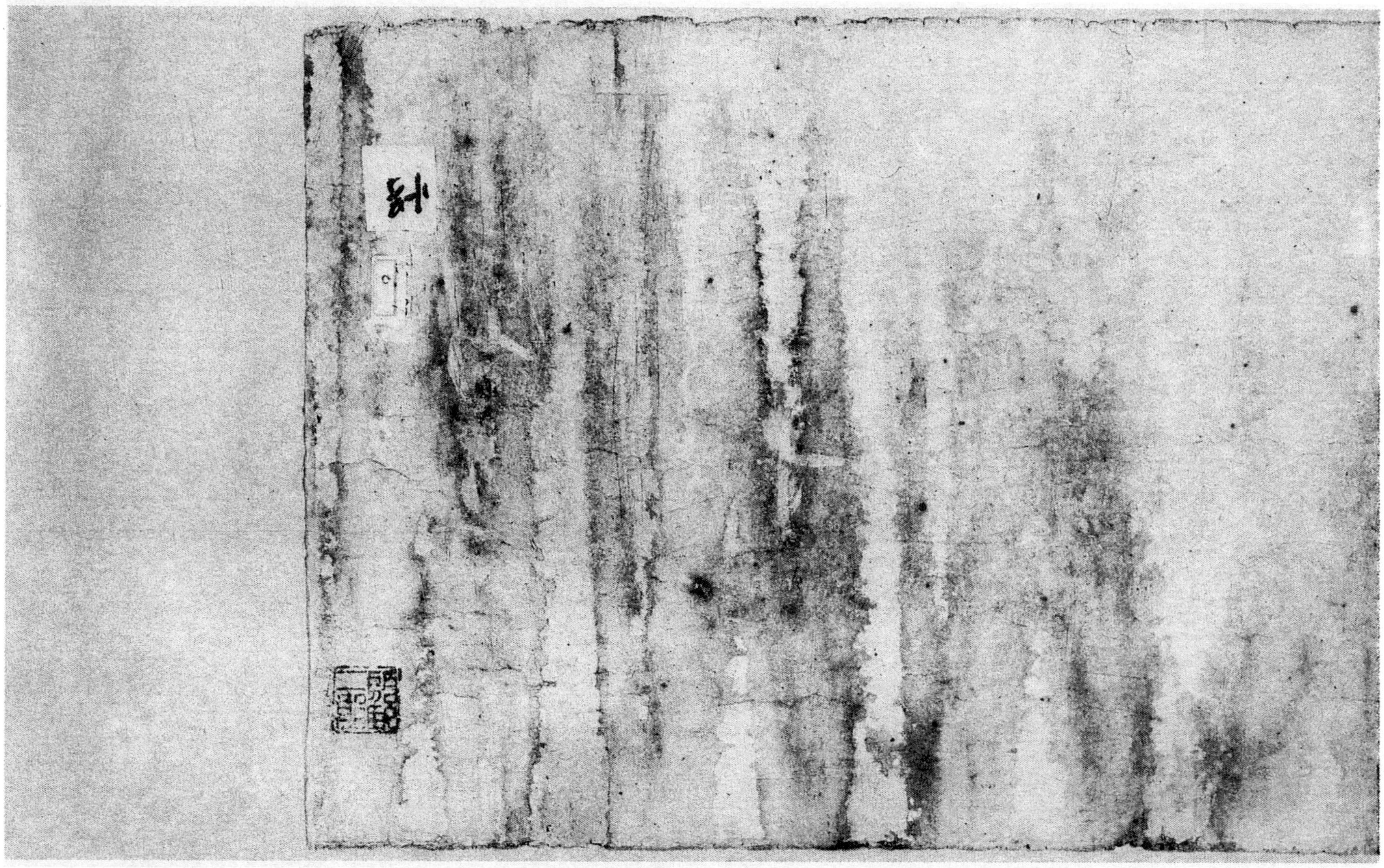

BD15182號背　勘記、印章　（1-1）

衣胀又手合掌而白佛言我等今聞佛世
尊演說過東方恒沙世界有佛号琉璃光一
切衆會靡不歡喜救脫菩薩又白佛言若族
姓男女其有尪羸著床痛惱无救護者我今
當勸請諸衆僧七日七夜齋戒一心受持八
禁六時行道卌九遍讀是經典勸燃七層之
燈々勸懸五色續命神幡阿難問救脫菩薩
言續命幡燈法則云何救脫菩薩語阿難言
神幡五色卌九尺燈々復尒七層之燈一層
七燈々如車輪若遭厄難閉在牢獄枷鏁著
身々應造立五色神幡燃卌九燈應放雜類
衆生至卌九可得過度危厄之難之為諸横
惡鬼所持
救脫菩薩語阿難言若天王大臣及諸輔相
王子妃主中宮綵女若為病苦所惱々應造
立五色繒幡燃燈續明救諸生命散雜色華
燒衆名香王當放赦屈厄之人徒鏁觧脫王
得其福天下太平雨澤以時人民歡樂惡龍
攝毒无病苦者四方夷狄不生逆害國土通
洞慈心相向无諸怨害四海歌詠稱王之德

BD15183號　灌頂章句拔除過罪生死得度經　（4-1）

攝毒无病皆者四方夷狄不生逆害國土通
洞慈心相向无諸怨害四海歌詠稱王之德
乘此福祿在意所生見佛聞法信受教誨從
是福報至无上道
阿難又問救脫菩薩言命可續也救脫菩薩
荅阿難言我聞世尊說有諸横勸造幡蓋令
其脩福又言阿難昔沙弥救蟻已脩福故盡
其壽命不經苦患身體安寧福德力强使之
然也阿難因復問救脫菩薩横有幾種世尊
說言横乃无數略而言之大横有九一者横
病二者横有口舌三者横遭縣官四者身羸
无福又持戒不見横爲鬼神之所得便五者
横爲劫賊所剥六者横爲水火焚溺七者横
爲雜類禽獸所噉八者横爲怨讎符書猒禱
耶神牽引未得其福但受其殃先亡牽引之
名横死九者有病不治又不脩福湯藥不順
針灸失度不值良醫爲病所困扵是滅亡又
信世間妖孽之師爲作恐動寒熱言語妄致
禍福所犯者多心不自正不能自定卜問覓
禍殺豬狗牛羊種種衆生解奏神明呼諸耶
妖魍魎鬼神請乞福祚欲望長生終不能得
愚癡迷惑信耶倒見死入地獄展轉其中无
解脫時是名九横
救脫菩薩語阿難言其世間人瘻黄之病困

BD15183號　灌頂章句拔除過罪生死得度經　（4–2）

解脫時是名九横
救脫菩薩語阿難言其世間人瘻黄之病困
篤着床求生不得求死不得考楚万端此病
人者或其前世造作惡業罪過所招殃咎所
引故使然也救脫菩薩語阿難言閻羅王者
主領世間名籍之記若人爲惡作諸非法无
孝順心造作五逆破滅三寶无君臣法又有
衆生不持五戒不信正法設有受者多所毀
犯扵是地下鬼神及伺候者奏上五官五官
料簡除死定生或駐錄精神未判是非若已
定者奏上閻羅閻羅監察隨罪輕重考而治
之世間瘻黄之病困篤不死一絶一生猶其
罪福未得料簡錄其精神在彼王所或七日
五三七日乃至七七日名籍定者放其精神
還其身中如從夢中見其善惡其人若明了
者信驗罪福是故我今勸諸四輩造續命神
幡燃卅九燈放諸生命以此幡燈放生功德
拔彼精神令得度苦今世後世不遭厄難
救脫菩薩語阿難言如來世尊說是經典威
神功德利益不少坐中諸鬼神有十二王從
坐而起往到佛所胡跪合掌白佛言我等十
二鬼神在所作護若城邑聚落空閑林中若
四輩弟子誦持此經令所結願无求不得阿
難問言其名云何爲我說之救脫菩薩言灌

BD15183號　灌頂章句拔除過罪生死得度經　（4–3）

坐而起往到佛所胡跪合掌白佛言我等十
二鬼神在所作護若城邑聚落空閑林中若
四輩弟子誦持此經令所結願无求不得阿
難問言其名云何為我說之救脫菩薩言灌
頂章句其名如是
神名金毗羅 神名和耆羅 神名孫佉羅 神名安陁羅
神名摩尼羅 神名宋林羅 神名因持羅 神名波耶羅
神名摩休羅 神名真陁羅 神名照頭羅 神名毗伽羅
救脫菩薩語阿難言此諸鬼神別有七千以
為眷屬皆悉叉手低頭聽佛說是琉璃光如
来本願功德莫不一時捨鬼神形得受人身
長得度脫无衆惚患若人疾急厄難之日當
以五色縷結其名字得如願已然後解結令
人得福灌頂章句法應如是
佛說是經時比丘僧八千人諸菩薩三万人
俱及諸天龍鬼神八部大王无不歡喜阿難
從坐起前白佛言演說此法當何名之佛言此
經凡有三名一名藥師琉璃光本願功德二
名灌頂章句十二神王結願神呪三名拔除
過罪生死得度佛說經竟大衆人民作礼奉
行

佛說藥師經

義澄 一校竟

BD15183 號　灌頂章句拔除過罪生死得度經　（4–4）

佛告諸比丘尒時王者則我身是時仙人者
今提婆達多是由提婆達多善知識故令我
具足六波羅蜜慈悲喜捨三十二相八十種
好紫磨金色十力四无所畏四攝法十八不

BD15184 號　妙法蓮華經卷四　（4–1）

佛告諸比丘爾時王者則我身是時仙人者
今提婆達多是由提婆達多善知識故令我
具足六波羅蜜慈悲喜捨三十二相八十種
好紫磨金色十力四无所畏四攝法十八不
共神通道力成等正覺廣度衆生皆因提婆
達多善知識故告諸四衆提婆達多却後過
无量劫當得成佛号曰天王如來應供正遍
知明行足善逝世間解无上士調御丈夫天
人師佛世尊世界名天道時天王佛住世二
十中劫廣爲衆生說於妙法恒河沙衆生得
阿羅漢果无量衆生發緣覺心恒河沙衆生
發无上道心得无生法忍至不退轉時天王佛
般涅槃後正法住世二十中劫全身舍利起
七寶塔高六十由旬縱廣四十由旬諸天人
民悉以雜華末香燒香塗香衣服瓔珞幢幡
寶蓋伎樂歌頌礼拜供養七寶妙塔无量衆
生得阿羅漢果无量衆生悟辟支佛不可思議
衆生發菩提心至不退轉佛告諸比丘未來
世中若有善男子善女人聞妙法華經提婆
達多品淨心信敬不生疑惑者不墮地獄餓
鬼畜生生十方佛前所生之處常聞此經若
生人天中受勝妙樂若在佛前蓮華化生於
時下方多寶世尊所從菩薩名曰智積白多
寶佛當還本土釋迦牟尼佛告智積曰善男
子且待須臾此有菩薩名文殊師利可與相
見論說妙法可還本土爾時文殊師利坐千
葉蓮華大如車輪俱來菩薩亦坐寶華從於
大海娑竭龍宮自然踊出住虛空中詣靈鷲

BD15184號　妙法蓮華經卷四　（4–2）

民悉以雜華末香燒香塗香衣服瓔珞幢幡
寶蓋伎樂歌頌礼拜供養七寶妙塔无量衆
生得阿羅漢果无量衆生悟辟支佛不可思議
衆生發菩提心至不退轉佛告諸比丘未來
世中若有善男子善女人聞妙法華經提婆
達多品淨心信敬不生疑惑者不墮地獄餓
鬼畜生生十方佛前所生之處常聞此經若
生人天中受勝妙樂若在佛前蓮華化生於
時下方多寶世尊所從菩薩名曰智積白多
寶佛當還本土釋迦牟尼佛告智積曰善男
子且待須臾此有菩薩名文殊師利可與相
見論說妙法可還本土爾時文殊師利坐千
葉蓮華大如車輪俱來菩薩亦坐寶華從於
大海娑竭龍宮自然踊出住虛空中詣靈鷲
山從蓮華下至於佛所頭面敬礼二世尊足
脩敬已畢往智積所共相慰問却坐一面智
積菩薩問文殊師利仁往龍宮所化衆生其
數幾何文殊師利言其數无量不可稱計非
口所宣非心所測且待須臾自當有證所言
未竟无數菩薩坐寶蓮華從海踊出詣靈鷲
山住在虛空此諸菩薩皆是文殊師利之所
化度具菩薩行皆共論說六波羅蜜本聲聞
人在虛空中說聲聞行今皆脩行大乘空義
文殊師利謂智積曰於海教化其事如是爾
時智積菩薩以偈讚曰

BD15184號　妙法蓮華經卷四　（4–3）

口所宣非心所測且待須臾自當有證所言
未竟无數菩薩坐寶蓮華從海踊出詣靈鷲
山住在虛空此諸菩薩皆是文殊師利之所
化度具菩薩行皆共論說六波羅蜜本聲聞
人在虛空中說聲聞行今皆脩行大乘空義
文殊師利謂智積曰於海教化其事如是尒
時智積菩薩以偈讚曰

BD15184號　妙法蓮華經卷四　（4–4）

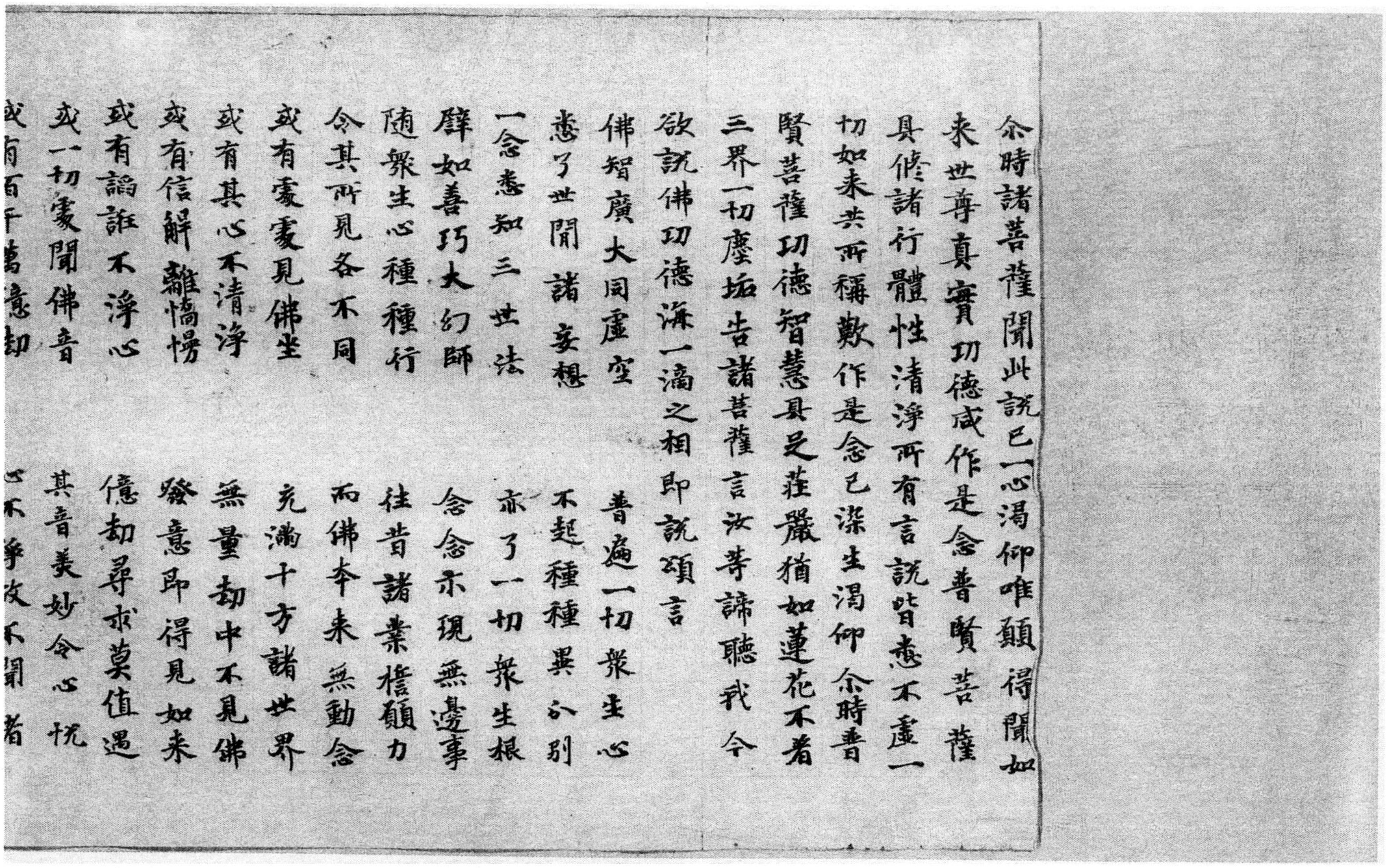

尒時諸菩薩聞此說已一心渴仰唯願得聞如
來世尊真實功德咸作是念普賢菩薩
具脩諸行體性清淨所有言說皆悉不虛一
切如來共所稱歎作是念已深生渴仰尒時普
賢菩薩功德智慧具足莊嚴猶如蓮花不着
三界一切塵垢告諸菩薩言汝等諦聽我今
欲說佛功德海一滴之相即說頌言
佛智廣大同虛空　普遍一切眾生心
悉了世間諸妄想　不起種種異分別
一念悉知三世法　亦了一切眾生根
譬如善巧大幻師　念念示現無邊事
隨眾生心種種行　往昔諸業誓願力
令其所見各不同　而佛本來無動念
或有處處見佛坐　充滿十方諸世界
或有其心不清淨　無量劫中不見佛
或有信解離憍慢　發意即得見如來
或有諂誑不淨心　億劫尋求莫值遇
或一切處聞佛音　其音美妙令心悅
或有百千萬億劫　心不淨故不聞者

BD15185號　大方廣佛華嚴經（唐譯八十卷本）卷八〇　（11–1）

或有信解離憍慢　發意即得見如來
或有諂誑不淨心　億劫尋求莫值遇
或一切處聞佛音　其音美妙令心悅
或有百千萬億劫　心不淨故不聞者
或見清淨大菩薩　充滿三千大千界
皆已具足普賢行　如來於中儼然坐
或見此界妙無比　佛無量劫所嚴淨
毗盧遮那最勝尊　於中覺悟成菩提
或見蓮花勝妙剎　賢首如來住在中
無量菩薩衆圍繞　皆悉勤修普賢行
或有見佛無量壽　觀自在等所圍繞
悉已住於灌頂地　充滿十方諸世界
或有見此三千界　種種莊嚴如妙喜
阿閦如來住在中　及如香象諸菩薩
或見月覺大名稱　與金剛幢菩薩等
住如圓鏡妙莊嚴　普遍十方清淨剎
或見日藏世所尊　住善光明清淨土
及與灌頂諸菩薩　充遍十方而說法
或見金剛大焰佛　而與智幢菩薩俱
周行一切廣大剎　說法除滅衆生翳
一一毛端不可說　諸佛具相三十二
菩薩眷屬共圍繞　種種說法度衆生
或有觀見一毛孔　具足莊嚴廣大剎
無量如來悉在中　清淨佛子皆充滿
或有見一微塵內　具有恒沙佛國土

BD15185號　大方廣佛華嚴經（唐譯八十卷本）卷八〇　（11–2）

無量如來悉在中　清淨佛子皆充滿
或有見一微塵內　具有恒沙佛國土
無量菩薩悉充滿　不可說劫修諸行
或有見一毛端處　無量塵沙諸剎海
種種業起各差別　毗盧遮那轉法輪
或有世界不清淨　或見清淨寶所成
如來住壽無量時　乃至涅槃諸所現
普遍十方諸世界　種種示現不思議
隨諸衆生心智業　靡不化度令清淨
如是無上大導師　充滿十方諸國土
示現種種神通力　我說少分汝當聽
或見釋迦成佛道　已經不可思議劫
或見今始為菩薩　十方利益諸衆生
或有見此釋師子　供養諸佛修行道
或見人中最勝尊　現種種力神通事
或見布施或持戒　或忍或進或諸禪
般若方便願力智　隨衆生心皆示現
或見究竟波羅蜜　或見安住於諸地
總持三昧神通智　如是悉現無不盡
或現修行無量劫　住於菩薩堪忍位
或現住於不退地　或現法水灌其頂
或現梵釋護世身　或現剎利婆羅門
種種色相所莊嚴　猶如幻師現衆像
或現兜率始降神　或見宮中受嬪御
或見棄捨諸榮樂　出家離俗行學道

BD15185號　大方廣佛華嚴經（唐譯八十卷本）卷八〇　（11–3）

種種色相所莊嚴　猶如幻師現衆像
或現兜率始降神　或見宮中受嬪御
或見棄捨諸榮樂　出家離俗行學道
或見始生或見滅　或見出家學異行
或見坐於菩提樹　降伏魔軍成正覺
或見有佛始涅槃　或見起塔遍世間
或見塔中立佛像　以知時故如是現
或見如來無量壽　與諸菩薩授尊記
而成無上大導師　次補住於安樂剎
或見無量億千劫　作佛事已入涅槃
或見今始成菩提　或見正修諸妙行
或見如來清淨月　在於梵世及魔宮
自在天宮化樂宮　示現種種神諸變
或見在於兜率宮　無量諸天共圍繞
為彼說法令歡喜　悉共發心供養佛
或見住在夜摩天　忉利護世龍神處
如是一切諸宮殿　莫不於中現其像
於彼然燈世尊所　散花布髮為供養
從是了知深妙法　恒以此道化群生
或有見佛久涅槃　或見初始成菩提
或見住於無量劫　或見須臾即滅度
身相光明與壽命　智慧菩提及涅槃
衆會所化威儀聲　如是一一皆無數
或現其身極廣大　譬如須彌大寶山
或見加趺不動搖　充滿無邊諸世界

BD15185號　大方廣佛華嚴經（唐譯八十卷本）卷八〇　（11–4）

或現其身極廣大　譬如須彌大寶山
或見加趺不動搖　充滿無邊諸世界
或見圓光一尋量　或見千萬億由旬
或見照於無量土　或見充滿一切剎
或見佛壽八十年　或壽百千萬億歲
或住不可思議劫　如是展轉倍過此
佛智通達淨無礙　一念普知三世法
皆從心識因緣起　生滅無常無自性
於一剎中成正覺　一切剎處悉亦成
一切入一一亦爾　隨衆生心皆示現
如來住於無上道　成就十力四無畏
具足智慧無所礙　轉於十二行法輪
了知苦集及滅道　分別十二因緣法
法義樂說辭無礙　以是四辯廣開演
諸法無我無有相　業性不起亦無失
一切遠離如虛空　佛以方便而分別
如來如是轉法輪　普震十方諸國土
宮殿山河悉搖動　不使衆生有驚怖
如來普演廣大音　隨其根欲皆令解
悉使發心除惑垢　而佛未始生心念
或聞施戒忍精進　禪定般若方便智
或聞慈悲及喜捨　種種音辭各差別
或聞四念四正勤　神足根力及覺道
諸念神通止觀等　無量方便諸法門
龍神八部人非人　梵釋護世諸天衆

BD15185號　大方廣佛華嚴經（唐譯八十卷本）卷八〇　（11–5）

諸念神通止觀等　無量方便諸法門
龍神八部人非人　梵釋護世諸天衆
佛以一音爲說法　隨其品類皆令解
若有貪欲瞋恚癡　忿覆慳嫉及憍諂
八萬四千煩惱異　皆令聞說彼治法
若未具修白淨法　令其聞說十戒行
已能布施調伏人　令聞寂滅涅槃音
若人志劣無慈愍　厭惡生死自求離
令其聞說三脫門　使得出苦涅槃樂
若有自性少諸欲　厭背三有求寂靜
令其聞說諸緣起　依獨覺乘而出離
若有清淨廣大心　具足施戒諸功德
親近如來具慈愍　令其聞說大乘音
或有國土聞一乘　或二或三或四五
如是乃至無有量　悉是如來方便力
涅槃寂靜未曾異　智行勝劣有差別
譬如虛空體性一　鳥飛遠近各不同
佛體音聲亦如是　普遍一切虛空界
隨諸衆生心智殊　所聞所見各差別
佛以過去修諸行　能隨所樂演妙音
無心計念此與彼　我爲誰說誰不說
如來面門放大光　具足八萬四千數
所說法門亦如是　普照世界除煩惱
具足清淨功德智　而常隨順三世間
譬如虛空無染著　爲衆生故而出現

BD15185號　大方廣佛華嚴經（唐譯八十卷本）卷八〇　（11-6）

具足清淨功德智　而常隨順三世間
譬如虛空無染著　爲衆生故而出現
示有生老病死苦　亦示住壽處於世
雖順世間如是現　體性清淨同虛空
一切國土無有邊　衆生根欲亦無量
如來智眼皆明見　隨所應化示佛道
究竟虛空十方界　所有人天大衆中
隨其形相各不同　佛現其身亦如是
若在沙門大衆會　剃除鬚髮服袈裟
執持衣鉢護諸根　令其歡喜息煩惱
若時親近婆羅門　即爲示現羸瘦身
執杖持瓶恒潔淨　具足智慧巧談說
吐故納新自充飽　吸風飲露無異食
若坐若立不動搖　現斯苦行摧異道
或持彼戒爲世師　善達醫方等諸論
書數天文地衆相　及身休咎無不了
深入諸禪及解脫　三昧神通智慧行
言談諷詠共嬉戲　方便皆令住佛道
或現上服以嚴身　首戴花冠蔭高蓋
四兵前後共圍繞　誓衆宣威伏小王
或爲聽訟斷獄官　善解世間諸法務
所有與奪皆明審　令其一切悉欣伏
或作大臣專輔弼　善用諸王治政法
十方利益皆周遍　一切衆生莫了知
或爲粟散諸小王　或作飛行轉輪帝

BD15185號　大方廣佛華嚴經（唐譯八十卷本）卷八〇　（11-7）

十方利益皆周遍　一切衆生莫了知
或為粟散諸小王　或作飛行轉輪帝
令諸王子采女衆　悉皆受化無能測
或作護世四天王　統領諸龍夜叉等
為其衆會而說法　一切皆令大欣慶
或為忉利大天王　住善法堂歡喜園
首戴花冠說妙法　諸天覲仰莫能測
或住夜摩兜率天　化樂自在魔王所
居處摩尼寶宮殿　說真實行令調伏
或至梵天衆會中　說四無量諸禪道
普令歡喜便捨去　而莫知其往來相
或至阿迦尼吒天　為說覺分諸寶花
及餘無量聖功德　然後捨去無知者
如來無礙智所見　其中一切諸衆生
悉以無邊方便門　種種教化令成就
譬如幻師善幻術　現作種種諸幻事
佛化衆生亦如是　為其示現種種身
譬如淨月在虛空　令世衆生見增減
一切河池現影像　所有星宿奪光色
如來智月出世間　亦以方便示增減
菩薩心水現其影　聲聞星宿無光色
譬如大海寶充滿　清淨無濁無有量
四洲所有諸衆生　一切於中現其像
佛身功德海亦尒　無垢無濁無邊際
乃至法界諸衆生　靡不於中現其影

BD15185號　大方廣佛華嚴經（唐譯八十卷本）卷八〇　（11–8）

一切河池現影像　所有星宿奪光色
如來智月出世間　亦以方便示增減
菩薩心水現其影　聲聞星宿無光色
譬如大海寶充滿　清淨無濁無有量
四洲所有諸衆生　一切於中現其像
佛身功德海亦尒　無垢無濁無邊際
乃至法界諸衆生　靡不於中現其影
譬如淨日放千光　不動本處照十方
佛日光明亦如是　無去無來除世暗
譬如龍王降大雨　不從身出及心出
而能霑洽悉周遍　滌除炎熱使清涼
如來法雨亦復然　不從於佛身心出
而能開悟一切衆　普使滅除三毒火
如來清淨妙法身　一切三界無倫匹
以出世間言語道　其性非有非無故
雖無所依無不住　雖無不至而不去
如空中畫夢所見　當於佛體如是觀
三界有無一切法　不能與佛為譬喻
譬如山林鳥獸等　無有依空而住者
大海摩尼無量色　佛身差別亦復然
如來非色非非色　隨應而現無所住
虛空真如及實際　涅槃法性寂滅等
唯有如是真實法　可以顯示於如來
剎塵心念可數知　大海中水可飲盡
虛空可量風可繫　無能盡說佛功德

BD15185號　大方廣佛華嚴經（唐譯八十卷本）卷八〇　（11–9）

如來法爾亦復然　不從於佛身心出
而能開悟一切衆　普使滅除三毒火
如來清淨妙法身　一切三界無倫匹
以出世間言語道　其性非有非無故
雖無所依無不住　雖無不至而不去
如空中畫夢所見　當於佛體如是觀
三界有無一切法　不能與佛爲譬喻
譬如山林鳥獸等　無有依空而住者
大海摩尼無量色　佛身差別亦復然
如來非色非非色　隨應而現無所住
虛空真如及實際　涅槃法性寂滅等
唯有如是真實法　可以顯示於如來
剎塵心念可數知　大海中水可飲盡
虛空可量風可繫　無能盡說佛功德
若有聞斯功德海　而生歡喜信解心
如所稱揚悉當獲　慎勿於此懷疑念

大方廣佛花嚴經卷第八十

BD15185號　大方廣佛華嚴經（唐譯八十卷本）卷八〇　（11–10）

而能開悟一切衆　普使滅除三毒火
如來清淨妙法身　一切三界無倫匹
以出世間言語道　其性非有非無故
雖無所依無不住　雖無不至而不去
如空中畫夢所見　當於佛體如是觀
三界有無一切法　不能與佛爲譬喻
譬如山林鳥獸等　無有依空而住者
大海摩尼無量色　佛身差別亦復然
如來非色非非色　隨應而現無所住
虛空真如及實際　涅槃法性寂滅等
唯有如是真實法　可以顯示於如來
剎塵心念可數知　大海中水可飲盡
虛空可量風可繫　無能盡說佛功德
若有聞斯功德海　而生歡喜信解心
如所稱揚悉當獲　慎勿於此懷疑念

BD15185號　大方廣佛華嚴經（唐譯八十卷本）卷八〇　（11–11）

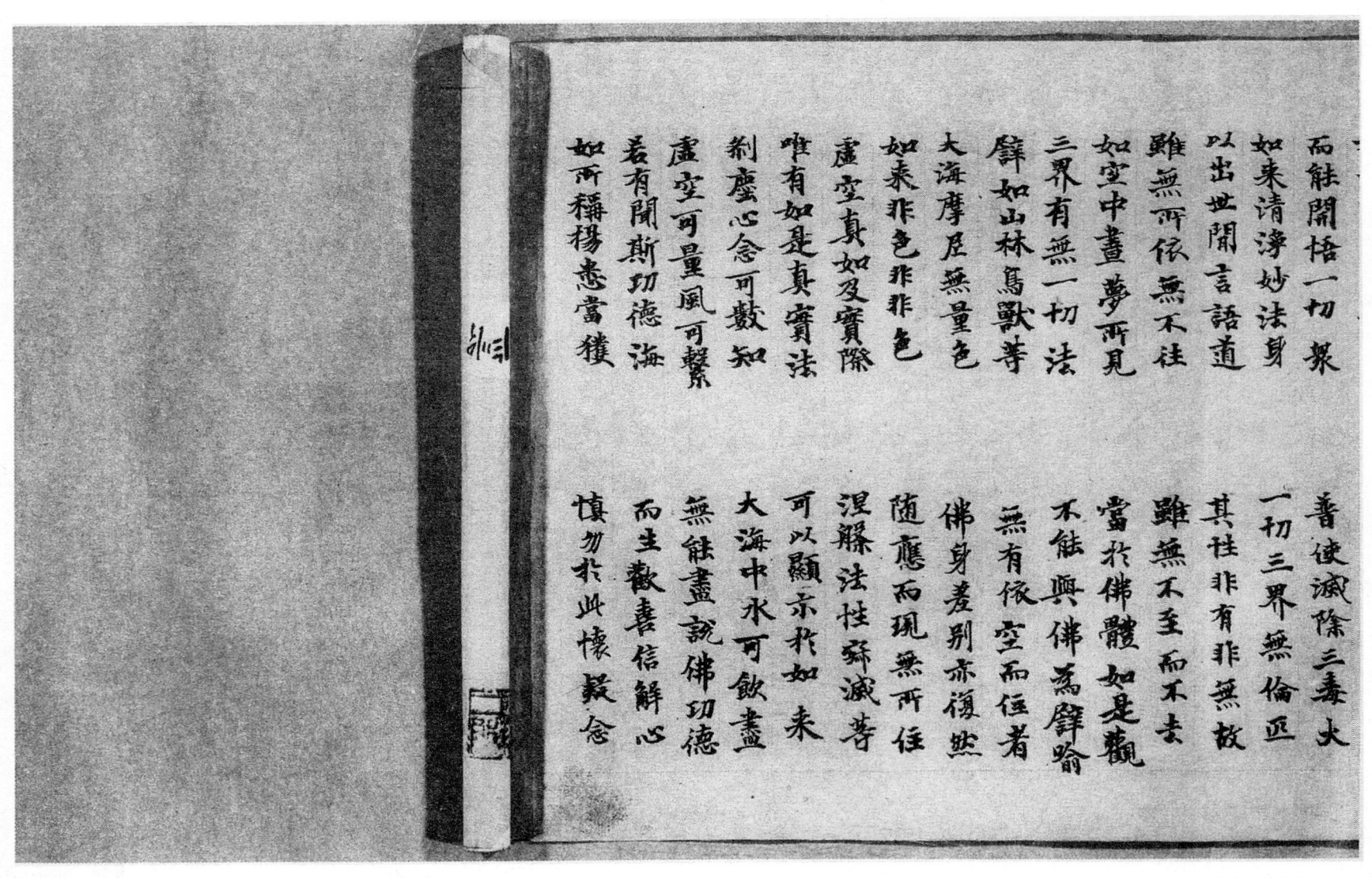

BD15185 號背　勘記、印章　（1–1）

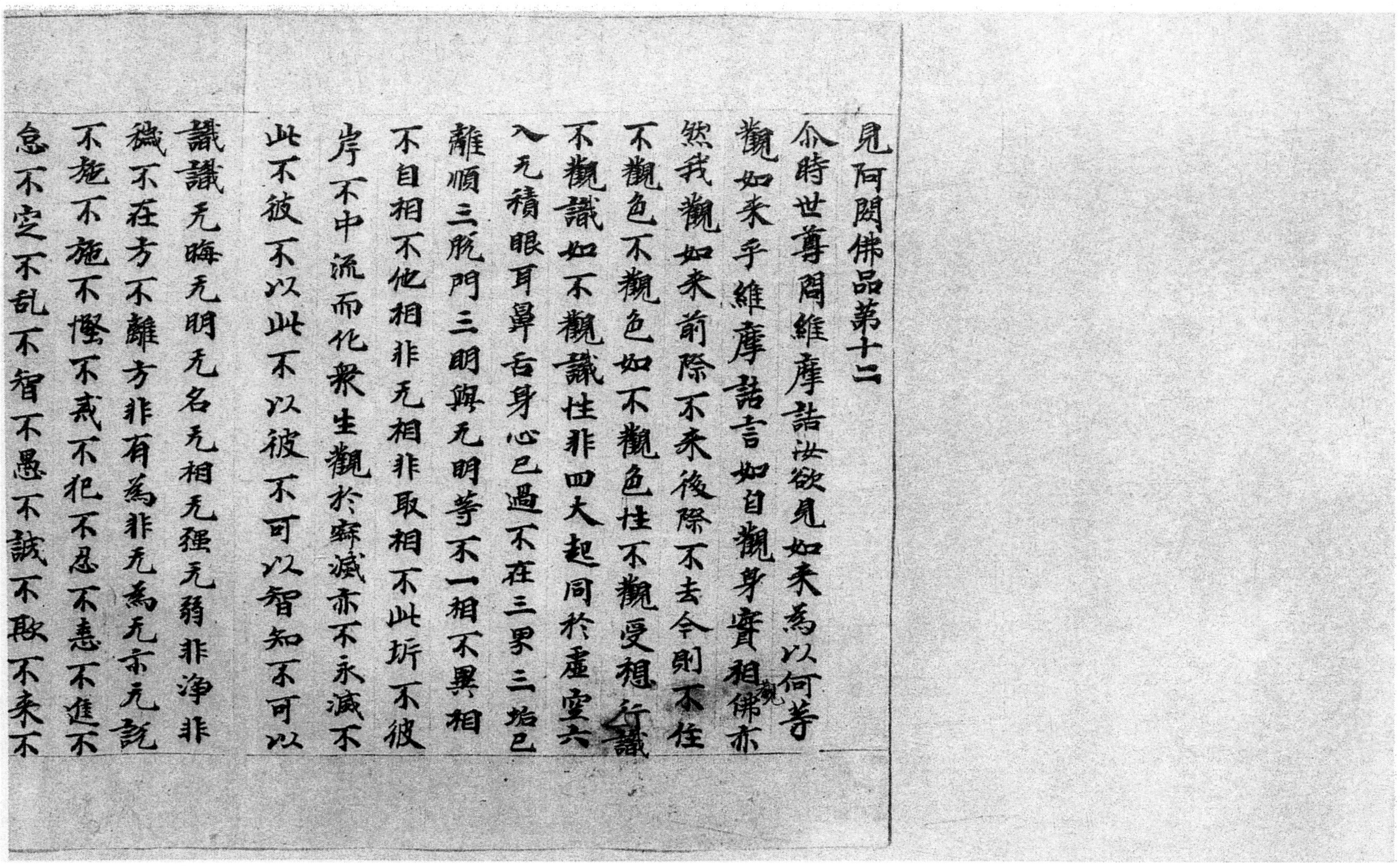

見阿閦佛品第十二
尒時世尊問維摩詰汝欲見如來為以何等
觀如來乎維摩詰言如自觀身實相觀佛亦
然我觀如來前際不來後際不去今則不住
不觀色不觀色如不觀色性不觀受想行識
不觀識如不觀識性非四大起同於虛空六
入无積眼耳鼻舌身心已過不在三界三垢已
離順三脫門三明與无明等不一相不異相
不自相不他相非无相非取相不此岸不彼
岸不中流而化衆生觀於寂滅亦不永滅不
此不彼不以此不以彼不可以智知不可以
識識无晦无明无名无相无强无弱非淨非
穢不在方不離方非有為非无為无示无說
不施不慳不戒不犯不忍不恚不進不
怠不定不亂不智不愚不誠不欺不來不

BD15186 號　維摩詰所說經卷下　（5–1）

不施不慳不戒不犯不忍不恚不進不
怠不定不亂不智不愚不誠不欺不來不
去不出不入一切言語道斷非福田非不福
田非應供養非不應供養非取非捨非相
非无相同真際等法性不可稱可量過諸稱
量非大非小非見非聞非覺非知離衆結縛
等諸智同衆生於諸法无分別一切无失无
濁无惱无作无起无生无滅无畏无憂无
喜无厭无著无已有无當有无今有不可
以一切言說分別顯示世尊如來身為若此作
如是觀以斯觀者名為正觀若他觀者名為
邪觀
尒時舍利弗問維摩詰汝於何沒而來生此維
摩詰言汝所得法有沒生乎舍利弗言无
沒生也若諸法无沒生相云何問言汝於何
沒而來生此於意云何譬如幻師幻作男女
寧沒生耶舍利弗言无沒生也汝豈不聞佛
說諸法如幻相乎答曰如是若一切法如幻
相者云何問言汝於何沒而來生此舍利弗
沒者為虛誑法壞敗之相生者為虛誑法
相續之相菩薩雖沒不盡善本雖沒不盡
善本雖生不長諸惡是時佛告舍利弗有國
名妙喜佛号无動是維摩詰於彼國沒而來
生此舍利弗言未曾有也世尊是人乃能捨

名妙喜佛号无動是維摩詰於彼國沒而來
生此舍利弗言未曾有也世尊是人乃能捨
清淨土而來樂此多怒害處維摩詰舍利弗
於意云何日光出時與冥合乎答曰不也日光
出時則无衆冥維摩詰言夫日何故行閻浮
提答曰欲以明照為之除冥維摩詰言菩薩
如是雖生不淨佛土為化衆生不與愚闇而
共合也但滅衆生煩惱闇耳
是時大衆渴仰欲見妙喜世界不動如來及
其菩薩聲聞之衆佛知一切衆會所念告維
摩詰言善男子為此衆會現妙喜國不動如
來及諸菩薩聲聞之衆衆皆欲見於是維摩
詰心念吾當不起于坐接妙喜國鐵圍山川
溪谷江河大海泉源須弥諸山及日月星宿
天龍鬼神梵天等宮并諸菩薩聲聞之
衆城邑聚落男女大小乃至无動如來及菩
提樹諸妙蓮華能於十方作佛事者三道寶
階從閻浮提至忉利天以此寶階諸天來下
悉為礼敬无動如來聽受經法閻浮提人亦登
其階上昇忉利見彼諸天妙喜世界成就如是
无量功德上至阿迦膩吒天下至水際以右手斷
取如陶家輪入此世界猶持華鬘示一切衆
作是念已入於三昧現神通力以其右手斷
取妙喜世界置於此土彼得神通菩薩及聲

作是念已入於三昧現神通力以其右手斷
取妙喜世界置於此土彼得神通菩薩及聲
聞衆并餘天人俱發聲言唯然世尊誰取我
去願見救護无動佛言非我所為是維摩詰
神力所作其餘未得神通者不覺不知已之
所往妙喜世界雖入此土而不增減於是世
界亦不迫隘如本无異
尒時釋迦牟尼佛告諸大衆汝等且觀妙喜
世界无動如來其國嚴飾菩薩行淨弟子
清白皆曰唯然已見佛言若菩薩欲得如是
清淨佛土當學无動如來所行之道現此妙
喜國時娑婆世界十四那由他人發阿耨多
羅三藐三菩提心皆願生於妙喜佛土釋迦
牟尼佛即記之曰當生彼國時妙喜世界於
此國土所應饒益其事訖已還復本處舉
衆皆見佛告舍利弗汝見此妙喜世界及无動
佛不唯然已見世尊願使一切衆生得清淨
土如无動佛獲神通力如維摩詰世尊我等
快得善利得見是人親近供養其諸衆生若
今現在若佛滅後聞此經者亦得善利況復
聞已信解受持讀誦解說如法脩行若有手
得是經典者便為已得法寶之藏若有讀誦
解釋其義如說脩行則為諸佛之所護念其
有供養如是人者當知則為供養於佛其有

BD15186號　維摩詰所說經卷下

（5–4）

清淨佛土當學无動如來所行之道現此妙
喜國時娑婆世界十四那由他人發阿耨多
羅三藐三菩提心皆願生於妙喜佛土釋迦
牟尼佛即記之曰當生彼國時妙喜世界於
此國土所應饒益其事訖已還復本處舉
衆皆見佛告舍利弗汝見此妙喜世界及无動
佛不唯然已見世尊願使一切衆生得清淨
土如无動佛獲神通力如維摩詰世尊我等
快得善利得見是人親近供養其諸衆生若
今現在若佛滅後聞此經者亦得善利況復
聞已信解受持讀誦解說如法脩行若有手
得是經典者便為已得法寶之藏若有讀誦
解釋其義如說脩行則為諸佛之所護念其
有供養如是人者當知則為供養於佛其有
書持此經卷者當知其室則有如來若聞是
經能隨喜者斯人則為取一切智若能信解
此經乃至一四句偈為他說者當知此人即是
受阿耨多羅三藐三菩提記

BD15186號　維摩詰所說經卷下

（5–5）

BD15186 號背　勘記、印章　　（2–1）

BD15186 號背　勘記、印章　　（2–2）

尒時天帝釋及恒河女神无量梵王四大天
衆從座而起偏袒右肩右膝著地合掌頂
礼白佛言世尊我等皆得聞是金光明最勝
王經今悉受持讀誦通利為他廣說依此法
住何以故世尊我等欲求阿耨多羅三藐三
菩提隨順此義種種勝相如法行故尒時梵
王及天帝釋等於說法處皆以種種曼陁羅
花而散佛上三千大千世界地皆大動一切天
鼓及諸音樂不鼓自鳴放金色光遍滿世界
出妙音聲時天帝釋白佛言世尊此等皆是
金光明經威神之力慈悲普救種種利益種
種增長菩薩善根滅諸業障佛言如是如是
如汝所說何以故善男子我念往昔過无量
百千阿僧祇劫有佛名寶王大光照如來應
正遍知出現於世住世六百八十億劫尒時
寶王大光照如来為欲度脫人天釋梵沙門
婆羅門一切衆生令安樂故當出現時初會
說法度百千億億万衆皆得阿羅漢果諸漏
已盡三明六通自在无礙於第二會復度九

BD15187號　金光明最勝王經卷三　（5–1）

婆羅門一切衆生令安樂故當出現時初會
說法度百千億億万衆皆得阿羅漢果諸漏
已盡三明六通自在无礙於第二會復度九
十千億億万衆皆得阿羅漢果諸漏已盡三
明六通自在无礙於第三會復度九十八千
億億万衆皆得阿羅漢果圓滿如上
善男子我於尒時作女人身名福寶光明於
第三會親近世尊受持讀誦是金光明經為
他廣說求阿耨多羅三藐三菩提故時彼世
尊為我授記此福寶光明女於未來世當得
作佛号釋迦牟尼如來應正遍知明行足善
逝世間解无上士調御丈夫天人師佛世尊
捨女身後從是以来越四惡道生人天中受
上妙樂八十四百千生作轉輪王至于今日
得成正覺名稱普聞遍滿世界時會大衆忽
然皆見寶王大光照如来轉无上法輪說微
妙法善男子去此索訶世界東方過百千恒
河沙數佛土有世界名寶莊嚴其寶王大光
照如来今現在彼未般涅槃說微妙法廣化
羣生汝等見者即是彼佛
善男子若有善男子善女人聞是寶王大光
照如来名号者於菩薩地得不退轉至大涅
槃若有女人聞是佛名者臨命終時得見彼
佛来至其所既見佛已究竟不復更受女身

BD15187號　金光明最勝王經卷三　（5–2）

善男子若有善男子善女人聞是寶王大光
照如來名号者於菩薩地得不退轉至大涅
槃若有女人聞是佛名者臨命終時得見彼
佛來至其所既見佛已究竟不復更受女身
善男子是金光明微妙經典種種利益種種
增長菩薩善根滅諸業障善男子若有苾芻
苾芻尼鄔波索迦鄔波斯迦隨在何處為人
講說是金光明微妙經典於其國土皆獲四
種福利善根云何為四一者國王无病離諸
灾厄二者壽命長遠无有障礙三者无諸
怨敵兵衆勇健四者安隱豊樂正法流通何以
故如是人王常為釋梵四王藥叉之衆共守
護故
尒時世尊告天衆曰善男子是事實不是時
无量釋梵四王及藥叉衆俱時同聲荅世尊
言如是如是若有國土講宣讀誦此妙經王
是諸國主我等四王常來擁護行住共俱其
王若有一切灾障及諸怨敵我等四王皆使
消殄憂愁疾疫亦令除差增益壽命感應禎
祥所願遂心恒生歡喜我等亦能令其國中所
有軍兵悉皆勇健佛言善哉善哉善男子
如汝所說汝當修行何以故是諸國王如法
行時一切人民隨王修習如法行者汝等皆
蒙色力勝利宮殿光明眷屬強盛時釋梵

BD15187號　金光明最勝王經卷三　（5-3）

有軍兵悉皆勇健佛言善哉善哉善男子
如汝所說汝當修行何以故是諸國王如法
行時一切人民隨王修習如法行者汝等皆
蒙色力勝利宮殿光明眷屬強盛時釋梵
等白佛言如是世尊佛言若有講讀此妙經
典流通之處於其國中大臣輔相有四種益云
何為四一者更相親穆尊重愛念二者常為
人王心所愛重亦為沙門婆羅門大國小國
之所遵敬三者輕財重法不求世利嘉名普
暨衆所欽仰四者壽命延長安隱快樂是名
四益若有國土宣說是經沙門婆羅門得四種
勝利云何為四一者衣服飲食臥具醫藥无
所乏少二者皆得安心思惟讀誦三者依於
山林得安樂住四者隨心所願皆得滿足是
名四種勝利若有國土宣說是經一切人民
皆得豊樂无諸疾疫商估往還多獲寶貨
具足勝福是名種種功德利益
尒時梵釋四天王及諸大衆白佛言世尊如
是經典甚深之義若現在者當知如來三十七
種助菩提法住世未滅若是經典滅盡之時
正法亦滅佛言如是如是善男子是故汝等
於此金光明經一句一頌一品一部皆當一心
正讀誦正聞持正思惟正脩習為諸衆生廣
宣流布長夜安樂福利无邊時諸大衆聞佛
說已咸蒙勝益歡喜受持

BD15187號　金光明最勝王經卷三　（5-4）

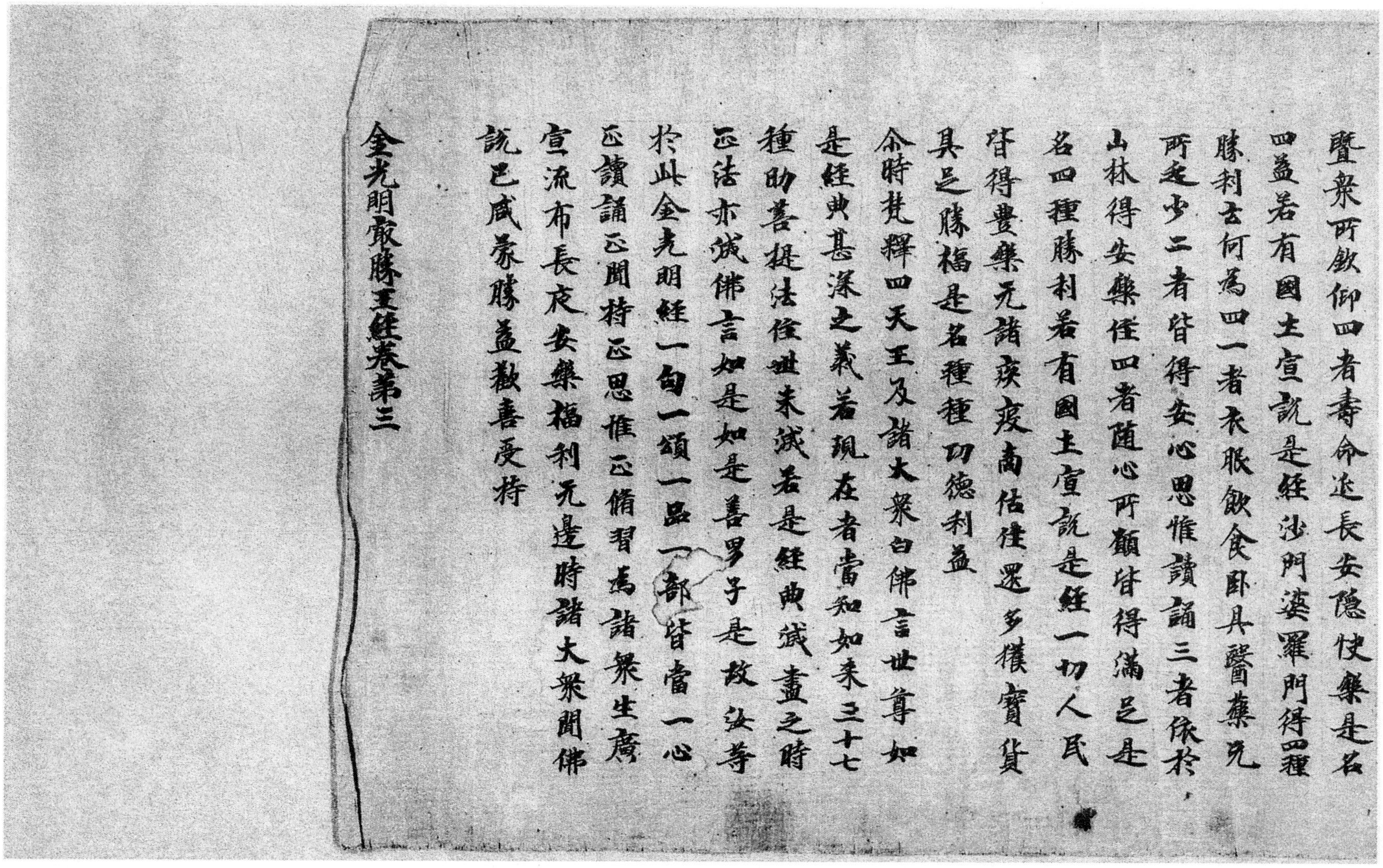

暨衆所欽仰四者壽命延長安隱快樂是名
四益若有國土宣說是經沙門婆羅門得四種
勝利云何為四一者衣服飲食卧具醫藥无
所乏少二者皆得安心思惟讀誦三者依於
山林得安樂住四者隨心所願皆得滿足是
名四種勝利若有國土宣說是經一切人民
皆得豐樂无諸疾疫商估往還多獲寶貨
具足勝福是名種種功德利益
尒時梵釋四天王及諸大衆白佛言世尊如
是經典甚深之義若現在者當知如來三十七
種助菩提法住世未滅若是經典滅盡之時
正法亦滅佛言如是如是善男子是故汝等
於此金光明經一句一頌一品一部皆當一心
正讀誦正聞持正思惟正修習為諸衆生廣
宣流布長夜安樂福利无邊時諸大衆聞佛
說已咸蒙勝益歡喜受持

金光明最勝王經卷第三

BD15187 號　金光明最勝王經卷三　　（5–5）

BD15187 號背　勘記、印章　　（1–1）

也世尊須菩提菩薩无
如是不可思量須菩
須菩提於意云何可以
尊不可以身相得見
身相即非身相佛告須　所有相皆
是虛妄若見諸相非相則見如來
須菩提白佛言世尊頗有衆生得聞如是言
說章句生實信不佛告須菩提莫作是說如
來滅後後五百歲有持戒脩福者於此章句
能生信心以此爲實當知是人不於一佛二佛
三四五佛而種善根已於无量千万佛所
種諸善根聞是章句乃至一念生淨信者須
菩提如來悉知悉見是諸衆生得如是无量
福德何以故是諸衆生无復我相人相衆生
相壽者相无法相亦无非法相何以故是諸
衆生若心取相則爲著我人衆生壽者若取
法相即著我人衆生壽者何以故若取非法
相即著我人衆生壽者是故不應取法不應
取非法以是義故如來常說汝等比丘知我
說法如筏喻者法尚應捨何況

BD15188 號　金剛般若波羅蜜經　（6–1）

相即著我人衆生壽者是故不應取法不應
取非法以是義故如來常說汝等比丘知我
說法如筏喻者法尚應捨何況非法
須菩提於意云何如來得阿耨多羅三藐三
菩提耶如來有所說法耶須菩提言如我解
佛所說義无有定法名阿耨多羅三藐三菩
提亦无有定法如來可說何以故如來所說法
皆不可取不可說非法非非法所以者何一
切賢聖皆以无爲法而有差別
須菩提於意云何若人滿三千大千世界七
寶以用布施是人所得福德寧爲多不須菩
提言甚多世尊何以故是福德即非福德性
是故如來說福德多若復有人於此經中受
持乃至四句偈等爲他人說其福勝彼何以
故須菩提一切諸佛及諸佛阿耨多羅三藐
三菩提法皆從此經出須菩提所謂佛法者
即非佛法
須菩提於意云何須陁洹能作是念我得須
陁洹果不須菩提言不也世尊何以故須陁
洹名爲入流而无所入不入色聲香味觸法
是名須陁洹須菩提於意云何斯陁含能作
是念我得斯陁含果不須菩提言不也世尊
何以故斯陁含名一往來而實无往來是名斯
陁含須菩提於意云何阿那含能作是念我

BD15188 號　金剛般若波羅蜜經　（6–2）

何以故斯陀含名一往來而實无往來是名斯
陀含須菩提於意云何阿那含能作是念我
得阿那含果不須菩提言不也世尊何以
故阿那含名為不來而實无來是故名阿那
含須菩提於意云何阿羅漢能作是念我得
阿羅漢道不須菩提言不也世尊何以故實
无有法名阿羅漢世尊若阿羅漢作是念我
得阿羅漢道即為著我人衆生壽者世尊
佛說我得无諍三昧人中最為第一是第一離
欲阿羅漢我不作是念我是離欲阿羅漢世
尊我若作是念我得阿羅漢道世尊則不說
須菩提是樂阿蘭那行者以須菩提實无
所行而名須菩提是樂阿蘭那行
佛告須菩提於意云何如來昔在然燈佛所
於法有所得不世尊如來在然燈佛所於法
實无所得須菩提於意云何菩薩莊嚴佛土
不不也世尊何以故莊嚴佛土者則非莊嚴
不可以三十二相得見如來何以故如來說
三十二相即是非相是名三十二相須菩
提若有善男子善女人以恒河沙等身命
布施若復有人於此經中乃至受持四句偈
等為他人說其福甚多
尒時須菩提聞說是經深解義趣涕淚悲
泣而白佛言希有世尊佛說如是甚深經典我

BD15188 號　金剛般若波羅蜜經　（6–3）

等為他人說其福甚多
尒時須菩提聞說是經深解義趣涕淚悲
泣而白佛言希有世尊佛說如是甚深經典我
從昔來所得慧眼未曾得聞如是之經世尊
若復有人得聞是經信心清淨則生實相當
知是人成就第一希有功德世尊是實相者
則是非相是故如來說名實相世尊我今得
聞如是經典信解受持不足為難若當來世
後五百歲其有衆生得聞是經信解受持是
人則為第一希有何以故此人无我相人相衆
生相壽者相所以者何我相即是非相人相
衆生相壽者相即是非相何以故離一切諸
相則名諸佛
佛告須菩提如是如是若復有人得聞是經
不驚不怖不畏當知是人甚為希有何以故
須菩提如來說第一波羅蜜非第一波羅蜜
是名第一波羅蜜
須菩提忍辱波羅蜜如來說非忍辱波羅蜜
何以故須菩提如我昔為歌利王割截身體
我於尒時无我相无人相无衆生相无壽者
相何以故我於往昔節節支解時若有我相
人相衆生相壽者相應生瞋恨須菩提又念
過去於五世作忍辱仙人於尒所世我无无
人無衆生無壽者相是故須菩提

BD15188 號　金剛般若波羅蜜經　（6–4）

人相衆生相壽者相應生瞋恨須菩提又念
過去於五世作忍辱仙人於尒所世我无无
人無衆生無壽者相是故須菩提
菩薩應如是離一切相發阿耨多羅三
藐三菩提心不應住色生心不應住聲香
味觸法生心應生無所住心若心有住則為
非住是故佛說菩薩心不應住色布施須
菩提菩薩為利益一切衆生應如是布施
如來說一切諸相即是非相又說一切衆生
則非衆生須菩提如來是真語者實語
者如語者不誑語者不異語者須菩提如來
所得法此法無實無虛須菩提若菩薩心住
於法而行布施如人入闇則無所見若菩薩心不
住法而行布施如人有目日光明照見種種色
色須菩提當來之世若有善男子善女人
能於此經受持讀誦則為如來以佛智慧
悉知是人悉見是人皆得成就無量無邊功德
須菩提若有善男子善女人初日分以恒
河沙等身布施中日分復以恒河沙等身
布施後日分亦以恒河沙等身布施如是
無量百千万億劫以身布施若復有人
聞此經典信心不逆其福勝彼何況
書寫受持讀誦為人解說須菩提以要
言之是經有不可思議不可稱量無
邊功德如來為發大乘者說為發最上

BD15188 號　金剛般若波羅蜜經　（6–5）

所得法此法無實無虛須菩提若菩薩心住
於法而行布施如人入闇則無所見若菩薩心不
住法而行布施如人有目日光明照見種種色
色須菩提當來之世若有善男子善女人
能於此經受持讀誦則為如來以佛智慧
悉知是人悉見是人皆得成就無量無邊功德
須菩提若有善男子善女人初日分以恒
河沙等身布施中日分復以恒河沙等身
布施後日分亦以恒河沙等身布施如是
無量百千万億劫以身布施若復有人
聞此經典信心不逆其福勝彼何況
書寫受持讀誦為人解說須菩提以要
言之是經有不可思議不可稱量無
邊功德如來為發大乘者說為發最上
乘者說若有人能受持讀誦廣為人說
如來悉知是人悉見是人皆得成就不
可量不可稱無有邊不可思議功德如
是人等則為荷擔如來阿耨多羅三
藐三菩提何以故須菩提若樂
小法者著我見人見衆生見壽

BD15188 號　金剛般若波羅蜜經　（6–6）

BD15188 號背　勘記、印章　（1–1）

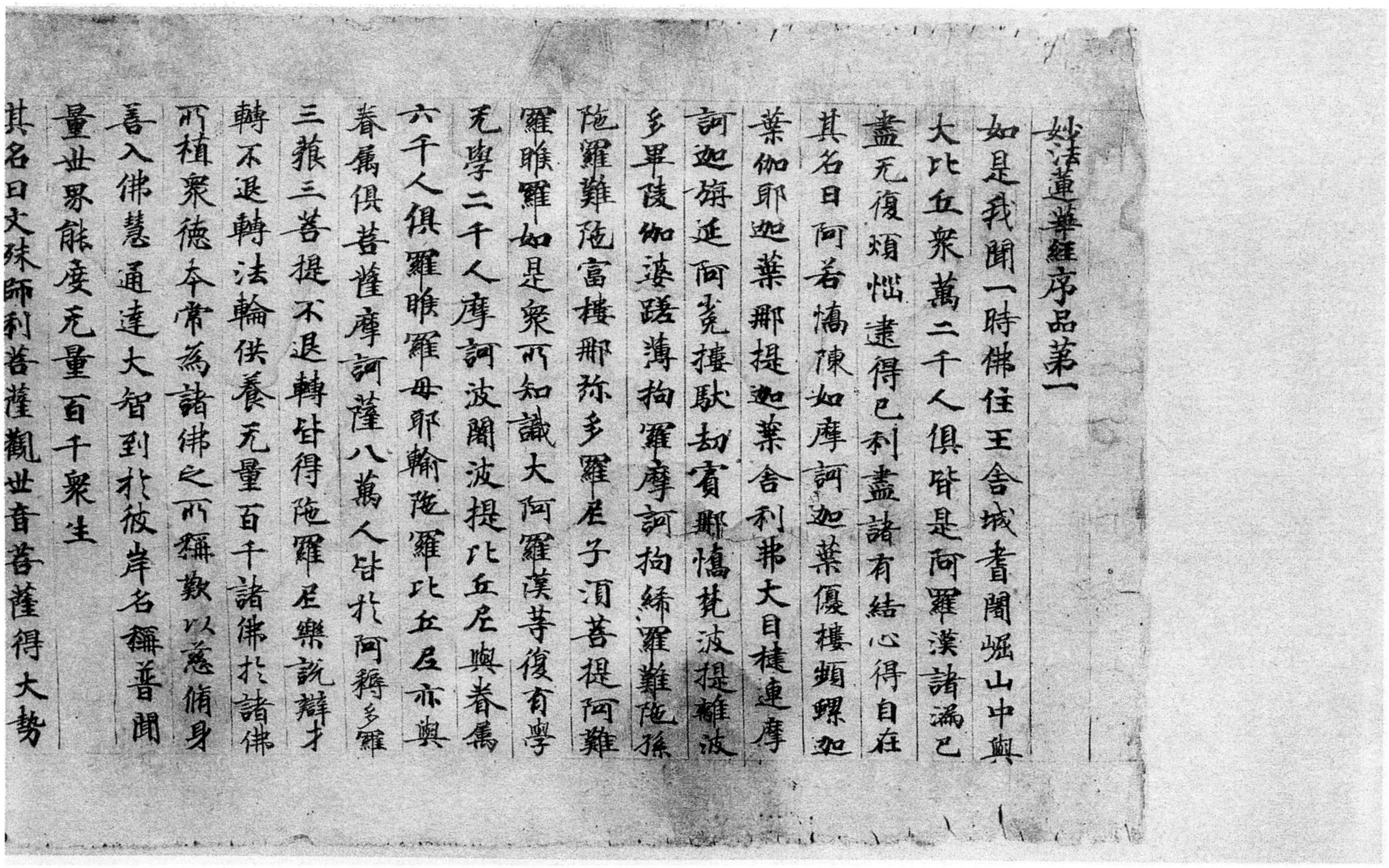

妙法蓮華經序品第一
如是我聞一時佛住王舍城耆闍崛山中與
大比丘衆萬二千人俱皆是阿羅漢諸漏已
盡无復煩惱逮得己利盡諸有結心得自在
其名曰阿若憍陳如摩訶迦葉優樓頻螺迦
葉伽耶迦葉那提迦葉舍利弗大目揵連摩
訶迦旃延阿㝹樓馱劫賓那憍梵波提離波
多畢陵伽婆蹉薄拘羅摩訶拘絺羅難陀孫
陀羅難陀富樓那弥多羅尼子須菩提阿難
羅睺羅如是衆所知識大阿羅漢等復有學
无學二千人摩訶波闍波提比丘尼與眷屬
六千人俱羅睺羅母耶輸陀羅比丘尼亦與
眷屬俱菩薩摩訶薩八萬人皆於阿耨多羅
三藐三菩提不退轉皆得陀羅尼樂說辯才
轉不退轉法輪供養无量百千諸佛於諸佛
所殖衆德本常為諸佛之所稱歎以慈脩身
善入佛慧通達大智到於彼岸名稱普聞
量世界能度无量百千衆生
其名曰文殊師利菩薩觀世音菩薩得大勢

BD15189 號　妙法蓮華經卷一　（5–1）

善入佛慧通達大智到於彼岸名稱普聞
量世界能度无量百千衆生
其名曰文殊師利菩薩觀世音菩薩得大勢
菩薩常精進菩薩不休息菩薩寶掌菩薩
藥王菩薩勇施菩薩寶月菩薩月光菩薩
滿月菩薩大力菩薩无量力菩薩越三界
菩薩跋陁婆羅菩薩弥勒菩薩寶積菩薩
導師菩薩如是等菩薩摩訶薩八萬人俱
尒時釋提桓因與其眷屬二萬天子俱復有
名月天子普香天子寶光天子四大天王與
其眷屬萬天子俱自在天子大自在天子與
其眷屬三萬天子俱娑婆世界主梵天王尸
棄大梵光明大梵等與其眷屬萬二千天子
俱有八龍王難陁龍王跋難陁龍王娑伽羅
龍王和脩吉龍王德叉迦龍王阿那婆達多
龍王摩那斯龍王優鉢羅龍王等各與若干
百千眷屬俱有四緊那羅王法緊那羅王妙
法緊那羅王大法緊那羅王持法緊那羅王
各與若干百千眷屬俱有四乾闥婆王樂乾
闥婆王樂音乾闥婆王美乾闥婆王美音乾
闥婆王各與若干百千眷屬俱有四阿脩羅
王婆稚阿脩羅王佉羅騫馱阿脩羅王毗摩
質多羅阿脩羅王羅睺阿脩羅王各與若干

BD15189號　妙法蓮華經卷一　（5–2）

王婆稚阿脩羅王佉羅騫馱阿脩羅王毗摩
質多羅阿脩羅王羅睺阿脩羅王各與若干
百千眷屬俱有四迦樓羅王大威德迦樓羅
王大身迦樓羅王大滿迦樓羅王如意迦樓
羅王各與若干百千眷屬俱韋提希子阿闍
世王與若干百千眷屬俱各礼佛足退坐一
面
尒時世尊四衆圍繞供養恭敬尊重讚歎為
諸菩薩說大乘經名无量義教菩薩法佛所
護念佛說此經已結加趺坐入於无量義處
三昧身心不動是時天雨曼陁羅華摩訶曼
陁羅華曼殊沙華摩訶曼殊沙華而散佛上
及諸大衆普佛世界六種震動尒時會中比
丘比丘尼優婆塞優婆夷天龍夜叉乾闥婆
阿脩羅迦樓羅緊那羅摩睺羅伽人非人等
及諸小王轉輪聖王是諸大衆得未曾有歡
喜合掌一心觀佛尒時佛放眉間白毫相光
照于東方萬八千世界靡不周遍下至阿鼻
地獄上至阿迦尼吒天於此世界盡見彼土
六趣衆生又見彼土現在諸佛及聞諸佛所
說經法并見彼諸比丘比丘尼優婆塞優婆
夷諸脩行得道者復見諸菩薩摩訶薩種種
因緣種種信解種種相貌行菩薩道復見諸
佛般涅槃者復見諸佛般涅槃後以佛舍利

BD15189號　妙法蓮華經卷一　（5–3）

因緣種種信解種種相貌行菩薩道復見諸
佛般涅槃者復見諸佛般涅槃後以佛舍利
起七寶塔
尒時弥勒菩薩作是念今者世尊現神變相
以何因緣而有此瑞今佛世尊入于三昧是
不可思議現希有事當以問誰誰能荅者復
作此念是文殊師利法王之子已曾親覲供
養過去无量諸佛必應見此希有之相我今
當問尒時比丘比丘尼優婆塞優婆夷及諸
天龍鬼神等咸作此念是佛光明神通之相
今當問誰尒時弥勒菩薩欲自決疑又觀四
衆比丘比丘尼優婆塞優婆夷及諸天龍鬼
神等衆會之心而問文殊師利言以何因緣
而有此瑞神通之相放大光明照于東方萬
八千土悉見彼佛國界莊嚴
於是弥勒菩薩欲重宣此義以偈問曰
文殊師利　導師何故　眉間白毫　大光普照
雨曼陁羅　曼殊沙華　旃檀香風　悅可衆心
以是因緣　地皆嚴淨　而此世界　六種震動
時四部衆　咸皆歡喜　身意快然　得未曾有
眉間光明　照于東方　萬八千土　皆如金色
從阿鼻獄　上至有頂　諸世界中　六道衆生
生死所趣　善惡業緣　受報好醜　於此悉見
又覩諸佛　聖主師子　演說經典　微妙第一

BD15189號　妙法蓮華經卷一　（5–4）

養過去无量諸佛必應見此希有之相我今
當問尒時比丘比丘尼優婆塞優婆夷及諸
天龍鬼神等咸作此念是佛光明神通之相
今當問誰尒時弥勒菩薩欲自決疑又觀四
衆比丘比丘尼優婆塞優婆夷及諸天龍鬼
神等衆會之心而問文殊師利言以何因緣
而有此瑞神通之相放大光明照于東方萬
八千土悉見彼佛國界莊嚴
於是弥勒菩薩欲重宣此義以偈問曰
文殊師利　導師何故　眉間白毫　大光普照
雨曼陁羅　曼殊沙華　旃檀香風　悅可衆心
以是因緣　地皆嚴淨　而此世界　六種震動
時四部衆　咸皆歡喜　身意快然　得未曾有
眉間光明　照于東方　萬八千土　皆如金色
從阿鼻獄　上至有頂　諸世界中　六道衆生
生死所趣　善惡業緣　受報好醜　於此悉見
又覩諸佛　聖主師子　演說經典　微妙第一
其聲清淨　出柔軟音　教諸菩薩　无數億萬

BD15189號　妙法蓮華經卷一　（5–5）

BD15189 號背　勘記　　（2–1）

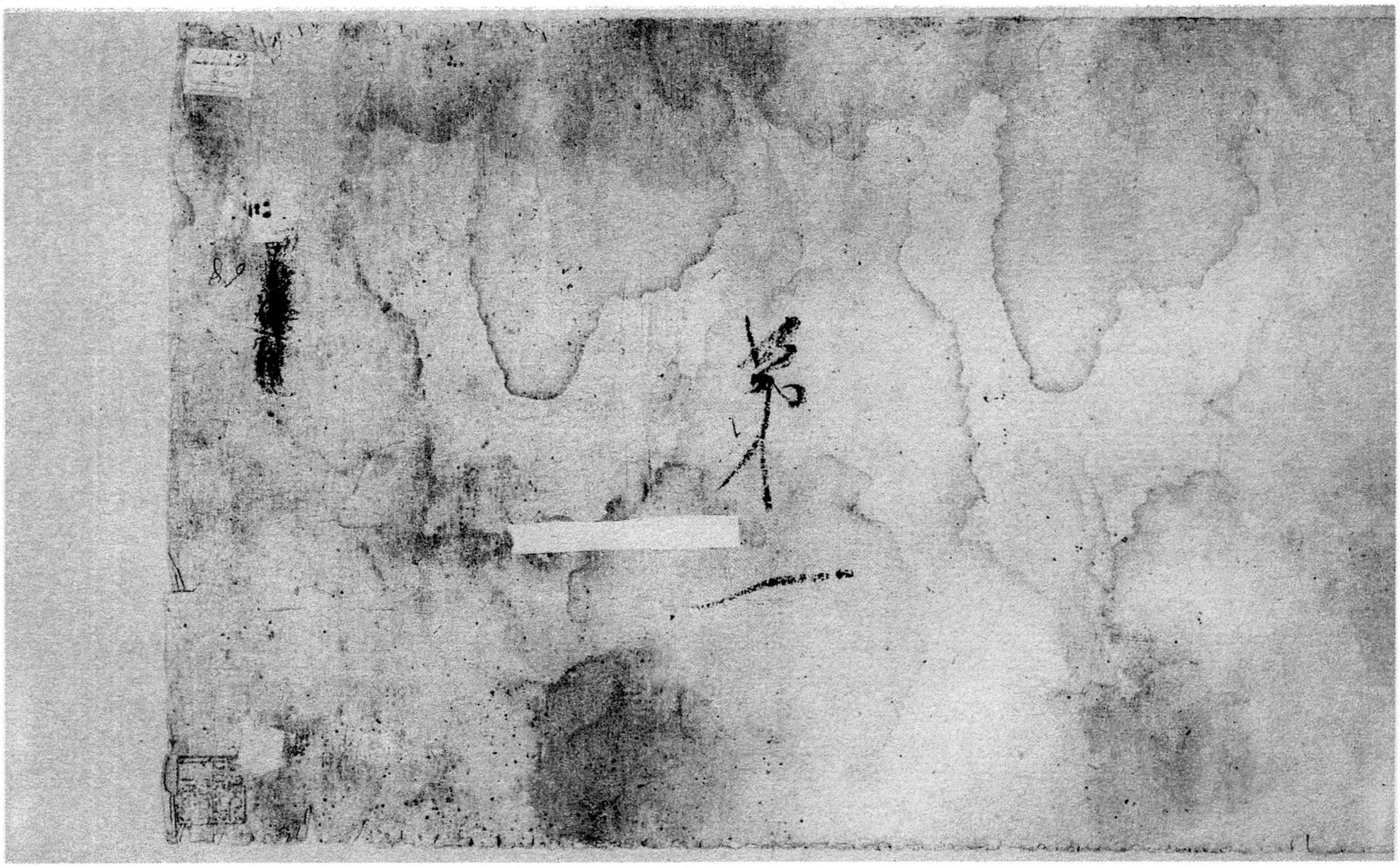

BD15189 號背　勘記　　（2–2）

大般若波羅蜜多經卷苐七十
初分无所得品苐十八之十　三藏法師玄奘奉　詔譯
舍利子五眼本性空故若法本性空則不可
施設若生若滅若住若異由此緣故若畢竟
不生則不名五眼舍利子六神通本性空故
若法本性空則不可施設若生若滅若住若
異由此緣故若畢竟不生則不名六神通舍
利子佛十力本性空故若法本性空則不可
施設若生若滅若住若異由此緣故若畢
竟不生則不名佛十力舍利子四无所畏四无
礙解大慈大悲大喜大捨十八佛不共法本
性空故若法本性空則不可施設若生若滅
若住若異由此緣故若畢竟不生則不名四
无所畏乃至十八佛不共法舍利子一切智
本性空故若法本性空則不可施設若生若
滅若住若異由此緣故若畢竟不生則不名
一切智舍利子道相智一切相智本性空故

BD15190 號　大般若波羅蜜多經卷七〇　（24–1）

若住若異由此緣故若畢竟不生則不名四
无所畏乃至十八佛不共法舍利子一切智
本性空故若法本性空則不可施設若生若
滅若住若異由此緣故若畢竟不生則不名
一切智舍利子道相智一切相智本性空故
若法本性空則不可施設若生若滅若住若
異由此緣故若畢竟不生則不名道相智一
切相智舍利子无忘失法本性空故若法本性
空則不可施設若生若滅若住若異由此緣故
若畢竟不生則不名无忘失法舍利子恒
住捨性本性空故若法本性空則不可施設若
生若滅若住若異由此緣故若畢竟不生
則不名恒住捨性舍利子一切陁羅尼門本性
空故若法本性空則不可施設若生若滅若
住若異由此緣故若畢竟不生則不名一切陁
羅尼門舍利子一切三摩地門本性空故若法
本性空則不可施設若生若滅若住若異由
此緣故若畢竟不生則不名一切三摩地門
舍利子極喜地本性空故若法本性空則不
可施設若生若滅若住若異由此緣故若畢
竟不生則不名極喜地舍利子離垢地發光
地焰慧地極難勝地現前地遠行地不動地
善慧地法雲地本性空故若法本性空則不
可施設若生若滅若住若異由此緣故若畢
竟不生則不名離垢地乃至法雲地舍利子異
生地本性空故若法本性空則不可施設若

BD15190 號　大般若波羅蜜多經卷七〇　（24–2）

地焰慧地極難勝地現前地遠行地不動地
善慧地法雲地本性空故若法本性空則不
可施設若生若滅若住若異由此緣故若畢
竟不生則不名離垢地乃至法雲地舍利子異
生地本性空故若法本性空則不可施設若
生若滅若住若異由此緣故若畢竟不生則
不名異生地舍利子種姓地第八地具見地
薄地離欲地已辦地獨覺地菩薩如來地
本性空故若法本性空則不可施設若生若
滅若住若異由此緣故若畢竟不生則不名
種姓地乃至如來地舍利子聲聞乘本性空
故若法本性空則不可施設若生若滅若住
若異由此緣故若畢竟不生則不名聲聞乘
舍利子獨覺乘大乘本性空故若法本性空
則不可施設若生若滅若住若異由此緣故
若畢竟不生則不名獨覺乘大乘舍利子由
此緣故我作是說若畢竟不生則不名色等
空无生法不可說故
尒時具壽善現復荅舍利子言如尊者所云
何緣故說我豈能以畢竟不生般若波羅蜜
多教誡教授畢竟不生諸菩薩摩訶薩者
舍利子畢竟不生即是般若波羅蜜多般
若波羅蜜多即是畢竟不生何以故畢竟不生與
般若波羅蜜多无二无二分故舍利子畢竟
不生即是菩薩摩訶薩菩薩摩訶薩即是畢
竟不生何以故畢竟不生與菩薩摩訶薩无

若波羅蜜多即是畢竟不生何以故畢竟不生與
般若波羅蜜多无二无二分故舍利子畢竟
不生即是菩薩摩訶薩菩薩摩訶薩即是畢
竟不生何以故畢竟不生與菩薩摩訶薩无
二无二分故舍利子由此緣故我作是說我
豈能以畢竟不生般若波羅蜜多教誡教授
畢竟不生諸菩薩摩訶薩
尒時具壽善現復荅舍利子言如尊者所云
何緣故說離畢竟不生亦无菩薩摩訶薩
能行无上正等菩提者舍利子諸菩薩摩
訶薩脩行般若波羅蜜多時不見般若波羅
蜜多異畢竟不生亦不見菩薩摩訶薩異畢竟
不生何以故若般若波羅蜜多若菩薩摩訶
薩與畢竟不生无二无二分故舍利子諸菩
薩摩訶薩脩行般若波羅蜜多時亦不見色
異畢竟不生亦不見受想行識異畢竟不生
何以故色乃至識與畢竟不生无二无二分
故舍利子諸菩薩摩訶薩脩行般若波羅蜜
多時亦不見眼處異畢竟不生亦不見耳鼻
舌身意處異畢竟不生何以故眼處乃至意
處與畢竟不生无二无二分故舍利子諸菩
薩摩訶薩脩行般若波羅蜜多時亦不見色
處異畢竟不生亦不見聲香味觸法處異畢
竟不生何以故色處乃至法處與畢竟不生
无二无二分故舍利子諸菩薩摩訶薩脩
行般若波羅蜜多時亦不見眼界異畢竟不生

處異畢竟不生亦不見聲香味觸法處異畢
竟不生何以故色處乃至法處與畢竟不生
无二无二分故舍利子諸菩薩摩訶薩脩
行般若波羅蜜多時亦不見眼界異畢竟不生
亦不見色界眼識界及眼觸眼觸為緣所生
諸受異畢竟不生何以故眼界乃至眼觸為
緣所生諸受與畢竟不生无二无二分故舍利
子諸菩薩摩訶薩脩行般若波羅蜜多時亦
不見耳界異畢竟不生亦不見聲界耳識界
及耳觸耳觸為緣所生諸受異畢竟不生何
以故耳界乃至耳觸為緣所生諸受與畢竟
不生无二无二分故舍利子諸菩薩摩訶薩
脩行般若波羅蜜多時亦不見鼻界異畢竟
不生亦不見香界鼻識界及鼻觸鼻觸為緣
所生諸受異畢竟不生何以故鼻界乃至鼻
觸為緣所生諸受與畢竟不生无二无二分
故舍利子諸菩薩摩訶薩脩行般若波羅蜜
多時亦不見舌界異畢竟不生亦不見味界
舌識界及舌觸舌觸為緣所生諸受異畢竟
不生何以故舌界乃至舌觸為緣所生諸受
與畢竟不生无二无二分故舍利子諸菩薩
摩訶薩脩行般若波羅蜜多時亦不見身界
異畢竟不生亦不見觸界身識界及身觸身
觸為緣所生諸受異畢竟不生何以故身界
乃至身觸為緣所生諸受與畢竟不生无二
无二分故舍利子諸菩薩摩訶薩脩行般若

BD15190 號　大般若波羅蜜多經卷七〇　（24–5）

異畢竟不生亦不見觸界身識界及身觸身
觸為緣所生諸受異畢竟不生何以故身界
乃至身觸為緣所生諸受與畢竟不生无二
无二分故舍利子諸菩薩摩訶薩脩行般若
波羅蜜多時亦不見意界異畢竟不生亦不
見法界意識界及意觸意觸為緣所生諸受
異畢竟不生何以故意界乃至意觸為緣所
生諸受與畢竟不生无二无二分故舍利子
諸菩薩摩訶薩脩行般若波羅蜜多時亦不
見地界異畢竟不生亦不見水火風空識界
異畢竟不生何以故地界乃至識界與畢竟
不生无二无二分故舍利子諸菩薩摩訶薩
脩行般若波羅蜜多時亦不見苦聖諦異畢
竟不生亦不見集滅道聖諦異畢竟不生何
以故苦聖諦乃至道聖諦與畢竟不生无二
无二分故舍利子諸菩薩摩訶薩脩行般若
波羅蜜多時亦不見无明異畢竟不生亦不
見行識名色六處觸受愛取有生老死愁歎
苦憂惱異畢竟不生何以故无明乃至老死
愁歎苦憂惱與畢竟不生无二无二分故舍
利子諸菩薩摩訶薩脩行般若波羅蜜多時
亦不見內空異畢竟不生亦不見外空內外
空空空大空勝義空有為空无為空畢竟空
无際空散空无變異空本性空自相空共相
空一切法空不可得空无性空自性空无性

BD15190 號　大般若波羅蜜多經卷七〇　（24–6）

亦不見內空異畢竟不生亦不見外空內外
空空大空勝義空有爲空无爲空畢竟空
无際空散空无變異空本性空自相空共相
空一切法空不可得空无性空自性空无性
自性空異畢竟不生何以故內空乃至无性
自性空與畢竟不生无二无二分故
舍利子諸菩薩摩訶薩脩行般若波羅蜜多
時亦不見布施波羅蜜多異畢竟不生亦不
見淨戒安忍精進靜慮般若波羅蜜多異畢竟
不生何以故布施乃至般若波羅蜜多與畢
竟不生无二无二分故舍利子諸菩薩摩訶
薩脩行般若波羅蜜多時亦不見四靜慮
異畢竟不生亦不見四无量四无色定異畢
竟不生何以故四靜慮四无量四无色定與
畢竟不生无二无二分故舍利子諸菩薩摩
訶薩脩行般若波羅蜜多時亦不見八解脫
異畢竟不生亦不見八勝處九次第定十遍
處異畢竟不生何以故八解脫乃至十遍處
與畢竟不生无二无二分故舍利子諸菩薩
摩訶薩脩行般若波羅蜜多時亦不見四念
住異畢竟不生亦不見四正斷四神足五根
五力七等覺支八聖道支異畢竟不生何以
故四念住乃至八聖道支與畢竟不生无二
无二分故舍利子諸菩薩摩訶薩脩行般若
波羅蜜多時亦不見空解脫門異畢竟不生

五力七等覺支八聖道支異畢竟不生何以
故四念住乃至八聖道支與畢竟不生无二
无二分故舍利子諸菩薩摩訶薩脩行般若
波羅蜜多時亦不見空解脫門異畢竟不生
亦不見无相无願解脫門異畢竟不生何以
故空解脫門无相无願解脫門與畢竟不生
无二无二分故舍利子諸菩薩摩訶薩脩行
般若波羅蜜多時亦不見五眼異畢竟不生
亦不見六神通異畢竟不生何以故五眼六
神通與畢竟不生无二无二分故舍利子諸
菩薩摩訶薩脩行般若波羅蜜多時亦不見
佛十力異畢竟不生亦不見四无所畏四无
礙解大慈大悲大喜大捨十八佛不共法異
畢竟不生何以故佛十力乃至十八佛不共
法與畢竟不生无二无二分故舍利子諸菩
薩摩訶薩脩行般若波羅蜜多時亦不見一切
智異畢竟不生亦不見道相智一切相智異
畢竟不生何以故一切智道相智一切相
智與畢竟不生无二无二分故舍利子諸菩
薩摩訶薩脩行般若波羅蜜多時亦不見无
忘失法異畢竟不生亦不見恒住捨性異畢
竟不生何以故无忘失法恒住捨性與畢竟
不生无二无二分故舍利子諸菩薩摩訶薩
脩行般若波羅蜜多時亦不見一切陁羅尼
門異畢竟不生亦不見一切三摩地門異
畢竟不生何以故一切陁羅尼門一切三摩

不生无二无二分故舍利子諸菩薩摩訶薩
脩行般若波羅蜜多時亦不見一切陁羅尼
門異畢竟不生亦不見一切三摩地門異
畢竟不生何以故一切陁羅尼門一切三摩
地門與畢竟不生无二无二分故舍利子諸菩
薩摩訶薩脩行般若波羅蜜多時亦不見
極喜地異畢竟不生亦不見離垢地發光地
焰慧地極難勝地現前地遠行地不動地善
慧地法雲地異畢竟不生何以故極喜地乃至
法雲地與畢竟不生无二无二分故舍利子
諸菩薩摩訶薩脩行般若波羅蜜多時亦不
見異生地異畢竟不生亦不見種姓地第八地
具見地薄地離欲地已辦地獨覺地菩薩地
如來地異畢竟不生何以故異生地乃至如
來地與畢竟不生无二无二分故舍利子
諸菩薩摩訶薩脩行般若波羅蜜多時亦不
見聲聞乘異畢竟不生亦不見獨覺乘大乘
異畢竟不生何以故聲聞乘獨覺乘大乘與
畢竟不生无二无二分故舍利子由此緣故我
作是說離畢竟不生亦无菩薩能行无上正
等菩提
尒時具壽善現復荅舍利子言如尊者所云
何緣故說若菩薩摩訶薩聞作是說其心不
驚不恐不怖不沉不没亦不憂悔當知是菩
薩摩訶薩能行般若波羅蜜多者舍利子諸
菩薩摩訶薩脩行般若波羅蜜多時不見諸

何緣故說若菩薩摩訶薩聞作是說其心不
驚不恐不怖不沉不没亦不憂悔當知是菩
薩摩訶薩能行般若波羅蜜多者舍利子諸
菩薩摩訶薩脩行般若波羅蜜多時不見諸
法有覺有用見一切法如幻事如夢境如像
如響如光影如陽焰如空花如尋香城如變
化事都非實有聞說諸法本性皆空深心歡
喜舍利子由此緣故我作是說若菩薩摩訶
薩聞作是說其心不驚不恐不怖不沉不没
亦不憂悔當知是菩薩摩訶薩能行般若波
羅蜜多

初分觀行品第十九

尒時具壽善現白佛言世尊諸菩薩摩訶薩
脩行般若波羅蜜多觀諸法時於色不受不
取不執不著亦不施設為色於受想行識不
受不取不執不著亦不施設為受想行識世
尊諸菩薩摩訶薩脩行般若波羅蜜多觀諸
法時於眼處不受不取不執不著亦不施設
為眼處於耳鼻舌身意處不受不取不執不
著亦不施設為耳鼻舌身意處世尊諸菩薩
摩訶薩脩行般若波羅蜜多觀諸法時於色
處不受不取不執不著亦不施設為色處於
聲香味觸法處不受不取不執不著亦不施
設為聲香味觸法處世尊諸菩薩摩訶薩脩
行般若波羅蜜多觀諸法時於眼界不受不
取不執不著亦不施設為眼界於色界眼識

聲香味觸法處不受不取不執不著亦不施
設為聲香味觸法處世尊諸菩薩摩訶薩脩
行般若波羅蜜多觀諸法時於眼界不受不
取不執不著亦不施設為眼界於色界眼識
界及眼觸眼觸為緣所生諸受不受不取不
執不著亦不施設為色界乃至眼觸為緣所
生諸受世尊諸菩薩摩訶薩脩行般若波羅
蜜多觀諸法時於耳界不受不取不執不著亦
不施設為耳界於聲界耳識界及耳觸耳觸
為緣所生諸受不受不取不執不著亦不施設
為聲界乃至耳觸為緣所生諸受世尊諸
菩薩摩訶薩脩行般若波羅蜜多觀諸法
時於鼻界不受不取不執不著亦不施設為
鼻界於香界鼻識界及鼻觸鼻觸為緣所生
諸受不受不取不執不著亦不施設為香界
乃至鼻觸為緣所生諸受世尊諸菩薩摩訶

薩脩行般若波羅蜜多觀諸法時於舌界不
受不取不執不著亦不施設為舌界於味
界舌識界及舌觸舌觸為緣所生諸受不受
不取不執不著亦不施設為味界乃至舌觸
為緣所生諸受世尊諸菩薩摩訶薩脩行般
若波羅蜜多觀諸法時於身界不受不取不
執不著亦不施設為身界於觸界身觸界及
身觸身觸為緣所生諸受不受不取不執不
著亦不施設為觸界乃至身觸為緣所生諸

BD15190號　大般若波羅蜜多經卷七〇　（24–11）

若波羅蜜多觀諸法時於身界不受不取不
執不著亦不施設為身界於觸界身觸界及
身觸身觸為緣所生諸受不受不取不執不
著亦不施設為觸界乃至身觸為緣所生諸
受世尊諸菩薩摩訶薩脩行般若波羅蜜多
觀諸法時於意界不受不取不執不著亦不施
設為意界於法界意識界及意觸意觸為緣
所生諸受不受不取不執不著亦不施設為
法界乃至意觸為緣所生諸受世尊諸菩薩
摩訶薩脩行般若波羅蜜多觀諸法時於地
界不受不取不執不著亦不施設為地界於
水火風空識界不受不取不執不著亦不施
設為水火風空識界世尊諸菩薩摩訶薩脩
行般若波羅蜜多觀諸法時於苦聖諦不受
不取不執不著亦不施設為苦聖諦於集滅
道聖諦不受不取不執不著亦不施設為集
滅道聖諦世尊諸菩薩摩訶薩脩行般若波
羅蜜多觀諸法時於无明不受不取不執不
著亦不施設為无明於行識名色六處觸受
愛取有生老死愁歎苦憂惱不受不取不執
不著亦不施設為行乃至老死愁歎苦憂惱
世尊諸菩薩摩訶薩脩行般若波羅蜜多觀
諸法時於內空不受不取不執不著亦不施
設為內空於外空內外空空空大空勝義空
有為空无為空畢竟空无際空散空无變異
空本性空自相空共相空一切法空不可得

BD15190號　大般若波羅蜜多經卷七〇　（24–12）

諸法時於內空不受不取不執不著亦不施
設為內空於外空內外空空空大空勝義空
有為空无為空畢竟空无際空散空无變異
空本性空自相空共相空一切法空不可得
空无性空自性空无性自性空不受不取不
執不著亦不施設為外空乃至无性自性空
世尊諸菩薩摩訶薩脩行般若波羅蜜多觀
諸法時於布施波羅蜜多不受不取不執不
著亦不施設為布施波羅蜜多於淨戒安忍
精進靜慮般若波羅蜜多不受不取不執不
著亦不施設為淨戒安忍精進靜慮般若波
羅蜜多世尊諸菩薩摩訶薩脩行般若波羅
蜜多觀諸法時於四靜慮不受不取不執不
著亦不施設為四靜慮於四无量四无色定
不受不取不執不著亦不施設為四无量四无
色定世尊諸菩薩摩訶薩脩行般若波羅蜜
多觀諸法時於八解脫不受不取不執不著
亦不施設為八解脫於八勝處九次第定
十遍處不受不取不執不著亦不施設為八
勝處九次第定十遍處世尊諸菩薩摩訶薩
脩行般若波羅蜜多觀諸法時於四念住不
受不取不執不著亦不施設為四念住於四
正斷四神足五根五力七等覺支八聖道支
不受不取不執不著亦不施設為四正斷乃
至八聖道支世尊諸菩薩摩訶薩脩行般若
波羅蜜多觀諸法時於空解脫門不受不取

BD15190號　大般若波羅蜜多經卷七〇　（24–13）

正斷四神足五根五力七等覺支八聖道支
不受不取不執不著亦不施設為四正斷乃
至八聖道支世尊諸菩薩摩訶薩脩行般若
波羅蜜多觀諸法時於空解脫門不受不取
不執不著亦不施設為空解脫門於无相无
願解脫門不受不取不執不著亦无施設為
无相无願解脫門世尊諸菩薩摩訶薩脩行
般若波羅蜜多觀諸法時於五眼不受不取
不執不著亦不施設為五眼於六神通不受
不取不執不著亦不施設為六神通世尊諸
菩薩摩訶薩脩行般若波羅蜜多觀諸法時
於佛十力不受不取不執不著亦不施設為
佛十力於四无所畏四无礙解大慈大悲大
喜大捨十八佛不共法不受不取不執不著
亦不施設為四无所畏乃至十八佛不共法
世尊諸菩薩摩訶薩脩行般若波羅蜜多觀
諸法時於真如不受不取不執不著亦不施
設為真如於法界法性不虛妄性不變異性
平等性離生性法定法住實際虛空界不思
議界不受不取不執不著亦不施設為法界
乃至不思議界世尊諸菩薩摩訶薩脩行般
若波羅蜜多觀諸法時於无上正等菩提不
受不取不執不著亦不施設為无上正等菩
提於一切智道相智一切相智不受不取不
執不著亦不施設為一切智道相智一切相
智世尊諸菩薩摩訶薩脩行般若波羅蜜多

BD15190號　大般若波羅蜜多經卷七〇　（24–14）

提於一切智道相智一切相智不受不取不
執不著亦不施設為一切智道相智一切相
智世尊諸菩薩摩訶薩脩行般若波羅蜜多
觀諸法時於无忘失法不受不取不執不著
亦不施設為无忘失法於恒住捨性不受不
取不執不著亦不施設為恒住捨性世尊諸
菩薩摩訶薩脩行般若波羅蜜多觀諸法時
於一切陁羅尼門不受不取不執不著亦不
施設為一切陁羅尼門於一切三摩地門不
受不取不執不著亦不施設為一切三摩
地門
世尊諸菩薩摩訶薩脩行般若波羅蜜多時
不見色何以故以色性空无生滅故不見受想
行識何以故以受想行識性空无生滅故世尊
諸菩薩摩訶薩脩行般若波羅蜜多時
不見眼處何以故以眼處性空无生滅故不
見耳鼻舌身意處何以故以耳鼻舌身意處
性空无生滅故世尊諸菩薩摩訶薩脩行般
若波羅蜜多時不見色處何以故以色處性
空无生滅故不見聲香味觸法處何以故以
聲香味觸法處性空无生滅故世尊諸菩薩
摩訶薩脩行般若波羅蜜多時不見眼界何
以故以眼界性空无生滅故不見色界眼識
界及眼觸眼觸為緣所生諸受何以故以色界
乃至眼觸為緣所生諸受性空无生滅故世

BD15190號　大般若波羅蜜多經卷七〇　（24–15）

摩訶薩脩行般若波羅蜜多時不見眼界何
以故以眼界性空无生滅故不見色界眼識
界及眼觸眼觸為緣所生諸受何以故以色界
乃至眼觸為緣所生諸受性空无生滅故世
尊諸菩薩摩訶薩脩行般若波羅蜜多時
不見耳界何以故以耳界性空无生滅故不見
聲界耳識界及耳觸耳觸為緣所生諸受何以
故以聲界乃至耳觸為緣所生諸受性空
无生滅故世尊諸菩薩摩訶薩脩行般若
波羅蜜多時不見鼻界何以故以鼻界性空
无生滅故不見香界鼻識界及鼻觸鼻觸為
緣所生諸受何以故以香界乃至鼻觸為緣
所生諸受性空无生滅故世尊諸菩薩摩訶
薩脩行般若波羅蜜多時不見舌界何以故
以舌界性空无生滅故不見味界舌識界
及舌觸舌觸為緣所生諸受何以故以味界
乃至舌觸為緣所生諸受性空无生滅故世
尊諸菩薩摩訶薩脩行般若波羅蜜多時
不見身界何以故以身界性空无生滅故不
見觸界身識界及身觸身觸為緣所生諸受何
以故以觸界乃至身觸為緣所生諸受性空
无生滅故世尊諸菩薩摩訶薩脩行般若波
羅蜜多時不見意界何以故以意界性空无
生滅故不見法界意識界及意觸意觸為緣
所生諸受何以故以法界乃至意觸為緣所
生諸受性空无生滅故世尊諸菩薩摩訶薩

BD15190號　大般若波羅蜜多經卷七〇　（24–16）

无生滅故世尊諸菩薩摩訶薩脩行般若波
羅蜜多時不見意界何以故以意界性空无
生滅故不見法界意識界及意觸意觸為緣
所生諸受何以故以法界乃至意觸為緣所
生諸受性空无生滅故世尊諸菩薩摩訶薩
脩行般若波羅蜜多時不見地界何以故以地
界性空无生滅故不見水火風空識界何以
故以水火風空識界性空无生滅故世尊諸
菩薩摩訶薩脩行般若波羅蜜多時不見苦
聖諦何以故以苦聖諦性空无生滅故不見
集滅道聖諦何以故以集滅道聖諦性空无
生滅故世尊諸菩薩摩訶薩脩行般若波羅
蜜多時不見无明何以故以无明性空无生
滅故不見行識名色六處觸受愛取有生老
死愁歎苦憂惱何以故以行乃至老死愁歎
苦憂惱性空无生滅故世尊諸菩薩摩訶薩
脩行般若波羅蜜多時不見内空何以故以
内空性空无生滅故不見外空内外空空空
大空勝義空有為空无為空畢竟空无際空
散空无變異空本性空自相空共相空一切
法空不可得空无性空自性空无性自性空
何以故以外空乃至无性自性空性空无生
滅故
世尊諸菩薩摩訶薩脩行般若波羅蜜多時
不見布施波羅蜜多何以故以布施波羅蜜
多性空无生滅故不見淨戒安忍精進靜慮

BD15190號　大般若波羅蜜多經卷七〇　（24–17）

滅故
世尊諸菩薩摩訶薩脩行般若波羅蜜多時
不見布施波羅蜜多何以故以布施波羅蜜
多性空无生滅故不見淨戒安忍精進靜慮
般若波羅蜜多何以故以淨戒安忍精進靜慮
般若波羅蜜多性空无生滅故世尊諸菩薩
摩訶薩脩行般若波羅蜜多時不見四靜慮
何以故以四靜慮性空无生滅故不見四
无量四无色定何以故以四无量四无色定
性空无生滅故世尊諸菩薩摩訶薩脩行般
若波羅蜜多時不見八解脫何以故以八解
脫性空无生滅故不見八勝處九次第定十
遍處何以故以八勝處九次第定十遍處性
空无生滅故世尊諸菩薩摩訶薩脩行般
若波羅蜜多時不見四念住何以故以四念住
性空无生滅故不見四正斷四神足五根五
力七等覺支八聖道支何以故以四正斷乃
至八聖道支性空无生滅故世尊諸菩薩摩
訶薩脩行般若波羅蜜多時不見空解脫門
何以故以空解脫門性空无生滅故不見无
相无願解脫門何以故以无相无願解脫門
性空无生滅故世尊諸菩薩摩訶薩脩行般
若滅羅蜜多時不見五眼何以故以五眼性
空无生滅故不見六神通何以故以六神通
性空无生滅故世尊諸菩薩摩訶薩脩行般
若波羅蜜多時不見佛十力何以故以佛十

BD15190號　大般若波羅蜜多經卷七〇　（24–18）

若波羅蜜多時不見五眼何以故以五眼性
空无生滅故不見六神通何以故以六神通
性空无生滅故世尊諸菩薩摩訶薩脩行般
若波羅蜜多時不見佛十力何以故以佛十
力性空无生滅故不見四无所畏四无礙解
大慈大悲大喜大捨十八佛不共法何以故
以四无所畏乃至十八佛不共法性空无生
滅故世尊諸菩薩摩訶薩脩行般若波羅蜜
多時不見真如何以故以真如性空无生滅
故不見法界法性不虛妄性不變異性平等
性離生性法定法住實際虛空界不思議界
何以故以法界乃至不思議界性空无生滅
故世尊諸菩薩摩訶薩脩行般若羅蜜多
時不見无上正等菩提何以故以无上正等菩
提性空无生滅故不見一切智道相智一切
相智何以故以一切智道相智一切相智性
空无生滅故世尊諸菩薩摩訶薩脩行般
若波羅蜜多時不見无忘失法何以故以无忘
失法性空无生滅故不見恒住捨性何以故
以恒住捨性性空无生滅故世尊諸菩薩摩
訶薩脩行般若波羅蜜多時不見一切陁羅
尼門何以故以一切陁羅尼門性空无生滅
故不見一切三摩地門何以故以一切三摩
地門性空无生滅故

世尊色不生則非色受想行識不生則非受
想行識所以者何色與不生无二无二分受

故不見一切三摩地門何以故以一切三摩
地門性空无生滅故

世尊色不生則非色受想行識不生則非受
想行識所以者何色與不生无二无二分受
想行識與不生无二无二分何以故以不生
法非一非二非多非異是故色不生則非色
受想行識不生則非受想行識世尊眼處不
生則非眼處耳鼻舌身意處不生則非耳鼻
舌身意處所以者何眼處與不生无二无二
分耳鼻舌身意處與不生无二无二分何以
故以不生法非一非二非多非異是故眼處
不生則非眼處耳鼻舌身意處不生則非耳
鼻舌身意處世尊色處不生則非色處聲
香味觸法處不生則非聲香味觸法處所以者
何色處與不生无二无二分聲香味觸法處與
不生无二无二分何以故以不生法非一
非二非多非異是故色處不生則非色處
聲香味觸法處不生則非聲香味觸法處
世尊眼界不生則非眼界色界眼識界及眼觸
眼觸為緣所生諸受不生則非色界乃至眼觸
為緣所生諸受所以者何眼界與不生无二
无二分色界乃至眼觸為緣所生諸受與
不生无二无二分何以故以不生法非一非
二非多非異是故眼界不生則非眼界色界
乃至眼觸為緣所生諸受不生則非色界乃
至眼觸為緣所生諸受世尊耳界不生則非

无二尒色界乃至眼觸為緣所生諸受與
不生无二无二尒何以故以不生法非一非
二非多非異是故眼界不生則非眼界色界
乃至眼觸為緣所生諸受不生則非色界乃
至眼觸為緣所生諸受世尊耳界不生則非
耳界聲界耳識界及耳觸耳觸為緣所生諸
受不生則非聲界乃至耳觸為緣所生諸受
所以者何耳界與不生无二无二尒聲界乃至
耳觸為緣所生諸受與不生无二无二尒何
以故以不生法非一非二非多非異是故
耳界不生則非耳界聲界乃至耳觸為緣所
生諸受不生則非聲界乃至耳觸為緣所生
諸受世尊鼻界不生則非鼻界香界鼻識界
及鼻觸鼻觸為緣所生諸受不生則非香界
乃至鼻觸為緣所生諸受所以者何鼻界與
不生无二无二尒香界乃至鼻觸為緣所生
諸受與不生无二无二尒何以故以不生法
非一非二非多非異是故鼻界不生則非鼻
界香界乃至鼻觸為緣所生諸受不生則非
香界乃至鼻觸為緣所生諸受世尊舌界不
生則非舌界味界舌識界及舌觸舌觸為緣
所生諸受不生則非味界乃至舌觸為緣所
生諸受所以者何舌界與不生无二无二尒味
界乃至舌觸為緣所生諸受與不生无二无
二尒何以故以不生法非一非二非多非異

BD15190號　大般若波羅蜜多經卷七〇　(24–21)

生諸受所以者何舌界與不生无二无二尒味
界乃至舌觸為緣所生諸受與不生无二无
二尒何以故以不生法非一非二非多非異
是故舌界不生則非舌界味界乃至舌觸為
緣所生諸受不生則非味界乃至舌觸為緣
所生諸受世尊身界不生則非身界觸界身
識界及身觸身觸為緣所生諸受不生則非
觸界乃至身觸為緣所生諸受所以者何身
界與不生无二无二尒觸界乃至身觸為緣
所生諸受與不生无二无二尒何以故以不生
法非一非二非多非異是故身界不生則非
身界觸界乃至身觸為緣所生諸受不生則
非觸界乃至身觸為緣所生諸受世尊意界
不生則非意界法界意識界及意觸意觸為
緣所生諸受不生則非法界乃至意觸為緣
所生諸受所以者何意界與不生无二无二
尒法界乃至意觸為緣所生諸受與不生无
二无二尒何以故以不生法非一非二非多非
異是故意界不生則非意界法界乃至意
觸為緣所生諸受不生則非法界乃至意觸為
緣所生諸受世尊地界不生則非地界水火
風空識界不生則非水火風空識界所以者
何地界與不生无二无二尒水火風空諸界
與不生无二无二尒何以故以不生法非一
非二非多非異是故地界不生則非地界水

BD15190號　大般若波羅蜜多經卷七〇　(24–22)

何地界與不生无二无二尒水火風空諸界
與不生无二无二尒何以故以不生法非一
非二非多非異是故地界不生則非地界水
火風空識界不生則非水火風空識界世尊
苦聖諦不生則非苦聖諦集滅道聖諦不生
則非集滅道聖諦所以者何苦聖諦不生
无二无二尒集滅道聖諦與不生无二无二
尒何以故以不生法非一非二非多非異是
故苦聖諦不生則非苦聖諦集滅道聖諦不
生則非集滅道聖諦世尊无明不生則非无
明行識名色六處觸受愛取有生老死愁歎
苦憂惱不生則非行乃至老死愁歎苦憂惱
所以者何无明與不生无二无二尒行乃至
老死愁歎苦憂惱與不生无二无二尒何以
故以不生法非一非二非多非異是故无明
不生則非无明行乃至老死愁歎苦憂惱不生
則非行乃至老死愁歎苦憂惱世尊內空不
生則非內空外空內外空空空大空勝義
空有為空无為空畢竟空无際空散空无
變異空本性空自相空共相空一切法空不
可得空无性空自性空无性自性空不生則
非外空乃至无性自性空所以者何內空與不
生无二无二尒外空乃至无性自性空與不生
无二无二尒何以故以不生法非一非二非多
非異是故內空不生則非內空外空乃至无
性自性空不生則非外空乃至无性自性空

BD15190號　大般若波羅蜜多經卷七〇　（24–23）

不生則非无明行乃至老死愁歎苦憂惱不生
則非行乃至老死愁歎苦憂惱世尊內空不
生則非內空外空內外空空空大空勝義
空有為空无為空畢竟空无際空散空无
變異空本性空自相空共相空一切法空不
可得空无性空自性空无性自性空不生則
非外空乃至无性自性空所以者何內空與不
生无二无二尒外空乃至无性自性空與不生
无二无二尒何以故以不生法非一非二非多
非異是故內空不生則非內空外空乃至无
性自性空不生則非外空乃至无性自性空

大般若波羅蜜多經卷第七十

BD15190號　大般若波羅蜜多經卷七〇　（24–24）

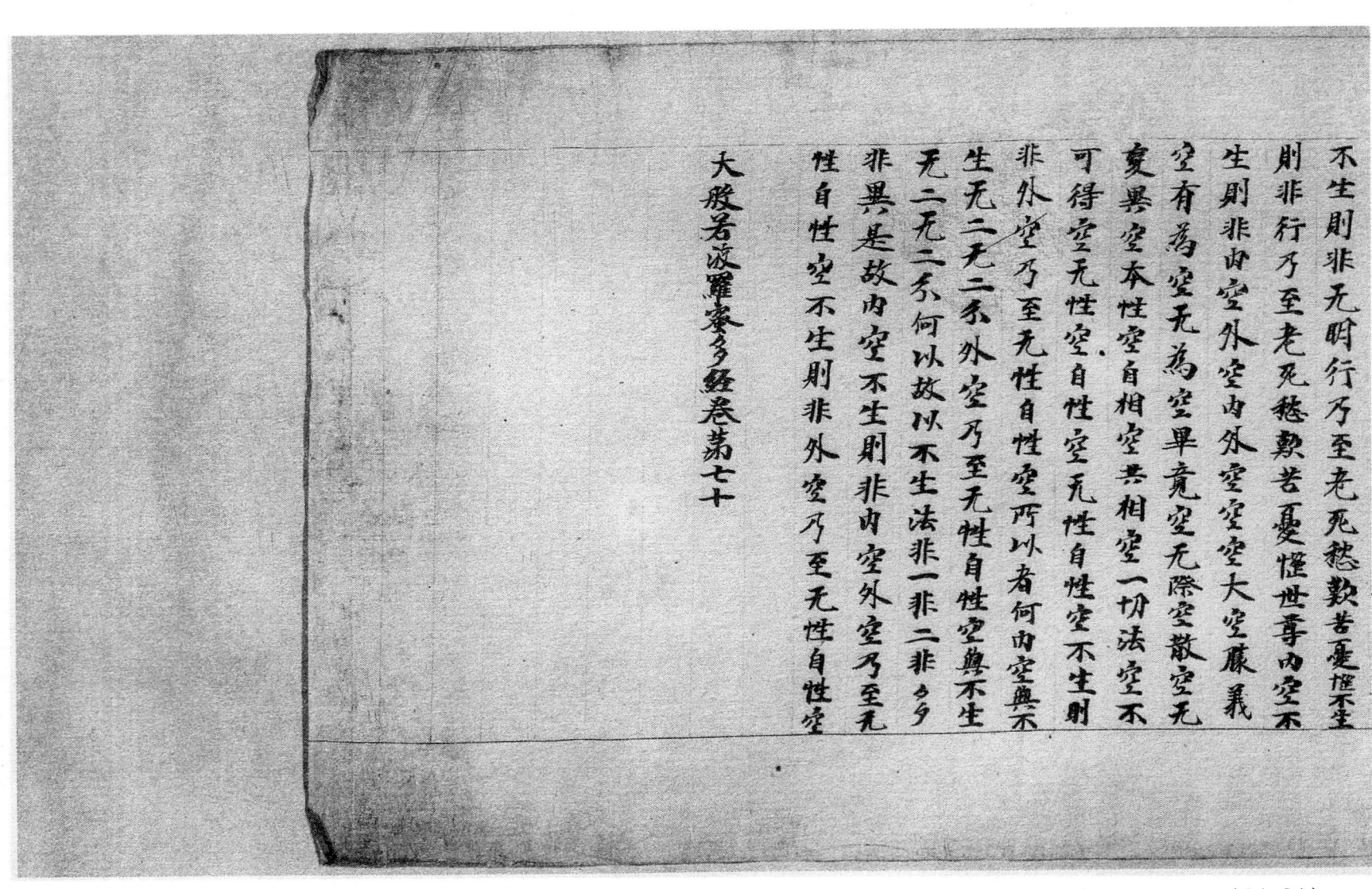

BD15190 號背　題名、勘記　　（1–1）

𠁅遠離若眼耳鼻舌身意𠁅无自性若前際
菩薩摩訶薩若後際菩薩摩訶薩若中際菩
薩摩訶薩如是一切法无二無二分舍利子
由此緣故我作是說前際菩薩摩訶薩不可
得後際菩薩摩訶薩不可得中際菩薩摩訶
薩不可得舍利子色𠁅无所有故前後中際
菩薩摩訶薩不可得聲香味觸法𠁅无所有
故前後中際菩薩摩訶薩不可得色𠁅空故
前後中際菩薩摩訶薩不可得聲香味觸法
𠁅空故前後中際菩薩摩訶薩不可得色𠁅
遠離故前後中際菩薩摩訶薩不可得聲
香味觸法𠁅遠離故前後中際菩薩摩訶薩
不可得色𠁅无自性故前後中際菩薩摩訶
薩不可得聲香味觸法𠁅无自性故前後中
際菩薩摩訶薩不可得何以故舍利子色聲
香味觸法𠁅无所有空遠離无自性中前後
中際菩薩摩訶薩皆不可得故舍利子非色

BD15191 號　大般若波羅蜜多經卷六一　　（4–1）

薩不可得聲香味觸法處无自性故前後中
際菩薩摩訶薩不可得何以故舍利子色聲
香味觸法處无所有空遠離无自性中前後
中際菩薩摩訶薩皆不可得故舍利子非色
聲香味觸法處无所有有異非色聲香味觸
法處空有異非色聲香味觸法處遠離有異
非色聲香味觸法處无自性有異非前際菩
薩摩訶薩有異非後際菩薩摩訶薩有異非
中際菩薩摩訶薩有異舍利子若色聲香味
觸法處无所有若色聲香味觸法處空若色
聲香味觸法處遠離若色聲香味觸法處无
自性若前際菩薩摩訶薩若後際菩薩摩訶
薩若中際菩薩摩訶薩如是一切法无二无
二分舍利子由此緣故我作是說前際菩薩
摩訶薩不可得後際菩薩摩訶薩不可得中
際菩薩摩訶薩不可得
舍利子眼界无所有故前後中際菩薩摩訶
薩不可得色界眼識界及眼觸眼觸為緣所
生諸受无所有故前後中際菩薩摩訶薩不
可得眼界空故前後中際菩薩摩訶薩不可
得色界眼識界及眼觸眼觸為緣所生諸受
空故前後中際菩薩摩訶薩不可得眼界遠
離故前後中際菩薩摩訶薩不可得色界眼識
界及眼觸眼觸為緣所生諸受遠離故前後
中際菩薩摩訶薩不可得眼界无自性故前

BD15191號　大般若波羅蜜多經卷六一　（4–2）

得色界眼識界及眼觸眼觸為緣所生諸受
空故前後中際菩薩摩訶薩不可得眼界遠
離故前後中際菩薩摩訶薩不可得色界眼識
界及眼觸眼觸為緣所生諸受遠離故前後
中際菩薩摩訶薩不可得眼界无自性故前
後中際菩薩摩訶薩不可得色界眼識界及
眼觸眼觸為緣所生諸受无自性故前後中
際菩薩摩訶薩不可得何以故舍利子眼界
色界眼識界及眼觸眼觸為緣所生諸受无
所有空遠離无自性中前後中際菩薩摩訶
薩皆不可得故舍利子非眼界乃至眼觸為
緣所生諸受无所有有異非眼界乃至眼觸
為緣所生諸受空有異非眼界乃至眼觸為
緣所生諸受遠離有異非眼界乃至眼觸為
緣所生諸受无自性有異非前際菩薩摩訶
薩有異非後際菩薩摩訶薩有異非中際菩
薩摩訶薩有異舍利子若眼界乃至眼觸為
緣所生諸受无所有若眼界乃至眼觸為緣
所生諸受空若眼界乃至眼觸為緣所生諸
受遠離若眼界乃至眼觸為緣所生諸受无
自性若前際菩薩摩訶薩若後際菩薩摩訶
薩若中際菩薩摩訶薩如是一切法无二无
二分舍利子由此緣故我作是說前際菩薩
摩訶薩不可得後際菩薩摩訶薩不可得中
際菩薩摩訶薩不可得

BD15191號　大般若波羅蜜多經卷六一　（4–3）

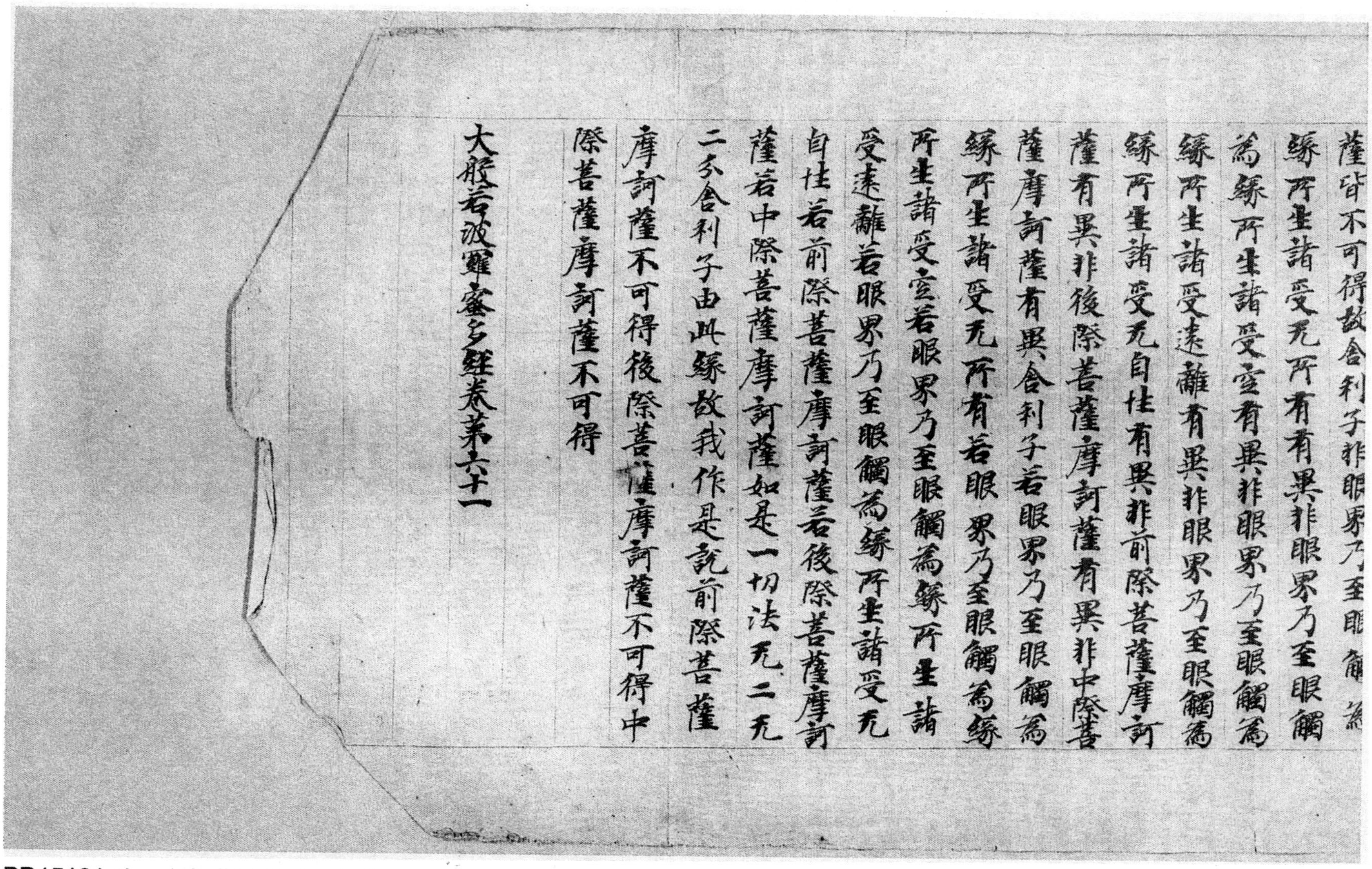
薩皆不可得故舍利子非眼界乃至眼觸為
緣所生諸受无所有有異非眼界乃至眼觸
為緣所生諸受空有異非眼界乃至眼觸為
緣所生諸受遠離有異非眼界乃至眼觸為
緣所生諸受无自性有異非前際菩薩摩訶
薩有異非後際菩薩摩訶薩有異非中際菩
薩摩訶薩有異舍利子若眼界乃至眼觸為
緣所生諸受无所有若眼界乃至眼觸為緣
所生諸受空若眼界乃至眼觸為緣所生諸
受遠離若眼界乃至眼觸為緣所生諸受无
自性若前際菩薩摩訶薩若後際菩薩摩訶
薩若中際菩薩摩訶薩如是一切法无二无
二分舍利子由此緣故我作是說前際菩薩
摩訶薩不可得後際菩薩摩訶薩不可得中
際菩薩摩訶薩不可得

大般若波羅蜜多經卷第六十一

BD15191 號　大般若波羅蜜多經卷六一　　（4–4）

BD15191 號背　勘記、印章　　（1–1）

尒時釋迦牟尼佛分身諸佛從无量千万億他
方國土來者在於八方諸寶樹下師子座上
結加趺坐其佛侍者各各見是菩薩大衆於
三千大千世界四方從地踊出住於虛空各白
其佛言世尊此諸无量无邊阿僧祇菩薩大
衆從何所來尒時諸佛各告侍者諸善男
子且待須臾有菩薩摩訶薩名曰弥勒釋
迦牟尼佛之所授記次後作佛已問斯事佛今
荅之汝等自當因是得聞尒時釋迦牟尼佛
告弥勒菩薩善哉善哉阿逸多乃能問佛如
是大事汝等當共一心被精進鎧發堅固意
如來今欲顯發宣示諸佛智慧諸佛自在神
通之力諸佛師子奮迅之力諸佛威猛大勢
之力尒時世尊欲重宣此義而說偈言
當精進一心　我欲說此事　勿得有疑悔　佛智叵思議
汝今出信力　住於忍善中　昔所未聞法　今皆當得聞
我今安慰汝　勿得懷疑懼　佛无不實語　智慧不可量
所得第一法　甚深叵分別　如是今當說　汝等一心聽
尒時世尊說此偈已告弥勒菩薩我今於此
大衆宣告汝等阿逸多是諸大菩薩摩訶薩
无量无數阿僧祇從地踊出汝等昔所未見
者我於是娑婆世界得阿耨多羅三藐三菩
提已教化示導是諸菩薩調伏其心令發道
意此諸菩薩皆於是娑婆世界之下此界虛

BD15192 號　妙法蓮華經卷五　（2–1）

之力尒時世尊欲重宣此義而說偈言
當精進一心　我欲說此事　勿得有疑悔　佛智叵思議
汝今出信力　住於忍善中　昔所未聞法　今皆當得聞
我今安慰汝　勿得懷疑懼　佛无不實語　智慧不可量
所得第一法　甚深叵分別　如是今當說　汝等一心聽
尒時世尊說此偈已告弥勒菩薩我今於此
大衆宣告汝等阿逸多是諸大菩薩摩訶薩
无量无數阿僧祇從地踊出汝等昔所未見
者我於是娑婆世界得阿耨多羅三藐三菩
提已教化示導是諸菩薩調伏其心令發道
意此諸菩薩皆於是娑婆世界之下此界虛
空中住於諸經典讀誦通利思惟分別正憶
念阿逸多是諸善男子等不樂在衆多有所
說常樂靜處勤行精進未曾休息亦不依止
人天而住常樂深智无有鄣礙亦常樂於諸
佛之法一心精進求无上慧尒時世尊欲重
宣此義而說偈言
阿逸汝當知　是諸大菩薩　從无量劫來　脩習佛智慧
悉是我所化　令發大道心　此等是我子　依止是世界
常行頭陀事　志樂於靜處　捨大衆憒閙　不樂多所說
如是諸子等　學習我道法　晝夜常精進　為求佛道故
在娑婆世界　下方空中住　志念力堅固　常勤求智慧
說種種妙法　其心无所畏　我於伽耶城　菩提樹下坐
得成最正覺　轉无上法輪　尒乃教化之　令初發道心
今皆住不退　悉當得成佛　我今說實語　汝等一心信
我從久遠來　教化是等衆

BD15192 號　妙法蓮華經卷五　（2–2）

BD15192 號背　卷首背 （2–1）

BD15192 號背　卷尾背 （2–2）

根本薩婆多部律攝卷第二 尊者勝友集 三藏法師義淨奉 制譯
總釋學處 上明由序廣說戒緣下述諸門指陳學處且
一一學處有二十一門言二十一者
一犯緣起處 二能犯過人 三所犯之罪 四所犯境事 五罪因煩惱
六制戒利益 七有犯無犯 八具支成犯 九生過之因 十釋罪名字
十一出罪體性 十二可治不可治 十三罪有遮性 十四作及不作 十五方便有無
十六重罪 十七輕罪 十八共相無差 十九出罪有異 廿有漏無漏
廿一犯罪當
言犯緣起處者謂於其國其城制其學處即名此
方為犯緣起處言犯過人者謂由其人而制學處言
所犯罪者即是身語所造之罪言所犯境事者總有
二種情及非情一一戒中隨應思察要而言之有六十
五事所謂婬事竊取事不忍事求利事住處事同覺
行事僧伽事受用鄙事受用法事鄔波斯迦事十長
衣事離衣事望滿事因求事受不淨財事國具事
道行事畜鉢事求好事取衣事廿受衣事置衣事衣
事迴他物事病藥所須事違心事出家事門徒事趣

行事僧伽事受用鄙事受用法事鄔波斯迦事十長
衣事離衣事望滿事因求事受不淨財事國具事
道行事畜鉢事求好事取衣事廿受衣事置衣事衣
事迴他物事病藥所須事違心事出家事門徒事趣
諍事說法事卅未近圓事戒經事壞種子事鬼神村事
輕毀事違惱事用水事尼事食事詣俗家事卌外道
事觀軍事結伴事用火事與欲事眠臥事不善觀察事
染衣事隨自樂事傍生事五十戲笑事女人事近圓事壞地
事重請事輕學處事評論事鬪諍事受請事入聚落
事六十針筒事牀量事衣量事法式事結問事六十五
言所由煩惱者有其二種一者俱生二者緣發隨心造業多
種不同煩惱有異於諸學處隨事說之有二十七種所謂
貪煩惱 瞋煩惱 癡煩惱 婬煩惱 攝取煩惱 不忍煩惱
求利養煩惱 諍恨煩惱 住處煩惱 鄙業煩惱 邪智煩惱
家慳煩惱 求自在煩惱 過限分煩惱 蔘闕煩惱 待緣煩惱
譏嫌煩惱 覆藏煩惱 攝受門徒煩惱 慢法煩惱 無悲煩惱
輕慢煩惱 輕心煩惱 不收舉煩惱 不寂靜煩惱 不敬煩惱
不忍他結煩惱 制戒利益者謂佛大師觀察十利制於學
處言有犯者若故心犯戒名為有犯異斯無犯言具支成犯者
隨諸學處具足支緣方成犯事言生過因者有其六種一
由身二由語三由心四由身心五由語心六由身語心言釋
名字者謂波羅市迦等名別不同如下具釋言出罪體者
凡諸造罪皆以身語故思為體言可治者謂授學人不可
治者謂無慙類性謂本性是罪遮謂因制方生復有釋
云性罪准染心中作若遮罪者通染不染言作及不作者
作謂身語自造不作者謂心而事成故心而造名有方便無

治者謂無慙賴性謂本性是罪遮謂因制方生復有釋
云性罪准染心中作若遮罪者通染不染言作及不作者
作謂身語自造不作者謂亡而事成故心而遮名有方便無
心亦犯名無方便言重罪者於中差別有其六相一由制
故二由事故三由煩惱故四由犯故五由人故六由時故言由制
者謂因世尊制學處故有其重罪言由事者如斷傍
生命得波逸底迦罪雖衆教中罪亦不能過由煩惱者
謂不敬教煩惱所起故重由犯者謂數數犯故重由人者謂不
不積善根稟性愚鈍其罪遂重由時者謂多時覆藏
其罪便重譬如小水以物堰之澄積多時成大波浪若
翻前六種是謂為輕言共相無差者謂性遮學處咸以身
語心為其共相言出罪有異者有其四種一由極重治罰
方出其罪謂波羅市迦二由衆中治罰謂僧伽伐尸沙
三由下治罰謂泥薩祇波逸底迦四不由治罰謂所餘罪有
染謂貪等為因無染翻此言犯罪所由者有五種因方犯
於罪一由無羞恥性二由無敬教心三由情懷放逸四由稟
性癡鈍五由忘失正念　初部四波羅市迦法　攝頌曰
若作不淨行　不與取斷人　妄說上人法　斯皆不共住
不淨行學處第一　言不淨行者謂於十二年苾芻僧伽
未生惡瘡入十三年薄伽梵在佛栗氏國羯蘭鐸迦村其
羯蘭鐸迦子蘇陣那為毋所教令求種子由婬事故及婬煩
惱佛觀十利制斯學處言十利者一為攝取僧伽二為
僧伽極善三為僧伽樂住四為未信者令信五為已信者令
增長六為折伏惡人七為慚愧者樂住八為斷現在漏九為
斷未來漏十為我之淨行得久住故言攝取僧伽者謂於剎
帝利婆羅門薜舍戍達羅等有善男子善女人入正法

斷未來漏十為我之淨行得久住故言攝取僧伽者謂於剎
帝利婆羅門薜舍戍達羅等有善男子善女人入正法
中深生敬信作苾芻等以成衆故僧伽極善者既入善說
法律之中能令善法極增盛故僧伽樂住者謂依斯善
法還信施債故未信者其未信者令生正信故已信令增者
若已信者善護自心故折伏惡人者犯重之人由不護戒以
折伏法而驅擯故懷慚樂住者謂異生中極淳善人為
令此等無有闕淨安樂住故斷現法漏者謂是現纏令
不行故斷未來漏者謂煩惱業種令永斷故我之淨行
當得久住者謂如法宣說廣利人天展轉相教令佛正法
久住世故　若復苾芻與諸苾芻同得學處不捨學處
學羸不自說作不淨行兩交會法乃至共傍生此苾芻亦得
波羅市迦不應共住　言若復苾芻者謂指犯人苾芻有
五種一名字苾芻如世間人為欲呼召男女等隨興立名
字喚作苾芻二自許苾芻實非苾芻而便自許是淨苾芻
三由乞求故名為苾芻言苾芻者是乞求義諸乞求活命
皆名苾芻四破煩惱故名曰苾芻苾芻是破惑義以白四法
受近圓者名為苾芻此中言苾芻者意存第五餘之四種
名同故來　又依七例聲述苾芻義一作者聲二作業
聲三所由聲四所為聲五所從聲六屬主聲七所依聲云何
作者聲誰是苾芻謂近圓人作業聲者此作何業謂同學
戒所由聲者由何而得謂由三業所為聲者此何所為謂求
涅槃所從聲者此從何得謂從師等屬主聲者此誰近
圓謂世尊法所依聲者此依何處謂依欲界男及善說法律
等是名七例若加呼召聲如喚令來苾芻便成八轉轉各有
三謂一二多成二十四別

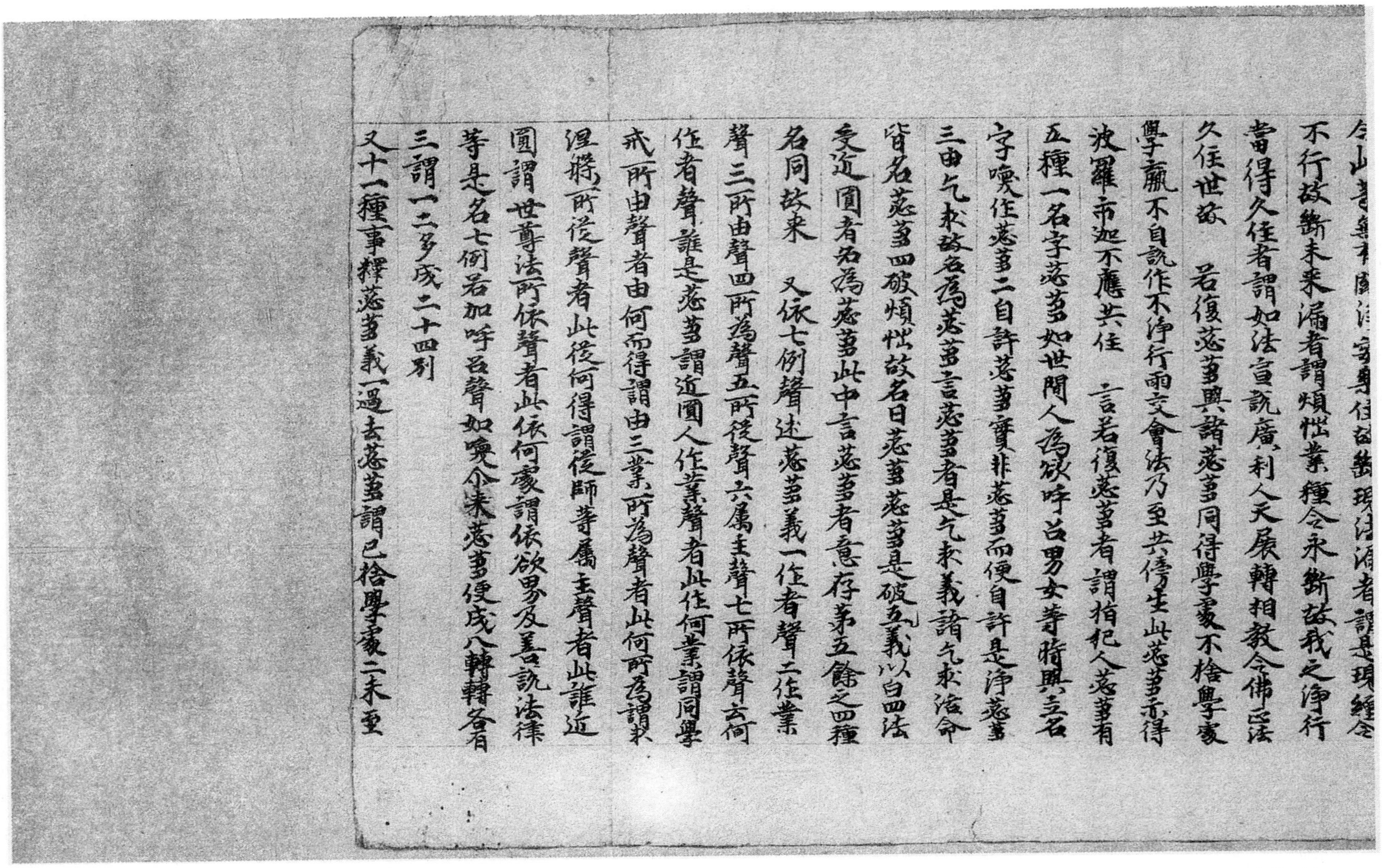
令此善業?法?寂?住故斷現法漏者謂是現纏令
不行故斷未來漏者謂煩惱業種令永斷故我之淨行
當得久住者謂如法宣說廣利人天展轉相教令佛正法
久住世故　若復苾芻與諸苾芻同得學處不捨學處
學羸不自說作不淨行兩交會法乃至共傍生此苾芻亦得
波羅市迦不應共住　言若復苾芻者謂指犯人苾芻有
五種一名字苾芻如世間人為欲呼召男女等稍與立名
字喚作苾芻二自許苾芻實非苾芻而便自許是淨苾芻
三由乞求故名為苾芻言苾芻者是乞求義諸乞求活命
皆名苾芻四破煩惱故名曰苾芻苾芻是破五義以白四法
受近圓者名為苾芻此中言苾芻者意存第五餘之四種
名同故來　又依七例聲述苾芻義一作者聲二作業
聲三所由聲四所為聲五所從聲六屬主聲七所依聲云何
作者聲誰是苾芻謂近圓人作業聲者此作何業謂同學
戒所由聲者由何而得謂由三業所為聲者此何所為謂求
涅槃所從聲者此從何得謂從師等屬主聲者此誰近
圓謂世尊法所依聲者此依何處謂依欲界及善說法律
等是名七例若加呼召聲如喚汝來苾芻便成八轉轉各有
三謂一二多成二十四別
又十一種事釋苾芻義一過去苾芻謂已捨學處二未至

BD15193 號　根本薩婆多部律攝卷二　（5–5）

BD15193 號背　勘記、印章　（2–1）

BD15193號背　勘記、印章　（2–2）

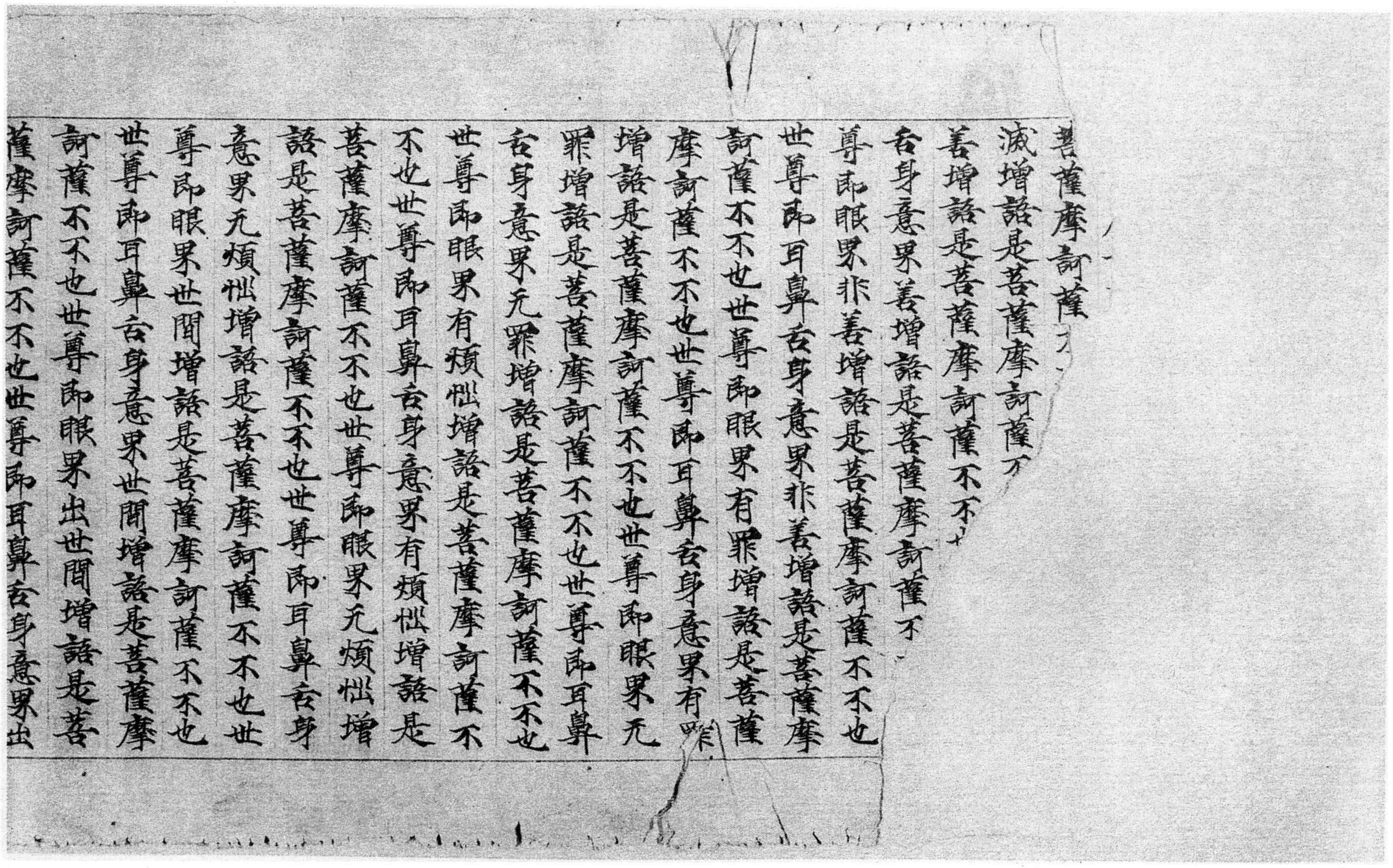

菩薩摩訶薩
滅增語是菩薩摩訶薩不
善增語是菩薩摩訶薩不不
舌身意界善增語是菩薩摩訶薩不
尊即眼界非善增語是菩薩摩訶薩不不也
世尊即耳鼻舌身意界非善增語是菩薩摩
訶薩不不也世尊即眼界有罪增語是菩薩
摩訶薩不不也世尊即耳鼻舌身意界有罪
增語是菩薩摩訶薩不不也世尊即眼界无
罪增語是菩薩摩訶薩不不也世尊即耳鼻
舌身意界无罪增語是菩薩摩訶薩不不也
世尊即眼界有煩惱增語是菩薩摩訶薩不
不也世尊即耳鼻舌身意界有煩惱增語是
菩薩摩訶薩不不也世尊即眼界无煩惱增
語是菩薩摩訶薩不不也世尊即耳鼻舌身
意界无煩惱增語是菩薩摩訶薩不不也世
尊即眼界世間增語是菩薩摩訶薩不不也
世尊即耳鼻舌身意界世間增語是菩薩摩
訶薩不不也世尊即眼界出世間增語是菩
薩摩訶薩不不也世尊即耳鼻舌身意界出

BD15194號　大般若波羅蜜多經卷一八　（5–1）

尊即眼界世間增語是菩薩摩訶薩不不也
世尊即耳鼻舌身意界世間增語是菩薩摩
訶薩不不也世尊即眼界出世間增語是菩
薩摩訶薩不不也世尊即耳鼻舌身意界出
世間增語是菩薩摩訶薩不不也世尊即眼
界雜染增語是菩薩摩訶薩不不也世尊即
耳鼻舌身意界雜染增語是菩薩摩訶薩不
不也世尊即眼界清淨增語是菩薩摩訶薩
不不也世尊即耳鼻舌身意界清淨增語是
菩薩摩訶薩不不也世尊即眼界屬生死增
語是菩薩摩訶薩不不也世尊即耳鼻舌身
意界屬生死增語是菩薩摩訶薩不不也世
尊即眼界屬涅槃增語是菩薩摩訶薩不不
也世尊即耳鼻舌身意界屬涅槃增語是菩
薩摩訶薩不不也世尊即眼界在內增語是
菩薩摩訶薩不不也世尊即耳鼻舌身意界
在內增語是菩薩摩訶薩不不也世尊即眼
界在外增語是菩薩摩訶薩不不也世尊即
耳鼻舌身意界在外增語是菩薩摩訶薩不
不也世尊即眼界在兩間增語是菩薩摩訶
薩不不也世尊即耳鼻舌身意界在兩間增
語是菩薩摩訶薩不不也世尊即眼界可得
增語是菩薩摩訶薩不不也世尊即耳鼻舌
身意界可得增語是菩薩摩訶薩不不也世
尊即眼界不可得增語是菩薩摩訶薩不不

BD15194號　大般若波羅蜜多經卷一八　（5-2）

身意界可得增語是菩薩摩訶薩不不也世
尊即眼界不可得增語是菩薩摩訶薩不不
也世尊即耳鼻舌身意界不可得增語是菩
薩摩訶薩不不也世尊
復次善現所言菩薩摩訶薩者於意云何即
色界增語是菩薩摩訶薩不不也世尊即聲
香味觸法界增語是菩薩摩訶薩不不也世
尊即色界常增語是菩薩摩訶薩不不也世
尊即聲香味觸法界常增語是菩薩摩訶薩
不不也世尊即色界无常增語是菩薩摩訶
薩不不也世尊即聲香味觸法界无常增語
是菩薩摩訶薩不不也世尊即色界樂增語
是菩薩摩訶薩不不也世尊即聲香味觸法
界樂增語是菩薩摩訶薩不不也世尊即色
界苦增語是菩薩摩訶薩不不也世尊即聲
香味觸法界苦增語是菩薩摩訶薩不不也
世尊即色界我增語是菩薩摩訶薩不不也
世尊即聲香味觸法界我增語是菩薩摩訶
薩不不也世尊即色界无我增語是菩薩摩
訶薩不不也世尊即聲香味觸法界无我增
語是菩薩摩訶薩不不也世尊即色界淨增
語是菩薩摩訶薩不不也世尊即聲香味觸
法界淨增語是菩薩摩訶薩不不也世尊即
色界不淨增語是菩薩摩訶薩不不也世尊
即聲香味觸法界不淨增語是菩薩摩訶薩

BD15194號　大般若波羅蜜多經卷一八　（5-3）

法界淨增語是菩薩摩訶薩不不也世尊即
色界不淨增語是菩薩摩訶薩不不也世尊
即聲香味觸法界不淨增語是菩薩摩訶薩
不不也世尊即色界空增語是菩薩摩訶薩
不不也世尊即聲香味觸法界空增語是菩
薩摩訶薩不不也世尊即色界不空增語是
菩薩摩訶薩不不也世尊即聲香味觸法界
不空增語是菩薩摩訶薩不不也世尊即色
界有相增語是菩薩摩訶薩不不也世尊即
聲香味觸法界有相增語是菩薩摩訶薩不
不也世尊即色界无相增語是菩薩摩訶薩
不不也世尊即聲香味觸法界无相增語是
菩薩摩訶薩不不也世尊即色界有願增語
是菩薩摩訶薩不不也世尊即聲香味觸法
界有願增語是菩薩摩訶薩不不也世尊即
色界无願增語是菩薩摩訶薩不不也世尊
即聲香味觸法界无願增語是菩薩摩訶薩
不不也世尊即色界寂靜增語是菩薩摩訶
薩不不也世尊即聲香味觸法界寂靜增語
是菩薩摩訶薩不不也世尊即色界不寂靜
增語是菩薩摩訶薩不不也世尊即聲香味
觸法界不寂靜增語是菩薩摩訶薩不不也
世尊即色界遠離增語是菩薩摩訶薩不不
也世尊即聲香味觸法界遠離增語是菩薩
薩不不也世尊即色界不遠離增語是

BD15194 號　大般若波羅蜜多經卷一八　（5–4）

聲香味觸法界有相增語是菩薩摩訶薩不
不也世尊即色界无相增語是菩薩摩訶薩
不不也世尊即聲香味觸法界无相增語是
菩薩摩訶薩不不也世尊即色界有願增語
是菩薩摩訶薩不不也世尊即聲香味觸法
界有願增語是菩薩摩訶薩不不也世尊即
色界无願增語是菩薩摩訶薩不不也世尊
即聲香味觸法界无願增語是菩薩摩訶薩
不不也世尊即色界寂靜增語是菩薩摩訶
薩不不也世尊即聲香味觸法界寂靜增語
是菩薩摩訶薩不不也世尊即色界不寂靜
增語是菩薩摩訶薩不不也世尊即聲香味
觸法界不寂靜增語是菩薩摩訶薩不不也
世尊即色界遠離增語是菩薩摩訶薩不不
也世尊即聲香味觸法界遠離增語是菩薩
薩不不也世尊即色界不遠離增語是
即聲香味觸法界
不也世尊即
不也世尊
薩

BD15194 號　大般若波羅蜜多經卷一八　（5–5）

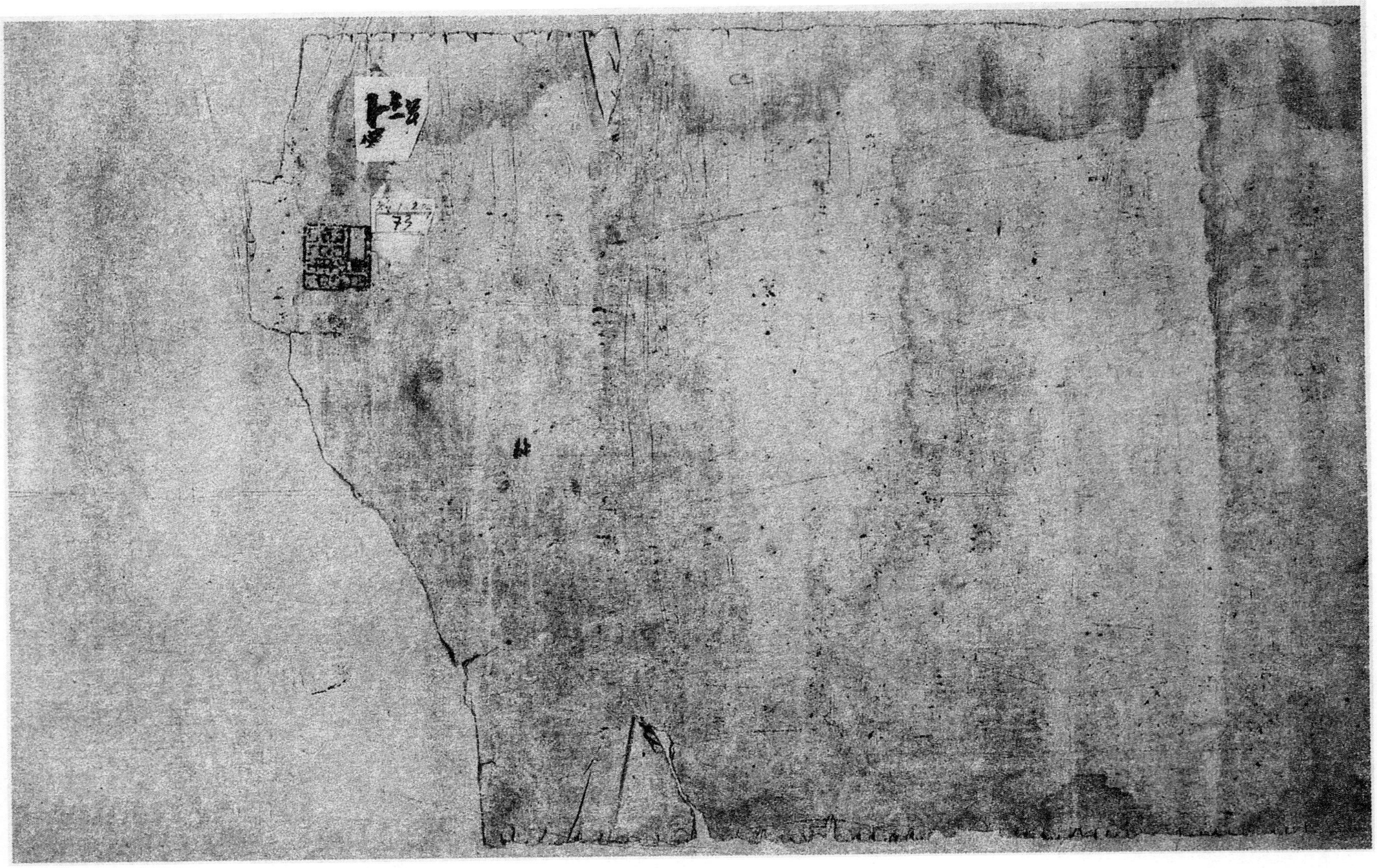

BD15194 號背　勘記、印章

(1–1)

BD15195 號　佛名經（十六卷本）卷一二

(6–1)

南无无邊知佛　南无
南无无量自在佛　南无火
南无德藏佛　南无根本莊嚴奮迅佛
南无根本光佛　南无一切衆生見愛奮迅莊嚴王佛
從此以上八千九百佛十二部經一切賢聖
南无忍王佛　南无離一切煩惱佛
南无寶色勝佛　南无香勝王佛
南无憶藏佛　南无見一切佛
南无見愛佛　南无不可見佛
南无甘露功德稱佛　南无一切畏差别能斷疑佛
南无師子吼佛　南无散華佛
南无勝佛　南无尋智作佛
南无一切作樂佛　南无尊勝佛
南无吉王佛　南无一切世間道自在王佛
南无須弥劫佛　南无勝須弥佛
南无解勝佛　南无世間贊佛
南无堅奮迅佛　南无堅自在佛
南无旃檀勝佛　南无不差别佛
南无息功德佛　南无善思惟佛
南无能斷一切業佛　南无相佛
南无寶勝佛　南无寶輪佛
南无火寶佛　南无无垢光明佛
南无樂說莊嚴稱佛　南无无垢月幢稱佛
南无華嚴光明佛　南无出火佛

BD15195號　佛名經（十六卷本）卷一二　（6–2）

南无火寶佛　南无无垢光明佛
南无樂說莊嚴稱佛　南无无垢月幢稱佛
南无華嚴光明佛　南无出火佛
南无畏觀佛　南无師子奮迅佛
南无寶精進日月光明莊嚴功德智贊王佛
南无初發心念斷一切疑煩惱佛　南无破一切闇勝佛
南无寶炎佛　南无旃檀香佛
南无大寶炎佛　南无華幢佛
南无普勝帝沙佛　南无滿賢佛
南无最力精進奮迅佛　南无香勝佛
南无勝稱佛　南无淨鏡佛
南无華勝佛　南无離塵佛
南无得功德佛　南无不動佛
南无旃檀佛　南无因陁羅則佛
南无樂山佛　南无能化佛
南无因陁羅幢佛　南无无畏作佛
南无富樓那佛　南无弗沙佛
南无法水清淨虛空界王佛　南无普智光明勝王佛
南无香光明功德莊嚴王佛　南无普智贊王佛
南无一切四无畏然燈佛　南无普喜速勝王佛
南无善光火光佛　南无普門智照贊佛
南无无量功德海藏光明佛
南无法界電光无障导功德佛
南无清淨眼无垢然燈佛

BD15195號　佛名經（十六卷本）卷一二　（6–3）

南无无量切德海藏光明佛
南无法界電光无障㝵切德佛
南无清淨眼无垢然燈佛
南无師子光明勝光佛
南无廣光明智勝幢佛
南无金光明无邊力精進成佛
南无香光明歡喜力海佛
南无成就王佛　南无自在高佛
南无歡喜大海速行佛
南无稱自在光佛　南无廣稱智佛
南无智成就海王幢佛　南无相顯文殊月佛
南无一切法海勝王佛　南无智切德法住佛
南无梵自在勝佛　南无過法界勝聲佛
南无不可嫌力普照光明幢佛
南无无垢切德日眼佛　南无无㝵智普光明佛
南无无量勝難兜幢佛　南无法界虛空普邊光明佛
南无福德相雲勝威德佛　南无照勝須光明佛
南无法風大海意佛　南无相法化普光明佛
從此以上九千佛十二部經一切賢聖
南无善成就眷屬普照佛　南无法盡疾速歡喜悲佛
南无无垢清淨普光明佛　南无清淨眼華勝佛
南无善智力威德佛　南无虛空清淨月佛
南无然金色須彌燈佛　南无智勝寶法光明佛
南无然寶燈佛　南无普光明高山佛

南无善智力威德佛　南无虛空清淨月佛
南无然金色須彌燈佛　南无智勝寶法光明佛
南无然寶燈佛　南无普光明高山佛
南无善天佛　南无波頭摩奮迅佛
南无大勝佛　南无无盡切德佛
南无華威德佛　南无甘露力佛
南无聲邊佛　南无妙法勝威德成就佛
南无普門見勝佛　南无无邊切德照佛
南无普光切德然燈鏡像佛
南无喜樂現華火佛　南无寶須彌然燈王佛
南无善化法界金光明電聲佛
南无可降伏力願佛　南无虛空城慧吼聲佛
南无十方廣遍稱智然燈佛
南无師子光明滿足切德海佛
南无普眼滿足法界難兜幢佛
南无智敷華光明佛
南无勝慧善導師佛
南无光明作佛　南无月幢佛
南无東方善護四天下名金剛良如来爲上首
南无南方難勝四天下因陁羅如来爲上首
南无西方親意四天下娑樓那如来爲上首
南无北方師子意四天下摩訶牟尼如来爲上首
南无東北方善擇四天下降伏諸魔如来爲上首
南无東南方樂四天下毗沙門如来爲上首

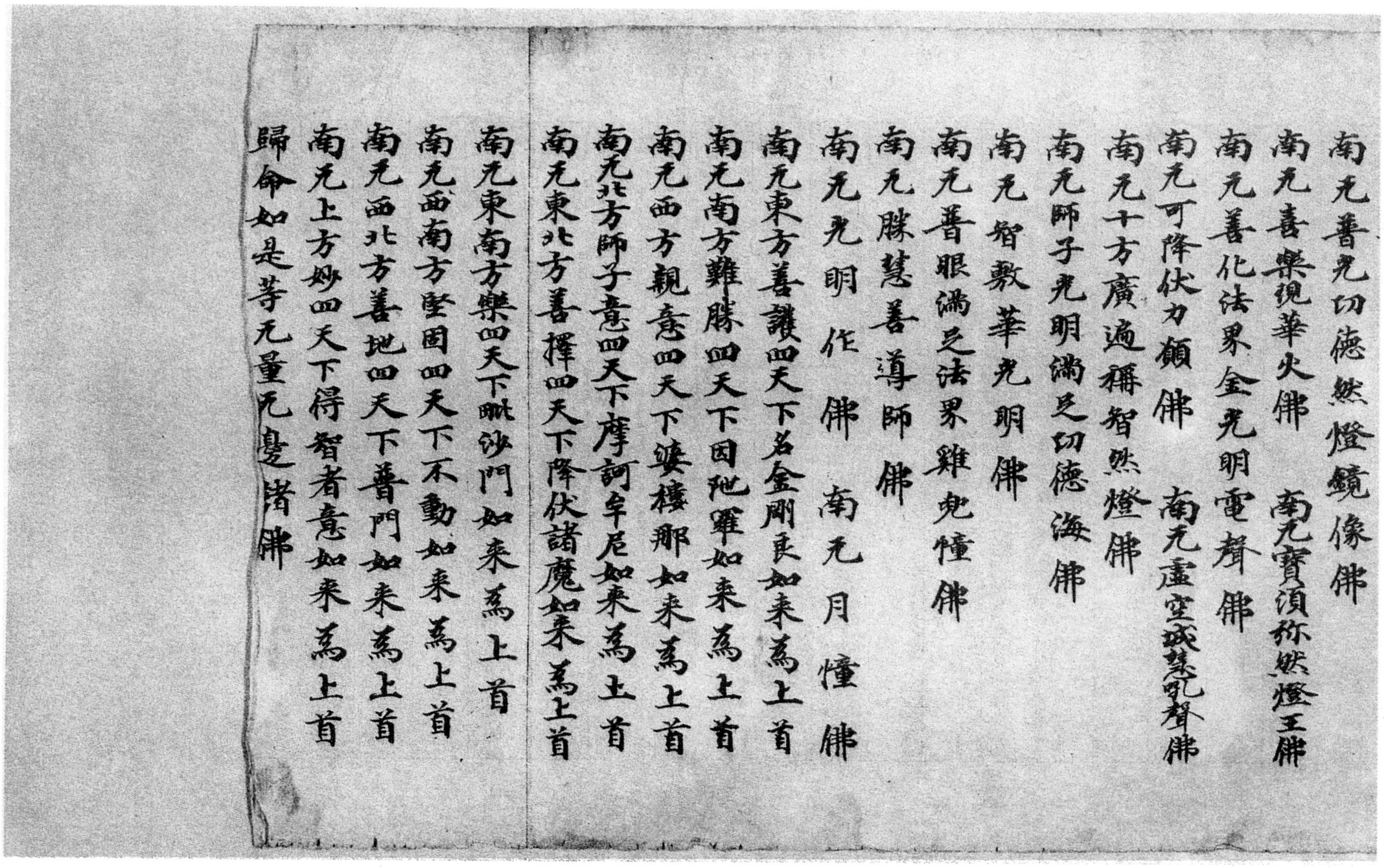

南无普光功德然燈鏡像佛
南无喜樂現華火佛　南无寶須弥然燈王佛
南无善化法界金光明電聲佛
南无可降伏力願佛　南无盡空滅慧吼聲佛
南无十方廣遍稱智然燈佛
南无師子光明滿足功德海佛
南无智聚華光明佛
南无普眼滿足法界雜色幢佛
南无勝慧善導師佛
南无光明作佛　南无月幢佛
南无東方善讚四天下名金剛良如来爲上首
南无南方難勝四天下因陁羅如来爲上首
南无西方親意四天下婆樓那如来爲上首
南无北方師子意四天下摩訶牟尼如来爲上首
南无東北方善擇四天下降伏諸魔如来爲上首
南无東南方樂四天下毗沙門如来爲上首
南无西南方堅固四天下不動如来爲上首
南无西北方善地四天下普門如来爲上首
南无上方妙四天下得智者意如来爲上首
歸命如是等无量无邊諸佛

BD15195號　佛名經（十六卷本）卷一二　（6–6）

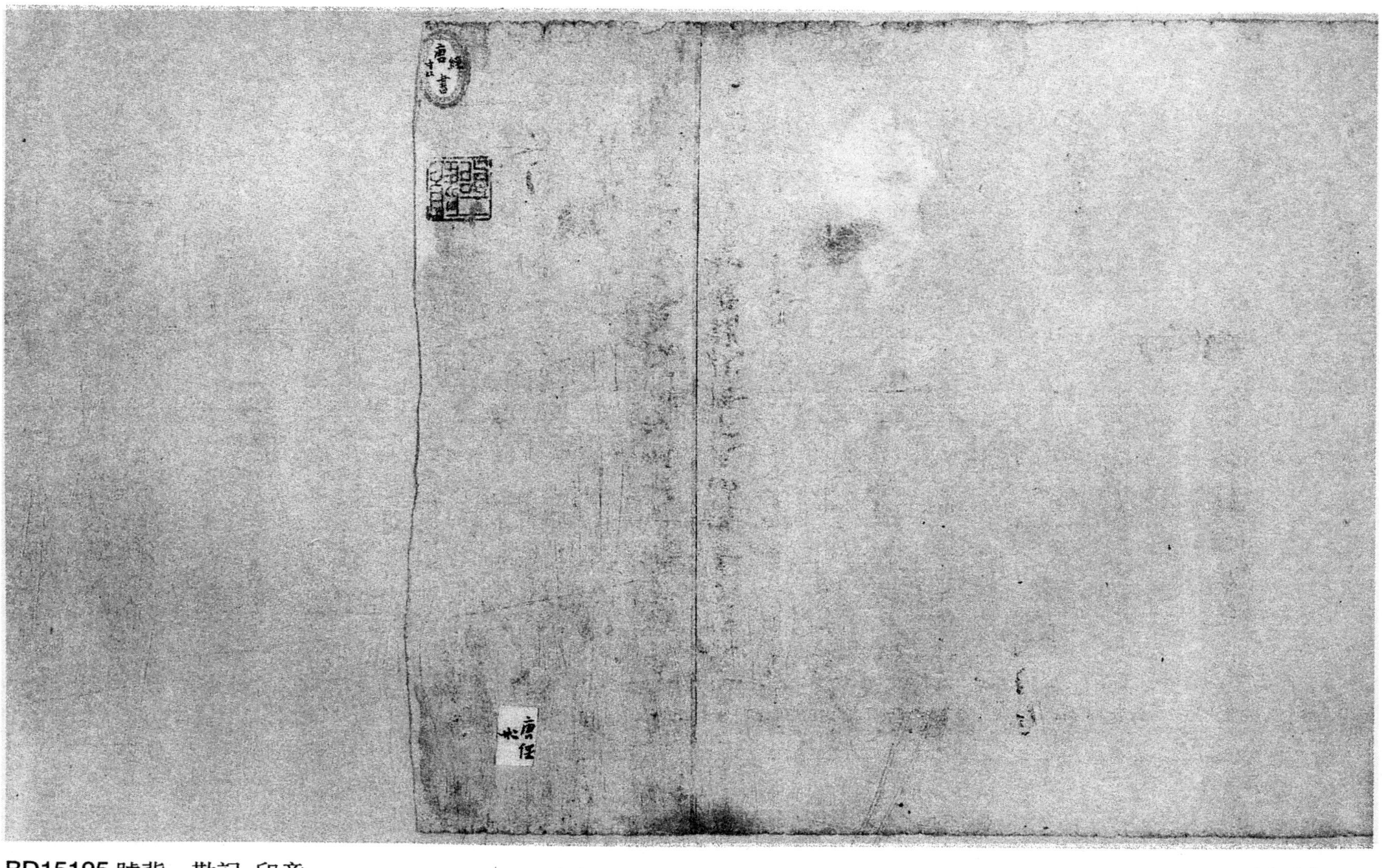

BD15195號背　勘記、印章　（1–1）

其中若有乃至一人稱觀世音菩薩名者是
諸人等皆得解脫羅剎之難以是因緣名觀
世音
若復有人臨當被害稱觀世音菩薩名者彼
所執刀杖尋段段壞而得解脫若三千大千
國土滿中夜叉羅剎欲來惱人聞其稱觀世
音菩薩名者是諸惡鬼尚不能以惡眼視之
況復加害
設復有人若有罪若无罪杻械枷鎖檢繫其
身稱觀世音菩薩名者皆悉斷壞即得解脫
若三千大千國土滿中怨賊有一商主將諸
商人賫持重寶經過險路其中一人作是唱
言諸善男子勿得恐怖汝等應當一心稱觀
世音菩薩名号是菩薩能以无畏施於衆生
汝等若稱名者於此怨賊當得解脫衆商人
聞俱發聲言南无觀世音菩薩稱其名故即
得解脫无盡意觀世音菩薩摩訶薩威神
之力巍巍如是
若有衆生多於婬欲常念恭敬觀世音菩薩
便得離欲若多瞋恚常念恭敬觀世音菩薩

BD15196號　妙法蓮華經卷七　（5–1）

之力巍巍如是
若有衆生多於婬欲常念恭敬觀世音菩薩
便得離欲若多瞋恚常念恭敬觀世音菩薩
便得離瞋若多愚癡常念恭敬觀世音菩
薩便得離癡无盡意觀世音菩薩有如是等
大威神力多所饒益是故衆生常應心念
若有女人設欲求男礼拜供養觀世音菩薩
便生福德智慧之男設欲求女便生端正有
相之女宿殖德本衆人愛敬无盡意觀世音
菩薩有如是力若有衆生恭敬礼拜觀世音
菩薩福不唐捐是故衆生皆應受持觀世音
菩薩名号无盡意若有人受持六十二億恒
河沙菩薩名字復盡形供養飲食衣服臥具
醫藥於汝意云何是善男子善女人功德多
不无盡意言甚多世尊佛言若復有人受持
觀世音菩薩名号乃至一時礼拜供養是二
人福正等无異於百千万億劫不可窮盡无
盡意受持觀世音菩薩名号得如是无量无
邊福德之利
无盡意菩薩白佛言世尊觀世音菩薩云何
遊此娑婆世界云何而爲衆生說法方便之
力其事云何佛告无盡意菩薩善男子若有
國土衆生應以佛身得度者觀世音菩薩即
現佛身而爲說法應以辟支佛身得度者即
現辟支佛身而爲說法應以聲聞身得度者
即現聲聞身而爲說法應以梵王身得度者即現梵王
身而爲說法應以帝釋身得度者即現帝釋身而爲說
法應以自在天身得度者即現自在天身而爲說法應以大自在天身

BD15196號　妙法蓮華經卷七　（5–2）

現佛身而為說法應以辟支佛身得度者即
現辟支佛身而為說法應以聲聞身得度者
即現聲聞身而為說法應以梵王身得度者即現梵王
身而為說法應以帝釋身得度者即現帝釋身而為說
法應以自在天身得度者即現自在天身而為說法應以大自在天身
得度者即現大自在天身而為說法應以天
大將軍身得度者即現天大將軍身而為
說法應以毗沙門身得度者即現毗沙門身
而為說法應以小王身得度者即現小王身而
為說法應以長者身得度者即現長者身而
為說法應以居士身得度者即現居士身而
為說法應以宰官身得度者即現宰官身而
為說法應以婆羅門身得度者即現婆羅門
身而為說法應以比丘比丘尼優婆塞優婆夷
身得度者即現比丘比丘尼優婆塞優婆夷
身而為說法應以長者居士宰官婆羅門婦
女身得度者即現婦女身而為說法應以童
男童女身得度者即現童男童女身而為說
法應以天龍夜叉乾闥婆阿脩羅迦樓羅緊
那羅摩睺羅伽人非人等身得度者即皆
現之而為說法應以執金剛神得度者即現
執金剛神而為說法无盡意是觀世音菩薩
成就如是功德以種種形遊諸國土度脫眾生
是故汝等應當一心供養觀世音菩薩是觀
世音菩薩摩訶薩於怖畏急難之中能施
无畏是故此娑婆世界皆号之為施无畏者
无盡意菩薩白佛言世尊我今當供養觀
世音菩薩即解頸眾寶珠瓔珞價直百千兩金

BD15196號　妙法蓮華經卷七　（5–3）

无畏是故此娑婆世界皆号之為施无畏者
无盡意菩薩白佛言世尊我今當供養觀
世音菩薩即解頸眾寶珠瓔珞價直百千兩金
而以與之作是言仁者受此法施珎寶瓔珞
時觀世音菩薩不肯受之无盡意復白觀世
音菩薩言仁者愍我等故受此瓔珞尒時佛
告觀世音菩薩當愍此无盡意菩薩及四眾
天龍夜叉乾闥婆阿脩羅迦樓羅緊那羅摩
睺羅伽人非人等故受是瓔珞即時觀世音菩
薩愍諸四眾及於天龍人非人等受其瓔珞分
作二分一分奉釋迦牟尼佛一分奉多寶佛
塔无盡意觀世音菩薩有如是自在神力遊
於娑婆世界
尒時无盡意菩薩以偈問曰
世尊妙相具　我今重問彼　佛子何因緣　名為觀世音
具足妙相尊　偈答无盡意　汝聽觀音行　善應諸方所
弘誓深如海　歷劫不思議　侍多千億佛　發大清淨願
我為汝略說　聞名及見身　心念不空過　能滅諸有苦
假使興害意　推落大火坑　念彼觀音力　火坑變成池
或漂流巨海　龍魚諸鬼難　念彼觀音力　波浪不能沒
或在須弥峯　為人所推墮　念彼觀音力　如日虛空住
或被惡人逐　墮落金剛山　念彼觀音力　不能損一毛
或值怨賊遶　各執刀加害　念彼觀音力　咸即起慈心
或遭王難苦　臨刑欲壽終　念彼觀音力　刀尋段段壞
或囚禁枷鎖　手足被杻械　念彼觀音力　釋然得解脫
呪咀諸毒藥　所欲害身者　念彼觀音力　還著於本人
或遇惡羅剎　毒龍諸鬼等　念彼觀音力　時悉不敢害
若惡獸圍遶　利牙爪可怖　念彼觀音力　疾走无邊方

BD15196號　妙法蓮華經卷七　（5–4）

或被惡人逐　墮落金剛山　念彼觀音力　不能損一毛
或值怨賊遶　各執刀加害　念彼觀音力　咸即起慈心
或遭王難苦　臨刑欲壽終　念彼觀音力　刀尋段段壞
或囚禁枷鎖　手足被杻械　念彼觀音力　釋然得解脫
呪詛諸毒藥　所欲害身者　念彼觀音力　還著於本人
或遇惡羅刹　毒龍諸鬼等　念彼觀音力　時悉不敢害
若惡獸圍遶　利牙爪可怖　念彼觀音力　疾走无邊方
蚖蛇及蝮蠍　氣毒煙火然　念彼觀音力　尋聲自迴去
雲雷鼓掣電　降雹澍大雨　念彼觀音力　應時得消散
衆生被困厄　无量苦逼身　觀音妙智力　能救世間苦
具足神通力　廣脩智方便　十方諸國土　无刹不現身
種種諸惡趣　地獄鬼畜生　生老病死苦　以漸悉令滅
真觀清淨觀　廣大智慧觀　悲觀及慈觀　常願常瞻仰
无垢清淨光　慧日破諸闇　能伏災風火　普明照世間
悲體戒雷震　慈意妙大雲　澍甘露法雨　滅除煩惱炎
諍訟經官處　怖畏軍陣中　念彼觀音力　衆怨悉退散
妙音觀世音　梵音海潮音　勝彼世間音　是故須常念
念念勿生疑　觀世音淨聖　於苦惱死厄　能為作依怙
具一切功德　慈眼視衆生　福聚海无量　是故應頂礼
尒時持地菩薩即從坐起前白佛言世尊若
有衆生聞是觀世音菩薩品自在之業普門
示現神通力者當知是人功德不少佛說是
普門品時衆中八万四千衆生皆發无等等
阿耨多羅三藐三菩提

BD15196號　妙法蓮華經卷七　（5–5）

能燒由是菩薩威神力故若為大水所漂稱
其名号即得淺處若有百千万億衆生為
求金銀琉璃車璩馬瑙珊瑚虎珀真珠等寶
入於大海假使黑風吹其船舫飄墮羅刹鬼
國其中若有乃至一人稱觀世音菩薩名者
是諸人等皆得解脫羅刹之難以是因緣名
觀世音
若復有人臨當被害稱觀世音菩薩名者
彼所執刀杖尋段段壞而得解脫若三千大
千國土滿中夜叉羅刹欲來惱人聞其稱
觀世音菩薩名者是諸惡鬼尚不能以惡
眼視之况復加害
設復有人若有罪若无罪杻械枷鎖檢繫其
身稱觀世音菩薩名者皆悉斷壞即得解
脫若三千大千國土滿中怨賊有一商主將
諸商人齎持重寶經過嶮路其中一人作是唱
言諸善男子勿得恐怖汝等應當一心稱

BD15197號　妙法蓮華經（八卷本）卷八　（18–1）

諸人齎持重寶經過嶮路其中一人作是唱
言諸善男子勿得恐怖汝等應當一心稱
觀世音菩薩名号是菩薩能以无畏施於
衆生汝等若稱名者於此怨賊當得解脫
衆商人聞俱發聲言南无觀世音菩薩稱
其名故即得解脫无盡意觀世音菩薩摩
訶薩威神之力巍巍如是
若有衆生多於婬欲常念恭敬觀世音菩
薩便得離欲若多瞋恚常念恭敬觀世音菩
薩便得離瞋若多愚癡常念恭敬觀世音菩
薩便得離癡无盡意觀世音菩薩有如是等
大威神力多所饒益是故衆生常應心念
若有女人設欲求男礼拜供養觀世音菩薩便
生福德智慧之男設欲求女便生端正有相之
女宿殖德本衆人愛敬无盡意觀世音菩薩
有如是力若有衆生恭敬礼拜觀世音菩薩
福不唐捐是故衆生皆應受持觀世音菩薩
名号无盡意若有人受持六十二億恒河沙菩薩
名字復盡形供養飲食衣服臥具醫藥於汝意
云何是善男子善女人功德多不无盡意言甚
多世尊佛言若復有人受持觀世音菩薩名号
乃至一時礼拜供養是二人福正等无異於
百千万億劫不可窮盡无盡意受持觀世音
菩薩名号如是无邊福德之利

BD15197號　妙法蓮華經（八卷本）卷八　（18–2）

乃至一時礼拜供養是二人福正等无異於
百千万億劫不可窮盡无盡意受持觀世音
菩薩名号如是无邊福德之利
无盡意菩薩白佛言世尊觀世音菩薩云何
遊此娑婆世界云何而爲衆生說法方便之
力其事云何佛告无盡意菩薩善男子若有
國土衆生應以佛身得度者觀世音菩薩即
現佛身而爲說法應以辟支佛身得度者即
現辟支佛身而爲說法應以聲聞身得度者
即現聲聞身而爲說法應以梵王身得度者
即現梵王身而爲說法應以帝釋身得度者
即現帝釋身而爲說法應以自在天身得度
者即現自在天身而爲說法應以大自在天
身得度者即現大自在天身而爲說法應以
天大將軍身得度者即現天大將軍身而爲
說法應以毗沙門身得度者即現毗沙門身
而爲說法應以小王身得度者即現小王身
而爲說法應以長者身得度者即現長者身
而爲說法應以居士身得度者即現居士身
而爲說法應以宰官身得度者即現宰官身
而爲說法應以婆羅門身得度者即現婆羅
身而爲說法應以比丘比丘尼優婆塞
婆夷身得度者即現比丘比丘尼優婆塞優
婆夷身而爲說法應以長者居士宰官婆羅
門婦女身得度者即現婦女身而爲說法應

BD15197號　妙法蓮華經（八卷本）卷八　（18–3）

夷身而為說法應以長者居士宰官婆羅
門婦女身得度者即現婦女身而為說法應
以童男童女身得度者即現童男童女身而
為說法應以天龍夜叉乾闥婆阿脩羅迦樓
羅緊那羅摩睺羅伽人非人等身得度者即
皆現之而為說法應以執金剛神得度者即現
執金剛神而為說法无盡意是觀世音菩薩
成就如是功德以種種形遊諸國土度脫衆生
是故汝等當一心供養觀世音菩薩是觀世
音菩薩摩訶薩於怖畏急難之中能施无畏
是故此娑婆世界皆号之為施无畏者
无盡意菩薩白佛言世尊我今當供養觀
世音菩薩即解頸衆寶珠瓔珞價直百千兩
金而以與之作是言仁者受此法施珎寶瓔
珞時觀世音菩薩不肯受之无盡意復白
觀世音菩薩言仁者愍我等故受此瓔珞
尒時佛告觀世音菩薩當愍此无盡意菩
薩及四衆天龍夜叉乾闥婆阿脩羅迦樓羅
緊那羅摩睺羅伽人非人等受是瓔珞即時觀
世音菩薩愍諸四衆及於天龍人非人等故
受其瓔珞分作二分一分奉釋迦牟尼佛一分
奉多寶佛塔无盡意觀世音菩薩有如是自
在神力遊於娑婆世界
尒時持地菩薩即從座起前白佛言世尊若

BD15197號　妙法蓮華經（八卷本）卷八　（18–4）

在神力遊於娑婆世界
尒時持地菩薩即從座起前白佛言世尊若
有衆生聞是觀世音菩薩品自在之業普門
示現神通力者當知是人功德不少佛說是
普門品時衆中八万四千衆生皆發无等等
阿耨多羅三藐三菩提心

妙法蓮華經陀羅尼品第廿五

尒時藥王菩薩即從座起偏袒右肩合掌
向佛而白佛言世尊若善男子善女人有能受
持法華經者若讀若誦通利若有書寫經卷
得幾所福佛告藥王若有善男子善女人供
養八百万億那由他恒河沙等諸佛於汝意
云何其所得福寧為多不甚多世尊佛言若
善男子善女人能於是經乃至受持一四句偈
讀誦解義如說脩行功德甚多尒時藥王菩
薩白佛言世尊我今當與說法者陀羅尼呪
以守護之即說呪曰
安尒 一 曼尒 二 摩祢 三 摩摩祢 四 旨隸 五
遮梨第 六 賒咩 羊鳴七 賒履 罔雉反 多瑋 八
羶帝 羶干反九 目帝 十 目多履 十一 沙履 十二
阿瑋娑履 十三 桑履 十四 沙履 十五 叉裔 十六
阿叉裔 十七 阿耆膩 十八 羶帝 十九 賒履 廿 陀羅尼
廿一 阿盧伽婆娑 蘇奈反 簸蔗毘叉膩 廿二 祢毘剃 廿三

BD15197號　妙法蓮華經（八卷本）卷八　（18–5）

阿叉邏 十 阿耆膩 十 羶帝 十九 賒履 廿 陀羅尼
廿一 阿盧伽婆娑 蘇奈反 簸蔗毗叉膩 廿二 禰毗剃 廿三
阿便哆 都餓反 邏禰履剃 廿四 阿亶哆波隸輸地 廿五
漚究隸 廿六 牟究隸 廿七 阿羅隸 廿八 波羅隸 廿九
首迦差 初几反 卅 阿三磨三履 卅一 佛䭾毗吉利袠帝 卅二
達磨波利差帝 猜義反 卅三 僧伽涅瞿沙禰 卅四 婆舍婆舍輸地
卅五 曼哆邏 卅六 曼哆邏叉夜多 卅七 郵樓哆 卅八 郵樓哆
憍舍略 盧舍反 卅九 惡叉邏 卌 惡叉冶多冶 卌一 阿婆盧 卌二
阿摩若 荏蔗反 卌三 那多夜 卌四
世尊是陀羅尼神咒六十二億恒河沙等諸佛所
說若有侵毀此法師者則為侵毀是諸佛已
釋迦牟尼佛讚藥王菩薩言善哉善哉藥王汝
愍念擁護此法師故說是陀羅尼於眾生多
所饒益
爾時勇施菩薩白佛言世尊我亦為擁護讀
誦受持法華經者說陀羅尼若此法師得是陀
羅尼若夜叉若羅剎若富單那若吉蔗若
鳩槃茶若餓鬼等伺求其短無能得便即於
佛前而說咒曰
痤隸 晉重反 一 摩訶痤隸 二 郁枳 三 目枳 四
阿利 五 阿羅婆第 六 涅梨第 七 涅梨多婆第 八
伊緻柅 諸履反 九 韋緻柅 十 旨緻柅 十一 涅隸墀柅 十二
涅梨墀婆底 十三
世尊是陀羅尼神咒恒河沙等諸佛所說亦

BD15197號　妙法蓮華經（八卷本）卷八　（18–6）

伊緻柅 諸履反 九 韋緻柅 十 旨緻柅 十一 涅隸墀柅 十二
涅梨墀婆底 十三
世尊是陀羅尼神咒恒河沙等諸佛所說亦
皆隨喜若有侵毀此法師者則為侵毀是諸
佛已
爾時毗沙門天王護世者白佛言世尊我亦為
愍念眾生擁護此法師故說是陀羅尼即
說咒曰
阿梨 一 那梨 二 㝹那梨 三 阿那盧 四 那履 五
拘那履 六
世尊以是神咒擁護法師我亦自當擁護
持是經者令百由旬內無諸衰患
爾時持國天王在此會中與千万億那由
他乾闥婆眾恭敬圍遶前詣佛所合掌白佛
言世尊我亦以陀羅尼神咒擁護持法華經
者即說咒曰
阿伽禰 一 伽禰 二 瞿利 三 乾陀利 四 旃陀利 五
摩蹬耆 六 常求利 七 浮樓莎柅 八 頞底 九
世尊是陀羅尼神咒四十二億諸佛所說若
有侵毀此法師者則為侵毀是諸佛已
爾時有羅剎女等一名藍婆二名毗藍婆三
名曲齒四名華齒五名黑齒六名多髮七名
無厭足八名持瓔珞九名睪帝十名奪一切
眾生精氣是十羅剎女與鬼子母并其子及

BD15197號　妙法蓮華經（八卷本）卷八　（18–7）

名曲齒四名華齒五名黑齒六名多髮七名
无猒足八名持瓔珞九名睪帝十名奪一切
衆生精氣是十羅刹女與鬼子母并其子及
眷屬俱詣佛所同聲白佛言世尊我等亦欲
擁護讀誦受持法華經者除其衰患若有
伺求法師短者令不得便即於佛前而說呪曰
伊提履 一 伊提泯 二 伊提履 三 阿提履 四
伊提履 五 泥履 六 泥履 七 泥履 八 泥履 九
泥履 十 樓醯 十一 樓醯 十二 樓醯 十四 多醯 十五
多醯 十六 多醯 十七 兜醯 十八 㝹醯 十九
寧上我頭上莫惱於法師若夜叉若羅刹若
餓鬼若富單那若吉蔗若毗陀羅若揵馱若烏
摩勒若阿跋摩羅若夜叉吉蔗若人吉蔗
若熱病一日若二日若三日若四日若至七
日若常熱病若男形若女形若童男形若童
女形乃至夢中亦復莫惱即於佛前而說偈
言
若不順我呪 惱亂說法者 頭破作七分 如阿梨樹枝
如殺父母罪 亦如壓油殃 斗秤欺誑人 調達破僧罪
犯此法師者 當獲如是殃
諸羅刹女說此偈已白佛言世尊我等亦當
身自擁護受持讀誦脩行是經者令得安隱
離諸衰患消衆毒藥佛告諸羅刹女善哉善
哉汝等但能擁護受持法華經名者福不可

BD15197號　妙法蓮華經（八卷本）卷八　（18–8）

身自擁護受持讀誦脩行是經者令得安隱
離諸衰患消衆毒藥佛告諸羅刹女善哉善
哉汝等但能擁護受持法華經名者福不可
量何況擁護具足受持供養經卷華香瓔珞
末香塗香燒香幡蓋伎樂然種種燈蘇燈油
燈諸香油燈蘇摩那華油燈瞻蔔華油燈婆
師迦華油燈優鉢羅華油燈如是等百千種
供養者睪帝汝等及眷屬應當擁護如是
法師說此陀羅尼品時六万八千人得无生
法忍
妙法蓮華經妙莊嚴王本事品第廿六
尒時佛告諸大衆乃往古世過无量无邊不可
思議阿僧祇劫有佛名雲雷音宿王華智多
陀阿伽度阿羅訶三藐三佛陀國名光明莊
嚴劫名喜見彼佛法中有王名妙莊嚴其王
夫人名曰淨德有二子一名淨藏二名淨眼
是二子有大神力福德智慧久脩菩薩所
行之道所謂檀波羅蜜尸波羅蜜羼提波羅
蜜毗梨耶波羅蜜禪波羅蜜般若波羅蜜方
便波羅蜜慈悲喜捨乃至卅七助道法皆悉
明了通達又得菩薩淨三昧日星宿三昧
淨光三昧淨色三昧淨照明三昧長莊嚴三
昧大威德藏三昧於此三昧亦悉通達尒時
彼佛欲引導妙莊嚴王及愍念衆生故說是

BD15197號　妙法蓮華經（八卷本）卷八　（18–9）

明了通達人得菩薩淨三昧日星宿三昧
淨光三昧淨色三昧淨照明三昧長莊嚴三
昧大威德藏三昧於此三昧亦悉通達尒時
彼佛欲引導妙莊嚴王及愍念衆生故說是
法華經時淨藏淨眼二子到其母所合十指
指掌白言願母往詣雲雷音宿王華智佛所
我等亦當侍從親近供養礼拜所以者何此佛
於一切天人衆中說法華經宜應聽受母告
子言汝父信受外道深著婆羅門法汝等應
往白父與共俱去淨藏淨眼合十指掌白
母言我等是法王子而生此耶見家母告子
言汝等當憂念汝父為現神變若得見者心
必清淨或聽我等往至佛所於是二子念其
父故踊在虛空高七多羅樹現種種神變於
虛空中行住坐臥身上出水身下出火身下
出水身上出火或現大身滿虛空中而復現
小小復現大於虛空中滅忽然在地入地如水
履水如地現如是等種種神變令其父王心淨
信解時父見子神力如是心大歡喜得未曾有
合掌向子言汝等師為是誰誰之弟子二子白
言大王彼雲雷音宿王華智佛今在七寶菩提
樹下法座上坐於一切世間天人衆中廣說法華
經是我等師我是弟子父語子言我今亦欲
見汝等師可共俱往於是二子從空中下到
其母所合掌白母父王今已信解堪任發阿耨

BD15197號　妙法蓮華經（八卷本）卷八　（18–10）

見汝等師可共俱往於是二子從空中下到
其母所合掌白母父王今已信解堪任發阿耨
多羅三藐三菩提心我等為父已作佛事願母
見聽於彼佛所出家修道尒時二子欲重宣
其意以偈白母
願母放我等　出家作沙門　諸佛甚難值　我等隨佛學
如優曇波羅　值佛復難是　脫諸難亦難　願聽我出家
母即告言聽汝出家所以者何佛難值故於
是二子白父母言善哉父母願時往詣雲雷
音宿王華智佛所親近供養所以者何佛難
得值如優曇波羅華又如一眼之龜值浮木孔而
我等宿福深厚生值佛法是故父母當聽
我等令得出家所以者何諸佛難值時亦
難遇時妙莊嚴王後宮八万四千人皆悉堪
任受持是法華經淨眼菩薩於法華三昧
久已通達淨藏菩薩已於无量百千万億
劫通達離諸惡趣三昧欲令一切衆生離諸
惡趣故其王夫人得諸佛集三昧能知諸佛秘
密之藏二子如是以方便力善化其父令心
信解好樂佛法於是妙莊嚴王與群臣眷屬
俱淨德夫人與後宮婇女眷屬俱其王二子
與四万二千人俱一時共詣佛所到已頭面
礼足遶佛三匝却住一面尒時彼佛為王說
法示教利喜王大歡悅尒時妙莊嚴王及其

BD15197號　妙法蓮華經（八卷本）卷八　（18–11）

與四万二千人俱一時共詣佛所到已頭面
礼足遶佛三迊却住一面尒時彼佛為王說
法示教利喜王大歡悅尒時妙莊嚴王及其
夫人解頸真珠瓔珞價直百千以散佛上
於虛空中化成四柱寶臺臺中有大寶床敷
千万天衣其上有佛結跏趺坐放大光明尒
時妙莊嚴王作是念佛身希有端嚴殊特
成就第一微妙之色時雲雷音宿王華智佛
告四眾言汝等見是妙莊嚴王於我前合掌
立不此王於我法中作比丘精懃脩習助佛
道法當得作佛号娑羅樹王國名大光劫名
大高王其娑羅樹王佛有无量菩薩眾及无
量聲聞其國平政功德如是其王即時以國
付弟与夫人二子諸眷屬於佛法中出家
脩道王出家已於八万四千歲常精進脩行
妙法蓮華經過是已後得一切淨功德莊嚴
三昧即昇虛空高七多羅樹而白佛言世尊
此我二子已作佛事以神通變化轉我邪心令
得安住於佛法中得見世尊此二子者是我
善知識為欲發起宿世善根饒益我故來
生我家尒時雲雷音宿王華智佛告妙莊嚴
王言如是如是如汝所言若善男子善女人
種善根故世世得善知識其善知識能作佛
事示教利喜令入阿耨多羅三藐三菩提大

BD15197號　妙法蓮華經（八卷本）卷八　（18–12）

王言如是如是如汝所言若善男子善女人
種善根故世世得善知識其善知識能作佛
事示教利喜令入阿耨多羅三藐三菩提大
王當知善知識者是大因緣所謂化導令得
見佛發阿耨多羅三藐三菩提心大王汝見
此二子不此二子已曾供養六十五百千万
億那由他恒河沙諸佛親近恭敬於諸佛
所受持法華經愍念邪見眾生令住正見妙莊
嚴王即從虛空中下而白佛言世尊如來甚
為希有以功德智慧故頂上肉髻光明顯照
其眼長廣而紺青色眉閒毫相白如珂月齒
白齊密常有光明脣色赤好如頻婆菓尒時
妙莊嚴王讚歎佛如是等无量百千万億功
德已於如來前一心合掌復白佛言世尊未
曾有也如來之法具足成就不可思議微妙
功德教戒所行安隱快善我從今日不復自隨
心行不生邪見憍慢瞋恚諸惡之心說是語已
礼佛而出佛告大眾於意云何妙莊嚴王豈
異人乎今華德菩薩是其淨德夫人今佛前
光照莊嚴相菩薩是哀愍妙莊嚴王及諸眷
屬故於彼中生其二子者今藥王菩薩藥上
菩薩是是藥王藥上菩薩成就如此諸大功
德已於无量百千万億諸佛所殖眾德本
成就不可思議諸善功德若有人識是二菩
薩名字者一切世閒諸天人民亦應礼拜佛

BD15197號　妙法蓮華經（八卷本）卷八　（18–13）

成就不可思議諸善功德若有人識是二菩
薩名字者一切世間諸天人民亦應礼拜佛
說是妙莊嚴王本事品時八万四千人遠塵
離垢於諸法中得法眼淨
妙法蓮華經普賢菩薩勸發品第廿八
尒時普賢菩薩以自在神通力威德名聞與
大菩薩无量无邊不可稱數從東方來所經
諸國普皆震動雨寶蓮華作无量百千万億
種種伎樂又與无數諸天龍夜叉乾闥婆阿
脩羅迦樓羅緊那羅摩睺羅伽人非人等大衆
圍遶各現威德神通之力到娑婆世界耆闍
崛山中頭面礼釋迦牟尼佛右遶七迊白佛
言世尊我於寶威德上王佛國遥聞此娑婆
世界說法華經與无量无邊百千万億諸菩
薩衆共來聽受唯願世尊當為說之若善
男子善女人於如來滅後云何能得是法華
經佛告普賢菩薩若善男子善女人成就四
法於如來滅後當得是法華經一者為諸佛
護念二者殖衆德本三者入正定聚四者發
救一切衆生之心善男子善女人如是成就四
法於如來滅後必得是經尒時普賢菩薩白
佛言世尊於後五百歲濁惡世中其有受持
是經典者我當守護除其衰患令得安隱使
无伺求得其便者若魔若魔子若魔女若

BD15197號　妙法蓮華經（八卷本）卷八　（18–14）

是經典者我當守護除其衰患令得安隱使
无伺求得其便者若魔若魔子若魔女若
魔民若為魔所著者若夜叉若羅剎若鳩
槃荼若毗舍闍若吉蔗若富單那若韋陀羅
等諸惱人者皆不得便是人若行若立讀誦此
經我尒時乘六牙白象王与大菩薩衆俱詣
其所而自現身供養守護安慰其心亦為供
養法華經故是人若坐思惟此經尒時我復
乘白象王現其人前其人若於法華經有所
忘失一句一偈我當教之與共讀誦還令通利
尒時受持讀誦法華經者得見我身甚大歡
喜轉復精進以見我故即得三昧及陁羅尼名
為旋陁羅尼百千万億旋陁羅尼法音方便陁
羅尼得如是等陁羅尼世尊若後世後五百
歲濁惡世中比丘比丘尼優婆塞優婆夷求索
者受持者讀誦者書寫者欲脩習是法華經
於三七日中應一心精進滿三七日已我當
乘六牙白象與无量菩薩而自圍遶以
一切衆生所喜見身現其人前而為說法示教利
喜亦復與其陁羅尼呪得是陁羅尼故无有
非人能破壞者亦不為女人之所惑乱我身亦自
常護是人唯願世尊聽我說此陁羅尼即
於佛前而說呪曰
阿檀地 途賣反一 檀陁婆地 二 檀陁婆帝 三
檀陁鳩舍隸 四 檀陁脩陁隸 五 脩陁隸 六

BD15197號　妙法蓮華經（八卷本）卷八　（18–15）

阿檀地 途賣反一 檀陀婆 二 檀陀婆帝 三
檀陀九舍隸 四 檀陀脩陀隸 五 脩陀隸 六
脩陀羅婆底 七 佛馱波羶禰 八 薩婆陀羅尼阿婆多尼 九
薩婆婆沙阿婆多尼 十 脩阿婆多尼 十一
僧伽婆履叉尼 十二 僧伽涅伽陀尼 十三 阿僧祇 十四
僧伽婆伽地 十五 帝隸阿惰僧伽兜略盧遮婆隸帝 十六
薩婆僧伽三摩地伽蘭地 十七 薩婆達摩脩波利剎帝 十八
薩婆薩埵樓馱憍舍略阿㝹伽地 十九 辛阿毗吉利地帝 廿
世尊若有菩薩得聞是陀羅尼者當知普
賢神通之力若法華經行閻浮提有受持者應
作此念皆是普賢威神之力若有受持讀誦正
憶念解其義趣如說脩行當知是人行普賢
行於无量无邊諸佛所深種善根為諸如來手
摩其頭若但書寫是人命終當生忉利天上是
時八万四千天女作衆伎樂而來迎之其人即
著七寶冠於婇女中娛樂快樂何況受持讀誦
正憶念解其義趣如說脩行若有人受持讀
誦解其義趣是人命終為千佛授手令不恐
怖不墮惡趣即往兜率天上弥勒菩薩所弥
勒菩薩有卅二相大菩薩衆所共圍遶有百千
万億天女眷屬而於中生有如是等功德利益
是故智者應當一心自書若使人書受持讀
誦正憶念如說行世尊我今以神通力守護

BD15197號　妙法蓮華經（八卷本）卷八　（18–16）

万億天女眷屬而於中生有如是等功德利益
是故智者應當一心自書若使人書受持讀
誦正憶念如說行世尊我今以神通力守護
是經於如來滅後閻浮提內廣令流布使不斷
絕尒時釋迦牟尼佛讚言善哉善哉普賢汝能
護助是經令多所衆生安樂利益汝已成就不
可思議功德深大慈悲從久遠來發阿耨多羅三
藐三菩提意而能作神通之願守護是經我當
以神通力守護能受持普賢菩薩名者普賢
若有受持讀誦正憶念脩習書寫是法華經者
當知是人則見釋迦牟尼佛如從佛口聞此經典
當知是人供養釋迦牟尼佛當知是人佛讚
善哉善哉當知是人為釋迦牟尼佛手摩其
頭當知是人為釋迦牟尼佛衣之所覆如是
之人不復貪著世樂不好外道經書手筆亦
復不喜親近其人及諸惡者若屠兒若畜豬
羊雞狗若獵師若衒賣女色是人心意質直
有正憶念有福德力是人不為三毒所惱亦不
為嫉妒我慢邪慢增上慢所惱是人少欲知足
能脩普賢之行普賢若如來滅後後五百歲
若有人見受持讀誦法華經者應作是念此
人不久當詣道場破諸魔衆得阿耨多羅三
藐三菩提轉法輪擊法鼓吹法蠡雨法雨當坐
天人大衆中師子法坐上普賢若於後世受持

BD15197號　妙法蓮華經（八卷本）卷八　（18–17）

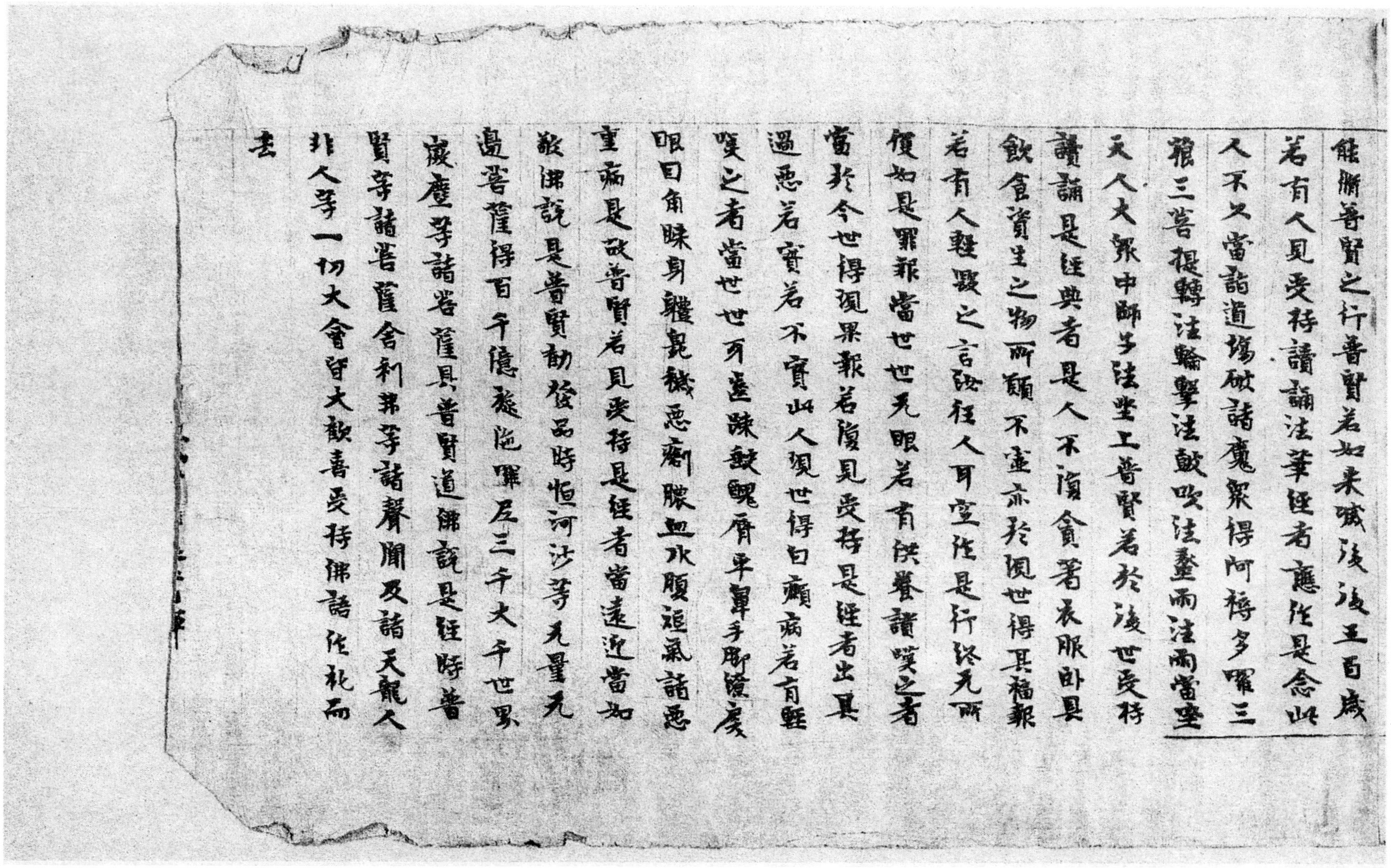
能脩普賢之行普賢若如来滅後後五百歲
若有人見受持讀誦法華經者應作是念此
人不久當詣道場破諸魔衆得阿耨多羅三
藐三菩提轉法輪擊法鼓吹法蠡雨法雨當坐
天人大衆中師子法坐上普賢若於後世受持
讀誦是經典者是人不復貪著衣服卧具
飲食資生之物所願不虛亦於現世得其福報
若有人輕毀之言汝狂人耳空作是行終无所
獲如是罪報當世世无眼若有供養讚嘆之者
當於今世得現果報若復見受持是經者出其
過惡若實若不實此人現世得白癩病若有輕
咲之者當世世牙齒踈缺醜脣平鼻手脚繚戾
眼目角睞身體臭穢惡瘡膿血水腹短氣諸惡
重病是故普賢若見受持是經者當起遠迎當如
敬佛說是普賢勸發品時恒河沙等无量无
邊菩薩得百千億旋陀羅尼三千大千世界
微塵等諸菩薩具普賢道佛說是經時普
賢等諸菩薩舍利弗等諸聲聞及諸天龍人
非人等一切大會皆大歡喜受持佛語作禮而
去

BD15197 號　妙法蓮華經（八卷本）卷八　（18–18）

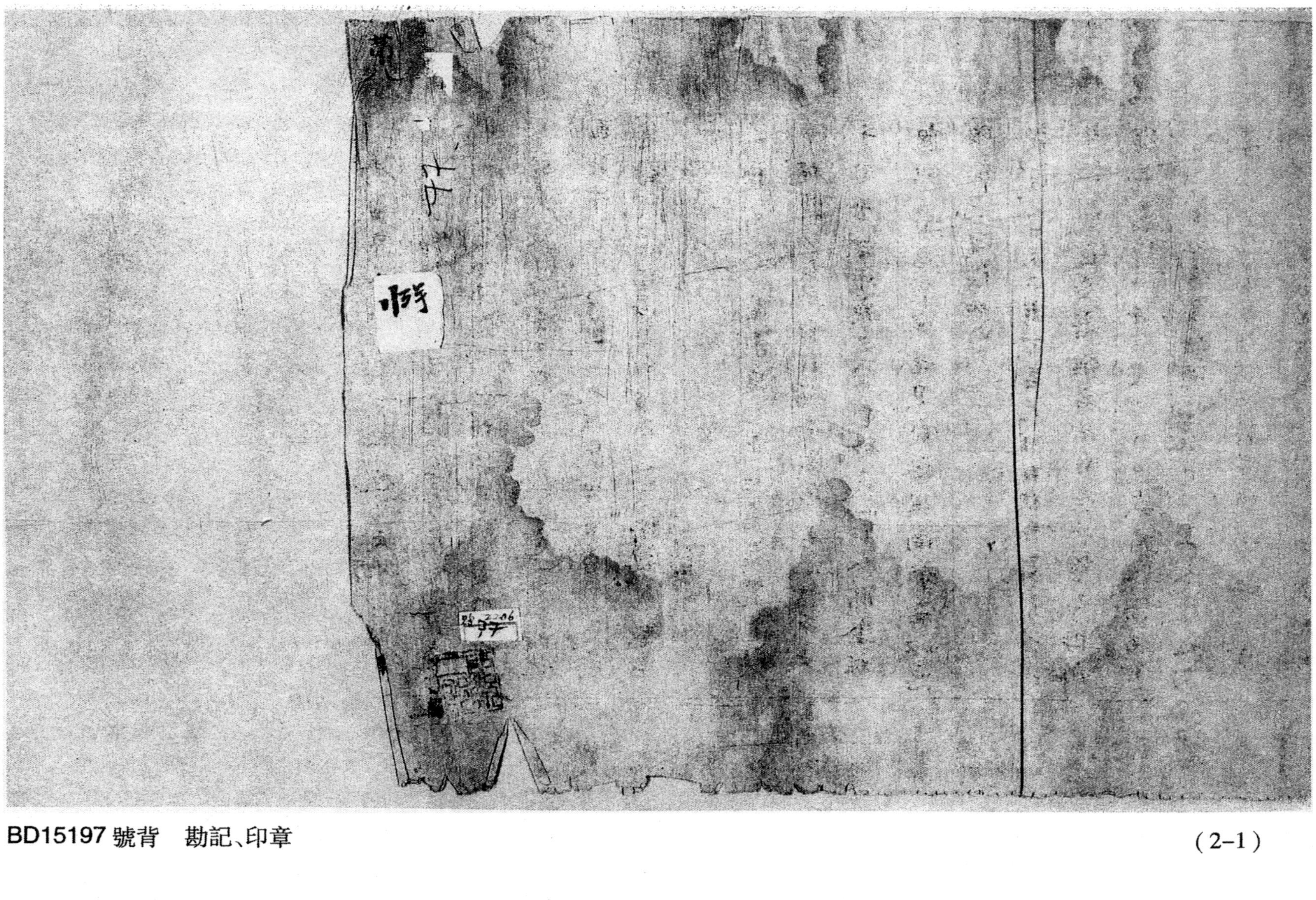

BD15197 號背　勘記、印章　（2–1）

BD15197 號背　勘記、印章　　（2–2）

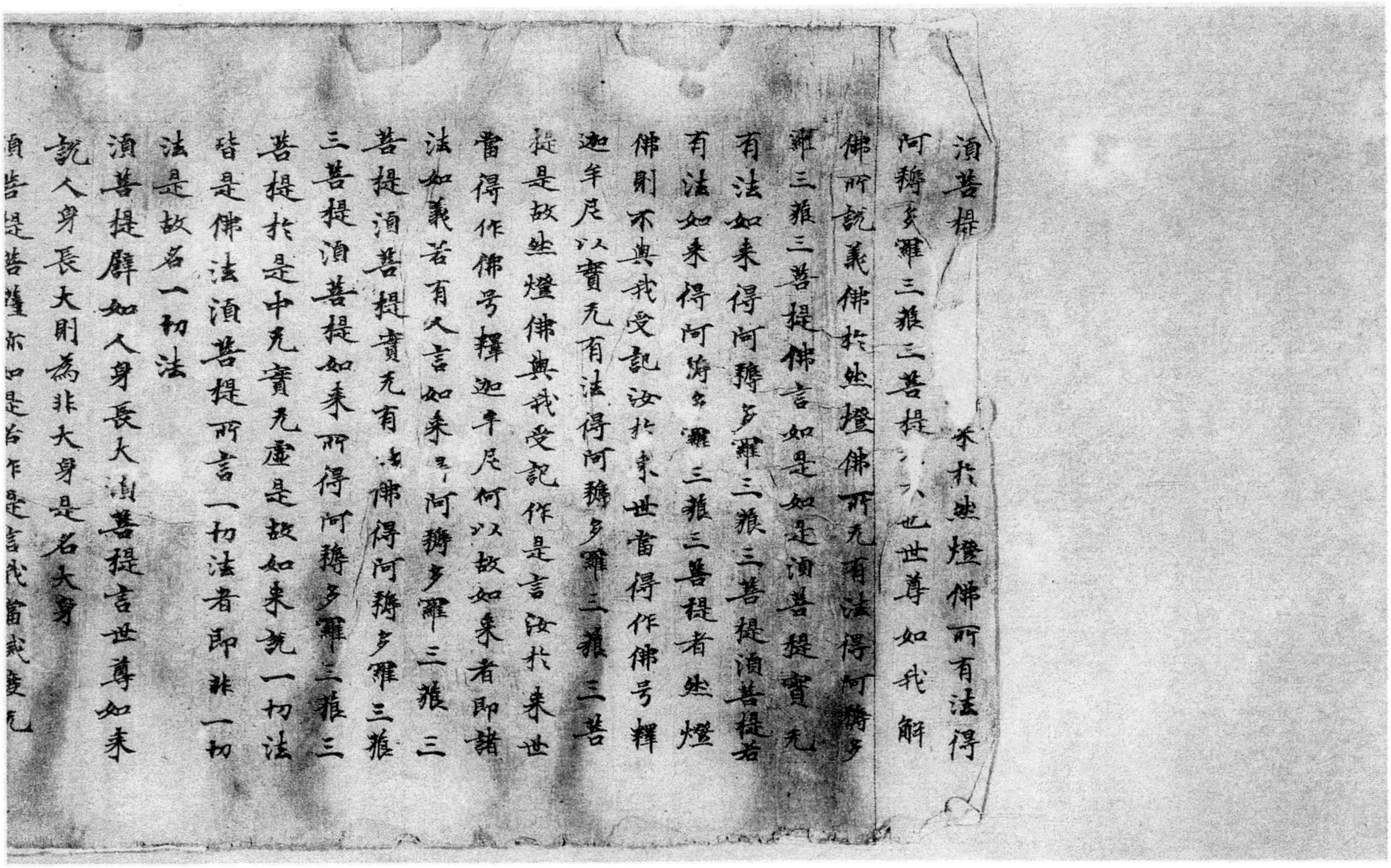

須菩提　來於然燈佛所有法得
阿耨多羅三藐三菩提不也世尊如我解
佛所說義佛於然燈佛所无有法得阿耨多
羅三藐三菩提佛言如是如是須菩提實无
有法如來得阿耨多羅三藐三菩提須菩提若
有法如來得阿耨多羅三藐三菩提者然燈
佛則不與我受記汝於來世當得作佛号釋
迦牟尼以實无有法得阿耨多羅三藐三菩
提是故然燈佛與我受記作是言汝於來世
當得作佛号釋迦牟尼何以故如來者即諸
法如義若有人言如來〻阿耨多羅三藐三
菩提須菩提實无有法佛得阿耨多羅三藐
三菩提須菩提如來所得阿耨多羅三藐三
菩提於是中无實无虛是故如來說一切法
皆是佛法須菩提所言一切法者即非一切
法是故名一切法
須菩提譬如人身長大須菩提言世尊如來
說人身長大則為非大身是名大身
須菩提菩薩亦如是若作是言我當滅度无

BD15198 號　金剛般若波羅蜜經　　（6–1）

須菩提譬如人身長大須菩提言世尊如来
説人身長大則為非大身是名大身
須菩提菩薩亦如是若作是言我當滅度无
量衆生則不名菩薩何以故須菩提實无有
法名為菩薩是故佛説一切法无我无人无
衆生无壽者須菩提若菩薩作是言我當莊
嚴佛土是不名菩薩何以故如来説莊嚴佛土
者即非莊嚴是名莊嚴須菩提若菩薩通達
无我法者如来説名真是菩薩
須菩提於意云何如来有肉眼不如是世尊
如来有肉眼須菩提於意云何如来有天眼
不如是世尊如来有天眼須菩提於意云何
如来有慧眼不如是世尊如来有慧眼須菩
提於意云何如来有法眼不如是世尊如来
有法眼須菩提於意云何如来有佛眼不如
是世尊如来有佛眼須菩提於意云何恒河
中所有沙佛説是沙不如是世尊如来説是
沙須菩提於意云何如一恒河中所有沙有
如是等恒河是諸恒河所有沙數佛世界如
是寧為多不甚多世尊佛告須菩提尒所國
土中所有衆生若干種心如来悉知何以故
如来説諸心皆為非心是名為心所以者何
須菩提過去心不可得現在心不可得未来
心不可得須菩提於意云何若有人滿三千
大千世界七寶以用布施是人以是因緣得
福多不如是世尊此人以是因緣得甚多

BD15198 號　金剛般若波羅蜜經　（6–2）

須菩提過去心不可得現在心不可得未来
心不可得須菩提於意云何若有人滿三千
大千世界七寶以用布施是人以是因緣得
福多不如是世尊此人以是因緣得甚多
須菩提若福德有實如来不説得福德多以
福德无故如来説得福德多
須菩提於意云何佛可以具足色身見不不
也世尊如来不應以具足色身見何以故如
来説具足色身即非具足色身是名具足色
身須菩提於意云何如来可以具足諸相見
不不也世尊如来不應以具足諸相見何以
故如来説諸相具足即非具足是名諸相具足
須菩提汝勿謂如来作是念我當有所説法
莫作是念何以故若人言如来有所説法即
為謗佛不能解我所説故須菩提説法者无
法可説是名説法
須菩提白佛言世尊佛得阿耨多羅三藐三
菩提為无所得耶如是如是須菩提我於阿
耨多羅三藐三菩提乃至无有少法可得是
名阿耨多羅三藐三菩提復次須菩提是法
平等无有高下是名阿耨多羅三藐三菩提
以无我无人无衆生无壽者脩一切善法則
得阿耨多羅三藐三菩提須菩提所言善法
者如来説非善法是名善法
須菩提若三千大千世界中所有諸須弥山王
如是等七寶聚有人持用布施若人以此

BD15198 號　金剛般若波羅蜜經　（6–3）

者如来說非善法是名善法
須菩提若三千大千世界中所有諸須弥山王
如是等七寶聚有人持用布施若人以此
般若波羅蜜經乃至四句偈等受持讀誦為
他人說於前福德百分不及一百千万億分
乃至筭數譬喻所不能及
須菩提於意云何汝等勿謂如来作是念我
當度衆生須菩提莫作是念何以故實无有衆
生如来度者若有衆生如来度者如来則
有我人衆生壽者須菩提如来說有我者則
非有我而凡夫之人以為有我須菩提凡夫者
者如来說則非凡夫
須菩提於意云何可以卅二相觀如来不須
菩提言如是如是以卅二相觀如来佛言須
菩提若以卅二相觀如来者轉輪聖王則是
如来須菩提白佛言世尊如我解佛所說義
不應以卅二相觀如来尒時世尊而說偈言
若以色見我　以音聲求我　是人行邪道　不能見如来
須菩提汝若作是念如来不以具足相故得阿
耨多羅三藐三菩提須菩提莫作是念如来
不以具足相故得阿耨多羅三藐三菩提
須菩提汝若作是念發阿耨多羅三藐三菩
提者說諸法斷滅莫作是念何以故發阿耨
多羅三藐三菩提者於法不說斷滅相須菩
提若菩薩以滿恒河沙等世界七寶布施若
復有人知一切法无我得成於忍此菩薩勝

BD15198號　金剛般若波羅蜜經　（6–4）

多羅三藐三菩提者於法不說斷滅相須菩
提若菩薩以滿恒河沙等世界七寶布施若
復有人知一切法无我得成於忍此菩薩勝
前菩薩所得功德須菩提以諸菩薩不受福
德故須菩提白佛言世尊云何菩薩不受福
德須菩提菩薩所作福德不應貪著是故說
不受福德
須菩提若有人言如来若来若去若坐若卧
是人不解我所說義何以故如来者无所從
来亦无所去故名如来
須菩提若善男子善女人以三千大千世界碎
為微塵於意云何是微塵衆寧為多不甚
多世尊何以故若是微塵衆實有者佛則不
說是微塵衆所以者何佛說微塵衆則非微
塵衆是名微塵衆世尊如来所說三千大千
世界則非世界是名世界何以故若世界實有
有則是一合相如来說一合相則非一合相
是名一合相須菩提一合相者則是不可
但凡夫之人貪著其事須菩提若人言
我見人見衆生見壽者見須菩提於意
是人解我所說義不世尊是人不解如来
說義何以故世尊說我見人見衆生見壽者
見即非我見人見衆生見壽者見是
人見衆生見壽者見須菩提發阿耨多
藐三菩提心者於一切法應如是知如
是信解不生法相須菩提所言法相

BD15198號　金剛般若波羅蜜經　（6–5）

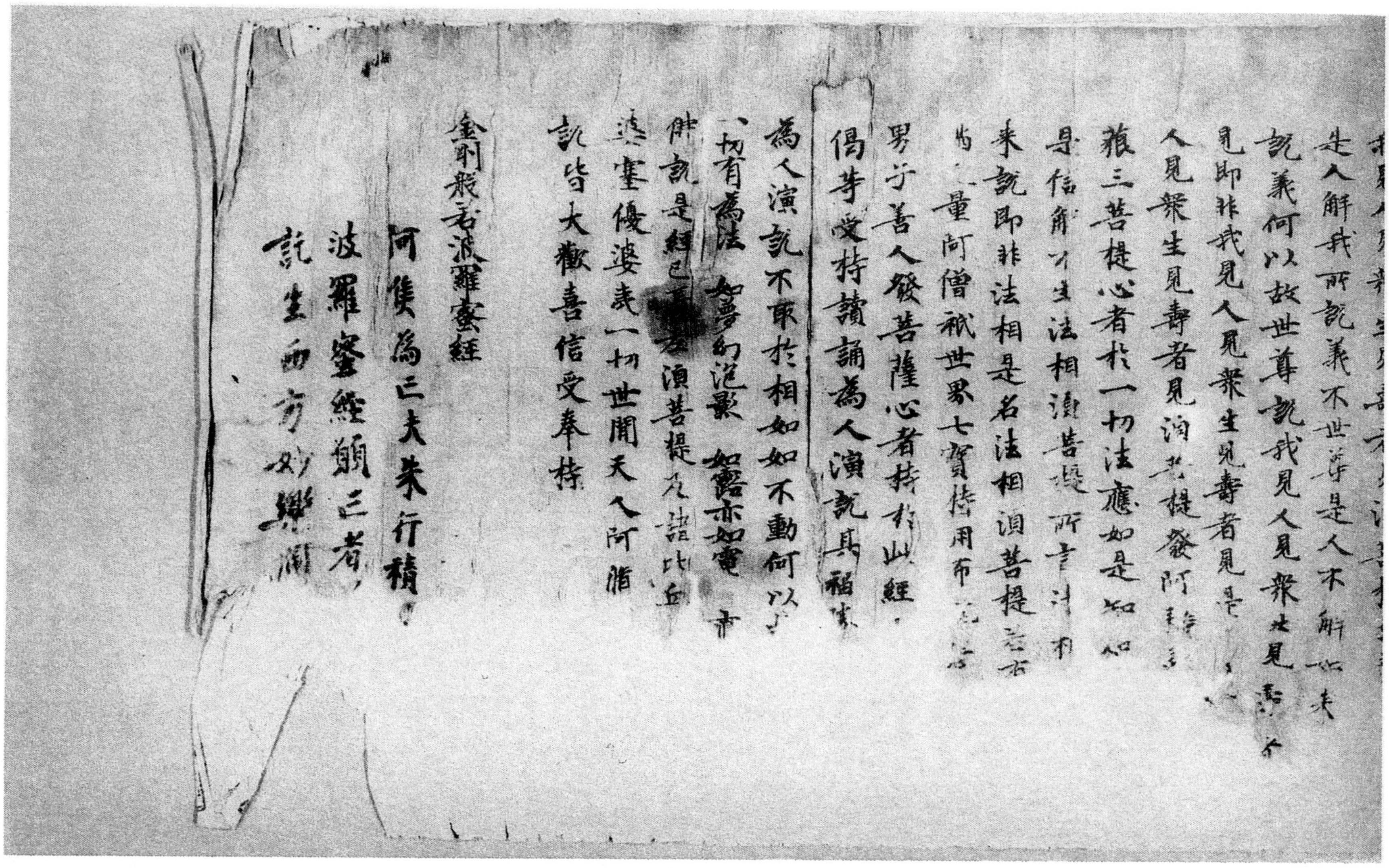

是人解我所說義不世尊是人不解如來
說義何以故世尊說我見人見衆生見壽者
見即非我見人見衆生見壽者見是
人見衆生見壽者見須菩提發阿耨多
羅三菩提心者於一切法應如是知如
是信解不生法相須菩提所言法相
來說即非法相是名法相須菩提若有
量阿僧祇世界七寶持用布施
男子善人發菩薩心者持於此經
偈等受持讀誦為人演說其福勝
為人演說不取於相如如不動何以故
一切有為法如夢幻泡影如露亦如電
作如是觀佛說是經已長老須菩提及諸比丘
比丘尼優婆塞優婆夷一切世間天人阿脩
羅聞佛所說皆大歡喜信受奉持

金剛般若波羅蜜經

阿集為亡夫朱行積
波羅蜜經願亡者
託生西方妙樂國

BD15198 號　金剛般若波羅蜜經　（6–6）

BD15198 號背　勘記、印章　（1–1）

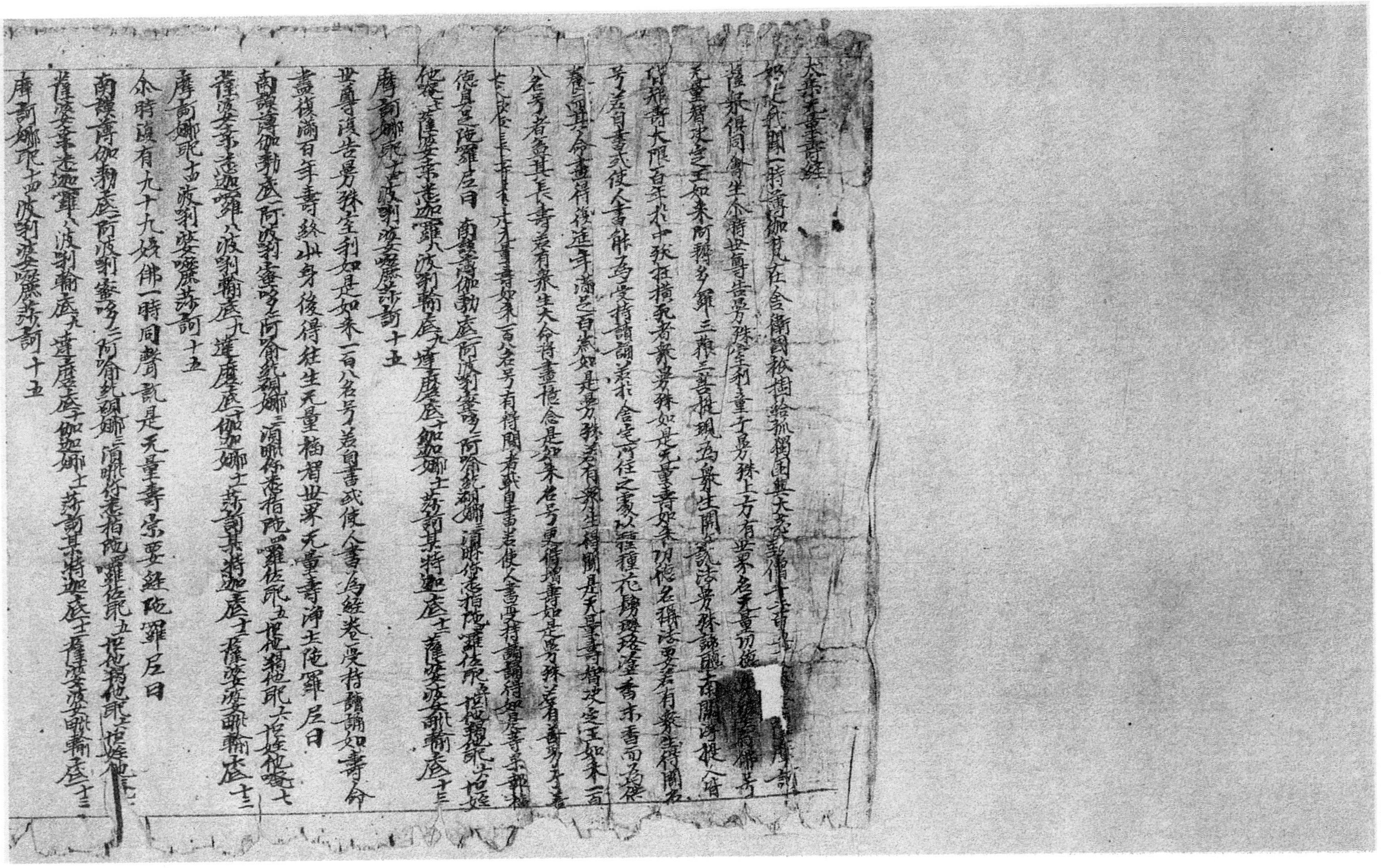

BD15199 號　無量壽宗要經　（6–1）

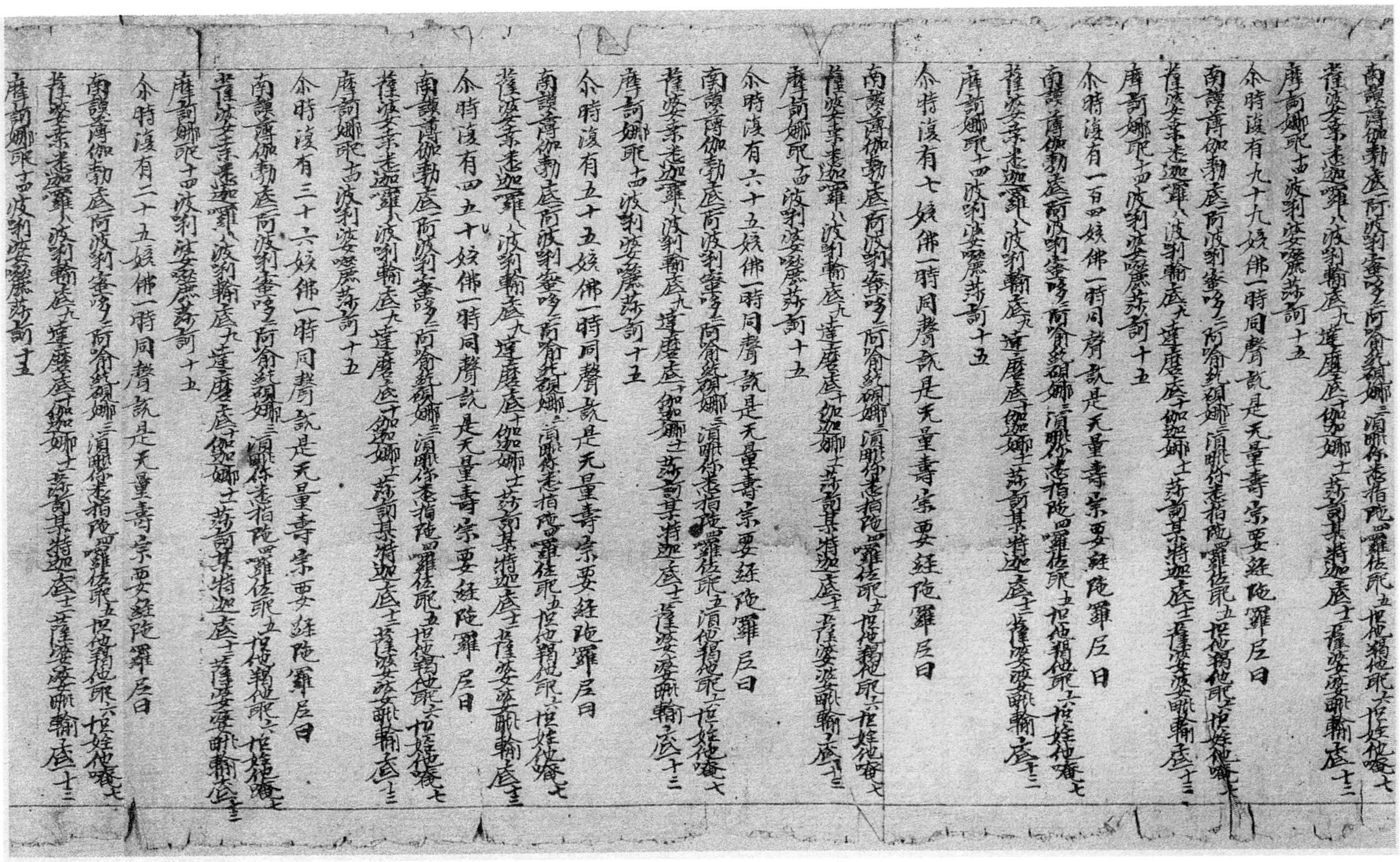

BD15199 號　無量壽宗要經　（6–2）

尒時復有三十六姟佛一時同聲說是无量壽宗要經陁羅尼曰
南謨薄伽勃底一阿波唎蜜多二阿喻紇硯娜三須毗你悉指陁四囉佐耶五怛他羯他耶六怛姪他唵七
薩婆桑悉迦囉八波唎輸底九達磨底十伽迦娜十一莎訶某特迦底十二薩婆婆毗輸底十三
摩訶娜耶十四波唎婆嚟莎訶十五
尒時復有二十五姟佛一時同聲說是无量壽宗要經陁羅尼曰
南謨薄伽勃底一阿波唎蜜多二阿喻紇硯娜三須毗你悉指陁四囉佐耶五怛他羯他耶六怛姪他唵七
薩婆桑悉迦囉八波唎輸底九達磨底十伽迦娜十一莎訶某特迦底十二薩婆婆毗輸底十三
摩訶娜耶十四波唎婆嚟莎訶十五
尒時復有恒河沙姟佛一時同聲說是无量壽宗要經陁羅尼曰
南謨薄伽勃底一阿波唎蜜多二阿喻紇硯娜三須毗你悉指陁四囉佐耶五怛他羯他耶六怛姪他唵七
薩婆桑悉迦囉八波唎輸底九達磨底十伽迦娜十一莎訶某特迦底十二薩婆婆毗輸底十三
摩訶娜耶十四波唎婆嚟莎訶十五
善男子若有自書寫教人書寫是无量壽宗要經如其人命盡復得長而滿年陁羅尼曰
南謨薄伽勃底一阿波唎蜜多二阿喻紇硯娜三須毗你悉指陁四囉佐耶五怛他羯他耶六怛姪他唵七
薩婆桑悉迦囉八波唎輸底九達磨底十伽迦娜十一莎訶某特迦底十二薩婆婆毗輸底十三
摩訶娜耶十四波唎婆嚟莎訶十五
若有自書寫教人書寫是无量壽宗要經讀誦受持畢竟不墮地獄在在所生得宿命智陁
羅尼曰南謨薄伽勃底一阿波唎蜜多二阿喻紇硯娜三須毗你悉指陁四囉佐耶五怛他羯他耶六怛姪他唵七
薩婆桑悉迦囉八波唎輸底九達磨底十伽迦娜十一莎訶某特迦底十二薩婆婆毗輸底十三
摩訶娜耶十四波唎婆嚟莎訶十五
若有自書寫教人書寫是无量壽宗要經如同書寫八万四千一切經典陁羅尼曰
南謨薄伽勃底一阿波唎蜜多二阿喻紇硯娜三須毗你悉指陁四囉佐耶五怛他羯他耶六怛姪他唵七
薩婆桑悉迦囉八波唎輸底九達磨底十伽迦娜十一莎訶某特迦底十二薩婆婆毗輸底十三
摩訶娜耶十四波唎婆嚟莎訶十五
若有自書寫教人書寫是无量壽宗要經即是書寫八万四千部建立塔廟陁羅尼曰
南謨薄伽勃底一阿波唎蜜多二阿喻紇硯娜三須毗你悉指陁四囉佐耶五怛他羯他耶六怛姪他唵七
薩婆桑悉迦囉八波唎輸底九達磨底十伽迦娜十一莎訶某特迦底十二薩婆婆毗輸底十三
摩訶娜耶十四波唎婆嚟莎訶十五
若有自書寫教人書寫是无量壽宗要經能消五无間等一切重罪陁羅尼曰
南謨薄伽勃底一阿波唎蜜多二阿喻紇硯娜三須毗你悉指陁四囉佐耶五怛他羯他耶六怛姪他唵七
薩婆桑悉迦囉八波唎輸底九達磨底十伽迦娜十一莎訶某特迦底十二薩婆婆毗輸底十三
摩訶娜耶十四波唎婆嚟莎訶十五
若有自書寫教人書寫是无量壽宗要經受持讀誦設有重罪猶如須弥盡能除滅陁羅尼曰

BD15199號　無量壽宗要經　（6–3）

南謨薄伽勃底一阿波唎蜜多二阿喻紇硯娜三須毗你悉指陁四囉佐耶五怛他羯他耶六怛姪他唵七
薩婆桑悉迦囉八波唎輸底九達磨底十伽迦娜十一莎訶某特迦底十二薩婆婆毗輸底十三
摩訶娜耶十四波唎婆嚟莎訶十五
若有自書寫教人書寫是无量壽宗要經能消五无間等一切重罪陁羅尼曰
南謨薄伽勃底一阿波唎蜜多二阿喻紇硯娜三須毗你悉指陁四囉佐耶五怛他羯他耶六怛姪他唵七
薩婆桑悉迦囉八波唎輸底九達磨底十伽迦娜十一莎訶某特迦底十二薩婆婆毗輸底十三
摩訶娜耶十四波唎婆嚟莎訶十五
若有自書寫教人書寫是无量壽宗要經受持讀誦設有重罪猶如須弥盡能除滅陁羅尼曰
南謨薄伽勃底一阿波唎蜜多二阿喻紇硯娜三須毗你悉指陁四囉佐耶五怛他羯他耶六怛姪他唵七
薩婆桑悉迦囉八波唎輸底九達磨底十伽迦娜十一莎訶某特迦底十二薩婆婆毗輸底十三
摩訶娜耶十四波唎婆嚟莎訶十五
若有自書寫教人書寫是无量壽宗要經受持讀誦若魔魔之眷屬夜叉羅刹不得其便終无枉
死陁羅尼曰南謨薄伽勃底一阿波唎蜜多二阿喻紇硯娜三須毗你悉指陁四囉佐耶五怛他羯他耶六怛姪他唵七
薩婆桑悉迦囉八波唎輸底九達磨底十伽迦娜十一莎訶某特迦底十二薩婆婆毗輸底十三
摩訶娜耶十四波唎婆嚟莎訶十五
若有自書寫教人書寫是无量壽宗要經受持讀誦當命終時有九十九姟佛
現其人前來千佛授手能遊一切佛刹莫於此經生於疑惑陁羅尼曰
南謨薄伽勃底一阿波唎蜜多二阿喻紇硯娜三須毗你悉指陁四囉佐耶五怛他羯他耶六怛姪他唵七
薩婆桑悉迦囉八波唎輸底九達磨底十伽迦娜十一莎訶某特迦底十二薩婆婆毗輸底十三
摩訶娜耶十四波唎婆嚟莎訶十五
若有自書寫教人書寫是无量壽宗要經受持讀誦常得四天大王隨其衛護陁羅尼曰
南謨薄伽勃底一阿波唎蜜多二阿喻紇硯娜三須毗你悉指陁四囉佐耶五怛他羯他耶六怛姪他唵七
薩婆桑悉迦囉八波唎輸底九達磨底十伽迦娜十一莎訶某特迦底十二薩婆婆毗輸底十三
摩訶娜耶十四波唎婆嚟莎訶十五
若有自書寫教人書寫是无量壽宗要經受持讀誦當得往生西方極樂世界阿弥陁淨土陁羅
尼曰南謨薄伽勃底一阿波唎蜜多二阿喻紇硯娜三須毗你悉指陁四囉佐耶五怛他羯他耶六怛姪他唵七
薩婆桑悉迦囉八波唎輸底九達磨底十伽迦娜十一莎訶某特迦底十二薩婆婆毗輸底十三
摩訶娜耶十四波唎婆嚟莎訶十五
若有方所自書寫使人書寫是无量壽宗要經典之處則爲是塔皆應供敬作礼若是畜
生或爲鳥獸得聞是經如是等等類皆當不久得成一切種智陁羅尼曰
南謨薄伽勃底一阿波唎蜜多二阿喻紇硯娜三須毗你悉指陁四囉佐耶五怛他羯他耶六怛姪他唵七
薩婆桑悉迦囉八波唎輸底九達磨底十伽迦娜十一莎訶某特迦底十二薩婆婆毗輸底十三
摩訶娜耶十四波唎婆嚟莎訶十五
若有於是无量壽經自書寫若使人書畢竟不受女人之身陁羅尼曰

BD15199號　無量壽宗要經　（6–4）

薩婆桑悉迦囉八波唎輸底九達磨底十伽伽娜十一娑訶某特迦底十二薩婆娑毗輸底十三
摩訶娜耶十四波唎婆囉莎訶十五
若有方所自書寫使人書寫是无量壽宗要經典之處，則為是塔，皆應供敬作禮。若是畜
生或為鳥獸得聞是經，如是等等類皆當不久得成一切種智。陁羅尼曰
南謨薄伽勃底一阿波唎蜜多二阿喻紇硬娜三須毗你悉指陁四囉佐耶五怛他羯他耶六怛姪他唵七
薩婆桑悉迦囉八波唎輸底九達磨底十伽伽娜十一娑訶某特迦底十二薩婆娑毗輸底十三
摩訶娜耶十四波唎婆囉莎訶十五
若有於是无量壽經自書寫若使人書畢竟不受女人之身。陁羅尼曰
南謨薄伽勃底一阿波唎蜜多二阿喻紇硬娜三須毗你悉指陁四囉佐耶五怛他羯他耶六怛姪他唵七薩
婆桑悉迦囉八波唎輸底九達磨底十伽伽娜十一娑訶某特迦底十二薩婆娑毗輸底十三
摩訶娜耶十四波唎婆囉莎訶十五
若有能於是經少分能惠施者，等於三千大千世界滿中七寶布施。陁羅尼曰
南謨薄伽勃底一阿波唎蜜多二阿喻紇硬娜三須毗你悉指陁四囉佐耶五怛他羯他耶六怛姪他唵七
薩婆桑悉迦囉八波唎輸底九達磨底十伽伽娜十一娑訶某特迦底十二薩婆娑毗輸底十三
摩訶娜耶十四波唎婆囉莎訶十五
若有能供養是經者，則是供養一切諸經等无有別。陁羅尼曰
南謨薄伽勃底一阿波唎蜜多二阿喻紇硬娜三須毗你悉指陁四囉佐耶五怛他羯他耶六怛姪他唵七
薩婆桑悉迦囉八波唎輸底九達磨底十伽伽娜十一娑訶某特迦底十二薩婆娑毗輸底十三
摩訶娜耶十四波唎婆囉莎訶十五
如是毗婆尸佛、尸棄佛、毗舍浮佛、俱留孫佛、俱那含牟尼佛、迦葉佛、釋迦牟尼佛。若有人以七寶
供養如是七佛，其福有限。書寫受持是无量壽經典，所有功德不可限量。陁羅尼曰
南謨薄伽勃底一阿波唎蜜多二阿喻紇硬娜三須毗你悉指陁四囉佐耶五怛他羯他耶六怛姪他唵七
薩婆桑悉迦囉八波唎輸底九達磨底十伽伽娜十一娑訶某特迦底十二薩婆娑毗輸底十三
摩訶娜耶十四波唎婆囉莎訶十五
若有七寶等於須彌山用布施，其福上能知其限量；是无量壽經典其福不可知數。陁羅尼曰
南謨薄伽勃底一阿波唎蜜多二阿喻紇硬娜三須毗你悉指陁四囉佐耶五怛他羯他耶六怛姪他唵七
薩婆桑悉迦囉八波唎輸底九達磨底十伽伽娜十一娑訶某特迦底十二薩婆娑毗輸底十三
摩訶娜耶十四波唎婆囉莎訶十五
如是四大海水可知滴數，是无量壽經典所生果報不可數量。陁羅尼曰
南謨薄伽勃底一阿波唎蜜多二阿喻紇硬娜三須毗你悉指陁四囉佐耶五怛他羯他耶六怛姪他唵七
薩婆桑悉迦囉八波唎輸底九達磨底十伽伽娜十一娑訶某特迦底十二薩婆娑毗輸底十三
摩訶娜耶十四波唎婆囉莎訶十五
若有自書使人書寫是无量壽經典，又能護持供養，即為如來敬供養一切十方佛土如來，无有別
異。陁羅尼曰 南謨薄伽勃底一阿波唎蜜多二阿喻紇硬娜三須毗你悉指陁四囉佐耶五怛他羯他耶六

BD15199號　無量壽宗要經　（6–5）

薩婆桑悉迦囉八波唎輸底九達磨底十伽伽娜十一娑訶某特迦底十二薩婆娑毗輸底十三
摩訶娜耶十四波唎婆囉莎訶十五
若有七寶等於須彌山用布施，其福上能知其限量；是无量壽經典其福不可知數。陁羅尼曰
南謨薄伽勃底一阿波唎蜜多二阿喻紇硬娜三須毗你悉指陁四囉佐耶五怛他羯他耶六怛姪他唵七
薩婆桑悉迦囉八波唎輸底九達磨底十伽伽娜十一娑訶某特迦底十二薩婆娑毗輸底十三
摩訶娜耶十四波唎婆囉莎訶十五
如是四大海水可知滴數，是无量壽經典所生果報不可數量。陁羅尼曰
南謨薄伽勃底一阿波唎蜜多二阿喻紇硬娜三須毗你悉指陁四囉佐耶五怛他羯他耶六怛姪他唵七
薩婆桑悉迦囉八波唎輸底九達磨底十伽伽娜十一娑訶某特迦底十二薩婆娑毗輸底十三
摩訶娜耶十四波唎婆囉莎訶十五
若有自書使人書寫是无量壽經典，又能護持供養，即為如來敬供養一切十方佛土如來，无有別
異。陁羅尼曰 南謨薄伽勃底一阿波唎蜜多二阿喻紇硬娜三須毗你悉指陁四囉佐耶五怛他羯他耶六
怛姪他唵七薩婆桑悉迦囉八波唎輸底九達磨底十伽伽娜十一娑訶某特迦底十二薩婆娑毗輸底十三
摩訶娜耶十四波唎婆囉莎訶十五
布施力能成正覺　悟布施力人師子　布施力能聲普聞　慈悲城中能入
持戒力能成正覺　悟持戒力人師子　持戒力能聲普聞　慈悲城中能入
忍辱力能成正覺　悟忍辱力人師子　忍辱力能聲普聞　慈悲城中能入
精進力能成正覺　悟精進力人師子　精進力能聲普聞　慈悲城中能入
禪定力能成正覺　悟禪定力人師子　禪定力能聲普聞　慈悲城中能入
智慧力能成正覺　悟智慧力人師子　智慧力能聲普聞　慈悲城中能入
尒時如來說是經已，一切世間天人阿脩羅揵闥婆等聞佛所說，皆大歡喜，信受奉行。
佛說无量壽宗要經
唐文英寫

BD15199號　無量壽宗要經　（6–6）

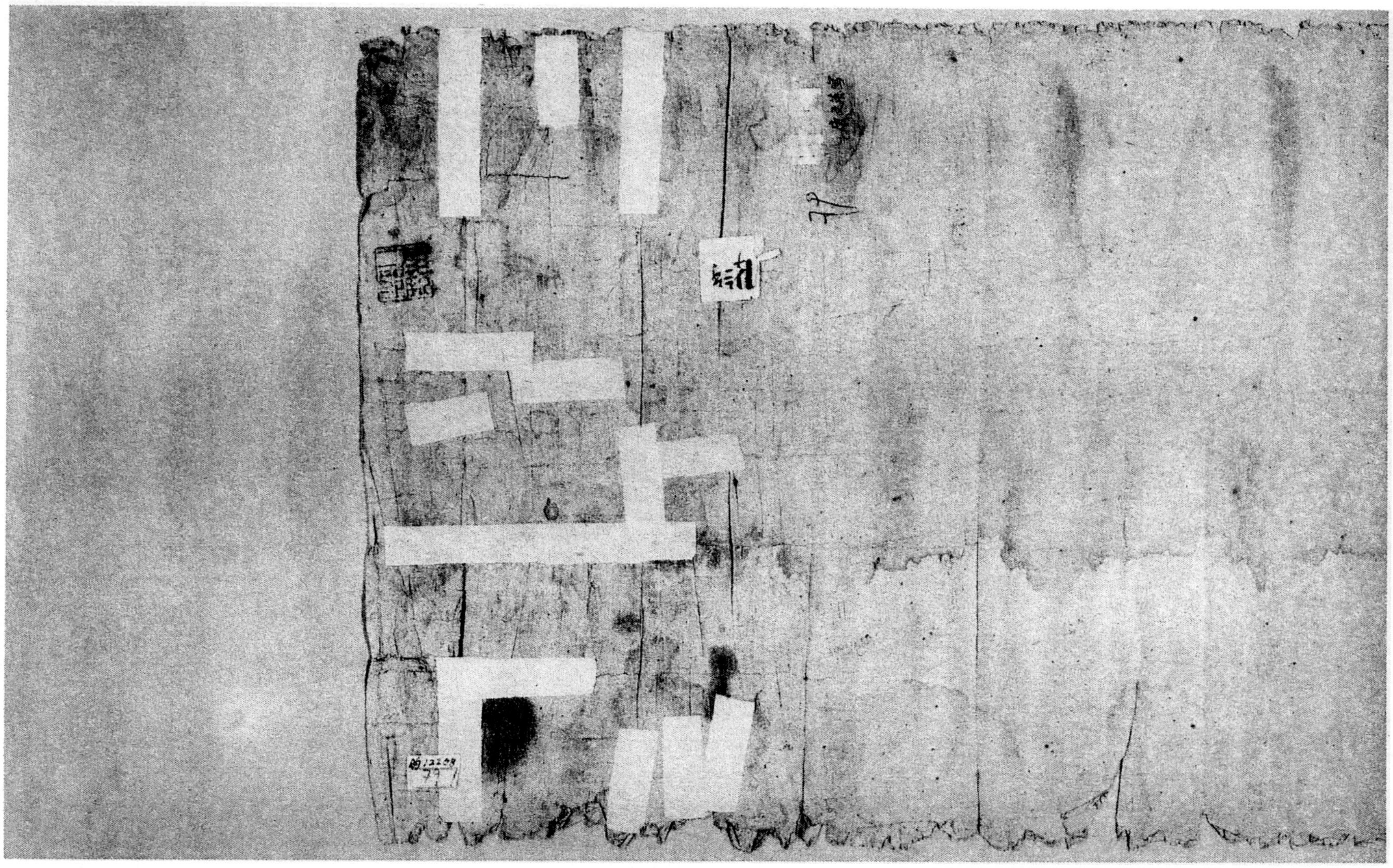

BD15199 號背　勘記、印章　　（2–1）

BD15199 號背　勘記、印章　　（2–2）

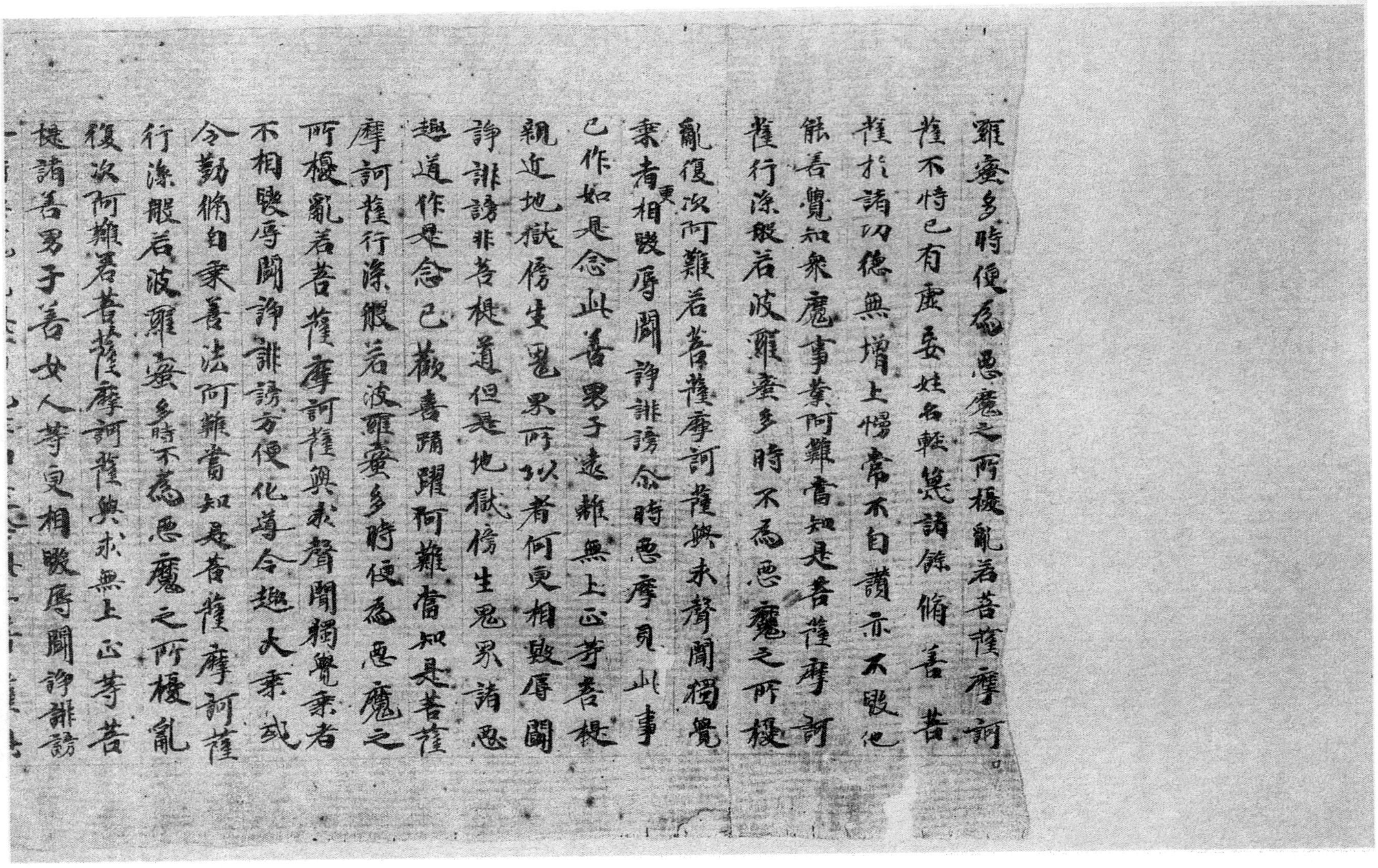

羅蜜多時便為惡魔之所擾亂若菩薩摩訶
薩不恃己有虛妄姓名輕蔑諸餘脩善菩
薩於諸功德無增上慢常不自讚亦不毀他
能善覺知眾魔事業阿難當知是菩薩摩訶
薩行深般若波羅蜜多時不為惡魔之所擾
亂復次阿難若菩薩摩訶薩與求聲聞獨覺
乘者更相毀辱鬪諍誹謗尒時惡魔見此事
已作如是念此善男子遠離無上正等菩提
親近地獄傍生鬼界所以者何更相毀辱鬪
諍誹謗非菩提道但是地獄傍生鬼界諸惡
趣道作是念已歡喜踊躍阿難當知是菩薩
摩訶薩行深般若波羅蜜多時便為惡魔之
所擾亂若菩薩摩訶薩與求聲聞獨覺乘者
不相毀辱鬪諍誹謗方便化導令趣大乘或
令勤脩自乘善法阿難當知是菩薩摩訶薩
行深般若波羅蜜多時不為惡魔之所擾亂
復次阿難若菩薩摩訶薩與求無上正等菩
提諸善男子善女人等更相毀辱鬪諍誹謗

BD15200 號　大般若波羅蜜多經卷三三七　（5–1）

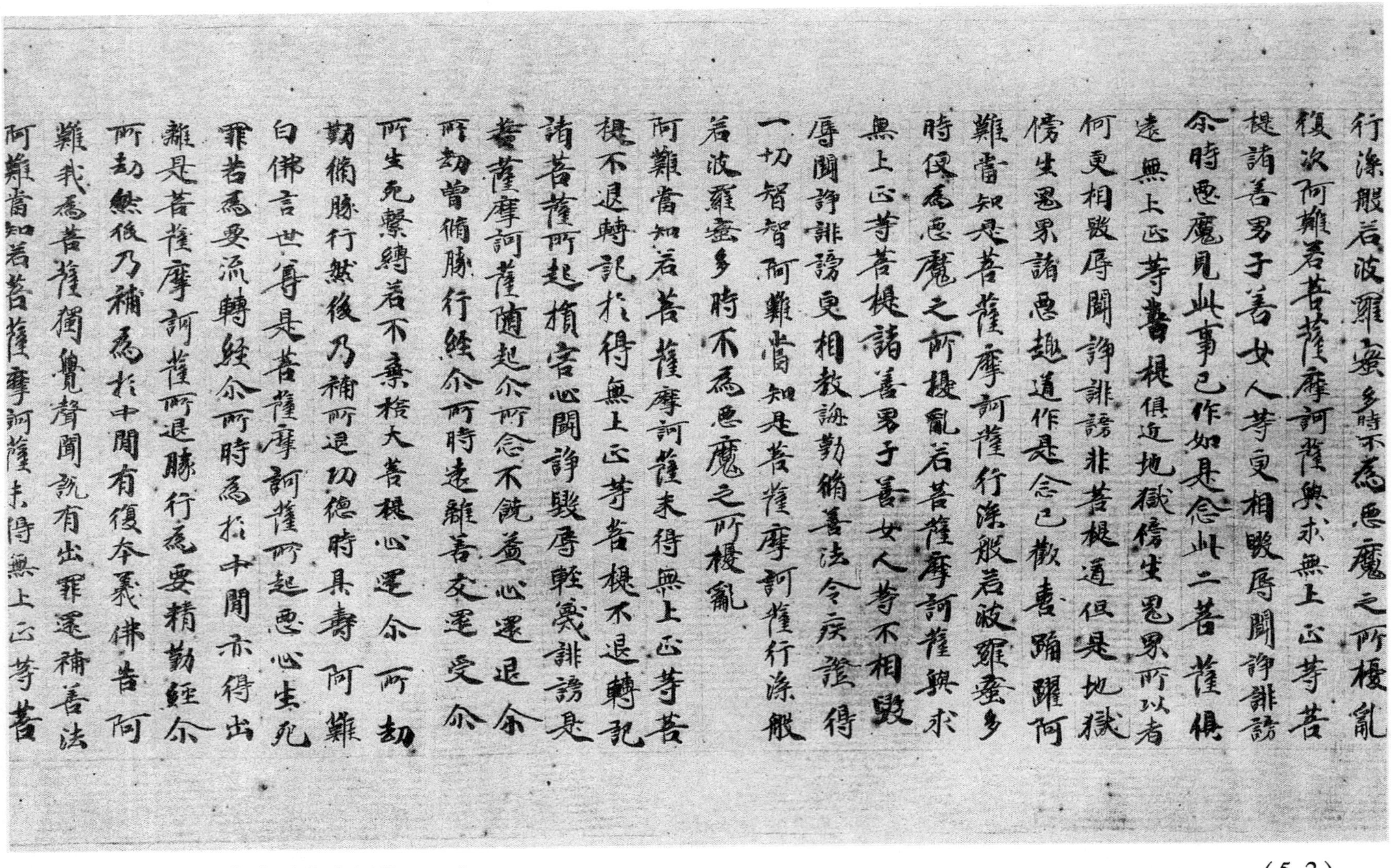

行深般若波羅蜜多時不為惡魔之所擾亂
復次阿難若菩薩摩訶薩與求無上正等菩
提諸善男子善女人等更相毀辱鬪諍誹謗
尒時惡魔見此事已作如是念此二菩薩俱
遠無上正等菩提俱近地獄傍生鬼界所以者
何更相毀辱鬪諍誹謗非菩提道但是地獄
傍生鬼界諸惡趣道作是念已歡喜踊躍阿
難當知是菩薩摩訶薩行深般若波羅蜜多
時便為惡魔之所擾亂若菩薩摩訶薩與求
無上正等菩提諸善男子善女人等不相毀
辱鬪諍誹謗更相教誨勤脩善法令疾證得
一切智智阿難當知是菩薩摩訶薩行深般
若波羅蜜多時不為惡魔之所擾亂
阿難當知若菩薩摩訶薩未得無上正等菩
提不退轉記於得無上正等菩提不退轉記
諸菩薩所起損害心鬪諍毀辱輕蔑誹謗是
菩薩摩訶薩隨起尒所念不饒益心還退尒
所劫曾脩勝行經尒所時遠離善友還受尒
所生死繫縛若不棄捨大菩提心還尒所劫
勤脩勝行然後乃補所退功德時具壽阿難
白佛言世尊是菩薩摩訶薩所起惡心生死
罪若為要流轉經尒所時為於中間亦得出
離是菩薩摩訶薩所退勝行為要精勤經尒
所劫然後乃補為於中間有復本義佛告阿
難我為菩薩獨覺聲聞說有出罪還補善法
阿難當知若菩薩摩訶薩未得無上正等菩

BD15200 號　大般若波羅蜜多經卷三三七　（5–2）

所劫然後乃補為於中間有復奈義佛告阿
難我為菩薩獨覺聲聞說有出罪還補善法
阿難當知若菩薩摩訶薩未得無上正等菩
提不退轉記於得無上正等菩提不退轉記
諸菩薩所起損害心鬪諍毀辱輕蔑誹謗後
無慚愧懷恨不捨不能如法發露改悔我說
彼類於其中間無有出罪還補善義要尒所
劫流轉生死遠離善支眾苦所縛若不棄捨
大菩提心要尒所劫勤脩勝行然後乃補所
退功德若菩薩摩訶薩未得無上正等菩提
不退轉記於得無上正等菩提不退轉記諸
菩薩所起損害心鬪諍毀辱輕蔑誹謗後生
慚愧心無怨結速還如法發露改悔作如是
念我今已得難得人身如何復起如是過惡
失大善利我應饒益一切有情如何於中反
作衰損我應恭敬一切有情如僕事主如何
於中反生憍傲毀辱陵蔑我應忍受一切有
情捶打訶罵如何於彼反以暴惡身語加報
我應和解一切有情令相敬愛云何復起勃
惡語言與彼乖諍我應忍受一切有情長時
履踐猶如道路亦如橋梁云何於彼反為陵
辱我求無上正等菩提為脫有情生死大苦
令得究竟安樂涅槃云何復欲加之以苦我
應從今窮未來際如癡如瘂如聾如盲於諸
有情無所分別假使斷截首足身分於彼有

BD15200號　大般若波羅蜜多經卷三三七　（5–3）

應從今窮未來際如癡如瘂如聾如盲於諸
有情無所分別假使斷截首足身分於彼有
情終不起惡勿我起惡破壞無上正等覺心
障礙所求一切智智阿難當知是菩薩摩訶
薩我說中間亦有出罪還補善義非要經於
尒所劫數流轉生死惡魔於彼不能擾亂阿
難當知諸菩薩摩訶薩與求聲聞獨覺乘者
不應交涉設與交涉不應共住設與共住不
應與彼論義決擇所以者何若與彼類論義
決擇或當發起瞋忿等心或復令生麁惡言
說然諸菩薩於有情類不應發起瞋忿等心
亦不應生麁惡言說設被斬截首足身分亦
不應起瞋忿惡言所以者何應作是念我求
無上正等菩提為救有情生死眾苦令得究
竟利益安樂云何於彼復起惡事阿難當知
若諸菩薩於有情類起瞋恚心發麁惡語便
障菩薩一切智智亦壞無邊殊勝行法是故
菩薩摩訶薩眾欲證無上正等菩提於諸有
情不應瞋恚亦不應起麁惡言說

大般若波羅蜜多經卷第三百卅七

王曉悳　第一校　第二校　第三校

BD15200號　大般若波羅蜜多經卷三三七　（5–4）

難書知諸菩薩摩訶薩與求聲聞獨覺乘者
不應交涉設與交涉不應共住設與共住不
應與彼論義決擇所以者何若與彼類論義
決擇或當發起瞋忿等心或復令生瞋恚言
訟然諸菩薩於有情類不應發起瞋忿等心
亦不應生厭惡言訟設被斬截首足分赤
不應瞋恚惡言所以者何應作是念我求
無上正等菩提於有情生死眾苦若令得究
竟利益安樂云何於彼復起惡事阿難當知
若諸菩薩於有情類起瞋恚心發為惡語便
障菩薩一切智智亦壞無邊殊勝行法是故
菩薩摩訶薩眾故護無上正等菩提於諸有
情不應顧恚亦不應起為惡言說

大般若波羅蜜多經卷第三百卅七

王懃懃　案校
　　　第二校
　　　　案校

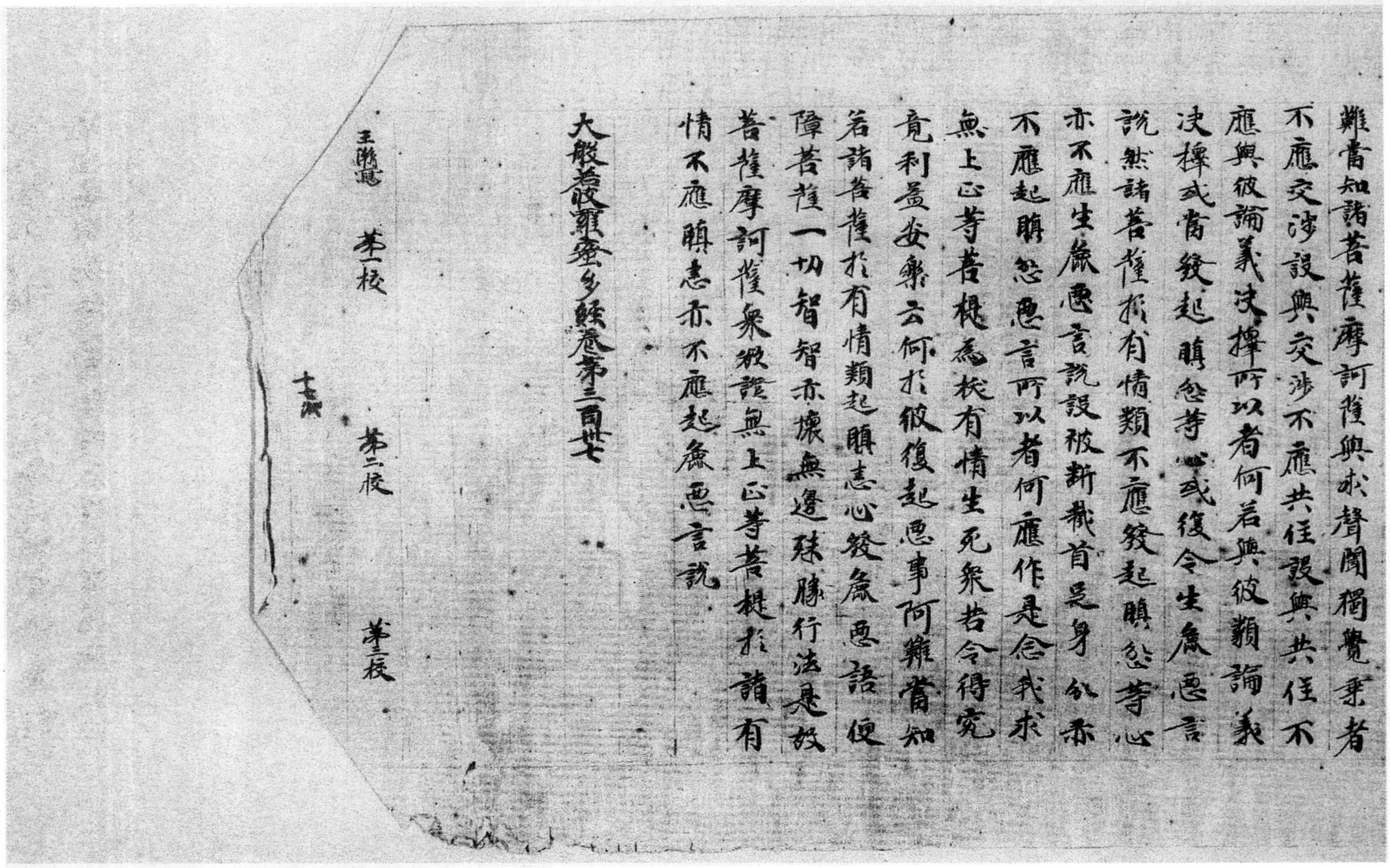

BD15200 號　大般若波羅蜜多經卷三三七　　　　　　　　　　（5-5）

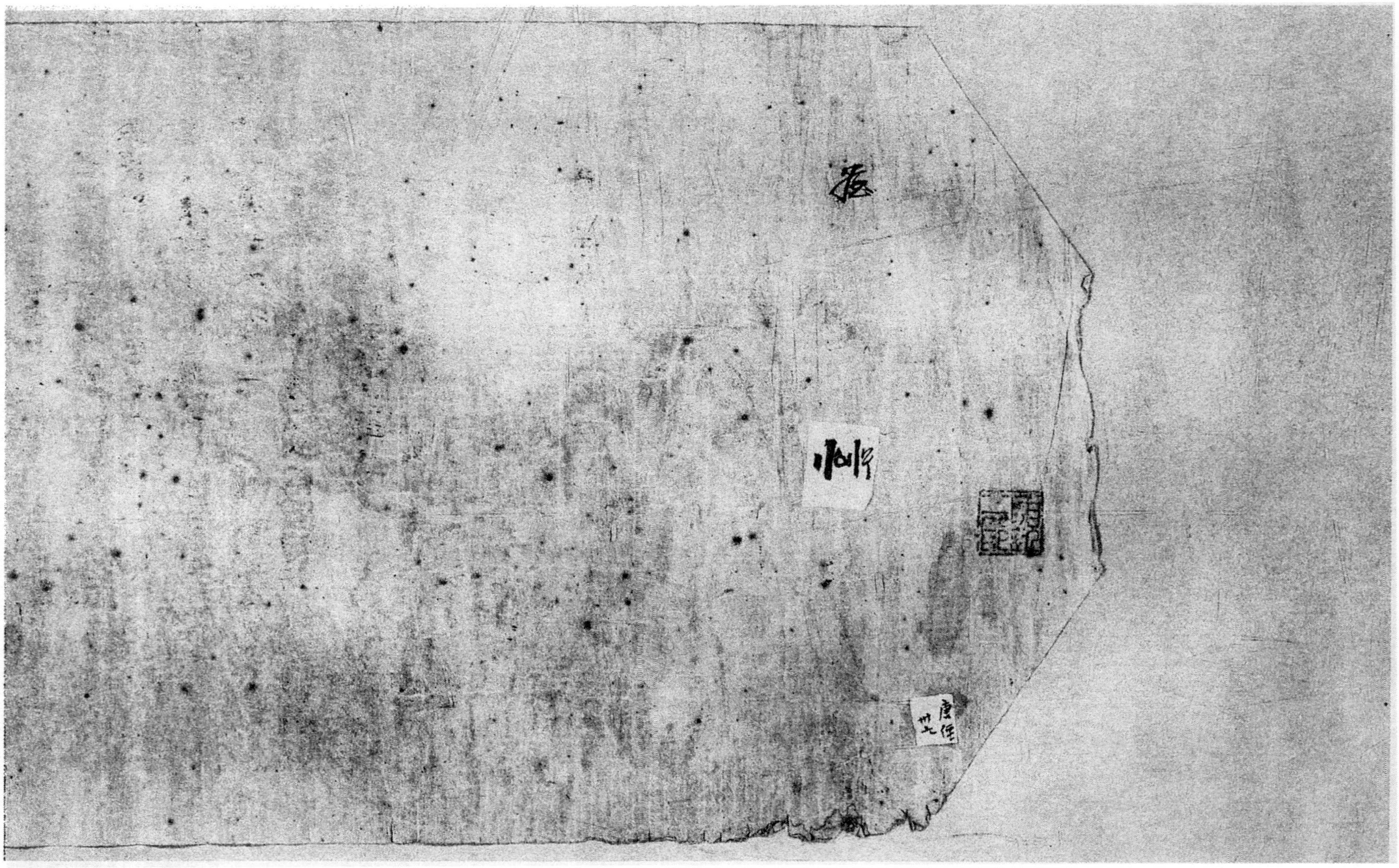

BD15200 號背　勘記、印章　　　　　　　　　　（1-1）

尒時天帝百施往世尊所到
坐一面坐一面已天帝百施白
戰陣而闘戰時時以阿修羅
力隨於背處而知已不能出
於我為令俱伏阿修羅衆白
力故善説最勝大密之呪精
帝百施曰憍尸如是如是與阿修羅
時寶以明呪秘密藥力而隨背處滿尸迦
為宜慇叙令説明呪欲令幻惑明呪退散鬪
戰諍訟悉皆消滅一切秘呪及諸藥等而
得斷除説於明呪
尒時薄伽梵説大金有明呪之日我今為説
三元數劫諸餘外道行者遍遊墨形而起
惡思作諸鄣㝵我從彼來所有幻惑一切明
呪悉能降伏六度圓滿斷除諸餘外道
行者遍遊墨刑諸惱亂回明呪秘藥呪及一
切諸魔明黨大明之呪憍尸迦汝當橋受
諸有情故受持最勝大秘密呪天帝

BD15201號　金有陀羅尼經

（4–1）

呪悉能降伏六度圓滿斷除諸餘外道
行者遍遊墨刑諸惱亂回明呪秘藥呪及一
切諸魔明黨大明之呪憍尸迦汝當橋受
諸有情故受持最勝大秘密呪天帝白
言如是世尊唯然受教尒時世尊即説金有
大明呪曰
怛也他唵　希你希你希你　希離希離　命離命離
希明離　你希你希　你希囉秘你　軋佐耶波粒
甫粒枹　哆滿怛囉　阿地訖梨粒　閉粒閉囈閉哆
滿怛囉　阿地迦囉粒　訶耶訶耶　訶婆訶婆覩
馱覩馱　顡耶顡耶　薄伽跃粒　佐电秘佐电　楷婆
你悉談婆你　畔馱你　弃訶你　阿弃伽爍粒　馱囉
你　訖梨耶訖梨耶迦多捺麼耶婆　楷婆也楷婆也
畔佐也畔佐也　悉噉婆也　畔馱也畔馱也
弃訶也弃訶也　所有一切若天幻惑若龍幻惑若
藥叉幻惑若羅刹幻惑若緊那羅幻惑若軋
闥婆幻惑若阿修羅幻惑若莫呼洛迦惑
幻惑若大腹行幻惑若持明呪幻惑若持明
呪成就王幻惑若仙幻惑若持一切明呪幻
惑若羣生幻惑若一切幻惑　囉羅囉羅羅囉
佐也囉佐也　妬魔靓麿　妬妬麿　囉婆囉婆
囉婆耶　作剀蘭單　伽蘭他你　訶耶訶耶穫婆
髯哆　奢咄嚧難　悉談婆也　婆尹悉談婆也　秀这
悉談婆也　薙南悉談婆也　婆嚧難　悉談婆也
惡你寅悉談婆也　欝軋哆梨哆梨馱　囉粒惟
馱囉寧波奢訶悉粒　弊　奢他也世耶
若有於我能為惡敵諸賊嗔恚其極惡心鬪

BD15201號　金有陀羅尼經

（4–2）

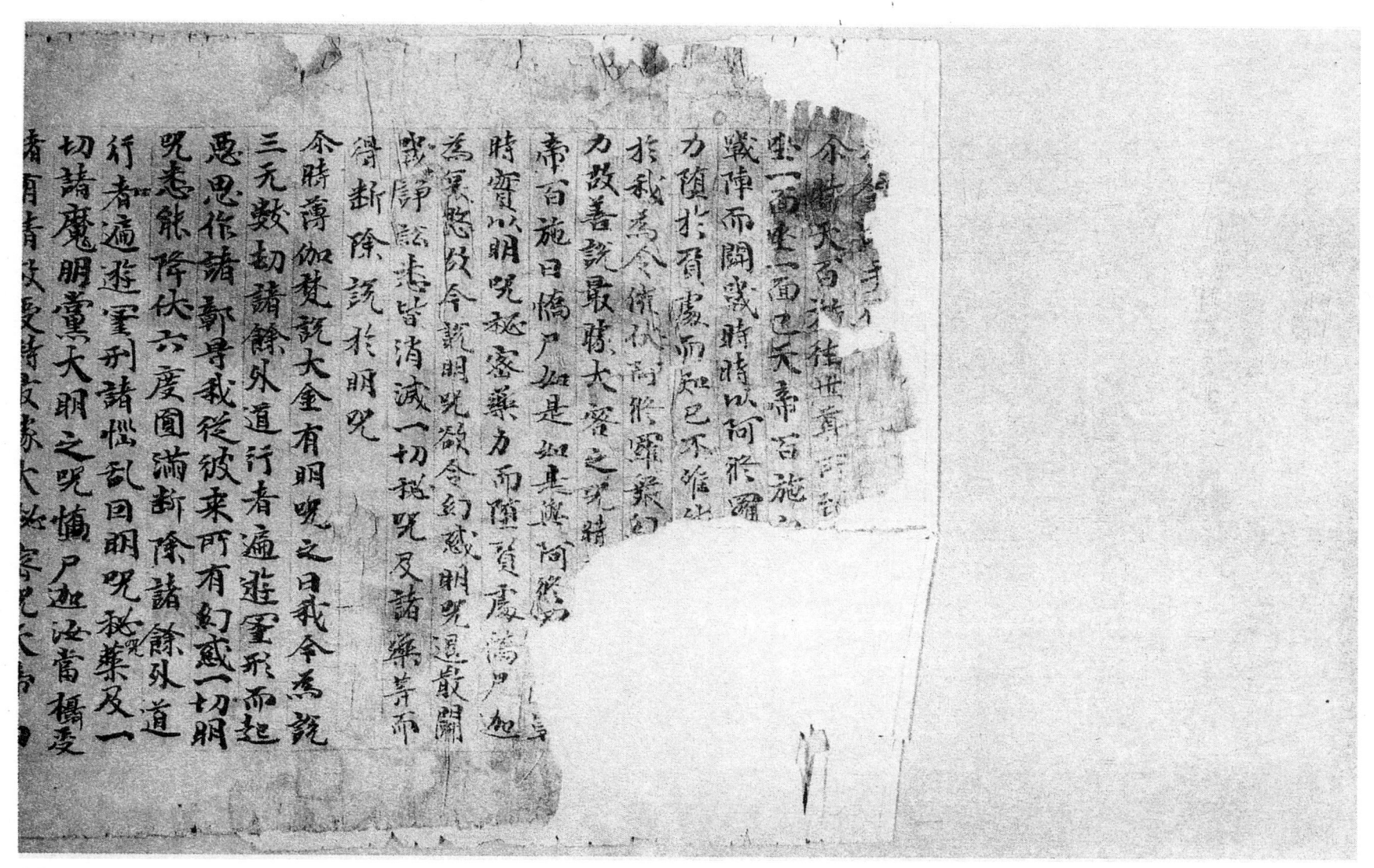

悉談婆也薩南悉談婆也婆嚧難悉談婆也
惡你甯悉談婆也鸞乾哆梨哆梨馱囉毅惟
馱囉寧波奢訶悉毅 弊奢他也世耶
若有於我能為怨敵諸賊嗔恚具極惡心鬪
諍擬諍欲作一切无利益者 訶耶訶耶哆訶
哆訶 波佐波佐 半佐也半佐也 攢婆也攢婆也
悉談婆也悉談婆也 半馱也半馱也 牟訶也牟
訶也 摩訶牟訶你薄伽跋毅莎訶
於一切怖畏嬈惱疾疫願守護我叭馱莎訶憍
尸迦若善男子善女人若王若王大臣能憶
念此金有明呪者彼无他怖畏於彼部黨他所
敵軍不能侵惱亦非天亦非龍亦非藥叉亦
非乹闥婆亦非阿修羅亦非緊那羅亦非
莫呼洛伽亦非持明呪者亦非飛空毋等
亦不非時而捨壽命明呪秘彼呪一切諸藥
不能為害他所敵軍不能侵遶他所敵軍而
不傷命刀不能害水火毒藥明呪秘呪一切
諸藥而不能侵還著於彼自作教他隨書造
罪彼之處所憍尸迦是故淨信苾蒭苾蒭尼
烏波索迦烏波斯迦善男子善女之等以
此明呪呪水七遍自洗其身能護於身若
有欲令於一切怖畏一切嬈惱一切疾疫一切
明呪一切秘呪一切諸藥一切厭蠱而超過者
當念此金有明呪若王若王大臣若欲摧他
軍殺伏他軍衆亦當念此金有明呪若呪線
七遍作七結已繫於身上若呪水七遍能護
自身若有書寫於一切怖畏无鄣㝵馱羅尼
或能受持或繫腰下若置高幢入軍陣者

BD15201號　金有陀羅尼經　（4–3）

此明呪呪水七遍自洗其身能護於身若
有欲令於一切怖畏一切嬈惱一切疾疫一切
明呪一切秘呪一切諸藥一切厭蠱而超過者
當念此金有明呪若王若王大臣若欲摧他
軍殺伏他軍衆亦當念此金有明呪若呪線
七遍作七結已繫於身上若呪水七遍能護
自身若有書寫於一切怖畏无鄣㝵馱羅尼
或能受持或繫腰下若置高幢入軍陣者
善安得脫以此明呪威神之力內族眷屬善
安超過未戒能成若欲摧伏諸明呪者於
白線上呪七遍已作七結者能繫摧伏若欲
摧伏諸幻惑者取塚間土呪七遍已而散擲
者能摧幻惑論覺之時欲禁其口取秦艽
藕呪七遍已而嚙嚼者一切言論悉能對答
受持讀誦而稱讚者一切諸罪悉皆消滅
却住於彼造作之者及思惟所或繫於繩及
水自護者於彼身上一切明呪秘呪諸藥
不能為害未成辦者悉能成辦彼所求事
一切順從時薄伽梵說是語已天帝百施
聞佛所說信受奉行

金有陁羅尼經一卷

BD15201號　金有陀羅尼經　（4–4）

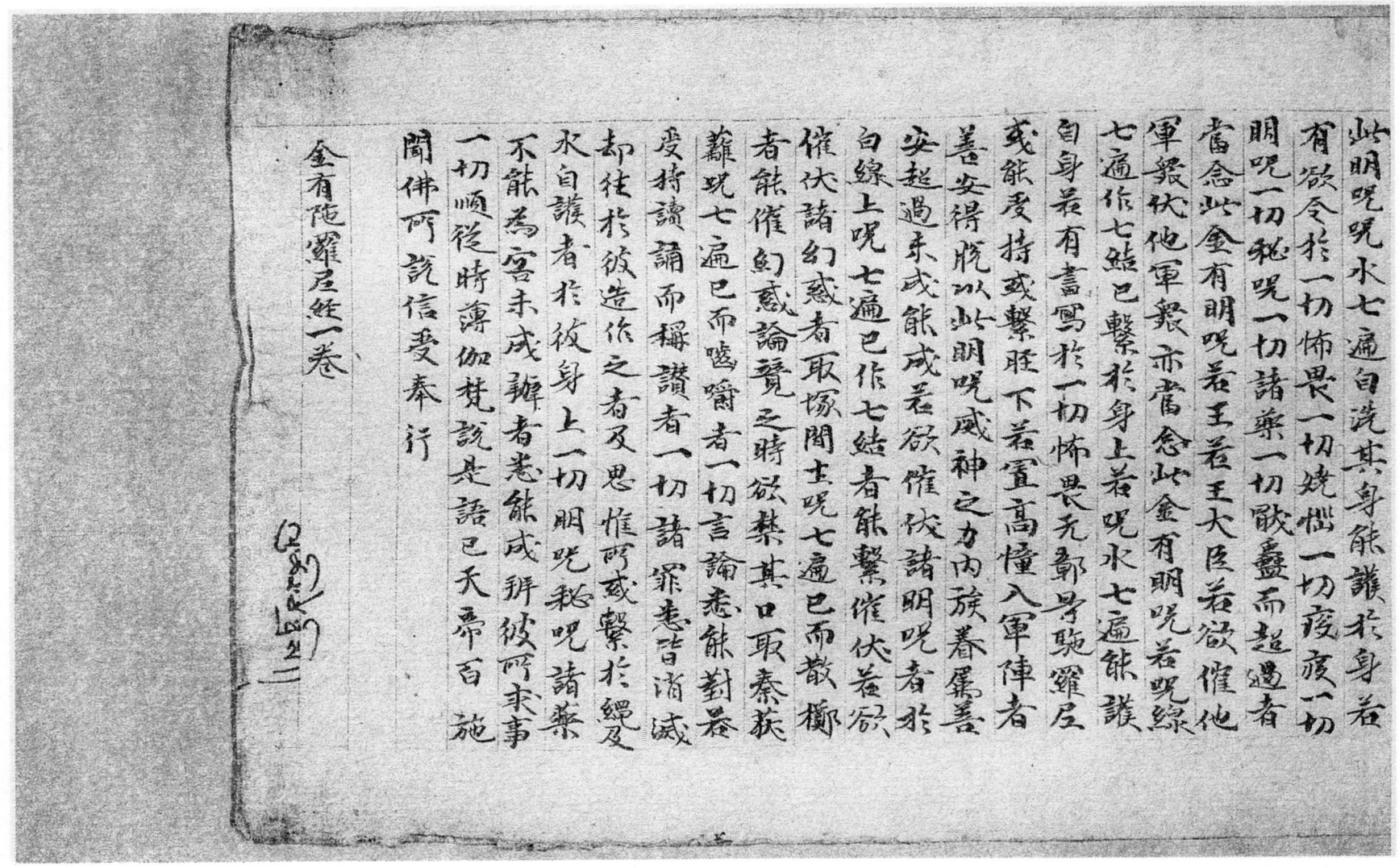

BD15201 號背　勘記、印章　（1–1）

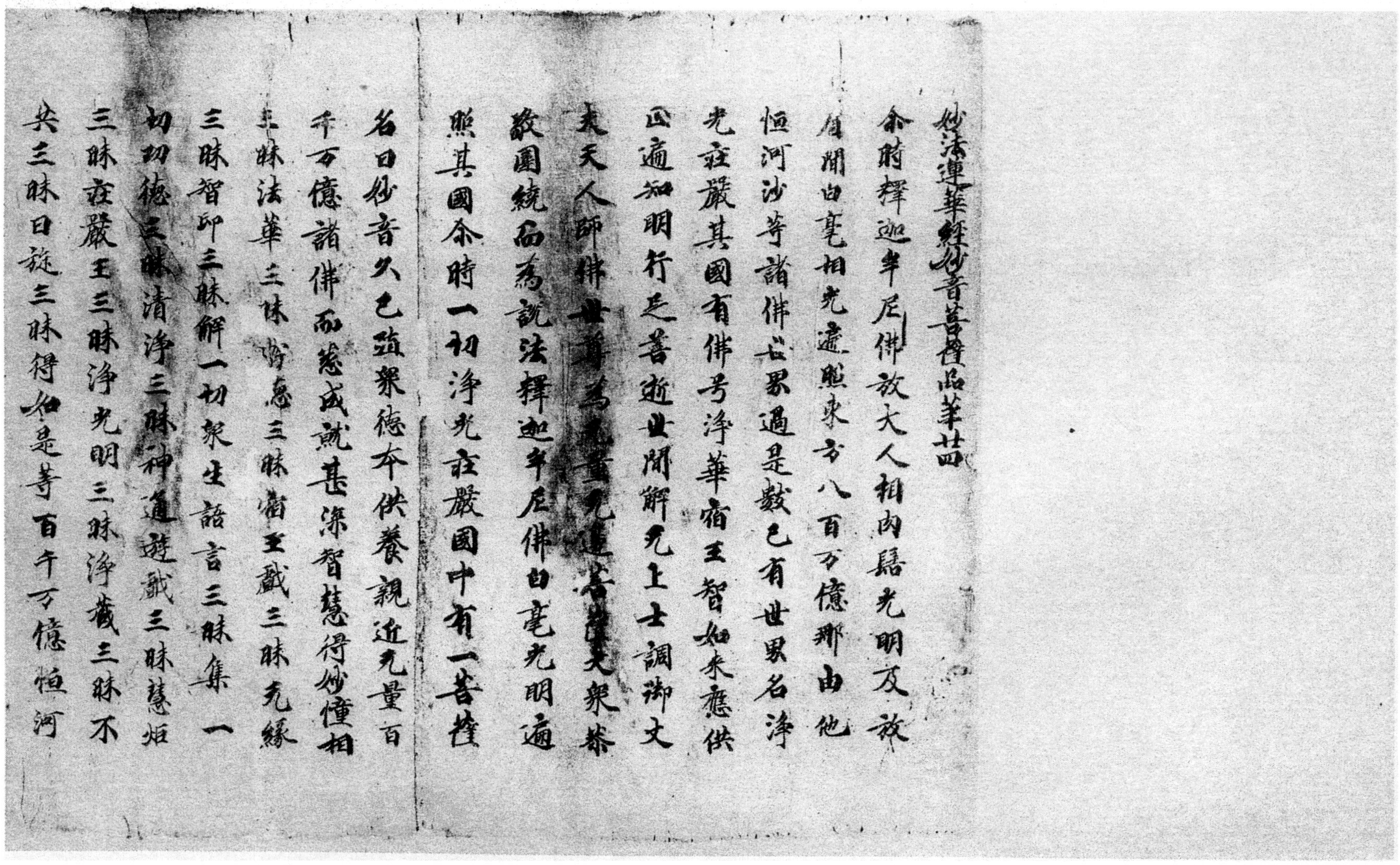

妙法蓮華經妙音菩薩品第廿四
爾時釋迦牟尼佛放大人相肉髻光明及放
眉間白毫相光遍照東方八百万億那由他
恒河沙等諸佛世界過是數已有世界名淨
光莊嚴其國有佛號淨華宿王智如來應供
正遍知明行足善逝世間解無上士調御丈
夫天人師佛世尊為無量無邊菩薩大眾恭
敬圍繞而為說法釋迦牟尼佛白毫光明遍
照其國爾時一切淨光莊嚴國中有一菩薩
名曰妙音久已殖眾德本供養親近無量百
千万億諸佛而悉成就甚深智慧得妙幢相
三昧法華三昧淨德三昧宿王戲三昧無緣
三昧智印三昧解一切眾生語言三昧集一
切功德三昧清淨三昧神通遊戲三昧慧炬
三昧莊嚴王三昧淨光明三昧淨藏三昧不
共三昧日旋三昧得如是等百千万億恒河

BD15202 號　妙法蓮華經卷七　（4–1）

三昧莊嚴王三昧淨光明三昧淨藏三昧不
共三昧日旋三昧得如是等百千万億恒河
沙等諸大三昧釋迦牟尼佛光照其身即白
淨華宿王智佛言世尊我當往詣娑婆世界
礼拜親近供養釋迦牟尼佛及見文殊師利
法王子菩薩藥王菩薩勇施菩薩宿王華菩
薩上行意菩薩莊嚴王菩薩藥上菩薩尒時
淨華宿王智佛告妙音菩薩汝莫輕彼國生
下劣想善男子彼娑婆世界高下不平土石
諸山穢惡充滿佛身卑小諸菩薩衆其形亦
小而汝身四万二千由旬我身六百八十万
由旬汝身第一端正百千万福光明殊妙是
故汝往莫輕彼國若佛菩薩及國土生下劣
想妙音菩薩白其佛言世尊我今詣娑婆世
界皆是如來之力如來神通遊戲如來功德
智慧莊嚴於是妙音菩薩不起于座身不動
搖而入三昧以三昧力於耆闍崛山去法座
不遠化作八万四千衆寶蓮華閻浮檀金為
莖白銀為葉金剛為鬚甄叔迦寶以為其臺
尒時文殊師利法王子見是蓮華而白佛言
世尊是何因緣先現[illegible]有若干千万蓮華
閻浮檀金為莖[illegible]金剛為鬚甄叔迦
寶以為其臺尒時釋迦牟尼佛告文殊師利
是妙音菩薩摩訶薩欲從淨華宿王智佛國
與八万四千菩薩圍繞而來至此娑婆世界

BD15202號　妙法蓮華經卷七　（4–2）

寶以為其臺尒時釋迦牟尼佛告文殊師利
是妙音菩薩摩訶薩欲從淨華宿王智佛國
與八万四千菩薩圍繞而來至此娑婆世界
供養親近礼拜於我亦欲供養聽法華經文
殊師利白佛言世尊是菩薩種何善本脩何
功德而能有是大神通力行何三昧願為我
等說是三昧名字我[illegible]欲勤脩行之此三
昧乃能見是菩薩色相大小威儀進止唯
願世尊以神通力彼菩薩來令我得見尒時
釋迦牟尼佛告文殊師利此久滅度多寶如
來當為汝等而現其相時多寶佛告彼菩薩
善男子來文殊師利法王子欲見汝身于時
妙音菩薩於彼國沒與八万四千菩薩俱共
發來所經諸國六種震動皆悉雨於七寶蓮
華百千天樂不鼓自鳴是菩薩目如廣大
青蓮華葉正使和合百千万月其面貌端正
復過於此身真金色无量百千功德莊嚴威
德熾盛光明照曜諸相具足如那羅延堅固
之身入七寶臺上昇虛空去地七多羅樹諸
菩薩衆恭敬圍繞而來詣此娑婆世界耆闍
崛山到已下七寶臺以價直百千瓔珞持至釋
迦牟尼佛所頭面礼足奉上瓔珞而白佛言
世尊淨華宿王智佛問訊世尊少病少惱起
居輕利安樂行不四大調和不世事可忍不
衆生易度不无多貪欲瞋恚愚癡嫉妬慳

BD15202號　妙法蓮華經卷七　（4–3）

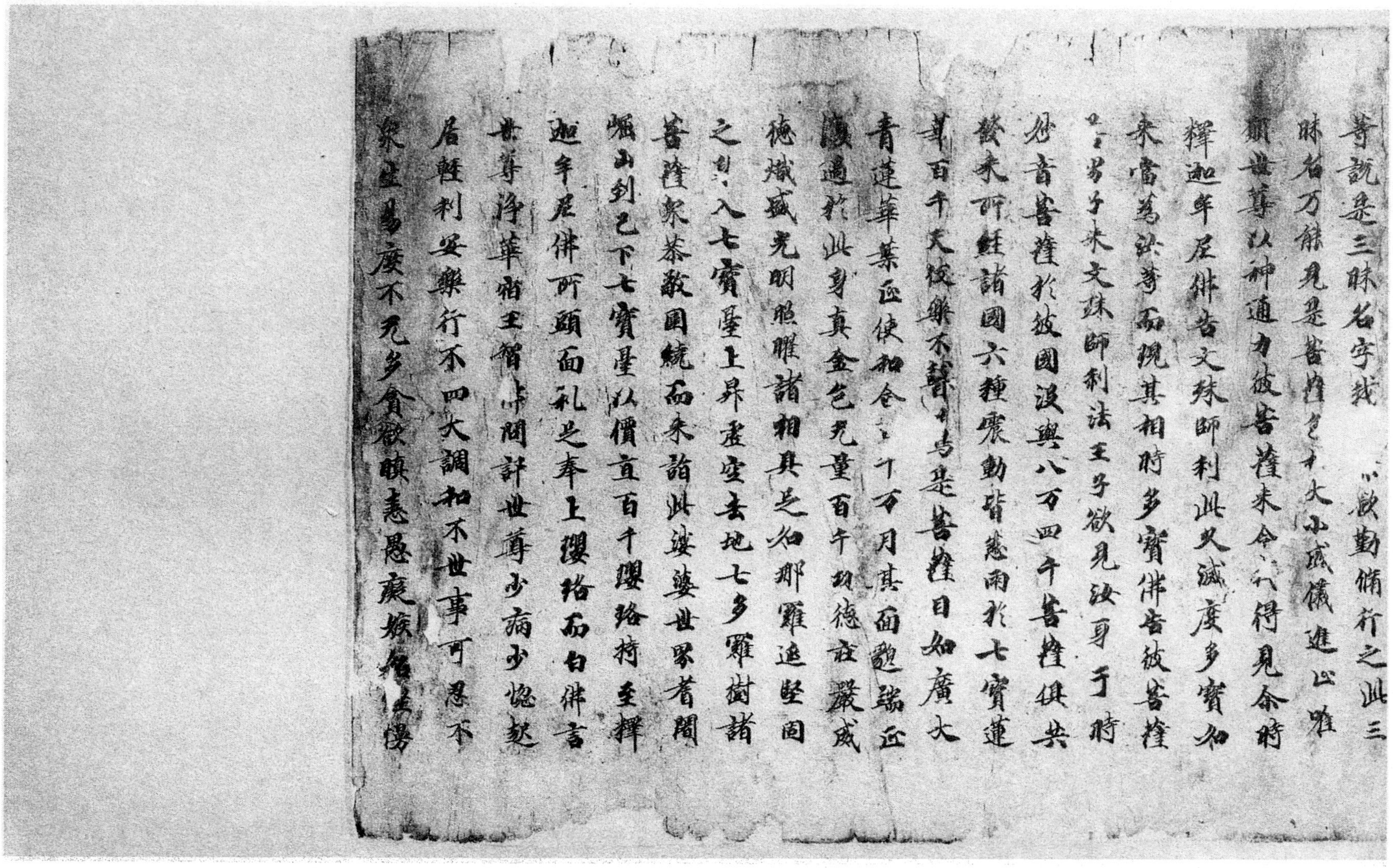

等說是三昧名字我〻〻欲勤脩行之此三
昧乃能見是菩薩色相大小威儀進止唯
願世尊以神通力彼菩薩來令我得見尒時
釋迦牟尼佛告文殊師利此久滅度多寶如
來當為汝等而現其相時多寶佛告彼菩薩
言善男子來文殊師利法王子欲見汝身于時
妙音菩薩於彼國沒與八万四千菩薩俱共
發來所經諸國六種震動皆悉雨於七寶蓮
華百千天樂不鼓自鳴是菩薩目如廣大
青蓮華葉正使和合百千万月其面貌端正
復過於此身真金色无量百千功德莊嚴威
德熾盛光明照曜諸相具足如那羅延堅固
之身入七寶臺上昇虛空去地七多羅樹諸
菩薩眾恭敬圍繞而來詣此娑婆世界耆闍
崛山到已下七寶臺以價直百千瓔珞持至釋
迦牟尼佛所頭面禮足奉上瓔珞而白佛言
世尊淨華宿王智佛問訊世尊少病少惱起
居輕利安樂行不四大調和不世事可忍不
眾生易度不无多貪欲瞋恚愚癡嫉妒慳

BD15202號　妙法蓮華經卷七　（4–4）

BD15202號背　勘記、印章　（1–1）

若欲說是經 當捨嫉恚慢 諂誑邪僞心 常脩質直行
不輕蔑於人 亦不戲論法 不令他疑悔 云汝不得佛
是佛子說法 常柔和能忍 慈悲於一切 不生懈怠心
十方大菩薩 愍衆故行道 應生恭敬心 是則我大師
於諸佛世尊 生无上父想 破於憍慢心 說法无障礙
苐三法如是 智者應守護 一心安樂行 无量衆所敬
又文殊師利菩薩摩訶薩於後末世法欲滅
時有持法華經者於在家出家人中生大慈
心於非菩薩人中生大悲心應作是念如是
之人則為大失如来方便隨冝說法不聞不
知不覺不問不信不解其人雖不問不信不
解是經我得阿耨多羅三藐三菩提時隨在
何地以神通力智慧力引之令得住是法中
文殊師利是菩薩摩訶薩於如来滅後有成
就此苐四法者說是法時无有過失常為比
丘比丘尼優婆塞優婆夷國王王子大臣人
民婆羅門居士等供養恭敬尊重讚歎虛空
諸天為聽法故亦常隨侍若在聚落城邑空

BD15203號　妙法蓮華經卷五　（5–1）

丘比丘尼優婆塞優婆夷國王王子大臣人
民婆羅門居士等供養恭敬尊重讚歎虛空
諸天為聽法故亦常隨侍若在聚落城邑空
閑林中有人来欲難問者諸天晝夜常為法
故而衛護之能令聽者皆得歡喜所以者何
此經是一切過去未来現在諸佛神力所護
故文殊師利是法華經於无量國中乃至名
字不可得聞何況得見受持讀誦文殊師利
譬如强力轉輪聖王欲以威勢降伏諸國而
諸小王不順其命時轉輪王起種種兵而往
討伐王見兵衆戰有功者即大歡喜隨功賞
賜或與田宅聚落城邑或與衣服嚴身之具
或與種種珎寶金銀瑠璃車𤦲馬瑙珊瑚虎
珀象馬車乘奴婢人民唯髻中明珠不以與
之所以者何獨王頂上有此一珠若以與之
王諸眷屬必大驚怪文殊師利如来亦復如
是以禪定智慧力得法國土王於三界而諸
魔王不肯順伏如来賢聖諸將與之共戰其
有功者心亦歡喜於四衆中為說諸經令其
心悅賜以禪定解脫无漏根力諸法之財又
復賜與涅槃之城言得滅度引導其心令皆
歡喜而不為說是法華經文殊師利如轉輪
王見諸兵衆有大功者心甚歡喜以此難信
之珠久在髻中不妄與人而今與之如来亦

BD15203號　妙法蓮華經卷五　（5–2）

歡喜而不為說是法華經文殊師利如轉輪
王見諸兵衆有大功者心甚歡喜以此難信
之珠久在髻中不妄與人而令與之如來亦
復如是於三界中為大法王以法教化一切
衆生見賢聖軍與五陰魔煩惱魔死魔共戰
有大功勳滅三毒出三界破魔網尒時如來
亦大歡喜此法華經能令衆生至一切智一
切世間多怨難信先所未說而今說之文殊
師利此法華經是諸如來第一之說於諸說
中最為甚深末後賜與如彼強力之王久護
明珠今乃與之文殊師利此法華經諸佛如
來祕密之藏於諸經中最在其上長夜守護
不妄宣說始於今日乃與汝等而敷演之尒
時世尊欲重宣此義而說偈言
常行忍辱 哀愍一切 乃能演說 佛所讚經
後末世時 持此經者 於家出家 及非菩薩
應生慈悲 斯等不聞 不信是經 則為大失
我得佛道 以諸方便 為說此法 令住其中
譬如強力 轉輪之王 兵戰有功 賞賜諸物
象馬車乘 嚴身之具 及諸田宅 聚落城邑
或與衣服 種種珎寶 奴婢財物 歡喜賜與
如有勇健 能為難事 王解髻中 明珠賜之
如來亦尒 為諸法王 忍辱大力 智慧寶藏
以大慈悲 如法化世 見一切人 受諸苦惱
欲求解脫 與諸魔戰 為是衆生 說種種法

如來亦尒 為諸法王 忍辱大力 智慧寶藏
以大慈悲 如法化世 見一切人 受諸苦惱
欲求解脫 與諸魔戰 為是衆生 說種種法
以大方便 說此諸經 既知衆生 得其力已
末後乃為 說是法華 如王解髻 明珠與之
此經為尊 衆經中上 我常守護 不妄開示
今正是時 為汝等說 我滅度後 求佛道者
欲得安隱 演說斯經 應當親近 如是四法
讀是經者 常无憂惱 又无病痛 顏色鮮白
不生貧窮 卑賤醜陋 衆生樂見 如慕賢聖
天諸童子 以為給使 刀杖不加 毒不能害
若人惡罵 口則閉塞 遊行无畏 如師子王
智慧光明 如日之照 若於夢中 但見妙事
見諸如來 坐師子座 諸比丘衆 圍繞說法
又見龍神 阿脩羅等 數如恒沙 恭敬合掌
自見其身 而為說法 又見諸佛 身相金色
放无量光 照於一切 以梵音聲 演說諸法
佛為四衆 說无上法 見身處中 合掌讚佛
聞法歡喜 而為供養 得陀羅尼 證不退智
佛知其心 深入佛道 即為授記 成最正覺
汝善男子 當於來世 得无量智 佛之大道
國土嚴淨 廣大无比 亦有四衆 合掌聽法
又見自身 在山林中 脩習善法 證諸實相
深入禪定 見十方佛
諸佛身金色 百福相莊嚴 聞法為人說 常有是好夢

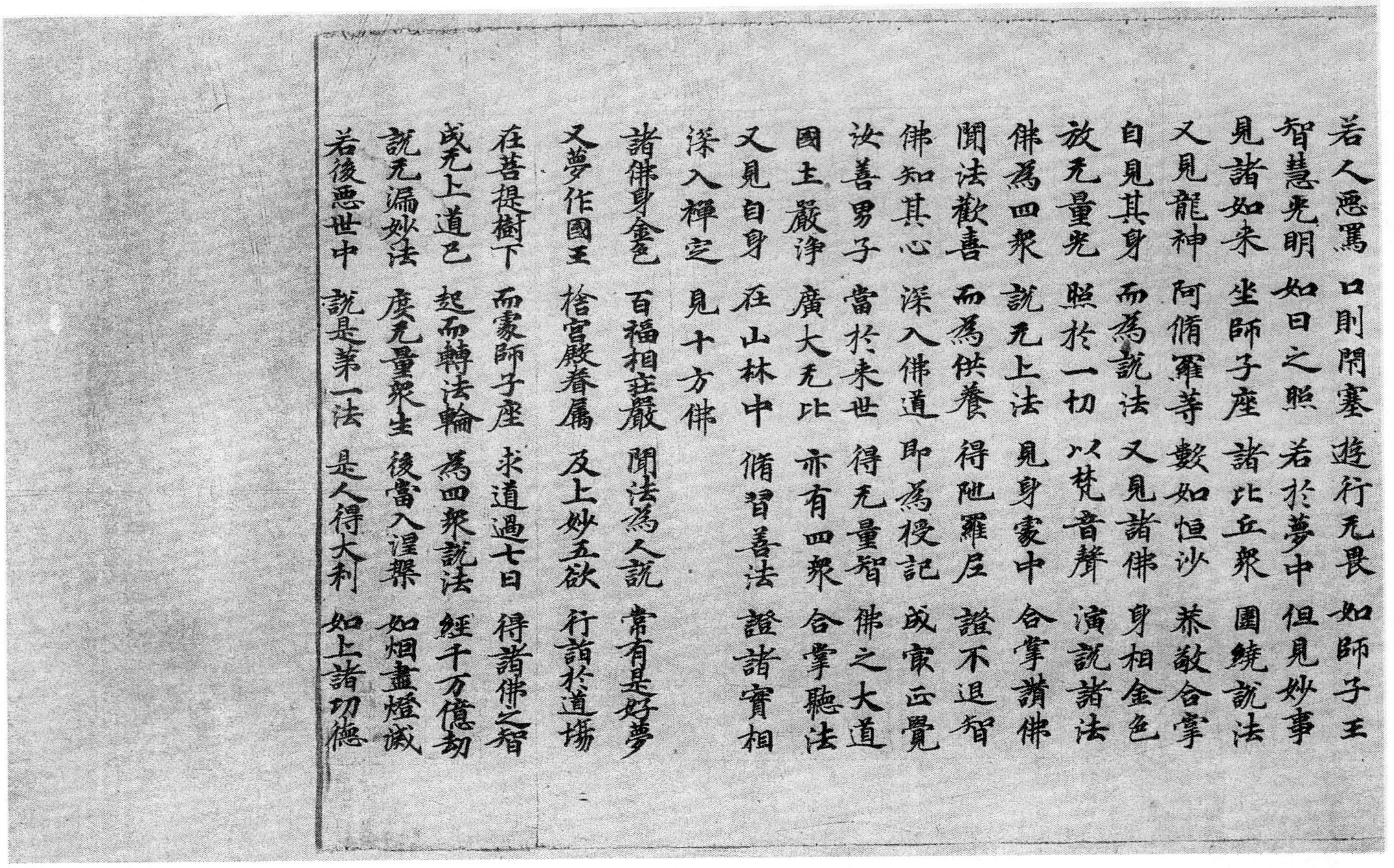
若人惡罵　口則閉塞　遊行无畏　如師子王
智慧光明　如日之照　若於夢中　但見妙事
見諸如來　坐師子座　諸比丘衆　圍繞說法
又見龍神　阿脩羅等　數如恒沙　恭敬合掌
自見其身　而為說法　又見諸佛　身相金色
放无量光　照於一切　以梵音聲　演說諸法
佛為四衆　說无上法　見身處中　合掌讚佛
聞法歡喜　而為供養　得陁羅尼　證不退智
佛知其心　深入佛道　即為授記　成最正覺
汝善男子　當於來世　得无量智　佛之大道
國土嚴淨　廣大无比　亦有四衆　合掌聽法
又見自身　在山林中　脩習善法　證諸實相
深入禪定　見十方佛
諸佛身金色　百福相莊嚴　聞法為人說　常有是好夢
又夢作國王　捨宮殿眷屬　及上妙五欲　行詣於道場
在菩提樹下　而處師子座　求道過七日　得諸佛之智
成无上道已　起而轉法輪　為四衆說法　經千万億劫
說无漏妙法　度无量衆生　後當入涅槃　如烟盡燈滅
若後惡世中　說是第一法　是人得大利　如上諸功德

BD15203 號　妙法蓮華經卷五　（5–5）

BD15203 號背　勘記、印章　（1–1）

世音菩薩稱其名故即得解脫無盡意觀世
音菩薩摩訶薩威神之力巍巍如是若有衆
生多於婬欲常念恭敬觀世音菩薩便得離
欲若多瞋恚常念恭敬觀世音菩薩便得離
瞋若多愚癡常念恭敬觀世音菩薩便得離
癡無盡意觀世音菩薩有如是等大威神力多
所饒益是故衆生常應心念若有女人設
欲求男礼拜供養觀世音菩薩便生福德智
慧之男設欲求女便生端正有相之女宿殖
德本衆人愛敬無盡意觀世音菩薩有如是
力若有衆生恭敬礼拜觀世音菩薩福不唐
捐是故衆生皆應受持觀世音菩薩名号無
盡意若有人受持六十二億恒河沙菩薩名字
復盡形供養飲食衣服卧具醫藥於汝意
云何是善男子善女人功德多不無盡意言
甚多世尊佛言若復有人受持觀世音菩薩
名号乃至一時礼拜供養是二人福正等無異

BD15204號　觀世音經

（5–1）

復盡形供養飲食衣服卧具醫藥於汝意
云何是善男子善女人功德多不無盡意言
甚多世尊佛言若復有人受持觀世音菩薩
名号乃至一時礼拜供養是二人福正等無異
於百千万億劫不可窮盡無盡意受持觀
世音菩薩名号得如是無量無邊福德之利
無盡菩薩白佛言世尊觀世音菩薩云何
遊此娑婆世界云何而為衆生說法方便之
力其事云何佛告無盡意菩薩善男子若
有國土衆生應以佛身得度者觀世音菩薩
即現佛身而為說法應以辟支佛身得度者
即現辟支佛身而為說法應以聲聞身得度者
即現聲聞身而為說法應以梵王身得度者
即現梵王身而為說法應以帝釋身得度者
即現帝釋身而為說法應以自在天身得度
者即現自在天身而為說法應以大自在天
身得度者即現大自在天身而為說法應以
天大將軍身得度者即現天大將軍身而
為說法應以毗沙門身得度者即現毗沙門
身而為說法應以小王身得度者即現小王身
而為說法應以長者身得度者即現長者身
而為說法應以居士身得度者即現居士身
而為說法應以宰官身得度者即現宰官身
而為說法應以婆羅門身得度者即現婆羅
門身而為說法應以比丘比丘尼優婆塞優
婆夷身得度者即現比丘比丘尼優婆塞優

BD15204號　觀世音經

（5–2）

而為說法應以宰官身得度者即現宰官身
而為說法應以婆羅門身得度者即現婆羅
門身而為說法應以比丘比丘尼優婆塞優
婆夷身得度者即現比丘比丘尼優婆塞優
婆夷身而為說法應以長者居士宰官婆
門婦女身得度者即現婦女身而為說法應
以童男童女身得度者即現童男童女身而
為說法應以天龍夜叉乾闥婆阿脩羅迦樓
羅緊那羅摩睺羅伽人非人等身得度者即
皆現之而為說法應以執金剛神得度者即
現金剛神而為說法無盡意是觀世音菩薩
成就如是功德以種種形遊諸國土度脫衆生
是故汝等應當一心供養觀世音菩薩是觀
世音菩薩摩訶薩於怖畏急難之中能施
無畏是故此娑婆世界皆号之為施無畏者
無盡意菩薩白佛言世尊我今當供養觀世
音菩薩即解頸衆寶珠瓔珞價直百千兩
金而以與之作是言仁者受此法施珎寶瓔珞
時觀世音菩薩不肯受之無盡意復白觀世
音菩薩言仁者愍我等故受此瓔珞尒時佛
告觀世音菩薩當愍此無盡意菩薩及四
衆天龍夜叉乾闥婆阿脩羅迦樓羅緊那
羅摩睺羅伽人非人等故受是瓔珞即時觀世
音菩薩愍諸四衆及於天龍人非人等受其
瓔珞分作二分一分奉釋迦牟尼佛一分奉多
寶佛塔無盡意觀世音菩薩有如是自在神力

BD15204 號　觀世音經　（5-3）

音菩薩愍諸四衆及於天龍人非人等受其
瓔珞分作二分一分奉釋迦牟尼佛一分奉多
寶佛塔無盡意觀世音菩薩有如是自在神力
遊於娑婆世界尒時無盡意菩薩以偈問曰
世尊妙相具　我今重問彼　佛子何因緣　名為觀世音
具足妙相尊　偈荅無盡意　汝聽觀音行　善應諸方所
弘誓深如海　歷劫不思議　侍多千億佛　發大清淨願
我為汝略說　聞名及見身　心念不空過　能滅諸有苦
假使興害意　推落大火坑　念彼觀音力　火坑變成池
或漂流巨海　龍魚諸鬼難　念彼觀音力　波浪不能沒
或在須弥峯　為人所推墮　念彼觀音力　如日虛空住
或被惡人逐　墮落金剛山　念彼觀音力　不能損一毛
或值怨賊遶　各執刀加害　念彼觀音力　咸即起慈心
或遭王難苦　臨刑欲壽終　念彼觀音力　刀尋段段壞
或囚禁枷鎖　手足被杻械　念彼觀音力　釋然得解脫
呪詛諸毒藥　所欲害身者　念彼觀音力　還著於本人
或遇惡羅剎　毒龍諸鬼等　念彼觀音力　時悉不敢害
若惡獸圍遶　利牙爪可畏　念彼觀音力　疾走無邊方
蚖虵及蝮蠍　氣毒煙火燃　念彼觀音力　尋聲自迴去
雲雷鼓掣電　降雹澍大雨　念彼觀音力　應時得消散
衆生被困厄　無量苦逼身　觀音妙智力　能救世間苦
具足神通力　廣脩智方便　十方諸國土　無剎不現身
種種諸惡趣　地獄鬼畜生　生老病死苦　以漸悉令滅
真觀清淨觀　廣大智慧觀　悲觀及慈觀　常願常瞻仰
無垢清淨光　慧日破諸闇　能伏災風火　普明照世間
悲體戒雷震　慈意妙大雲　澍甘露法雨　滅除煩惱焰

BD15204 號　觀世音經　（5-4）

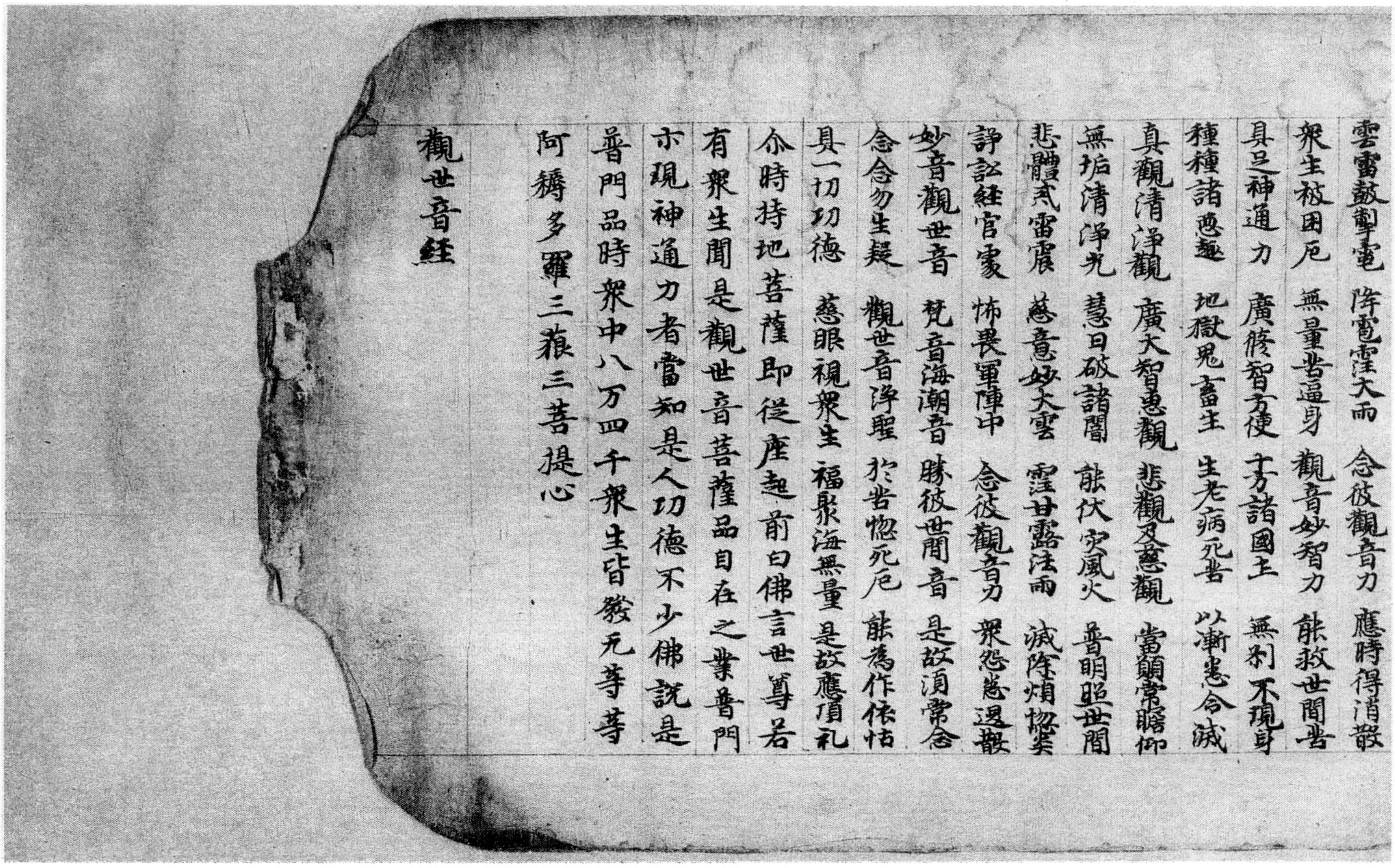

雲雷鼓掣電　降雹霔大雨　念彼觀音力　應時得消散
眾生被困厄　無量苦逼身　觀音妙智力　能救世間苦
具足神通力　廣修智方便　十方諸國土　無刹不現身
種種諸惡趣　地獄鬼畜生　生老病死苦　以漸悉令滅
真觀清淨觀　廣大智慧觀　悲觀及慈觀　常願常瞻仰
無垢清淨光　慧日破諸闇　能伏災風火　普明照世間
悲體戒雷震　慈意妙大雲　霔甘露法雨　滅除煩惱焰
諍訟經官處　怖畏軍陣中　念彼觀音力　眾怨悉退散
妙音觀世音　梵音海潮音　勝彼世間音　是故須常念
念念勿生疑　觀世音淨聖　於苦惱死厄　能為作依怙
具一切功德　慈眼視眾生　福聚海無量　是故應頂禮
尒時持地菩薩即從座起前白佛言世尊若
有眾生聞是觀世音菩薩品自在之業普門
示現神通力者當知是人功德不少佛說是
普門品時眾中八万四千眾生皆發无等等
阿耨多羅三藐三菩提心
觀世音經

BD15204 號　觀世音經　（5–5）

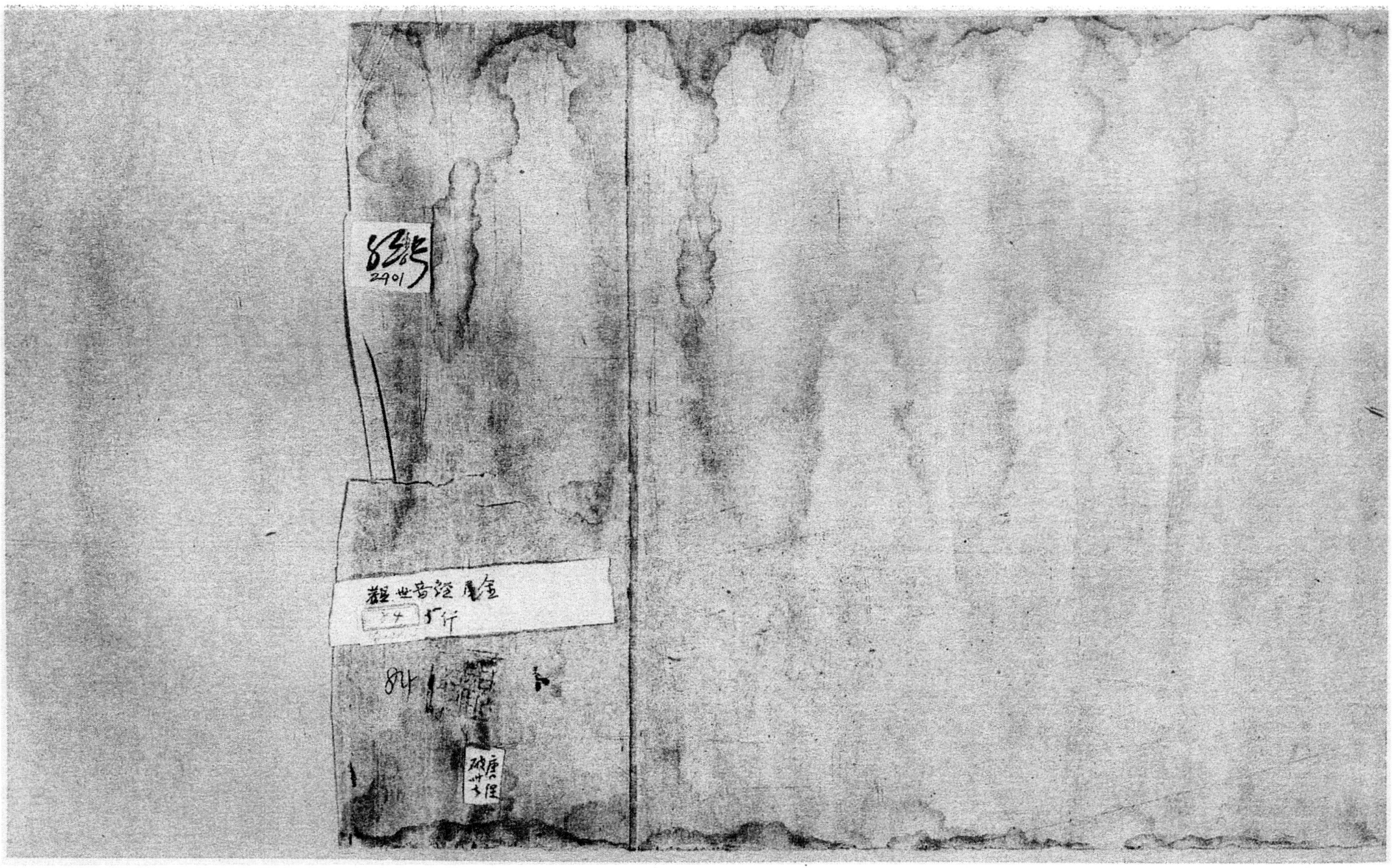

BD15204 號背　勘記、印章　（1–1）

應生无所住心若心有住
說菩薩心不應住色布
益一切衆生應如是布施
即是非相又說一切衆生
如來是真語者實語者如
不異語者須菩提如來所得
須菩提若菩薩心住於法而
闇則无所見若菩薩心不住法而行
人有目日光明照見種種色須菩提
世若有善男子善女人能於此經受持讀誦則
爲如來以佛智慧悉知是人悉見是人皆得成就
无量无邊功德
須菩提若有善男子善女人初日分以恒河
沙等身布施中日分復以恒河沙等身布
施後日分亦以恒河沙等身布施如是无量百
千万億劫以身布施若復有人聞此經典信
心不逆其福勝彼何況書寫受持讀誦爲人解

BD15205號　金剛般若波羅蜜經　（5–1）

千万億劫以身布施若復有人聞此經典信
心不逆其福勝彼何況書寫受持讀誦爲人解
說須菩提以要言之是經有不可思議不可稱
量无邊功德如來爲發大乘者說爲發最上
乘者說若有人能受持讀誦廣爲人說如來
悉知是人悉見是人皆得成就不可量不可
稱无有邊不可思議功德如是人等則爲荷
檐如來阿耨多羅三藐三菩提何以故須菩
提若樂小法者著我見人見衆生見壽者
見則於此經不能聽受讀誦爲人解說須菩
提在在處處若有此經一切世間天人阿脩羅
所應供養當知此處則爲是塔皆應恭敬
作礼圍遶以諸華香而散其處
復次須菩提善男子善女人受持讀誦此經
若爲人輕賤是人先世罪業應墮惡道以今
世人輕賤故先世罪業則爲消滅當得阿耨
多羅三藐三菩提須菩提我念過去无量阿
僧祇劫於然燈佛前得值八百四千万億那
由他諸佛悉皆供養承事无空過者若復
有人於後末世能受持讀誦此經所得功德於
我所供養諸佛功德百分不及一千万億分
乃至筭數譬喻所不能及須菩提若善男
子善女人於後末世有受持讀誦此經所得功
德我若具說者或有人聞心則狂亂狐疑

BD15205號　金剛般若波羅蜜經　（5–2）

乃至筭數譬喻所不能及須菩提若善男
子善女人於後末世有受持讀誦此經所得功
德我若具說者或有人聞心則狂亂狐疑
不信須菩提當知是經義不可思議果報亦
不可思議
尒時須菩提白佛言世尊善男子善女人發
阿耨多羅三藐三菩提心云何應住云何降
伏其心佛告須菩提善男子善女人發阿耨
多羅三藐三菩提者當生如是心我應滅度
一切衆生滅度一切衆生已而无有一衆生
實滅度者何以故若菩薩有我相人相衆生
相壽者相則非菩薩所以者何須菩提實无
有法發阿耨多羅三藐三菩提者
須菩提於意云何如來於然燈佛所有法得
阿耨多羅三藐三菩提不不也世尊如我解
佛所說義佛於然燈佛所无有法得阿耨多
羅三藐三菩提佛言如是如是須菩提實无
有法如來得阿耨多羅三藐三菩提須菩提
若有法如来得阿耨多羅三藐三菩提者然
燈佛則不與我受記汝於来世當作佛号釋
迦牟尼以實无有法得阿耨多羅三藐三菩
提是故然燈佛與我受記作是言汝於来世
當得作佛号釋迦牟尼何以故如來者即諸
法如義若有人言如来得阿耨多羅三藐三

BD15205號　金剛般若波羅蜜經　（5–3）

提是故然燈佛與我受記作是言汝於来世
當得作佛号釋迦牟尼何以故如來者即諸
法如義若有人言如來得阿耨多羅三藐三
菩提須菩提實无有法佛得阿耨多羅三
藐三菩提須菩提如來所得阿耨多羅三藐三
菩提於是中无實无虛是故如來說一切法皆
是佛法須菩提所言一切法者即非一切法
是故名一切法須菩提譬如人身長大須菩
提言世尊如來說人身長大則為非大身是名
大身須菩提菩薩亦如是若作是言我當滅度
无量衆生則不名菩薩何以故須菩提實无
有法名為菩薩是故佛說一切法无我无人
无衆生无壽者須菩提若菩薩作是言我當
莊嚴佛土是不名菩薩何以故如來說莊嚴佛
土者即非莊嚴是名莊嚴須菩提若菩薩通
達无我法者如來說名真是菩薩
須菩提於意云何如來有肉眼不如是世尊
如來有肉眼須菩提於意云何如來有天眼
不如是世尊如來有天眼須菩提於意云何
如來有慧眼不如是世尊如來有慧眼須菩
提於意云何如來有法眼不如是世尊如來
有法眼須菩提於意云何如來有佛眼不如
是世尊如來有佛眼須菩提於意云何恒河
中所有沙佛說是沙不如是世尊如來說是
沙須菩提於意云何如一恒河中所有沙有如

BD15205號　金剛般若波羅蜜經　（5–4）

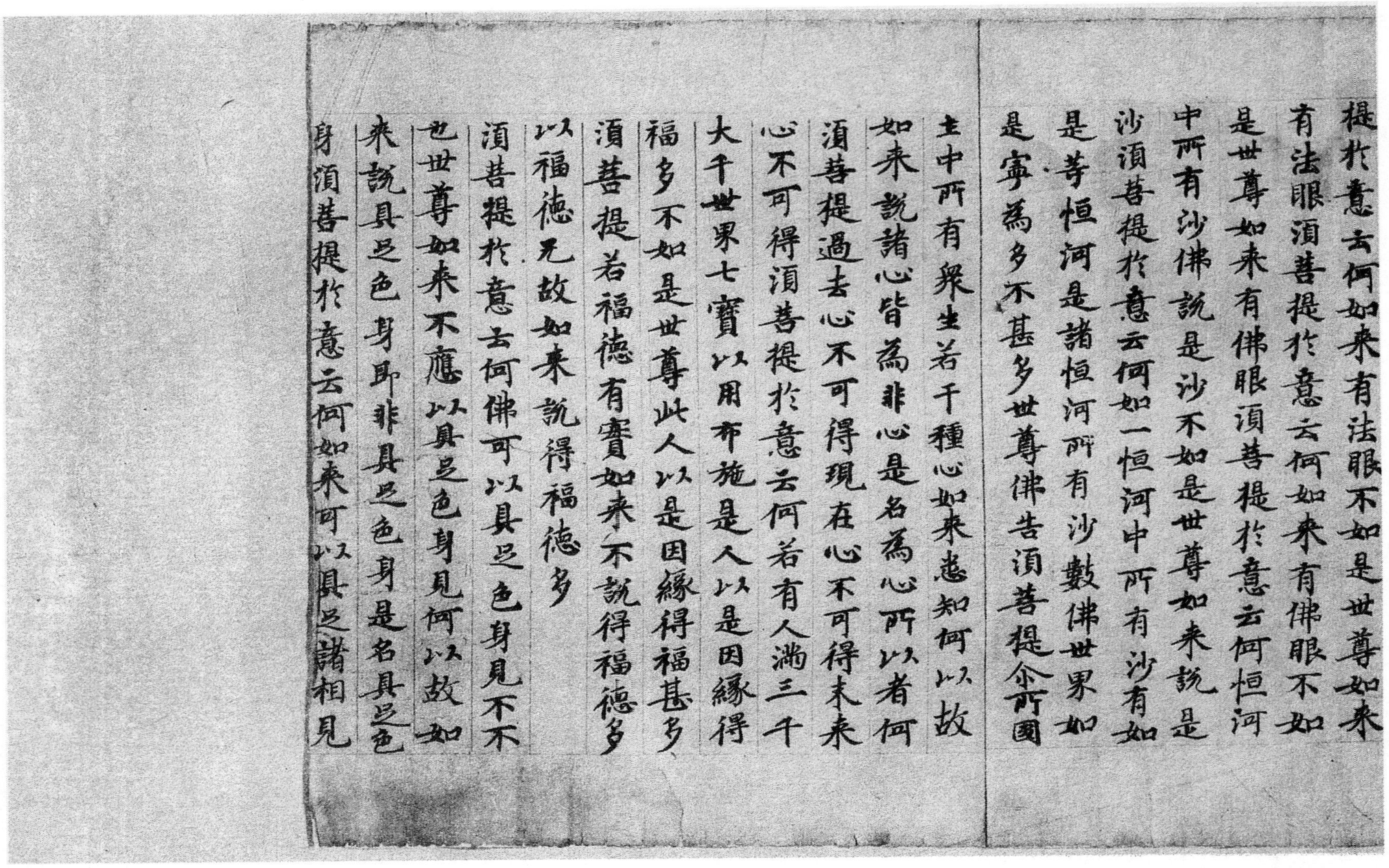

提於意云何如來有法眼不如是世尊如來
有法眼須菩提於意云何如來有佛眼不如
是世尊如來有佛眼須菩提於意云何恒河
中所有沙佛說是沙不如是世尊如來說是
沙須菩提於意云何如一恒河中所有沙有如
是等恒河是諸恒河所有沙數佛世界如
是寧為多不甚多世尊佛告須菩提尒所國
土中所有衆生若干種心如來悉知何以故
如來說諸心皆為非心是名為心所以者何
須菩提過去心不可得現在心不可得未來
心不可得須菩提於意云何若有人滿三千
大千世界七寶以用布施是人以是因緣得
福多不如是世尊此人以是因緣得福甚多
須菩提若福德有實如來不說得福德多
以福德无故如來說得福德多
須菩提於意云何佛可以具足色身見不不
也世尊如來不應以具足色身見何以故如
來說具足色身即非具足色身是名具足色
身須菩提於意云何如來可以具足諸相見

BD15205 號　金剛般若波羅蜜經　（5–5）

BD15205 號背　勘記、印章　（2–1）

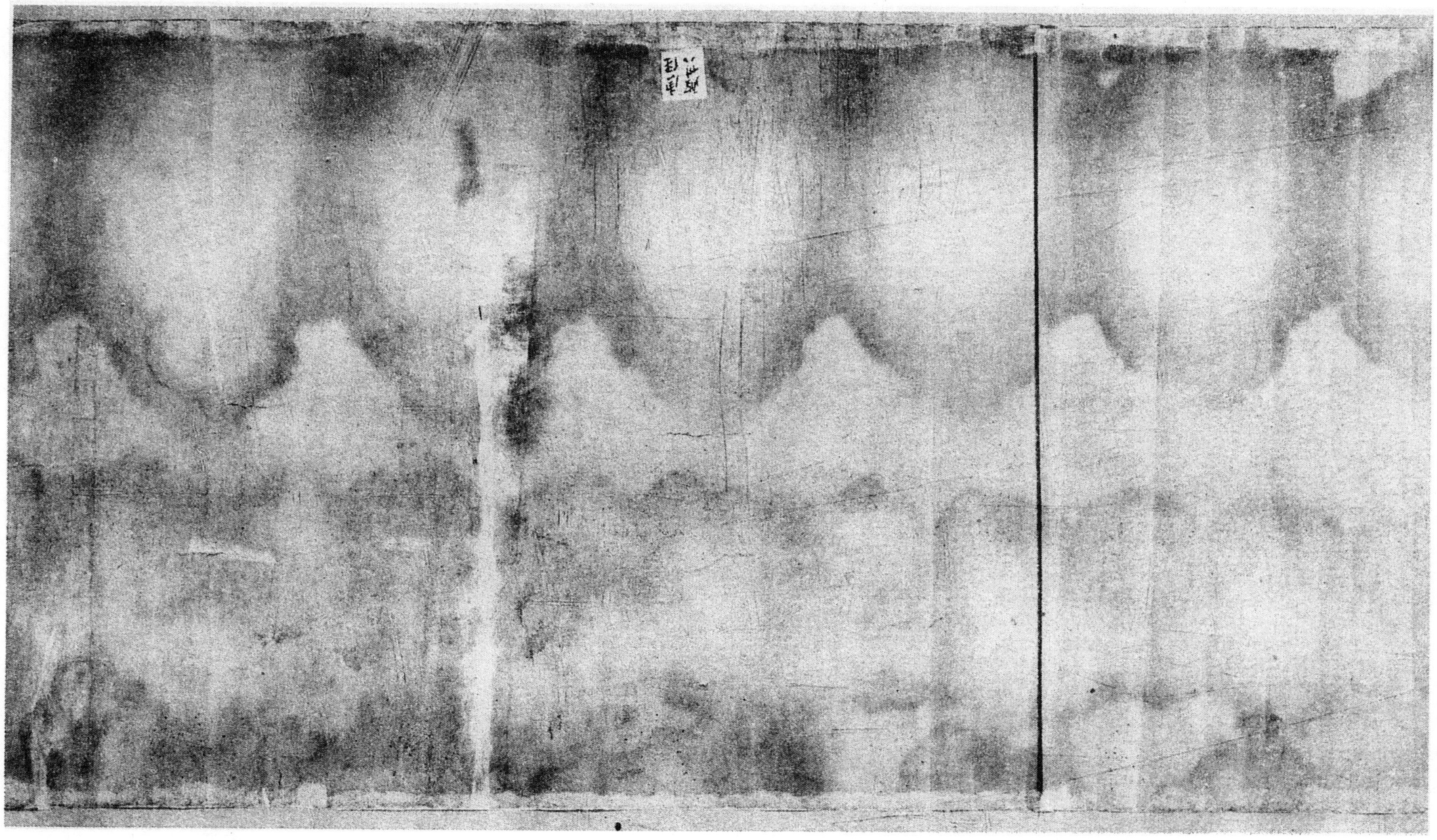

BD15205 號背　勘記、印章　（2–2）

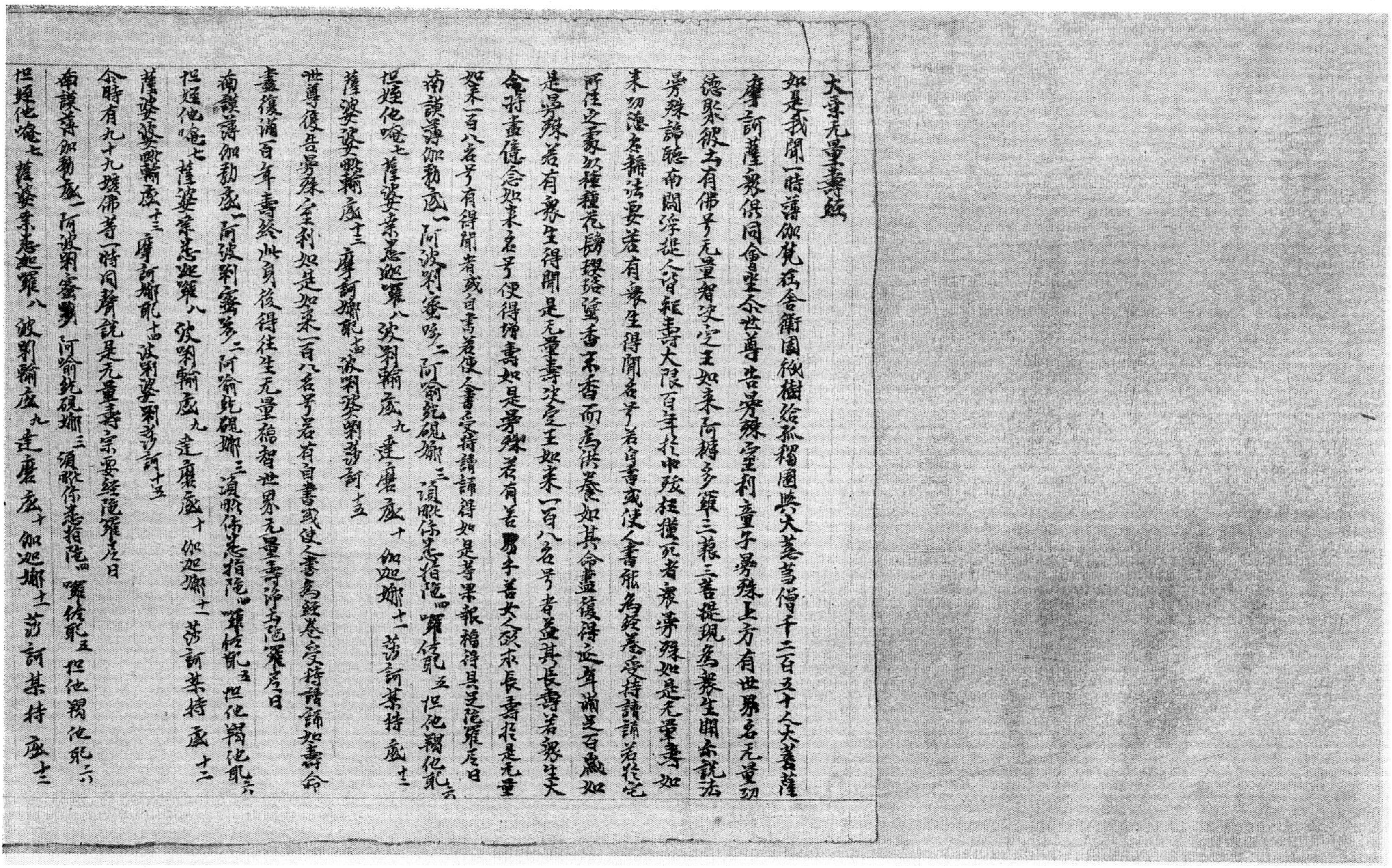

大乘无量壽經
如是我聞一時薄伽梵在舍衛國祇樹給孤獨園與大苾芻僧千二百五十人大菩薩
摩訶薩衆俱同會坐尒世尊告曼殊室利童子曼殊上方有世界名无量功
德聚彼土有佛号无量智決定王如來阿耨多羅三藐三菩提現爲衆生開示說法
曼殊諦聽南閻浮提人皆短壽大限百年於中殀枉橫死者衆曼殊如是无量壽如
來功德名稱法要若有衆生得聞名号若自書或使人書能爲經卷受持讀誦若於宅
所住之處以種種花鬘瓔珞塗香末香而爲供養如其命盡復得延年滿足百歲如
是曼殊若有衆生得聞是无量壽決定王如來一百八名号者益其長壽若衆生天
命將盡億念如來名号便得增壽如是曼殊若有善男子善女人欲求長壽於是无量
如來一百八名号有得聞者或自書若使人書受持讀誦得如是等果報福得具足陁羅尼曰
南謨薄伽勃底一　阿波唎蜜哆二　阿喻紇硯娜三　須毗你失指陁四　囉佐耶五　怛他羯他耶六
怛姪他唵七　薩婆桑悉迦囉八　波唎輸底九　達磨底十　伽迦娜十一　莎訶菜持底十二
薩婆婆毗輸底十三　摩訶娜耶十四　波唎婆唎莎訶十五
世尊復告曼殊室利如是如來一百八名号若有自書或使人書爲經卷受持讀誦如壽命
盡復滿百年壽終此身後得往生无量福智世界无量壽淨土陁羅尼曰
南謨薄伽勃底一　阿波唎蜜哆二　阿喻紇硯娜三　須毗你失指陁四　囉佐耶五　怛他羯他耶六
怛姪他唵七　薩婆桑悉迦囉八　波唎輸底九　達磨底十　伽迦娜十一　莎訶菜持底十二
薩婆婆毗輸底十三　摩訶娜耶十四　波唎婆唎莎訶十五
尒時有九十九姟佛等一時同聲說是无量壽宗要經陁羅尼曰
南謨薄伽勃底一　阿波唎蜜哆二　阿喻紇硯娜三　須毗你失指陁四　囉佐耶五　怛他羯他耶六
怛姪他唵七　薩婆桑悉迦囉八　波唎輸底九　達磨底十　伽迦娜十一　莎訶菜持底十二

BD15206 號　無量壽宗要經　（6–1）

薩婆婆毗輸底十三摩訶娜耶十四波唎婆唎莎訶十五
世尊復告曼殊室利如是如來一百八名號若有自書或使人書為經卷受持讀誦如壽命
盡復滿百年壽終此身後得往生无量福智世界无量壽淨土陁羅尼曰
南謨薄伽勃底一阿波唎蜜多二阿喻紇硯那三須毗你悉指陁四囉佐耶五怛他羯他耶六
怛姪他唵七薩婆桑悉迦羅八波唎輸底九達磨底十伽伽那十一莎訶某持底十二
薩婆婆毗輸底十三摩訶娜耶十四波唎婆唎莎訶十五
尒時有九十九姟佛等一時同聲說是无量壽宗要經陁羅尼曰
南謨薄伽勃底一阿波唎蜜多二阿喻紇硯那三須毗你悉指陁四囉佐耶五怛他羯他耶六
怛姪他唵七薩婆桑悉迦羅八波唎輸底九達磨底十伽伽那十一莎訶某持底十二
薩婆婆毗輸底十三摩訶娜耶十四波唎婆唎莎訶十五
尒時復有一百四姟佛一時同聲說是无量壽宗要經陁羅尼曰
南謨薄伽勃底一阿波唎蜜多二阿喻紇硯那三須毗你悉指陁四囉佐耶五怛他羯他耶六
怛姪他唵七薩婆桑悉迦羅八波唎輸底九達磨底十伽伽那十一莎訶某持迦底十二
薩婆婆毗輸底十三摩訶娜耶十四波唎婆唎莎訶十五
尒時復有七姟佛一時同聲說是无量壽宗要經陁羅尼曰
南謨薄伽勃底一阿波唎蜜多二阿喻紇硯那三須毗你悉指陁四囉佐耶五怛他羯他耶六
怛姪他唵七薩婆桑悉迦羅八波唎輸底九達磨底十伽伽那十一莎訶某持迦底十二
薩婆婆毗輸底十三摩訶娜耶十四婆唎婆唎莎訶十五
尒時復有六十五姟佛一時同聲說是无量壽宗要經陁羅尼曰
南謨薄伽勃底一阿波唎蜜多二阿喻紇硯那三須毗你悉指陁四囉佐耶五怛他羯他耶六
怛姪他唵七薩婆桑悉迦羅八波唎輸底九達磨底十伽伽那十一莎訶某持迦底十二
薩婆婆毗輸底十三摩訶娜耶十四波唎婆唎莎訶十五
尒時復有五十五姟佛一時同聲說是无量壽宗要經陁羅尼曰
南謨薄伽勃底一阿波唎蜜多二阿喻紇硯那三須毗你悉指陁四囉佐耶五怛他羯他耶六
怛姪他唵七薩婆桑悉迦羅八波唎輸底九達磨底十伽伽那十一莎訶某持迦底十二
薩婆婆毗輸底十三摩訶娜耶十四波唎婆唎莎訶十五
尒時復有四十五姟佛一時同聲說是无量壽宗要經陁羅尼曰
南謨薄伽勃底一阿波唎蜜多二阿喻紇硯那三須毗你悉指陁四囉佐耶五怛他羯他耶六
怛姪他唵七薩婆桑悉迦羅八波唎輸底九達磨底十伽伽那十一莎訶某持迦底
薩婆婆毗輸底十三摩訶娜耶十四波唎婆唎莎訶十五
尒時復有三十六姟佛一時同聲說是无量壽宗要經陁羅尼曰
南謨薄伽勃底一阿波唎蜜多二阿喻紇硯那三須毗你悉指陁四囉佐耶五怛他羯他耶六
怛姪他唵七薩婆桑悉迦羅八波唎輸底九達磨底十伽伽那十一莎訶某持迦底十二
薩婆婆毗輸底十三摩訶娜耶十四波唎婆唎莎訶十五
尒時復有二十五姟佛一時同聲說是无量壽宗要經陁羅尼曰

BD15206 號　無量壽宗要經　（6–2）

尒時復有三十六姟佛一時同聲說是无量壽宗要經陁羅尼曰
南謨薄伽勃底一阿波唎蜜多二阿喻紇硯那三須毗你悉指陁四囉佐耶五怛他羯他耶六
怛姪他唵七薩婆桑悉迦羅八波唎輸底九達磨底十伽伽那十一莎訶某持迦底十二
薩婆婆毗輸底十三摩訶娜耶十四波唎婆唎莎訶十五
尒時復有二十五姟佛一時同聲說是无量壽宗要經陁羅尼曰
南謨薄伽勃底一阿波唎蜜多二阿喻紇硯那三須毗你悉指陁四囉佐耶五怛他羯他耶六
怛姪他唵七薩婆桑悉迦羅八波唎輸底九達磨底十伽伽那十一莎訶某持迦底十二
薩婆婆毗輸底十三摩訶娜耶十四波唎婆唎莎訶十五
尒時復有恒河沙姟佛一時同聲說是无量壽宗要經陁羅尼曰
南謨薄伽勃底一阿波唎蜜多二阿喻紇硯那三須毗你悉指陁四囉佐耶五怛他羯他耶六
怛姪他唵七薩婆桑悉迦羅八波唎輸底九達磨底十伽伽那十一莎訶某持迦底十二
薩婆婆毗輸底十三摩訶娜耶十四波唎婆唎莎訶
善男子若有自書寫教人書寫是无量壽宗要經如其命盡復得長受而滿年陁羅尼曰
南謨薄伽勃底一阿波唎蜜多二阿喻紇硯那三須毗你悉指陁四囉佐耶五怛他羯他耶六
怛姪他唵七薩婆桑悉迦羅八波唎輸底九達磨底十伽伽那十一莎訶某持迦底十二
薩婆婆毗輸底十三摩訶娜耶十四波唎婆唎莎訶十五
若有自書寫教人書寫是无量壽宗要經讀誦受持畢竟不墮地獄在在所生得宿命智陁羅尼曰
南謨薄伽勃底一阿波唎蜜多二阿喻紇硯那三須毗你悉指陁四囉佐耶五怛他羯他耶六
怛姪他唵七薩婆桑悉迦羅八波唎輸底九達磨底十伽伽那十一莎訶某持迦底十二
薩婆婆毗輸底十三摩訶娜耶十四波唎婆唎莎訶十五
若有自書寫教人書寫是无量壽宗要經受持讀誦如同書寫八万四千一切經典陁羅尼曰
南謨薄伽勃底一阿波唎蜜多二阿喻紇硯那三須毗你悉指陁四囉佐耶五怛他羯他耶六
怛姪他唵七薩婆桑悉迦羅八波唎輸底九達磨底十伽伽那十一莎訶某持迦底
薩婆婆毗輸底十三摩訶娜耶十四波唎婆唎莎訶十五
若有自書寫教人書寫是无量壽宗要經即是書寫八万四千部建立塔廟陁羅尼曰
南謨薄伽勃底一阿波唎蜜多二阿喻紇硯那三須毗你悉指陁四囉佐耶五怛他羯他耶六
怛姪他唵七薩婆桑悉迦羅八波唎輸底九達磨底十伽伽那十一莎訶某侍迦底十二
薩婆婆毗輸底十三摩訶娜耶十四波唎婆唎莎訶十五
若有自書寫教人書寫是无量壽宗要經能消五无間等一切重罪陁羅尼曰
南謨薄伽勃底一阿波唎蜜多二阿喻紇硯那三須毗你悉指陁四囉佐耶五怛他羯他耶六
怛姪他唵七薩婆桑悉迦羅八波唎輸底九達磨底十伽伽那十一莎訶某持迦底
薩婆婆毗輸底十三摩訶娜耶十四波唎婆唎莎訶十五
若有自書寫教人書寫是无量壽宗要經受持讀誦設有重罪猶如須弥盡能除滅陁羅尼曰
南謨薄伽勃底一阿波唎蜜多二阿喻紇硯那三須毗你悉指陁四囉佐耶五怛他羯他耶六
怛姪他唵七薩婆桑悉迦羅八波唎輸底九達磨底十伽伽那十一莎訶某持迦底十二

BD15206 號　無量壽宗要經　（6–3）

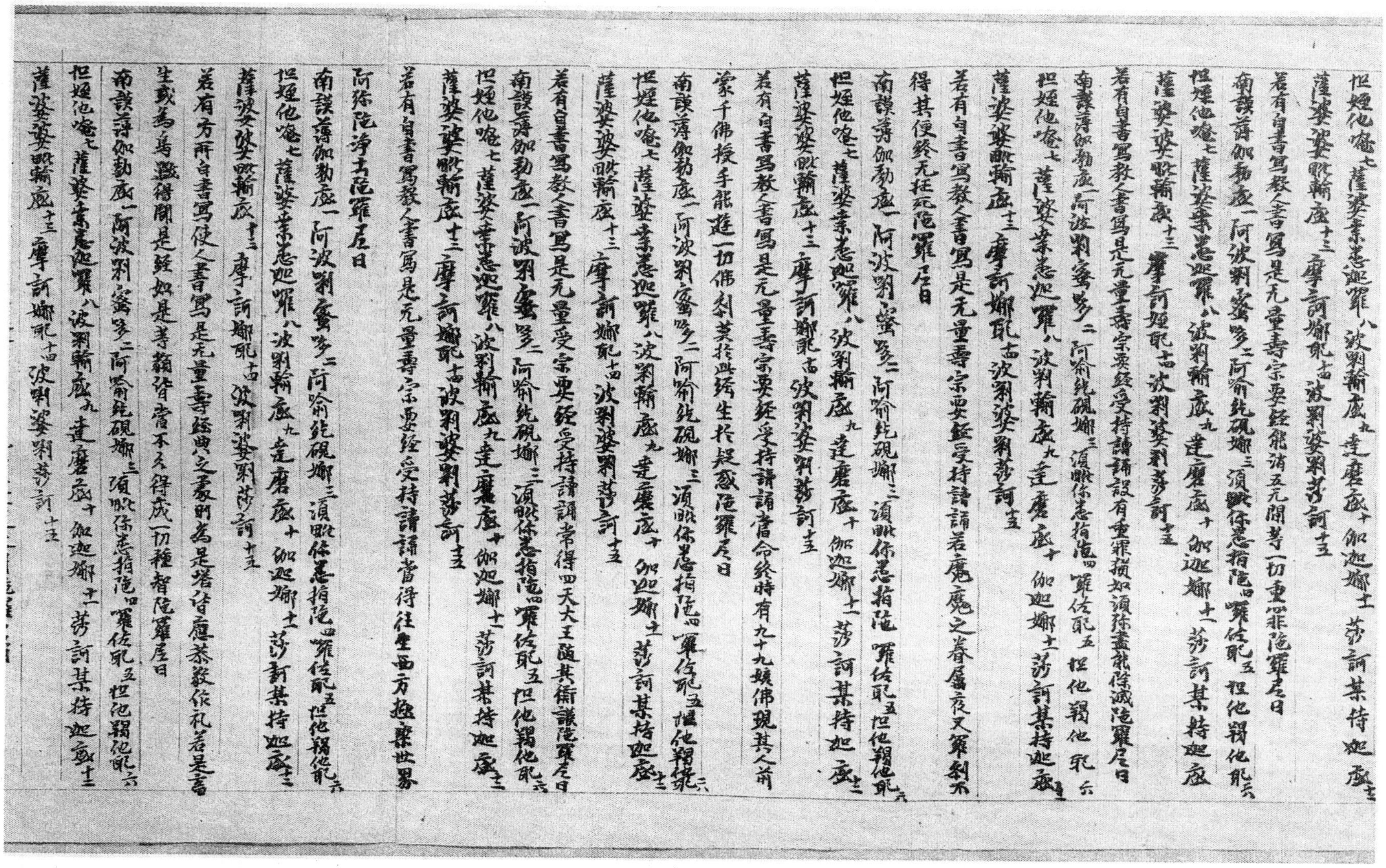
怛姪他唵七 薩婆桑悉迦羅八 波唎輸底九 達磨底十 伽迦娜十一 莎訶某持迦底十二
薩婆婆毗輸底十三 摩訶娜耶十四 波唎婆唎莎訶十五
若有自書寫教人書寫是无量壽宗要經能消五无間等一切重罪陁羅尼曰
南謨薄伽勃底一 阿波唎蜜多二 阿喩紇硯娜三 須毗你悉指陁四 囉佐耶五 怛他羯他耶六
怛姪他唵七 薩婆桑悉迦羅八 波唎輸底九 達磨底十 伽迦娜十一 莎訶某持迦底十二
薩婆婆毗輸底十三 摩訶娜耶十四 波唎婆唎莎訶十五
若有自書寫教人書寫是无量壽宗要經受持讀誦設有重罪猶如須弥盡能除滅陁羅尼曰
南謨薄伽勃底一 阿波唎蜜多二 阿喩紇硯娜三 須毗你悉指陁四 囉佐耶五 怛他羯他耶六
怛姪他唵七 薩婆桑悉迦羅八 波唎輸底九 達磨底十 伽迦娜十一 莎訶某持迦底十二
薩婆婆毗輸底十三 摩訶娜耶十四 波唎婆唎莎訶十五
若有自書寫教人書寫是无量壽宗要經受持讀誦若魔魔之眷屬夜叉羅剎不
得其便終无枉死陁羅尼曰
南謨薄伽勃底一 阿波唎蜜多二 阿喩紇硯娜三 須毗你悉指陁 囉佐耶五 怛他羯他耶六
怛姪他唵七 薩婆桑悉迦羅八 波唎輸底九 達磨底十 伽迦娜十一 莎訶某持迦底十二
薩婆婆毗輸底十三 摩訶娜耶十四 波唎婆唎莎訶十五
若有自書寫教人書寫是无量壽宗要經受持讀誦者命終時有九十九俱胝佛現其人前
蒙千佛授手能遊一切佛剎莫於此經生於疑惑陁羅尼曰
南謨薄伽勃底一 阿波唎蜜多二 阿喩紇硯娜三 須毗你悉指陁四 囉佐耶五 怛他羯他耶六
怛姪他唵七 薩婆桑悉迦羅八 波唎輸底九 達磨底十 伽迦娜十一 莎訶某持迦底十二
薩婆婆毗輸底十三 摩訶娜耶十四 波唎婆唎莎訶十五
若有自書寫教人書寫是无量受宗要經受持讀誦常得四天大王隨其衛護陁羅尼曰
南謨薄伽勃底一 阿波唎蜜多二 阿喩紇硯娜三 須毗你悉指陁四 囉佐耶五 怛他羯他耶六
怛姪他唵七 薩婆桑悉迦羅八 波唎輸底九 達磨底十 伽迦娜十一 莎訶某持迦底十二
薩婆婆毗輸底十三 摩訶娜耶十四 波唎婆唎莎訶十五
若有自書寫教人書寫是无量壽宗要經受持讀誦當得往生西方極樂世界
阿弥陁淨土陁羅尼曰
南謨薄伽勃底一 阿波唎蜜多二 阿喩紇硯娜三 須毗你悉指陁四 囉佐耶五 怛他羯他耶六
怛姪他唵七 薩婆桑悉迦羅八 波唎輸底九 達磨底十 伽迦娜十一 莎訶某持迦底十二
薩婆婆毗輸底十三 摩訶娜耶十四 波唎婆唎莎訶十五
若有方所自書寫使人書寫是无量壽經典之處則為是塔皆應恭敬作礼若是畜
生或為鳥獸得聞是經如是等類皆當不久得成一切種智陁羅尼曰
南謨薄伽勃底一 阿波唎蜜多二 阿喩紇硯娜三 須毗你悉指陁四 囉佐耶五 怛他羯他耶六
怛姪他唵七 薩婆桑悉迦羅八 波唎輸底九 達磨底十 伽迦娜十一 莎訶某持迦底十二
薩婆婆毗輸底十三 摩訶娜耶十四 波唎婆唎莎訶十五

BD15206 號　無量壽宗要經

（6–4）

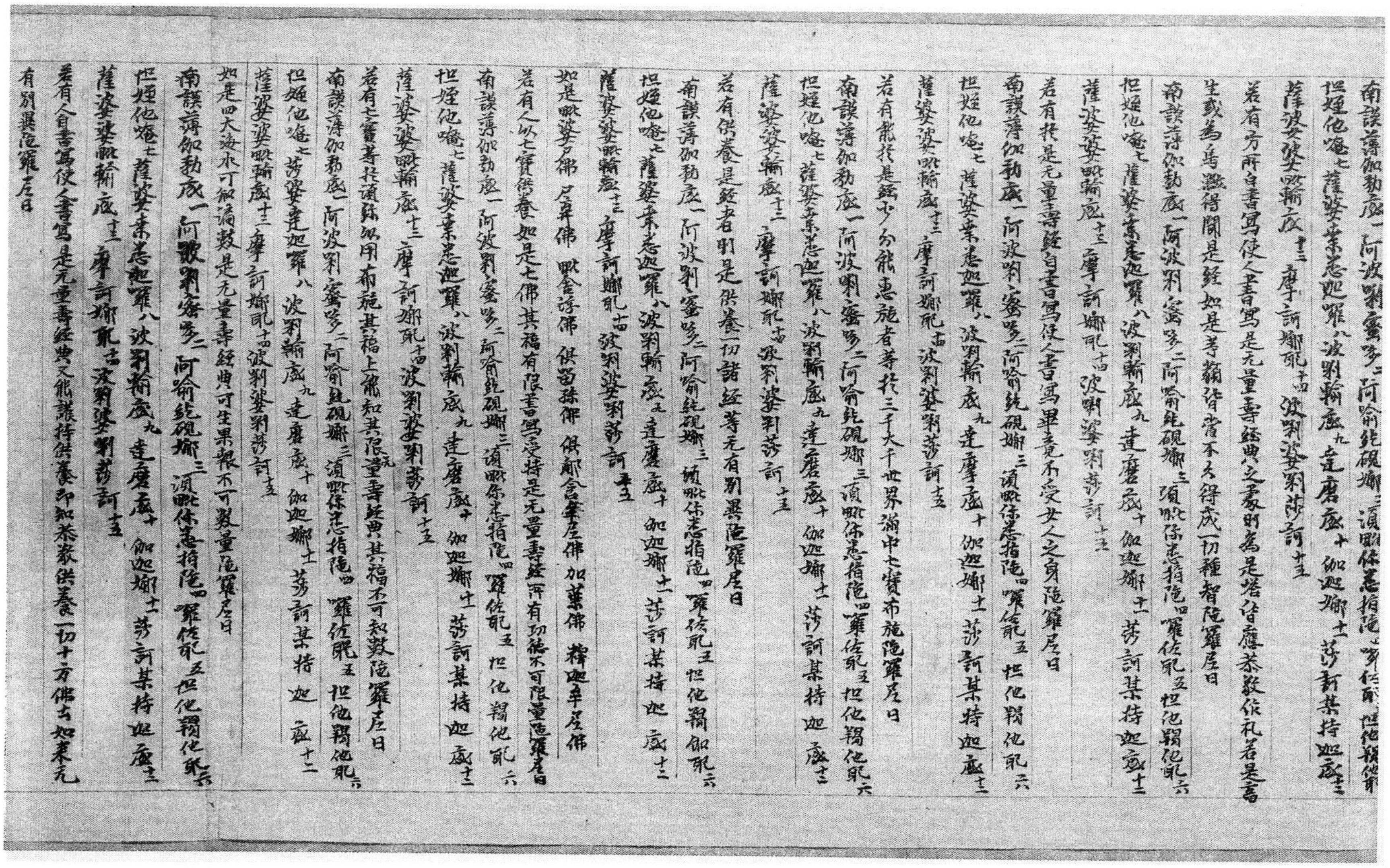
南謨薄伽勃底一 阿波唎蜜多二 阿喩紇硯娜三 須毗你悉指陁四 囉佐耶五 怛他羯他耶六
怛姪他唵七 薩婆桑悉迦羅八 波唎輸底九 達磨底十 伽迦娜十一 莎訶某持迦底十二
薩婆婆毗輸底十三 摩訶娜耶十四 波唎婆唎莎訶十五
若有方所自書寫使人書寫是无量壽經典之處則為是塔皆應恭敬作礼若是畜
生或為鳥獸得聞是經如是等類皆當不久得成一切種智陁羅尼曰
南謨薄伽勃底一 阿波唎蜜多二 阿喩紇硯娜三 須毗你悉指陁四 囉佐耶五 怛他羯他耶六
怛姪他唵七 薩婆桑悉迦羅八 波唎輸底九 達磨底十 伽迦娜十一 莎訶某持迦底十二
薩婆婆毗輸底十三 摩訶娜耶十四 波唎婆唎莎訶十五
若有能於是无量壽經自書寫使人書寫畢竟不受女人之身陁羅尼曰
南謨薄伽勃底一 阿波唎蜜多二 阿喩紇硯娜三 須毗你悉指陁四 囉佐耶五 怛他羯他耶六
怛姪他唵七 薩婆桑悉迦羅八 波唎輸底九 達磨底十 伽迦娜十一 莎訶某持迦底十二
薩婆婆毗輸底十三 摩訶娜耶十四 波唎婆唎莎訶十五
若有能於是經少分能惠施者等於三千大千世界滿中七寶布施陁羅尼曰
南謨薄伽勃底一 阿波唎蜜多二 阿喩紇硯娜三 須毗你悉指陁四 囉佐耶五 怛他羯他耶六
怛姪他唵七 薩婆桑悉迦羅八 波唎輸底九 達磨底十 伽迦娜十一 莎訶某持迦底十二
薩婆婆毗輸底十三 摩訶娜耶十四 波唎婆唎莎訶十五
若有供養是經者則是供養一切諸經等无有別異陁羅尼曰
南謨薄伽勃底一 阿波唎蜜多二 阿喩紇硯娜三 須毗你悉指陁四 囉佐耶五 怛他羯伽耶六
怛姪他唵七 薩婆桑悉迦羅八 波唎輸底九 達磨底十 伽迦娜十一 莎訶某持迦底十二
薩婆婆毗輸底十三 摩訶娜耶十四 波唎婆唎莎訶十五
如是毗婆尸佛 尸棄佛 毗舍浮佛 俱留孫佛 俱那含牟尼佛 迦葉佛 釋迦牟尼佛
若有人以七寶供養如是七佛其福有限書寫受持是无量壽經所有功德不可限量陁羅尼曰
南謨薄伽勃底一 阿波唎蜜多二 阿喩紇硯娜三 須毗你悉指陁四 囉佐耶五 怛他羯他耶六
怛姪他唵七 薩婆桑悉迦羅八 波唎輸底九 達磨底十 伽迦娜十一 莎訶某持迦底十二
薩婆婆毗輸底十三 摩訶娜耶十四 波唎婆唎莎訶十五
若有七寶等於須弥以用布施其福上能知其限量壽經典其福不可知數陁羅尼曰
南謨薄伽勃底一 阿波唎蜜多二 阿喩紇硯娜三 須毗你悉指陁四 囉佐耶五 怛他羯他耶六
怛姪他唵七 莎婆桑悉迦羅八 波唎輸底九 達磨底十 伽迦娜十一 莎訶某持迦底十二
薩婆婆毗輸底十三 摩訶娜耶十四 波唎婆唎莎訶十五
如是四大海水可知滴數是无量壽經典可生果報不可數量陁羅尼曰
南謨薄伽勃底一 阿波唎蜜多二 阿喩紇硯娜三 須毗你悉指陁四 囉佐耶五 怛他羯他耶六
怛姪他唵七 薩婆桑悉迦羅八 波唎輸底九 達磨底十 伽迦娜十一 莎訶某持迦底十二
薩婆婆毗輸底十三 摩訶娜耶十四 波唎婆唎莎訶十五
若有人自書寫使人書寫是无量壽經典又能讀持供養即如恭敬供養一切十方佛土如來无
有別異陁羅尼曰

BD15206 號　無量壽宗要經

（6–5）

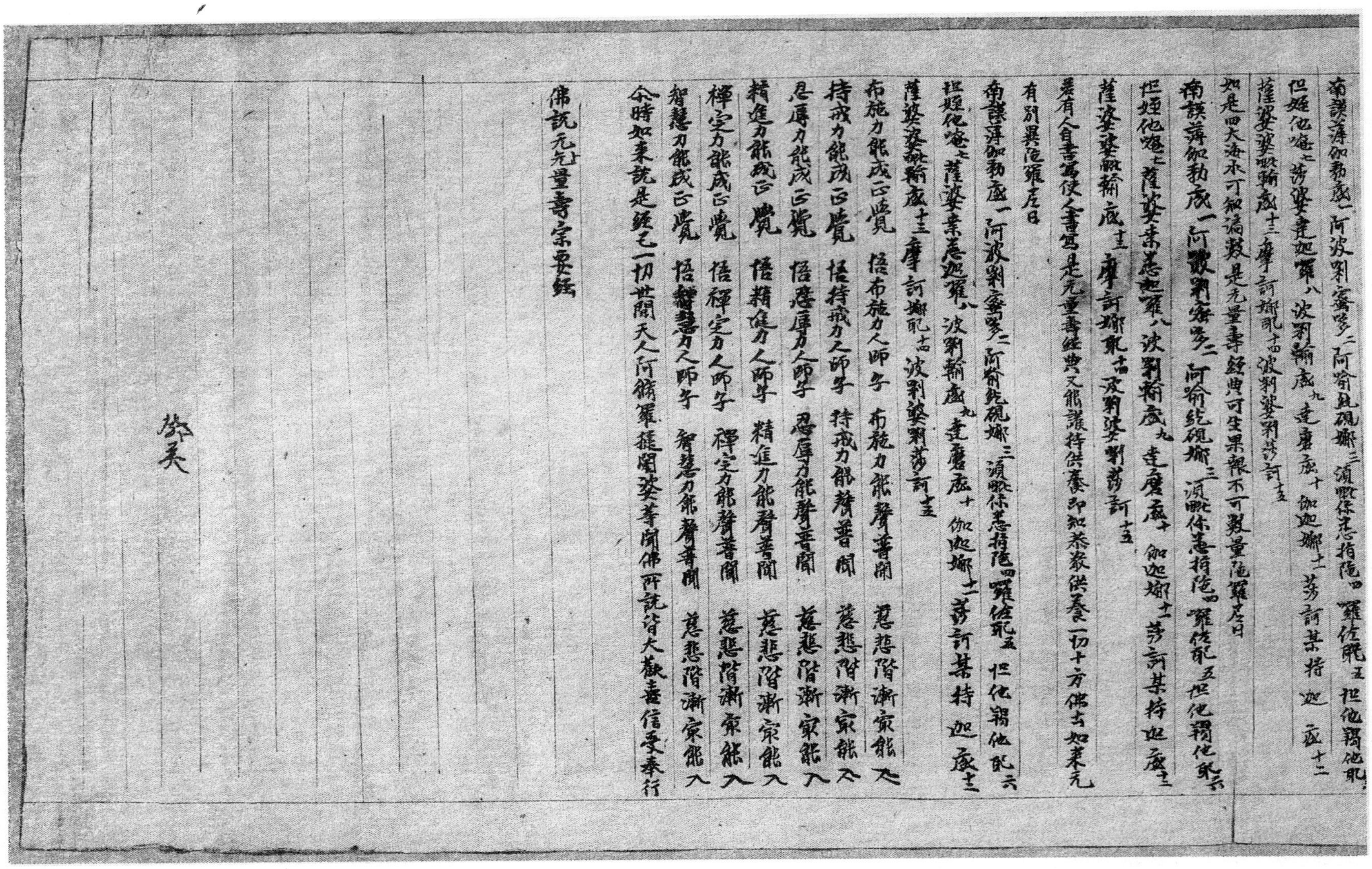

南謨薄伽勃底一 阿波唎蜜哆二 阿喻紇硯娜三 須毗你悉指陀四 囉佐耶五 怛他羯他耶六
怛姪他唵七 薩婆桑悉迦囉八 波唎輸底九 達磨底十 伽伽娜十一 莎訶某持迦底十二
薩婆娑毗輸底十三 摩訶娜耶十四 波唎婆唎莎訶十五
如是四大海水可知滴數是无量壽經典所生果報不可數量陀羅尼曰
南謨薄伽勃底一 阿波唎蜜哆二 阿喻紇硯娜三 須毗你悉指陀四 囉佐耶五 怛他羯他耶六
怛姪他唵七 薩婆桑悉迦囉八 波唎輸底九 達磨底十 伽伽娜十一 莎訶某持迦底十二
薩婆娑毗輸底十三 摩訶娜耶十四 波唎婆唎莎訶十五
若有人自書寫使人書寫是无量壽經典又能讓持供養即知恭敬供養一切十方佛土如來无
有別異陀羅尼曰
南謨薄伽勃底一 阿波唎蜜哆二 阿喻紇硯娜三 須毗你悉指陀四 囉佐耶五 怛他羯他耶六
怛姪他唵七 薩婆桑悉迦囉八 波唎輸底九 達磨底十 伽伽娜十一 莎訶某持迦底十二
薩婆娑毗輸底十三 摩訶娜耶十四 波唎婆唎莎訶十五
布施力能成正覺 悟布施力人師子 布施力能聲普聞 慈悲階漸家能入
持戒力能成正覺 悟持戒力人師子 持戒力能聲普聞 慈悲階漸家能入
忍辱力能成正覺 悟忍辱力人師子 忍辱力能聲普聞 慈悲階漸家能入
精進力能成正覺 悟精進力人師子 精進力能聲普聞 慈悲階漸家能入
禪定力能成正覺 悟禪定力人師子 禪定力能聲普聞 慈悲階漸家能入
智慧力能成正覺 悟智慧力人師子 智慧力能聲普聞 慈悲階漸家能入
尒時如來說是經已一切世間天人阿脩羅揵闥婆等聞佛所說皆大歡喜信受奉行

佛說无量壽宗要經

癸美

BD15206 號　無量壽宗要經　（6–6）

BD15206 號背　勘記、印章　（1–1）

我等住阿惟越致地於是事中亦所不達世
尊如是諸世界无量无邊尒時佛告大菩薩
衆諸善男子今當分明宣語汝等是諸世界
若著微塵及不著者盡以為塵一塵一劫我
成佛已来復過於此百千万億那由他阿僧
祇劫自從是来我常在此娑婆世界說法教
化亦於餘處百千万億那由他阿僧祇國導
利衆生諸善男子於是中間我說燃燈佛等
又復言其入於涅槃如是皆以方便分別諸
善男子若有衆生来至我所我以佛眼觀其
信等諸根利鈍隨所應度處處自說名字不
同年紀大小亦復現言當入涅槃又以種種
方便說微妙法能令衆生發歡喜心諸善男
子如来見諸衆生樂於小法德薄垢重者為
是人說我少出家得阿耨多羅三藐三菩提
然我實成佛已来久遠若斯但以方便教化
衆生令入佛道作如是說諸善男子如来所
演經典皆為度脫衆生或說己身或說他身
或示己身或示他身或示己事或示他事諸
所言說皆實不虛所以者何如来如實知見

BD15207號　妙法蓮華經卷五　（2–1）

子如来見諸衆生樂於小法德薄垢重者為
是人說我少出家得阿耨多羅三藐三菩提
然我實成佛已来久遠若斯但以方便教化
衆生令入佛道作如是說諸善男子如来所
演經典皆為度脫衆生或說己身或說他身
或示己身或示他身或示己事或示他事諸
所言說皆實不虛所以者何如来如實知見
三界之相无有生死若退若出亦无在世及
滅度者非實非虛非如非異不如三界見於
三界如斯之事如来明見无有錯謬以諸衆
生有種種性種種欲種種行種種憶想分別
故欲令生諸善根以若干因緣譬喻言辭種
種說法所作佛事未曾暫廢如是我成佛已
来甚大久遠壽命无量阿僧祇劫常住不滅
諸善男子我本行菩薩道所成壽命今猶未
盡復倍上數然今非實滅度而便唱言當取
滅度如来以是方便教化衆生所以者何若
佛久住於世薄德之人不種善根貧窮下賤
貪著五欲入於憶想妄見網中若見如来常
在不滅便起憍恣而懷厭怠不能生難遭之
想恭敬之心是故如来以方便說比丘當知
諸佛出世難可值遇所以者何諸薄德人過
无量百千万億劫或有見佛或不見者以此
事故我作是言諸比丘如来難可得見斯衆

BD15207號　妙法蓮華經卷五　（2–2）

山共大菩薩諸聲聞衆圍繞說法又見此
娑婆世界其地瑠璃坦然平正閻浮檀金以
界八道寶樹行列諸臺觀皆悉寶成其菩
薩衆咸處其中若有能如是觀者當知是為
深信解相又復如來滅後若聞是經而不毀
呰起隨喜心當知已為深信解相何況讀誦
受持之者斯人則為頂戴如來阿逸多是善
男子善女人不須為我復起塔寺及作僧坊
以四事供養衆僧所以者何是善男子善女
人受持讀誦是經典者為已起塔造立僧坊
供養衆僧則為以佛舍利起七寶塔高廣漸
小至于梵天懸諸幡蓋及衆寶鈴華香瓔珞
末香塗香燒香衆鼓伎樂簫笛箜篌種種儛
戲以妙音聲歌唄讚頌則為於无量千万億
劫作是供養已阿逸多若我滅後聞是經典
有能受持若自書若教人書則為起立僧坊
以赤栴檀作諸殿堂三十有二高八多羅樹
高廣嚴好百千比丘於其中止園林流池經

BD15208號　妙法蓮華經卷五　　（2–1）

以四事供養衆僧所以者何是善男子善女
人受持讀誦是經典者為已起塔造立僧坊
供養衆僧則為以佛舍利起七寶塔高廣漸
小至于梵天懸諸幡蓋及衆寶鈴華香瓔珞
末香塗香燒香衆鼓伎樂簫笛箜篌種種儛
戲以妙音聲歌唄讚頌則為於无量千万億
劫作是供養已阿逸多若我滅後聞是經典
有能受持若自書若教人書則為起立僧坊
以赤栴檀作諸殿堂三十有二高八多羅樹
高廣嚴好百千比丘於其中止園林流池經
行禪窟衣服飲食床褥湯藥一切樂具充滿
其中如是僧坊堂閣若干百千万億其數无量
以此現前供養於我及比丘僧是故我說如
來滅後若有受持讀誦為他人說若自書
若教人書供養經卷不須復起塔寺及造僧
坊供養衆僧況復有人能持是經兼行布施
持戒忍辱精進一心智慧其德最勝无量无
邊譬如虛空東西南北四維上下无量无邊
是人功德亦復如是无量无邊疾至一切種
智若人讀誦受持是經為他人說若自書若

BD15208號　妙法蓮華經卷五　　（2–2）

BD15208號背　勘記、印章　（1–1）

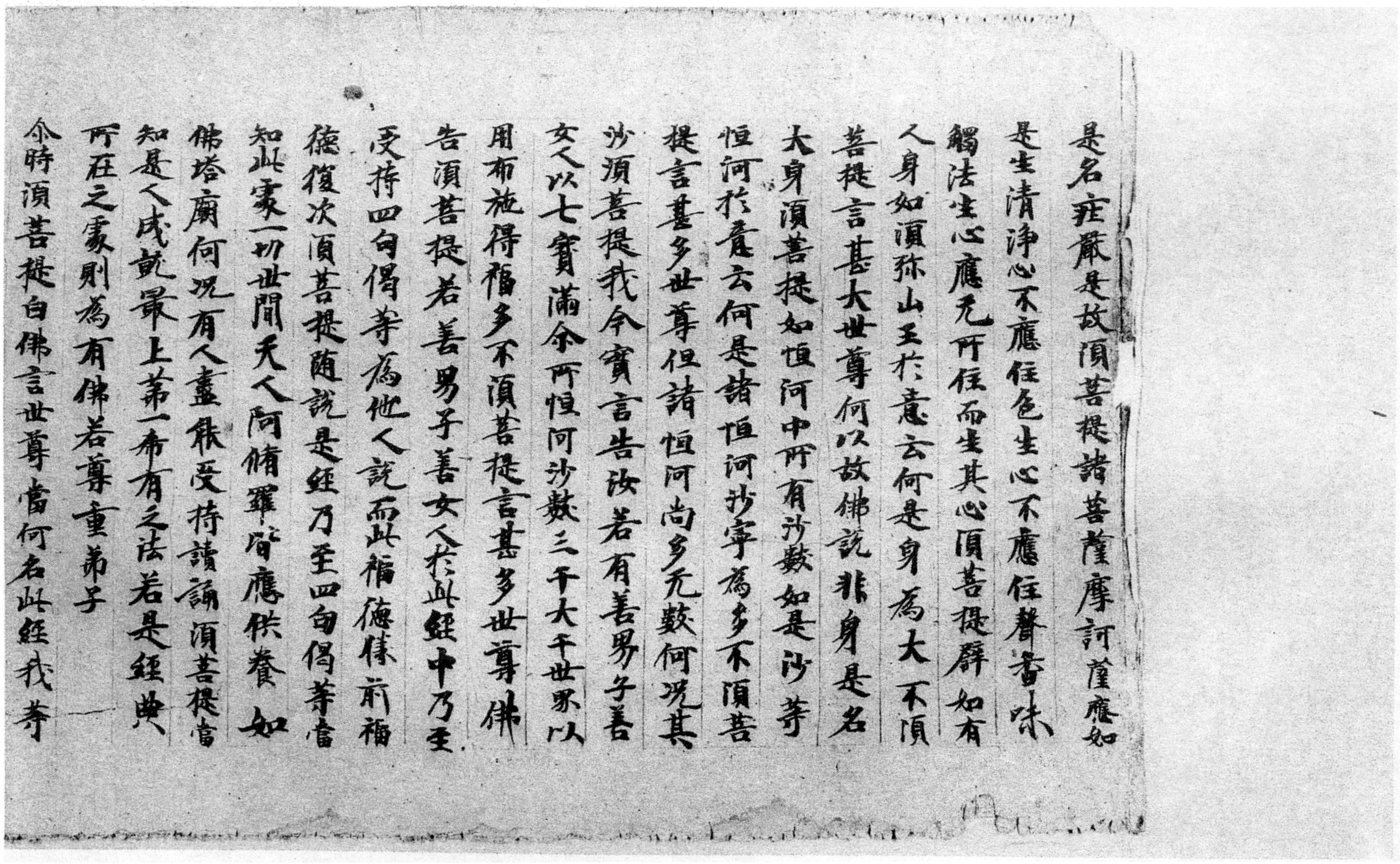

是名莊嚴是故須菩提諸菩薩摩訶薩應如
是生清淨心不應住色生心不應住聲香味
觸法生心應无所住而生其心須菩提譬如有
人身如須彌山王於意云何是身為大不須
菩提言甚大世尊何以故佛說非身是名
大身須菩提如恒河中所有沙數如是沙等
恒河於意云何是諸恒河沙寧為多不須菩
提言甚多世尊但諸恒河尚多无數何況其
沙須菩提我今實言告汝若有善男子善
女人以七寶滿尒所恒河沙數三千大千世界以
用布施得福多不須菩提言甚多世尊佛
告須菩提若善男子善女人於此經中乃至
受持四句偈等為他人說而此福德勝前福
德復次須菩提隨說是經乃至四句偈等當
知此處一切世間天人阿脩羅皆應供養如
佛塔廟何況有人盡能受持讀誦須菩提當
知是人成就最上第一希有之法若是經典
所在之處則為有佛若尊重弟子
尒時須菩提白佛言世尊當何名此經我等

BD15209號　金剛般若波羅蜜經　（2–1）

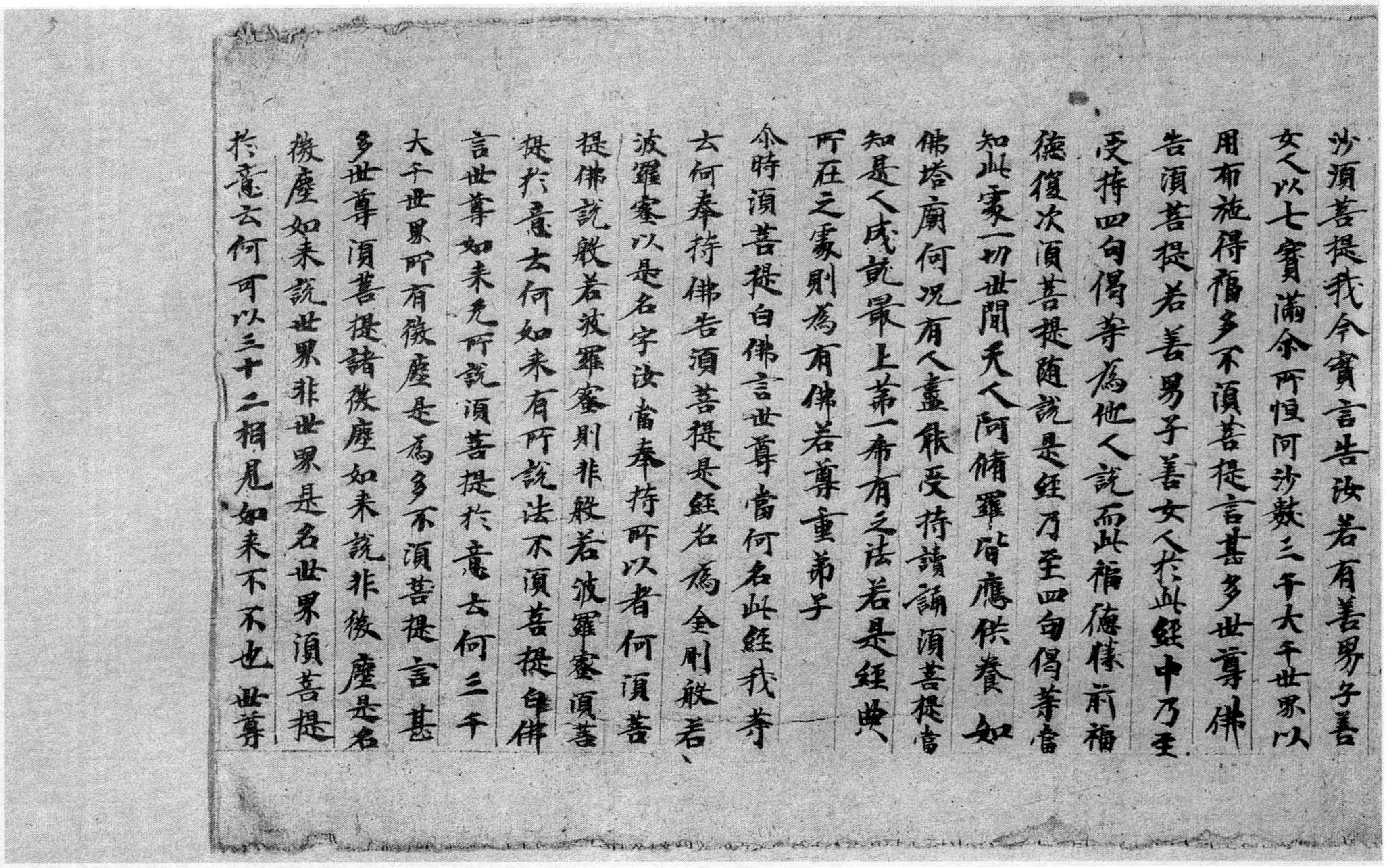

沙須菩提我今實言告汝若有善男子善
女人以七寶滿尒所恒河沙數三千大千世界以
用布施得福多不須菩提言甚多世尊佛
告須菩提若善男子善女人於此經中乃至
受持四句偈等為他人說而此福德勝前福
德復次須菩提隨說是經乃至四句偈等當
知此處一切世間天人阿脩羅皆應供養如
佛塔廟何況有人盡能受持讀誦須菩提當
知是人成就最上第一希有之法若是經典
所在之處則為有佛若尊重弟子
尒時須菩提白佛言世尊當何名此經我等
云何奉持佛告須菩提是經名為金剛般若
波羅蜜以是名字汝當奉持所以者何須菩
提佛說般若波羅蜜則非般若波羅蜜須菩
提於意云何如來有所說法不須菩提白佛
言世尊如來无所說須菩提於意云何三千
大千世界所有微塵是為多不須菩提言甚
多世尊須菩提諸微塵如來說非微塵是名
微塵如來說世界非世界是名世界須菩提
於意云何可以三十二相見如來不不也世尊

BD15209 號　金剛般若波羅蜜經　（2–2）

BD15209 號背　勘記、印章　（1–1）

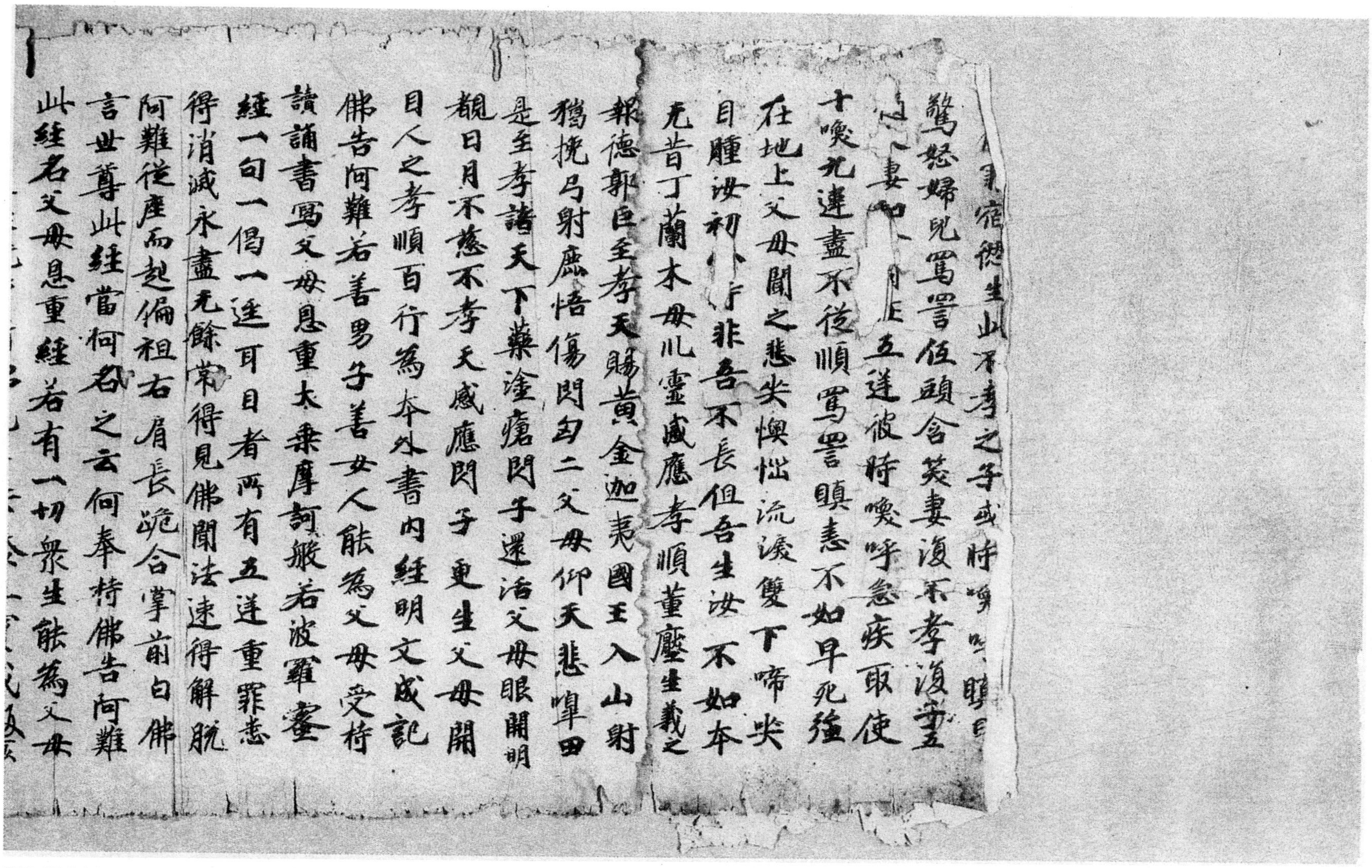

□□宿徙生此不孝之子或時喚呼瞋目
驚怒婦兒罵詈低頭含笑妻復不孝復為五
□□妻□□□上五逆彼時喚呼急疾取使
十喚九違盡不從順罵詈瞋恚不如早死強
在地上父母聞之悲哭懊惱流淚雙下啼哭
目腫汝初小時非吾不長但吾生汝不如本
无昔丁蘭木母以靈感應孝順董黶生義之
報德郭巨至孝天賜黄金迦夷國王入山射
獵挽弓射鹿悮傷閃子二父母仰天悲嗥田
是至孝諸天下藥塗瘡閃子還活父母眼開明
覩日月不慈不孝天感應閃子更生父母開
目人之孝順百行為本外書內經明文成記
佛告阿難若善男子善女人能為父母受持
讀誦書寫父母恩重大乘摩訶般若波羅蜜
經一句一偈一逕耳目者所有五逆重罪悉
得消滅永盡无餘常得見佛聞法速得解脫
阿難從座而起偏袒右肩長跪合掌前白佛
言世尊此經當何名之云何奉持佛告阿難
此經名父母恩重經若有一切衆生能為父母

BD15210 號　父母恩重經（異本一）

（2–1）

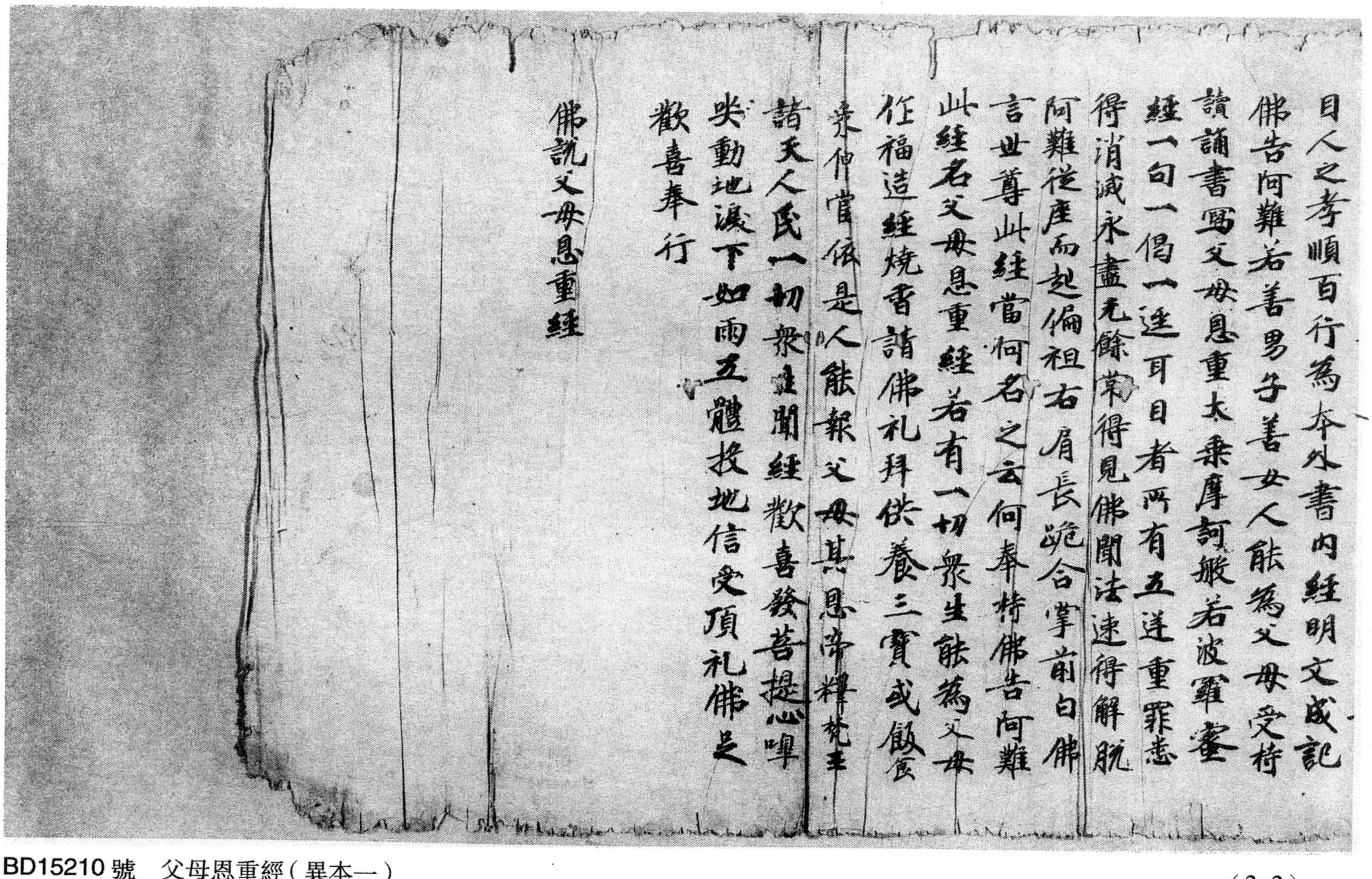

目人之孝順百行為本外書內經明文成記
佛告阿難若善男子善女人能為父母受持
讀誦書寫父母恩重大乘摩訶般若波羅蜜
經一句一偈一逕耳目者所有五逆重罪悉
得消滅永盡无餘常得見佛聞法速得解脫
阿難從座而起偏袒右肩長跪合掌前白佛
言世尊此經當何名之云何奉持佛告阿難
此經名父母恩重經若有一切衆生能為父母
作福造經燒香請佛礼拜供養三寶或飯食
衆僧當依是人能報父母其恩帝釋梵王
諸天人民一切衆生聞經歡喜發菩提心嗥
哭動地淚下如雨五體投地信受頂礼佛足
歡喜奉行

佛說父母恩重經

BD15210 號　父母恩重經（異本一）

（2–2）

BD15210號背　勘記、印章　　　　（1-1）

其中家所當應觀去處營事[illegible]去不分不應
放去　二者頭面著地作礼隨師教令不得違逆　三者獨還獨去不
受教戒過餘聚落中歒發步步結非威儀罪直去直來還歸本
處誦經脩習勿使身心馳散神志恍惚是爲[illegible]鉢出去時法
沙彌[illegible]擇菜有五事　一者[illegible]　[illegible]三者不
得使有青黃合　四者洗菜當三易水令淨已當三振去水　五者應
知作淨法作事畢竟已當還掃除使淨　沙彌應知給汲水法有十事
一者手不淨不得便用汲水當先澡手　二者不得大投灌井中使有攢
三者當徐徐行不得大挑擊[illegible]身使綆[illegible]
井中　五者不得持腹伏井欄上　六者不得持罐水著釜中　七者不
得持罐置地　八者當洗燒器令淨　九者舉水入院當徐徐行　十者
著屏處不得妨人道　沙彌澡釜有五事　一者先澡釜錫上　二者當
洗鍋裏　三者當澡中要膩　四[illegible]當三易水使如
法淨　沙彌吹竈有五事　一者不得蹲吹火　二者不得炊生薪　三者
不得倒炊濕薪　四者不得然腐薪　五者不得熱湯洗大滅
沙彌掃地有五事　一者順行　二者灑地不得有厚薄　三者不得汙
濺四壁　四者不得蹈溼上壞地　[illegible]當[illegible]分弃之
沙彌若比丘僧及比丘尼飯食時掃地有五事　一者却行　二者不桃
臂手　三者過六人必作一聚　四者悉掃還爲[illegible]　五者即當自手

不得倒炊溼薪　四者不得然腐薪　五者不得熱湯洗大滅
沙彌掃地有五事　一者順行　二者灑地不得有厚薄　三者不得汙
濺四壁　四者不得蹹溼上壞地　[illegible]當[illegible]畢分弃之
沙彌若比丘僧及比丘尼飲食時掃地有五事　一者却行　二者不𢾊
臂手　三者過六人已作一聚　四者悉掃遍為善　五者即當自手
除持出弃之　沙彌持水澡罐寫水有五事　一者一手持上一手持下
不得轉易　二者當近左堅持[illegible]當相[illegible]洗下水不得
多亦不得少亦當授人手中　四者下水當去人手四寸不得高不得下
當相視水多少設水少不能足一人當益不得住人手　五者已澡手還
着袈裟　沙彌過手巾有五事　一者當右手持上左手持下一頭授人
二者當去坐二尺不得前倚人膝　三者當持巾隨鄣人口　四者人拭
未放巾不得引去已下竟當報主若着故處　五者已當澡手還
着袈裟　沙彌受履有五事　一者當先外數去中所有　二者當
從上起　三者當隨澡鉢後來主令自識　四者不得持左皆當下竟
五者已竟當還澡手還着袈裟　沙彌拭鉢有五事　一者當澡
手拭使燥　二者當持淨手巾著膝上　三者當拭裏燥即當持
淨巾并襆囊中著常處　沙彌行會飯時教沙彌持鉢有五事
一者不得以鉢置地　二者不得累使有聲　三者漸下著地　四者人
來受鉢不得持鉢置案上　五者不得從人後受鉢當正從前亦不
得眾中視師飯已當起取鉢還坐　沙彌為師持書行答謝人法
有七事　一者當直往　二者當直還　三者當識師所語亦當識人報語
四者不得妄有所過　五者若有所諧不得止留宿　七者當重三彈
指乃得入　六者不得調戲　七者行來出入當有法則
沙彌欲入戶有七事　一者當三彈指乃得入　二者不得當人道路作事
業　三者不得妄說他事　四者當叉手如法說　五者教僑坐不得交脚
六者不得調戲　七者不得障人先出當退還讓之　沙彌入浴室有五事
一者當低頭入　二者當避上座　三者上座在於眾中不得狂語　四者不
得以水更相灒洗　五者不得持水澆大滅　沙彌復有五事
一者不得調戲　二者不得破中瓫瓨　三者用水不得大費　四者不得

BD15211號　沙彌威儀經　（4–2）

栢乃得人　六者不得調謔　七者行来出入當有法則
沙弥欲入戶有七事　一者當三彈栢乃得入　二者不得當人道路作事
業　三者不得妄說他事　四者當叉手如法說　五者教俗坐不得交脚
六者不得調謔　七者不得障人先出當退還讓之　沙弥入浴室有五事
一者當低頭入　二者當避上座　三者上座在於衆中不得狂語　四者不
得以水更相灒洗　五者不得持水澆火滅　沙弥復有五事
一者不得調謔　二者不得破中瓮瓨　三者用水不得大費　四者不得
濁水雜澡豆麻油等　五者先出去時不得亡浣衣　沙弥至舍後時
有十事　一者欲大小便即當速行　二者行不得左右顧視　三者
至高脚所應三彈指　四者不得過時從後来久待而人极病患　五者
已至欲去衣復當三彈指　六者不得大咽　七者不得低頭視小道
處　八者不得弄上灰土　九者不得持水澆壁　十者出入已當還澡手
若未澡手不得捉持衣物等　沙弥至舍後處復有五事
一者不得正垂前壁　二者不得在左右顧視　三者不得持草木畫地
四者不得持大畫地及壁　五者不得久固上出入已當攝下去設
逢人不得為作礼應下道避之　沙弥善知持衣鉢法　沙弥應
知記出家時日當身年歲為防外道及諸俗人等不問知對答
生譏嫌故　沙弥但是所食之味皆須從人受已而食除水及楊枝
若无人聽心生慚愧不應輒急而食　沙弥若不為三寶等緣有
利益者而極地壞生等事得吉羅罪　沙弥若有人問出家法年
幾得出家年幾不得出家僧祇律中七歲解知好惡者應与出家
八十九十太老過七十卧起須人扶侍不聽度　沙弥應知沙弥有三品
從七歲至十三名駈烏沙弥從十四至十九名應法沙弥從廿至七十名字
沙弥　沙弥行有五事　一者不得左右顧視若欲有所覩者當須迴
身向所看處　二者不得大高視不得大低視當平行如擔葦人法
視六十步內　三者若迴身時當右旋不得左迴　四者不得太急大步
除難事不得太緩應當不急不緩　五者不得掉臂行是名行時法
沙弥住有七事　一者不得當前立當在傍邊　二者不得當和尚闍
梨及大比丘前立共餘下衆語　三者不得傲卒前立　四者不得宗女

BD15211號　沙彌威儀經

沙弥　沙弥行有五事　一者不得左右顧視若欲有所覩者當須迴
身向所看處　二者不得大高視不得大低視當平行如擔華人法
視六十步內　三者若迴身時當右旋不得左迴　四者不得太急大步
除難事不得太緩應當不急不緩　五者不得掉臂行是名行時法
沙弥住有七事　一者不得當前立當在傍邊　二者不得當和尚闍
梨及大比丘前立共餘下衆語　三者不得獄辛前立　四者不得宗女
處女婬女前並不得立　五者不得屠肆人前立　六者不得雩蒲人
前立　七者不得象鬪雞鬪人鬪等前並不得立是名住時法
沙弥坐有五事　一者不得塔像前非威儀不應坐　二者不得當像
前營辦活業當前坐　三者不得放逸卸手胯大坐　四者上座在
下不得在上坐　五者不得与大比丘相逼坐是名坐時法　沙弥卧有五事
一者不得如愛欲人左脅而卧　二者不得如死屍仰卧　三者不得如
餓鬼伏地卧　四者當如師子獸王右脅而卧　五者當累兩胯屈左
手為枕左手順身卸展閉口舌駐上齶如諸仏師應當精勤計心專
注誦習通利當如是學　沙弥每十日五月盡日乞觀壽文
和尚憶念我沙弥某甲從前布薩至今布薩於其中間不具揚、
枝淨水拂晶灑掃仏塔僧地参问起居不依時節惱乱和尚惟
願慈悲布施歡喜沙弥應可學法如前餘有要行具戒後學
是名威儀法

沙弥威儀経一卷

BD15211號背　勘記、印章　　　　　　　　　　　　　　　　　　　　（1-1）

摩訶薩由此觀察備行布施
得圓滿疾證无上正等菩提
為諸有情終不怺武
薩常住此念我為有情
決定不應斷眾生命乃至
欲境及諸天樂亦复不應求二
晚是菩薩摩訶薩由此觀二
羅蜜多速得圓滿疾證无上
摩訶薩為諸有情不起忿恚
凌辱分解支節受諸苦怊亦
心所以者何是菩薩摩訶薩
谷響色如聚沫不應求中亦
摩訶薩由此觀察備行安忍
團淵疾證无上正等菩提是此
為諸有情勤求善法乃至无上正等菩提

BD15212號　大般若波羅蜜多經卷五二四　　　　　　　　　　　　（21-1）

303

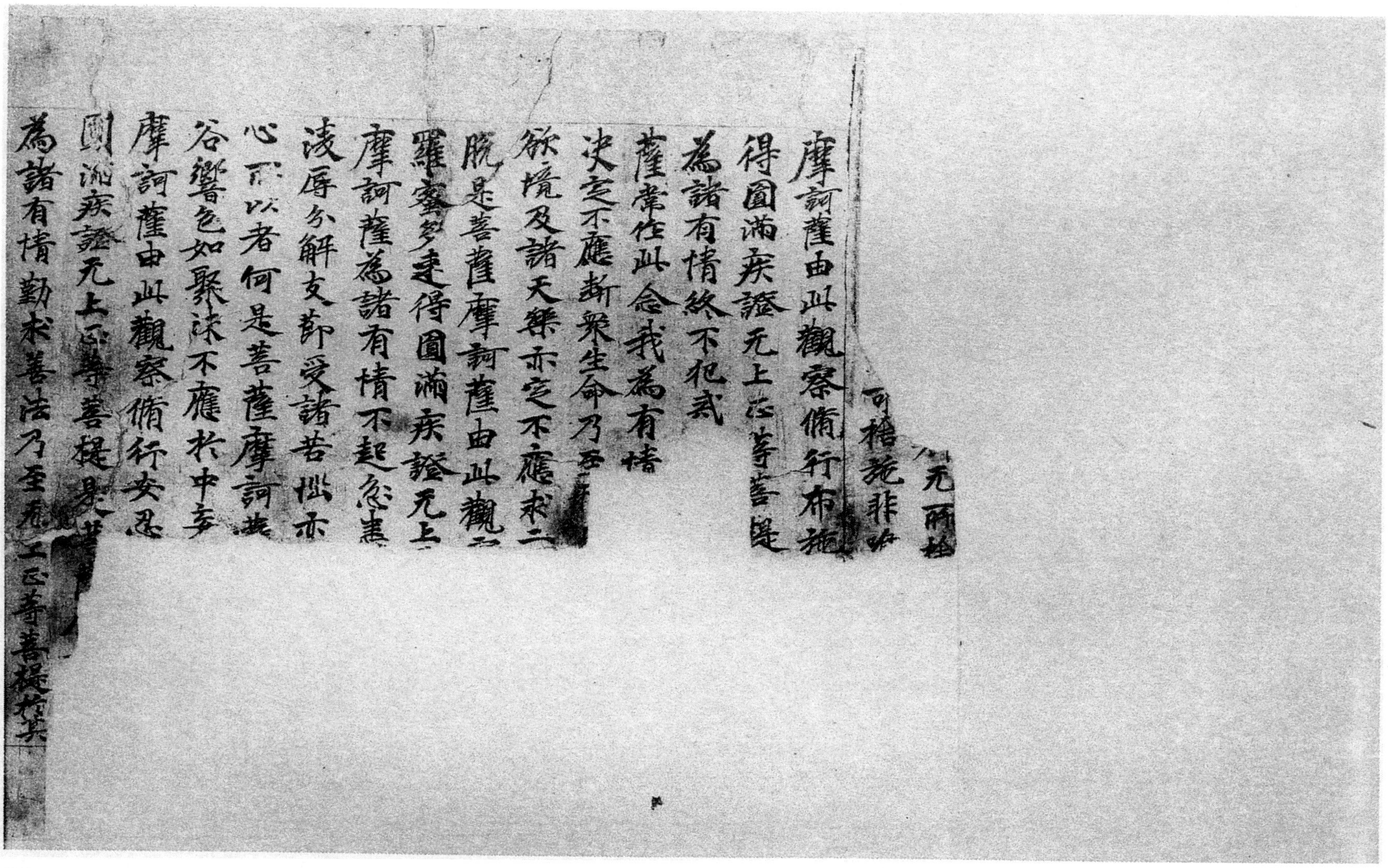

摩訶薩由此觀察脩行安忍
圓滿疾證无上正等菩提是菩
為諸有情勤求善法乃至无上正等菩提於其
中間常不懈怠所以者何是菩薩摩訶薩常
作是念我若懈怠不能濟拔一切有情令其
遠離生死大苦亦不能得一切智智是菩薩
摩訶薩由此觀察脩行精進波羅蜜多速
得圓滿疾證无上正等菩提是菩薩摩訶薩為
諸有情勤脩勝定乃至无上正等菩提終不
發起貪瞋癡等散動之心所以者何是菩薩
摩訶薩常作此念我若發起貪瞋癡等散動
之心則不能成饒益他事亦不能證所求佛
果是菩薩摩訶薩由此觀察脩行靜慮波
羅蜜多速得圓滿疾證无上正等菩提是菩薩
摩訶薩為諸有情不離般若波羅蜜多乃至
无上正等菩提常勤脩學微妙勝慧所以者
何是菩薩摩訶薩常作此念若離般若波羅
蜜多於諸有情不能成熟亦不能證无上菩
提是菩薩摩訶薩由此觀察脩行般若波羅
蜜多速得圓滿疾證无上正等菩提由此因
緣雖一切法自性皆空都无真實體相作用
而諸菩薩摩訶薩衆勤脩六種波羅蜜多
證得无上正等菩提具壽善現復白佛言若此
六種波羅蜜多无差別性皆是般若波羅蜜
多所攝受故云何可說般若波羅蜜多於五

而諸菩薩摩訶薩衆勤脩六種波羅蜜多
證得无上正等菩提具壽善現復白佛言若此
六種波羅蜜多无差別性皆是般若波羅蜜
多所攝受故云何可說般若波羅蜜多於五
波羅蜜多為最為勝為尊為高為妙為微妙
為上為无上佛告善現如是如是如汝所說
布施等六波羅蜜多无差別性皆是般若波
羅蜜多所攝受故若无般若波羅蜜多布
施等五不得名為波羅蜜多要依般若波羅
蜜多布施等五乃得名為波羅蜜多善現當知
如有情類雖有種種身色差別若往親近妙
高山王咸同一色如是前五波羅蜜多雖有
種種品類差別而為般若波羅蜜多所攝受
故皆由般若波羅蜜多脩成滿故皆入般若
波羅蜜多不可施設差別名性又前五種波
羅蜜多依止般若波羅蜜多方能證得一切
智智乃得名為到彼岸者是故六種波羅蜜
多皆同一味性无差別不可施設此是布施
乃至般若波羅蜜多所以者何如是六種波
羅蜜多皆能證得一切智智能到彼岸性无
差別由是因緣布施等六不可施設名字有
異具壽善現復白佛言波羅蜜多及一切法
若隨實義皆无此彼勝劣差別何緣故說般
若波羅蜜多於五波羅蜜多為最為勝為
尊為高為妙為微妙為上為无上佛言善現

若波羅蜜多於五波羅蜜多為最為勝為
尊為高為妙為微妙為上為无上時善現
如是如是如汝所說若隨實義波羅蜜多乃至一
切法皆无此彼勝劣差別但依世俗言說作
用說有此彼勝劣差別施設布施乃至般若
波羅蜜多為欲度脫諸有情類世俗作用生
老病死然諸有情生老病死皆非實有但假
施設所以者何有情无故當知諸法亦无所
有甚深般若波羅蜜多達一切法都无所有
能拔有情世俗作用生老病死由此故說般
若波羅蜜多於五波羅蜜多為最為勝為尊
為高為妙為微妙為上為无上善現當知如
轉輪王所有女寶於人中女為最為勝為尊
為高為妙為微妙為上為无上如是般若波
羅蜜多於前五種波羅蜜多為最為勝為尊
為高為妙為微妙為上為无上具壽善現復
白佛言如來何緣但數讚說甚深般若波羅
蜜多於布施等波羅蜜多為最為勝為尊為
高為妙為微妙為上為无上佛告善現由此
般若波羅蜜多普能攝受一切善法和合趣
入一切智智安住不動以无所得為方便故
具壽善現復白佛言如是般若波羅蜜多於
諸善法有取捨不佛言不也如是般若波羅
蜜多於一切法无取无捨何以故以一切法自
性皆空都不可取不可捨故

BD15212號　大般若波羅蜜多經卷五二四　　（21–4）

具壽善現復白佛言如是般若波羅蜜多於
諸善法有取捨不佛言不也如是般若波羅
蜜多於一切法无取无捨何以故以一切法自
性皆空都不可取不可捨故
具壽善現復白佛言如是般若波羅蜜多於
何等法无取无捨佛告善現如是般若波羅
蜜多於色乃至一切智智无取无捨具壽善
現復白佛言如是般若波羅蜜多云何於色
廣說乃至一切智智无取无捨佛告善現如
是般若波羅蜜多不思惟色廣說乃至一切
智智是故於色廣說乃至一切智智无取无
捨具壽善現復白佛言云何般若波羅蜜多
不思惟色廣說乃至一切智智佛告善現由此
般若波羅蜜多於色乃至一切智智不思
惟一切相亦不思惟一切所緣是故於色廣
說乃至一切智智皆不思惟具壽善現復白
佛言若菩薩摩訶薩不思惟色廣說乃至
一切智智云何增長所種善根若不增長所種
善根云何圓滿波羅蜜多若不圓滿波羅蜜
多云何證得一切智智佛告善現若菩薩摩
訶薩不思惟色廣說乃至一切智智是菩薩
摩訶薩便能增長所種善根所種善根得增長
故便能圓滿波羅蜜多波羅蜜多得圓滿
故便能證得一切智智所以者何諸菩薩摩
訶薩要於諸色廣說乃至一切智智能不思

BD15212號　大般若波羅蜜多經卷五二四　　（21–5）

摩訶薩便能增長所種善根所種善根得增長
故便能圓滿波羅蜜多波羅蜜多得圓滿
故便能證得一切智智所以者何諸菩薩摩
訶薩要於諸色廣說乃至一切智智能不思
惟乃能具足脩諸菩薩摩訶薩行證得无上
正等菩提具壽善現復白佛言何緣故諸
菩薩摩訶薩要於諸色廣說乃至一切智智
能不思惟方能具足脩諸菩薩摩訶薩行證
得无上正等菩提佛告善現諸菩薩摩訶薩
若思惟色廣說乃至一切智智則有所得有
所得故便著三界若著三界不能具足脩諸
菩薩摩訶薩行證得无上正等菩提若菩薩
摩訶薩不思惟色廣說乃至一切智智便无
所得无所得故不著三界以於三界不生著
故便能具足脩諸菩薩摩訶薩行證得无上
正等菩提是故善現若菩薩摩訶薩欲能具
足脩諸菩薩摩訶薩行疾證无上正等菩提
當勤脩學甚深般若波羅蜜多不應思惟深
著諸法具壽善現復白佛言若菩薩摩訶薩
欲勤脩學甚深般若波羅蜜多當於何住佛
告善現若菩薩摩訶薩欲勤脩學甚深般若
波羅蜜多不應住色廣說乃至一切智智具
壽善現復白佛言何因緣故諸菩薩摩訶
薩欲勤脩學甚深般若波羅蜜多不應住色
廣說乃至一切智智佛告善現若菩薩摩訶薩

BD15212號　大般若波羅蜜多經卷五二四

（21-6）

壽善現復白佛言何因緣故諸菩薩摩訶
薩欲勤脩學甚深般若波羅蜜多不應住色
廣說乃至一切智智佛告善現若菩薩摩訶薩
能勤脩學甚深般若波羅蜜多於一切法无
執著故不應住色廣說乃至一切智智所以
者何是菩薩摩訶薩不見有法可於其中而
起執著及可安住如是善現諸菩薩摩訶薩
以无執著及无安住而為方便能勤脩學甚
深般若波羅蜜多善現當知若菩薩摩訶薩
住如是念若能如是无所執著无所安住精
勤脩學甚深般若波羅蜜多是脩般若波羅
蜜多是行般若波羅蜜多我能如是无所執
著无所安住精勤脩學甚深般若波羅蜜
多是脩般若波羅蜜多是行般若波羅蜜多是
菩薩摩訶薩由如是念取相執著遠離般若
波羅蜜多若遠離般若波羅蜜多則遠離布
施波羅蜜多廣說乃至一切智智所以者何
甚深般若波羅蜜多於一切法无所執著非
深般若波羅蜜多有執著者及執著性所以
者何甚深般若波羅蜜多都无自性可於諸
法有所執著是故善現諸菩薩摩訶薩行
深般若波羅蜜多於一切法及深般若波羅蜜
多皆无執著善現當知若菩薩摩訶薩行深
般若波羅蜜多時起如是想是般若波羅
蜜多我行般若波羅蜜多即是遍行諸法實

BD15212號　大般若波羅蜜多經卷五二四

（21-7）

多皆无執着善現當知若菩薩摩訶薩行深
般若波羅蜜多時起如是想此是般若波羅
蜜多我行般若波羅蜜多即是遍行諸法實
相是菩薩摩訶薩由起此想便退般若波羅
蜜多若退般若波羅蜜多則退布施波羅蜜
多廣說乃至一切智智所以者何甚深般若
波羅蜜多是一切種白法根本若退般若波
羅蜜多則為退失一切白法善現當知若菩
薩摩訶薩作如是念甚深般若波羅蜜多攝
受布施波羅蜜多廣說乃至一切智智是菩薩
摩訶薩退失般若波羅蜜多若退失般若
波羅蜜多則不能攝受布施波羅蜜多廣說
乃至一切智智所以者何非離般若波羅蜜多
能遍攝受菩提分法及能證得一切智智
善現當知若菩薩摩訶薩作如是念安住般
若波羅蜜多便於无上正等菩提定得受記
是菩薩摩訶薩由作是念退失般若波羅蜜
多若退失般若波羅蜜多便於无上正等菩
提不堪受記所以者何非離般若波羅蜜多
可於无上正等菩提有得受記善現當知若
菩薩摩訶薩作如是念安住般若波羅蜜多
則能引發布施波羅蜜多乃至能引發大慈
大悲大喜大捨是菩薩摩訶薩由如是念則
退失般若波羅蜜多若退失般若波羅蜜多
則不能引發布施波羅蜜多乃至不能引發

BD15212號　大般若波羅蜜多經卷五二四　（21-8）

大悲大喜大捨是菩薩摩訶薩由如是念則
退失般若波羅蜜多若退失般若波羅蜜多
則不能引發布施波羅蜜多乃至不能引發
大慈大悲大喜大捨所以者何非離般若波
羅蜜多而能引發安住勝法善現當知若菩
薩摩訶薩作如是念佛知諸法无攝受相自
證无上正等菩提得菩提已為諸有情宣說
開示諸法實相是菩薩摩訶薩由如是念則
為退失甚深般若波羅蜜多所以者何如来
於法无知无覺无說无示所以者何諸法實
性不可知覺不可施設云何得有知覺說示
一切法者若言實有知覺說示一切法者无
有是處
尒時具壽善現復白佛言世尊諸菩薩摩訶
薩行深般若波羅蜜多云何當得離如是等
種種過失佛告善現若菩薩摩訶薩行深般
若波羅蜜多作如是念一切法无所有不可
取若法无所有不可取則无有能現等覺者
亦无有能宣說開示若能如是行是行深般
若波羅蜜多離諸過失若菩薩摩訶薩著
无所有不可取法則離般若波羅蜜多所以者
何甚深般若波羅蜜多於一切法无所執著
无所攝受若於諸法有所執著有所攝受則
離般若波羅蜜多具壽善現復白佛言般若
波羅蜜多於般若波羅蜜多為遠離為不遠

BD15212號　大般若波羅蜜多經卷五二四　（21-9）

離般若波羅蜜多具壽善現復白佛言般若
波羅蜜多於般若波羅蜜多為遠離為不遠
離乃至布施波羅蜜多於布施波羅蜜多為
遠離為不遠離廣說乃至一切智智於一切
智智為遠離為不遠離世尊若般若波羅蜜
多於般若波羅蜜多說遠離說不遠離云何
菩薩摩訶薩能无執著引發般若波羅蜜多
如是乃至若布施波羅蜜多於布施波羅蜜
多說遠離說不遠離云何菩薩摩訶薩能无
執著引發布施波羅蜜多廣說乃至若一切
智智於一切智智說遠離說不遠離云何菩
薩摩訶薩能无執著引發一切智智佛告善
現般若波羅蜜多於般若波羅蜜多非遠離
非不遠離是故菩薩摩訶薩能无執著引發
般若波羅蜜多如是乃至布施波羅蜜多於
布施波羅蜜多非遠離非不遠離是故菩薩
摩訶薩能无執著引發布施波羅蜜多廣說
乃至一切智智於一切智智非遠離非不遠
離是故菩薩摩訶薩能无執著引發一切智
智所以者何非即自性非離自性而能引發
安住自性復次善現諸菩薩摩訶薩行深般
若波羅蜜多不執著色謂此是色此色屬彼
廣說乃至亦不執著一切智智謂此是一切
智智此一切智智屬彼是菩薩摩訶薩於如
是一切法无執著故便能引發般若波羅蜜

BD15212號　大般若波羅蜜多經卷五二四　（21–10）

若波羅蜜多不執著色謂此是色此色屬彼
廣說乃至亦不執著一切智智謂此是一切
智智此一切智智屬彼是菩薩摩訶薩於如
是一切法无執著故便能引發般若波羅蜜
多乃至能引發一切智智所以者何若菩薩
摩訶薩行深般若波羅蜜多於諸法中有所
執著謂此是法此法屬彼則不能隨意引
發安住殊勝功德復次善現諸菩薩摩訶薩
行深般若波羅蜜多不觀色若常若无常若樂
若苦若我若无我若淨若不淨若空若不空
若遠離若不遠離乃至不觀一切智智若常
若无常若樂若苦若我若无我若淨若不淨
若空若不空若遠離若不遠離是菩薩摩
訶薩於如是一切法不觀察便引發般若波羅
蜜多乃至能引發一切智智所以者何若菩
薩摩訶薩行深般若波羅蜜多於諸法中有
所觀察若常若无常若樂若苦若我若无
我若淨若不淨若空若不空若遠離若不遠離
則不能隨意引發安住殊勝功德復次善現
若菩薩摩訶薩行深般若波羅蜜多則為脩
行布施波羅蜜多廣說乃至亦為脩行一切
智智復次善現甚深般若波羅蜜多隨所
行處一切所有波羅蜜多及餘一切菩提分法
皆悉隨行甚深般若波羅蜜多隨所至處一
切所有波羅蜜多及餘一切菩提分法皆悉

BD15212號　大般若波羅蜜多經卷五二四　（21–11）

智智復次善現甚深般若波羅蜜多隨所
行處一切所有波羅蜜多及餘一切菩提分法
皆悉隨行甚深般若波羅蜜多隨所至處一
切所有波羅蜜多及餘一切菩提分法皆悉
隨至如轉輪王隨所行處四部勇軍皆悉隨
行如轉輪王隨所至處四部勇軍皆悉隨至
甚深般若波羅蜜多亦復如是隨有所行及
有所至布施等五波羅蜜多及餘一切菩提
分法皆悉隨逐究竟至於一切智智如善御
者駕駟馬車令避險路行於正道隨本意欲
能往所至甚深般若波羅蜜多亦復如是善
御一切波羅蜜多及餘所有菩提分法令避
生死涅槃險路行於自利利他正道至本所
求一切智智尒時善現便白佛言諸菩薩摩
訶薩云何為道云何非道佛告善現若聲聞
道若獨覺道若異生道非諸菩薩摩訶薩
道依此不能往一切智智故甚深般若波羅
蜜多所引一切菩提分法是諸菩薩摩訶薩
道依此定能往一切智智故具壽善現復白佛
言甚深般若波羅蜜多出現世間能為大事
所謂示現一切菩薩摩訶薩衆道非道相令
諸菩薩摩訶薩衆知道非道疾能證得一切
智智佛告善現如是如是如汝所說甚深般
若波羅蜜多出現世間能為大事所謂示現
一切菩薩摩訶薩衆道非道相令諸菩薩摩

BD15212 號　大般若波羅蜜多經卷五二四　　（21–12）

若波羅蜜多出現世間能為大事所謂示現
一切菩薩摩訶薩衆道非道相令諸菩薩摩
訶薩衆知道非道疾能證得一切智智復次
善現甚深般若波羅蜜多出現世間能為大
事所謂度脫无量无數无邊有情令獲殊勝
利益安樂善現當知甚深般若波羅蜜多雖
作无邊利樂他事而於此事无所取著善現
當知甚深般若波羅蜜多雖能示現所作事
業而不取色受想行識乃至不取一切智智
亦復不取聲聞獨覺所作事業善現當知甚
深般若波羅蜜多雖能引導一切菩薩摩訶
薩衆令趣无上正等菩提遠離聲聞獨覺等
地而於諸法无生无滅以法住性為定量故
尒時善現復白佛言甚深般若波羅蜜多若
於諸法无生无滅云何菩薩摩訶薩行深般
若波羅蜜多時為諸有情應行布施應持淨
戒應起安忍應勤精進應入靜慮應修般若
佛告善現諸菩薩摩訶薩行深般若波羅蜜
多時緣一切智智為諸有情應行布施應持
淨戒應起安忍應勤精進應入靜慮應修
般若是菩薩摩訶薩持此善根與諸有情平
等共有迴向无上正等菩提是菩薩摩訶薩持
此善根迴向无上正等覺故則修六種波羅蜜
多速得圓滿亦修菩薩慈悲喜捨速得圓
滿由斯疾得一切智智乃至安坐妙菩提座

BD15212 號　大般若波羅蜜多經卷五二四　　（21–13）

多速得圓滿亦修菩薩慈悲喜捨速得圓
滿由斯疾得一切智智乃至安坐妙菩提座
常不遠離如是六種波羅蜜多若菩薩摩訶
薩常不遠離如是六種波羅蜜多則不遠離
一切智智是故善現若菩薩摩訶薩欲疾證
得一切智智當勤精進修學六種波羅蜜多
當勤精進修行六種波羅蜜多若菩薩摩訶
薩常勤精進修學修行如是六種波羅蜜多
一切善根疾得圓滿速證无上正等菩提是
故善現諸菩薩摩訶薩應與六種波羅蜜多
恒共相應无得暫捨。尒時善現便白佛言
何菩薩摩訶薩能與六種波羅蜜多常共相
應无時暫捨佛告善現若菩薩摩訶薩如實
觀色非相應非不相應如實觀受想行識非
相應非不相應廣說乃至如實觀一切智智
非相應非不相應是菩薩摩訶薩能與六種
波羅蜜多常共相應无時暫捨復次善現若
菩薩摩訶薩常作是念我不應住色亦不應
住非色廣說乃至我不應住一切智智亦不
應住非一切智智何以故色非能住非所住
廣說乃至一切智智亦非能住非所住故是
菩薩摩訶薩能與六種波羅蜜多常共相應
无時暫捨善現當知若菩薩摩訶薩能以如
是无住方便修行六種波羅蜜多是菩薩摩
訶薩疾證无上正等菩提善現當知如人欲

BD15212號　大般若波羅蜜多經卷五二四

（21–14）

无時暫捨善現當知若菩薩摩訶薩能以如
是无住方便修行六種波羅蜜多是菩薩摩
訶薩疾證无上正等菩提善現當知如人欲
食菴沒羅菓半娜娑菓先取其子種殖良田
隨時溉灌守視營理漸次生長芽莖枝葉時
節和合便有花果果成熟已取而食之如是
善現諸菩薩摩訶薩欲得无上正等菩提先
學六種波羅蜜多復於有情或以布施或以
愛語或以利行或以同事而攝受之既攝受
已教令安住布施淨戒安忍精進靜慮般若
波羅蜜多及令安住四念住等菩提分法既
安住已解脫一切生死大苦證得常住永寂
安樂菩薩如是當得无上正等菩提能盡未
來饒益一切是故善現若菩薩摩訶薩欲於
諸法不假他緣而自開悟欲能成熟一切有
情欲能嚴淨所求佛土欲疾安坐妙菩提座
欲能降伏諸惡魔軍欲疾證得一切智智欲
轉法輪度有情衆應學六種波羅蜜多以四
攝事方便攝受諸有情類令其解脫生死衆
苦菩薩如是勤修學時應於般若波羅蜜多
常勤修學具壽善現復白佛言佛說菩薩應
於般若波羅蜜多勤修學耶佛言善現如是
如是我說菩薩應於般若波羅蜜多常勤修
學善現當知若菩薩摩訶薩欲於諸法得大
自在當學般若波羅蜜多所以者何甚深般

BD15212號　大般若波羅蜜多經卷五二四

（21–15）

如是我說菩薩應於般若波羅蜜多常勤脩
學善現當知若菩薩摩訶薩欲於諸法得大
自在當學般若波羅蜜多所以者何甚深般
若波羅蜜多具大威力能令菩薩摩訶薩衆
於一切法得大自在善現當知甚深般若波
羅蜜多是諸善法所趣向門譬如大海是一
切水所趣向門是故善現若聲聞乘善男子
善若獨覺乘善男子善若无上乘善男子善
皆應於此甚深般若波羅蜜多常勤脩學善
現當知諸菩薩摩訶薩於深般若波羅蜜多
勤脩學時應於布施乃至般若波羅蜜多亦
常脩學乃至應於一切智智亦常脩學善現
當知如善射人甲胄堅固執好弓箭不懼怨
敵諸菩薩摩訶薩亦復如是攝受般若波羅
蜜多廣說乃至一切智智方便善巧一切魔
軍外道他論皆不能伏是故善現若菩薩摩
訶薩欲得无上正等菩提轉妙法輪度有情
衆當勤脩學甚深般若波羅蜜多若菩薩摩
訶薩常勤脩學甚深般若波羅蜜多便為過
去未來現在諸佛世尊常共護念具壽善現
即白佛言云何菩薩摩訶薩常勤脩學甚深
般若波羅蜜多便為過去未來現在諸佛世
尊常共護念佛告善現若菩薩摩訶薩常勤
脩學甚深般若波羅蜜多即能脩行布施淨
戒安忍精進靜慮般若波羅蜜多廣說乃至

BD15212 號　大般若波羅蜜多經卷五二四　（21–16）

脩學甚深般若波羅蜜多即能脩行布施淨
戒安忍精進靜慮般若波羅蜜多廣說乃至
一切智智故為過去未來現在諸佛世尊常
共護念具壽善現復白佛言是菩薩摩訶薩
云何脩行布施淨戒安忍精進靜慮般若波
羅蜜多廣說乃至一切智智便為過去未來
現在諸佛世尊常共護念佛告善現是菩薩
摩訶薩脩行布施波羅蜜多廣說乃至一切
智智時觀布施波羅蜜多乃至一切智智皆
不可得故為過去未來現在諸佛世尊常共
護念復次善現過去未來現在諸佛於是菩
薩摩訶薩所雖常護念而不以色受想行識
廣說乃至一切智智故與護念以色乃至一
切智智不可得故具壽善現復白佛言諸菩
薩摩訶薩雖多處學而无學處佛告善現如
是如是諸菩薩摩訶薩雖多處學而无學處
所以者何實无有法可令菩薩摩訶薩衆於
中脩學尒時善現復白佛言佛為菩薩摩訶
薩衆或略或廣宣說六種波羅蜜多相應之
法若菩薩摩訶薩欲得无上正等菩提轉妙
法輪度有情衆於此六種波羅蜜多相應法
教若略若廣皆應聽聞受持讀誦令極通利
既通利已如理思惟既思惟已審正觀察既觀
察已令心心所於所緣相皆不復轉佛告
善現如是如是如汝所說復次善現諸菩薩

BD15212 號　大般若波羅蜜多經卷五二四　（21–17）

既通利已如理思惟既思惟已審正觀察既觀
察已令心心所於所緣相皆不復轉佛告
善現如是如是如汝所說復次善現諸菩薩
摩訶薩於佛世尊所說六種波羅蜜多相應
法教若略若廣勤脩學時應於諸法如實了
知略廣之相尒時善現便白佛言云何菩薩
摩訶薩於一切法如實了知略廣之相佛告
善現若菩薩摩訶薩如實了知色真如相如
實了知受想行識真如相廣說乃至如實了
知一切智智真如相是菩薩摩訶薩於一切法
如實了知略廣之相具壽善現復白佛言
云何色真如相云何受想行識真如相廣說
乃至云何一切智智真如相諸菩薩摩訶薩
如實了知而於中學於一切法如實了知略廣
之相佛告善現色真如无生无滅亦无住異
而可施設是名色真如相受想行識真如
无生无滅亦无住異而可施設是名受想行
識真如相廣說乃至一切智智真如无生无
滅亦无住異而可施設是名一切智智真如
相諸菩薩摩訶薩如實了知當於中學於一
切法如實了知略廣之相復次善現若菩薩
摩訶薩如實了知色實際相如實了知受想
行識實際相廣說乃至如實了知一切智智
實際相是菩薩摩訶薩於一切法如實了知
略廣之相尒時善現便白佛言云何色實際

BD15212號　大般若波羅蜜多經卷五二四　（21-18）

行識實際相廣說乃至如實了知一切智智
實際相是菩薩摩訶薩於一切法如實了知
略廣之相尒時善現便白佛言云何色實際
相云何受想行識實際相廣說乃至云何一
切智智實際相諸菩薩摩訶薩如實了知而
於中學於一切法如實了知略廣之相佛告
善現无色際是名色實際相无受想行識際
是名受想行識實際相廣說乃至无一切智
智際是名一切智智實際相諸菩薩摩訶薩
如實了知當於中學於一切法如實了知略廣
之相復次善現若菩薩摩訶薩如實了知
色法界相如實了知受想行識法界相廣說
乃至如實了知一切智智法界相是菩薩摩
訶薩於一切法如實了知略廣之相尒時善現
便白佛言云何色法界相云何受想行識
法界相廣說乃至云何一切智智法界相諸
菩薩摩訶薩如實了知而於中學於一切法
如實了知略廣之相佛告善現色如虛空无
障无礙无生无滅无斷无續而可施設是名
色法界相受想行識如虛空无障无礙无生
无滅无斷无續而可施設是名受想行識法
界相廣說乃至一切智智如虛空无障无礙
无生无滅无斷无續而可施設是名一切智
智法界相諸菩薩摩訶薩如實了知當於中
學於一切法如實了知略廣之相尒時善現

BD15212號　大般若波羅蜜多經卷五二四　（21-19）

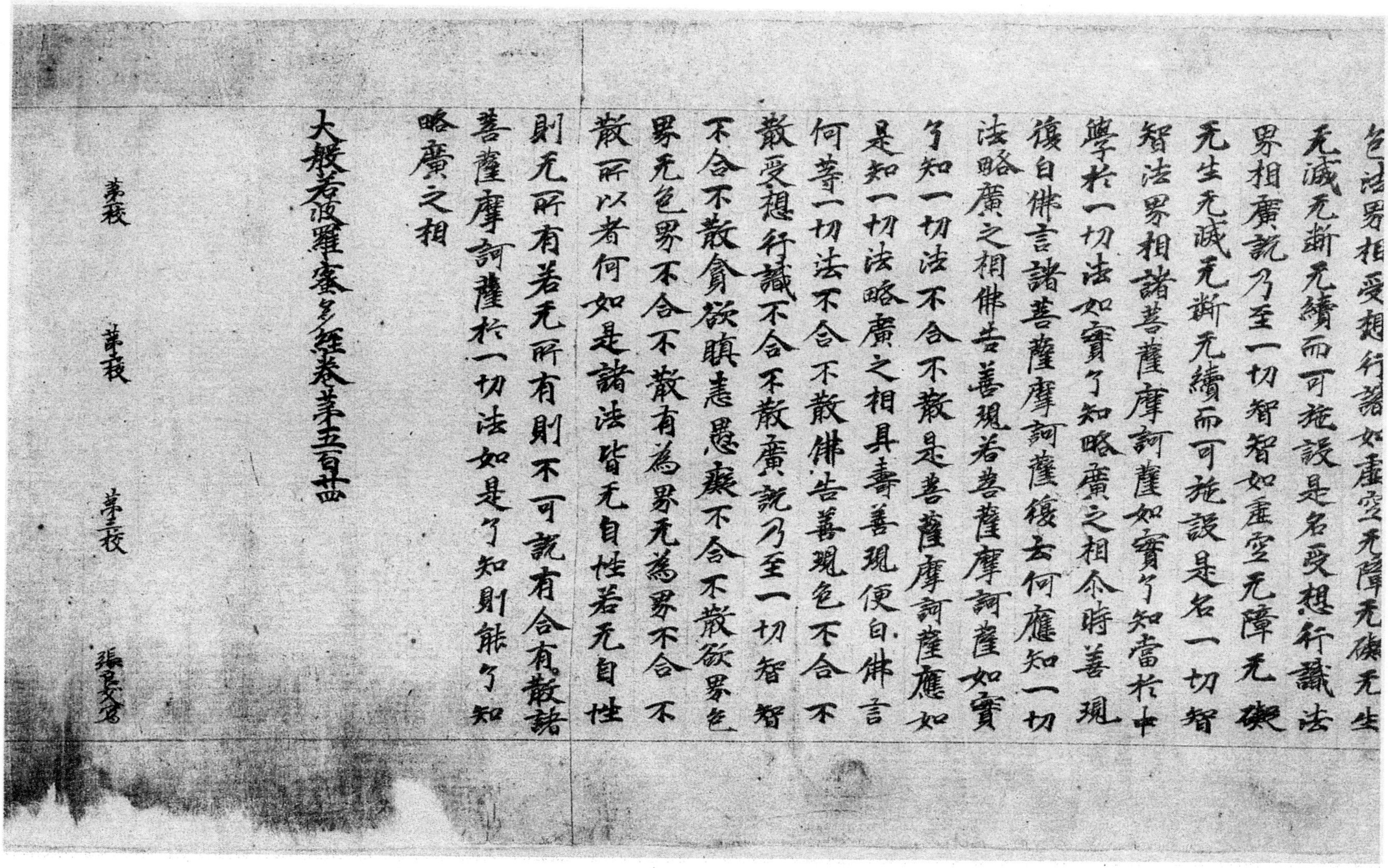
色法界相受想行識如虛空无障无礙无生
无滅无斷无續而可施設是名受想行識法
界相廣說乃至一切智智如虛空无障无礙
无生无滅无斷无續而可施設是名一切智
智法界相諸菩薩摩訶薩如實了知當於中
學於一切法如實了知略廣之相尒時善現
復白佛言諸菩薩摩訶薩復云何應知一切
法略廣之相佛告善現若菩薩摩訶薩如實
了知一切法不合不散是菩薩摩訶薩應如
是知一切法略廣之相具壽善現便白佛言
何等一切法不合不散佛告善現色不合不
散受想行識不合不散廣說乃至一切智智
不合不散貪欲瞋恚愚癡不合不散欲界色
界无色界不合不散有為界无為界不合不
散所以者何如是諸法皆无自性若无自性
則无所有若无所有則不可說有合有散諸
菩薩摩訶薩於一切法如是了知則能了知
略廣之相

大般若波羅蜜多經卷第五百廿四

第一校 第二校 第三校 張良友寫

BD15212號 大般若波羅蜜多經卷五二四 （21–20）

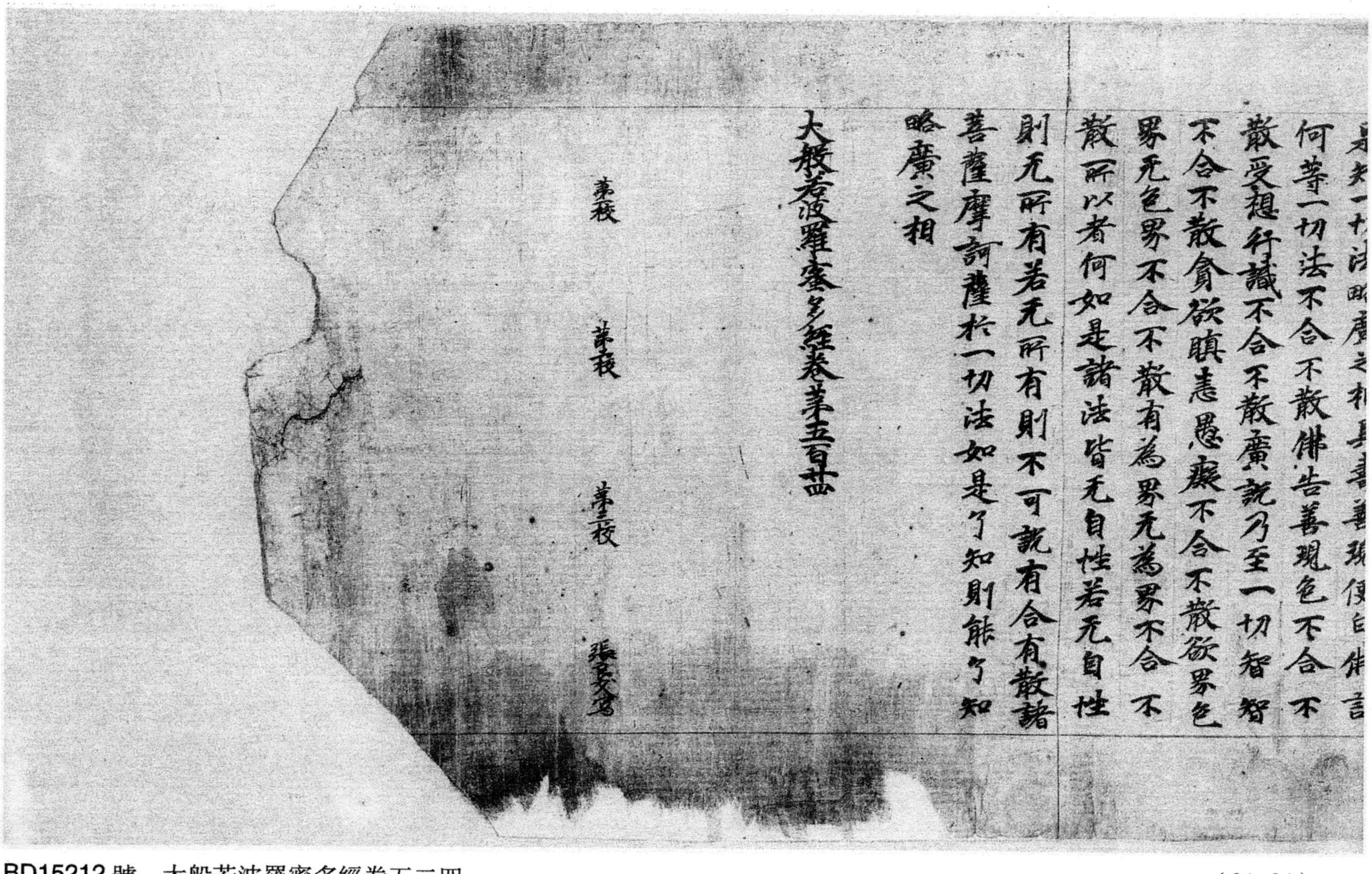
是知一切法略廣之相具壽善現便白佛言
何等一切法不合不散佛告善現色不合不
散受想行識不合不散廣說乃至一切智智
不合不散貪欲瞋恚愚癡不合不散欲界色
界无色界不合不散有為界无為界不合不
散所以者何如是諸法皆无自性若无自性
則无所有若无所有則不可說有合有散諸
菩薩摩訶薩於一切法如是了知則能了知
略廣之相

大般若波羅蜜多經卷第五百廿四

第一校 第二校 第三校 張良友寫

BD15212號 大般若波羅蜜多經卷五二四 （21–21）

BD15212 號背　勘記、印章　（2–1）

BD15212 號背　印章　（2–2）

善現一切智智清淨故五眼清淨五眼清淨
故法性清淨何以故若一切智智清淨若五
眼清淨若法性清淨无二无二分无別无斷
故一切智智清淨故六神通清淨六神通清
淨故法性清淨何以故若一切智智清淨若六
神通清淨若法性清淨无二无二分无別无
斷故善現一切智智清淨故佛十力清淨
佛十力清淨故法性清淨何以故若一切智
智清淨若佛十力清淨若法性清淨无二无
二分无別无斷故一切智智清淨故四无所
畏四无㝵解大慈大悲大喜大捨十八佛不
共法清淨四无所畏乃至十八佛不共法清
淨故法性清淨何以故若一切智智清淨若
四无所畏乃至十八佛不共法清淨若法性
清淨无二无二分无別无斷故善現一切智智
清淨故无忘失法清淨无忘失法清淨故
法性清淨何以故若一切智智清淨若无忘
失法清淨若法性清淨无二无二分无別无
斷故一切智智清淨故恒住捨性清淨恒

BD15213號　大般若波羅蜜多經卷二五八　（6–1）

清淨故无忘失法清淨无忘失法清淨故
法性清淨何以故若一切智智清淨若无忘
失法清淨若法性清淨无二无二分无別无
斷故一切智智清淨故恒住捨性清淨恒
住捨性清淨故法性清淨何以故若一切智智
清淨若恒住捨性清淨若法性清淨无二无
二分无別无斷故善現一切智智清淨故一切
智清淨一切智清淨故法性清淨何以故若
一切智智清淨若一切智清淨若法性清淨
无二无二分无別无斷故一切智智清淨故
道相智一切相智清淨道相智一切相智清
淨故法性清淨何以故若一切智智清淨若
道相智一切相智清淨若法性清淨无二无
二分无別无斷故善現一切智智清淨故一
切陁羅尼門清淨一切陁羅尼門清淨故
法性清淨何以故若一切智智清淨若一切
陁羅尼門清淨若法性清淨无二无二分无
別无斷故一切智智清淨故一切三摩地門
清淨一切三摩地門清淨故法性清淨何以
故若一切智智清淨若一切三摩地門清淨
若法性清淨无二无二分无別无斷故
善現一切智智清淨故預流果清淨預流果
清淨故法性清淨何以故若一切智智清淨
若預流果清淨若法性清淨无二无二分无別
无斷故一切智智清淨故一來不還阿羅漢
果清淨一來不還阿羅漢果清淨故法性

BD15213號　大般若波羅蜜多經卷二五八　（6–2）

清淨故法性清淨何以故若一切智智清淨
若預流果清淨若法性清淨无二无二分无別
无斷故一切智智清淨故一來不還阿羅漢
果清淨一來不還阿羅漢果清淨故法性
清淨何以故若一切智智清淨若一來不還
阿羅漢果清淨若法性清淨无二无二分无
別无斷故善現一切智智清淨故獨覺菩提
清淨獨覺菩提清淨故法性清淨何以故若
一切智智清淨若獨覺菩提清淨若法性清
淨无二无二分无別无斷故善現一切智智清
淨故一切菩薩摩訶薩行清淨一切菩薩摩
訶薩行清淨故法性清淨何以故若一切智
智清淨若一切菩薩摩訶薩行清淨若法性
清淨无二无二分无別无斷故善現一切智
智清淨故諸佛无上正等菩提清淨諸佛无
上正等菩提清淨故法性清淨何以故若一
切智智清淨若諸佛无上正等菩提清淨
若法清淨无二无二分无別无斷故
復次善現一切智智清淨故色清淨色清淨
故不虛妄性清淨何以故若一切智智清淨
若色清淨若不虛妄性清淨无二无二分无
別无斷故一切智智清淨故受想行識清淨
受想行識清淨故不虛妄性清淨何以故若
一切智智清淨若受想行識清淨若不虛妄
性清淨无二无二分无別无斷故善現一切智
智清淨故眼處清淨眼處清淨故不虛妄
性清淨何以故若一切智智清淨若眼處清

BD15213號　大般若波羅蜜多經卷二五八　（6–3）

受想行識清淨故不虛妄性清淨何以故若
一切智智清淨若受想行識清淨若不虛妄
性清淨无二无二分无別无斷故善現一切智
智清淨故眼處清淨眼處清淨故不虛妄
性清淨何以故若一切智智清淨若眼處清
淨若不虛妄性清淨无二无二分无別无斷
故一切智智清淨故耳鼻舌身意處清淨耳
鼻舌身意處清淨故不虛妄性清淨何以故
若一切智智清淨若耳鼻舌身意處清淨
若不虛妄性清淨无二无二分无別无斷故善
現一切智智清淨故色處清淨色處清淨故
不虛妄性清淨何以故若一切智智清淨若
色處清淨若不虛妄性清淨无二无二分无
別无斷故一切智智清淨故聲香味觸法處
清淨聲香味觸法處清淨故不虛妄性清淨
何以故若一切智智清淨若聲香味觸法處
清淨若不虛妄性清淨无二无二分无別无
斷故善現一切智智清淨故眼界清淨眼界
清淨故不虛妄性清淨何以故若一切智智清
淨若眼界清淨若不虛妄性清淨无二无二分
无別无斷故一切智智清淨故色界眼識界
及眼觸眼觸為緣所生諸受清淨色界乃
至眼觸為緣所生諸受清淨故不虛妄性清
淨何以故若一切智智清淨若色界乃至
眼觸為緣所生諸受清淨若不虛妄性清淨
无二无二分无別无斷故善現一切智智清淨
故耳界清淨耳界清淨故不虛妄性清淨

BD15213號　大般若波羅蜜多經卷二五八　（6–4）

至眼觸為緣所生諸受清淨故不虛妄性清
淨何以故若一切智智清淨若色界乃至
眼觸為緣所生諸受清淨若不虛妄性清淨
无二无二分无別无斷故善現一切智智清淨
故耳界清淨耳界清淨故不虛妄性清淨
何以故若一切智智清淨若耳界清淨若
不虛妄性清淨无二无二分无別无斷故一切
智智清淨故聲界耳識界及耳觸耳觸為緣
所生諸受清淨聲界乃至耳觸為緣所生諸
受清淨故不虛妄性清淨何以故若一切智
智清淨若聲界乃至耳觸為緣所生諸受清
淨若不虛妄性清淨无二无二分无別无斷
故善現一切智智清淨故鼻界清淨鼻界
清淨故不虛妄性清淨何以故若一切智智清
淨若鼻界清淨若不虛妄性清淨无二无
二分无別无斷故一切智智清淨故香界鼻
識界及鼻觸鼻觸為緣所生諸受清淨香界
乃至鼻觸為緣所生諸受清淨故不虛妄性
清淨何以故若一切智智清淨若香界乃至鼻
觸為緣所生諸受清淨若不虛妄性清淨无
二无二分无別无斷故善現一切智智清淨故
舌界清淨舌界清淨故不虛妄性清淨何
以故若一切智智清淨若舌界清淨若不虛
妄性清淨无二无二分无別无斷故一切智
智清淨故味界舌識界及舌觸舌觸為緣所
生諸受清淨味界乃至舌觸為緣所生諸受
清淨故不虛妄性清淨何以故若一切智智

BD15213號　大般若波羅蜜多經卷二五八　（6–5）

二无二分无別无斷故善現一切智智清淨故
舌界清淨舌界清淨故不虛妄性清淨何
以故若一切智智清淨若舌界清淨若不虛
妄性清淨无二无二分无別无斷故一切智
智清淨故味界舌識界及舌觸舌觸為緣所
生諸受清淨味界乃至舌觸為緣所生諸受
清淨故不虛妄性清淨何以故若一切智智
清淨若味界乃至舌觸為緣所生諸受清淨
若不虛妄性清淨无二无二分无別无斷故
善現一切智智清淨故身界清淨身界清淨
故不虛妄性清淨何以故若一切智智清淨
若身界清淨若不虛妄性清淨无二无二分
无別无斷故一切智智清淨故觸界身識界
及身觸身觸為緣所生諸受清淨觸界乃至
身觸為緣所生諸受清淨故不虛妄性清淨
何以故若一切智智清淨若觸界乃至身觸
為緣所生諸受清淨若不虛妄性清淨无二
无二分无別无斷故善現一切智智清淨故
意界清淨意界清淨故不虛妄性清淨何
以故若一切智智清淨若意界清淨若不虛
妄性清淨无二无二分无別无斷故一切智智
清淨故法界意識界及意觸意觸為緣所

BD15213號　大般若波羅蜜多經卷二五八　（6–6）

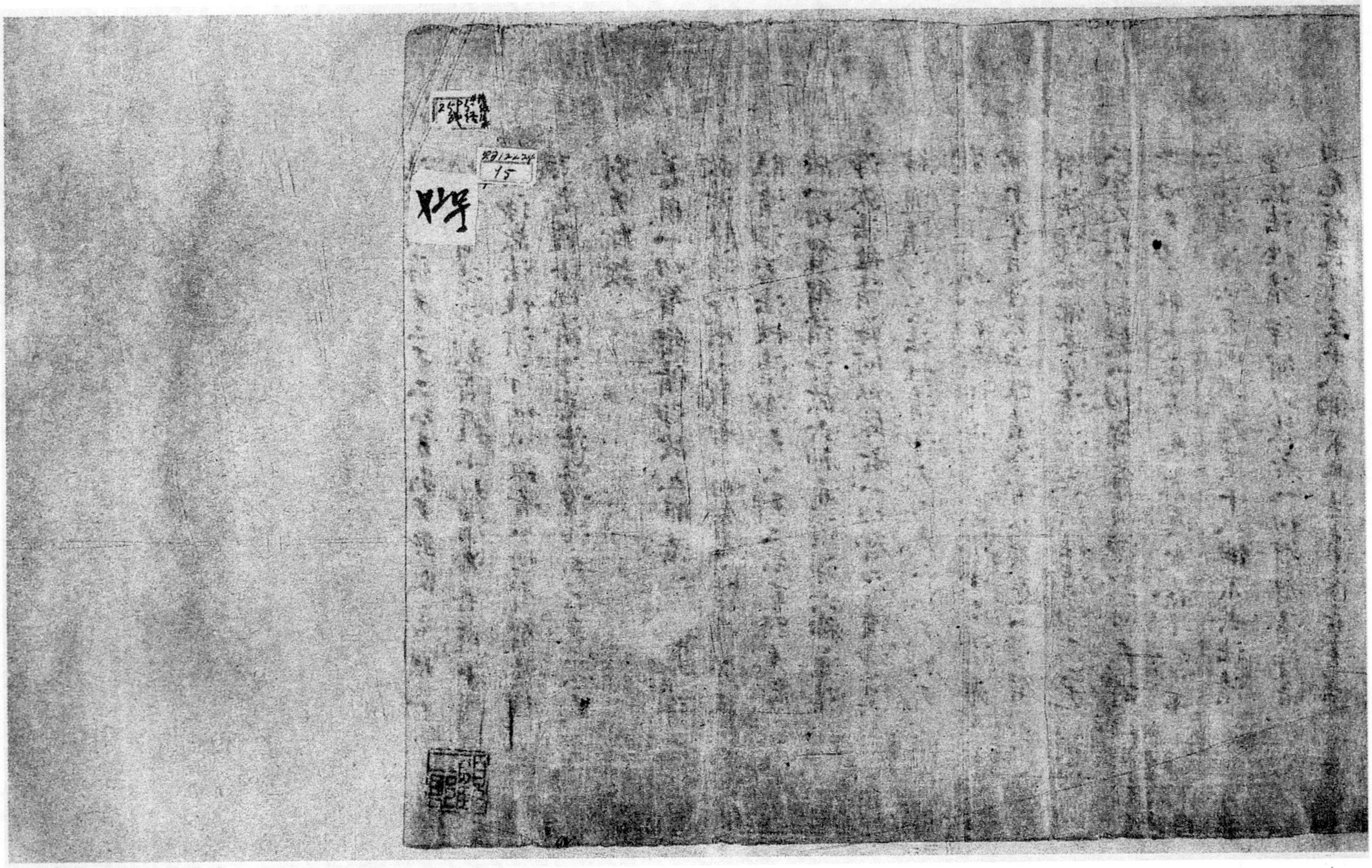

BD15213號背　勘記、印章　　（3–1）

BD15213號背　勘記、印章　　（3–2）

BD15213 號背　勘記、印章　（3–3）

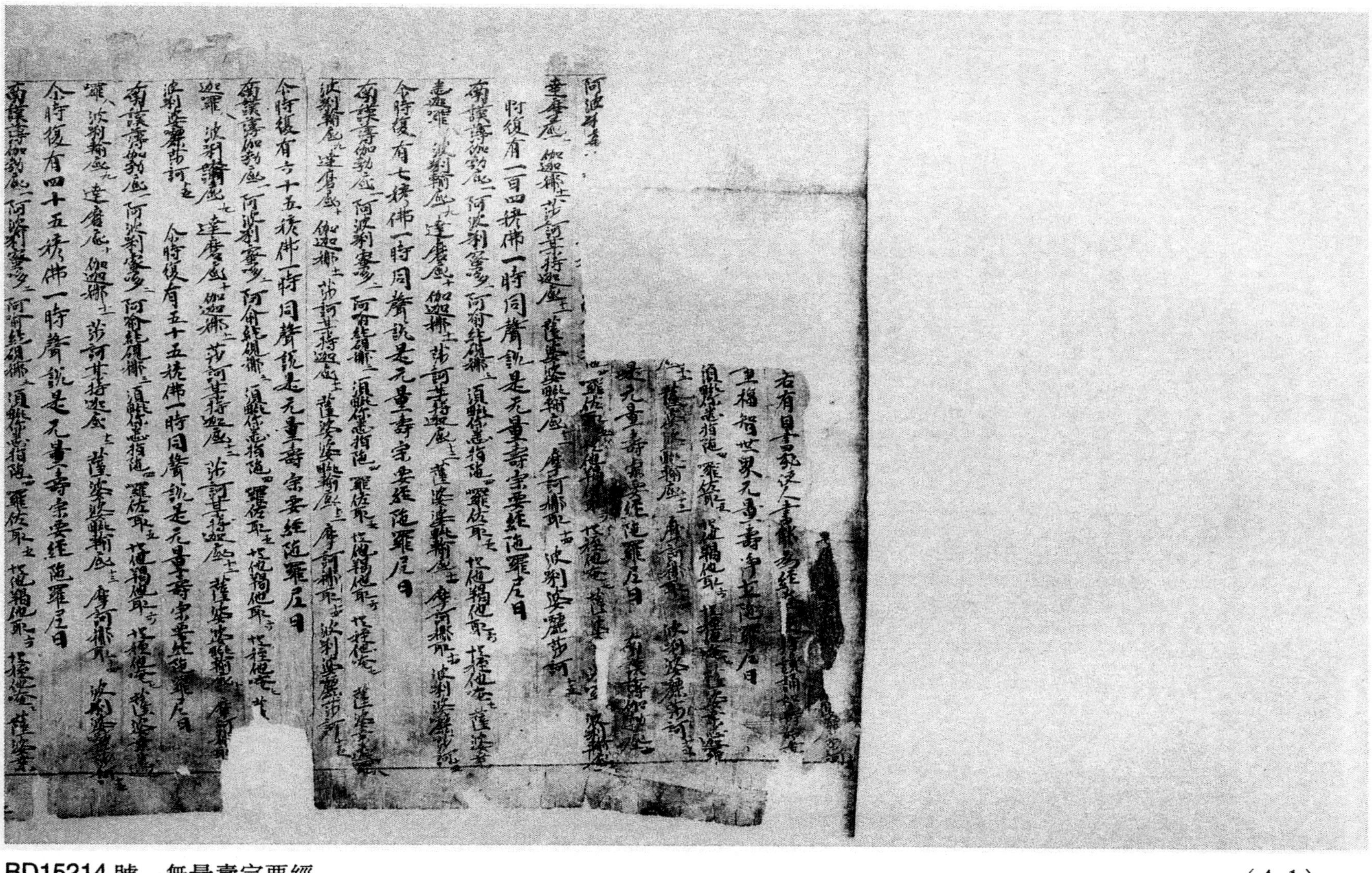

BD15214 號　無量壽宗要經　（4–1）

BD15214 號　無量壽宗要經　（4–2）

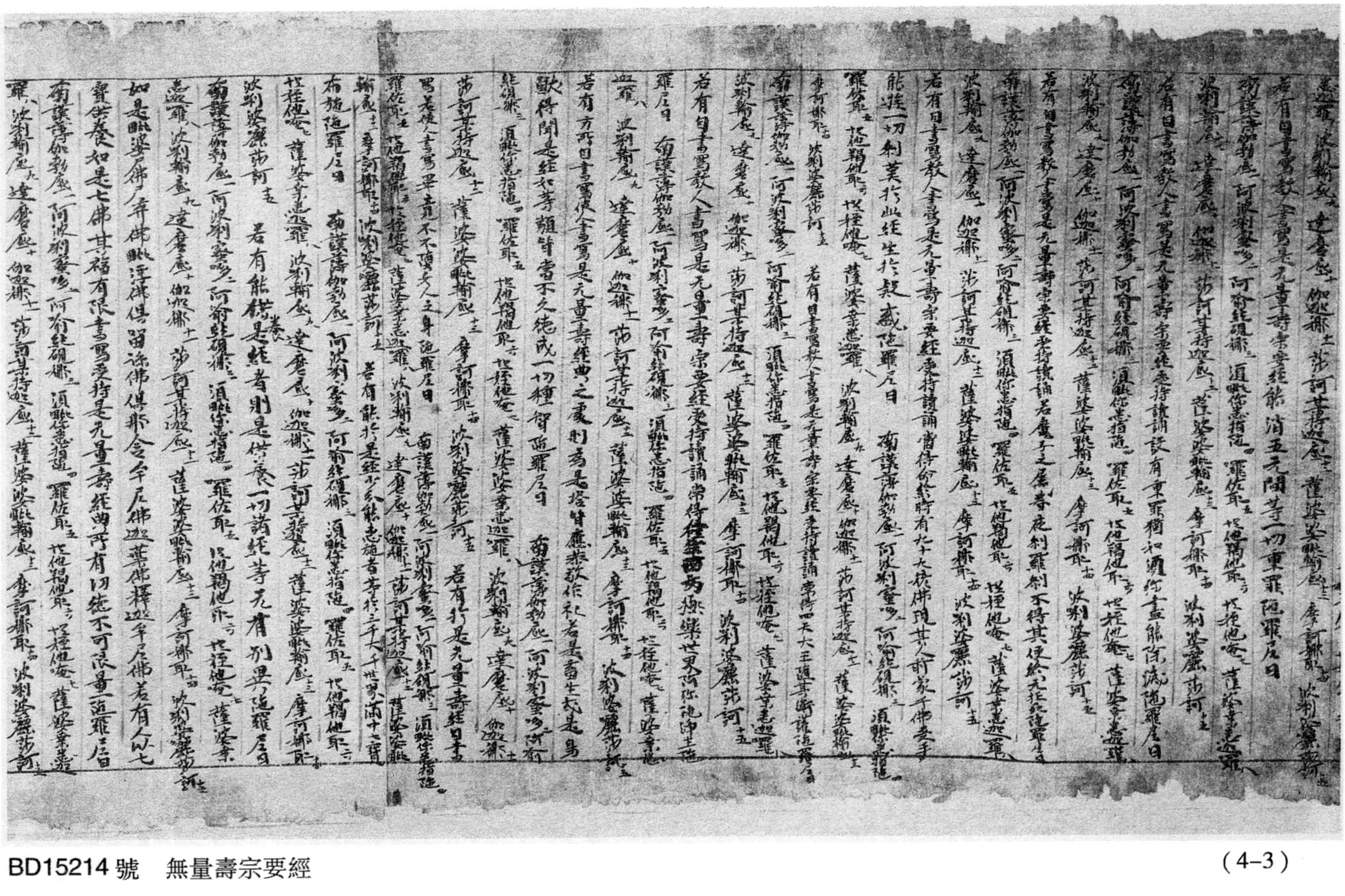

BD15214 號　無量壽宗要經　（4–3）

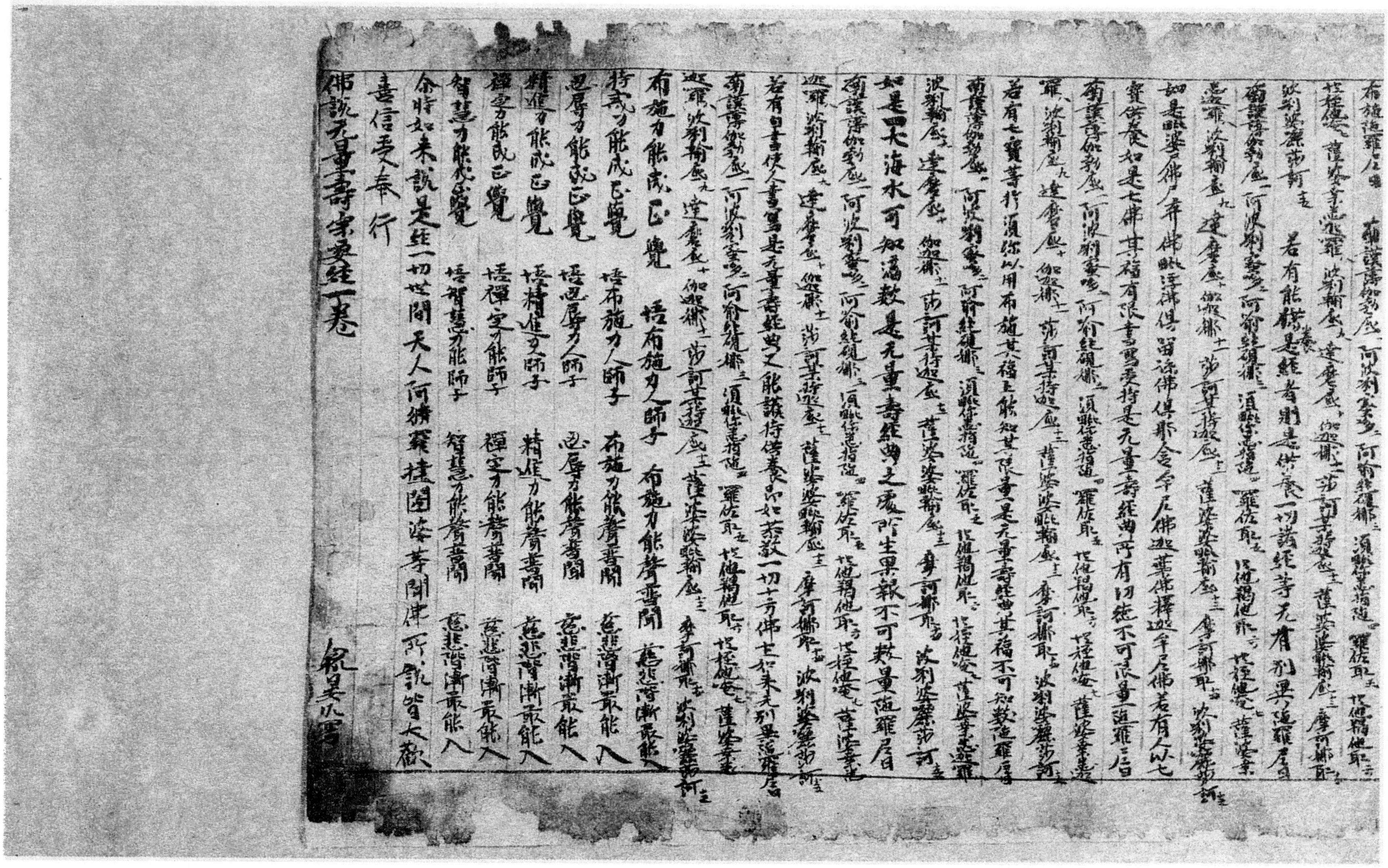

BD15214 號　無量壽宗要經　　（4–4）

BD15214 號背　勘記、印章　　（1–1）

一
……有陀四 囉佐耶五 怛他羯他耶六 怛
達磨底十 伽迦娜十一 莎訶某持迦底十二 薩婆毗輸十三
若有自書或使人書爲经卷受持讀誦如壽命
……普世界无量壽淨土陀羅尼曰
南謨薄伽勃…… 阿喻紇硯娜三 須毗你悉指陀四 囉佐耶五 怛他羯……
怛姪他唵七 薩婆桑悉迦……唎輸底九 達磨底十 伽迦娜十一 莎訶某持迦底十二 薩婆
毗輸底十三 摩訶娜耶十四 波唎婆唎莎訶十五
尒時復有九十九姟佛一時同聲說是无量壽宗要经陀羅尼曰
南謨薄伽勃底一 阿波唎蜜哆二 阿喻紇硯娜三 須毗你悉指陀四 囉佐耶五 怛他羯他耶六
怛姪他唵七 薩婆桑悉迦囉八 波唎輸底九 達磨底十 伽迦娜十一 莎訶某持迦底十二 薩婆毗
輸底十三 摩訶娜耶十四 波唎婆唎莎訶十五 尒時復有百四姟佛一時同聲說是
无量壽宗要经陀羅尼曰 南謨薄伽勃底一 阿波唎蜜哆二 阿喻紇硯娜三 須毗
你悉指陀四 囉佐耶五 怛他羯他耶六 怛姪他唵七 薩婆桑悉迦囉八 波唎輸底九 達磨底十
伽迦娜十一 莎訶某持迦底十二 薩婆毗輸底十三 摩訶娜耶十四 波唎婆唎莎訶十五
尒時復有七姟佛一時同聲說是无量壽宗要经陀羅尼曰
南謨薄伽勃底一 阿波唎蜜哆二 阿喻紇硯娜三 須毗你悉指陀四 囉佐耶五 怛他羯他耶六 怛
姪他唵七 薩婆桑悉迦囉八 波唎輸底九 達磨底十 伽迦娜十一 莎訶某持迦底十二 薩婆毗
輸底十三 摩訶娜耶十四 波唎婆唎莎訶十五
尒時復有六十五姟佛一時同聲說是无量壽宗要经陀羅尼曰

BD15215 號　無量壽宗要經　　（5-1）

尒時復有七姟佛一時同聲說是无量壽宗要经陀羅尼曰
南謨薄伽勃底一 阿波唎蜜哆二 阿喻紇硯娜三 須毗你悉指陀四 囉佐耶五 怛他羯他耶六 怛
姪他唵七 薩婆桑悉迦囉八 波唎輸底九 達磨底十 伽迦娜十一 莎訶某持迦底十二 薩婆毗
輸底十三 摩訶娜耶十四 波唎婆唎莎訶十五
尒時復有六十五姟佛一時同聲說是无量壽宗要经陀羅尼曰
南謨薄伽勃底一 阿波唎蜜哆二 阿喻紇硯娜三 須毗你悉指陀四 囉佐耶五 怛他羯他耶六
怛姪他唵七 薩婆桑悉迦囉八 波唎輸底九 達磨底十 伽迦娜十一 莎訶某持迦底十二 薩婆
毗輸底十三 摩訶娜耶十四 波唎婆唎莎訶十五
尒時復有五十五姟佛一時同聲說是无量壽宗要经陀羅尼曰
南謨薄伽勃底一 阿波唎蜜哆二 阿喻紇硯娜三 須毗你悉指陀四 囉佐耶五 怛他羯他耶六
怛姪他唵七 薩婆桑悉迦囉八 波唎婆唎莎訶十五
尒時復有四十五姟佛一時同聲說是无量壽宗要经陀羅尼曰
南謨薄伽勃底一 阿波唎蜜哆二 阿喻紇硯娜三 須毗你悉指陀四 囉佐耶五 怛他羯他耶六 怛姪
他唵七 薩婆桑悉迦囉八 波唎輸底九 達磨底十 伽迦娜十一 莎訶某持迦底十二 薩婆毗輸
底十三 摩訶娜耶十四 波唎婆唎莎訶十五
尒時復有三十六姟佛一時同聲說是无量壽宗要经陀羅尼曰
南謨薄伽勃底一 阿波唎蜜哆二 阿喻紇硯娜三 須毗你悉指陀四 囉佐耶五 怛他羯他耶六
怛姪他唵七 薩婆桑悉迦囉八 波唎輸底九 達磨底十 伽迦娜十一 莎訶某持迦底十二 薩婆
毗輸底十三 摩訶娜耶十四 波唎婆唎莎訶十五
尒時復有二十五姟佛一時同聲說是无量壽宗要经陀羅尼曰
南謨薄伽勃底一 阿波唎蜜哆二 阿喻紇硯娜三 須毗你悉指陀四 囉佐耶五 怛他羯他耶六
怛姪他唵七 薩婆桑悉迦囉八 波唎輸底九 達磨底十 伽迦娜十一 莎訶某持迦底十二 薩婆毗
輸底十三 摩訶娜耶十四 波唎婆唎莎訶十五
南謨薄伽勃底一
尒時復有恒河沙姟佛一時同聲說是无量壽宗要经陀羅尼曰
南謨薄伽勃底一 阿波唎蜜哆二 阿喻紇硯娜三 須毗你悉指陀四 囉佐耶五 怛他羯他耶六
怛姪他唵七 薩婆桑悉迦囉八 波唎輸底九 達磨底十 伽迦娜十一 莎訶某持迦底十二 薩婆毗輸十三
摩訶娜耶十四 波唎婆唎莎訶十五
善男子若有自書寫教人書寫是无量壽宗要经如其命盡復得長壽而滿年陀羅尼曰
南謨薄伽勃底一 阿波唎蜜哆二 阿喻紇硯娜三 須毗你悉指陀四 囉佐耶五 怛他羯他耶六
怛姪他唵七 薩婆桑悉迦囉八 波唎輸底九 達磨底十 伽迦娜十一 莎訶某持迦底十二 薩婆毗
輸底十三 摩訶娜耶十四 波唎婆唎莎訶十五
若有自書寫教人書寫是无量壽宗要经讀誦受持畢竟不墮地獄在在所生得宿命智
陀羅尼曰 南謨薄伽勃底一 阿波唎蜜哆二 阿喻紇硯娜三 須毗你悉指陀四 羅佐耶五

BD15215 號　無量壽宗要經　　（5-2）

怛姪他唵七 薩婆桒悉迦囉八 波唎輸底九 達磨底十 伽迦娜十一 莎訶某持迦底十二 薩婆毗輸底十三
摩訶娜耶十四 波唎婆唎莎訶十五
善男子若有自書寫教人書寫是无量壽宗要經如其命盡復得長壽而滿年陀羅尼曰
南謨薄伽勃底一 阿波唎蜜哆二 阿喻紇硯娜三 須毗你悉指陀四 囉佐耶五 怛他羯他耶六
怛姪他唵七 薩婆桒悉迦囉八 波唎輸底九 達磨底十 伽迦娜十一 莎訶某持迦底十二 薩婆毗
輸底十三 摩訶娜耶十四 波唎婆唎莎訶十五
若有自書寫教人書寫是无量壽宗要經讀誦受持畢竟不墮地獄在在所生得宿命智
陀羅尼曰 南謨薄伽勃底一 阿波唎蜜哆二 阿喻紇硯娜三 須毗你悉指陀四 囉佐耶五
怛他羯他耶六 怛姪他唵七 薩婆桒悉迦囉八 波唎輸底九 達磨底十 伽迦娜十一 莎訶某持迦底十二
薩婆毗輸底十三 摩訶娜耶十四 波唎婆唎莎訶十五
若有自書寫教人書寫是无量壽宗要經受持讀誦如同書寫八万四千一切經典陀羅尼曰
南謨薄伽勃底一 阿波唎蜜哆二 阿喻紇硯娜三 須毗你悉指陀四 囉佐耶五 怛他羯他耶六
怛姪他唵七 薩婆桒悉迦囉八 波唎輸底九 達磨底十 伽迦娜十一 莎訶某持迦底十二 薩婆毗
輸底十三 摩訶娜耶十四 波唎婆唎莎訶十五
若有自書寫教人書寫是无量壽宗要經即是書寫八万四千部建立塔廟陀羅尼曰
南謨薄伽勃底一 阿波唎蜜哆二 阿喻紇硯娜三 須毗你悉指陀四 囉佐耶五 怛他羯他耶六 怛姪
他唵七 薩婆桒悉迦囉八 波唎輸底九 達磨底十 伽迦娜十一 莎訶某持迦底十二 薩婆毗輸底十三
摩訶娜耶十四 波唎婆唎莎訶十五
若有自書寫教人書寫是无量壽宗要經能消五无間等一切重罪陀羅尼曰
南謨薄伽勃底一 阿波唎蜜哆二 阿喻紇硯娜三 須毗你悉指陀四 囉佐耶五 怛他羯他耶六 怛姪他
唵七 薩婆桒悉迦囉八 波唎輸底九 達磨底十 伽迦娜十一 莎訶某持迦底十二 薩婆毗輸底十三
摩訶娜耶十四 波唎婆唎莎訶十五
若有自書寫教人書寫是无量壽宗要經受持讀誦設有重罪猶如須彌盡能除滅陀羅尼曰
南謨薄伽勃底一 阿波唎蜜哆二 阿喻紇硯娜三 須毗你悉指陀四 囉佐耶五 怛他羯他耶六 怛姪
他唵七 薩婆桒悉迦囉八 波唎輸底九 達磨底十 伽迦娜十一 莎訶某持迦底十二 薩婆毗輸底十三
摩訶娜耶十四 波唎婆唎莎訶十五
若有自書寫教人書寫是无量壽宗要經受持讀誦若魔魔之眷屬夜叉羅剎不
其便終无枉死陀羅尼曰 南謨薄伽勃底一 阿波唎蜜哆二 阿喻紇硯娜三 須
毗你悉指陀四 囉佐耶五 怛他羯他耶六 怛姪他唵七 薩婆桒悉迦囉八 波唎輸底九 達磨底十
伽迦娜十一 莎訶某持迦底十二 薩婆毗輸底十三 摩訶娜耶十四 波唎婆唎莎訶十五
若有自書寫教人書寫是无量壽宗要經受持讀誦當命終時有九十九姟佛現其之
前來千佛授手從遊一切佛剎莫於此經生於疑惑陀羅尼曰
南謨薄伽勃底一 阿波唎蜜哆二 阿喻紇硯娜三 須毗你悉指陀四 囉佐耶五 怛他羯他

若有自書寫教人書寫是无量壽宗要經受持讀誦若魔魔之眷屬夜叉羅剎不
其便終无枉死陀羅尼曰 南謨薄伽勃底一 阿波唎蜜哆二 阿喻紇硯娜三 須
毗你悉指陀四 囉佐耶五 怛他羯他耶六 怛姪他唵七 薩婆桒悉迦囉八 波唎輸底九 達磨十
伽迦娜十一 莎訶某持迦底十二 薩婆毗輸底十三 摩訶娜耶十四 波唎婆唎莎訶十五
若有自書寫教人書寫是无量壽宗要經受持讀誦當命終時有九十九姟佛現其之
前來千佛授手從遊一切佛剎莫於此經生於疑惑陀羅尼曰
南謨薄伽勃底一 阿波唎蜜哆二 阿喻紇硯娜三 須毗你悉指陀四 囉佐耶五 怛他羯他
耶六 怛姪他唵七 薩婆桒悉迦囉八 波唎輸底九 達磨底十 伽迦娜十一 莎訶某持迦底十二
薩婆毗輸底十三 摩訶娜耶十四 波唎婆唎莎訶十五
若有自書寫是无量壽宗要經受持讀誦常得四天大王隨其衛護陀羅尼曰
南謨薄伽薄伽勃 阿波唎蜜哆二 阿喻紇硯娜三 須毗你悉指陀四 囉佐耶五 怛他羯他耶六
怛姪他唵七 薩婆桒悉迦囉八 波唎輸底九 達磨底十 伽迦娜十一 莎訶某持迦底十二 薩婆毗
輸底十三 摩訶娜耶十四 波唎婆唎莎訶十五
若有自書寫教人書寫是无量壽宗要經受持讀誦當得往生西方極樂世界弥陀阿彌
淨土陀羅尼曰
南謨薄伽勃底一 阿波唎蜜哆二 阿喻紇硯娜三 須毗你悉指陀四 囉佐耶五 怛他羯他耶六 怛姪
他唵七 薩婆桒悉迦囉八 波唎輸底九 達磨底十 伽迦娜十一 莎訶某持迦底十二 薩婆毗輸
底十三 摩訶娜耶十四 波唎婆唎莎訶十五
若有方所自書寫使人書寫是无量壽經典之處即為是塔皆應恭敬作禮若是畜生
為鳥獸得聞是經如是等類皆當不久得成一切種智陀羅尼曰
南謨薄伽勃底一 阿波蜜哆二 阿喻紇硯娜三 須毗你悉指陀四 囉佐耶五 怛他羯他耶六 怛
姪他唵七 薩婆桒悉迦囉八 波唎輸底九 達磨底十 伽迦娜十一 莎訶某持迦底十二 薩婆毗輸
底十三 摩訶娜耶十四 波唎婆唎莎訶十五
若有於是无量壽經自書寫若使人書畢竟不受女人之身陀羅尼曰
南謨薄伽勃底一 阿波唎蜜哆二 阿喻紇硯娜三 須毗你悉指陀四 囉佐耶五 怛他羯他耶六
怛姪他唵七 薩婆毗輸底十三 摩訶娜耶十四 波唎婆唎莎訶十五 薩婆桒悉迦囉八 波
唎輸底九 達磨底十 伽迦娜十一 莎訶某持迦底十二 薩婆毗輸底十三 摩訶娜耶十四 波唎婆唎莎
訶十五 若有能於是經少分能惠施者等於三千大千世界滿中七寶布施陀羅尼曰
南謨薄伽勃底一 阿波唎蜜哆二 阿喻紇硯娜三 須毗你悉指陀四 囉佐耶五 怛他羯他耶六 怛姪
他唵七 薩婆桒悉迦囉八 波唎輸底九 達磨底十 伽迦娜十一 莎訶某持迦底十二 薩婆毗輸底十三
摩訶娜耶十四 波唎婆唎莎訶十五
若有能供養是經者即是供養一切諸經等无有異陀羅尼曰
南謨薄伽勃底一 阿波唎蜜哆二 阿喻紇硯娜三 須毗你悉指陀四 囉佐耶五 怛他羯他耶六

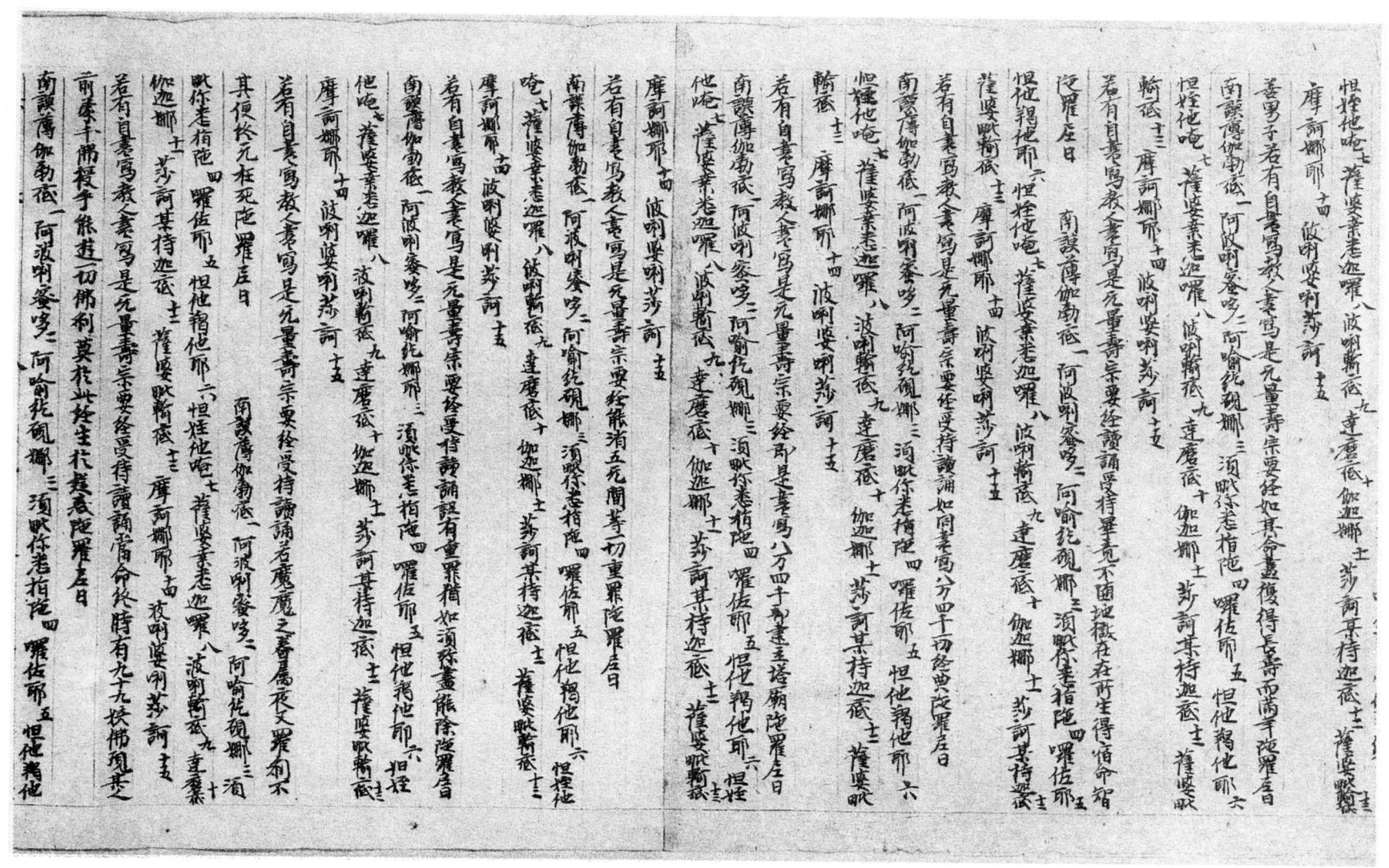

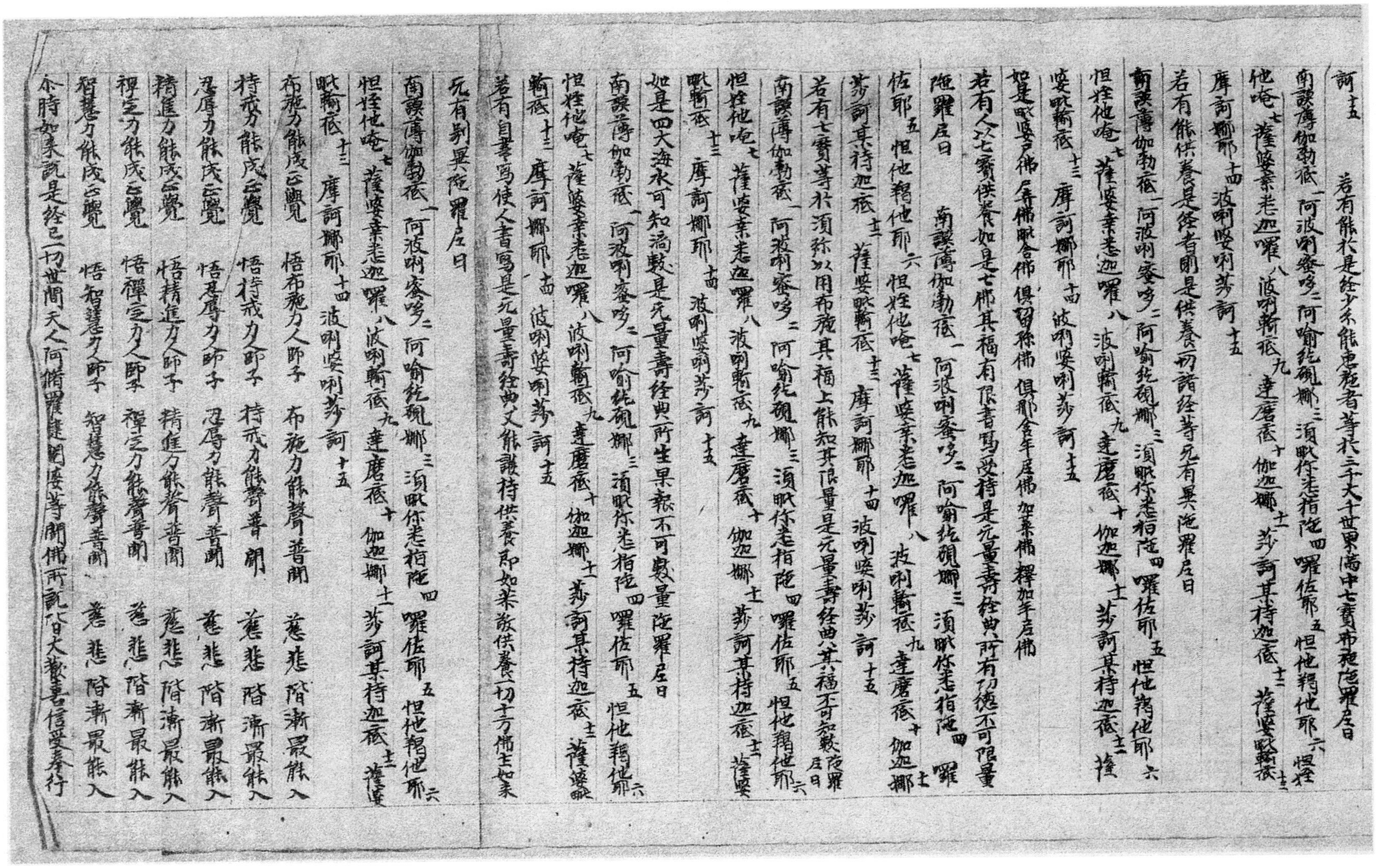

訶十五
若有能於是經少分能惠施者等於三千大千世界滿中七寶布施陀羅尼曰
南謨薄伽勃底一阿波唎蜜哆二阿喻紇硯娜三須毗你悉指陀四囉佐耶五怛他羯他耶六怛姪
他唵七薩婆桑塞迦囉八波唎輸底九達磨底十伽迦娜十一莎訶某持迦底十二薩婆毗輸底十三
摩訶娜耶十四波唎婆唎莎訶十五
若有能供養是經者則是供養一切諸經等无有異陀羅尼曰
南謨薄伽勃底一阿波唎蜜哆二阿喻紇硯娜三須毗你悉指陀四囉佐耶五怛他羯他耶六
怛姪他唵七薩婆桑塞迦囉八波唎輸底九達磨底十伽迦娜十一莎訶某持迦底十二薩
婆毗輸底十三摩訶娜耶十四波唎婆唎莎訶十五
如是毗婆尸佛尸棄佛毗舍佛俱留孫佛俱那含牟尼佛迦葉佛釋迦牟尼佛
若有人以七寶供養如是七佛其福有限書寫受持是无量壽經典所有功德不可限量
陀羅尼曰　南謨薄伽勃底一阿波唎蜜哆二阿喻紇硯娜三須毗你悉指陀四囉
佐耶五怛他羯他耶六怛姪他唵七薩婆桑塞迦囉八波唎輸底九達磨底十伽迦娜十一
莎訶某持迦底十二薩婆毗輸底十三摩訶娜耶十四波唎婆唎莎訶十五
若有七寶等於須彌以用布施其福上能知其限量是无量壽經典其福不可知數陀羅尼曰
南謨薄伽勃底一阿波唎蜜哆二阿喻紇硯娜三須毗你悉指陀四囉佐耶五怛他羯他耶六
怛姪他唵七薩婆桑塞迦囉八波唎輸底九達磨底十伽迦娜十一莎訶某持迦底十二薩婆
毗輸底十三摩訶娜耶十四波唎婆唎莎訶十五
如是四大海水可知渧數是无量壽經典所生果報不可數量陀羅尼曰
南謨薄伽勃底一阿波唎蜜哆二阿喻紇硯娜三須毗你悉指陀四囉佐耶五怛他羯他耶六
怛姪他唵七薩婆桑塞迦囉八波唎輸底九達磨底十伽迦娜十一莎訶某持迦底十二薩婆毗
輸底十三摩訶娜耶十四波唎婆唎莎訶十五
若有自書寫使人書寫是无量壽經典又能讀持供養即如來敬供養一切十方佛土如來
无有別異陀羅尼曰
南謨薄伽勃底一阿波唎蜜哆二阿喻紇硯娜三須毗你悉指陀四囉佐耶五怛他羯他耶六
怛姪他唵七薩婆桑塞迦囉八波唎輸底九達磨底十伽迦娜十一莎訶某持迦底十二薩婆
毗輸底十三摩訶娜耶十四波唎婆唎莎訶十五
布施力能成正覺　悟布施力人師子　布施力能聲普聞　慈悲階漸最能入
持戒力能成正覺　悟持戒力人師子　持戒力能聲普聞　慈悲階漸最能入
忍辱力能成正覺　悟忍辱力人師子　忍辱力能聲普聞　慈悲階漸最能入
精進力能成正覺　悟精進力人師子　精進力能聲普聞　慈悲階漸最能入
禪定力能成正覺　悟禪定力人師子　禪定力能聲普聞　慈悲階漸最能入
智慧力能成正覺　悟智慧力人師子　智慧力能聲普聞　慈悲階漸最能入
尒時如來說是經已一切世間天人阿脩羅乾闥婆等聞佛所說皆大歡喜信受奉行

BD15215 號　無量壽宗要經　（5–5）

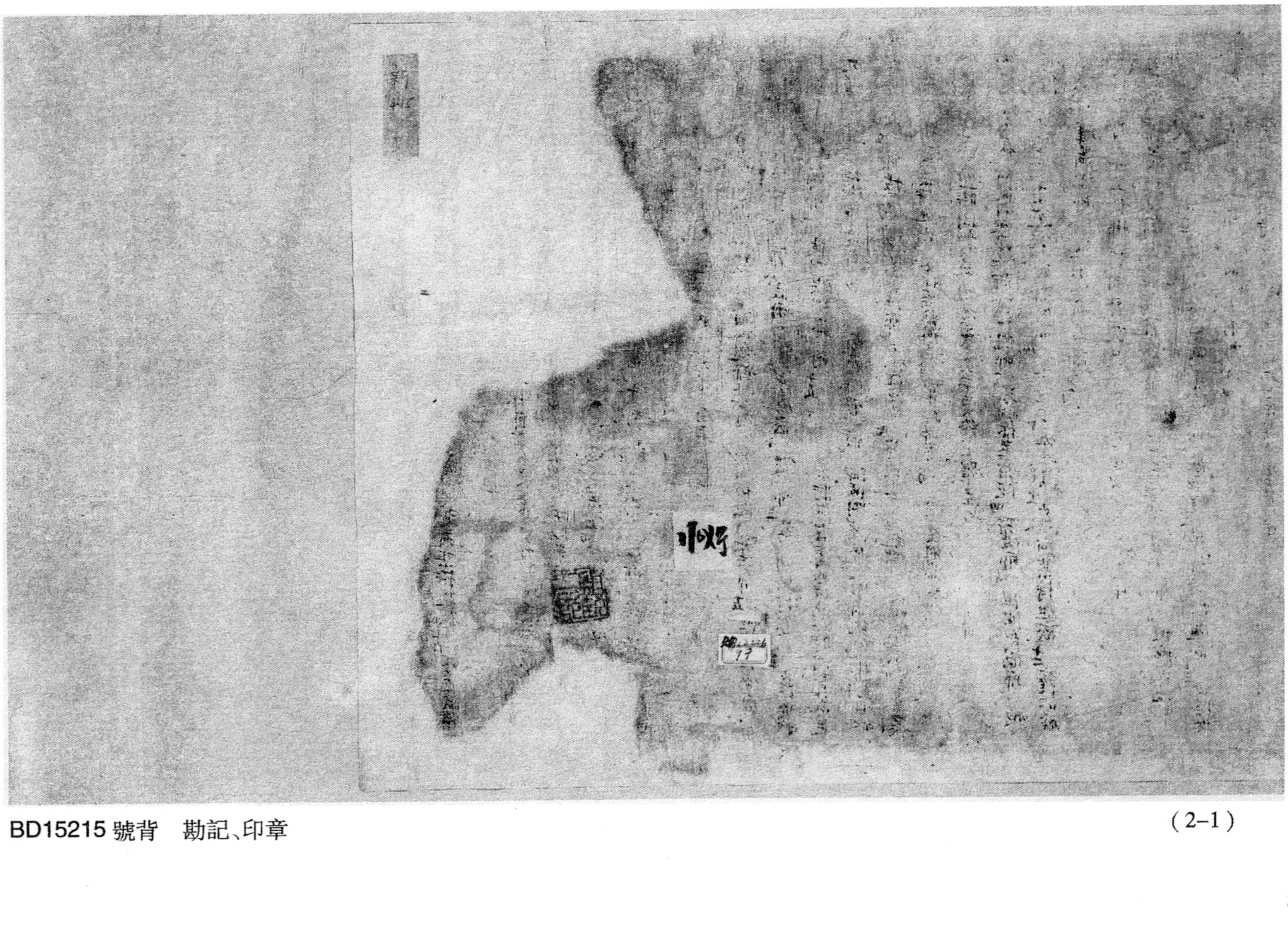

BD15215 號背　勘記、印章　（2–1）

BD15215 號背　勘記、印章

(2–2)

增語是菩薩耶地界乃至識界若有相若無
相增語是菩薩耶地界乃至識界若有願若
無願增語是菩薩耶地界乃至識界若寂靜
若不寂靜增語是菩薩耶地界乃至識界若
遠離若不遠離增語是菩薩耶地界乃至識
界若有為若無為增語是菩薩耶地界乃至
識界若有漏若無漏增語是菩薩耶地界乃
至識界若生若不增語是菩薩耶地界乃至
識界若善若非善增語是菩薩耶地界乃至
識界若有罪若無罪增語是菩薩耶地界乃
至識界若有煩惱若無煩惱增語是菩薩
耶地界乃至識界若世間若出世間增語是菩
地界乃至識界若世間若出世間增語是菩
薩耶地界乃至識界若雜染若清淨增語是
菩薩耶地界乃至識界若屬生死若屬涅槃
增語是菩薩耶菩現答言不也世尊
復次善現於意云何言菩薩者無明乃至老

BD15216 號　大般若波羅蜜多經卷四八三

(2–1)

識界若善若非善增語是菩薩耶地界乃至
識界若有罪若無罪增語是菩薩耶地界乃
至識界若有煩惱若無煩惱增語是菩薩
耶地界乃至識界若世間若出世間增語是菩
地界乃至識界若世間若出世間增語是菩
薩耶地界乃至識界若雜染若清淨增語是
菩薩耶地界乃至識界若屬生死若屬涅槃
增語是菩薩耶善現答言不也世尊
復次善現於意云何言菩薩者無明乃至老
死增語是菩薩耶無明乃至老死若常若無
常增語是菩薩耶無明乃至老死若樂若苦
增語是菩薩耶無明乃至老死若我若無我
增語是菩薩耶無明乃至老死若淨若不淨
增語是菩薩耶無明乃至老死若空若不空增
語是菩薩耶無明乃至老死若有相若無相
增語是菩薩耶無明乃至老死若有願若
無願增語是菩薩耶無明乃至老死若寂靜
若不寂靜增語是菩薩耶無明乃至老死若
遠離若不遠離增語是菩薩耶無明乃至老

BD15216 號　大般若波羅蜜多經卷四八三　（2–2）

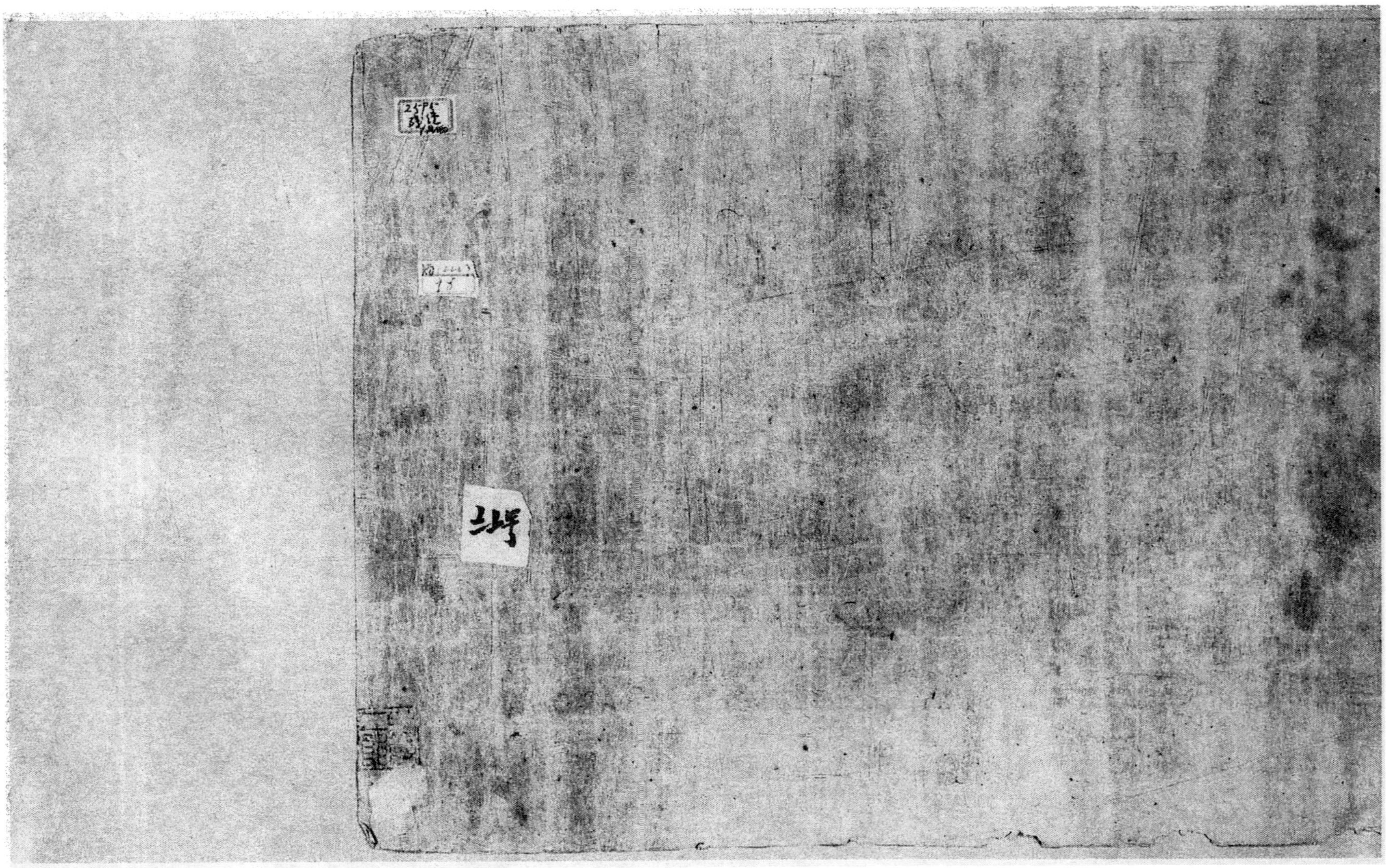

BD15216 號背　勘記、印章　（1–1）

冨有七財寶　教授以滋息　如所說脩行　迴向為大利
四禪為牀座　從於淨命生　多聞增智慧　以為自覺音
甘露法之食　解脫味為漿　淨心以澡浴　戒品為塗香
摧滅煩惱賊　勇健无能踰　降伏四種魔　勝幡建道場
雖知无起滅　示彼故有生　悉現諸國土　如日无不現
供養於十方　无量億如來　諸佛及己身　无有分別想
雖知諸佛國　及與眾生空　而常脩淨土　教化於群生
諸有眾生類　形聲及威儀　无畏力菩薩　一時能盡現
覺知眾魔事　而示隨其行　以善方便智　隨意皆能現
或示老病死　成就諸群生　了知如幻化　通達无有礙
或現劫盡燒　天地皆洞然　眾人有常想　照令知无常
无數億眾生　俱來請菩薩　一時到其舍　化令向佛道
經書禁呪術　工巧諸妓藝　盡現行此事　饒益諸群生
世間眾道法　悉於中出家　因以解人惑　而不墮耶見
或作日月天　梵王世界主　或時作地水　或復作風火
劫中有疾疫　現作諸藥草　若有服之者　除病消眾毒
劫中有飢饉　現身作飲食　先救彼飢渴　卻以法語人

BD15217 號　維摩詰所說經卷中

（2–1）

覺知眾魔事　而示隨其行　以善方便智　隨意皆能現
或示老病死　成就諸群生　了知如幻化　通達无有礙
或現劫盡燒　天地皆洞然　眾人有常想　照令知无常
无數億眾生　俱來請菩薩　一時到其舍　化令向佛道
經書禁呪術　工巧諸妓藝　盡現行此事　饒益諸群生
世間眾道法　悉於中出家　因以解人惑　而不墮耶見
或作日月天　梵王世界主　或時作地水　或復作風火
劫中有疾疫　現作諸藥草　若有服之者　除病消眾毒
劫中有飢饉　現身作飲食　先救彼飢渴　卻以法語人
劫中有刀兵　為之起慈悲　化彼諸眾生　令住无諍地
若有大戰陣　立之以等力　菩薩現威勢　降伏使和安
一切國土中　諸有地獄處　輒往到于彼　勉濟諸苦惱
一切國土中　畜生相噉食　皆現生於彼　為之作利益
示受於五欲　亦復現行禪　令魔心憒亂　不能得其便
火中生蓮華　是可謂希有　在欲而行禪　希有亦如是
或現作婬女　引諸好色者　先以欲鉤牽　後令入佛智
或為邑中主　或作商人導　國師及大臣　以祐利眾生
諸有貧窮者　現為无盡藏　因以勸導之　令發菩提心
我心憍慢者　為現大力士　消伏諸貢高　令住佛上道
其有恐懼者　居前而慰安　先施以无畏　後令發道心

BD15217 號　維摩詰所說經卷中

（2–2）

乃有衆生起佛法耳又如殖種於空終不得
生糞壤之地乃能滋茂如是入无為正位者
不生佛法起於我見如須弥山猶能發于阿
耨多羅三藐三菩提心生佛法矣是故當知
一切煩惱為如来種譬如不入巨海不能得
无價寶珠如是不入煩惱大海則不能生一
切智積之心
尒時大迦葉歎言善哉善哉文殊師利快說
此語誠如所言塵勞之疇為如来種我等今
者不復堪任發阿耨多羅三藐三菩提心乃
至五无間罪猶能發意生於佛法而今我等
永不能發譬如根敗之士其於五欲不能復
利如是聲聞諸結斷者於佛法中无所復益
永不志願是故文殊師利凡夫於佛法有反
復而聲聞无也所以者何凡夫聞佛法能起
无上道心不斷三寶正使聲聞終身聞佛法
力无畏等永不能發无上道意尒時會中有

BD15218 號　維摩詰所說經卷中　（2–1）

此語誠如所言塵勞之疇為如来種我等今
者不復堪任發阿耨多羅三藐三菩提心乃
至五无間罪猶能發意生於佛法而今我等
永不能發譬如根敗之士其於五欲不能復
利如是聲聞諸結斷者於佛法中无所復益
永不志願是故文殊師利凡夫於佛法有反
復而聲聞无也所以者何凡夫聞佛法能起
无上道心不斷三寶正使聲聞終身聞佛法
力无畏等永不能發无上道意尒時會中有
菩薩名普現色身問維摩詰言居士父母妻
子親戚眷屬吏民知識悉為是誰奴婢僮僕
象馬車乘皆何所在於是維摩詰以偈荅曰
智度菩薩母　方便以為父　一切衆導師　无不由是生
法喜以為妻　慈悲心為女　善心誠實男　畢竟空寂舍
弟子衆塵勞　隨意之所轉　道品善知識　由是成正覺
諸度法等侶　四攝為妓女　歌詠誦法言　以此為音樂
揔持之園苑　无漏法林樹　覺意淨妙華　解脫智慧果
八解之浴池　定水湛然滿　布以七淨華　浴此无垢人
象馬五通馳　大乘以為車　調御以一心　遊於八正路
相具以嚴容　衆好飾其姿　慚愧之上服　深心為華鬘

BD15218 號　維摩詰所說經卷中　（2–2）

BD15218 號背　勘記　　　　（1–1）

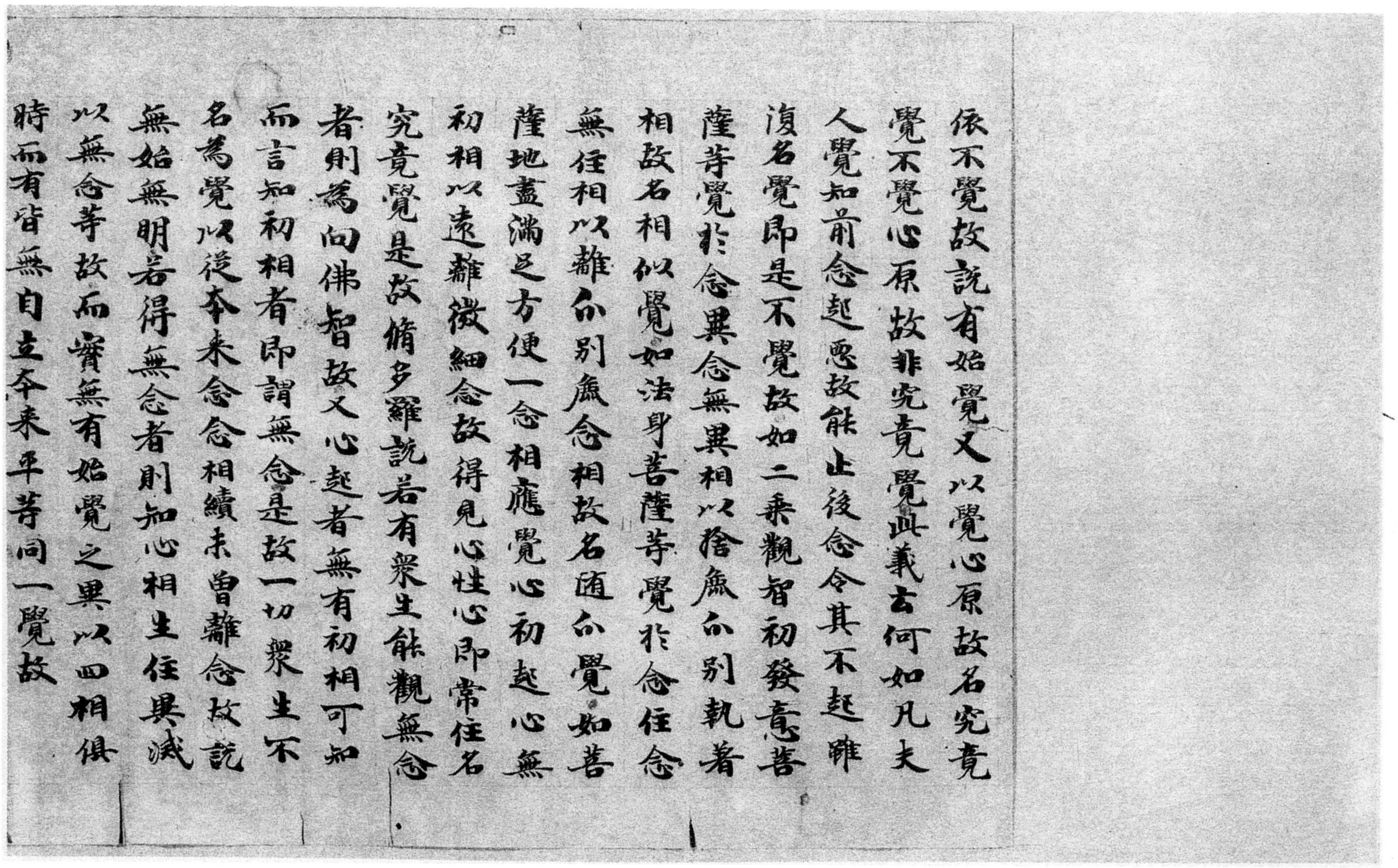
依不覺故說有始覺又以覺心原故名究竟
覺不覺心原故非究竟覺此義云何如凡夫
人覺知前念起惡故能止後念令其不起雖
復名覺即是不覺故如二乘觀智初發意菩
薩等覺於念異念無異相以捨麁分別執著
相故名相似覺如法身菩薩等覺於念住念
無住相以離分別麁念相故名隨分覺如菩
薩地盡滿足方便一念相應覺心初起心無
初相以遠離微細念故得見心性心即常住名
究竟覺是故脩多羅說若有衆生能觀無念
者則爲向佛智故又心起者無有初相可知
而言知初相者即謂無念是故一切衆生不
名爲覺以從本來念念相續未曾離念故說
無始無明若得無念者則知心相生住異滅
以無念等故而實無有始覺之異以四相俱
時而有皆無自立本來平等同一覺故

BD15219 號　大乘起信論　　　　（2–1）

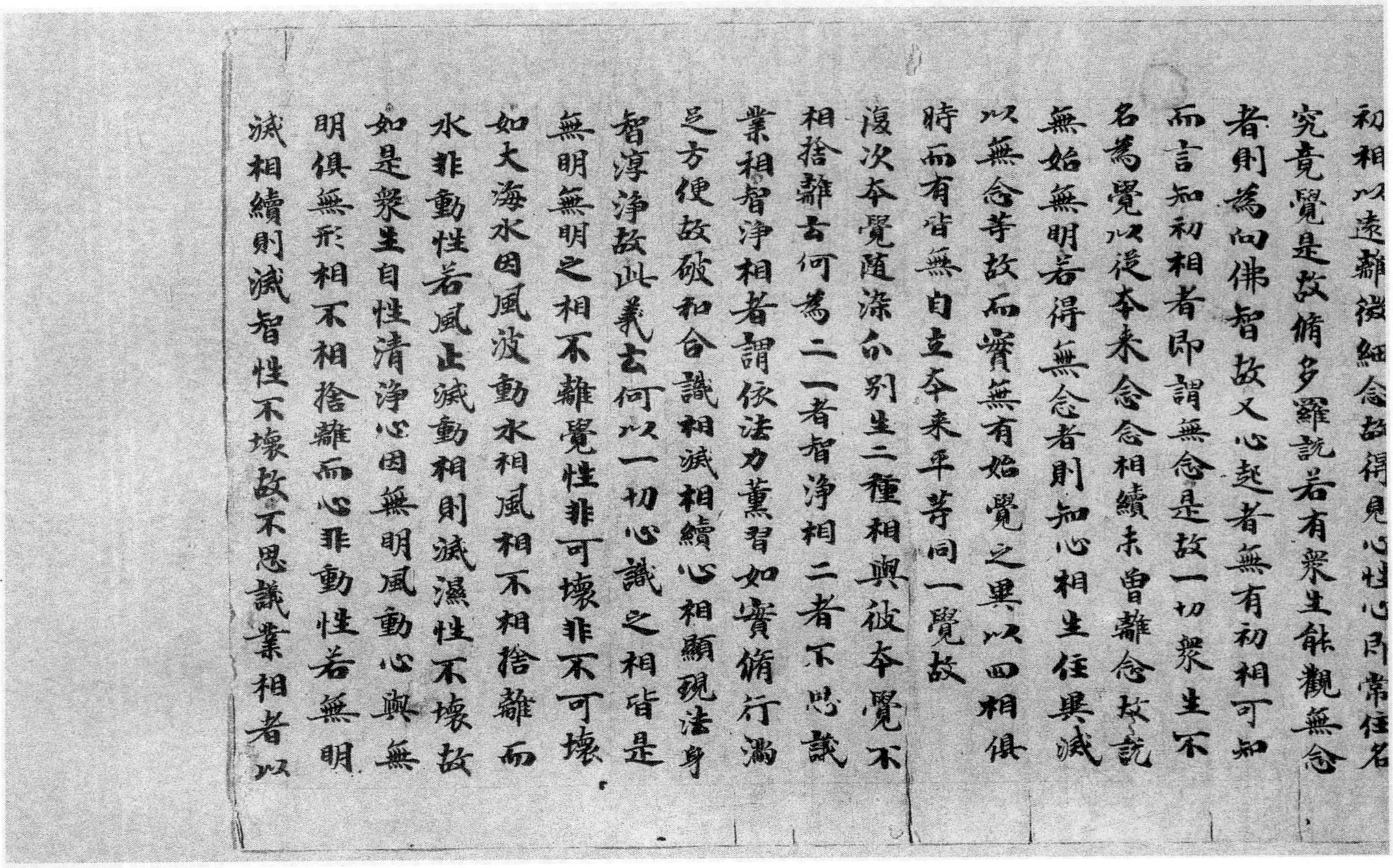

初相以遠離微細念故得見心性心即常住名
究竟覺是故脩多羅說若有衆生能觀無念
者則為向佛智故又心起者無有初相可知
而言知初相者即謂無念是故一切衆生不
名為覺以從本來念念相續未曾離念故說
無始無明若得無念者則知心相生住異滅
以無念等故而實無有始覺之異以四相俱
時而有皆無自立本來平等同一覺故
復次本覺隨染分別生二種相與彼本覺不
相捨離云何為二一者智淨相二者不思議
業相智淨相者謂依法力熏習如實脩行滿
足方便故破和合識相滅相續心相顯現法身
智淳淨故此義云何以一切心識之相皆是
無明無明之相不離覺性非可壞非不可壞
如大海水因風波動水相風相不相捨離而
水非動性若風止滅動相則滅濕性不壞故
如是衆生自性清淨心因無明風動心與無
明俱無形相不相捨離而心非動性若無明
滅相續則滅智性不壞故不思議業相者以

BD15219 號　大乘起信論　（2–2）

BD15220 號背　冊頁前夾板　（1–1）

濁腥臊交遘膿血雜亂不能發生勝淨妙明
紫金光聚是以渴仰從佛剃落佛言善哉阿
難汝等當知一切衆生從无始來生死相續皆
由不知常住真心性淨明體用諸妄想此想不
真故有輪轉汝今欲研无上菩提真發明性

如來一向多聞未全道力殷勤啓請十方如來
得成菩提妙奢摩他三摩禪那最初方便於
時復有恒沙菩薩及諸十方大阿羅漢辟支
佛等俱願樂聞退坐默然承佛聖旨
佛告阿難汝我同氣情均天倫當初發心於我

BD15220 號　大佛頂如來密因修證了義諸菩薩萬行首楞嚴經卷一殘卷　　（7–1）

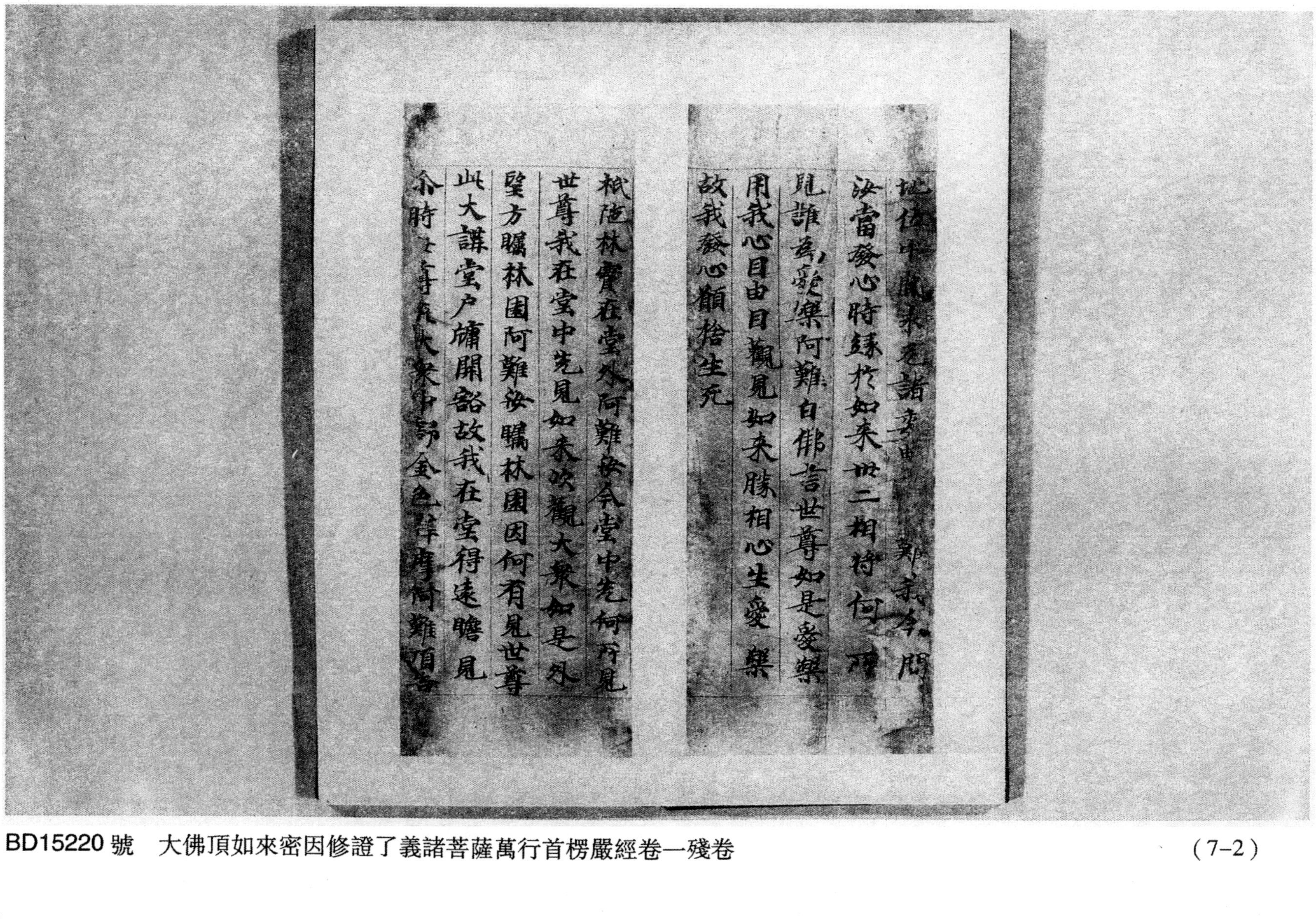
地位中間永无諸委曲相阿難我今問
汝當發心時緣於如來卅二相將何所
見誰爲愛樂阿難白佛言世尊如是愛樂
用我心目由目觀見如來勝相心生愛樂
故我發心願捨生死

祇陀林實在堂外阿難汝今堂中先何所見
世尊我在堂中先見如來次觀大衆如是外
望方矚林園阿難汝矚林園因何有見世尊
此大講堂戶牖開豁故我在堂得遠瞻見
尒時世尊在大衆中舒金色臂摩阿難頂告

BD15220 號　大佛頂如來密因修證了義諸菩薩萬行首楞嚴經卷一殘卷　　（7–2）

汝今諦聽阿難頂礼伏受慈旨
佛告阿難如汝所言身在講堂户牖開豁遠
矚林園亦有衆生在此堂中不見如來見堂
外者阿難荅言世尊在堂不見如來能見林
泉无有是處阿難汝亦如是汝之心靈一切明

在使汝流轉心目爲咎吾今問汝唯心與目今
何所在
阿難白佛言世尊一切世間十種異生同將
識心居在身内縱觀如來青蓮華眼亦在佛
面我今觀此浮根四塵秖在我面如是識心

BD15220號　大佛頂如來密因修證了義諸菩薩萬行首楞嚴經卷一殘卷　　（7–3）

尒時阿難因乞食次經歷婬室遭大幻術摩
登伽女以娑毗迦羅先梵天呪攝入婬席婬躬
撫摩將毀戒體如來知彼婬術所加齋畢旋
歸王及大臣長者居士俱來隨佛願聞法要于
時世尊頂放百寶光畏光明光中出生千

不能見心肝脾胃爪生髮長筋轉脈搖誠合
明了如何不知必不内知云何知外是故應
知汝言覺了能知之心住在身内无有是
處阿難稽首而白佛言我聞如來如是法音
悟知我心實居身外所以者何譬如燈光然於

BD15220號　大佛頂如來密因修證了義諸菩薩萬行首楞嚴經卷一殘卷　　（7–4）

了義得无妄邪
佛告阿難是諸比丘適來從我室羅筏城循
乞摶食歸祇陀林我已宿齋汝觀比丘一人食
時諸人飽不阿難答言不也世尊何以故是諸
比丘雖阿羅漢軀命不同云何一人能令眾飽
在身際心不能知我今示汝兜羅綿手汝眼見
時心分別不阿難答言如是世尊佛告阿難若
相知者云何在外是故應知汝言覺了能知之
心住在身外无有是處
阿難白佛言世尊如佛所言不見內故不居

BD15220 號　大佛頂如來密因修證了義諸菩薩萬行首楞嚴經卷一殘卷　（7–5）

知內而能見外如我思忖潛伏根裏猶如有人
取瑠璃椀合其兩眼雖有物合而不留礙
彼根隨見隨即分別然我覺了能知之心
不見內者為在根故分明矚外无障礙者潛
根內故
世尊是人當以瑠璃籠眼實見瑠璃佛告阿
難汝心若同瑠璃合者當見山河何不見眼
若見眼者眼即同境不得成隨若不能見云何
說言此了知心潛在根內如瑠璃合是故應知
汝言覺了能知之內潛伏根裏如琉璃合

BD15220 號　大佛頂如來密因修證了義諸菩薩萬行首楞嚴經卷一殘卷　（7–6）

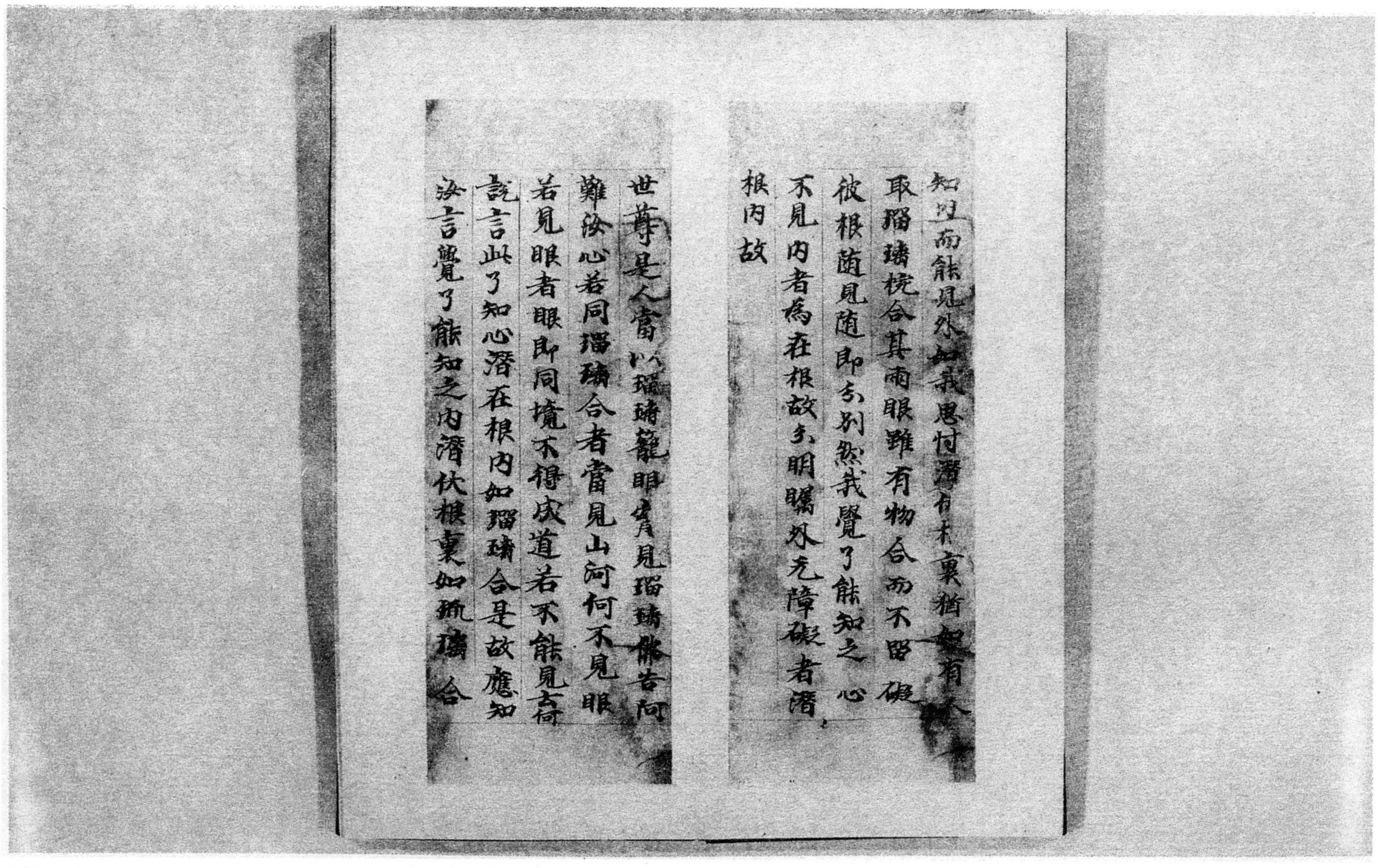

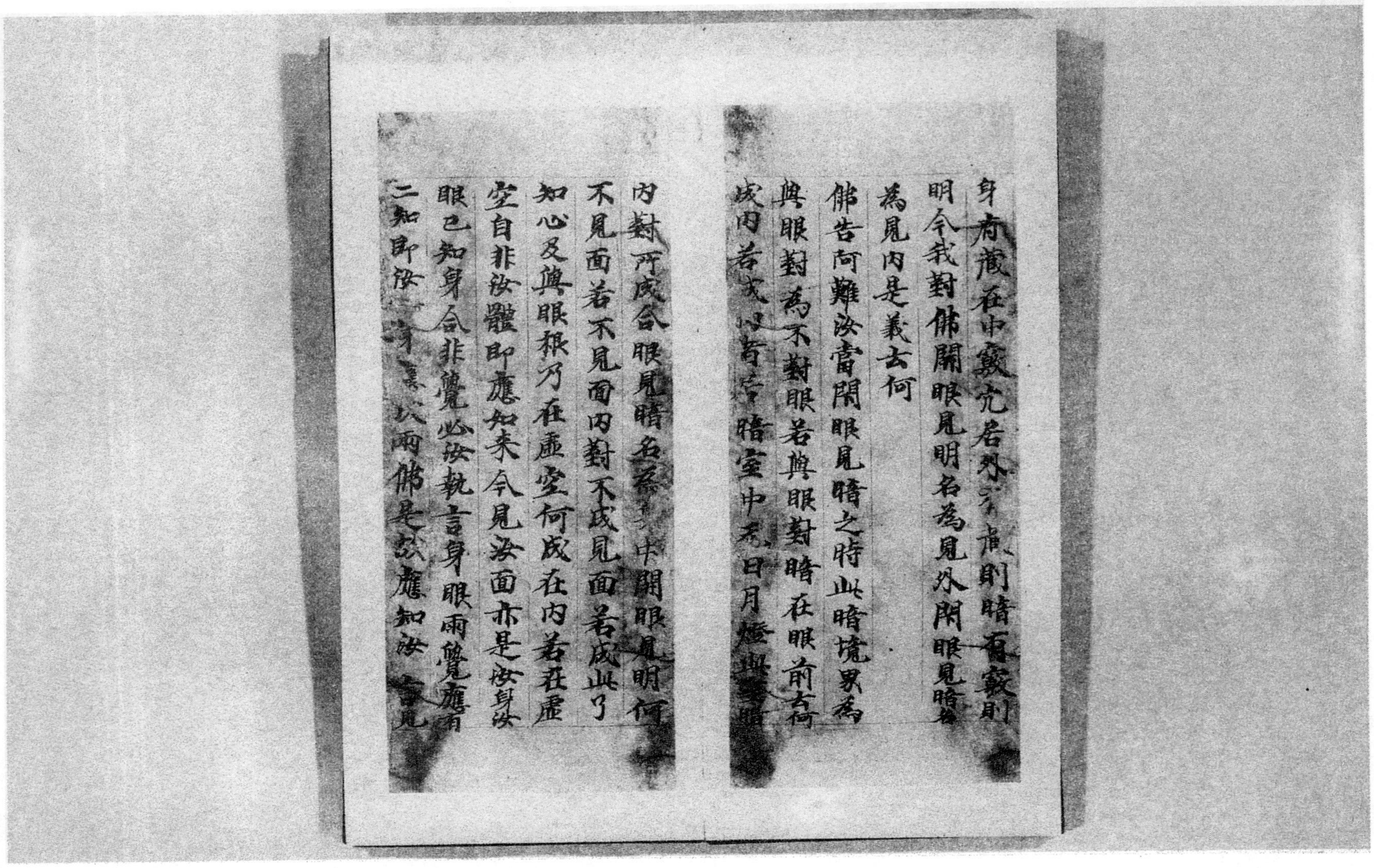

身府藏在中竅穴居外有藏則暗有竅則
明今我對佛開眼見明名為見外閉眼見暗
名為見內是義云何
佛告阿難汝當閉眼見暗之時此暗境界為
與眼對為不對眼若與眼對暗在眼前云何
成內若成內者居暗室中無日月燈此室暗
內對所成合眼見暗名為身中開眼見明何
不見面若不見面內對不成見面若成此了
知心及與眼根乃在虛空何成在內若在虛
空自非汝體即應如來今見汝面亦是汝身汝
眼已知身合非覺必汝執言身眼兩覺應有
二知即汝一身應成兩佛是故應知汝言見

BD15220 號　大佛頂如來密因修證了義諸菩薩萬行首楞嚴經卷一殘卷　（7–7）

BD15220 號背　冊頁後夾板　（1–1）

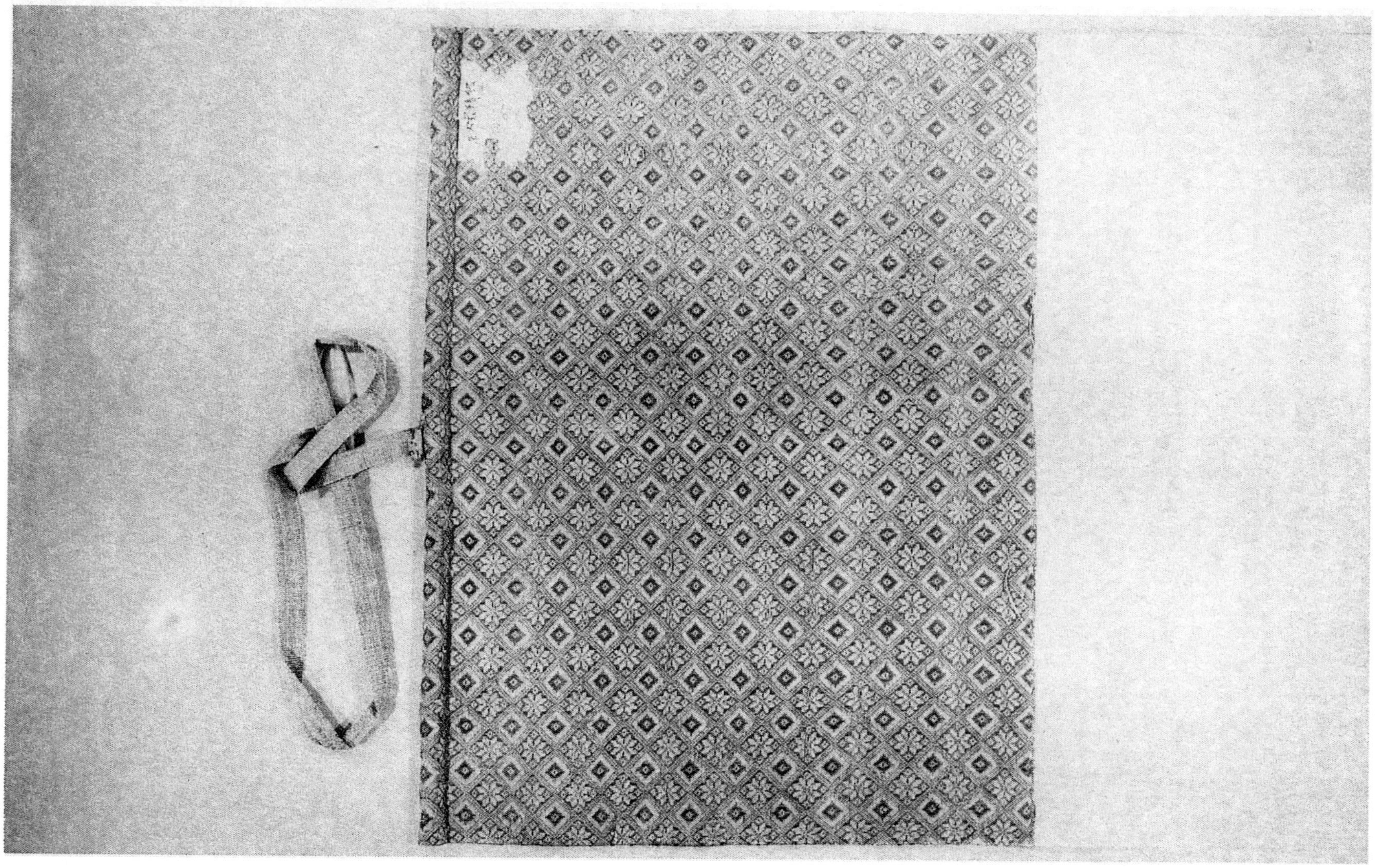

BD15221 號背　護首

(1–1)

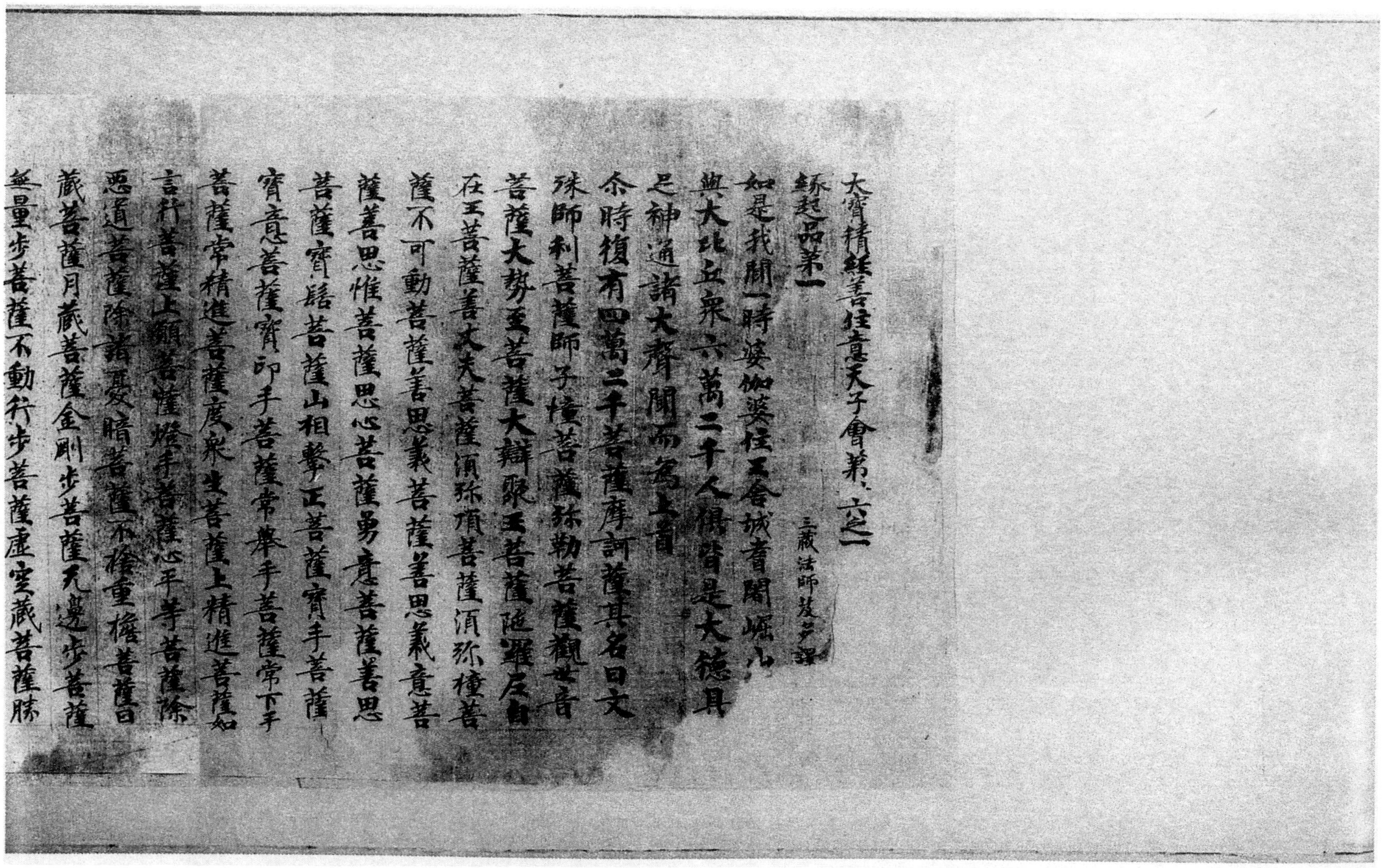

大寶積經善住意天子會第六之一
緣起品第一　　三藏法師笈多譯
如是我聞一時婆伽婆住王舍城耆闍崛山
與大比丘衆六萬二千人俱皆是大德具
足神通諸大聲聞而爲上首
尒時復有四萬二千菩薩摩訶薩其名曰文
殊師利菩薩師子幢菩薩彌勒菩薩觀世音
菩薩大勢至菩薩大辯聚王菩薩陀羅尼自
在王菩薩善丈夫菩薩須弥頂菩薩須弥幢菩
薩不可動菩薩善思義菩薩善思義意菩
薩善思惟菩薩思心菩薩勇意菩薩善思
菩薩寶髻菩薩山相擊王菩薩寶手菩薩
寶意菩薩寶印手菩薩常舉手菩薩常下手
菩薩常精進菩薩度衆生菩薩上精進菩薩如
言行菩薩上願菩薩燈手菩薩心平等菩薩除
惡道菩薩除諸憂闇菩薩不捨重擔菩薩日
藏菩薩月藏菩薩金剛步菩薩无邊步菩薩
無量步菩薩不動行步菩薩虛空藏菩薩勝

BD15221 號　大寶積經卷一〇二

(21–1)

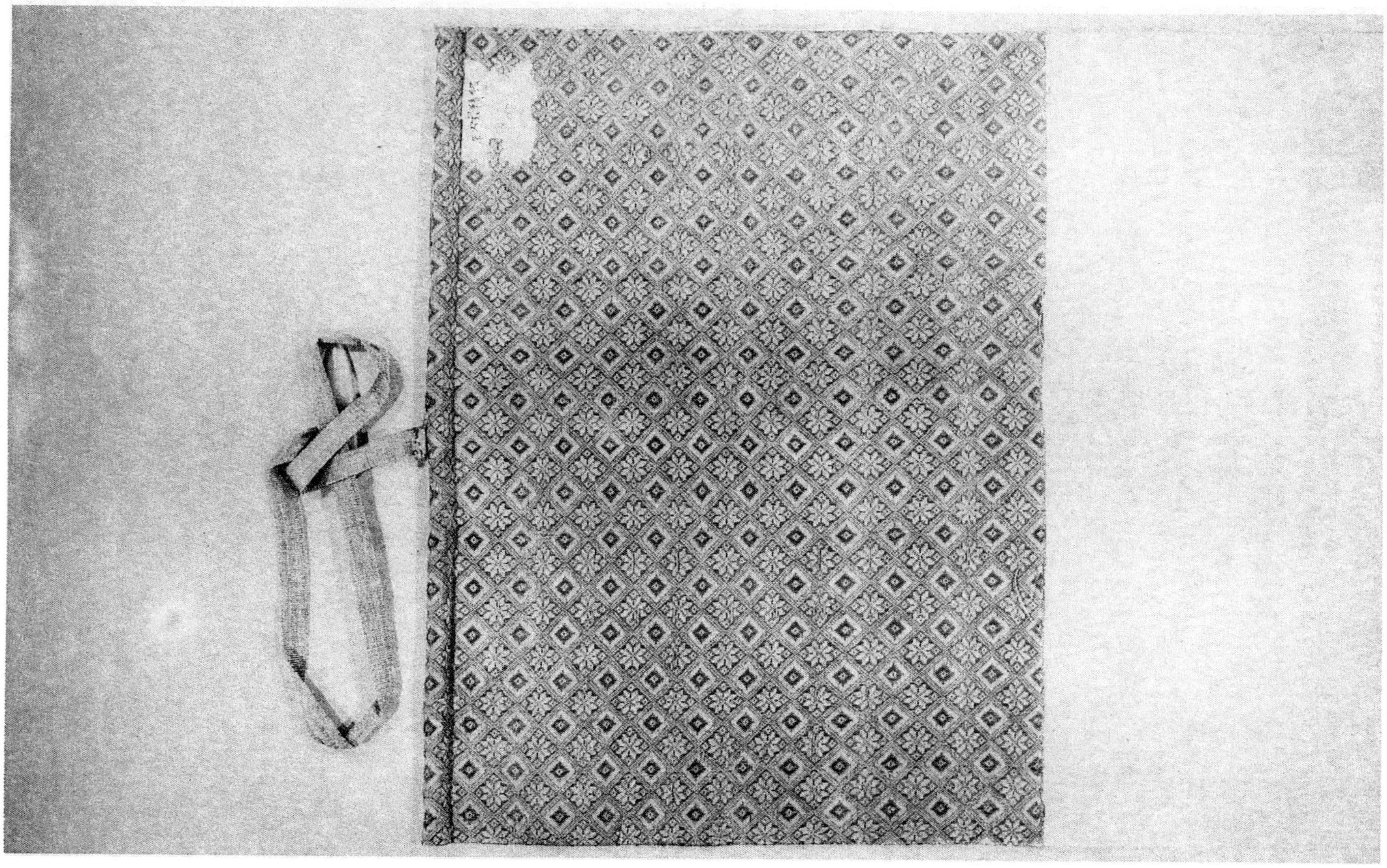

BD15221 號背　護首　　　　（1–1）

大寶積經善住意天子會第、六之一
緣起品第一　　　三藏法師笈多譯
如是我聞一時婆伽婆住王舍城耆闍崛山
與大比丘衆六萬二千人俱皆是大德具
足神通諸大聲聞而爲上首
尒時復有四萬二千菩薩摩訶薩其名曰文
殊師利菩薩師子幢菩薩彌勒菩薩觀世音
菩薩大勢至菩薩大辯聚王菩薩陀羅尼自
在王菩薩善丈夫菩薩須彌頂菩薩須弥幢菩
薩不可動菩薩善思義菩薩善思義意菩
薩善思惟菩薩思心菩薩勇意菩薩善思
菩薩寶髻菩薩山相擊王菩薩寶手菩薩
寶意菩薩寶印手菩薩常舉手菩薩常下手
菩薩常精進菩薩度衆生菩薩上精進菩薩如
言行菩薩上願菩薩燈手菩薩心平等菩薩除
惡道菩薩除諸憂暗菩薩不捨重擔菩薩日
藏菩薩月藏菩薩金剛步菩薩无邊步菩薩
無量步菩薩不動行步菩薩虛空藏菩薩勝

BD15221 號　大寶積經卷一〇二　　　　（21–1）

薩善思惟菩薩思心菩薩勇意菩薩善思
菩薩寶髻菩薩山相擊王菩薩寶手菩薩
寶意菩薩寶印手菩薩常舉手菩薩常下手
菩薩常精進菩薩度衆生菩薩上精進菩薩如
言行菩薩上願菩薩燈手菩薩心平等菩薩除
惡道菩薩除諸憂暗菩薩不捨重擔菩薩日
藏菩薩月藏菩薩金剛步菩薩无邊步菩薩
無量步菩薩不動行步菩薩虛空藏菩薩勝
意菩薩益意菩薩增上意菩薩成行菩薩持
地菩薩月光菩薩月幢菩薩光德菩薩明照
菩薩勇步菩薩師子奮迅吼音菩薩无礙辯
菩薩相應辯菩薩捷疾辯菩薩最勝菩薩辟
曰月光菩薩无攀緣菩薩无著意菩薩常笑
菩薩喜根菩薩除諸障蓋菩薩轉女身菩薩
摩尼珠菩薩燈明菩薩毗盧遮那菩薩火焰菩
薩衆勝王菩薩深說者菩薩如是等菩薩
摩訶薩而為上首
尒時復有四天大王忉利天王娑婆世界主大
梵天王如是等而為上首與六萬諸天衆俱
復有善住意天子善德天子大自在天子如
是等而為上首與三萬諸天衆俱於菩薩
道皆已久住復有二萬阿脩羅王羅睺阿脩
羅王須弥阿脩羅王如是等而為上首亦皆已
住於菩薩道復有六萬諸大龍王阿那婆
達多龍王勝月龍王如是等而為上首亦皆
已住於菩薩道并餘无量諸天龍夜叉乾闥
婆阿脩迦樓羅緊那羅摩睺羅伽億百千
衆乃至一切比丘比丘尼優婆塞優婆夷无

BD15221 號　大寶積經卷一〇二　（21-2）

是等而為上首與三萬諸天衆俱於菩薩
道皆已久住復有二萬阿脩羅王羅睺阿脩
羅王須弥阿脩羅王如是等而為上首亦皆已
住於菩薩道復有六萬諸大龍王阿那婆
達多龍王勝月龍王如是等而為上首亦皆
已住於菩薩道并餘无量諸天龍夜叉乾闥
婆阿脩迦樓羅緊那羅摩睺羅伽億百千
衆乃至一切比丘比丘尼優婆塞優婆夷无
量大衆皆來集會
尒時世尊以如是等无量百千大衆圍繞於
說法時文殊師利菩薩摩訶薩即於己室入
彼无諍除心三昧寂然不動於是文殊師利一
心安詳從三昧起應時十方无量无邊諸佛
世界六種振動時文殊師利起三昧已作如是
念彼无量无邊諸世界中乃有一佛如來
應供正遍覺出興於世如憂曇華希復現
耳如是諸如來應供正遍覺世間希有出
現甚難所可說法盡諸有生寂滅涅槃不可
思量无有分別甚深无辟難解難知然以諸
佛不出世故不可得聞以不聞故諸衆生皆難
可窮盡我今應當詣於如來正遍覺所諮
問是義問斯義故令諸衆生成就善根亦
令一切行菩薩者於彼甚深不可思議諸佛
法中无復疑惑皆得成滿佛菩提事於此娑
婆世界諸衆生等多有貪欲具足瞋恚成就
愚癡斷除白法碩鈍諂詐无有慚愧我慢貢
高遠離諸佛違背法僧令彼衆生得聞如
是甚深妙法獲淨智眼

BD15221 號　大寶積經卷一〇二　（21-3）

問是義聞斯義故令諸衆生成就善根亦
令一切行菩薩者於彼甚深不可思議諸佛
法中无復疑惑皆得成滿佛菩提事於此娑
婆世界諸衆生等多有貪欲具足瞋恚成就
愚癡斷除白法頑鈍諂詐无有慙愧我慢貢
高遠離諸佛違背法僧令彼衆生得聞如
是甚深妙法獲淨智眼
尒時文殊師利復作是念我今應當大集十
方諸菩薩衆令皆得聞如來所說是妙法門
證深法忍尒時文殊師利如是念已即入善
光无垢莊嚴三昧入此三昧已放大光明照
於東方如恒河沙等諸佛世界普皆柔和
潤澤清淨明朗无垢微妙難稱而此光明遍
照南西北方四維上下十方世界其間所有一
切暗冥幽隱之處山崖樹林大小諸山目真
隣陁山摩訶目真隣陁山鐵圍山大鐵圍山
及餘黒山須弥山大須弥山如是一切光明朗
徹无有障礙
尒時十方恒河沙世界所有諸佛現說法者
彼諸弟子各請其佛言世尊何因緣故乃有
如是大瑞光明現於世間世尊我從昔來初
未聞見如是光明如是清淨如是微妙世尊
此何光明而令我等大喜遍身心得清淨亦
令衆生无復貪欲瞋恚愚癡煩惱衆惡一
切不行世尊今此光明誰之所作誰所加持而
來現此彼諸侍者如是請已彼諸世尊默然
无報當尒之時十方世界一切所有諸種音

未聞見如是光明如是清淨如是微妙世尊
此何光明而令我等大喜遍身心得清淨亦
令衆生无復貪欲瞋恚愚癡煩惱衆惡一
切不行世尊今此光明誰之所作誰所加持而
來現此彼諸侍者如是請已彼諸世尊默然
无報當尒之時十方世界一切所有諸種音
聲所謂若天聲若龍聲若夜叉聲若乾闥
婆聲若阿脩羅聲若迦樓羅聲若緊那羅
聲若摩睺羅伽聲若人聲若非人聲若烏馬
聲若諸獸聲如是等聲咸皆止息若風聲若
火聲若水聲若大海波聲若音樂聲若歌讚聲
當尒之時如是諸聲以佛力故亦皆止息一切
寂靜然時彼十方諸佛侍者復請彼佛言世
尊唯願大慈憐愍一切諸天人故安樂一切諸
天人故利益一切諸天人故爲我宣說如是光
明所從來處而能普照諸佛國土尒時十方
諸佛即以十方恒河沙數世界所有一切諸
如來聲悉同梵音如一如來口業所說其
所說事亦无差殊用是妙聲各皆報告已之
侍者當彼諸佛出聲告時一切佛察悉皆
振動百千樂音一時皆作乃至一切天人阿脩
羅所有音樂不鼓自鳴又彼樂音衆聲之中
出諸法音所謂无常聲苦聲无我聲空聲无
相聲无願聲離欲聲解脫聲法界聲如如聲
實際聲檀波羅蜜聲尸波羅蜜聲羼提波
羅蜜聲毗梨耶波羅蜜聲禪波羅蜜聲般
若波羅蜜聲大慈聲大悲聲大喜聲大舍聲

相聲无願聲離欲聲解脱聲法界聲如如聲
實際聲檀波羅蜜聲尸波羅蜜聲羼提波
羅蜜聲毗梨耶波羅蜜聲禪波羅蜜聲般
若波羅蜜聲大慈聲大悲聲大喜聲大捨聲
和合聲利益聲出如是等種種百千諸法之聲
又彼種種諸聲出時无量阿僧祇億那由他百
千衆生皆得住於不退轉阿耨多羅三藐三菩
提復有成就辟支佛者成聲聞者乃至得
成大梵天王天帝釋轉輪王等
尒時十方諸佛世尊咸各告其侍者弟子言
諸善男子汝今不應請問是事何以故此光
明因緣一切聲聞辟支佛等非其境界我若
說者乃至世間天人阿脩羅皆即迷沒是故
不應請問斯事諸佛如來若說如是光明因
緣乃是能生成就不可思議諸勝善根亦緣
如是不思議諸勝善根而得出生所謂布施
持戒忍辱精進禪定智惠諸度等行如是
諸行即是光明之所出生亦為光明之所成就
是故我等諸佛如來若於一劫若減一劫讚
說如是光明功德終不能盡又以如是慈悲
喜捨諸善根力共相薰脩令此光明能生歡
喜時彼十方諸佛侍者各自殷勤再三啓請
白言唯願世尊慨愍一切諸天人故安樂一
切諸天人故利益一切諸天人故成熟菩薩
諸善根故為我等說光明因緣彼諸菩薩
如是請已於是十方諸佛世尊復各告其侍
者弟子言諸善男子汝宜諦聽吾為汝說

BD15221號　大寶積經卷一〇二　（21–6）

白言唯願世尊慨愍一切諸天人故安樂一
切諸天人故利益一切諸天人故成熟菩薩
諸善根故為我等說光明因緣彼諸菩薩
如是請已於是十方諸佛世尊復各告其侍
者弟子言諸善男子汝宜諦聽吾為汝說
諸侍者言唯然世尊願樂聽聞尒時彼佛各
各告其侍者言善男子有世界名曰娑婆其
土有佛号釋迦牟尼如來應供正遍覺明行足
善逝世間解无上士調御丈夫天人師佛世尊
出五濁世彼土衆生多有貪欲瞋恚愚癡衆
惱所迫彼諸衆生无有恭敬不識慚恥都无
善愧所為行業多諸不善能於如是濁惡察
中成就阿耨多羅三藐三菩提然今現在為
衆說法善男子彼世界中釋迦如來有一大
弟子菩薩摩訶薩名文殊師利有大功德具
足智慧精進勇猛有大威神能令菩薩咸
得歡喜故能令菩薩具足脩行故令諸菩薩
增長威力故令諸菩薩發勤勇猛故能善分
別一切法句故能達无礙智慧彼岸故能具足
得无礙辯才故又於諸陁羅尼得自在故已
具成滿一切菩薩不思議功德故今彼菩薩
將欲請問釋迦牟尼如來應供正遍覺甚深
法門為諸菩薩善根成就故為行菩薩乘人
得滿足彼不思議諸佛法故善男子又彼文
殊師利放斯光明欲令十方世界无量阿僧
祇諸菩薩衆大集故令彼諸菩薩得勝法
故以是因緣彼文殊師利放大光明照諸佛土
尒時十方世界諸佛侍者復各請問彼諸佛

BD15221號　大寶積經卷一〇二　（21–7）

法門為諸菩薩善根成就故為行菩薩乘人
得滿足彼不思議諸佛法故善男子又彼文
殊師利放斯光明欲令十方世界无量阿僧
祇諸菩薩衆大集故令彼諸菩薩得勝法
故以是因緣彼文殊師利放大光明照諸佛土
尒時十方世界諸佛侍者復各請問彼諸佛
言世尊彼文殊師利住何三昧放此光明尒時
十方諸佛咸各告其侍者弟子言諸善男
子彼文殊師利入普明无垢莊嚴三昧故放
斯光明侍者菩薩復白諸佛言世尊我初
未見如是光明如是清淨如是能令身心歡
喜諸佛復告諸菩薩曰彼將不欲教諸菩薩
起脩行耶彼將不欲大集諸菩薩衆耶彼將
不欲集諸菩薩宣說如斯妙經典耶
尒時十方无量不可思議恒河沙等諸佛世
界一一世界中有无量阿僧祇諸菩薩衆各
自詣彼諸世尊所頂礼佛足礼已即復請白
彼諸佛言世尊誰有是光誰有斯德我等
昔來未曾見聞忽現是光照諸世界時彼諸佛
復告彼諸菩薩衆曰諸善男子彼有世界名
曰娑婆其佛号釋迦牟尼如來應供正遍覺
今現說法彼有菩薩名文殊師利具大威德
其為大集一切菩薩摩訶薩衆故放斯光明
時彼諸菩薩復白彼諸佛言世尊我等今
者願詣娑婆世界意欲奉見釋迦如來礼拜
恭敬供養承事故請問義理故并欲見彼文
殊師利及餘菩薩摩訶薩故彼諸世尊即
復告彼諸菩薩言諸善男子欲往隨意汝應

今現說法彼有菩薩名文殊師利具大威德
其為大集一切菩薩摩訶薩衆故放斯光明
時彼諸菩薩復白彼諸佛言世尊我等今
者願詣娑婆世界意欲奉見釋迦如來礼拜
恭敬供養承事故請問義理故并欲見彼文
殊師利及餘菩薩摩訶薩故彼諸世尊即
復告彼諸菩薩言諸善男子欲往隨意汝應
知時
尒時十方无量阿僧祇不思議不可計不可稱
不可量億那由他百千頻婆羅菩薩摩訶
薩各礼佛足已猶如壯士屈申臂頃各於彼
世界沒而來現此娑婆國土是時十方諸來
菩薩摩訶薩衆皆詣世尊釋迦如來應供正
遍覺所其間或有能雨衆香所謂塗香末
香及以香鬘來詣世尊釋迦如來應供正遍
覺所或有菩薩雨諸妙華所謂憂鉢羅華鉢
頭摩華拘物頭華分陀利華瞻波迦華波吒利
華陀奴迦利華陀地目多迦華蘇摩那華婆
利師迦華曼陀羅華摩訶曼陀羅華波盧
沙華摩訶波盧沙華旃陀羅華摩訶旃陀羅
華微妙旃陀羅華斫迦羅華摩訶斫迦羅華
寂妙斫迦羅華雨如是等種種華鬘來詣世
尊釋迦如來應供正遍覺所或有菩薩摩訶薩
能出百千上妙諸音來詣世尊釋迦如來應供
正遍覺所復有菩薩摩訶薩能以一音遍
滿三千大千世界歌讚佛德來詣世尊釋迦
如來應供正遍覺所以如是等種種莊嚴咸
詣世尊釋迦如來應供正遍覺所時彼十方

能出百千上妙諸音来詣世尊釋迦如来應供
正遍覺所復有菩薩摩訶薩能以一音遍
滿三千大千世界歌讚佛德来詣世尊釋迦
如来應供正遍覺所以如是等種種莊嚴咸
詣世尊釋迦如来應供正遍覺所時彼十方
諸菩薩摩訶薩衆大集於此娑婆世界而
此三千大千世界所有衆生地獄畜生餓鬼若
閻摩界悉皆寂然身心安樂无有貪欲瞋
恚愚癡遠離衆毒嫉妬諂誑我慢熱惱一
切衆生皆起慈心具足歡喜何以故以彼十方
諸大菩薩威神力故其事若是尒時十方无
量百千億那由他諸大菩薩摩訶薩等咸集
世尊釋迦如来應供正遍覺所到佛所已頭
面礼敬右繞三帀住於虚空即入菩薩隱身
三昧入三昧已隨意所生无量百千種種妙
色大蓮華座結加而坐悉皆隱身令不復現
尒時尊者摩訶迦葉見彼殊特希有瑞相
大神通事復見彼衆大雨華香亦見彼作无
量樂音又復彼彼放大光明又亦見此三千世
界諸四天下皆雨妙華積至于膝又復見彼
一切大衆天龍夜叉乾闥婆阿脩羅迦樓羅
緊那羅摩睺羅伽人及非人乃至所有比丘
比丘尼優婆塞優婆夷等一切皆悉具足成
就金色相身於是尊者摩訶迦葉從座而
起正持威儀偏袒右髆右膝著地合掌恭敬
以偈讚曰
歡喜常與一切樂　圓滿无垢清淨顏
十力雄猛諸大人　具足金剛百福相

BD15221 號　大寶積經卷一〇二　（21–10）

大神通事復見彼衆大雨華香亦見彼作无
量樂音又復彼彼放大光明又亦見此三千世
界諸四天下皆雨妙華積至于膝又復見彼
一切大衆天龍夜叉乾闥婆阿脩羅迦樓羅
緊那羅摩睺羅伽人及非人乃至所有比丘
比丘尼優婆塞優婆夷等一切皆悉具足成
就金色相身於是尊者摩訶迦葉從座而
起正持威儀偏袒右髆右膝著地合掌恭敬
以偈讚曰
歡喜常與一切樂　圓滿无垢清淨顏
十力雄猛諸大人　具足金剛百福相
遊於三界人天間　一切无能如佛者
不可思議難測度　唯願除斷我疑心
過那由他百千劫　常行布施攝世間
遠離執著无所依　淨持禁戒无倫比
具足脩忍超世間　一切力中十力最
功德倫滿无過者　唯願永絶我疑心
過百千劫脩衆行　以見衆生受諸苦
勇猛精進終无疲　常生歡喜无有量
頭目髓腦持與人　棄捨男女及妻妾
欲離國城及衆具　唯願除解我疑網
世尊往昔行施時　象馬輦輿不可數
過那由他上衣服　常以歡喜惠世間
世尊常以先心施　如是雜物及衆珎
飲食湯藥并田宅　是故今日我諮問
往昔割身及耳鼻　內心无垢不生瞋
若他詰問如法言　猶能巧說忍辱力
以能通達業空法　心意敎妙難稱量

BD15221 號　大寶積經卷一〇二　（21–11）

勇猛精進終无疲　常生歡喜无有量
頭目髓腦持與人　棄捨男女及妻妾
臥離國城及衆具　唯願除解我疑網
世尊往昔行施時　為馬輦輿不可數
過那由他上衣服　常以歡喜惠世間
世尊常以先心施　如是雜物及衆珎
飲食湯藥并田宅　是故今日我諮問
往昔割身及耳鼻　內心无垢不生瞋
若他詰問如法言　猶能巧說忍辱力
以能通達深空法　心意微妙難稱量
能施他樂功德人　是故今我問无垢
諸漏久盡患悲除　深見衆生沒諸苦
黑暗所覆愚癡者　生於垢濁及我人
憐愍諸有起慈心　過百千劫勤脩行
開發正覺菩提岸　唯願除斷我今疑
善能出入神通門　隱顯自在巧行住
證得无我破我相　毀壞諸法亦非空
佛於世中无染著　真實正行及正思
微妙寂滅離諸垢　唯願為我決此疑
世尊昔日脩行時　施戒忍進无暫廢
禪定智惠亦常脩　利益群生无有比
諸功德聚難思量　深大如海无窮盡
善能往來亦善住　唯願為我作歸依
往昔无垢脩大慈　怖鴿歸投救不捨
剜身割股血滂流　稱肉與鷹而代之
全身上稱謂敵彼　而鴿尚重身猶輕
大明善巧以行慈　唯願為我決疑惑
須弥動搖衆星落　諸天宮殿盡破云

BD15221號　大寶積經卷一〇二　（21–12）

往昔无垢脩大慈　怖鴿歸投救不捨
剜身割股血滂流　稱肉與鷹而代之
全身上稱謂敵彼　而鴿尚重身猶輕
大明善巧以行慈　唯願為我決疑惑
須弥動搖衆星落　諸天宮殿盡破云
四大海水一朝枯　阿脩羅宮處天上
假使日輪墮於地　明月處空忽暗冥
諸佛正覺兩足尊　所言真誠无有二
尒時尊者摩訶迦葉說偈讚已復白佛言
大德世尊何因緣故世間有是微妙光明復
何因緣忽現如是未曾有瑞衆相明了尒時
世尊告大迦葉言迦葉汝今不應諮問是事
何以故如是境界非諸聲聞緣覺所知若我
說是光明義者一切世間天人阿脩羅皆當
驚疑入迷沒處是故汝今不應問也時大迦葉
復白佛言世尊唯願大慈憐愍一切諸天人
故利益一切諸天人故安樂一切諸天人故說
此光明甚深因緣令我開解尒時世尊告迦
葉言汝宜諦聽善思念之吾為汝說大迦
葉言善哉世尊願樂欲聞唯垂敷演時佛
復告大迦葉言迦葉今我文殊師利入彼普
明无垢莊嚴三昧三昧力故放斯光明遍照十
方過恒河沙等諸佛國土為大集彼无量无
邊不可數不可量阿僧祇諸大菩薩摩訶薩
等而來至此娑婆世界彼等皆已頂禮我足
右繞三帀處在虛空高一多羅樹皆各於彼
大蓮華座結加而坐

BD15221號　大寶積經卷一〇二　（21–13）

明无垢莊嚴三昧三昧力故放斯光明遍照十
方過恒河沙等諸佛國土爲大集彼无量无
邊不可數不可量阿僧祇諸大菩薩摩訶薩
等而來至此娑婆世界彼等皆已頂礼我足
右繞三帀處在虛空高一多羅樹皆各於彼
大蓮華座結加而坐
尒時尊者大迦葉復白佛言世尊今有何等
菩薩摩訶薩威神德力而雨如是微妙華香
復出如是百千音樂不鼓自鳴佛告大迦葉
言迦葉是爲十方諸菩薩等威神力故而雨
如是勝妙華香乃至於上虛空之中无量樂
音皆自鳴也迦葉復言世尊我於是中乃至
不見彼一菩薩云何世尊更言十方諸菩薩
等迦葉一切聲聞辟支佛等終不能見彼諸
菩薩摩訶薩衆何以故迦葉是中聲聞辟
支佛等於大慈悲非其所住故若能住是慈
悲地中斯則能爲利益他事則亦能行布施持
戒忍辱精進禪定智慧諸波羅蜜等若已
受於位終不能行此諸菩薩所行之處迦葉
斯諸菩薩摩訶薩等一切皆入隱身三昧是故
一切聲聞辟支佛不能見彼諸菩薩等唯除
除諸佛及大菩薩住斯地者乃能見耳迦葉
初住大乘諸菩薩等尚不能見何況一切聲
聞辟支佛而能得見若得見者无有是處
尒時大迦葉復白佛言世尊菩薩摩訶薩具
足幾法修何善根獲何功德而能入是隱身
三昧佛言迦葉菩薩摩訶薩成就十法即能

BD15221號　大寶積經卷一〇二　（21–14）

初住大乘諸菩薩等尚不能見何況一切聲
聞辟支佛而能得見若得見者无有是處
尒時大迦葉復白佛言世尊菩薩摩訶薩具
足幾法修何善根獲何功德而能入是隱身
三昧佛言迦葉菩薩摩訶薩成就十法即能
獲是隱身三昧何等爲十一者志性和柔深住
正信二者恒不捨離一切衆生三者畢竟成
滿大慈悲心四者覺了一切不著衆相五者
雖復思求一切佛法終不妄取六者亦不思
想一切聲聞辟支佛智七者世間所有盡皆
能捨乃至身命尚无悋惜豈況餘物而不
施者八者雖行无量生死煩惱而不染著諸
有爲行九者常脩无量布施持戒忍辱精
進禪定智慧而不分別諸波羅蜜十者常生
是心我當安立一切衆生於菩提已然後方當
坐佛樹下不取菩提及衆生相迦葉是爲菩
薩摩訶薩具足十法便能獲得隱身三昧
尒時尊者大迦葉復白佛言希有世尊快
說斯事世尊乃能作如是說世尊一切聲聞
辟支佛尚皆未曾一發是心我當安置一切衆
生於阿羅漢地況佛法乎佛言迦葉如是如
是是故一切聲聞辟支佛悉无能入菩薩所
行隱身三昧此三昧名尚自不知云何能入
若能入者无有是處
尒時尊者大迦葉復白佛言世尊我等今
者深願見彼諸大菩薩摩訶薩等所以者
何斯諸大士難可會遇佛言迦葉汝宜且住
當須待我文殊來者彼諸菩薩當從定出

BD15221號　大寶積經卷一〇二　（21–15）

行隱身三昧此三昧名尚自不知云何能入
若能入者无有是處
尒時尊者大迦葉復白佛言世尊我等今
者深願見彼諸大菩薩摩訶薩等所以者
何斯諸大士難可會遇佛言迦葉汝宜且住
當須待我文殊來者彼諸菩薩當從定出
汝等然後乃見之耳雖然迦葉汝亦得是无量
百千諸三昧門今當攝心求彼菩薩摩訶薩等
爲在何處住何威儀作何事業時大迦葉蒙
聖教已承佛威神及己通力即入二萬諸三昧
門如是思求彼諸菩薩今在何所住何威儀
爲行步耶爲竟不見爲住立耶而亦不見爲
倚卧耶而亦不見爲端坐耶而亦不見乃至
不知以何語言作何事業來何所從去何所
至於是起定前白佛言甚奇世尊甚奇世
尊我已經歷二万定門求諸菩薩竟无所見
若處已得如是微妙三昧何况當證无上菩
世尊彼諸菩薩摩訶薩等尚未證知薩婆
提世尊諸善男子善女人其有見聞如斯神變
而不疾發阿耨多羅三藐三菩提心者无有
是處世尊能得如是隱身三昧菩薩摩訶薩
爲欲度彼一切衆生被精進鎧然終不得離是
妙定佛告迦葉如是如是如汝所說是中一切
聲聞辟支佛尚非境界况餘衆生
尒時尊者舍利弗作如是念世尊稱我聲
聞人中智慧第一我今寧可求諸菩薩今在
何所住何威儀作何事業若得覩見不亦善

是處世尊能得如是隱身三昧菩薩摩訶薩
爲欲度彼一切衆生被精進鎧然終不得離是
妙定佛告迦葉如是如是如汝所說是中一切
聲聞辟支佛尚非境界况餘衆生
尒時尊者舍利弗作如是念世尊稱我聲
聞人中智慧第一我今寧可求諸菩薩今在
何所住何威儀作何事業若得覩見不亦善
乎時舍利弗如是念已承佛威神及自力故
即入三万諸三昧門周旋觀察彼諸菩薩今
爲何所住何威儀乃至不知如毫釐相
尒時尊者須菩提作如是念我今亦當求諸
菩薩爲何所在住何威儀造作何事若覩
見者不亦善乎時須菩提作是念已承佛威
神及自力故即入四万諸三昧門周遍推求彼
諸菩薩爲何所在住何威儀乃至不見行住
坐卧從何所來去何所至然後出定前至佛所
頭面礼足白言世尊世尊記我聲聞人中无
諍三昧最爲第一是三昧門我亦已得如是
世尊我若入定正使有人具大神力能以百
億四天下爲一大鼓取須弥山爲一大椎於我
定時令一大人住在我前執彼大椎檛擊
大鼓无暫休廢乃至經劫如是鼓聲尚不入
耳何况亂心能令我出若彼鼓聲能爲定
患事我起者永无是處世尊我今所得无諍
三昧知善若是我向經歷四万三昧周遍推
求彼諸菩薩終不能見乃至不覩一人整時
往來之相如是世尊有諸菩薩摩訶薩輩
念求如是不思議智爲一一衆生[illegible]

大聲无智怵癡乃至經劫如是說聲尚不入
耳何況亂心能令我出若彼說聲能爲定
患事我起者永无是處世尊我今所得无諍
三昧知菩若是我向經歷四万三昧周遍推
求彼諸菩薩終不能見乃至不覩一人整時
往來之相如是世尊有諸菩薩摩訶薩華
念求如是不思議智爲一一衆生於恒河沙劫
生地獄中備受衆苦世尊彼求菩薩道故雖
世尊若我今日漏心未盡未得解脫於諸佛
經衆苦而不捨離如是甚深不思議智如是
法有所未知者令我當來常在生死更不捨
離彼不思議大妙乘也於是世尊讚須菩提
言善哉善哉誠如汝言汝以信故作如斯說
今汝此身不取涅槃者以斯善根於當來世
過恒沙劫汝當得作轉輪聖王正法治世然
後乃成阿耨多羅三藐三菩提又須菩提今
此三千大千世界衆生數類寧爲多不須菩
提言甚多世尊甚多世尊佛言如是如是須
菩提是諸世界所有衆生成就智慧如舍利
弗辯空第一如須菩提苦行超倫如大迦葉
即令如是諸大聲聞共盡知見求彼菩薩著
於一劫若於百劫若於千劫乃至无量恒河沙
劫亦不能見若能見者无有是處何以故
須菩提彼菩提彼諸菩薩凡所爲作非是一
切聲聞辟支佛所行境界是故二乘終不能
見說此法時是衆會中八万四千天人皆發
阿耨多羅三藐三菩提心三千世界六種振
動尒時文殊師利於己住室如是思惟令此

BD15221號　大寶積經卷一〇二　（21-18）

須菩提彼菩提彼諸菩薩凡所爲作非是一
切聲聞辟支佛所行境界是故二乘終不能
見說此法時是衆會中八万四千天人皆發
阿耨多羅三藐三菩提心三千世界六種振
動尒時文殊師利於己住室如是思惟令此
十方億百千數諸大菩薩皆已集會吾當
復召諸天大衆咸令雲集如是可乎時文殊
師利既思惟已即以神力如意化成八万四千
億那由他妙寶蓮華大如車輪純金爲莖
白銀爲葉勝藏羅網毗瑠璃寶是諸華中
皆有化佛及諸菩薩結加趺坐蓮華臺上身
紫金色卅二相八十種好威德巍巍光明普照
時彼蓮華上昇四天王天卅三天夜摩天兜
率天化樂天他化自在天及諸梵天乃至有頂
如是略說遍此三千大千世界乃至百億須
彌百億四天下欲界天宮色界天宮彼化蓮
華无不遍至是諸化處及菩薩衆出大音
聲遍告三千大千世界而說偈言
世尊明慧日　希有出世間　譬彼憂曇華　難遇復過是
懽師子人雄　今者現於世　既宣深妙法　永伏衆苦源
諸天雖快樂　誰能保長久　往業還三塗　復受衆苦毒
所習諸欲事　貪愛彌增長　三界本无樂　而愚癡著之
已懽寂上難　所謂諸佛出　愚癡放逸人　焉覺苦不斷
汝等當速求　見佛聞正法　若聖涅槃已　雖悔難可追
魔網深可怖　汝等爲放逸　既被羈羅已　寧有解脫期
獨有求佛法　汝爲衆生資　汝等但速求　三十二妙相
佛能救世間　餘无可依者　世雄甚希有　大慈難思量
无量億數劫　所行不可量　集功德智慧　成就釋師子

BD15221號　大寶積經卷一〇二　（21-19）

所習諸欲事　貪愛獨增長　三界本无樂　而愚執著之
已獲寂上難　所謂諸佛出　愚癡放逸人　焉覺苦不斷
汝等當速求　見佛聞正法　若聖涅槃已　雖悔難可追
魔網深可怖　汝等為放逸　既被羂羅已　寧有解脫期
獨有求佛法　汝為衆生資　汝等但速求　三十二妙相
佛能救世間　餘无可依者　世雄甚希有　大慈難思量
无量億數劫　所行不可量　集功德智慧　成就釋師子
闡揚微妙法　甚深難覺知　何處有衆生　及我人壽命
如是破常見　斷已自无餘　救撜一切相　為衆生說此
顯明真實際　世間絕心行　唯彼空无相　无願亦无作
虛空本无形　不起亦不滅　无來亦无去　智者之所說
无盡无所生　本淨无所有　无相貌可見　无思想能說
衆生本无生　云何得言死　寂滅无衆生　衆生在何處
言音為說法　法不住言音　亦不可文字　世尊如斯說
諸處遍推求　不見風水大　地亦无分別　慧明之所宣
色受及與想　行識同虛空　假言彼五陰　其實无積聚
眼耳鼻舌身　心意等諸根　雖說本性空　空亦不可得
色聲香味觸　及以種種法　斯由分別生　分別體空寂
欲界與色界　及彼无色天　皆說如幻化　虛為不真實
如是諸世尊　為衆生說法　欲求出衆苦　速歸大道師
彼諸化佛說此偈時於是三千大千世界咸得
聞之有九十六億欲色諸天遠塵離垢得法
眼淨三万天子猒離衆欲三万二千天子皆
發阿耨多羅三藐三菩提心一万行菩薩乘
諸天子得无生法忍尒時彼化如來所可勸
化无量无邊阿僧祇億那由他百千諸天大
衆於須臾間悉皆雲集釋迦如來應供正遍

如是諸世尊　為衆生說法　欲求出衆苦　速歸大道師
彼諸化佛說此偈時於是三千大千世界咸得
聞之有九十六億欲色諸天遠塵離垢得法
眼淨三万天子猒離衆欲三万二千天子皆
發阿耨多羅三藐三菩提心一万行菩薩乘
諸天子得无生法忍尒時彼化如來所可勸
化无量无邊阿僧祇億那由他百千諸天大
衆於須臾間悉皆雲集釋迦如來應供正遍
覺所稽首足下右繞三周退住一面以天華香
所謂憂鉢羅華鉢頭摩華拘物頭華分陀利
華曼陁羅華摩訶曼陁羅華及諸華鬘末
香塗香奉獻世尊及餘供養復以種種天妙
樂音歌詠稱讚滿彼虛空時大集衆其數甚
多難可稱計周遍充滿此四天下无有空地如
一杖頭而不遍者是諸天人具大威德所散諸
華滿四天下積至于膝

大寶積經卷第一百二

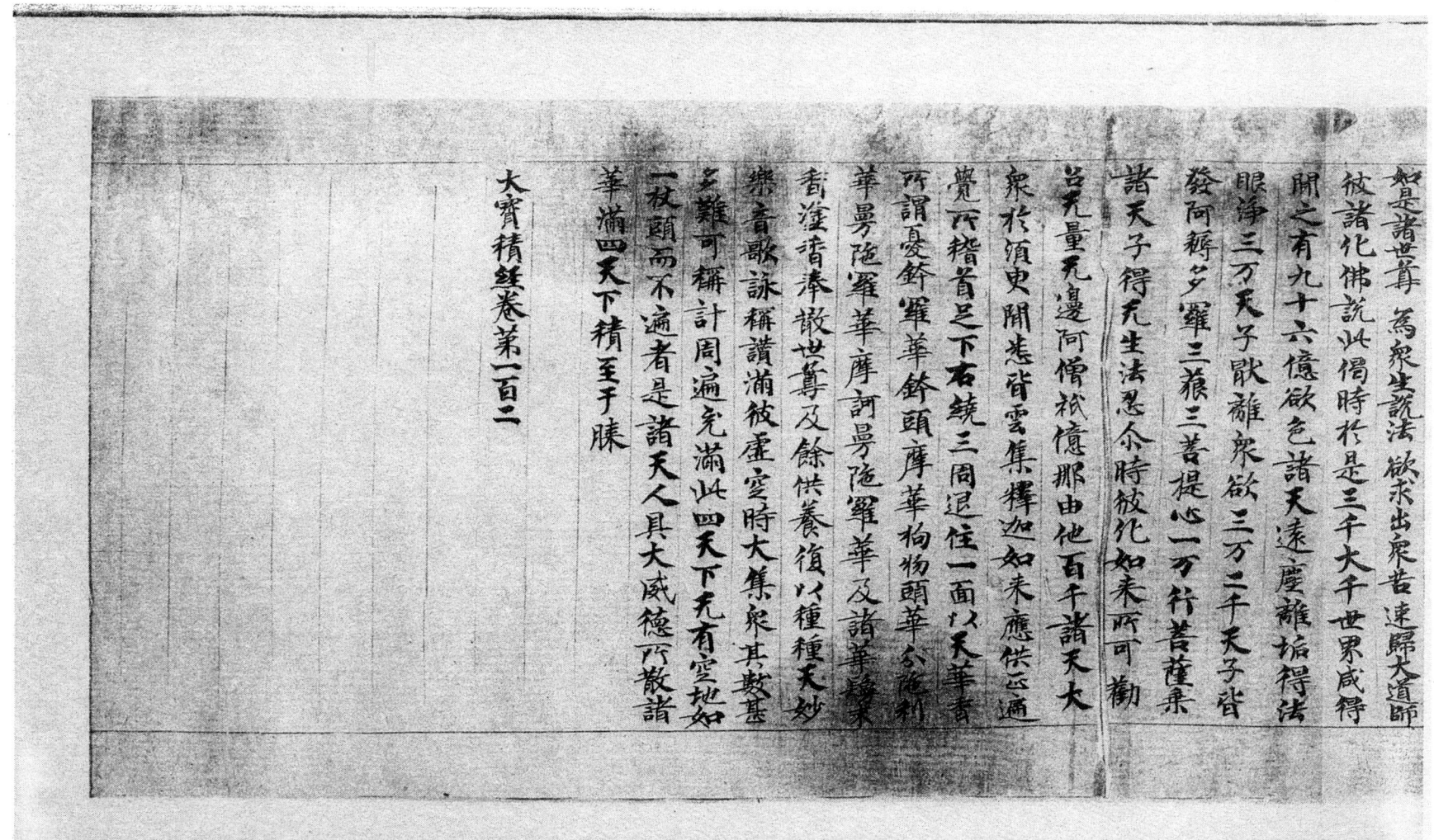

金光明最勝王經分別三身品第三　三藏法師義淨奉　制譯
尒時虛空藏菩薩摩訶薩在大衆中從座而
起偏袒右肩右膝著地合掌恭敬頂礼雙
以上微妙金寶之花寶幢幡蓋而為供養白
佛言世尊云何菩薩摩訶薩於諸如来甚深
秘密如法修行佛言善男子諦聽諦聽善思

BD15222號　金光明最勝王經卷二　（5–1）

金光明最勝王經分別三身品第三　三藏法師義淨奉　制譯
尒時虛空藏菩薩摩訶薩在大衆中從座而
起偏袒右肩右膝著地合掌恭敬頂礼雙
以上微妙金寶之花寶幢幡蓋而為供養白
佛言世尊云何菩薩摩訶薩於諸如来甚深
秘密如法修行佛言善男子諦聽諦聽善思
念之吾當為汝分別解說
善男子一切如来有三種身云何為三一者
化身二者應身三者法身如是三身具足攝
受阿耨多羅三藐三菩提若正了知速出生
死云何菩薩了知化身善男子如来昔在修
行地中為一切衆生修種種法如是修習至
修行滿修行力故得大自在自在力故隨衆
生意隨衆生行隨衆生界悉皆了別不待
時不過時處相應時相應行相應說法相應現
種種身是名化身善男子云何菩薩了知應
身謂諸如来為諸菩薩得通達故說於真諦
為令解了生死涅槃是一味故為除身見衆
生怖畏歡喜故為无邊佛法而作本故如實
相應如如如如智本願力故是身得現具三
十二相八十種好項背圓光是名應身善男
子云何菩薩摩訶薩了智法身為除諸煩
惱等障為具諸善法故唯有如如如如智是名
法身前二種身是假名有此第三身是真實
有為前二身而作根本何以故離法如如離

BD15222號　金光明最勝王經卷二　（5–2）

法身前二種身是假名有此苐三身是真實
有為前二身而作根本何以故離法如如離
无分別智一切諸佛无有別法一切諸佛 智
慧具足一切煩惱究竟滅盡得清淨佛地是
故法如如如如智攝一切佛法
復次善男子一切諸佛利益自他至於究竟
自利益者是法如如利益他者是如如智能
於自他利益之事而得自在成就種種无邊
用故是故分別一切佛法有无量无邊種種
差別善男子譬如依止妄想思惟說種種煩
惱說種種業因種種果報如是依法如如依如
如智說種種佛法說種種獨覺法說種種聲
聞法依法如如依如如智一切佛法自在成
就是為苐一不可思議譬如畫空作莊嚴具
是難思議如是依法如如依如如智成就佛
法亦難思議善男子云何法如如如如智二
无分別而得自在事業成就善男子譬如如
來入於涅槃願自在故種種事業皆得成就
法如如如如智自在事成亦復如是
復次菩薩摩訶薩入无心定依前願力從禪
定起作眾事業如是二法无有分別自在事
成善男子譬如日月无有分別亦如水鏡无
有分別光明亦无分別三種和合得有影生
如是法如如如如智亦无分別以願自在故

有分別光明亦无分別三種和合得有影生
如是法如如如如智亦无分別以願自在故
眾生有感現應化身如日月影和合出現
復次善男子譬如无量无邊水鏡依於光故
空影得現種種異相空者即是无相善男子
如是受化諸弟子等是法身影以願力故於
二種身現種種相於法身地无有異相善男
子依此二身一切諸佛說有餘涅槃依此法
身說無餘涅槃何以故一切餘法究竟盡故
依此三身一切諸佛說無住處涅槃為二身
故不住涅槃離於法身無有別佛何故二身
不住涅槃二身假名不實念念生滅不定住
故數數出現以不定故法身不尒是故二身
不住涅槃法身不二是故不住涅槃故依三
身說無住涅槃
善男子一切凡夫為三相故有縛有障遠離
三身不至三身何者為三一者遍計所執相
二者依他起相三者成就相如是諸相不能
解故不能滅故不能淨故是故不得至於三
身如是三相能解能滅能淨故是故諸佛具
足三身善男子諸凡夫人未能除遣此三心
故遠離三身不能得至何者為三一者起事
心二者依根本心三者根本心依諸伏道起事
心盡依法斷道依根本心盡依最勝道根本
心盡起事心滅故得現化身依根本心滅故得
顯應身根本心滅故得至法身是故一切如來

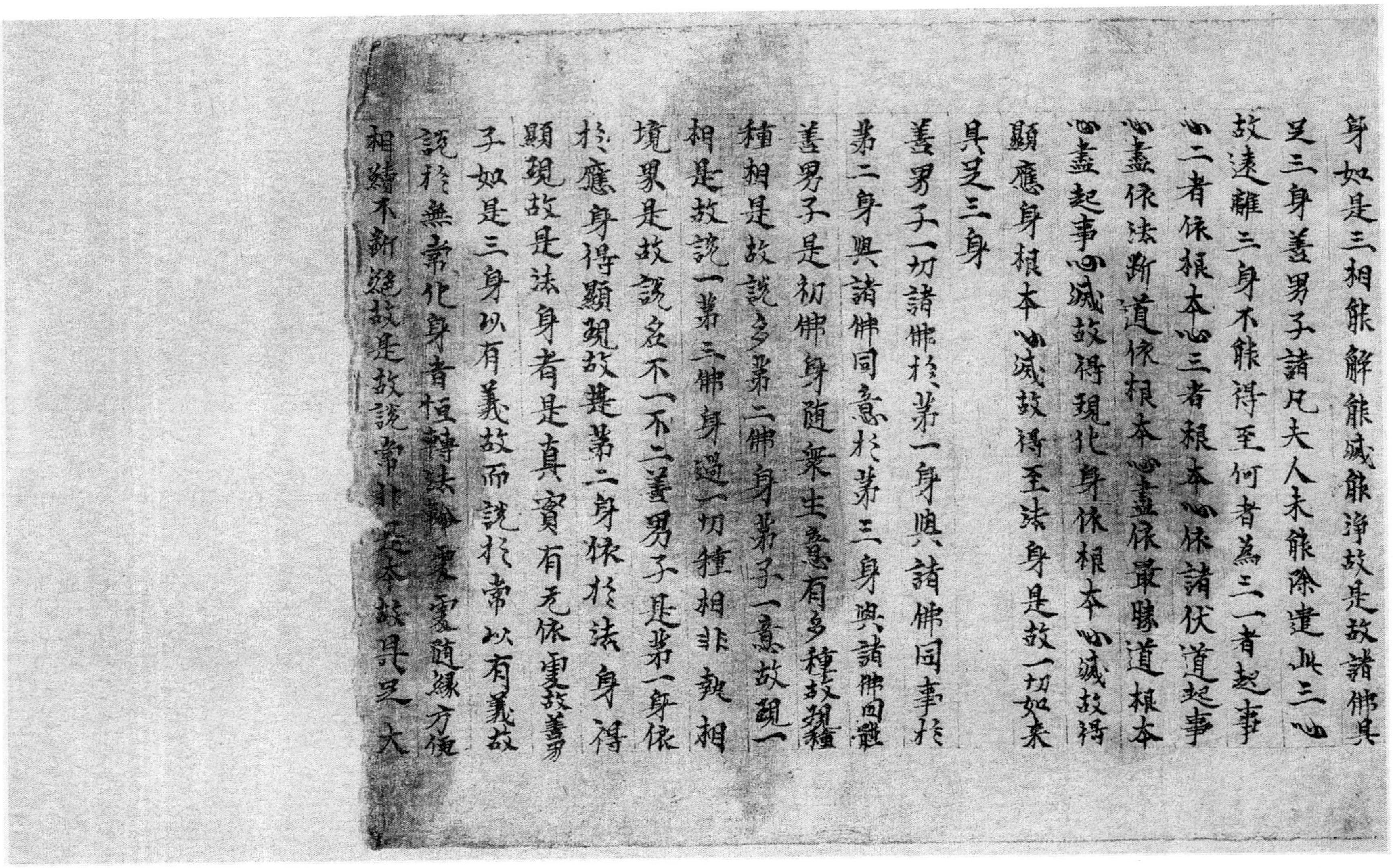

身如是三相能解能滅能淨故是故諸佛具
足三身善男子諸凡夫人未能除遣此三心
故遠離三身不能得至何者為三一者起事
心二者依根本心三者根本心依諸伏道起事
心盡依法斷道依根本心盡依最勝道根本
心盡起事心滅故得現化身依根本心滅故得
顯應身根本心滅故得至法身是故一切如來
具足三身
善男子一切諸佛於第一身與諸佛同事於
第二身與諸佛同意於第三身與諸佛同體
善男子是初佛身隨眾生意有多種故現種
種相是故說多第二佛身弟子一意故現一
相是故說一第三佛身過一切種相非執相
境界是故說名不一不二善男子是第一身依
於應身得顯現故是第二身依於法身得
顯現故是法身者是真實有無依處故善男
子如是三身以有義故而說於常以有義故
說於無常化身者恒轉法輪處處隨緣方便
相續不斷絕故是故說常非是本故具足大

BD15222 號　金光明最勝王經卷二　（5–5）

BD15222 號背　勘記、印章　（1–1）

…身瞋
…是不信相是人剛強自高
…誹法人我智德如是尚不能解況汝愚
賤而能知之以是瞋恚憍慢多故破般若波
羅蜜須菩提白佛言世尊是般若波羅蜜不
懃精進種不善根惡友相得人難信難解佛
言如是如是須菩提是深般若波羅蜜不懃
精進種不善根惡友相得人難信難解須菩
提白佛言世尊是般若波羅蜜云何甚深難
信難解須菩提色不縛不解何以故无所有
性是色受想行識不縛不解何以故无所有
性是受想行識檀波羅蜜不縛不解何以故
无所有性是檀波羅蜜尸羅波羅蜜不縛不

BD15223號　大智度論卷六三　（10–1）

性是受想行識檀波羅蜜不縛不解何以故
无所有性是檀波羅蜜尸羅波羅蜜不縛不
解何以故无所有性是尸羅波羅蜜羼提波
羅蜜不縛不解何以故无所有性是羼提波
羅蜜毗梨耶波羅蜜不縛不解何以故无所
有性是毗梨耶波羅蜜禪波羅蜜不縛不解
何以故无所有性是禪波羅蜜般若波羅蜜
不縛不解何以故无所有性是般若波羅蜜
須菩提內空不縛不解何以故无所有性是
內空乃至无法有法空不縛不解何以故无
所有性是无法有法空四念處不縛不解何
以故无所有性是四念處乃至一切智一切
種智不縛不解何以故无所有性是一切種
智須菩提色本際不縛不解何以故本際无
所有性是色受想行識乃至一切種智本際
不縛不解何以故本際无所有性是一切種
智須菩提色後際不縛不解何以故後際无
所有性是色受想行識乃至一切種智後際
不縛不解何以故後際无所有性是一切種
智須菩提現在色不縛不解何以故現在无
所有性是色受想行識乃至現在一切種智
不縛不解何以故現在无所有性是一切種
智須菩提白佛言世尊是般若波羅蜜不懃
精進不種善根惡友相得懈怠少進憙忘无

BD15223號　大智度論卷六三　（10–2）

智須菩提曰佛言世尊是般若波羅蜜不懃
精進不種善根惡友相得懈怠少進憙忘无
巧便慧如此之人實難信難解如是如是須
菩提是般若波羅蜜不懃精進不種善根惡
友相得繫屬於魔懈怠少進憙忘无巧便慧
如此之人實難信難解何以故色淨果亦淨
受想行識淨果亦淨乃至阿耨多羅三藐三
菩提淨果亦淨復次須菩提色淨故即般若
波羅蜜淨般若波羅蜜淨即色淨受想行識
淨即般若波羅蜜淨般若波羅蜜淨即受想
行識淨乃至一切智淨即般若波羅蜜淨般
若波羅蜜淨即一切種智淨色淨般若波羅
蜜淨无二无別无斷无壞乃至一切智淨般
若波羅蜜淨无二无別无斷无壞復次須菩
提不二淨故色淨不二淨故乃至一切智淨
何以故是不二淨色淨乃至一切智淨无二
无別故我淨眾生乃至知者見者淨故色淨
受想行識淨乃至一切種智淨色淨乃至一
切種智淨故我眾生乃至知者見者淨何以
故我眾生乃至知者見者淨色淨乃至一切
智淨不二不別无斷无壞尒時須菩提曰佛
言是般若波羅蜜甚深故懈怠隨惡知識種
不善根故難信與工相違名為信般若波羅
蜜佛可其言須菩提更問是般若波羅蜜云

BD15223號　大智度論卷六三　（10-3）

言是般若波羅蜜甚深故懈怠隨惡知識種
不善根故難信與工相違名為信般若波羅
蜜佛可其言須菩提更問是般若波羅蜜云
何甚深故難信佛荅色等諸法无縛无解三
毒是縛三解脫門是解是三毒等諸煩惱虛
誑不實從和合因緣生无自性故无縛无縛
故无解破是三毒故三解脫門亦空復次取
相著法顛倒一切煩惱等是縛縛法若實定
有自性者則不可解若實定有誰能破者若
破即墮斷滅中若取相顛倒等諸煩惱虛誑
不實亦无所斷復次一切心心數法憶想分
別取相皆縛在緣中若入諸法實相中智皆
是虛誑如上品中說心清淨相者即是非心
相是縛空故解亦空如是等種種因緣故色
等諸法不縛不解此中佛自說因緣色等諸
法有為作法從因緣和合生故无有定性故
說无所有性是色等諸法復次色等諸法三
世中不縛不解如破三世中說是時須菩提
知般若波羅蜜非甚深非不甚深如後品中
說若謂般若波羅蜜甚深則遠離般若波羅
蜜以是故白佛言世尊惡人以般若波羅蜜
甚深難解非謂善人惡人者不與般若想應
不一心懃精進不種解般若波羅蜜善根隨
破壞般若惡師懈怠者著世間樂不顧出世

BD15223號　大智度論卷六三　（10-4）

不一心懃精進不種解般若波羅蜜善根隨
破壞般若惡師懈怠者著世間樂不顧出世
間如此人若有精進少不足言諸煩惱亂心
故意忘善不善法相不破憍慢不除耶見戲
論故求諸法實相不知分別諸法相好醜是
名无巧便慧有如是等惡法故是人難解甚
深般若佛可具意言如是如是問曰須菩提
說中无有魔事佛說中何以益魔事荅曰須
菩提直說內外因緣不具足佛令具足說故
言是人為魔所使佛更欲說甚深難解相告
須菩提色等諸法淨故果亦淨四念處是色
等諸法果何以故觀色諸法不淨无常等即
得身念處餘念如上說是中四念處性无漏
斷煩惱為涅槃故清淨見果淨故知因亦淨
問曰先說觀色不淨无常等得身念處云何
言果淨故知因亦淨荅曰不淨觀是初入門非
實觀是故不入十六聖行是十六行中觀无
无常苦空无我不觀不淨淨顛倒故生淫欲
破淨故言不淨非是實是故不淨不入十六
聖行但是得解觀是般若中不觀常不觀无
常不觀淨不觀不淨等常无常淨不淨空實
等諸觀戲論滅是色實相色實相淨故果亦
淨復次佛此中自說因緣般若波羅蜜如虛
空畢竟清淨无所染汙是般若波羅蜜觀色

淨復次佛此中自說因緣般若波羅蜜如虛
空畢竟清淨无所染汙是般若波羅蜜觀色
等諸法實相不生不滅行六波羅蜜脩四念
處等如是可得般若波羅蜜是般若波羅蜜
三種因緣正觀正行正脩是故言般若波羅
蜜淨故色等諸法淨色等諸法淨故般若波
羅蜜淨所以者何色等諸法般若波羅蜜實
相中无二无別不異不別不離不散故不斷
不壞復次如是我等十方三世中求不可得
於五衆中但有假名衆生乃至知者見者亦
如是如我空无所有清淨故一切法亦如是
復次須菩提婬淨故色淨乃至一切種智淨
何以故婬淨色淨乃至一切智淨不二不別瞋
癡淨故色淨乃至一切種智淨何以故瞋
癡淨色淨乃至一切種智淨不二不別復次
須善提无明淨故諸行淨諸行淨故識淨識
淨故名色淨名色淨故六入淨六入淨故觸
淨觸淨故受淨受淨故愛淨愛淨故取淨取
淨故有淨有淨故生淨生淨故老死淨老死
淨故般若波羅蜜淨般若波羅蜜淨故乃至
種波羅蜜淨種波羅蜜淨故內空淨內空淨
故乃至无法有法空淨无法有法空淨故四
念處淨四念處淨故乃至一切智淨一切智
淨故一切種智淨何以故是一切智淨一切

念處淨四念處淨故乃至一切智淨一切智
淨故一切種智淨何以故是一切智淨一切
種智淨不二不別无斷无壞復次須菩提般
若波羅蜜淨故色淨乃至般若波羅蜜淨故
一切智淨是般若波羅蜜淨一切智淨不二
不別故須菩提禪波羅蜜淨故乃至一切智
淨毗梨耶波羅蜜羼提波羅蜜尸羅波羅蜜
檀波羅蜜淨故乃至一切智淨内空淨故乃
至一切智淨四念處淨故乃至一切智淨復
次須菩提一切智淨故乃至般若波羅蜜淨
如是一一如先說復次須菩提有爲淨故无
爲淨何以故有爲淨无爲淨不二不別无斷
无壞故復次須菩提過去淨故未來現在淨
未來淨故過去現在淨現在淨故過去未來
淨何以故現在淨過去未來淨不二不別无
斷无壞故問曰佛說三毒是垢穢不淨此中
云何言婬欲等淨故色等亦淨荅曰佛說三
毒實性清淨故色等諸法亦清淨三毒淨色
等淨故不二不別欲廣說三毒清淨及三毒
清淨果報因緣故說无明淨故諸行亦淨无
明淨者所謂无明畢竟空如破无明十喻中
說從十二因緣乃至一切種智亦如是是故
色等无明等諸法清淨故般若波羅蜜清淨
般若波羅蜜清淨故諸菩薩所行法所謂禪

BD15223號　大智度論卷六三　（10–7）

色等无明等諸法清淨故般若波羅蜜清淨
般若波羅蜜清淨故諸菩薩所行法所謂禪
波羅蜜乃至一切種智皆清淨禪波羅蜜等
諸法亦如是復次用十八空故色等乃至一
切種智空乃至一切種智空故十八空亦空
一切種智不離十八空十八空不離一切種
智是故言不二不別空者即是清淨令色乃
至一切種智一法爲首餘法各各爲首展轉
皆清淨復次諸法多无量故略說有爲无爲
有爲法實相即是无爲法如淨行者於諸法
中求常樂我淨不可得若不可得是爲實知
有爲法實知不可得即是无爲法是故說有
爲法淨故无爲法清淨復次因有爲法故知
无爲法聖人得是无爲法說有爲法相是故
說有爲法清淨故无爲法清淨无爲法清淨
故有爲法清淨有爲法在三世中故說過去
世清淨故未來世亦清淨未來清淨故過去
世亦清淨所以者何如過去世破壞散滅无
所有故空未來世未生未有故空二世无故
現在亦无何以故有先有後知有現在復次
有爲法念念生滅故无住時住時无故无現
在世三世空故有爲法空有爲法空故无爲
法空空即是畢竟清淨不破不壞无戲論如
虛空如是般若波羅蜜畢竟清淨三世諸佛

BD15223號　大智度論卷六三　（10–8）

在世三世空故有爲法空有爲法空故无爲
法空空即是畢竟清淨不破不壞无戲論如
虚空如是般若波羅蜜畢竟清淨三世諸佛
法藏破是能宣示實相般若言說文字故墮
地獄問曰若不信般若墮地獄信者得作佛
若有五逆罪破戒耶見懈怠之人信是般若
是人得成佛不復有持戒精進者而不信般
若是云何墮地獄答曰破般若有二種一者
佛口所說弟子誦習書作經卷愚人謗言非
是佛說是魔若魔民所作亦是斷滅耶見人
手筆莊嚴口力者說或言雖是佛說其中處
處餘人增益或有人著心分別取相說般若
波羅蜜口說空法而心著有初破者墮大地
獄不得聖人說般若意故弟二破著心論議
者是不名爲破般若如調達出佛身血祇域
亦出佛身血雖同出血心異故一人得罪一人
得福如畫作佛像一人以不好故壞一人以
惡心故破以心不同故一人得福一人得罪
破般若波羅蜜者亦如是復次或有人破般
若雖不瞋不輕佛自用心憶想分別是甚深
法一切智人所說應有深妙法云何言都空
佛以无著心爲度衆生故說法是人以著
心取相故起口業毀呰破壞般若能起身業
手摩非撥指毀令去與二種不信相違故名

BD15223號　大智度論卷六三

(10–9)

得福如畫作佛像一人以不好故壞一人以
惡心故破以心不同故一人得福一人得罪
破般若波羅蜜者亦如是復次或有人破般
若雖不瞋不輕佛自用心憶想分別是甚深
法一切智人所說應有深妙法云何言都空
佛以无著心爲度衆生故說法是人以著
心取相故起口業毀呰破壞般若能起身業
手摩非撥指毀令去與二種不信相違故名
二種信一者知般若實義信得如說果報二
者信經卷言語文字得功德少耶見罪重故
雖持戒等身口業好皆隨耶見惡心如佛自
說譬喻如種苦種雖復四大所成皆作苦味
耶見人亦如是雖持戒精進皆成惡法與此
相違名爲正見五逆罪人惡罪常覆心疑今
世後世業果何況能信甚深般若雖復書經
卷供養望免惡罪去般若大遠或有遇善知
識先世積集福德利智第一信般若波羅蜜
清淨因緣能得如所說果報如阿闍世王煞
父之罪蒙佛文殊師利善知識故除其重罪
得如所說般若果報受无上道記

BD15223號　大智度論卷六三

(10–10)

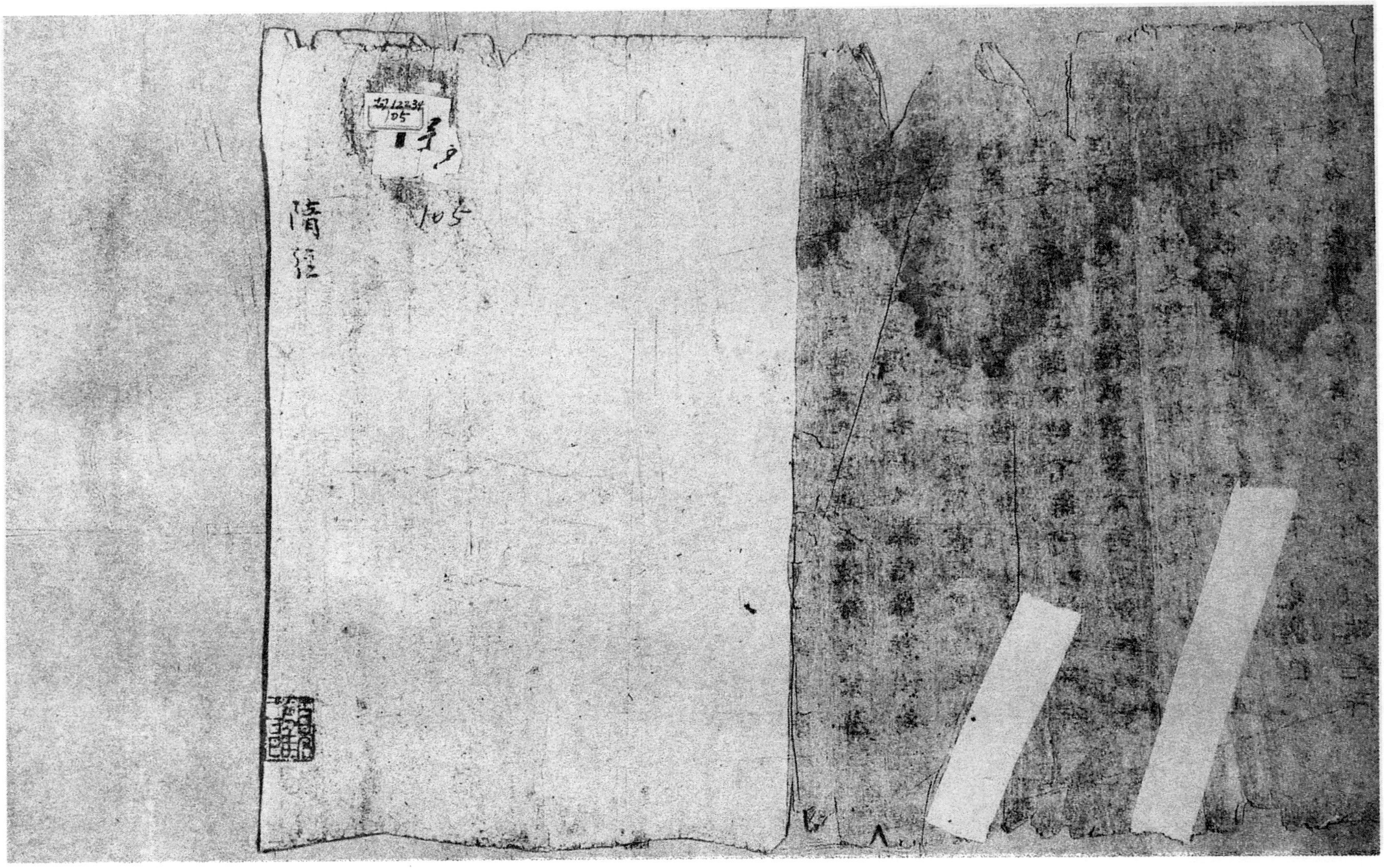

BD15223 號背　勘記、印章　（1–1）

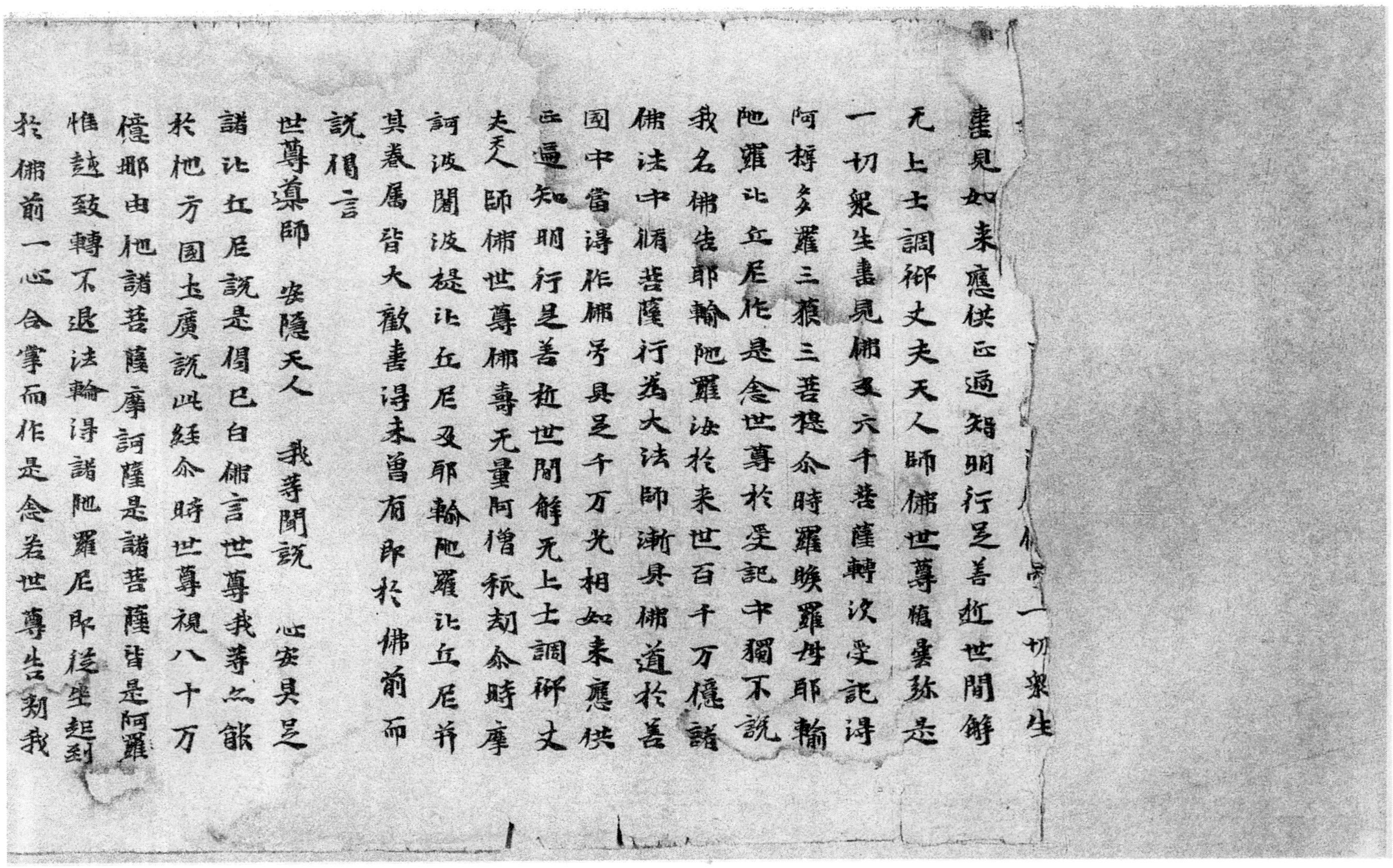
…一切衆生
喜見如来應供正遍知明行足善逝世間解
无上士調御丈夫天人師佛世尊憍曇弥是
一切衆生喜見佛及六千菩薩轉次受記得
阿耨多羅三藐三菩提尒時羅睺羅母耶輸
陁羅比丘尼作是念世尊於受記中獨不說
我名佛告耶輸陁羅汝於来世百千万億諸
佛法中脩菩薩行為大法師漸具佛道於善
国中當得作佛号具足千万光相如来應供
正遍知明行足善逝世間解无上士調御丈
夫天人師佛世尊佛壽无量阿僧祇劫尒時摩
訶波闍波提比丘尼及耶輸陁羅比丘尼并
其眷屬皆大歡喜得未曾有即於佛前而
說偈言
世尊導師　安隱天人　我等聞說　心安具足
諸比丘尼說是偈已白佛言世尊我等亦能
於他方国土廣說此經尒時世尊視八十万
億那由他諸菩薩摩訶薩是諸菩薩皆是阿
惟越致轉不退法輪得諸陁羅尼即從坐起到
於佛前一心合掌而作是念若世尊告勑我

BD15224 號　妙法蓮華經（十卷本）卷六　（11–1）

億那由他諸菩薩摩訶薩是諸菩薩皆是阿羅
惟越致轉不退法輪得諸陀羅尼即從坐起到
於佛前一心合掌而作是念若世尊告勑我
等於說此經者當如佛教廣宣斯法復作是
念佛今嘿然不見告勑我當何云時諸菩薩
敬順佛意并欲自滿本願便於佛前作師子
吼而發誓言世尊我等於如來滅後周旋往
返十方世界能令衆生書寫此經受持讀誦
解說其義如法脩行正憶念皆是佛之威力
唯願世尊在於他方遥見守護即時諸菩薩
俱發聲而說偈言
唯願不為慮　於佛滅度後　恐怖惡世中　我等當廣說
有諸无智人　惡口罵詈等　及加刀杖者　我等皆當忍
惡世中比丘　邪智心諂曲　未得謂為得　我慢心充滿
或有阿練若　納衣在空閑　自謂行真道　輕賤人間者
貪著利養故　与白衣說法　為世所恭敬　如六通羅漢
是人懷惡心　常念世俗事　假名阿練若　好出我等過
作而如是言　此諸比丘等　貪為利養故　說外道論議
自作是經典　誑惑世間人　為求名聞故　分別於是經
常在大衆中　欲毀我等故　向國王大臣　婆羅門居士
及餘比丘衆　誹謗說我惡　謂是邪見人　說外道論議
我等敬佛故　悉忍是諸惡　為斯所輕言　汝等皆是佛
如此輕慢言　皆當忍受之　濁劫惡世中　多有諸恐怖
惡鬼入其身　罵詈毀辱我　我等敬信佛　當著忍辱鎧
為說是經故　忍此諸難事　我不愛身命　但惜无上道
我等於來世　護持佛所囑　世尊自當知　濁惡世比丘
不知佛方便　隨宜所說法　惡口而顰蹙　數數見擯出

BD15224號　妙法蓮華經（十卷本）卷六　（11-2）

為說是經故　忍此諸難事　我不愛身命　但惜无上道
我等於來世　護持佛所囑　世尊自當知　濁惡世比丘
不知佛方便　隨宜所說法　惡口而顰蹙　數數見擯出
遠離於塔寺　如是等衆惡　念佛告勑故　皆當忍是事
諸聚落城邑　其有求法者　我皆到其所　說佛所囑法
我是世尊使　處衆无所畏　我當善說法　願佛安隱住
我於世尊前　諸來十方佛　發如是誓言　佛自知我心

妙法蓮華經安樂行品第十三

尒時文殊師利法王子菩薩摩訶薩白佛言
世尊是諸菩薩甚為難有敬順佛故發大誓
願於後惡世護持讀誦說是法華經佛告文
殊師利若菩薩摩訶薩於後惡世欲說是經當
安住四法一者安住菩薩行處親近處能為
衆生演說是經文殊師利云何名菩薩摩訶
薩行處若菩薩摩訶薩住忍辱地柔和善順
而不卒暴心亦不驚又復於法无所行而觀
諸法如實相亦不行不分別是名菩薩摩訶
薩行處云何名菩薩摩訶薩親近處菩薩摩
訶薩不親近國王王子大臣官長不親近諸
外道梵志尼揵子等及造文筆讚詠外書及
路伽耶陀逆路伽耶陀者亦不親近諸有凶
戲相扠相撲及那羅等種種變現之戲又
不親近旃陀羅及畜生猪雞狗田獵魚捕諸
惡律儀如是人等或時來者則為說法无所
悕望又不親近求聲聞比丘比丘尼優婆塞
優婆夷亦不問訊若於房中若經行處若在講

BD15224號　妙法蓮華經（十卷本）卷六　（11-3）

又不親近旃陁羅及畜生豬雞狗田獵魚捕諸
惡律儀如是人等或時来者則為説法无所
悕望又不親近求聲聞比丘比丘尼優婆塞
優婆夷亦不問訊若於房中若經行處若在講
堂中亦不共住止或時来者隨宜説法无所悕
求文殊師利又菩薩摩訶薩不應於女人身
取能生欲想相而為説法亦不樂見若入他
家不与小女處女寡女等共語亦復不近五
種不男之人以為親厚不獨入他家若有因
緣須獨入時但一心念佛若為女人説法不
露齒咲不現胷臆乃至為法猶不親厚況復
餘事不樂畜年少弟子沙弥小兒亦不樂与同
師常好坐禪在於閑處脩攝其心文殊師利
是名初親近處復次菩薩摩訶薩觀一切法
法空如實相不顛倒不動不退不轉如虛空
无所有性一切言語道斷不生不出不起无
名无相實无所有无量无邊无㝵无鄣但以
因緣有從顛倒生故説常樂觀如是法相是
名菩薩摩訶薩第二親近處尒時世尊重欲
宣此義而説偈言
若有菩薩　於後惡世　无怖畏心　欲説是經
應入行處　及親近處　常離國王　及國王子
大臣官長　凶險戲處　及旃陁羅　外道梵志
亦不親近　增上慢人　貪著小乘　三藏學者
破戒比丘　名字羅漢　及比丘尼　好戲咲者
深著五欲　求現滅度　諸優婆夷　皆勿親近
若是人等　以好心来　到菩薩所　為聞佛道

BD15224號　妙法蓮華經（十卷本）卷六　（11-4）

破戒比丘　名字羅漢　及比丘尼　好戲咲者
深著五欲　求現滅度　諸優婆夷　皆勿親近
若是人等　以好心来　到菩薩所　為聞佛道
菩薩則以　无所畏心　不懷悕望　而為説法
寡女處女　及諸不男　皆勿親近　以為親厚
亦莫親近　屠兒魁膾　田獵魚捕　為利殺害
販肉自活　衒賣女色　如是之人　皆勿親近
莫獨屏處　為女説法　若説法時　无得戲咲
入里乞食　將一比丘　若无比丘　一心念佛
是則名為　行處近處　以此二處　能安樂行
又復不行　上中下法　有為无為　實不實法
亦不分別　是男是女　不得諸法　不知不見
是則名為　菩薩行處　一切諸法　空无所有
无有常住　亦无起滅　是名智者　所親近處
顛倒分別　諸法有无　是實非實　是生非生
在於閑處　脩攝其心　安住不動　如須弥頂
觀一切法　皆无所有　猶如虛空　无有堅固
不生不出　不動不退　常住一相　是名近處
若有比丘　於我滅後　入是行處　及親近處
説斯經時　无有怯弱　菩薩有時　入於清淨室
以正憶念　隨義觀法　從禪定起　為諸國王
王子臣民　婆羅門等　開化演暢　説斯經典
其心安隱　无有怯弱
文殊師利是名菩薩安住初法能於後世説
法華經又文殊師利如来滅後於末法中欲
説是經應住安樂行若口宣説若讀誦時不

BD15224號　妙法蓮華經（十卷本）卷六　（11-5）

文殊師利是名菩薩安住初法於能後世說
法華經又文殊師利如來滅後於末法中欲
說是經應住安樂行若口宣說若讀誦時不
樂說人及經典過亦不輕慢諸餘法師不說他
人好惡長短於聲聞人亦不稱名說其過惡
亦不稱名讚嘆其美又亦不生怨嫌之心善
脩如是安樂心故諸有聽者不逆其心意有
有所難問不以小乘法荅但以大乘而為解
說令得一切種智尒時世尊欲重宣此義而
說偈言
菩薩常樂　安隱說法　於清淨地　而施牀坐
以油塗身　澡浴塵穢　著新淨衣　內外俱淨
安處法坐　隨問為說　若有比丘　及比丘尼
諸優婆塞　及優婆夷　國王王子　群臣士民
以微妙義　和顏為說　若有難問　隨義而荅
因緣譬喻　敷演分別　以是方便　皆使發心
漸漸增益　入於佛道　除嬾惰意　及懈怠想
離諸憂惱　慈心說法　晝夜常說　无上道教
以諸因緣　无量譬喻　開示眾生　咸令歡喜
衣服臥具　飲食醫藥　而於其中　无所悕望
但一心念　說法因緣　願成佛道　令眾亦爾
是則大利　安樂供養
我滅度後　若有比丘　能演說斯　妙法華經
心无嫉恚　諸惱鄣㝵　亦无憂愁　及罵詈者
又无怖畏　加刀杖者　亦无擯出　安住忍故
智者如是　善脩其心　能住安樂　如我上說
其人功德　千万億劫　筭數譬喻　說不能盡

BD15224號　妙法蓮華經（十卷本）卷六　（11–6）

心无嫉恚　諸惱鄣㝵　亦无憂愁　及罵詈者
又无怖畏　加刀杖者　亦无擯出　安住忍故
智者如是　善脩其心　能住安樂　如我上說
其人功德　千万億劫　筭數譬喻　說不能盡
又文殊師利菩薩摩訶薩於後末世法欲滅
時受持讀誦斯經典者无懷嫉妬諂誑之心
亦未輕罵學佛道者求其長短若比丘比丘
尼優婆塞優婆夷求聲聞者求辟支佛求者
菩薩道无得惱之令其疑悔語其人言汝等
去道甚遠終不能得一切種智所以者何汝
是放逸之人於道懈怠故亦不應戲論諸法
有所諍競當於一切眾生起大悲想於諸
如來起慈父想於諸菩薩起大師想於十方
諸大菩薩常應深心恭敬禮拜於一切眾生
平等說法以順法故不多不少乃至深愛法
者亦不為多說文殊師利是菩薩摩訶薩於
後惡世法欲滅時有成就第三安樂行者說
是法時无能惱亂得好同學共讀誦是經亦
得大眾而來聽受聽已能持持已能誦誦已
能說說已能書若使人書供養經卷恭敬尊
重讚嘆尒時世尊欲重宣此義而說偈言
若欲說是經　當捨嫉恚慢　諂誑邪偽心　常脩質直行
不輕蔑於人　亦不戲論法　令他人疑悔　云汝不得佛
是佛子說法　常柔和能忍　慈悲於一切　不生懈怠心
十方大菩薩　愍眾故行道　應生恭敬心　是則我大師
於諸佛世尊　生无上父想　破於憍慢心　說法无鄣㝵
第三法如是　智者應守護　一心安樂行　无量眾所敬

BD15224號　妙法蓮華經（十卷本）卷六　（11–7）

十方大菩薩　愍衆故行道　應生恭敬心　是則我大師
於諸佛世尊　生无上父想　破於憍慢心　說法无鄣㝵
第三法如是　智者應守護　一心安樂行　无量衆所敬
又文殊師利菩薩摩訶薩於後末世法欲滅
時有持是法華經者於在家出家人中生大
慈心於非菩薩人中生大悲心應作是念如
是之人則為大失如来方便隨宜說法不聞
不知不覺不問不信不解其人雖不問不信
不解是經我得阿耨多羅三藐三菩提時
隨在何地以神通力智慧力引之令得住是法
中文殊師利是菩薩摩訶薩於如来滅後有
成就此第四法者說是法時无有過失常為
比丘比丘尼優婆塞優婆夷國王王子大臣
人民婆羅門居士等供養恭敬尊重讚嘆虛
空諸天為聽法故亦常隨侍若在聚落城邑
空閑林中有人来欲難問者諸天晝夜常為
法故而衛護之能令聽者皆得歡喜所以者
何此經是一切過去未来現在諸佛神力所
護故文殊師利是法華經於无量國中乃至名
字不可得聞何況得見受持讀誦文殊師利
譬如強力轉輪聖王欲以威勢降伏諸國而諸
小王不順其命時轉輪王起種種兵而往討
罰王見兵衆戰有功者即大歡喜隨功賞賜
或與田宅聚落城邑或與衣服嚴身之具或
與種種珍寶金銀琉璃車璖馬瑙珊瑚虎珀
象馬車乘奴婢人民唯髻中明珠不以與之
所以者何獨王頂上有此一珠若以與之王

BD15224號　妙法蓮華經（十卷本）卷六　（11–8）

與種種珍寶金銀琉璃車璖馬瑙珊瑚虎珀
象馬車乘奴婢人民唯髻中明珠不以與之
所以者何獨王頂上有此一珠若以與之王
諸眷屬必大驚怪文殊師利如来亦復如是
以禪定智慧力得法國土王於三界而諸
魔王不肯順伏如来賢聖諸將與之共戰其
有功者心亦歡喜於四衆中為說諸經令其
心悅賜以禪定解脫无漏根力諸法之財
又復賜與涅槃之城言得滅度引導其心令
皆歡喜而不為說是法華經文殊師利如轉
輪王見諸兵衆有大功者心則歡喜以此難
信之珠久在髻中不妄與人而今與之如来
亦復如是於三界中為大法王以法教化一
切衆生見賢聖軍與五陰魔煩惱魔死魔共
戰有大功勳滅三毒出三界破魔網尒時如
来亦大歡喜此法華經能令衆生至一切智
一切世間多怨難信先所未說而今說之文
殊師利此法華經是諸如来第一之說於諸
說中最為甚深末後賜與如彼強力之王久
護明珠今乃與之文殊師利此法華經諸佛
如来祕密之藏於諸經中最在其上長夜守
護不妄宣說始於今日乃與汝等而敷演之
尒時世尊欲重宣此義而說偈言
常行忍辱　哀愍一切　乃能演說　佛所讚經
後末世時　持此經者　於家出家　及非菩薩
應生慈心　斯等不聞　不信是經　則為大失
我得佛道　以諸方便　為說此法　令住其中

BD15224號　妙法蓮華經（十卷本）卷六　（11–9）

後末世時　持此經者　於家出家　及非菩薩
應生慈心　斯等不聞　不信是經　則為大失
我得佛道　以諸方便　為說此法　令住其中
譬如強力　轉輪之王　兵戰有功　賞賜諸物
象馬車乘　嚴身之具　及諸田宅　聚落城邑
或与衣服　種種珎寶　奴婢財物　歡喜賜与
如有勇健　能為難事　王解結中　明珠賜之
如來亦介　為諸法王　忍辱大力　智慧寶藏
以大慈悲　如法化世　見一切人　受諸苦惱
欲求解脫　与諸魔戰　為是眾生　說種種法
以大方便　說此諸經　既知眾生　得其力已
末後乃為　說是法華　如王結解　明珠与之
此經為尊　眾經中上　我常守護　不妄開示
今正是時　為汝等說　我滅度後　求佛道者
欲得安隱　演說斯經　應當親近　如是四法
讀是經者　常无憂惱　又无病痛　顏色鮮白
不生貧窮　卑賤醜陋　眾生樂見　如慕賢聖
天諸童子　以為給使　刀杖不加　毒不能害
若人惡罵　口則閉塞　遊行无畏　如師子王
智慧光明　如日之照　若於夢中　但見妙事
見諸如來　坐師子坐　諸比丘眾　圍遶說法
又見龍神　阿循羅等　數如恒沙　恭敬合掌
自見其身　而為法說　又見諸佛　身相金色
放无量光　照於一切　以梵音聲　演說諸法
佛為四眾　說无上道　身處其中　合掌讚佛
聞法歡喜　而為供養　得陀羅尼　證不退智
佛知其心　深入佛道　即為授記　成最正覺

BD15224 號　妙法蓮華經（十卷本）卷六　（11–10）

見諸如來　坐師子坐　諸比丘眾　圍遶說法
又見龍神　阿循羅等　數如恒沙　恭敬合掌
自見其身　而為法說　又見諸佛　身相金色
放无量光　照於一切　以梵音聲　演說諸法
佛為四眾　說无上道　身處其中　合掌讚佛
聞法歡喜　而為供養　得陀羅尼　證不退智
佛知其心　深入佛道　即為授記　成最正覺
汝善男子　當於來世　得无量智　佛之大道
國土嚴淨　廣大无比　亦有四眾　合掌聽法
又見自身　在山林中　脩習善法　證諸實相
深入禪定　見十方佛
諸佛身金色　百福相莊嚴　聞法為人說　當有是好夢
又夢作國王　捨宮殿眷屬　及上妙五欲　行詣於道場
在菩提樹下　而處師子坐　求佛過七日　得諸佛之智
成无上道已　起而轉法輪　為四眾說法　經千万億劫
說无漏妙法　度无量眾生　後當入涅槃　如煙盡燈滅
若後惡世中　說是第一法　是人得大利　如上諸功德

妙法蓮華經卷第六

BD15224 號　妙法蓮華經（十卷本）卷六　（11–11）

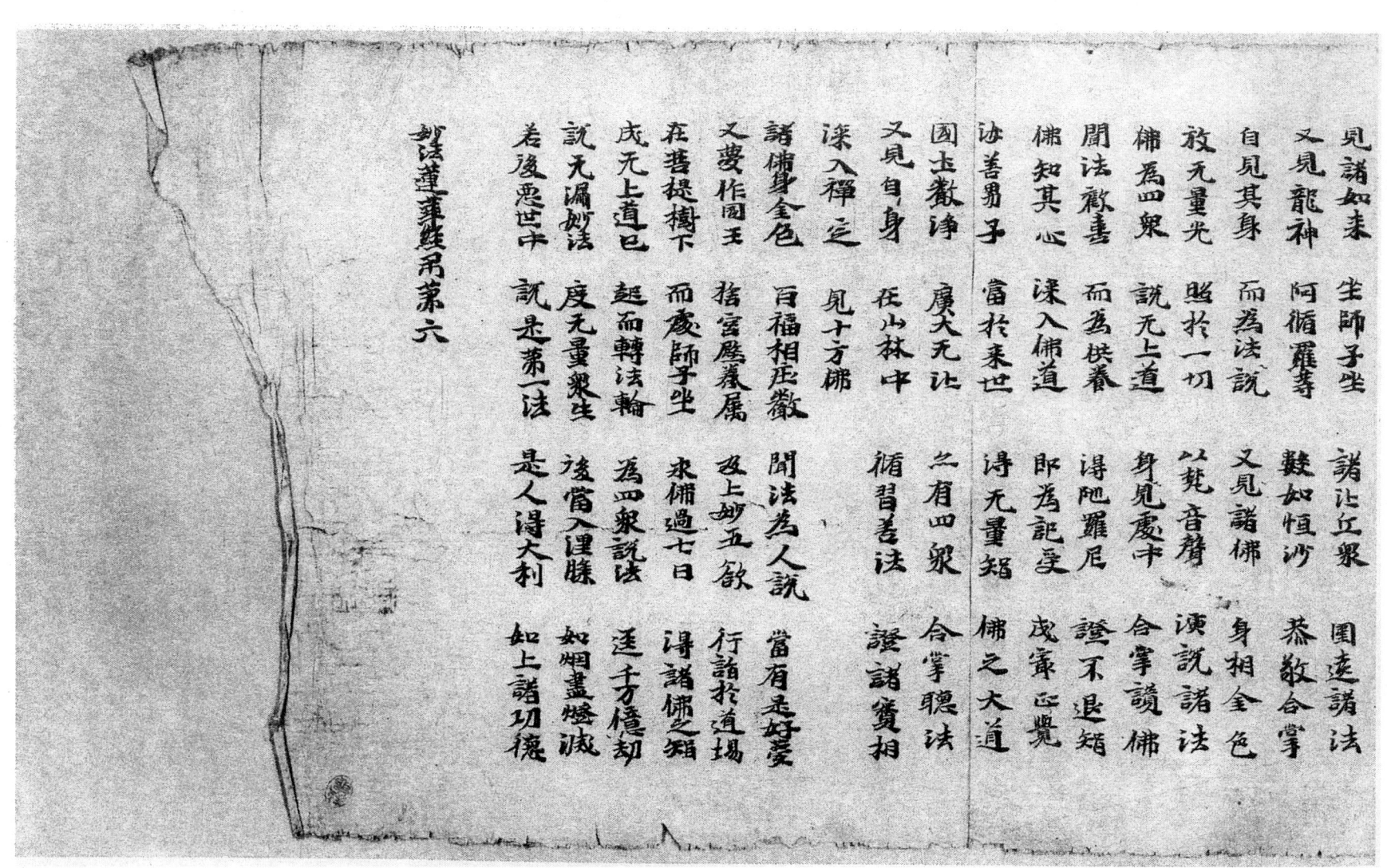

尒時文殊師利語弥勒菩薩摩訶薩及諸大
士善男子等如我惟忖今佛世尊欲說大法
雨大法雨吹大法螺擊大法鼓演大法義諸
善男子我於過去諸佛曾見此瑞放斯光已
即說大法是故當知今佛現光亦復如是欲
令衆生咸得聞知一切世間難信之法故現斯
瑞諸善男子如過去无量无邊不可思議阿
僧祇劫尒時有佛号日月燈明如來應供正
遍知明行足善逝世間解无上士調御丈夫
天人師佛世尊演說正法初善中善後善其
義深遠其語巧妙純一无雜具足清白梵
行之相為求聲聞者說應四諦法度生老病
死究竟涅槃為求辟支佛者說應十二因緣
法為諸菩薩說應六波羅蜜令得阿耨多羅
三藐三菩提成一切種智次復有佛亦名日
月燈明次復有佛亦名日月燈明如是二万
佛皆同一字号日月燈明又同一姓姓頗羅
墮弥勒當知初佛後佛皆同一字名日月燈

BD15225 號　妙法蓮華經卷一　（6–1）

三藐三菩提成一切種智次復有佛亦名日
月燈明次復有佛亦名日月燈明如是二万
佛皆同一字号日月燈明又同一姓姓頗羅
墮弥勒當知初佛後佛皆同一字名日月燈
明十号具足所可說法初中後善其最後佛
未出家時有八子一名有意二名善意三名
无量意四名寶意五名增意六名除疑意七
名響意八名法意是八王子威德自在各領
四天下是諸王子聞父出家得阿耨多羅三
藐三菩提悉捨王位亦隨出家發大乘意常
脩梵行皆為法師已於千万佛所植諸善本是
時日月燈明佛說大乘經名无量義教菩薩
法佛所護念說是經已即於大衆中結加趺
坐入於无量義處三昧身心不動是時天雨
曼陁羅華摩訶曼陁羅華曼殊沙華摩訶
曼殊沙華而散佛上及諸大衆普佛世界六
種震動尒時會中比丘比丘尼優婆塞優婆
夷天龍夜叉乾闥婆阿脩羅迦樓羅緊那羅
摩睺羅伽人非人及諸小王轉輪聖王等是
諸大衆得未曾有歡喜合掌一心觀佛尒時
如來放眉間白毫相光照東方万八千佛土
靡不周遍如今所見是諸佛土弥勒當知尒時
會中有二十億菩薩樂欲聽法是諸菩薩見
此光明普照佛土得未曾有欲知此光所為
因緣時有菩薩名曰妙光有八百弟子是
時日月燈明佛從三昧起因妙光菩薩說大

BD15225 號　妙法蓮華經卷一　（6–2）

此光明普照佛土得未曾有欲知此光所為
因緣時有菩薩名曰妙光有八百弟子是
時日月燈明佛從三昧起因妙光菩薩說大
乘經名妙法蓮華教菩薩法佛所護念六十
小劫不起于座時會聽者亦坐一處六十小
劫身心不動聽佛所說謂如食頃是時衆中
无有一人若身若心而生懈惓日月燈明佛
於六十小劫說是經已即於梵魔沙門婆羅
門及天人阿脩羅衆中而宣此言如來於今
日中夜當入无餘涅槃時有菩薩名曰德藏
日月燈明佛即授其記告諸比丘是德藏菩
薩次當作佛号曰淨身多陁阿伽度阿羅訶
三藐三佛陁佛授記已便於中夜入无餘涅
槃佛滅度後妙光菩薩持妙法蓮華經滿八
十小劫為人演說日月燈明佛八子皆師妙
光妙光教化令其堅固阿耨多羅三藐三菩
提是諸王子供養无量百千万億佛已皆成
佛道其最後成佛者名曰然燈八百弟子中
有一人号曰求名貪著利養雖復讀誦衆經
而不通利多所忘失故号求名是人亦以種
諸善根因緣故得值无量百千万億諸佛供
養恭敬尊重讚歎弥勒當知尒時妙光菩薩
豈異人乎我身是也求名菩薩汝身是也今
見此瑞與本无異是故惟忖今日如來當說
大乘經名妙法蓮華教菩薩法佛所護念尒
時文殊師利於大衆中欲重宣此義而說偈

BD15225號　妙法蓮華經卷一　（6–3）

豈異人乎我身是也求名菩薩汝身是也今
見此瑞與本无異是故惟忖今日如來當說
大乘經名妙法蓮華教菩薩法佛所護念尒
時文殊師利於大衆中欲重宣此義而說偈
言
我念過去世　无量无數劫　有佛人中尊　号日月燈明
世尊演說法　度无量衆生　无數億菩薩　令入佛智慧
佛未出家時　所生八王子　見大聖出家　亦隨脩梵行
時佛說大乘　經名无量義　於諸大衆中　而為廣分別
佛說此經已　即於法座上　跏趺坐三昧　名无量義處
天雨曼陁華　天鼓自然鳴　諸天龍鬼神　供養人中尊
一切諸佛土　即時大震動　佛放眉間光　現諸希有事
此光照東方　万八千佛土　示一切衆生　生死業報處
有見諸佛土　以衆寶莊嚴　琉璃頗梨色　斯由佛光照
及見諸天人　龍神夜叉衆　乾闥緊那羅　各供養其佛
又見諸如來　自然成佛道　身色如金山　端嚴甚微妙
如淨琉璃中　內現真金像　世尊在大衆　敷演深法義
一一諸佛土　聲聞衆无數　因佛光所照　悉見彼大衆
或有諸比丘　在於山林中　精進持淨戒　猶如護明珠
又見諸菩薩　行施忍辱等　其數如恒沙　斯由佛光照
又見諸菩薩　深入諸禪定　身心寂不動　以求无上道
又見諸菩薩　知法寂滅相　各於其國土　說法求佛道
尒時四部衆　見日月燈佛　現大神通力　其心皆歡喜
各各自相問　是事何因緣　天人所奉尊　適從三昧起
讚妙光菩薩　汝為世間眼　一切所歸信　能奉持法藏
如我所說法　唯汝能證知　世尊既讚歎　令妙光歡喜

BD15225號　妙法蓮華經卷一　（6–4）

尒時四部衆　見日月燈佛　現大神通力　其心皆歡喜
各各自相問　是事何因緣　天人所奉尊　適從三昧起
讃妙光菩薩　汝為世間眼　一切所歸信　能奉持法藏
如我所說法　唯汝能證知　世尊既讃歎　令妙光歡喜
說是法華經　滿六十小劫　不起於此座　所說上妙法
是妙光法師　悉皆能受持　佛說是法華　令衆歡喜已
尋即於是日　告於天人衆　諸法實相印　已為汝等說
我今於中夜　當入於涅槃　汝一心精進　當離於放逸
諸佛甚難值　億劫時一遇　世尊諸子等　聞佛入涅槃
各各懷悲惱　佛滅一何速　聖主法之王　安慰无量衆
我若滅度時　汝等勿憂怖　是德藏菩薩　於无漏實相
心已得通達　其次當作佛　号曰為淨身　亦度无量衆
佛此夜滅度　如薪盡火滅　分布諸舍利　而起无量塔
比丘比丘尼　其數如恒沙　倍復加精進　以求无上道
是妙光法師　奉持佛法藏　八十小劫中　廣宣法華經
是諸八王子　妙光所開化　堅固无上道　當見无數佛
供養諸佛已　隨順行大道　相繼得成佛　轉次而授記
最後天中天　号曰燃燈佛　諸仙之導師　度脫无量衆
是妙光法師　時有一弟子　心常懷懈怠　貪著於名利
求名利无厭　多遊族姓家　棄捨所習誦　廢忘不通利
以是因緣故　号之為求名　亦行衆善業　得見无數佛
供養於諸佛　隨順行大道　具六波羅蜜　今見釋師子
其後當作佛　号名曰彌勒　廣度諸衆生　其數无有量
彼佛滅度後　懈怠者汝是　妙光法師者　今則我身是
我見燈明佛　本光瑞如此　以是知今佛　欲說法華經
今相如本瑞　是諸佛方便　今佛放光明　助發實相義

BD15225 號　妙法蓮華經卷一　（6–5）

各各懷悲惱　佛滅一何速　聖主法之王　安慰无量衆
我若滅度時　汝等勿憂怖　是德藏菩薩　於无漏實相
心已得通達　其次當作佛　号曰為淨身　亦度无量衆
佛此夜滅度　如薪盡火滅　分布諸舍利　而起无量塔
比丘比丘尼　其數如恒沙　倍復加精進　以求无上道
是妙光法師　奉持佛法藏　八十小劫中　廣宣法華經
是諸八王子　妙光所開化　堅固无上道　當見无數佛
供養諸佛已　隨順行大道　相繼得成佛　轉次而授記
最後天中天　号曰燃燈佛　諸仙之導師　度脫无量衆
是妙光法師　時有一弟子　心常懷懈怠　貪著於名利
求名利无厭　多遊族姓家　棄捨所習誦　廢忘不通利
以是因緣故　号之為求名　亦行衆善業　得見无數佛
供養於諸佛　隨順行大道　具六波羅蜜　今見釋師子
其後當作佛　号名曰彌勒　廣度諸衆生　其數无有量
彼佛滅度後　懈怠者汝是　妙光法師者　今則我身是
我見燈明佛　本光瑞如此　以是知今佛　欲說法華經
今相如本瑞　是諸佛方便　今佛放光明　助發實相義
諸人今當知　合掌一心待　佛當雨法雨　充足求道者
諸求三乘人　若有疑悔者　佛當為除斷　令盡无有餘

BD15225 號　妙法蓮華經卷一　（6–6）

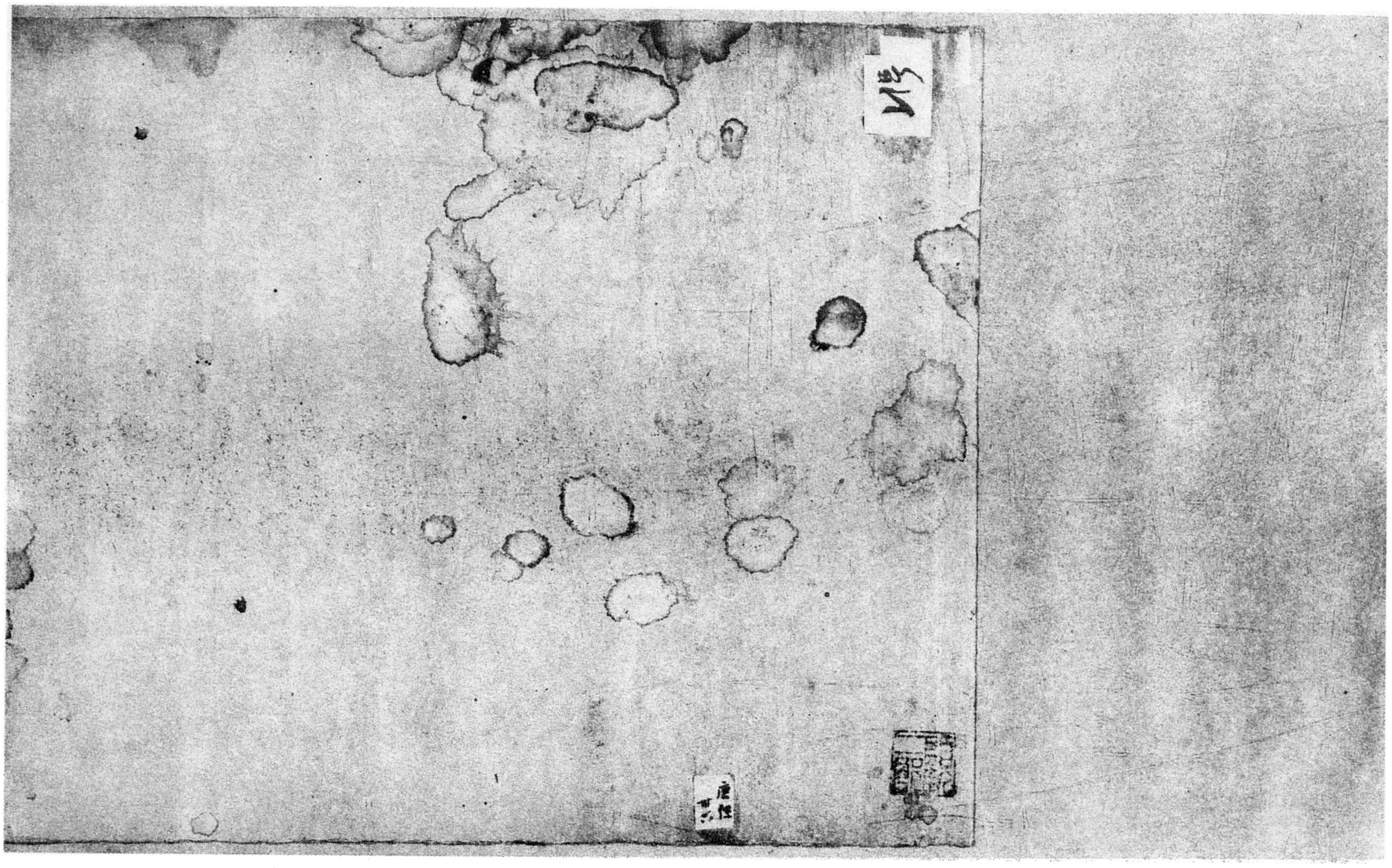

BD15225 號背　勘記、印章

（1–1）

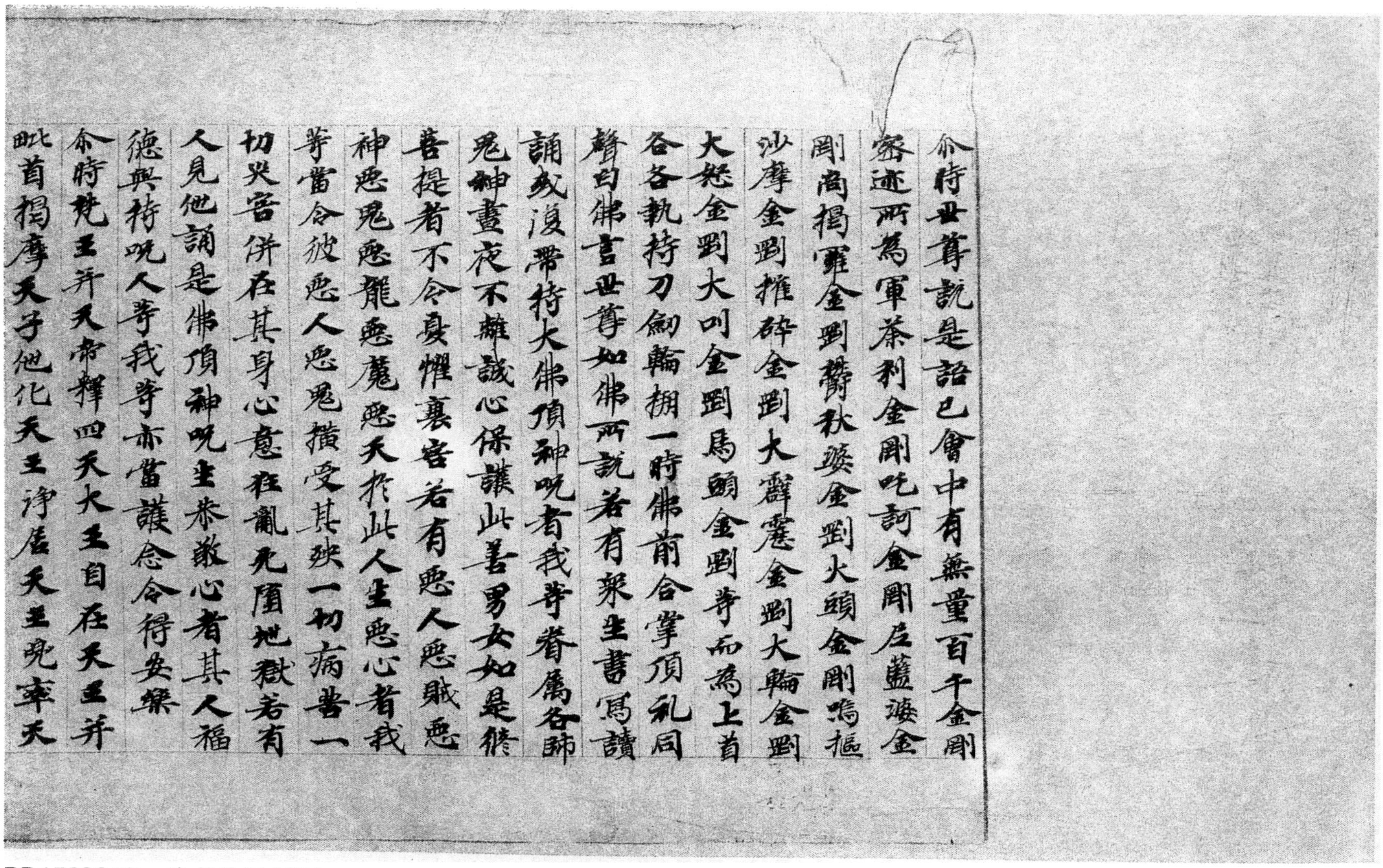

尒時世尊說是語已會中有無量百千金剛
密迹所爲軍荼利金剛吒訶金剛左藍婆金
剛商羯羅金剛欝秋婆金剛火頭金剛鳴樞
沙摩金剛摧碎金剛大霹靂金剛大輪金剛
大怒金剛大叫金剛馬頭金剛等而爲上首
合各執持刀劍輪棚一時佛前合掌頂礼同
聲白佛言世尊如佛所說若有衆生書寫讀
誦或復帶持大佛頂神呪者我等眷屬各師
鬼神晝夜不離誠心保護此善男女如是能
菩提者不令憂懼裏害若有惡人惡賊惡
神惡鬼惡龍惡魔惡天於此人生惡心者我
等當令彼惡人惡鬼横受其殃一切病害一
切災害并在其身心意狂亂死墮地獄若有
人見他誦是佛頂神呪生恭敬心者其人福
德與持呪人等我等亦當護念令得安樂
尒時梵王并天帝釋四天大王自在天王并
毗首羯摩天子他化天王淨居天王兜率天

BD15226 號　待考佛經（擬）

（4–1）

切災害伏在其身心意[illegible]
人見他誦是佛頂神呪生恭敬心者其人福
德與持呪人等我等亦當護念令得安樂
尒時梵王并天帝釋四天大王自在天王并
毗首羯摩天子他化天王淨居天王兜率天
王化樂天王夜魔天王等同時白佛言審有
如是修學善人讀誦是大神呪依法供養
我等諸天盡心守護令其一生所作如願
不使鬼神惡魔惡人王官而得其便
復有無量藥叉大將阿吒薄俱大將散脂大
將摩尼跋陁大將寒葉大將脩護大將并羅
剎軍王布單那王羯吒布單那王鳩槃荼王
毗舍遮王毗那藥迦諸大鬼王并諸鬼師亦
於佛前同時白佛言我等亦願護持是呪
友是善人令菩提心速得圓滿
復有日月天子一切星天子并風神王雨師雲
師雷師電師伯年歲巡官諸天眷屬二十八部
鬼神將軍并無量阿脩羅眷屬乾闥婆王鳩
摩羅天等亦於佛前同時白佛言我亦願在
在處處國邑聚落擁護其人令作種種注事
悉皆如意不使一切惡增而得其便
復有無量無數諸大龍王佛圖那龍王三物
米踏龍王婆脩吉龍王難陁龍王而為上首
并目真隣陁山王須弥山王并諸山神王海

悉皆如意不使一切惡增而得其便
復有無量無數諸大龍王佛圖那龍王三物
米踏龍王婆脩吉龍王難陁龍王而為上首
并目真隣陁山王須弥山王并諸山神王海
神王河神王江神王并水神王大神王樹神
王并一切叢林花菓神等亦於佛前同時白
佛言我亦願隨侍是呪擁護衆生為作給使
不令一切惡人惡鬼而得其便
復有無量無數王鬘世間諸善童子花冠童
子毗梨童子金剛童子佛護童子法護童子
僧護童子金光明童子等亦白佛言我今擁
願守護此善行人令足衣食一切惡事我為
除之不令見惡
尒時復有無量藥叉童女羅剎童女等花鬘
童女持花童女持瓔珞童女美童女美音童
女并諸神女貪色鬼魅遮文吒神女阿穢神女
等亦於佛前同時白佛言我亦願守護是呪
隨逐供養擁護其人令無乏少晝夜隨侍為
作給使世尊我等亦同共說呪作大擁護如
是作法我等即為現身隨其驅使而說呪
曰
尸哩迦羅達母弄訶哩呬一　商佉祢二　氷伽哩
三提嚩弥多囉四　蘇弥多囉五　迦囉達六　阿利

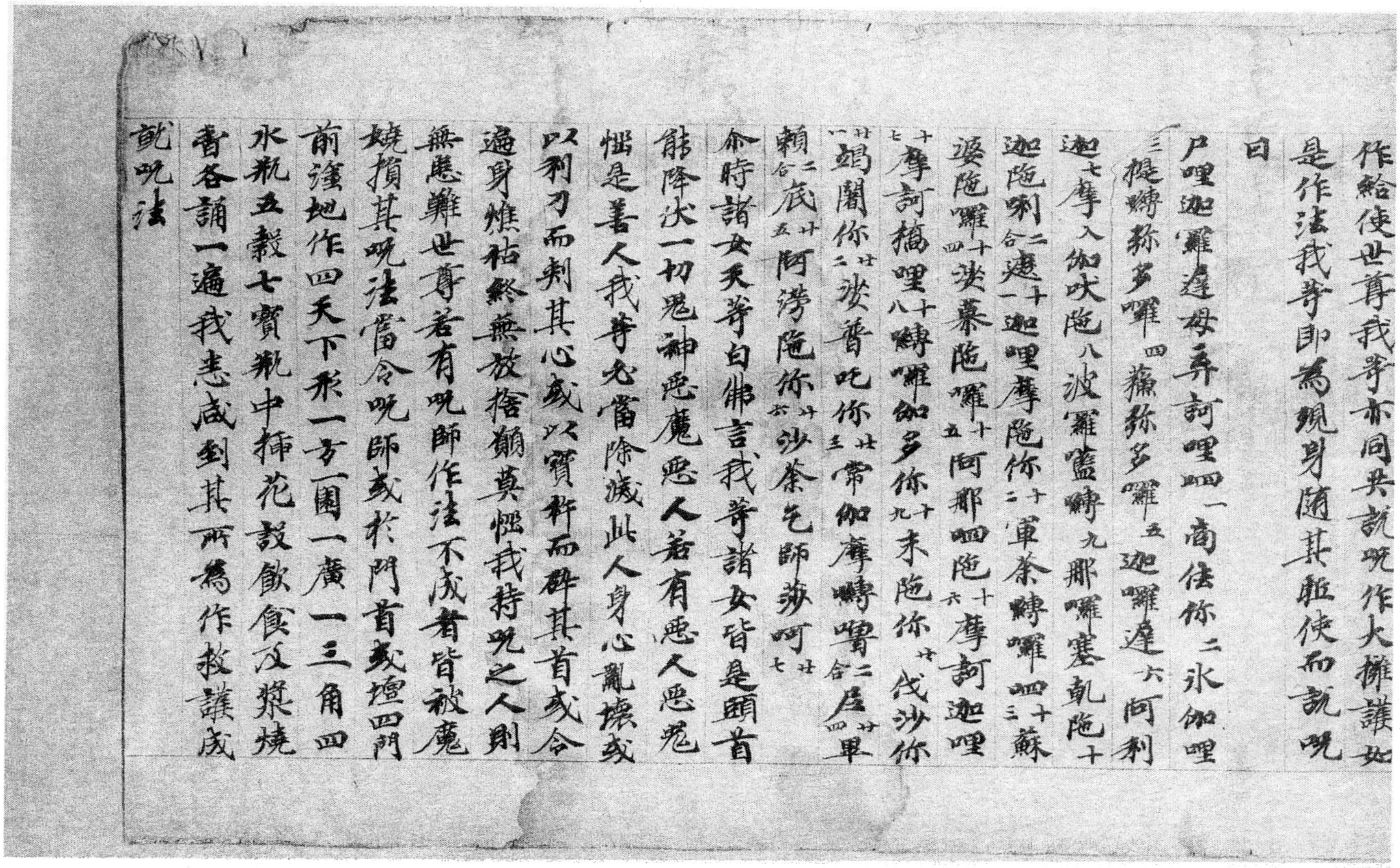

作給使世尊我等亦同共說呪作大擁護如
是作法我等即爲現身隨其驅使而說呪
曰
尸哩迦羅達母弄訶哩𠺪一 商佉你二 氷伽哩
三 提䞘㝹多囉四 蘇㝹多囉五 迦囉達六 阿利
迦七 摩入伽吠陁八 波羅嚧䞘九 那囉塞乾陁十
迦陁咧合二 遮一十 迦哩摩陁你二十 軍荼䞘囉𠺪三十 蘇
婆陁囉四十 娑慕陁囉五十 阿那𠺪陁六十 摩訶迦哩
十七 摩訶摘哩八十 䞘囉伽多你九十 末陁你廿 伐沙你
廿一 蝎闍你廿二 婆晉吒你廿三 常伽摩䞘嚕合二 屋廿四 畢
賴合二 底廿五 阿滂陁你廿六 沙荼乞師㳙呵廿七
爾時諸女天等白佛言我等諸女皆是頭首
能降伏一切鬼神惡魔惡人若有惡人惡鬼
惱是善人我等必當除滅此人身心亂壞或
以利刀而剌其心或以寶釬而𨩲其首或令
遍身𤈦祐終無放捨顛莫惱我持呪之人則
無愚難世尊若有呪師作法不成者皆被魔
嬈攅其呪法當令呪師或於門首或壇四門
前塗地作四天下形一方一圓一廣一三角四
水瓶五穀七寶瓶中插花設飲食及漿燒
香各誦一遍我悉咸到其所爲作救護成
就呪法

BD15226號　待考佛經（擬）　　（4–4）

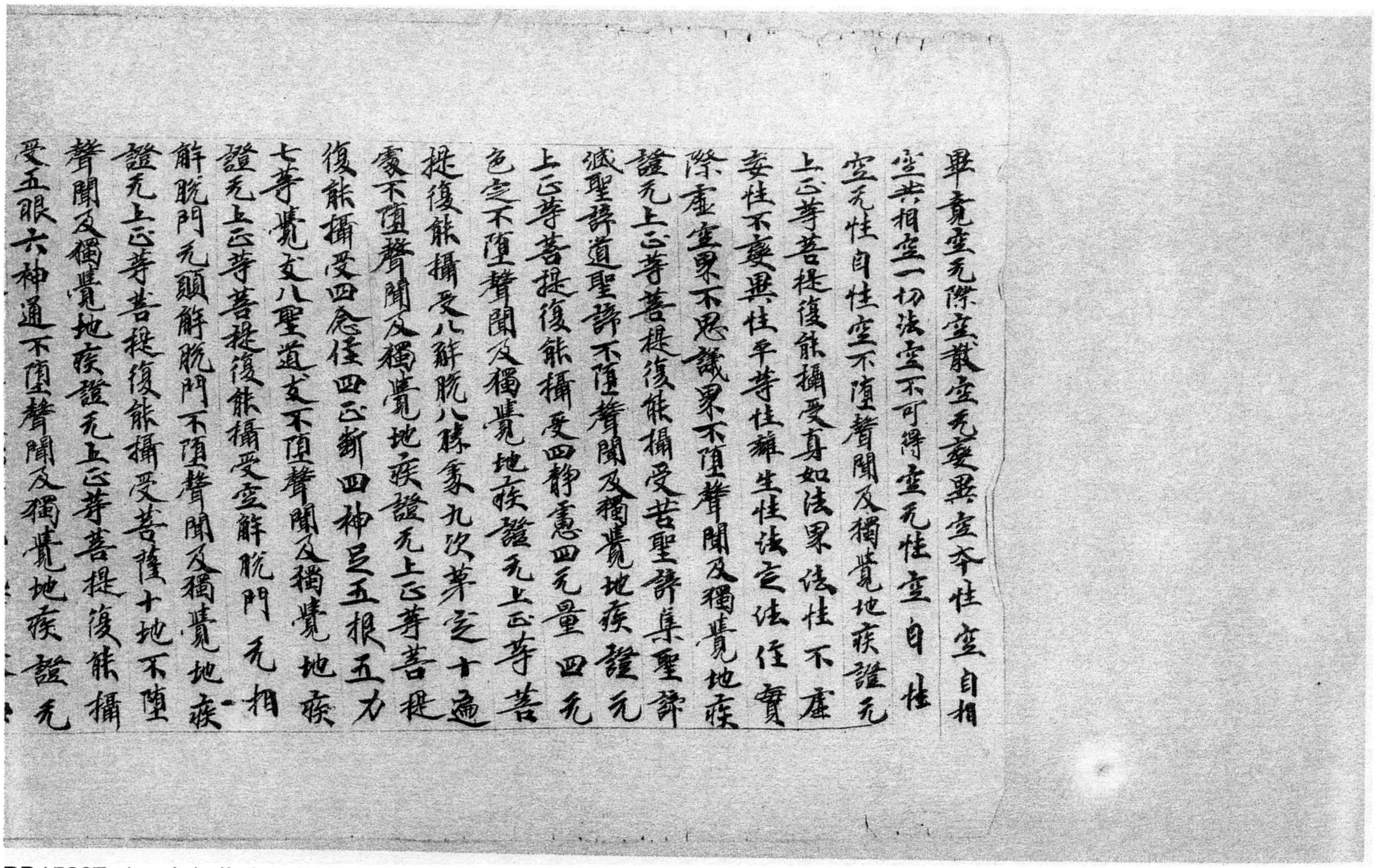

畢竟空无際空散空无變異空本性空自相
空共相空一切法空不可得空无性空自性
空无性自性空不墮聲聞及獨覺地疾證无
上正等菩提復能攝受真如法界法性不虛
妄性不變異性平等性離生性法定法住實
際虛空界不思議界不墮聲聞及獨覺地疾
證无上正等菩提復能攝受苦聖諦集聖諦
滅聖諦道聖諦不墮聲聞及獨覺地疾證无
上正等菩提復能攝受四靜慮四无量四无
色定不墮聲聞及獨覺地疾證无上正等菩
提復能攝受八解脫八勝處九次第定十遍
處不墮聲聞及獨覺地疾證无上正等菩提
復能攝受四念住四正斷四神足五根五力
七等覺支八聖道支不墮聲聞及獨覺地疾
證无上正等菩提復能攝受空解脫門无相
解脫門无願解脫門不墮聲聞及獨覺地疾
證无上正等菩提復能攝受菩薩十地不墮
聲聞及獨覺地疾證无上正等菩提復能攝
受五眼六神通不墮聲聞及獨覺地疾證无

BD15227號　大般若波羅蜜多經卷三一三　　（7–1）

證无上正等菩提復能攝受空解脫門无相
解脫門无願解脫門不墮聲聞及獨覺地疾
證无上正等菩提復能攝受菩薩十地不墮
聲聞及獨覺地疾證无上正等菩提復能攝
受五眼六神通不墮聲聞及獨覺地疾證无
上正等菩提復能攝受佛十力四无所畏四
无礙解大慈大悲大喜大捨十八佛不共法
不墮聲聞及獨覺地疾證无上正等菩提復
能攝受无忘失法恒住捨性不墮聲聞及獨
覺地疾證无上正等菩提復能攝受一切智
道相智一切相智不墮聲聞及獨覺地疾證
无上正等菩提復能攝受一切陁羅尼門一
切三摩地門不墮聲聞及獨覺地疾證无上
正等菩提復能攝受一切菩薩摩訶薩行不
墮聲聞及獨覺地疾證无上正等菩提復能
攝受諸佛无上正等菩提不墮聲聞及獨覺
地疾證无上正等菩提
如是善現住菩薩乘諸善男子善女人等以
能攝受甚深般若波羅蜜多亦能攝受方便
善巧故不墮聲聞及獨覺地疾證无上正等
菩提

初分真善友品第卅五

尒時具壽善現白佛言世尊初業菩薩摩訶
薩應云何覺般若波羅蜜多應云何學靜慮
波羅蜜多應云何學精進波羅蜜多應云何

BD15227號　大般若波羅蜜多經卷三一三

（7–2）

初分真善友品第卅五

尒時具壽善現白佛言世尊初業菩薩摩訶
薩應云何覺般若波羅蜜多應云何學靜慮
波羅蜜多應云何學精進波羅蜜多應云何
學安忍波羅蜜多應云何學淨戒波羅蜜多
應云何學布施波羅蜜多佛言善現初業菩
薩摩訶薩若欲脩學般若靜慮精進安忍淨
戒布施波羅蜜多應先親近供養恭敬能善
宣說般若靜慮精進安忍淨戒布施波羅蜜
多真善知識謂說般若波羅蜜多甚深經時
作如是言來善男子汝布施時應作是念所
脩布施普施一切有情同共迴向无上正等
菩提汝持戒時應作是念所脩淨戒普施一
切有情同共迴向无上正等菩提汝脩忍時
應作是念所脩安忍普施一切有情同共迴
向无上正等菩提汝精進時應作是念所脩
精進普施一切有情同共迴向无上正等菩
提汝脩定時應作是念所脩靜慮普施一切
有情同共迴向无上正等菩提汝脩慧時應
作是念所脩般若普施一切有情同共迴向
无上正等菩提
善男子汝不應以色而取无上正等菩提亦不
應應以受想行識而取无上正等菩提所以
者何若不取色便得无上正等菩提不取受
想行識便得无上正等菩提故善男子汝不

BD15227號　大般若波羅蜜多經卷三一三

（7–3）

應應以受想行識而取无上正等菩提所以
者何若不取色便得无上正等菩提不取受
想行識便得无上正等菩提故善男子汝不
應以眼處而取无上正等菩提亦不應以耳
鼻舌身意處而取无上正等菩提所以者何
若不取眼處便得无上正等菩提不取耳鼻
舌身意處便得无上正等菩提故善男子汝
不應以色處而取无上正等菩提亦不應以
聲香味觸法處而取无上正等菩提所以者
何若不取色處便得无上正等菩提不取聲
香味觸法處便得无上正等菩提故善男子
汝不應以眼界而取无上正等菩提亦不應
以色界眼識界及眼觸眼觸為緣所生諸受
而取无上正等菩提所以者何若不取眼界
便得无上正等菩提不取色界乃至眼觸為
緣所生諸受便得无上正等菩提故善男子
汝不應以耳界而取无上正等菩提亦不應
以聲界耳識界及耳觸耳觸為緣所生諸受
而取无上正等菩提所以者何若不取耳界
便得无上正等菩提不取聲界乃至耳觸為
緣所生諸受便得无上正等菩提故善男子
汝不應以鼻界而取无上正等菩提亦不應
以香界鼻識界及鼻觸鼻觸為緣所生諸受
而取无上正等菩提所以者何若不取鼻界
便得无上正等菩提不取香界乃至鼻觸為
緣所生諸受便得无上正等菩提故善男子

BD15227 號　大般若波羅蜜多經卷三一三

(7–4)

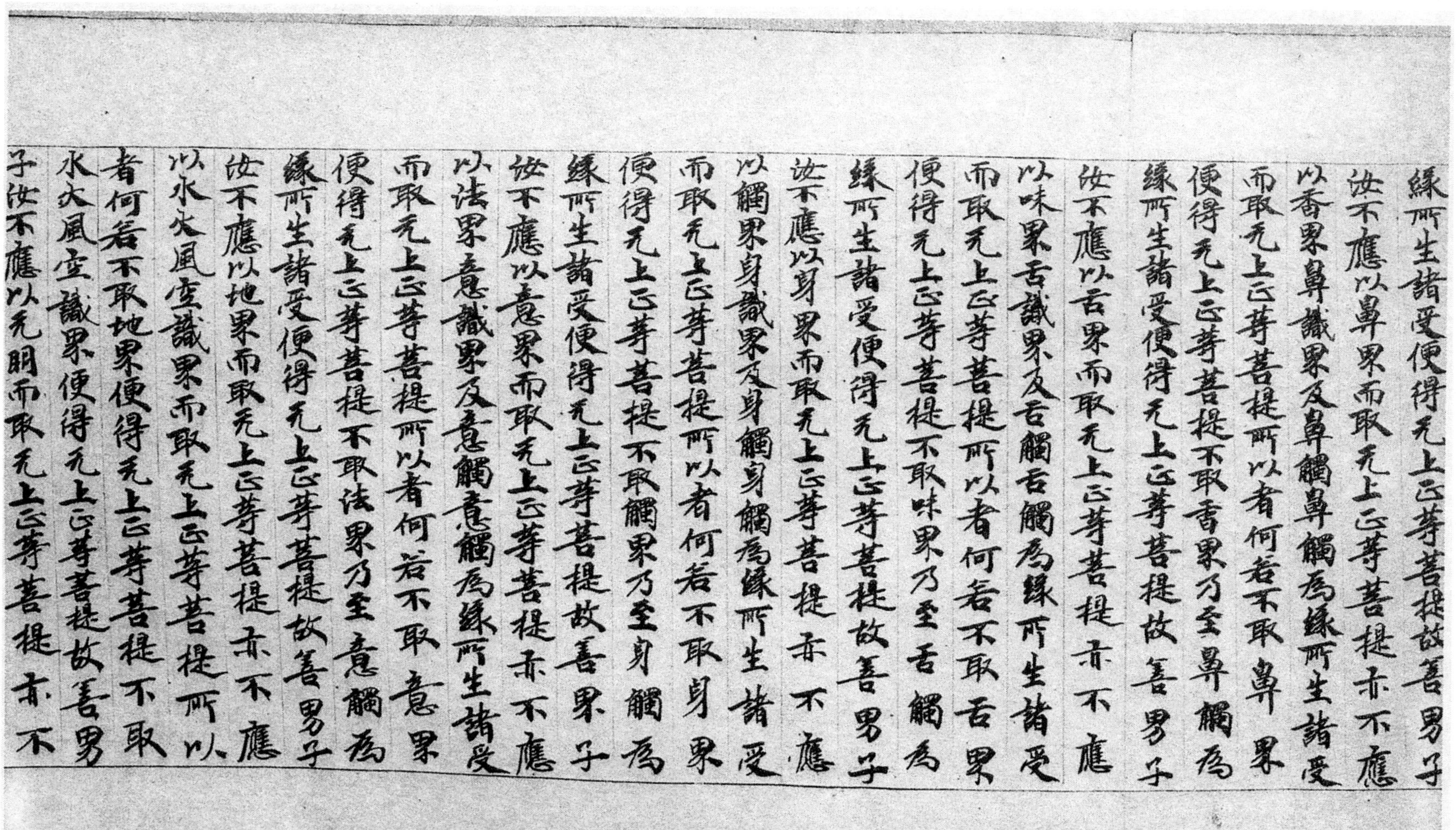

緣所生諸受便得无上正等菩提故善男子
汝不應以鼻界而取无上正等菩提亦不應
以香界鼻識界及鼻觸鼻觸為緣所生諸受
而取无上正等菩提所以者何若不取鼻界
便得无上正等菩提不取香界乃至鼻觸為
緣所生諸受便得无上正等菩提故善男子
汝不應以舌界而取无上正等菩提亦不應
以味界舌識界及舌觸舌觸為緣所生諸受
而取无上正等菩提所以者何若不取舌界
便得无上正等菩提不取味界乃至舌觸為
緣所生諸受便得无上正等菩提故善男子
汝不應以身界而取无上正等菩提亦不應
以觸界身識界及身觸身觸為緣所生諸受
而取无上正等菩提所以者何若不取身界
便得无上正等菩提不取觸界乃至身觸為
緣所生諸受便得无上正等菩提故善男子
汝不應以意界而取无上正等菩提亦不應
以法界意識界及意觸意觸為緣所生諸受
而取无上正等菩提所以者何若不取意界
便得无上正等菩提不取法界乃至意觸為
緣所生諸受便得无上正等菩提故善男子
汝不應以地界而取无上正等菩提亦不應
以水火風空識界而取无上正等菩提所以
者何若不取地界便得无上正等菩提不取
水火風空識界便得无上正等菩提故善男
子汝不應以无明而取无上正等菩提亦不

BD15227 號　大般若波羅蜜多經卷三一三

(7–5)

以水火風空識界而取无上正等菩提所以
者何若不取地界便得无上正等菩提不取
水火風空識界便得无上正等菩提故善男
子汝不應以无明而取无上正等菩提亦不
應以行識名色六處觸受愛取有生老死愁
歎苦憂惱而取无上正等菩提所以者何若
不取无明便得无上正等菩提不取行乃至
老死愁歎苦憂惱便得无上正等菩提故
善男子汝不應以布施波羅蜜多而取无上
正等菩提亦不應以淨戒安忍精進靜慮般
若波羅蜜多而取无上正等菩提所以者何
若不取布施波羅蜜多便得无上正等菩提
不取淨戒乃至般若波羅蜜多便得无上正
等菩提故善男子汝不應以內空而取无上
正等菩提亦不應以外空內外空空空大空
勝義空有為空无為空畢竟空无際空散空
无變異空本性空自相空共相空一切法空
不可得空无性空自性空无性自性空而取
无上正等菩提所以者何若不取內空便得
无上正等菩提不取外空乃至无性自性空
便得无上正等菩提故善男子汝不應以真
如而取无上正等菩提亦不應以法界法性
不虛妄性不變異性平等性離生性法定法
住實際虛空界不思議界而取无上正等菩
提所以者何若不取真如便得无上正等菩
提不取法界乃至不思議界便得无上正等

BD15227 號　大般若波羅蜜多經卷三一三　（7–6）

便得无上正等菩提故善男子汝不應以真
如而取无上正等菩提亦不應以法界法性
不虛妄性不變異性平等性離生性法定法
住實際虛空界不思議界而取无上正等菩
提所以者何若不取真如便得无上正等菩
提不取法界乃至不思議界便得无上正等
菩提故善男子汝不應以苦聖諦而取无上
正等菩提亦不應以集滅道聖諦而取无上
正等菩提所以者何若不取苦聖諦便得无
上正等菩提不取集滅道聖諦便得无上正
等菩提故善男子汝不應以四靜慮而取无
上正等菩提亦不應以四无量四无色定而
取无上正等菩提所以者何若不取四靜慮
便得无上正等菩提不取四无量四无色定
便得无上正等菩提故善男子汝不應以八
解脫而取无上正等菩提亦不應以八勝處
九次第定十遍處而取无上正等菩提所以
者何若不取八解脫便得无上正等菩提不
取八勝處九次第定十遍處便得无上正等
菩提故善男子汝不應以四念住而取无上
正等菩提亦不應以四正斷四神足五根五
力七等覺支八聖道支而取无上正等菩提
所以者何若不取四念住便得无上正等菩
提不取四正斷乃至八聖道支便得无上正
等菩提故

BD15227 號　大般若波羅蜜多經卷三一三　（7–7）

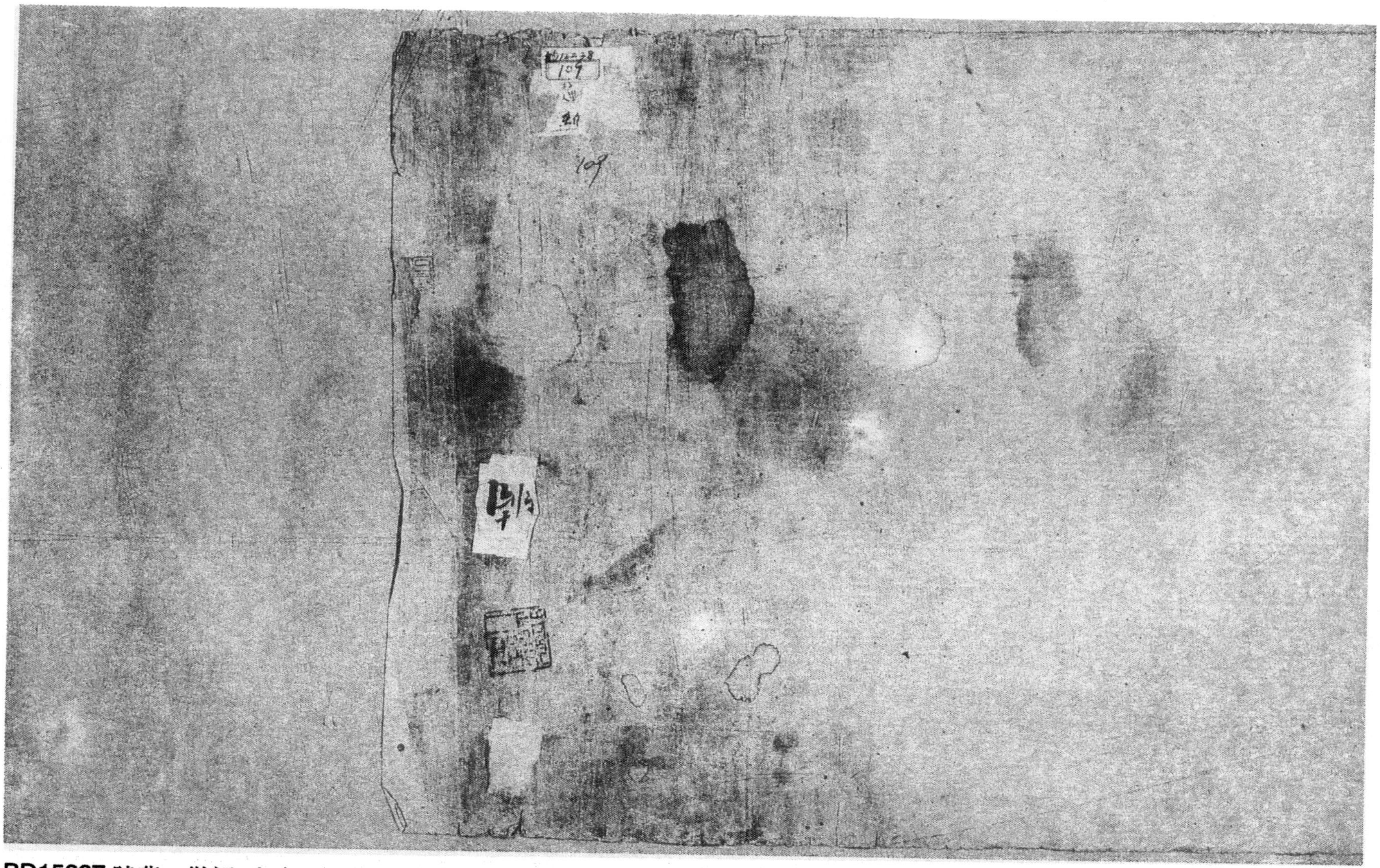

BD15227 號背　勘記、印章

（1–1）

BD15228號背　現代裱補紙

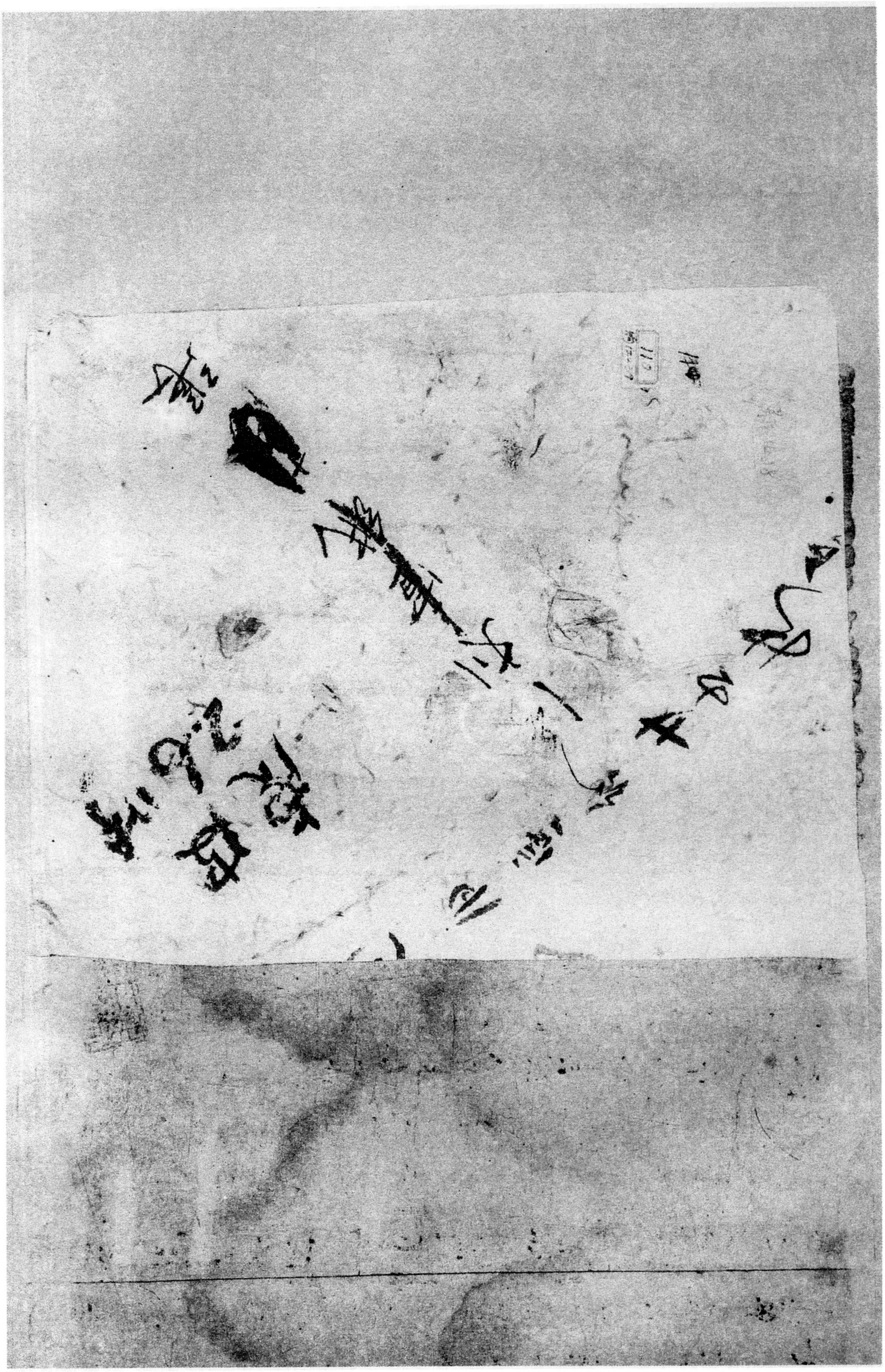

（1–1）

同一味後趣多有五
分為五 一名薩婆多即十誦律主是也
主是 三名弥沙塞即五分律主是也 四
律主是也 五名迦葉惟亦名迦葉毗
今此四分律主即曇無德部是此是梵語唐言法
得戒有十種 一自然得戒唯佛 二自誓得戒謂大
三見諦得戒謂五俱輪等五比丘 四善來得戒
五三語得戒謂佛在世未制戒前但受三歸即成
六問答得戒謂須陁耶沙弥年始七歲佛問其義一一
可聖心便發具足 七八敬得戒謂大愛道從阿難聞八法已歡喜頂
受便發具足八敬者 百寫舉援 懺請安息 八遣使得戒
謂半迦尸尼有其難緣差使乞戒即得具足 九羯磨得戒
謂十僧作法 十邊方五人授大戒 已前九種為佛在世羯磨一試
教通凡聖被及僧尼護羅現未須知作法 問羯受戒具足
幾緣得名如法 答依僧祇律具六因緣 一年滿廿三衣鉢具
二身无遮難 三結界成就 四界內畫集 五羯磨成就 六十僧

BD15228號 小鈔

受使莫具足八教者　百冩擧投　懺請安息　八遣使得戒
謂半迦尸尼有其難緣差使乞戒即得具足　九羯磨得戒
謂十僧作法　十邊方五人授大戒　已前九種爲佛在世羯磨一戒
教通凡聖被及僧尼該羅現未須知作法　問羯受戒具足
幾緣得名如法　答依僧祇律具六因緣　一年滿廿三衣鉢具
二身无遮難　三結界成就　四界內盡集　五羯磨成就　六十僧
滿足　備此六緣得名如法闕一不成　問界有幾種　答一者
作法界　二者自然界　作法有三　一者攝僧界　二攝衣界　三攝
食界　僧界有三種　一者大界　二者界場　三者小界　今就大
界之內又有三種　謂人法二同界　法食二同界　法同食別界
若就自然界中者則分四别　一者謂聚落界　二者蘭若界　三者道
行界　四者水界　問羯磨有幾種　答有一百卅四種　單白羯
磨有卅九　白二羯磨有五十七　白四羯磨有卅八　此三羯磨攝一
切羯磨皆盡　明五篇法　一波羅夷篇 蓋是西音此云无餘若犯此戒永棄衆外故曰无餘不得與僧同行布
薩羯磨棄在衆外故云无餘　二僧伽婆尸沙篇 此云僧殘若犯此戒行用覆蔽不應在布薩羯磨衆中乞數片覆其六分名僧殘
三名波逸提篇 此方云墮若犯此戒墮落地獄燒煮覆障故云墮也　四名波羅提ヽ舍尼 此方云向彼悔過
犯此戒事合可向對手懺悔故云向彼悔　五名式叉迦羅尼篇 此方云應當學威儀練行慧習方成故云應當學
此明七聚法　一波羅夷聚　二僧伽婆尸沙聚　三偷蘭遮聚 此是梵語唐言麤
惡亦云遮障偷言遮蘭言部若犯此罪大遮障聖道故云遮障然偷蘭有四一五逆偷蘭應滅擯
不可除二初篇下重偷蘭應八僧中悔三初篇下輕偷蘭二篇下重偷蘭ヽヽ應四僧中懺四獨頭偷
蘭遮反麤篇下偷蘭　四波逸提聚　五波羅提ヽ舍尼聚　六突吉羅聚
應三僧中悔
〻爲二一身惡作二口惡說　突吉羅者 義鈔云惡作突者名惡吉羅名作ヽ惡不止故名突吉羅亦云訛跌身作惡名口作名說故云惡作惡說突吉羅此二衆罪名爲犯
者應對手懺若悕犯應責心懺　問欲戒具幾緣成犯　答具四緣　一前境是女人
二興染心　三起方便　四與境合便犯　問盜戒具幾緣成犯
答具六緣成犯　一有主物　二有主想　三有盜心　四重物　五興方便
六離本處便犯　問煞戒具幾緣　答具五緣　一是人　二人想　三興煞心

二口惡說 者應對手懺若悮犯應責心懺 突吉羅者 身作惡名口作名說故云惡作惡說突吉羅此二衆罪若故犯
問欲戒具幾緣成犯 答具四緣 一前境是女人
二興染心 三起方便 四与境合便犯 問盜戒具幾緣成犯
答具六緣成犯 一有主物 二有主想 三有盜心 四重物 五興方便
六離本處便犯 問煞戒具幾緣 答具五緣 一是人 二人想 三興惡
四起方便 五斷命根 問大妄語戒具幾緣 答具八緣成犯
一境前是人 二人想 三事虛 四知是虛事 五有誑他心 六自
言己得 七言辞了了 八前人知解 問僧有幾種 答四種
一者四人僧 除授戒自恣出罪餘一切羯磨應作 二者五人僧 除中國授戒出罪餘法得作 三者十人僧
除出罪餘法作 四者廿人僧 一切羯磨得作況復更多 問菩薩戒中煞先婬後何故聲
聞戒中婬先煞後 答菩薩為大慈為本是以煞戒為首聲
聞以梵行為㨨是以婬戒為首 受依法 若不持三衣入聚落
者得無量罪世世裸形無有衣服 若不串鉤紐入俗人家家
得罪若食飲時咽咽得罪 問云何名為三衣六物 一安
多會 有羅一割截二穪葉三褋葉四縵作一長一短割截衣持餘三累此段持 二名欝多羅僧
有二種一割截二褋葉二長一短即是七條衣受割截衣持若餘衣准此 三名僧伽棃 此衣有十八種謂割截褋葉各九品若受上衣廿五條四長一短
割截衣持若是褋葉條數准上褋葉衣持若中品三長一短若是下品二長一短 授衣文 大德一心念我比丘某
甲此欝多羅僧七條衣受兩長一短割截衣持 三說若是餘衣及褋葉穪葉等臨事准改受
文同上 捨衣文 大德一心念我比丘某甲此僧伽棃是我三衣數先
受持今捨 一說下二衣及尼五衣等須捨亦尔 授藥法 藥有四種 一時藥
蒲闍尼食有五種謂飯麨乾飯魚肉 闍法尼食 梵音唐言根葉花果細末食淨食
有五種 一火淨二刀淨三瘡淨四鳥啄淨五不中種 此中火淨及子擦淨得并子食餘
三去子食是時藥謂從旦至中前食若欲授者先知食體後知授 二非時藥 謂八種漿
餘藥准此
棃棗蕤蔗蒲桃蜜安石留菴羅果等汁作漿若有病緣
聽清水澄淨加以授法得飲无病不得飲 三七日藥 仏言蘇油生蘇蜜
石蜜有病因緣應加授法聽七日服授法者大德一心念我比丘某甲今為 熱風冷病因緣此七日藥
為欲宿服故今於大德邊授 三說 餘二時藥若有病患因緣須服者臨事累此准改
授文同上 四盡形藥 仏言一切醎苦辛不堪為食者乃至灰土大小便等若有
病緣聽盡形服亦須手授加其口法得服

二非時藥謂八種漿
三去子食是時藥謂從旦至中前食若欲授者先知食體後知授
餘藥准此
梨棗蕤蓋前桃蜜安石留菴羅果等汁作漿若有病緣　三七日藥佛言蘇油生蘇蜜
聽清水滓淨加以授法得飲无病不得飲
石蜜有病因緣應加授法聽七日服授法者大德一心念我比丘某甲今為熱風冷病因緣此七日藥
為欲宿服故今於大德邊授三說　餘二時藥若有病患因緣須服為臨事累此准故
授久同上　四盡形藥佛言一切咸苦辛不堪為食者乃至厭言大不便等甚有
病緣聽盡形服亦須手授加其口法得服
安居法從始及終總有四　五眾是　法有四　對手　心念　妄成　及界　特有三　前安居
法謂人有五　中安居後安居　處有二　作法界　自然界
對手安居法　大德一心念我比丘某甲依某聚落某伽藍隨事稱之　前三月
夏安居房舍破修治故　三說　彼告言汝莫放逸　答言授持
問比丘義云何　答有八種　一名字比丘　二相似比丘　三自稱比丘
四乞求比丘　五著割截衣比丘　六破結使比丘　七善來比丘
八白四羯磨如法成就得處所比丘　四依法　一糞掃衣　二常乞食
三樹下坐　四食腐爛藥　糞掃衣十種　一牛嚼衣　二鼠嚙衣
三火燒衣　四水衣　五產主衣　六神廟衣若鳥銜風吹離處
七顛衣　八塚間衣　九產衣　十往還衣　僧物隨事立
名凡有六種　一者十方僧物如僧家重物及供眾僧受用食飲等物體通十方上至羅漢下至沙彌盡皆有分无有和
合不得賣買借與人及私已受用　二者常住僧物謂眾僧廚庫寺舍園田僕使
畜等體通十方不可分用言常住者常在此處不可移動四方僧來此處受
用從物為名故稱常住
三者十方現前如亡僧五眾衣物未羯磨前屬十方現前僧若盜此物從十方僧結罪　四者現前現前謂亡僧
五眾物作羯磨了及有施大眾物法事
羯斷羞一守護眾僧未分故云現前現前僧物　五招提僧物謂檀越施田園與四方僧來
元安宜處俗人見已就此房邊更施田園造立僧房與四方僧供給所須由此房能招引
四方僧故言招提僧物或先造房僧迴已房及田園施四方僧亦云招提僧物
六者僧鬚物謂僧園中有施或賣施或已施作鬚
出賣得物從鬚得物故名僧鬚物　有四種妄語
一波羅夷妄語　二僧殘妄語　三波逸提妄語　四向波羅妄
語　口有四威儀語　一者常作法語　二常作正直實語
三常作和合語　四常作柔軟悅意語　慳有五種　一慳財
二慳法　三慳家　四慳處　五慳讚
明四分義　四分為數也　分者時也　世尊在世四處昇座說此律終故名

一波羅夷妄語 二僧殘妄語 三波逸提妄語 四向波羅妄
語 口有四威儀語 一者常作法語 二常作正直實語
三常作和合語 四常作柔軟悅意語 慳有五種 一慳財
二慳法 三慳家 四慳處 五慳讚
明四分義 四者數也分者暌也世尊在世四度昇座說此律終故名
四分 又云說來四來故名四分 此四分律通其六釋今具明一解四分即律之即四分六釋之中是帶數釋也
今依律本從初至僧戒未名為初分至尼戒終名為第二分
從安居揵度至房舍已前名為第三分從房舍揵度至
律本末名為第四分 持戒得十種利 一攝取於僧 二令僧歡喜 三令僧安樂 四未信者令信 五已信者令增長 六難調者令調 七慚愧者安樂 八斷現在有漏 九斷未來有漏 十令正法得久住 十二頭陀法 頭陀者少欲隨名知足斗藪煩惱離於住著故曰頭陀
一持糞掃衣 二持三衣 三持隨衣 四常
乞食 五一餔食 六一坐食 七不作餘食法 八樹下坐 九
塚間坐 十露地坐 十一隨處坐 十二常坐不卧 此十二者攝衣有三
食法有四 處所有五 行人於此衣食處所心無染著精勤進道更不退滑
檀越施物凡有八種 一施比丘
僧物 唯屬比丘現前人分 二施比丘尼物 唯屬現前比丘尼數之分 三施
二部僧物 莫問人數多少分物作二分 一分僧取 一分付尼衆
各於當部自數人分之 四施四方僧得施物 來者皆得應
作羯磨分之 不得與尼同作羯磨 若施招提僧不須作法
五界內僧得施物 唯屬住處僧 入界皆得 但取施主為定
六施同羯磨僧得施物 唯一處同作法者分之 七施稱名
字僧得施 若言施禪師法師律師呪願師老病僧等 不
聞親疎 八衆中一僧得施物 從上座行之 隨取者與 隨檀越
所有捨施 依此八法分之 若無定分 上座應問於何等施 若不
依此八法 則不得施僧之福 若不依此八法而受 則輕慢信
施 違犯處深 應善五德分之 好惡相參 令不見者 鄰篤壽餘人不

問親踈八衆中一僧得施物從上座行之隨取者与 隨覆越
所有捨施依此八法分之若无定分上座應問於何等施益不
依此八法則不得施僧之福若不依此八法而受用雜損信
施違犯處深應差五德分之好惡相參合不見者擲籌餘人不
得亂諍利養難消貧富不在此莫生嫌恨善人至行也出家之人
不得迴施入己若欲迴者其罪甚重應如法施如法受 如法求
如法与 如法用 如法住 問律以何爲宗以何爲體 答以戒爲宗
說諸不同依東塔疏 以戒爲宗 律以何爲體者 答合是諸葉
爲體任意取捨十一處中以法爲體依經部以不相應爲體依
有部以色爲體俱是法數攝 問律儀有幾種 答有四種
一靜慮律儀是色界尸羅 二無漏律儀爲無漏身中所起尸
羅 三斷律儀爲斷煩惱名斷律儀 四別斷解脫律儀爲欲
界尸羅爲別防非名別解脫律儀 客舊相遇昔大師在日
親爲教主客甚善至自唱善來又復西方寺衆多爲制法凡見
新來無論客舊及弟子門人舊人即須迎前唱莎揭哆譯曰
善來客乃尋聲即云寧莎揭哆譯曰極善來如不說者一違寺
制二准律有犯無問大小悉皆如此即爲收取瓶鉢掛在壁牙
隨處安坐令其態息切向廝處尊乃旁前畢則敬上而執撫其
踹後及遍身尊乃撫下而頻按其背不至要足齊年之類事無
問然既解疲勞方澡手濯足次就尊所申其礼敬但爲一礼跪
而按足尊乃展其右手撫彼肩背若別非經久手撫不爲 師乃
問其安不弟子隨事見答然後退在一邊恭敬而坐實無立法
然西方執則多坐小牀複皆露足東夏既無斯事執足之禮
不行經說人而來至所頂禮雙足退坐一面即其儀矣然後釋
其暗倦茶給湯飲蘇蜜沙糖飲啜隨意或餘八漿並須羅濾澄

踹後及遍身等乃撫下而頻按其背不至要足齊年之類事無
間然既解疲勞方澡手濯足次就尊所申其禮敬但為一禮跪
而按足尊乃展其右手撫彼肩背若別非經久手撫不為師乃
問其安不弟子隨事見答然後退在一邊恭敬而坐實無立法
然西方軌則多坐小牀後皆露足東夏既無斯事執足之禮
不行經說人而來至佛所頂禮雙足退坐一面即其儀矣然後釋
其勞倦恭給湯飲蘇蜜沙糖飲啖隨意或餘八漿並須羅濾澄
清方飲如兼濁滓此定不開古譯之流體是稠濁准依道理全非飲
限律云凡漿淨濾色如黃荻此謂西國師弟門徒客舊相遇逢迎
之禮豈有冒寒創至觸熱新來或遍體汗流或手足皆凍放衣懷急
事和南情狀忽忙深乖軌式師乃亡之闕問餘事誠哉太急將為紹隆
言和南者梵云畔睇或云畔憚南譯為敬禮但為採語不真喚和南矣
不能移舊且道和南的取去音應云畔睇又道行禁集禮拜非儀合掌
低頭口云畔睇故經云或復但合掌乃至小低頭即是致敬也南之不
審依希合度向使改不審為畔睇斯乃全同律教矣

大般若波羅蜜多經卷第二百七十七

廿

BD15229 號背　護首　　　（1–1）

大般若波羅蜜多經卷第二百七十七

初分難信解品第卅四之九十六　三藏法師玄奘奉　詔譯

善現一切智智清淨故八解脫清淨八解脫

清淨故大悲清淨何以故若一切智智清淨

若八解脫清淨若大悲清淨無二無二分無

BD15229 號　大般若波羅蜜多經卷二七七　　　（25–1）

善現一切智智清淨故八解脫清淨八解脫
清淨故大悲清淨何以故若一切智智清淨
若八解脫清淨若大悲清淨無二無二分無
別無斷故一切智智清淨故八勝處九次第
定十遍處清淨八勝處九次第定十遍處清
淨故大悲清淨何以故若一切智智清淨若
八勝處九次第定十遍處清淨若大悲清淨
無二無二分無別無斷故善現一切智智清
淨故四念住清淨四念住清淨故大悲清淨
何以故若一切智智清淨若四念住清淨若
大悲清淨無二無二分無別無斷故一切智
智清淨故四正斷四神足五根五力七覺等
支八聖道支清淨四正斷乃至八聖道支清
淨故大悲清淨何以故若一切智智清淨若
四正斷乃至八聖道支清淨若大悲清淨無
二無二分無別無斷故善現一切智智清淨
故空解脫門清淨空解脫門清淨故大悲清
淨何以故若一切智智清淨若空解脫門清
淨若大悲清淨無二無二分無別無斷故一
切智智清淨故無相無願解脫門清淨無
相無願解脫門清淨故大悲清淨何以故若一
切智智清淨若無相無願解脫門清淨若大
悲清淨無二無二分無別無斷故善現一切
智智清淨故菩薩十地清淨菩薩十地清淨
故大悲清淨何以故若一切智智清淨若菩

BD15229 號　大般若波羅蜜多經卷二七七

（25–2）

悲清淨無二無二分無別無斷故善現一切
智智清淨故菩薩十地清淨菩薩十地清淨
故大悲清淨何以故若一切智智清淨若菩
薩十地清淨若大悲清淨無二無二分無別
無斷故善現一切智智清淨故五眼清淨五
眼清淨故大悲清淨何以故若一切智智清
淨若五眼清淨若大悲清淨無二無二分無
別無斷故一切智智清淨故六神通清淨六
神通清淨故大悲清淨何以故若一切智智
清淨若六神通清淨若大悲清淨無二無二
分無別無斷故善現一切智智清淨故佛十
力清淨佛十力清淨故大悲清淨何以故若
一切智智清淨若佛十力清淨若大悲清淨
無二無二分無別無斷故一切智智清淨故
四無所畏四無礙解大悲大喜大捨十八佛
不共法清淨四無所畏乃至十八佛不共法
清淨故大悲清淨何以故若一切智智清淨
若四無所畏乃至十八佛不共法清淨若大
悲清淨無二無二分無別無斷故善現一切
智智清淨故無忘失法清淨無忘失法清淨
故大悲清淨何以故若一切智智清淨若無
忘失法清淨若大悲清淨無二無二分無別
無斷故一切智智清淨故恒住捨性清淨恒
住捨性清淨故大悲清淨何以故若一切智
智清淨若恒住捨性清淨若大悲清淨無二

BD15229 號　大般若波羅蜜多經卷二七七

（25–3）

無斷故一切智智清淨故恒住捨性清淨性
住捨性清淨故大悲清淨何以故若一切智
智清淨若恒住捨性清淨若大悲清淨無二
無二分無別無斷故善現一切智智清淨故
一切智清淨一切智清淨故大悲清淨何以
故若一切智智清淨若一切智清淨若大悲
清淨無二無二分無別無斷故一切智智清
淨故道相智一切相智清淨道相智一切相
智清淨故大悲清淨何以故若一切智智清
淨若道相智一切相智清淨若大悲清淨無
二無二分無別無斷故善現一切智智清淨
故一切陁羅尼門清淨一切陁羅尼門清淨
故大悲清淨何以故若一切智智清淨若一
切陁羅尼門清淨若大悲清淨無二無二分
無別無斷故一切智智清淨故一切三摩地門
清淨一切三摩地門清淨故大悲清淨何以
故若一切智智清淨若一切三摩地門清淨
若大悲清淨無二無二分無別無斷故
善現一切智智清淨故預流果清淨預流果
清淨故大悲清淨何以故若一切智智清淨
若預流果清淨若大悲清淨無二無二分無
別無斷故一切智智清淨故一来不還阿羅
漢果清淨一来不還阿羅漢果清淨故大悲
清淨何以故若一切智智清淨若一来不還
阿羅漢果清淨若大悲清淨無二無二分無

BD15229 號　大般若波羅蜜多經卷二七七　（25–4）

別無斷故一切智智清淨故一来不還阿羅
漢果清淨一来不還阿羅漢果清淨故大悲
清淨何以故若一切智智清淨若一来不還
阿羅漢果清淨若大悲清淨無二無二分無
別無斷故善現一切智智清淨故獨覺菩提
清淨獨覺菩提清淨故大悲清淨何以故若
一切智智清淨若獨覺菩提清淨若大悲清
淨無二無二分無別無斷故善現一切智智
清淨故一切菩薩摩訶薩行清淨一切菩薩
摩訶薩行清淨故大悲清淨何以故若一切
智智清淨若一切菩薩摩訶薩行清淨若
大悲清淨無二無二分無別無斷故善現一切
智智清淨故諸佛無上正等菩提清淨諸佛
無上正等菩提清淨故大悲清淨何以故若
一切智智清淨若諸佛無上正等菩提清淨
若大悲清淨無二無二分無別無斷故
復次善現一切智智清淨故色清淨色清淨
故大喜清淨何以故若一切智智清淨若色
清淨若大喜清淨無二無二分無別無斷故
一切智智清淨故受想行識清淨受想行識
清淨故大喜清淨何以故若一切智智清淨
若受想行識清淨若大喜清淨無二無二分
無別無斷故善現一切智智清淨故眼處清
淨眼處清淨故大喜清淨何以故若一切智智

BD15229 號　大般若波羅蜜多經卷二七七　（25–5）

無別無斷故善現一切智智清淨故眼處清
淨眼處清淨故大喜清淨何以故若一切智智
清淨若眼處清淨若大喜清淨無二無二
分無別無斷故一切智智清淨故耳鼻舌身
意處清淨耳鼻舌身意處清淨故大喜清
淨何以故若一切智智清淨若耳鼻舌身意處
清淨若大喜清淨無二無二分無別無斷故
善現一切智智清淨故色處清淨色處清淨
故大喜清淨何以故若一切智智清淨若色
處清淨若大喜清淨無二無二分無別無斷
故一切智智清淨故聲香味觸法處清淨聲
香味觸法處清淨故大喜清淨何以故若一
切智智清淨若聲香味觸法處清淨若大喜
清淨無二無二分無別無斷故善現一切智
智清淨故眼界清淨眼界清淨故大喜清淨
何以故若一切智智清淨若眼界清淨若大
喜清淨無二無二分無別無斷故一切智智
清淨故色界眼識界及眼觸眼觸為緣所生
諸受清淨色界乃至眼觸為緣所生諸受清
淨故大喜清淨何以故若一切智智清淨若
色界乃至眼觸為緣所生諸受清淨若大喜
清淨無二無二分無別無斷故善現一切智
智清淨故耳界清淨耳界清淨故大喜清淨
何以故若一切智智清淨若耳界清淨若大

BD15229 號　大般若波羅蜜多經卷二七七　（25–6）

清淨無二無二分無別無斷故善現一切智
智清淨故耳界清淨耳界清淨故大喜清淨
何以故若一切智智清淨若耳界清淨若大
喜清淨無二無二分無別無斷故一切智智
清淨故聲界耳識界及耳觸耳觸為緣所生
諸受清淨聲界乃至耳觸為緣所生諸受清
淨故大喜清淨何以故若一切智智清淨若
聲界乃至耳觸為緣所生諸受清淨若大喜
清淨無二無二分無別無斷故善現一切智
智清淨故鼻界清淨鼻界清淨故大喜清淨
何以故若一切智智清淨若鼻界清淨若大
喜清淨無二無二分無別無斷故一切智智
清淨故香界鼻識界及鼻觸鼻觸為緣所生
諸受清淨香界乃至鼻觸為緣所生諸受清
淨故大喜清淨何以故若一切智智清淨若
香界乃至鼻觸為緣所生諸受清淨若大喜
清淨無二無二分無別無斷故善現一切智
智清淨故舌界清淨舌界清淨故大喜清淨
何以故若一切智智清淨若舌界清淨若大
喜清淨無二無二分無別無斷故一切智智
清淨故味界舌識界及舌觸舌觸為緣所生
諸受清淨味界乃至舌觸為緣所生諸受清
淨故大喜清淨何以故若一切智智清淨若
味界乃至舌觸為緣所生諸受清淨若大喜
清淨無二無二分無別無斷故善現一切智

BD15229 號　大般若波羅蜜多經卷二七七　（25–7）

味界乃至舌觸為緣所生諸受清淨若大喜
清淨無二無二分無別無斷故善現一切智
智清淨故身界清淨身界清淨故大喜清淨
何以故若一切智智清淨若身界清淨若大
喜清淨無二無二分無別無斷故一切智智
清淨故觸界身識界及身觸身觸為緣所生
諸受清淨觸界乃至身觸為緣所生諸受清
淨故大喜清淨何以故若一切智智清淨若
觸界乃至身觸為緣所生諸受清淨若大喜
清淨無二無二分無別無斷故善現一切智
智清淨故意界清淨意界清淨故大喜清淨
何以故若一切智智清淨若意界清淨若大
喜清淨無二無二分無別無斷故一切智智
清淨故法界意識界及意觸意觸為緣所生
諸受清淨法界乃至意觸為緣所生諸受清
淨故大喜清淨何以故若一切智智清淨若
法界乃至意觸為緣所生諸受清淨若大喜
清淨無二無二分無別無斷故善現一切智
智清淨故地界清淨地界清淨故大喜清淨
何以故若一切智智清淨若地界清淨若大
喜清淨無二無二分無別無斷故一切智智
清淨水火風空識界清淨水火風空識界
清淨故大喜清淨何以故若一切智智清淨
若水火風空識界清淨若大喜清淨無二無

BD15229號　大般若波羅蜜多經卷二七七　（25–8）

清淨水火風空識界清淨水火風空識界
清淨故大喜清淨何以故若一切智智清淨
若水火風空識界清淨若大喜清淨無二無
二分無別無斷故善現一切智智清淨故無
明清淨無明清淨故大喜清淨何以故若一
切智智清淨若無明清淨若大喜清淨無
二無二分無別無斷故一切智智清淨故行識
名色六處觸受愛取有生老死愁歎苦憂惱
清淨行乃至老死愁歎苦憂惱清淨故大喜
清淨何以故若一切智智清淨若行乃至老
死愁歎苦憂惱清淨若大喜清淨無二無二
至
分無別無斷故
善現一切智智清淨故布施波羅蜜多清淨
布施波羅蜜多清淨故大喜清淨何以故若
一切智智清淨若布施波羅蜜多清淨若大
喜清淨無二無二分無別無斷故一切智智清
淨故淨戒安忍精進靜慮般若波羅蜜多
清淨淨戒乃至般若波羅蜜多清淨故大喜
清淨何以故若一切智智清淨若淨戒乃至
般若波羅蜜多清淨若大喜清淨無二無二
分無別無斷故善現一切智智清淨故內空
清淨內空清淨故大喜清淨何以故若一切
智智清淨若內空清淨若大喜清淨無二無
二分無別無斷故一切智智清淨故外空內
外空空空大空勝義空有為空無為空畢

BD15229號　大般若波羅蜜多經卷二七七　（25–9）

淨無二無二分無別無斷故善現一切智智清
淨故四靜慮清淨四靜慮清淨故大喜清淨
何以故若一切智智清淨若四靜慮清淨若
大喜清淨無二無二分無別無斷故一切智智
清淨故四無量四無色定清淨四無量四無色
定清淨故大喜清淨何以故若一切智智
清淨若四無量四無色定清淨若大喜清淨
無二無二分無別無斷故善現一切智智清
淨故八解脫清淨八解脫清淨故大喜清淨
何以故若一切智智清淨若八解脫清淨若
大喜清淨無二無二分無別無斷故一切智
智清淨故八勝處九次第定十遍處清淨八
勝處九次第定十遍處清淨故大喜清淨何
以故若一切智智清淨若八勝處九次第定
十遍處清淨若大喜清淨無二無二分無別
無斷故善現一切智智清淨四念住清淨
四念住清淨故大喜清淨何以故若一切智
智清淨若四念住清淨若大喜清淨無二無
二分無別無斷故一切智智清淨故四正斷
四神足五根五力七等覺支八聖道支清淨
四正斷乃至八聖道支清淨故大喜清淨何
以故若一切智智清淨若四正斷乃至八聖
道支清淨若大喜清淨無二無二分無別無
斷故善現一切智智清淨故空解脫門清淨
空解脫門清淨故大喜清淨何以故若一切

BD15229號　大般若波羅蜜多經卷二七七　（25–10）

二分無別無斷故一切智智清淨故外空內
外空空空大空勝義空有為空無為空畢
竟空無際空散空無變異空本性空自相空共
相空一切法空不可得空無性空自性空無
性自性空清淨外空乃至無性自性空清淨
故大喜清淨何以故若一切智智清淨若外
空乃至無性自性空清淨若大喜清淨無二
無二分無別無斷故善現一切智智清淨故
真如清淨真如清淨故大喜清淨何以故若
一切智智清淨若真如清淨若大喜清淨無
二無二分無別無斷故一切智智清淨故法界
法性不虛妄性不變異性平等性離生性
法定法住實際虛空界不思議界清淨法界
乃至不思議界清淨故大喜清淨何以故若
一切智智清淨若法界乃至不思議界清淨
若大喜清淨無二無二分無別無斷故善現
一切智智清淨故苦聖諦清淨苦聖諦清淨
故大喜清淨何以故若一切智智清淨若苦
聖諦清淨若大喜清淨無二無二分無別無
斷故一切智智清淨故集滅道聖諦清淨集
滅道聖諦清淨故大喜清淨何以故若一切
智智清淨若集滅道聖諦清淨若大喜清
淨無二無二分無別無斷故善現一切智智清
淨故四靜慮清淨四靜慮清淨故大喜清淨

BD15229號　大般若波羅蜜多經卷二七七　（25–11）

斷故善現一切智智清淨故空解脫門清淨
空解脫門清淨故大喜清淨何以故若一切
智智清淨若空解脫門清淨若大喜清淨無
二無二分無別無斷故一切智智清淨故無
相無願解脫門清淨無相無願解脫門清淨
故大喜清淨何以故若一切智智清淨若無
相無願解脫門清淨若大喜清淨無二無二
分無別無斷故善現一切智智清淨故菩薩
十地清淨菩薩十地清淨故大喜清淨何以
故若一切智智清淨若菩薩十地清淨若大
喜清淨無二無二分無別無斷故
善現一切智智清淨故五眼清淨五眼清淨
故大喜清淨何以故若一切智智清淨若五
眼清淨若大喜清淨無二無二分無別無斷
故一切智智清淨故六神通清淨六神通清
淨故大喜清淨何以故若一切智智清淨若
六神通清淨若大喜清淨無二無二分無別
無斷故善現一切智智清淨故佛十力清淨
佛十力清淨故大喜清淨何以故若一切智
智清淨若佛十力清淨若大喜清淨無二無
二分無別無斷故一切智智清淨故四無所
畏四無礙解大慈大悲大捨十八佛不共法
清淨四無所畏乃至十八佛不共法清淨故
大喜清淨何以故若一切智智清淨若四無

BD15229 號　大般若波羅蜜多經卷二七七　（25–12）

清淨四無所畏乃至十八佛不共法清淨故
大喜清淨何以故若一切智智清淨若四無
所畏乃至十八佛不共法清淨若大喜清淨
無二無二分無別無斷故善現一切智智清
淨故無忘失法清淨無忘失法清淨故大喜
清淨何以故若一切智智清淨若無忘失法
清淨若大喜清淨無二無二分無別無斷故
一切智智清淨故恒住捨性清淨恒住捨性
清淨故大喜清淨何以故若一切智智清淨
若恒住捨性清淨若大喜清淨無二無二分
無別無斷故善現一切智智清淨故一切智
清淨一切智清淨故大喜清淨何以故若一
切智智清淨若一切智清淨若大喜清淨
無二無二分無別無斷故一切智智清淨故道
相智一切相智清淨道相智一切相智清淨
故大喜清淨何以故若一切智智清淨若道
相智一切相智清淨若大喜清淨無二無二
分無別無斷故善現一切智智清淨故一切
陀羅尼門清淨一切陀羅尼門清淨故大喜
清淨何以故若一切智智清淨若一切陀羅
尼門清淨若大喜清淨無二無二分無別無
斷故一切智智清淨故一切三摩地門清淨
一切三摩地門清淨故大喜清淨何以故若
一切智智清淨若一切三摩地門清淨若大

BD15229 號　大般若波羅蜜多經卷二七七　（25–13）

一切三摩地門清淨故大喜清淨何以故若
一切智智清淨若一切三摩地門清淨若大
喜清淨無二無二分無別無斷故
善現一切智智清淨故預流果清淨預流果
清淨故大喜清淨何以故若一切智智清淨
若預流果清淨若大喜清淨無二無二分無
別無斷故一切智智清淨故一來不還阿羅
漢果清淨一來不還阿羅漢果清淨故大喜
清淨何以故若一切智智清淨若一來不還
阿羅漢果清淨若大喜清淨無二無二分無
別無斷故善現一切智智清淨故獨覺菩提
清淨獨覺菩提清淨故大喜清淨何以故若
一切智智清淨若獨覺菩提清淨若大喜清
淨無二無二分無別無斷故善現一切智智
清淨故一切菩薩摩訶薩行清淨一切菩薩
摩訶薩行清淨故大喜清淨何以故若一切
智智清淨若一切菩薩摩訶薩行清淨若大
喜清淨無二無二分無別無斷故善現一切
智智清淨故諸佛無上正等菩提清淨諸佛
無上正等菩提清淨故大喜清淨何以故若
一切智智清淨若諸佛無上正等菩提清淨
若大喜清淨無二無二分無別無斷故
復次善現一切一切智智清淨故色清淨色清淨
故大捨清淨何以故若一切智智清淨若色

BD15229號　大般若波羅蜜多經卷二七七　（25-14）

復次善現一切一切智智清淨故色清淨色清淨
故大捨清淨何以故若一切智智清淨若色
清淨若大捨清淨無二無二分無別無斷故
一切智智清淨故受想行識清淨受想行識
清淨故大捨清淨何以故若一切智智清淨
若受想行識清淨若大捨清淨無二無二分
無別無斷故善現一切智智清淨故眼處清
淨眼處清淨故大捨清淨何以故若一切智
智清淨若眼處清淨若大捨清淨無二無二
分無別無斷故一切智智清淨故耳鼻舌身
意處清淨耳鼻舌身意處清淨故大捨清
淨何以故若一切智智清淨若耳鼻舌身意處
清淨若大捨清淨無二無二分無別無斷故
善現一切智智清淨故色處清淨色處清淨
故大捨清淨何以故若一切智智清淨若色
處清淨若大捨清淨無二無二分無別無斷
故一切智智清淨故聲香味觸法處清淨聲
香味觸法處清淨故大捨清淨何以故若一
切智智清淨若聲香味觸法處清淨若大捨
清淨無二無二分無別無斷故
善現一切智智清淨故眼界清淨眼界清淨
故大捨清淨何以故若一切智智清淨若眼
界清淨若大捨清淨無二無二分無別無斷
故一切智智清淨故色界眼識界及眼觸眼

BD15229號　大般若波羅蜜多經卷二七七　（25-15）

故大捨清淨何以故若一切智智清淨若眼
界清淨若大捨清淨無二無二分無別無斷
故一切智智清淨故色界眼識界及眼觸眼
觸為緣所生諸受清淨色界乃至眼觸為緣
所生諸受清淨故大捨清淨何以故若一切
智智清淨若色界乃至眼觸為緣所生諸受
清淨若大捨清淨無二無二分無別無斷故
善現一切智智清淨故耳界清淨耳界清淨
故大捨清淨何以故若一切智智清淨若耳
界清淨若大捨清淨無二無二分無別無斷
故一切智智清淨故聲界耳識界及耳觸耳
觸為緣所生諸受清淨聲界乃至耳觸為緣
所生諸受清淨故大捨清淨何以故若一切
智智清淨若聲界乃至耳觸為緣所生諸受
清淨若大捨清淨無二無二分無別無斷故
善現一切智智清淨故鼻界清淨鼻界清淨
故大捨清淨何以故若一切智智清淨若鼻
界清淨若大捨清淨無二無二分無別無斷
故一切智智清淨故香界鼻識界及鼻觸鼻
觸為緣所生諸受清淨香界乃至鼻觸為緣
所生諸受清淨故大捨清淨何以故若一切
智智清淨若香界乃至鼻觸為緣所生諸受
清淨若大捨清淨無二無二分無別無斷故
善現一切智智清淨故舌界清淨舌界清淨
故大捨清淨何以故若一切智智清淨若舌

BD15229號　大般若波羅蜜多經卷二七七　（25–16）

善現一切智智清淨故舌界清淨舌界清淨
故大捨清淨何以故若一切智智清淨若舌
界清淨若大捨清淨無二無二分無別無斷
故一切智智清淨故味界舌識界及舌觸舌
觸為緣所生諸受清淨味界乃至舌觸為緣
所生諸受清淨故大捨清淨何以故若一切
智智清淨若味界乃至舌觸為緣所生諸受
清淨若大捨清淨無二無二分無別無斷故
善現一切智智清淨故身界清淨身界清淨
故大捨清淨何以故若一切智智清淨若身
界清淨若大捨清淨無二無二分無別無斷
故一切智智清淨故觸界身識界及身觸身
觸為緣所生諸受清淨觸界乃至身觸為緣
所生諸受清淨故大捨清淨何以故若一切
智智清淨若觸界乃至身觸為緣所生諸受
清淨若大捨清淨無二無二分無別無斷故
善現一切智智清淨故意界清淨意界清
淨故大捨清淨何以故若一切智智清淨若意
界清淨若大捨清淨無二無二分無別無斷
故一切智智清淨故法界意識界及意觸意
觸為緣所生諸受清淨法界乃至意觸為緣
所生諸受清淨故大捨清淨何以故若一切
智智清淨若法界乃至意觸為緣所生諸受
清淨若大捨清淨無二無二分無別無斷故

BD15229號　大般若波羅蜜多經卷二七七　（25–17）

智智清淨若法界乃至意觸為緣所生諸受
清淨若大捨清淨無二無二分無別無斷故
善現一切智智清淨故地界清淨地界清淨
故大捨清淨何以故若一切智智清淨若地
界清淨若大捨清淨無二無二分無別無斷
故一切智智清淨故水火風空識界清淨水
火風空識界清淨故大捨清淨何以故若一
切智智清淨若水火風空識界清淨若大捨
清淨無二無二分無別無斷故善現一切智
智清淨故無明清淨無明清淨故大捨清淨
何以故若一切智智清淨若無明清淨若大
捨清淨無二無二分無別無斷故一切智智
清淨故行識名色六處觸受愛取有生老死
愁歎苦憂惱清淨行乃至老死愁歎苦憂惱
清淨故大捨清淨何以故若一切智智清淨
若行乃至老死愁歎苦憂惱清淨若大捨清
淨無二無二分無別無斷故
善現一切智智清淨故布施波羅蜜多清淨
布施波羅蜜多清淨故大捨清淨何以故若
一切智智清淨若布施波羅蜜多清淨若大
捨清淨無二無二分無別無斷故一切智智
清淨故淨戒安忍精進靜慮般若波羅蜜多
清淨淨戒乃至般若波羅蜜多清淨故大捨
清淨何以故若一切智智清淨若淨戒乃至

BD15229號　大般若波羅蜜多經卷二七七

（25–18）

清淨故淨戒乃至般若波羅蜜多清淨故大捨
清淨何以故若一切智智清淨若淨戒乃至
般若波羅蜜多清淨若大捨清淨無二無二
分無別無斷故善現一切智智清淨故內空
清淨內空清淨故大捨清淨何以故若一切
智智清淨若內空清淨若大捨清淨無二無
二分無別無斷故一切智智清淨故外空內
外空空空大空勝義空有為空無為空畢竟
空無際空散空無變異空本性空自相空共
相空一切法空不可得空無性空自性空無
性自性空清淨外空乃至無性自性空清淨
故大捨清淨何以故若一切智智清淨若外
空乃至無性自性空清淨若大捨清淨無二
無二分無別無斷善現一切智智清淨故
真如清淨真如清淨故大捨清淨何以故若
一切智智清淨若真如清淨若大捨清淨無
二無二分無別無斷故一切智智清淨故法
界法性不虛妄性不變異性平等性離生性
法定法住實際虛空界不思議界清淨法界
乃至不思議界清淨故大捨清淨何以故若
一切智智清淨若法界乃至不思議界清淨
若大捨清淨無二無二分無別無斷故善現
一切智智清淨故苦聖諦清淨苦聖諦清淨
故大捨清淨何以故若一切智智清淨若苦聖

BD15229號　大般若波羅蜜多經卷二七七

（25–19）

一切智智清淨故苦聖諦清淨苦聖諦清淨
故大捨清淨何以故若一切智智清淨若苦聖
諦清淨若大捨清淨無二無二分無別無
斷故一切智智清淨故集滅道聖諦清淨集
滅道聖諦清淨故大捨清淨何以故若一切
智智清淨若集滅道聖諦清淨若大捨清淨
無二無二分無別無斷故善現一切智智清淨
故四静慮清淨四静慮清淨故大捨清淨
何以故若一切智智清淨若四静慮清淨若
大捨清淨無二無二分無別無斷故一切智
智清淨故四無量四無色定清淨四無量四
無色定清淨故大捨清淨何以故若一切智
智清淨若四无量四无色定清淨若大捨清
淨無二無二分無別無斷故善現一切智智
清淨故八解脫清淨八解脫清淨故大捨清
淨何以故若一切智智清淨若八解脫清淨
若大捨清淨無二無二分無別無斷故一切
智智清淨故八勝處九次第定十遍處清淨
八勝處九次第定十遍處清淨故大捨清淨
何以故若一切智智清淨若八勝處九次第
定十遍處清淨若大捨清淨無二無二分無
別無斷故善現一切智智清淨故四念住清
淨四念住清淨故大捨清淨何以故若一切
智智清淨若四念住清淨若大捨清淨無

BD15229 號　大般若波羅蜜多經卷二七七　（25–20）

別無斷故善現一切智智清淨故四念住清
淨四念住清淨故大捨清淨何以故若一切
智智清淨若四念住清淨若大捨清淨無
二無二分無別無斷故一切智智清淨故四正
斷四神足五根五力七等覺支八聖道支清
淨四正斷乃至八聖道支清淨故大捨清淨
何以故若一切智智清淨若四正斷乃至八
聖道支清淨若大捨清淨無二無二分無別
無斷故善現一切智智清淨故空解脫門清
淨空解脫門清淨故大捨清淨何以故若一
切智智清淨若空解脫門清淨若大捨清淨
無二無二分無別無斷故一切智智清淨故
無相無願解脫門清淨無相無願解脫門清
淨故大捨清淨何以故若一切智智清淨若
無相無願解脫門清淨若大捨清淨無二無
二分無別無斷故善現一切智智清淨故菩
薩十地清淨菩薩十地清淨故大捨清淨何
以故若一切智智清淨若菩薩十地清淨若
大捨清淨無二無二分無別無斷故
善現一切智智清淨故五眼清淨五眼清淨
故大捨清淨何以故若一切智智清淨若五
眼清淨若大捨清淨無二無二分無別無斷
故一切智智清淨故六神通清淨六神通清
淨故大捨清淨何以故若一切智智清淨若
六神通清淨若大捨清淨無二無二分無別

BD15229 號　大般若波羅蜜多經卷二七七　（25–21）

淨故大捨清淨何以故若一切智智清淨若
六神通清淨若大捨清淨無二無二分無別
無斷故善現一切智智清淨故佛十力清淨
佛十力清淨故大捨清淨何以故若一切智
智清淨若佛十力清淨若大捨清淨無二無
二分無別無斷故一切智智清淨故四無所
畏四無礙解大慈大悲大喜十八佛不共法
清淨四無所畏乃至十八佛不共法清淨故
大捨清淨何以故若一切智智清淨若四無
所畏乃至十八佛不共法清淨若大捨清淨
無二無二分無別無斷故善現一切智智清
淨故無忘失法清淨無忘失法清淨故大捨
清淨何以故若一切智智清淨若無忘失法
清淨若大捨清淨無二無二分無別無斷故
一切智智清淨故恒住捨性清淨恒住捨性
清淨故大捨清淨何以故若一切智智清淨
若恒住捨性清淨若大捨清淨無二無二分
無別無斷故
善現一切智智清淨故一切智清淨一切智
清淨故大捨清淨何以故若一切智智清淨
若一切智清淨若大捨清淨無二無二分無
別無斷故一切智智清淨故道相智一切相
智清淨道相智一切相智清淨故大捨清淨
何以故若一切智智清淨若道相智一切

BD15229號　大般若波羅蜜多經卷二七七

（25–22）

智清淨道相智一切相智清淨故大捨清淨
何以故若一切智智清淨若道相智一切相
智清淨若大捨清淨無二無二分無別無斷
故善現一切智智清淨故一切陀羅尼門清
淨一切陀羅尼門清淨故大捨清淨何以故
若一切智智清淨若一切陀羅尼門清淨若
大捨清淨無二無二分無別無斷故一切智智
清淨故一切三摩地門清淨一切三摩地門
清淨故大捨清淨何以故若一切智智清
淨若一切三摩地門清淨若大捨清淨無二
無二分無別無斷故善現一切智智清淨故
預流果清淨預流果清淨故大捨清淨何以
故若一切智智清淨若預流果清淨若大捨
清淨無二無二分無別無斷故一切智智清
淨故一來不還阿羅漢果清淨一來不還阿
羅漢果清淨故大捨清淨何以故若一切智
智清淨若一來不還阿羅漢果清淨若大捨
清淨無二無二分無別無斷故善現一切智
智清淨故獨覺菩提清淨獨覺菩提清淨
故大捨清淨何以故若一切智智清淨若獨
覺菩提清淨若大捨清淨無二無二分無別無
斷故善現一切智智清淨故一切菩薩摩訶
薩行清淨一切菩薩摩訶薩行清淨故大捨
清淨何以故若一切智智清淨若一切菩薩

BD15229號　大般若波羅蜜多經卷二七七

（25–23）

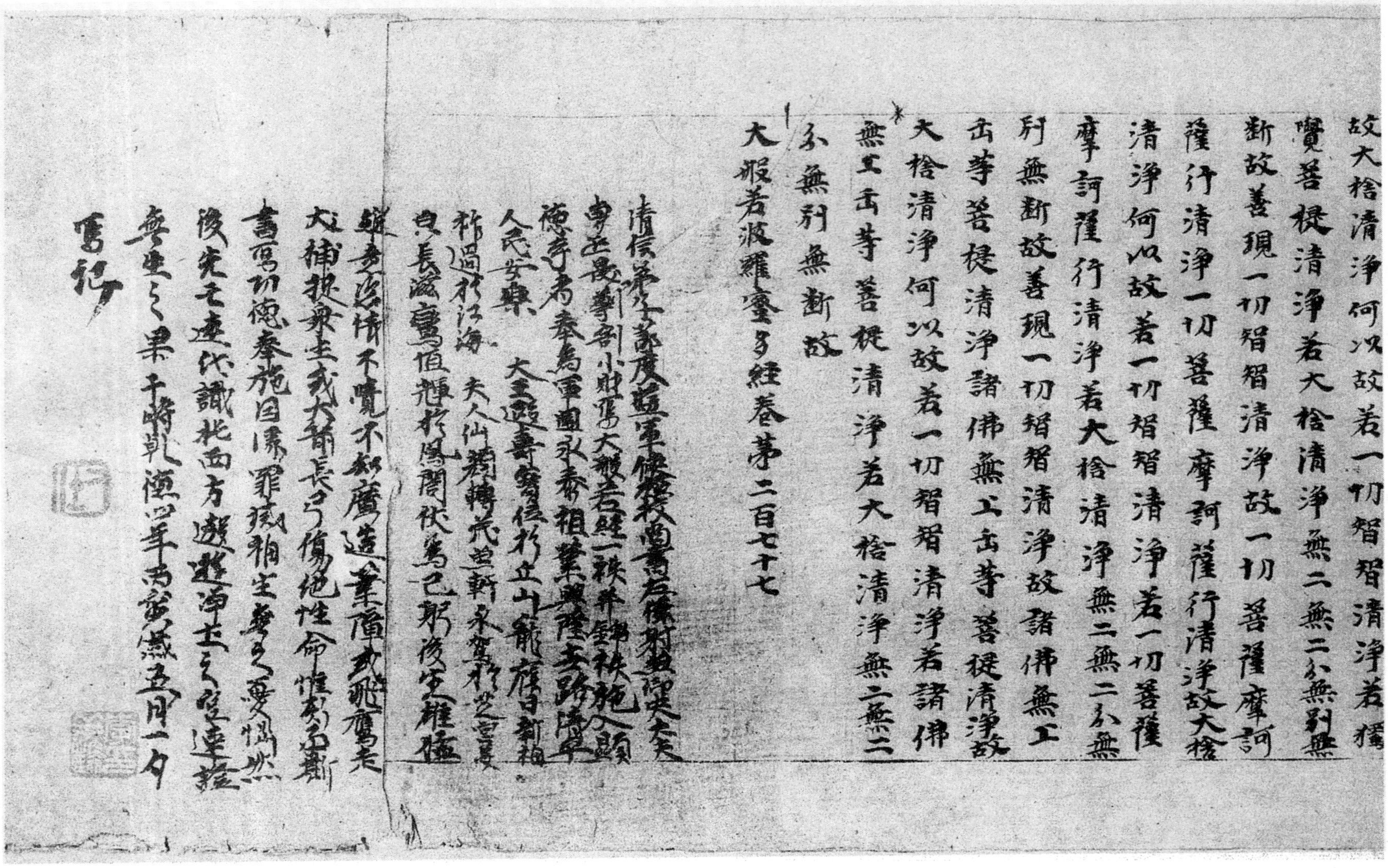
故大捨清淨何以故若一切智智清淨若獨
覺菩提清淨若大捨清淨無二無二分無別無
斷故善現一切智智清淨故一切菩薩摩訶
薩行清淨一切菩薩摩訶薩行清淨故大捨
清淨何以故若一切智智清淨若一切菩薩
摩訶薩行清淨若大捨清淨無二無二分無
別無斷故善現一切智智清淨故諸佛無上
正等菩提清淨諸佛無上正等菩提清淨故
大捨清淨何以故若一切智智清淨若諸佛
無上正等菩提清淨若大捨清淨無二無二
分無別無斷故
大般若波羅蜜多經卷第二百七十七

清信弟子節度押衙軍使檢校尚書左僕射兼御史大夫
曹延晟謹割小財，寫大般若經一袟，并錦袟施入顯
德寺。右為軍國永泰，社稷業興，隆安路清平，
人民安樂。大王遐壽，寶位於立山；龍庭日新，福
祚過於江海。夫人仙顏轉花無斬，永寄於芝蘭
之長滋；寵值推於鳳閣。伏為己躬，後生雄猛
雖奢侈情不覺不知，廣造業障。或飛鷹走
犬，補捉衆生；或大弩長弓，傷絕性命。惟知多斷
書寫功德奉施，因緣罪障消生，憂之憂悄然
後究之趣，代識往西方，遊遊淨土之路，速證
無生之果。于時乾德四年丙寅歲五月一日
寫記。

BD15229 號　大般若波羅蜜多經卷二七七　（25–24）

清信弟子節度押衙軍使檢校尚書左僕射兼御史大夫
曹延晟謹割小財，寫大般若經一袟，并錦袟施入顯
德寺。右為軍國永泰，社稷業興，隆安路清平，
人民安樂。大王遐壽，寶位於立山；龍庭日新，福
祚過於江海。夫人仙顏轉花無斬，永寄於芝蘭
之長滋；寵值推於鳳閣。伏為己躬，後生雄猛
雖奢侈情不覺不知，廣造業障。或飛鷹走
犬，補捉衆生；或大弩長弓，傷絕性命。惟知多斷
書寫功德奉施，因緣罪障消生，憂之憂悄然
後究之趣，代識往西方，遊遊淨土之路，速證
無生之果。于時乾德四年丙寅歲五月一日
寫記。

BD15229 號　大般若波羅蜜多經卷二七七　（25–25）

復次舍利子於當來世若有得聞如是法者
於一切法亦得斷除疑惑猶豫亦能永斷一
切有情所有疑惑謂為宣說如我今者所說
法要又舍利子我終不說薄少善根諸有情
類能於此法深生信解薄少善根諸有情類
非於此法有所容受如是法財非彼能用又
舍利子薄少善根諸有情類於如是法尚不
聞名況能受持思惟脩習若有得聞如是法
者我定記彼當得佛法彼當來世於諸佛法
能師子吼如我今者於大衆中作師子吼无
所畏吼大丈夫吼自然智吼又舍利子若有
得聞如是所說甚深法要下至能起一信樂
心不生誹謗我亦記彼當得无上正等菩提
何以故舍利子若諸有情聞甚深法歡喜
受持難得故又舍利子若諸有情聞甚深法
深生信樂能發无上正等覺心是諸有情復
甚難得我說成就廣大善根具大資糧著大
甲冑疾證無上正等菩提若諸有情聞說如
是甚深般若波羅蜜多歡喜信樂數聽受

BD15230 號　大般若波羅蜜多經卷五九七

（21–1）

甚難得我說成就廣大善根具大資糧著大
甲冑疾證無上正等菩提若諸有情聞說如
是甚深般若波羅蜜多歡喜信樂數聽受
彼所獲福无量无邊況能受持轉為他說設
未已入正性離生若於二乘不決定者我皆
記彼當得無上正等菩提利樂有情窮未來
際常无斷盡
復次舍利子若諸有情成下劣法我不見彼
於廣大法有容受義廣大法者謂佛菩提又
舍利子諸有情類多有成就下劣法者所有
信解亦皆下劣不能種植廣大善根彼於如
是甚深廣大無染正法不能信受又舍利子
若諸有情成廣大法所有信解亦皆廣大發
趣大乘善辦事業善著甲冑善能思擇甚深
義理善行大道无險正真遠離稠林其相平
等无諸荊棘无礫坑坎清淨无穢不取不曲
利益世間安樂世間哀愍世間與諸天人作
廣大義利益安樂與諸有情作大明照堅固
勝蹬具大慈悲哀愍一切於諸有情欲作利
益欲與安樂欲令安隱普施有情諸安樂具
如是有情即是菩薩是摩訶薩善能受用
大法財寶是摩訶薩善能尋求大法財寶最勝
財寶屬彼非餘所以者何若有情類不近善
友未種善根薄福德故下劣信解彼於如是
廣大甚深無染正法不能信受我說如是諸

BD15230 號　大般若波羅蜜多經卷五九七

（21–2）

財寶屬彼非餘所以者何若有情類不近善
友未種善根薄福德故下劣信解彼於如是
廣大甚深無染正法不能信受我依如是諸
有情類有差別故密意說言諸有情界種種
差別隨類勝劣各相愛樂下劣信解諸有情
類還樂下劣信解有情廣大信解諸有情類
還樂廣大信解有情
尒時舍利子白佛言世尊如是般若波羅蜜
多以何等法為所行境於是佛告舍利子言
如是般若波羅蜜多以无邊法為所行境譬
如風界行无邊境如是般若波羅蜜多以无
邊法為所行境如虛空界行无邊境如是般
若波羅蜜多以无邊法為所行境又如風界
以太虛空為所行境如是般若波羅蜜多以
諸法空為所行境又舍利子如虛空界及如
風界俱无處所而可見者亦復不為生起法
相而現在前如是般若波羅蜜多於法都无
可顯示者亦復不為生起法相而現在前又
舍利子如虛空界及如風界俱不可執非圓
成實亦无色相而可算數如是般若波羅蜜
多都不可執非圓成實非色等相算數可知
又舍利子如虛空界及如風界无有少法是
圓成實而可示現如是般若波羅蜜多无有
少法是圓成實而可示現
時舍利子復白佛言如是般若波羅蜜多以

圓成實而可示現如是般若波羅蜜多无有
少法是圓成實而可示現
時舍利子復白佛言如是般若波羅蜜多以
何為相於是佛告舍利子言如是般若波羅
蜜多都无有相又舍利子如虛空界及如風
界无有少法是圓成實可示其相如是般若
波羅蜜多无有少法是圓成實可示其相何
以故舍利子如是般若波羅蜜多遠離衆相
无有少相而可得者又舍利子如虛空界无
礙著處如是般若波羅蜜多无礙著處由斯
故說甚深般若波羅蜜多无著為相又舍利
子非无著法有相可得然隨世間名言說趣
作如是說甚深般若波羅蜜多无著為相又
舍利子雖說般若波羅蜜多无著為相而此
般若波羅蜜多无相可得故不可說无著為
相以无著法无相狀故又舍利子言无著者
謂著遍知著不可得著如實性遍知一切顛
倒執著故名无著非諸著中有著可得由斯
故說著如實性著不可得又舍利子言无著
者即是般若波羅蜜多此即說為无著相智
又舍利子諸法皆以无著為相以諸法相不
可得故名无著相无有少法為起相故而現
在前以於此中无相可得故名无相以无相
故說名无著若一切法有少相者應於此中
有著可得以一切法衆相都无是故此中无

可得故名无著相无有少法為起相故而現
在前以於此中无相可得故名无相以无相
故說名无著若一切法有少相者應於此中
有著可得以一切法衆相都无是故此中无
著可得故說諸法无著為相雖作是說而不
如說以无著相不可說故所以者何以无著
相无所有故性遠離故不可得故又舍利子
法无著相不可示現无能顯了然為有情方
便示現此无著相故不應執又舍利子諸雜
染相即是无相非雜染法為起相故而現在
前又舍利子諸雜染法顛倒現前諸顛倒者
皆是无相諸无相者皆不可說故有相法即
是无相又舍利子諸清淨法亦无有相所以
者何諸雜染法尚无有相況清淨法而可有
相又舍利子若能遍知諸雜染法如實性者
彼諸雜染皆不可得然諸有情由顛倒故起
諸雜染諸顛倒者皆非真實若非真實則无
實體亦无實相若能如是如實遍知即名清
淨諸雜染相尚不可得況清淨相而有可得
是故雜染清淨二法俱非有相非圓成實又
舍利子諸法无相非圓成實說名无著故說
諸法无著為相以一切法无著相故說名无
著愚夫異生著无著相又舍利子如是名為
說一切法无著為相此无著相當知即是智
所行處亦是般若波羅蜜多所行之處此无

BD15230號　大般若波羅蜜多經卷五九七　（21–5）

說一切法无著為相此无著相當知即是智
所行處亦是般若波羅蜜多所行之處此无
著相智所行處亦名般若波羅蜜多故說般
若波羅蜜多行无邊境諸无著性當知說名
行无邊境又舍利子所行處者當知此顯非
所行處甚深般若波羅蜜多非行處相可能
顯示又舍利子所行境者當知顯示非所行
境以一切法如實之性如所有性皆不可得
故一切法非所行境以一切法无境性故若能
如是遍知諸法是則名為行一切境雖作是
說而不如說若能如是遍知諸法都无所
著名无著相由斯理趣故說般若波羅蜜多
无著為相
復次舍利子如是所說如來智境甚深法要
若欲宣說分別開示助伴甚少此中助伴唯
有見諦趣大菩提諸聲聞等及已不退轉菩
薩摩訶薩并見具足補特伽羅於无上乘不
復退者彼見具足補特伽羅亦於如是甚深
法要能正修行遠離疑惑身證菩薩已得淨
忍於斯法要定无疑惑又舍利子愚夫異生
如是妙法非彼行地又舍利子如是所說甚
深般若波羅蜜多相應法教甚為難得終不
墮於下劣信解諸有情手若諸有情曾事
多佛成熟殊勝清淨善根信解廣大如是所說
甚深般若波羅蜜多相應法教乃墮其手當

BD15230號　大般若波羅蜜多經卷五九七　（21–6）

墮於下劣信解諸有情手若諸有情曾事
多佛成熟寂勝清淨善根信解廣大如是所說
甚深般若波羅蜜多相應法教乃墮其手當
知如是諸有情類已植无量廣大善根成熟
調柔清淨意樂已於過去无量佛所植菩提
種發弘誓願行菩薩行乘佛所乘親近如來
應正等覺於甚深法如理請問故此般若波
羅蜜多相應法教墮在其手當知如是諸有
情類或已證得无生法忍或近當證无生法
忍故此般若波羅蜜多相應法教墮在其手
當知如是諸有情類疾證无上正等菩提除
悲願力不求速證當知如是諸有情類於諸
佛所已得受記或復不久當得受記當知如
是諸有情類設未得佛現前受記如已得佛
現前記者又舍利子若諸有情善根未熟薄
福德故尚不得聞如是般若波羅蜜多經典
名字况得手執讀誦受持書寫供養為他廣
說彼能如是无有是處若諸有情善根已熟
宿願力故得遇此經聽聞受持書寫讀誦恭
敬供養為他廣說又舍利子若諸有情善
根增盛意樂調善如是般若羅蜜多相應法
教乃墮其手我記說彼諸善男子善女人等
或菩薩乘或聲聞乘由得此法深心愛樂先
雖懈怠多樂睡眠起不正知不住正念或心
散亂或執飲食或愛珎財或好譫語或意業

雖懈怠多樂睡眠起不正知不住正念或心
散亂或執飲食或愛珎財或好譫語或意業
惡或懷慠慢或根闇鈍無所了知彼由如是
善根力故前所說過一切皆轉由得如是甚
深法要設是聲聞轉或菩薩於甚深法倍生
愛樂於諸境界能不放逸於諸善法愛樂
修行勇猛正勤離懈怠一心攝念守護諸根
不出麁言不行暴惡恒修恭敬樂習多聞精
進熾然无所貪染善能簡擇甚深法義若欲
圓滿如是功德當勤修學甚深法要
復次舍利子若諸菩薩或聲聞乘聞斯法要
獲殊勝果謂聞如是甚深法要決定不復行
諸放逸於諸要法不生保信善欲精進俱无
退減於所脩行不生慢緣於外耶法不樂思
求於貪恚癡不多現起如是等果无量無邊皆
由得聞此深法要又舍利子甚深法　要非
但耳聞即名為果要不放逸精進修行如實
了知遠離衆惡自他俱利乃名為果又聞法
者謂於法要如實了知精勤修學非於正法
起異解行若於正法起異解行當知彼類不
名聞法又舍利子汝等皆應於所聞義方便
善巧起无倒解安住正行若於法義起顛倒
解不正修行當知彼類於佛正法定无順忍
又舍利子於我正法毗柰耶中如說行者乃
得順忍言順忍者謂於正法无倒讀[illegible]

又舍利子於我正法毗柰耶中如說行者乃
得順忍言順忍者謂於正法无倒簡擇發起
正行又舍利子順忍具足補特伽羅安住正行
當知決定不墮地獄傍生餓鬼諸惡趣中
疾能證得正法勝果又舍利子諸有情類不
應保信微少善根謂彼即能脫諸惡趣勤行
精進亦不可保乃至於法未具正見於諸惡
趣猶有墮落又舍利子若於正法圓滿修學
得順忍已能不復造感惡趣業不復懈怠起
順退分於下劣位不恐退墮於所脩行心不憚
緣何以故舍利子彼於雜染清淨分中能
正遍知得如實見達一切法顛倒所起虛妄
心現不生執着彼於正法甚深義趣已得正
見具足順忍聰敏調柔住清淨戒律儀正行
軌則所行由得順忍无不具足天龍藥叉阿
素洛等尚恭敬彼何況諸人天龍藥叉阿素
洛等一切於彼尚應愛念歸趣供養守護國
統不令惡緣損壞身命及所修行何況諸人
故應勤修正法順忍若得順忍天龍藥叉阿
素洛等常随守護恭敬供養曾无暫捨
時舍利子告善現言云何具壽嘿然无說云
何不說甚深般若波羅蜜多今者如來應正
等覺現前為證今此大衆於深般若波羅蜜
多是真法器意樂清淨願聞深法善現答言
唯舍利子我於諸法都无所見是故我今嘿

BD15230號　大般若波羅蜜多經卷五九七

（21-9）

多是真法器意樂清淨願聞深法善現答言
唯舍利子我於諸法都无所見是故我今嘿
无所說又舍利子我都不見甚深般若波羅
蜜多亦不見有諸菩薩衆不見能說不見所
說亦復不見由此為此因此屬此依此而說
我於此中既无所見云何令我為諸菩薩宣
說般若波羅蜜多設我欲說誰是能說誰是
所說亦復不知何由何為何因何屬何依而
說我當云何宣說如是甚深般若波羅蜜多
又舍利子甚深般若波羅蜜多不可宣說不
可顯示不可戲論又舍利子甚深般若波羅
蜜多无能宣說无能顯示无能戲論若能如
是方便表示即顯般若波羅蜜多又舍利子
甚深般若波羅蜜多非過去非未來非現在
又舍利子甚深般若波羅蜜多不可以過去
相說不可以未來相說不可以現在相說又
舍利子甚深般若波羅蜜多无相无說又舍
利子我都不見甚深般若波羅蜜多有如是
相可以此相宣說般若波羅蜜多又舍利子
蘊處界等三世之相非深般若波羅蜜多蘊
處界等三世之相所有真如不虛妄性不變
異性如所有性是深般若波羅蜜多又舍利
子蘊處界等三世之相所有真如不虛妄性
不變異性如所有性不可施設不可顯示不
可戲論非語業等所能詮表又舍利子甚深

BD15230號　大般若波羅蜜多經卷五九七

（21-10）

不變異性如所有性不可施設不可顯示不
可戲論非語業等所能詮表又舍利子甚深
般若波羅蜜多不由說示諸法相故而現在前
不由說示蘊處界相故而現在前不由說
示行非行相故而現在前不由說示緣起相
故而現在前不由說示名色相故而現在前
不由說示我有情等相故而現在前不由說
示法界相故而現在前不由說示有繫離繫
相故而現在前不由說示因緣相故而現在
前不由說示苦樂相故而現在前不由說示
安立非安立相故而現在前不由說示生滅
相故而現在前不由說示染淨相故而現在
前不由說示本性非本性相故而現在前不
由說示世俗勝義相故而現在前不由說示
諦實虛妄相故而現在前不由說示移轉趣
入相故而現在前何以故舍利子甚深般若
波羅蜜多離衆相故不可顯示此是般若波
羅蜜多在此般若波羅蜜多由此般若波羅
蜜多為此般若波羅蜜多因此般若波羅蜜
多屬此般若波羅蜜多依此般若波羅蜜多
又舍利子我不見法由此法故說示般若波
羅蜜多又舍利子无有少法能顯能取甚深
般若波羅蜜多又舍利子非深般若波羅蜜
多能顯能取諸蘊處界緣起朋脫又舍利子
諸出世間妙慧通達亦復不能顯取般若波

BD15230號　大般若波羅蜜多經卷五九七

（21–11）

般若波羅蜜多又舍利子非深般若波羅蜜
多能顯能取諸蘊處界緣起朋脫又舍利子
諸出世間妙慧通達亦復不能顯取般若波
羅蜜多又舍利子如法不能顯取諸法如何
顯說甚深般若波羅蜜多然舍利子若能了
知如是諸法真實理趣即能了知宣說般若
波羅蜜多
復次舍利子甚深般若波羅蜜多不由顯示
所有法故而現在前又舍利子甚深般　若波
羅蜜多不由顯示蘊處界故而現在前不由
顯示名及色故而現在前不由顯示染淨法
故而現在前不由顯示諸緣起故而現在前
不由顯示諸顛倒故而現在前不由顯示我
有情界等故而現在前不由顯示地水火風
空識界故而現在前不由顯示欲色无色界
故而現在前不由顯示布施慳貪持戒犯戒
安忍忿恚精進懈怠靜慮散亂般若惡慧
故而現在前不由顯示念住正斷神足根力覺
支道支靜慮解脫等持等至无量神通故而
現在前不由顯示諸諦道果故而現在前不
由顯示聲聞獨覺菩薩佛地法故而現在前
不由顯示所有法智及非智故而現在前　不
由顯示盡无生智及滅智故而現在前不由
顯示涅槃法故而現在前又舍利子如无有
法由顯示法而現在前我當云何宣說　如是

BD15230號　大般若波羅蜜多經卷五九七

（21–12）

顯示涅槃法故而現在前又舍利子如无有
法由顯示法而現在前我當云何宣說 如是
甚深般若波羅蜜多然舍利子若能了知如
是所說甚深般若波羅蜜多不由顯示所有
法故而現在前即能了知甚深般若波羅蜜
多亦能宣說甚深般若波羅蜜多又舍利子
甚深般若波羅蜜多不為諸法有合有散而
現在前何以故舍利子甚深般若波羅蜜多
不為諸蘊諸處諸界有合有散不為諸 行有
合有散不為緣起有合有散不為顛倒有合
有散不為欲色无色界有合有散不為地水
火風空識界有合有散不為我有情界等有
合有散不為法界有合有散不為布施慳貪
持戒犯戒安忍忿恚精進懈怠靜慮散亂般
若惡慧有合有散不為念住正斷神足根力
覺支道支靜慮解脫等持等至无量神通有
合有散不為諸諦道及道果有合有散不為
聲聞獨覺菩薩佛地及法有合有散不為過
去未來現在三世平等有合有散不為无著
盡无生智有合有散不為涅槃有合 有散而
現在前又舍利子如无有法為法合散而現
在前我當云何宣說如是甚深般若波羅蜜
多然舍利子我觀此義作如是說甚深般若
波羅蜜多不可說示又舍利子我都不見有
如是法可名能說可名所說可名由此為此

多然舍利子我觀此義作如是說甚深般若
波羅蜜多不可說示又舍利子我都不見有
如是法可名能說可名所說可名由此為此
因此屬此依此而有所說云何令我為諸 菩
薩宣說般若波羅蜜多
尒時世尊告善勇猛菩薩摩訶薩言善男子
諸菩薩摩訶薩修行般若波羅蜜多於一切
法都无所行何以故善勇猛以一切法皆是
顛倒之所等起非實非有耶為虛妄又善勇
猛辟如於法有所行者皆行顛倒皆行不實
如是菩薩若有所行應行顛倒應行不實非
諸菩薩是顛倒行及不實行之所顯了亦非
菩薩行顛倒行及不實行能行般若波羅蜜
多又善勇猛顛倒不實則非所行是故菩薩
不於中行又善勇猛言顛倒者即是虛 妄
愚夫異生之所執著如是諸法不如是有如
是所執不如其相是故說名顛倒不實故諸
菩薩不行顛倒不行不實由此菩薩名實語
者亦得說名无倒行者若實无倒則无所行
故說菩薩行无所行一切行斷名菩薩行此
菩薩行不可顯示是此由此在此從此非諸
菩薩行所顯了何以故善勇猛以諸菩薩息
一切行行菩薩行謂息異生聲聞獨覺有取
著行行菩薩行又善勇猛如是菩薩於諸佛法
亦復不行亦不執著此是佛法由此佛法在

菩行菩薩行又善勇猛如是菩薩於諸佛法
亦復不行亦不執著此是佛法由此佛法在
此佛法屬此佛法如是菩薩亦復不行一
切分別行謂諸菩薩不行分別及異
分別一切分別異分別斷名菩薩行善勇猛
分別者謂於諸法分別自性異分別者謂於
諸法分別差別非一切法異分別故若分別法
別以一切法不可分別異分別及異分
則於諸法作異分別然一切法遠離分別及
異分別又善勇猛言分別者是謂一邊異分
別者是第二邊非諸菩薩行邊若諸菩
薩於邊无邊俱无所行是諸菩薩亦不見中
若見中者則行於中若行中者則行於邊非
中有行有顛有求離行相故又善勇猛所言
中者當知即是八支聖道如是聖道於一切
法都无所得而現在前如是聖道於一切法
都无所見而現在前又善勇猛若時於法无
修无遣尒時名為止息之道此止息道於一
切法无修无遣超過修遣證一切法平等實
性由證諸法平等實性道想尚无况見有道
又善勇猛止息道者謂阿羅漢漏盡苾芻何
以故善勇猛彼遣道故非修非遣故名為遣
彼遣亦无故名為遣以遣修故說名為遣又
善勇猛若有修遣應有所得不名為遣此中
遣者謂遣修性此中无備故名為遣以修无

BD15230號　大般若波羅蜜多經卷五九七　（21–15）

善勇猛若有修遣應有所得不名為遣此中
遣者謂遣修性此中无備故名為遣以修无
故遣亦非有雖作是說而不如說何以故善
勇猛遣不可說離遣性故復何所離謂顛倒
法不復等起及不實法不復等起又善勇猛
非諸顛倒能起顛倒夫顛倒者无實所起非
於此中有實起故若於此中有實所起不名
顛倒以无實起故名顛倒又善勇猛諸菩薩
衆隨覺諸法離諸顛倒所以者何諸菩薩衆
了知顛倒皆非實有謂顛倒中无顛倒性由
知顛倒實無所有非顛倒中有顛倒性故說
菩薩隨覺諸法離諸顛倒由覺諸法離諸
顛倒不復於法更生顛倒若於此中无復顛倒
則於此法亦无所行何以故善勇猛一切顛
倒皆有所行由有所行則有等起所行等起
皆由顛倒虛妄分別諸菩薩衆於所行法皆
无分別亦无等起是故說名遠離顛倒由无
顛倒則无所行由无所行則无所起故說菩
薩行无所行无所行者謂於諸法都无所行
亦不觀察亦不示現有所行相故說菩薩行
無所行若能如是行无所行為行般若波羅
蜜多
復次善勇猛若菩薩摩訶薩不緣色行是行
般若波羅蜜多不緣受想行識行是行般若
波羅蜜多何以故善勇猛是諸菩薩知者所

BD15230號　大般若波羅蜜多經卷五九七　（21–16）

般若波羅蜜多不緣受想行識行是行般若
波羅蜜多何以故善勇猛是諸菩薩知諸所
緣性遠離故若知所緣其性遠離則无所行
故說菩薩行无所行善勇猛若菩薩摩訶
薩不緣眼行是行般若波羅蜜多不緣耳鼻
舌身意行是行般若波羅蜜多何以故善勇
猛是諸菩薩知諸所緣性非實故若知所緣其
性非實則无所行故說菩薩行无所行善勇
猛若菩薩摩訶薩不緣色行是行般若波羅
蜜多不緣聲香味觸法行是行般若波羅蜜
多何以故善勇猛是諸菩薩知諸所緣顛倒
所起若顛倒起則非真實若知所緣顛倒所
起性非真實則无所行故說菩薩行无所行
善勇猛若菩薩摩訶薩不緣眼識行是行般
若波羅蜜多不緣耳鼻舌身意識行是行般
若波羅蜜多何以故善勇猛是諸菩薩知諸
所緣皆是虛妄若知所緣皆是虛妄則无所
行故說菩薩行无所行善勇猛若菩薩摩訶
薩不緣名色行是行般若波羅蜜多何以故
善勇猛是諸菩薩覺諸所緣无所緣性若覺
所緣无所緣性則无所行故說菩薩行无所
行善勇猛若菩薩摩訶薩不緣我有情等行
是行般若波羅蜜多何以故善勇猛是諸菩
薩如實知我有情等想性非真實若能知我
有情等想性非真實則於諸行都无所行若

BD15230號　大般若波羅蜜多經卷五九七　（21–17）

薩如實知我有情等想性非真實若能知我
有情等想性非真實則於諸行都无所行若
於諸行都无所行則離諸行故說菩薩行无
所行善勇猛若菩薩摩訶薩不行我想有情
想乃至知者想見者想是行般若波羅蜜多
何以故善勇猛是諸菩薩遣一切想若能遣
除一切想者則於諸想都无所行故說菩薩
行无所行善勇猛若菩薩摩訶薩不行顛倒
見趣諸蓋是行般若波羅蜜多不緣顛倒見
趣蓋行是行般若波羅蜜多何以故善勇猛
是諸菩薩知諸顛倒見蓋所緣都非實有若
知顛倒見蓋所行都非實有則无所行故說
菩薩行无所行善勇猛若菩薩摩訶薩不緣
緣起行是行般若波羅蜜多何以故善勇猛
是諸菩薩遍知緣起及彼所緣若諸菩薩遍
知緣起及彼所緣則无所行故說菩薩行无
所行善勇猛若菩薩摩訶薩不緣欲色无色
界行是行般若波羅蜜多何以故善勇猛是
諸菩薩普能除遣三界所緣若諸菩薩普能
除遣三界所緣則无所行故說菩薩行无所
行善勇猛若菩薩摩訶薩不緣布施慳貪持
戒犯戒安忍忿恚精進懈怠靜慮散亂般若
惡慧行是行般若波羅蜜多何以故善勇猛
是諸菩薩遍知布施慳貪乃至般若惡慧所
緣若諸菩薩遍知如是一切所緣則无所行

BD15230號　大般若波羅蜜多經卷五九七　（21–18）

是諸菩薩遍知布施慳貪乃至般若惡慧所
緣若諸菩薩遍知如是一切所緣則无所行
故說菩薩行无所行善勇猛若菩薩摩訶薩
不緣无倒念住正斷神足根力覺支道支靜慮
解脫等持等至無量神通等行是行般若
波羅蜜多何以故善勇猛是諸菩薩於諸所
緣自在覺了亦能除遣若諸菩薩於諸所緣
自在覺了亦能除遣則無所行故說菩薩行
無所行善勇猛若菩薩摩訶薩不緣苦集滅
道諦行是行般若波羅蜜多何以故善勇猛
是諸菩薩除遣苦集滅道所緣若能除遣四
諦所緣則無所遣亦無所行故說菩薩行無
所行善勇猛若菩薩摩訶薩不緣明脫行是
行般若波羅蜜多何以故善勇猛是諸菩薩
普能除遣明脫所緣若能除遣明脫所緣則无
所行故說菩薩行無所行善勇猛若菩薩摩
訶薩不緣盡无生无造作行是行般若波羅
蜜多何以故善勇猛是諸菩薩普能除遣盡
无生无造所緣若能除遣此諸所緣則无所
行故說菩薩行無所行善勇猛若菩薩摩訶
薩不緣地水火風空識界行是行般若波羅
蜜多何以故善勇猛是諸菩薩普能除遣地
水火風空識界所緣若能除遣此諸所緣則
無所行故說菩薩行無所行善勇猛若 菩
薩摩訶薩不緣聲聞獨覺菩薩佛地行是行般

BD15230 號　大般若波羅蜜多經卷五九七　　（21–19）

無所行故說菩薩行無所行善勇猛若 菩
薩摩訶薩不緣聲聞獨覺菩薩佛地行是行般
若波羅蜜多何以故善勇猛是諸菩薩普能
除遣聲聞獨覺菩薩佛地所緣若諸菩薩普
能除遣聲聞獨覺菩薩佛地所緣則無所行
故說菩薩行無所行善勇猛若菩薩摩訶薩
不緣聲聞獨覺菩薩佛法行是行般若波羅
蜜多何以故善勇猛是諸菩薩普能除遣聲
聞獨覺菩薩佛法所緣若諸菩薩普能除遣
聲聞獨覺菩薩佛法所緣則無所行故說菩
薩行無所行善勇猛若菩薩摩訶薩不緣涅
槃行是行般若波羅蜜多何以故善勇猛是
諸菩薩遍知涅槃所緣若諸菩薩遍知涅槃
所緣則無所行故說菩薩行無所行善勇猛
若菩薩摩訶薩不緣相好清淨行是行般若
波羅蜜多何以故善勇猛是諸菩薩普能除
遣相好清淨所緣若諸菩薩普能除遣相好
清淨所緣則无所行故說菩薩行无所行善
勇猛若菩薩摩訶薩不緣佛土清淨行是行
般若波羅蜜多何以故善勇猛是諸菩薩普
能除遣佛土清淨所緣若諸菩薩普能除遣
佛土清淨所緣則无所行故說菩薩行无所
行善勇猛若菩薩摩訶薩不緣聲聞圓滿功
德行是行般若波羅蜜多何以故善勇猛是
諸菩薩普能除遣聲聞圓滿功德所緣若諸

BD15230 號　大般若波羅蜜多經卷五九七　　（21–20）

遣相好清淨所緣若諸菩薩善能除遣相好
清淨所緣則无所行故說菩薩行无所行善
勇猛若菩薩摩訶薩不緣佛土清淨行是行
般若波羅蜜多何以故善勇猛是諸菩薩善
能除遣佛土清淨所緣若諸菩薩善能除遣
佛土清淨所緣則无所行故說菩薩行无所
行善勇猛若菩薩摩訶薩不緣聲聞圓滿功
德行是行般若波羅蜜多何以故善勇猛是
諸菩薩善能除遣聲聞圓滿功德所緣若諸
菩薩善能除遣聲聞圓滿功德所緣則无所
行故說菩薩行無所行善勇猛若菩薩摩訶
薩不緣菩薩圓滿功德行是行般若波羅蜜
多何以故善勇猛是諸菩薩善能除遣菩薩
圓滿功德所緣若諸菩薩善能除遣菩薩圓
滿功德所緣則無所行故說菩薩行無所行
善勇猛若諸菩薩能如是行為行般若波
羅蜜多若諸菩薩能行般若波羅蜜多遍知
一切所緣而行除遣一切所緣而行

大般若波羅蜜多經卷第五百九十七

BD15230 號　大般若波羅蜜多經卷五九七　（21–21）

又見十種光明相何等為十所謂見一切世界
所有微塵一一塵中出一切世界微塵數佛
光明網雲周遍照曜一一塵中出一切世界
微塵數佛光明輪雲種種色相周遍法界
一一塵中出一切世界微塵數佛色像寶雲
周遍法界一一塵中出一切世界微塵數佛
光燄輪雲周遍法界一一塵中出一切世界微
塵數眾妙香雲周遍十方稱讚普賢一切
行願大功德海一一塵中出一切世界微塵
數日月星宿雲皆放普賢菩薩光明遍照法
界一一塵中出一切世界微塵數一切眾生身
色像雲放佛光明遍照法界一一塵中出
一切世界微塵數一切佛色像摩尼雲周遍
法界一一塵中出一切世界微塵數菩薩身
色像雲充滿法界令一切眾生皆得出離所
願滿足一一塵中出一切世界微塵數如來
身色像雲說一切佛廣大誓願周遍法界是
為十時善財童子見此十種光明相已即作
是念我今必見普賢菩薩增益善根見一切

BD15231 號　大方廣佛華嚴經（八十卷本）卷八〇　（11–1）

身色像雲說一切佛廣大誓願周遍法界是
爲十時善財童子見此十種光明相已即作
是念我今必見普賢菩薩增益善根見一切
佛於諸菩薩廣大境界生決定解得一切智
於時善財普攝諸根一心求見普賢菩薩起
大精進心無退轉即以普眼觀察十方一切
諸佛諸菩薩衆所見境界皆作得見普賢之
想以智慧眼觀普賢道其心廣大猶如虛空
大悲堅固猶如金剛願盡未來常得隨逐普
賢菩薩念念隨順修普賢行成就智慧入如
來境住普賢地時善財童子即見普賢菩
薩在如來前衆會之中坐寶蓮花師子之座諸
菩薩衆所共圍繞最爲殊特世界無與等智慧
境界無量無邊難測難思等三世佛一切菩薩
無能觀察見普賢身一一毛孔出一切世界微
塵數光明雲遍法界虛空界一切世界除
滅一切衆生苦患令諸菩薩生大歡喜見一
一毛孔出一切佛刹微塵數種種色香燄雲遍
法界虛空界一切諸佛衆會道場而以普熏
見一一毛孔出一切佛刹微塵數雜花雲遍
法界虛空界一切諸佛衆會道場雨衆
妙花見一一毛孔出一切佛刹微塵數香樹
雲遍法界虛空界一切諸佛衆會道場雨
衆妙香見一一毛孔中一切佛刹微塵數妙衣
雲遍法界虛空界一切諸佛衆會道場雨

BD15231號　大方廣佛華嚴經（八十卷本）卷八〇　（11–2）

雲遍法界虛空界一切諸佛衆會道場雨
衆妙香見一一毛孔中一切佛刹微塵數妙衣
雲遍法界虛空界一切諸佛衆會道場雨
衆妙衣見一一毛孔出一切佛刹微塵數寶樹
雲遍法界虛空界一切諸佛衆會道場雨
摩尼寶見一一毛孔出一切佛刹微塵數色界
天身雲充滿法界歎菩提心見一一毛孔出一
切佛刹微塵數梵天身雲勸諸如來轉
妙法輪見一一毛孔出一切佛刹微塵數欲
界天主身雲護持一切如來法輪見一一毛
孔念念中出一切佛刹微塵數三世佛刹雲
遍法界虛空界爲諸衆生無歸趣者爲作歸
趣無覆護者爲作覆護無依止者爲作依止
見一一毛孔念念中出一切佛刹微塵數清淨
佛刹雲遍法界虛空界一切諸佛於中出世
菩薩衆會悉皆充滿見一一毛孔念念中出
一切佛刹微塵數淨不淨佛刹雲遍法界
虛空界令雜染衆生皆得清淨見一一毛孔
念念中出一切佛刹微塵數不淨佛刹雲
遍法界虛空界令雜染衆生皆得清淨見
一一毛孔念念中出一切佛刹微塵數不淨
佛刹雲遍法界虛空界令純染衆生皆得清
淨見一一毛孔念念中出一切佛刹微塵數衆生
身雲遍法界虛空界隨其所應教化衆生
皆令發阿耨多羅三藐三菩提心見一一毛孔

BD15231號　大方廣佛華嚴經（八十卷本）卷八〇　（11–3）

身雲遍法界虛空界隨其所應教化衆生
皆令發阿耨多羅三藐三菩提心見一一毛孔
念念中出一切佛刹微塵數菩薩身雲遍法
界虛空界稱揚種種諸佛名号令諸衆生
增長善根見一一毛孔念念中出一切佛刹微
塵數菩薩身雲遍法界虛空界一切佛刹宣
揚一切諸佛菩薩從初發意所生善根見一
一毛孔念念中出一切佛刹微塵數菩薩身
雲遍法界虛空界於一切佛刹一一刹中宣揚
一切菩薩願海及普賢菩薩清淨妙行見
一一毛孔念念中出普賢菩薩行雲令一切
衆生心得滿足具足修集一切智道見一一毛孔
出一切佛刹微塵數正覺身雲於一切佛刹
現成正覺令諸菩薩增長大法成一
切智尒時善財童子見普賢菩薩如是自
在神通境界身心遍喜踊躍無量重觀普賢
一一身分一一毛孔悉有三千大千世界風輪
水輪地輪火輪大海江河及諸寶山須弥
鐵圍村營城邑宮殿園苑一切地獄餓鬼畜
生閻羅王界天龍八部人與非人欲界色界
無色界處日月星宿風雲雷電晝夜月時及
以年劫諸佛出世菩薩衆會道場莊嚴如是
等事悉皆明見如見此世界十方所有一切世
界悉如是見如見現在十方世界前際後際
一切世界亦如是見各各差別不相雜亂如於

BD15231號　大方廣佛華嚴經（八十卷本）卷八〇

（11-4）

界悉如是見如見現在十方世界前際後際
一切世界亦如是見各各差別不相雜亂如於
此毗盧遮那如來所示現如是神通之力於
東方蓮花德世界賢首佛所現神通力
亦復如是如賢首佛所如是東方一切世界如
東方南西北方四維上下一切世界諸如來所
現神通力當知悉尒如十方一切世界如
是十方一切佛刹一一塵中皆有法界諸佛
衆會一一佛所普賢菩薩坐寶蓮花師子
座上現神通力悉亦如是彼一一普賢身中皆
現三世一切境界一切佛刹一切衆生一切佛
出現一切菩薩衆及聞一切衆生言音一切
佛言音一切如來所轉法輪一切菩薩所成
諸行一切如來遊戲神通善財童子見普賢
菩薩如是無量不可思議大神通力即得
十種智波羅蜜何等爲十所謂於念念中悉能
能周遍一切佛刹智波羅蜜於念念中悉能
往詣一切佛所智波羅蜜於念念中悉能供
養一切如來智波羅蜜於念念中普於一切
諸如來所聞法受持智波羅蜜於念念中思惟
一切如來法輪智波羅蜜於念念中知一切
佛不可思議大神通事智波羅蜜於念念
中說一句法盡未來際辯才無盡智波羅
蜜於念念中以深般若觀一切法智波羅蜜
於念念中入一切法界實相海智波羅蜜於

BD15231號　大方廣佛華嚴經（八十卷本）卷八〇

（11-5）

蜜於念念中以深般若觀一切法智波羅蜜
於念念中入一切法界實相海智波羅蜜於
念念中智一切衆生心智波羅蜜於念念中
普賢慧行皆現在前智波羅蜜善財童子既
得是已普賢菩薩即申右手摩觸其頂既摩
頂已善財即得一切佛刹微塵數三昧門各
以一切佛刹微塵數三昧而爲眷屬一一三
昧悉見昔所未見一切佛刹微塵數佛大海
集一切佛刹微塵數一切智助道具生一切佛
刹微塵數一切智上妙法發一切佛刹微塵
數一切智大誓願入一切佛刹微塵數大
願海住一切佛刹微塵數一切智出要道修
一切佛刹微塵數諸菩薩所修行起一切佛刹
微塵數一切智大精進得一切佛刹微塵數
一切智淨光明如此娑婆世界毗盧遮那
佛所普賢菩薩摩善財頂如是十方所有世
界及彼世界一一塵中一切世界一切佛所普
賢菩薩悉亦如是摩善財頂所得法門亦
皆同等尒時普賢菩薩摩訶薩告善財言善
男子汝見我此神通力不唯然已見大聖此
不思議大神通事唯是如來之所能知普賢
告言善男子我於過去不可說不可說佛刹
微塵數劫行菩薩行求一切智一一劫中爲欲
清淨菩提心故承事不可說不可說佛刹微
塵數佛一一劫中爲集一切智福德具故設不

BD15231號　大方廣佛華嚴經（八十卷本）卷八〇　（11–6）

清淨菩提心故承事不可說不可說佛刹微
塵數佛一一劫中爲集一切智福德具故設不
可說不可說佛刹微塵數廣大施會一切世
間咸使聞知凡有所求悉令滿足一一劫中
爲求一切智法故以不可說不可說佛刹微
塵數財物布施一一劫中爲求佛智故以不
可說不可說佛刹微塵數城邑聚落國土
王位妻子眷屬眼耳鼻舌身肉手足乃至身
命而爲布施一一劫中爲求一切智首故以不
可說不可說佛刹微塵數頭而爲布施一一
劫中爲求一切智故於不可說不可說佛刹
微塵數諸如來所恭敬尊重承事供養衣
服卧具飲食湯藥一切所須悉皆奉施於其
法中出家學道修行佛法護持正教善男子
我於尒所劫海中自憶未曾於一念間不順佛
教於一念間生瞋害心我我所心自他差別
心遠離菩提心於生死中起疲猒心嬾惰心
障礙心迷惑心唯住無上不可沮壞集一切智
助道之法大菩提心善男子我莊嚴佛
土以大悲心救護衆生教化成就供養諸佛
事善知識爲求正法弘宣護持一切內外悉皆
能捨乃至身命亦無所悋一切劫海說其因
緣劫海可盡此無有盡善男子我法海中
無有一文無有一句非是捨施轉輪王位而求
得者非是捨施一切所有而求得者善男子

BD15231號　大方廣佛華嚴經（八十卷本）卷八〇　（11–7）

緣劫海可盡此無有盡善男子我法海中
無有一文無有一句非是捨施轉輪王位而求
得者非是捨施一切所有而求得者善男子
我所求法皆為救護一切眾生一心思惟願
諸眾生得聞是法願以智光普照世間願
為開示出世間智願令眾生悉得安樂願普
稱讚一切諸佛所有功德我如是等往昔因
緣於不可說不可說佛剎微塵數劫海說不
可盡是故善男子我以如是助道法力諸善
根力大志樂力修功德力如實思惟一切法力
智慧眼力佛威神力大慈悲力淨神通力
善知識力故得此究竟三世平等清淨法身
復得清淨無上色身超諸世間隨諸眾生心
之所樂而為現形入一切剎遍一切處於諸世
界廣現神通令其見者靡不欣樂善男子
汝且觀我如是色身我此色身無邊劫海之
所成就無量千億那由他劫難見難聞善男
子若有眾生未種善根及種少善根聲聞菩
薩猶尚不得聞我名字況見我身善男子若
有眾生得聞我名於阿耨多羅三藐三菩提
不復退轉若見若觸若迎若送若暫隨逐乃
至夢中見聞我者皆亦如是或有眾生一日一
夜憶念於我即得成熟或七日七夜半月一
月半年一年百年千年一劫百劫乃至不可
說不可說佛剎微塵數劫憶念於我而成

BD15231 號　大方廣佛華嚴經（八十卷本）卷八〇

（11–8）

夜憶念於我即得成熟或七日七夜半月一
月半年一年百年千年一劫百劫乃至不可
說不可說佛剎微塵數劫憶念於我而成
熟者或一生或百生乃至不可說不可說佛
剎微塵數生憶念於我而成熟者或見我放
大光明或見我振動佛剎或生怖畏或生歡
喜皆得成熟善男子我以如是等佛剎微塵
數方便門令諸眾生於阿耨多羅三藐三菩
提得不退轉善男子若有眾生見聞於我清
淨剎者必得生此清淨剎中若有眾生見聞
於我清淨身者必得生我清淨身中善男子
汝應觀我此清淨身尒時善財童子觀普
賢菩薩身相好支節一一毛孔中皆有不可
說不可說佛剎海一一剎海皆有諸佛出興
于世大菩薩眾所共圍繞又復見彼一切剎海
種種建立種種形狀種種莊嚴種種大山周
帀圍繞種種色雲弥覆虛空種種佛興演
種種法如是等事各各不同又見普賢於一
一世界海中出一切佛剎微塵數佛化身雲周
遍十方一切世界教化眾生令向阿耨多羅三
藐三菩提時善財童子又見自身在普賢身
內十方一切諸世界中教化眾生又善財童子
親近佛剎微塵數諸善知識所得善根智
慧光明比見普賢菩薩所得善根百分不
及一千分不及一百千分不及一百千億分乃至

BD15231 號　大方廣佛華嚴經（八十卷本）卷八〇

（11–9）

慧光明比見普賢菩薩所得善根百分不
及一千分不及一百千分不及一百千億分乃至
算數譬喻亦不能及是善財童子從初發
心乃至得見普賢菩薩於其中間所入一切
諸佛剎海今於普賢一毛孔中一念所入諸佛
剎海過前不可說不可說佛剎微塵數
倍如一毛孔一切毛孔悉亦如是善財童子
於普賢菩薩毛孔剎中行一步過不可說不
可說佛剎微塵數世界如是而行盡未來
劫猶不能知一毛孔中剎海次第剎海藏剎海
差別剎海普入剎海成剎海壞剎海莊嚴所
有邊際亦不能知佛海次第佛海藏佛海
差別佛海普入佛海生佛海滅所有邊際亦
不能知菩薩眾海次第菩薩眾海藏菩薩
眾海差別菩薩眾海普入菩薩眾海集菩薩
眾海散所有邊際亦不能知入眾生界知眾生
根教化調伏諸眾生智菩薩所住甚深自在
菩薩所入諸地諸道如是等海所有邊際善財
童子於普賢菩薩毛孔剎中或於一剎經於
一劫如是而行乃至或有經不可說不可說
佛剎微塵數劫如是而行亦不於此剎沒於
彼剎現念念周遍無邊剎海教化眾生令向
阿耨多羅三藐三菩提當是之時善財童
子則次第得普賢菩薩諸行願海與普賢等
與諸佛等一身充滿一切世界剎等行等正覺

菩薩所入諸地諸道如是等海所有邊際善財
童子於普賢菩薩毛孔剎中或於一剎經於
一劫如是而行乃至或有經不可說不可說
佛剎微塵數劫如是而行亦不於此剎沒於
彼剎現念念周遍無邊剎海教化眾生令向
阿耨多羅三藐三菩提當是之時善財童
子則次第得普賢菩薩諸行願海與普賢等
與諸佛等一身充滿一切世界剎等行等正覺
等神通等法輪等辯才等言辭等音聲等
力無畏等佛所住等大慈悲等不可思議解
脫自在悉皆同等爾時普賢菩薩摩訶薩
即說頌言

汝等應除諸惑垢　一心不亂而諦聽
我說如來具諸度　一切解脫真實道
出世調柔勝丈夫　其心清淨如虛空
恒放智日大光明　普使群生滅癡暗
如來難可得見聞　無量億劫今乃值
如優曇花時一現　是故應聽佛功德
隨順世間諸所作　譬如幻士現眾業
但為悅可眾生心　未曾分別起想念

BD15231 號背　勘記、印章　　（1–1）

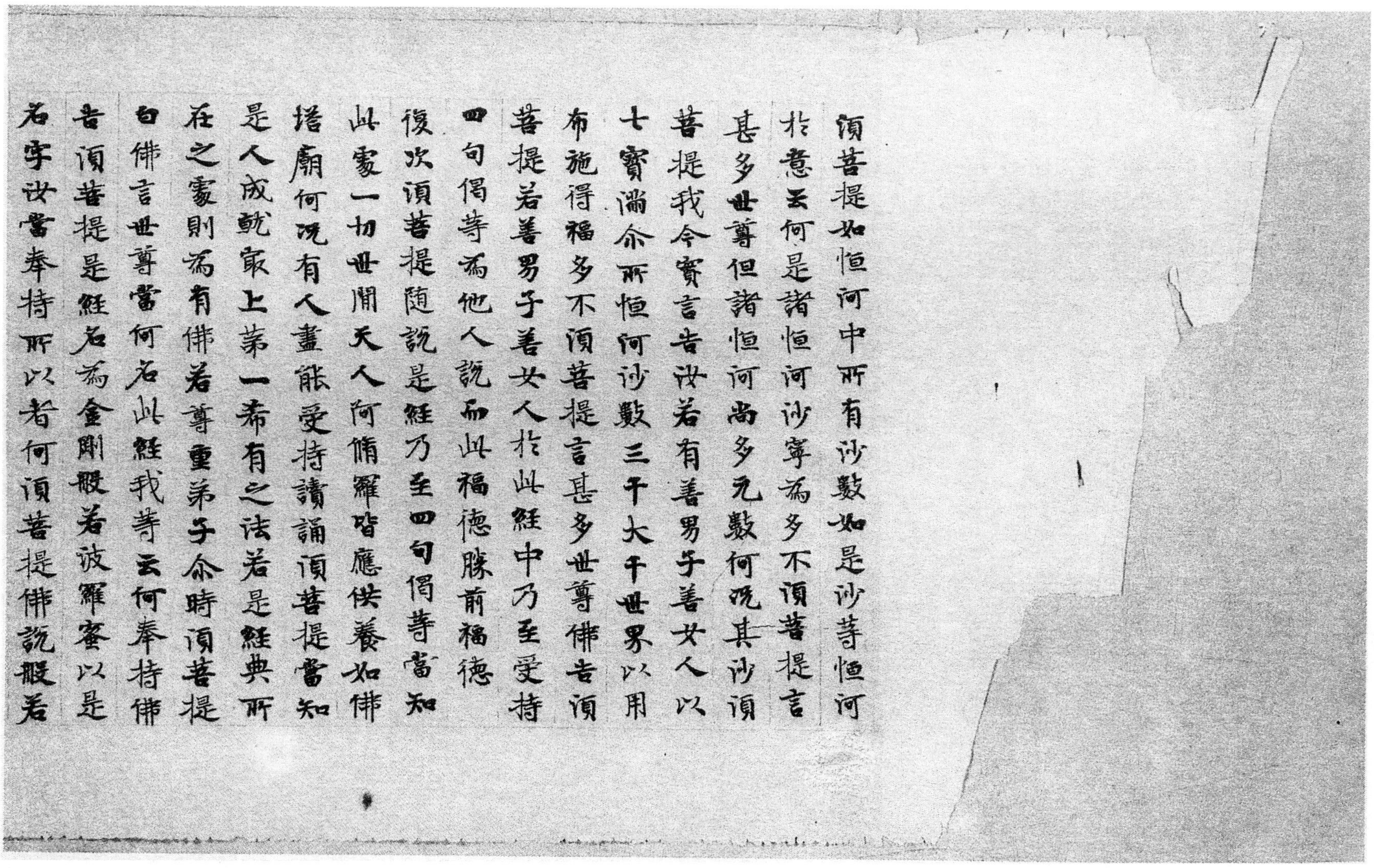

須菩提如恒河中所有沙數如是沙等恒河
於意云何是諸恒河沙寧為多不須菩提言
甚多世尊但諸恒河尚多无數何況其沙須
菩提我今實言告汝若有善男子善女人以
七寶滿爾所恒河沙數三千大千世界以用
布施得福多不須菩提言甚多世尊佛告須
菩提若善男子善女人於此經中乃至受持
四句偈等為他人說而此福德勝前福德
復次須菩提隨說是經乃至四句偈等當知
此處一切世間天人阿脩羅皆應供養如佛
塔廟何況有人盡能受持讀誦須菩提當知
是人成就最上第一希有之法若是經典所
在之處則為有佛若尊重弟子爾時須菩提
白佛言世尊當何名此經我等云何奉持佛
告須菩提是經名為金剛般若波羅蜜以是
名字汝當奉持所以者何須菩提佛說般若

BD15232 號　金剛般若波羅蜜經　　（11–1）

告須菩提是經名為金剛般若波羅蜜以是
名字汝當奉持所以者何須菩提佛說般若
波羅蜜則非般若波羅蜜須菩提於意云何
如來有所說法不須菩提白佛言世尊如來
无所說須菩提於意云何三千大千世界所
有微塵是為多不須菩提言甚多世尊須菩
提諸微塵如來說非微塵是名微塵如來說
世界非世界是名世界須菩提於意云何可
以三十二相見如來不不也世尊何以故如
來說三十二相即是非相是名三十二相
須菩提若有善男子善女人以恒河沙等身
命布施若復有人於此經中乃至受持四句
偈等為他人說其福甚多
尒時須菩提聞說是經深解義趣涕淚悲泣
而白佛言希有世尊佛說如是甚深經典我
從昔來所得慧眼未曾得聞如是之經世尊
若復有人得聞是經信心清淨則生實相當
知是人成就第一希有功德世尊是實相者
則是非相是故如來說名實相世尊我今得
聞如是經典信解受持不足為難若當來世
後五百歲其有眾生得聞是經信解受持是
人則為第一希有何以故此人无我相人相
眾生相壽者相所以者何我相即是非相人
相眾生相壽者相即是非相何以故離一切
諸相則名諸佛佛告須菩提如是如是若復

BD15232號　金剛般若波羅蜜經

(11-2)

人則為第一希有何以故此人无我相人相
眾生相壽者相所以者何我相即是非相人
相眾生相壽者相即是非相何以故離一切
諸相則名諸佛佛告須菩提如是如是若復
有人得聞是經不驚不怖不畏當知是人甚
為希有何以故須菩提如來說第一波羅蜜
非第一波羅蜜是名第一波羅蜜
須菩提忍辱波羅蜜如來說非忍辱波羅蜜
何以故須菩提如我昔為歌利王割截身體
我於尒時无我相无人相无眾生相无壽者
相何以故我於往昔節節支解時若有我相
人相眾生相壽者相應生瞋恨須菩提又念
過去於五百世作忍辱仙人於尒所世无我
相无人相无眾生相无壽者相是故須菩提
菩薩應離一切相發阿耨多羅三藐三菩提
心不應住色生心不應住聲香味觸法生心
應生无所住心若心有住則為非住是故佛
說菩薩心不應住色布施須菩提菩薩為利
益一切眾生應如是布施如來說一切諸相
即是非相又說一切眾生則非眾生
須菩提如來是真語者實語者如語者不誑
語者不異語者須菩提如來所得法此法无
實无虛
須菩提若菩薩心住於法而行布施如人入
闇則无所見若菩薩心不住法而行布施如

BD15232號　金剛般若波羅蜜經

(11-3)

寶无盡
須菩提若菩薩心住於法而行布施如人入
闇則无所見若菩薩心不住法而行布施如
人有目日光明照見種種色
須菩提當來之世若有善男子善女人能於
此經受持讀誦則為如來以佛智慧悉知是
人悉見是人皆得成就无量无邊功德須菩
提若有善男子善女人初日分以恒河沙等
身布施中日分復以恒河沙等身布施後日
分亦以恒河沙等身布施如是无量百千万億
劫以身布施若復有人聞此經典信心不逆
其福勝彼何況書寫受持讀誦為人解說須
菩提以要言之是經有不可思議不可稱量
无邊功德如來為發大乘者說為發最上乘
者說若有人能受持讀誦廣為人說如來悉
知是人悉見是人皆成就不可量不可稱无
有邊不可思議功德如是人等則為荷擔如
來阿耨多羅三藐三菩提何以故須菩提若
樂小法者著我見人見衆生見壽者見則於
此經不能聽受讀誦為人解說須菩提在在
處處若有此經一切世間天人阿修羅所應
供養當知此處則為是塔皆應恭敬作禮圍
遶以諸華香而散其處復次須菩提善男子
善女人受持讀誦此經若為人輕賤是人先
世罪業應墮惡道以今世人輕賤故先世罪

BD15232 號　金剛般若波羅蜜經

（11–4）

遶以諸華香而散其處復次須菩提善男子
善女人受持讀誦此經若為人輕賤是人先
世罪業應墮惡道以今世人輕賤故先世罪
業則為消滅當得阿耨多羅三藐三菩提須
菩提我念過去无量阿僧祇劫於然燈佛前
得值八百四千万億那由他諸佛悉皆供養
承事无空過者若復有人於後末世能受持
讀誦此經所得功德於我所供養諸佛功德
百分不及一千万億分乃至筭數譬喻所不
能及須菩提若善男子善女人於後末世有
受持讀誦此經所得功德我若具說者或有
人聞心則狂亂狐疑不信須菩提當知是經
義不可思議果報亦不可思議
尒時須菩提白佛言世尊善男子善女人發
阿耨多羅三藐三菩提心云何應住云何降
伏其心
佛告須菩提善男子善女人發阿耨多羅三
藐三菩提者當生如是心我應滅度一切衆
生滅度一切衆生已而无有一衆生實滅度
者何以故若菩薩有我相人相衆生相壽者
相則非菩薩所以者何須菩提實无有法發
阿耨多羅三藐三菩提者
須菩提於意云何如來於然燈佛所有法得
阿耨多羅三藐三菩提不不也世尊如我解
佛所說義佛於然燈佛所无有法得阿耨多

BD15232 號　金剛般若波羅蜜經

（11–5）

須菩提於意云何如来於然燈佛所有法得
阿耨多羅三藐三菩提不不也世尊如我解
佛所說義佛於然燈佛所无有法得阿耨多
羅三藐三菩提佛言如是如是須菩提實无
有法如来得阿耨多羅三藐三菩提須菩提
若有法如来得阿耨多羅三藐三菩提者然
燈佛則不與我受記汝於来世當得作佛号
釋迦牟尼以實无有法得阿耨多羅三藐三
菩提是故然燈佛與我受記作是言汝於来
世當得作佛号釋迦牟尼何以故如来者即
諸法如義若有人言如来得阿耨多羅三藐
三菩提須菩提實无有法佛得阿耨多羅三
藐三菩提須菩提如来所得阿耨多羅三藐
三菩提於是中无實无虛是故如来說一切
法皆是佛法須菩提所言一切法者即非一切法
是故名一切法須菩提譬如人身長大須菩提言
世尊如来說人身長大則為非大身是名大身
須菩提菩薩亦如是若作是言我當滅度无
量衆生則不名菩薩何以故須菩提實无有
法名為菩薩是故佛說一切法无我无人无衆
生无壽者須菩提若菩薩作是言我當莊嚴
佛土是不名菩薩何以故如来說莊嚴佛土
者即非莊嚴是名莊嚴須菩提若菩薩通達
无我法者如来說名真是菩薩
須菩提於意云何如来有肉眼不如是世尊如

BD15232 號　金剛般若波羅蜜經　（11–6）

无我法者如来說名真是菩薩
須菩提於意云何如来有肉眼不如是世尊如
来有肉眼須菩提於意云何如来有天眼不
如是世尊如来有天眼須菩提於意云何如
来有慧眼不如是世尊如来有慧眼須菩提
於意云何如来有法眼不如是世尊如来有
法眼須菩提於意云何如来有佛眼不如是
世尊如来有佛眼須菩提於意云何恒河中
所有沙佛說是沙不如是世尊如来說是沙
須菩提於意云何如一恒河中所有沙有如
是等恒河是諸恒河所有沙數佛世界如是
寧為多不甚多世尊佛告須菩提尒所國土
中所有衆生若干種心如来悉知何以故如
来說諸心皆為非心是名為心所以者何須
菩提過去心不可得現在心不可得未来心不
可得
須菩提於意云何若有人滿三千大千世界
七寶以用布施是人以是因緣得福多不如
是世尊此人以是因緣得福甚多須菩提若
福德有實如来不說得福德多以福德无故
如来說得福德多
須菩提於意云何佛可以具足色身見不不
也世尊如来不應以具足色身見何以故如
来說具足色身即非具足色身是名具足色
身須菩提於意云何如来可以具足諸相見

BD15232 號　金剛般若波羅蜜經　（11–7）

来說具足色身即非具足色身是名具足色
身須菩提於意云何如来可以具足諸相見
不不也世尊如来不應以具足諸相見何以
故如来說諸相具足即非具足是名諸相具
足
須菩提汝勿謂如来作是念我當有所說法
莫作是念何以故若有人言如来有所說法
即為謗佛不能解我所說故須菩提說法者
无法可說是名說法
須菩提白佛言世尊佛得阿耨多羅三藐三
菩提為无所得耶如是如是須菩提我於阿
耨多羅三藐三菩提乃至无有少法可得是
名阿耨多羅三藐三菩提復次須菩提是法
平等无有高下是名阿耨多羅三藐三菩提
以无我无人无衆生无壽者脩一切善法則
得阿耨多羅三藐三菩提須菩提所言善法
者如来說非善法是名善法
須菩提若三千大千世界中所有諸須弥山
王如是等七寳聚有人持用布施若人以此
般若波羅蜜經乃至四句偈等受持為他人
說於前福德百分不及一百千万億分乃至
筭數譬喻所不能及
須菩提於意云何汝等勿謂如来作是念我
當度衆生須菩提莫作是念何以故實无有
衆生如来度者若有衆生如来度者如来則

BD15232 號　金剛般若波羅蜜經

（11–8）

筭數譬喻所不能及
須菩提於意云何汝等勿謂如来作是念我
當度衆生須菩提莫作是念何以故實无有
衆生如来度者若有衆生如来度者如来則
有我人衆生壽者須菩提如来說有我者則
非有我而凡夫之人以為有我須菩提凡夫
者如来說則非凡夫
須菩提於意云何可以三十二相觀如来不
須菩提言如是如是以三十二相觀如来佛
言須菩提若以三十二相觀如来者轉輪聖
王則是如来須菩提白佛言世尊如我解佛
所說義不應以三十二相觀如来尒時世尊
而說偈言
若以色見我　以音聲求我　是人行邪道　不能見如来
須菩提汝若作是念如来不以具足相故得
阿耨多羅三藐三菩提須菩提莫作是念如
来不以具足相故得阿耨多羅三藐三菩提
須菩提汝若作是念發阿耨多羅三藐三菩
提者說諸法斷滅相莫作是念何以故發阿
耨多羅三藐三菩提者於法不說斷滅相
須菩提若菩薩以滿恒河沙等世界七寳布
施若復有人知一切法无我得成於忍此菩
薩勝前菩薩所得功德須菩提以諸菩薩不
受福德故須菩提白佛言世尊云何菩薩不
受福德須菩提菩薩所作福德不應貪著是

BD15232 號　金剛般若波羅蜜經

（11–9）

受福德故須菩提白佛言世尊云何菩薩不
受福德須菩提菩薩所作福德不應貪著是
故說不受福德
須菩提若有人言如来若来若去若坐若卧
是人不解我所說義何以故如来者无所從
来亦无所去故名如来
須菩提若善男子善女人以三千大千世界
碎為微塵於意云何是微塵衆寧為多不甚
多世尊何以故若是微塵衆實有者佛則不
說是微塵衆所以者何佛說微塵衆則非微
塵衆是名微塵衆世尊如来所說三千大千
世界則非世界是名世界何以故若世界實
有者則是一合相如来說一合相則非一合
相是名一合相須菩提一合相者則是不可
說但凡夫之人貪著其事須菩提若人言佛
說我見人見衆生見壽者見須菩提於意云
何是人解我所說義不世尊是人不解如来
所說義何以故世尊說我見人見衆生見壽
者見即非我見人見衆生見壽者見是名我
見人見衆生見壽者見須菩提發阿耨多羅
三藐三菩提心者於一切法應如是知如是
見如是信解不生法相須菩提所言法相者
如来說即非法相是名法相
須菩提若有人以滿无量阿僧祇世界七寶
持用布施若有善男子善女人發菩薩心者

BD15232號　金剛般若波羅蜜經　（11–10）

者見即非我見人見衆生見壽者見是名我
見人見衆生見壽者見須菩提發阿耨多羅
三藐三菩提心者於一切法應如是知如是
見如是信解不生法相須菩提所言法相者
如来說即非法相是名法相
須菩提若有人以滿无量阿僧祇世界七寶
持用布施若有善男子善女人發菩薩心者
持於此經乃至四句偈等受持讀誦為人演
說其福勝彼云何為人演說不取於相如如
不動何以故
一切有為法　如夢幻泡影　如露亦如電　應作如是觀
佛說是經已長老須菩提及諸比丘比丘尼
優婆塞優婆夷一切世間天人阿脩羅聞佛
所說皆大歡喜信受奉行

金剛般若波羅蜜經

奉請三界尊十方无量佛我今發弘願持此金
剛經上報四衆恩下情三徒苦若有見聞者悉
發菩提心盡此一報身同生極樂國

BD15232號　金剛般若波羅蜜經　（11–11）

著 錄 凡 例

本目錄採用條目式著錄法。諸條目意義如下：

1.1 著錄編號。用漢語拼音首字“BD”表示，意為“北京圖書館藏敦煌遺書”，簡稱“北敦號”。文獻寫在背面者，標註為“背”。一件遺書上抄有多個文獻者，用數字 1、2、3 等標示小號。一號中包括幾件遺書，且遺書形態各自獨立者，用字母 A、B、C 等區別。

1.2 著錄分類號。本條記目錄暫不分類，該項空缺。

1.3 著錄文獻的名稱、卷本、卷次。

1.4 著錄千字文編號。

1.5 著錄縮微膠卷號。

2.1 著錄遺書的總體數據。包括長度、寬度、紙數、正面抄寫總行數與每行字數、背面抄寫總行數與每行字數。如該遺書首尾有殘破，則對殘破部分單獨度量，用加號加在總長度上。凡屬這種情況，長度用括弧標註。

2.2 著錄每紙數據。包括每紙長度及抄寫行數或界欄數。

2.3 著錄遺書的外觀。包括：(1) 裝幀形式。(2) 首尾存況。(3) 護首、軸、軸頭、天竿、縹帶，經名是書寫還是貼簽，有無經名號，扉頁、扉畫。(4) 卷面殘破情況及其位置。(5) 尾部情況。(6) 有無附加物（蟲繭、油污、線繩及其他）。(7) 有無裱補及其年代。(8) 界欄。(9) 修整。(10) 其他需要交待的問題。

2.4 著錄一件遺書抄寫多個文獻的情況。

3.1 著錄文獻首部文字與對照本核對的結果。

3.2 著錄文獻尾部文字與對照本核對的結果。

3.3 著錄錄文。

3.4 著錄對文獻的說明。

4.1 著錄文獻首題。

4.2 著錄文獻尾題。

5 著錄本文獻與對照本的不同之處。

6.1 著錄本遺書首部可與另一遺書綴接的編號。

6.2 著錄本遺書尾部可與另一遺書綴接的編號。

7.1 著錄題記、題名、勘記等。

7.2 著錄印章。

7.3 著錄雜寫。

7.4 著錄護首及扉頁的內容。

8 著錄年代。

9.1 著錄字體。如有武周新字、合體字、避諱字等，予以說明。

9.2 著錄卷面二次加工的情況。包括句讀、點標、科分、間隔號、行間加行、行間加字、硃筆、墨塗、倒乙、刪除、兌廢等。

10 著錄敦煌遺書發現後，近現代人所加內容，裝裱、題記、印章等。

11 備註。著錄揭裱互見、圖版本出處及其他需要說明的問題。

上述諸條，有則著錄，無則空缺。

為避文繁，上述著錄中出現的各種參考、對照文獻，暫且不列版本說明。全目結束時，將統一編制本條記目錄出現的各種參考書目。

本條記目錄為農曆年份標註其公曆紀年時，未進行歲頭年末之換算，請讀者使用時注意自行換算。

條　記　目　錄

BD15150—BD15232

1.1　BD15150 號
1.3　大智度論卷五
1.4　新 1350
2.1　653.1×26.1 厘米；13 紙；共 352 行，行 17 字。
2.2　01：41.6，23；　02：51.1，28；　03：51.1，28；
04：51.1，28；　05：51.1，28；　06：51.3，28；
07：51.1，28；　08：51.1，28；　09：51.1，28；
10：51.3，28；　11：51.1，28；　12：51.2，28；
13：48.8，21。
2.3　卷軸裝。首斷尾全。有燕尾。尾有原軸，兩端塗黑漆，頂端點硃漆。有烏絲欄。
3.1　首殘→大正 1509，25/0095C01。
3.2　尾全→大正 1509，25/0101B24。
4.2　大智度論第五（尾）。
5　與《大正藏》本相比，分卷雖同，品次不同。品次與日本宮內寮本、《聖語藏》本相同。行文不標註“經”、“論”。
8　6 世紀。隋寫本。
9.1　楷書。
10　卷背面各紙接縫處均有長方形陰文硃印，0.6×1.85 厘米，字迹難辨。
卷首背貼有紙簽：“購 12158，28”。

1.1　BD15151 號
1.3　大般涅槃經（北本　思溪本）卷三
1.4　新 1351
2.1　303.2×25.5 厘米；7 紙；共 169 行，行 17 字。
2.2　01：05.3，03；　02：53.8，28；　03：48.8，28；
04：48.8，28；　05：48.9，28；　06：48.8，28；
07：48.8，26。
2.3　卷軸裝。首斷尾全。打紙，研光上蠟。有烏絲欄。尾有後配木軸。
3.1　首殘→大正 0374，12/0382C26。
3.2　尾全→大正 0374，12/0384C25。
4.2　大般涅槃經卷第三（尾）。
5　與《大正藏》本對照，分卷不同。此卷經文止於卷第三後部。與《思溪藏》本分卷相同。
8　7 紀。唐寫本。
9.1　楷書。
10　卷首背上方貼有紙簽，上寫“購 12159，29”。

1.1　BD15152 號
1.3　摩訶般若波羅蜜經（異本）卷一九
1.4　新 1352
2.1　640×26.5 厘米；14 紙；共 346 行，行 17 字。
2.2　01：07.5，00；　02：47.5，26；　03：50.5，28；
04：50.5，28；　05：50.5，28；　06：50.5，28；
07：50.5，28；　08：50.5，28；　09：50.5，28；
10：50.5，28；　11：50.5，28；　12：50.5，28；
13：50.5，28；　14：29.5，12。
2.3　卷軸裝。首全尾全。打紙，研光上蠟。有護首，非原護首。背有古代裱補。有烏絲欄。
3.1　首全→大正 0223，08/0311C15。
3.2　尾全→大正 0223，08/0316A16。
4.1　摩訶般若波羅蜜經百波羅蜜品第卌三，十九（首）。
4.2　摩訶般若波羅蜜經卷第十九（尾）。
5　與《大正藏》本對照，分卷不同，品次不同。經文相當於《大正藏》本《摩訶般若波羅蜜經》卷第十二“遍嘆品”第四十四到卷第十三“聞持品”第四十五的前部分。與歷代大藏經分卷均不相同。
7.4　護首上有袟號“聲”字，證明本護首原來為《大寶積經》的護首。
8　7～8 世紀。唐寫本。
9.1　楷書。
10　原護首背古裱補紙上貼有紙簽，上寫“購 12160，30”。

1.1　BD15153 號

1.3　妙法蓮華經卷五
1.4　新 1353
2.1　196×23 厘米；5 紙；共 116 行，行 17 字。
2.2　01：13.5，08；　02：47.5，28；　03：47.5，28；
04：47.5，28；　05：40.0，24。
2.3　卷軸裝。首斷尾斷。經黄打紙。有烏絲欄。通卷現代托裱。
3.1　首殘→大正 0262，09/0042A29。
3.2　尾殘→大正 0262，09/0044A04。
8　7～8 世紀。唐寫本。
9.1　楷書。
10　現代接出淺棕色小菱形花紋織錦護首。
首題下方有正方形陽文硃印，2×2 厘米，印文為“章氏珍藏書畫”。
護首下方貼有 2 個紙簽：“購 12161，31”、“丙，45”。

1.1　BD15154 號 1
1.3　無量壽宗要經
1.4　新 1354
2.1　194.5×30.5 厘米；5 紙；共 121 行，行 30 餘字。
2.2　01：21.0，00；　02：42.5，31；　03：44.0，33；
04：44.0，32；　05：43.0，25。
2.3　卷軸裝。首全尾全。卷面有紅色污痕及等距離水漬，首紙上邊有殘缺，中間有殘洞。背有古代經文紙裱補。有烏絲欄。已修整。
2.4　本遺書包括 2 個文獻：（一）《無量壽宗要經》，121 行，今編為 BD15154 號 1。（二）《彩繪供養人像》（擬），繪於扉頁，今編為 BD15154 號 2。
3.1　首全→大正 0936，19/0082A03。
3.2　尾全→大正 0936，19/0084C29。
4.1　大乘無量壽經（首）。
4.2　佛說無量壽宗要經（尾）。
7.1　尾題後有題記“孟郎郎寫”。
8　8～9 世紀。吐蕃統治時期寫本。
9.1　行楷。
10　卷尾下方有陽文硃印，2.9×2.9 厘米，印文為“德化李氏凡將閣珍藏”。
卷尾背貼有紙簽：“購 12162，32”。另有鋼筆寫：“32”。
13　卷首有一條古代裱補，存半行殘字，似為《維摩詰經註》。

1.1　BD15154 號 2
1.3　彩繪供養人像（擬）
1.4　新 1354
2.4　本遺書由 2 個文獻組成，本文獻為第 2 個，繪在扉頁上。餘參見 BD15154 號 1 之第 2 項。
3.4　說明：
本遺書為彩繪供養人像，18×28.5 厘米，所繪供養人單腿跪地，手中托盤放有香爐。圖案為墨筆綫描，塗有紅及土黄色顏色，有緑色襯底及背光。上下邊多有殘缺及破裂。
8　8～9 世紀。吐蕃統治時期寫本。

1.1　BD15155 號
1.3　般若波羅蜜多心經
1.4　新 1355
2.1　45×28 厘米；1 紙；共 18 行，行 17 字。
2.3　卷軸裝。首全尾全。紙首有横向破裂，上下邊殘破。尾端繫有麻線繩。有古代裱補。有烏絲欄。已修整。
3.1　首全→大正 0251，08/0848C04。
3.2　尾全→大正 0251，08/0848C24。
4.1　般若波羅蜜多心經一卷（首）。
4.2　蜜多心經一卷（尾）。
7.1　尾題後有題名“王悉時子”。
8　8～9 世紀。吐蕃統治時期寫本。
9.1　楷書。
10　卷首背貼有紙簽：“購 12163，33”。

1.1　BD15156 號
1.3　天地八陽神咒經
1.4　新 1356
2.1　67.5×21 厘米；4 紙 5 葉 10 個半葉；半葉 6～7 行；共 61 行，行 11～14 字。
2.2　01：13.5，7+6；　02：13.5，7+6；　03：13.5，6+6；
04：27，6+6+6+6。
2.3　粘葉裝。首殘尾殘。書角剪有圓邊。有硬物刻畫界欄。
3.1　首殘→大正 2897，85/1423A24。
3.2　尾殘→大正 2897，85/1423C13。
5　與《大正藏》本對照，文字有不同，有缺文。
8　9～10 世紀。歸義軍時期寫本。
9.1　楷書。
10　首頁上方貼有紙簽：“購 12164，34”。

1.1　BD15157 號
1.3　妙法蓮華經卷一
1.4　新 1357
2.1　（5+842）×25.5 厘米；18 紙；共 482 行，行 17 字。
2.2　01：48.0，28；　02：48.5，28；　03：48.5，28；
04：48.5，28；　05：48.5，28；　06：48.5，28；
07：48.5，28；　08：48.5，28；　09：48.5，28；
10：48.5，28；　11：48.5，28；　12：48.5，28；
13：48.5，28；　14：48.5，28；　15：48.5，28；
16：48.5，28；　17：48.5，28；　18：23.0，06。
2.3　卷軸裝。首殘尾全。經黄打紙。卷面多有水漬及破裂。尾有原軸，兩端鑲蓮蓬形軸頭，下軸頭已脱。有烏絲欄。
3.1　首 3 行中下殘→大正 0262，09/0002A18～22。
3.2　尾全→大正 0262，09/0010B21。

4.2　妙法蓮華經卷第一（尾）。
8　7～8世紀。唐寫本。
9.1　楷書。
10　護首背上方貼有紙簽："購12165，36"。
卷首背有一字，難以辨認。

1.1　BD15158號
1.3　大般若波羅蜜多經卷四六〇
1.4　新1358
2.1　45.7×24.3厘米；1紙；共26行，行17。
2.3　卷軸裝。首斷尾斷。中間有殘洞和破裂。有烏絲欄。通卷現代托裱。卷首第2～4行、卷中及卷尾殘破處用從其他經卷剪下的殘字貼補。已修整。
3.1　首殘→大正0220，07/0326B05。
3.2　尾殘→大正0220，07/0326C04。
5　與《大正藏》本對照，共貼補殘字6處，内容均與本文獻無關。此乃書賈所為。
8　7～8世紀。唐寫本。
9.1　楷書。
10　現代接出灰色織錦護首。護首有題簽："唐經真跡捲"。題簽下有2枚印章：（1）正方形陰文硃印，1×1厘米，四周有圖案，中間印文為"李"；（2）正方形陽文正方形，1×1厘米，印文為"鳳池"。

護首下方貼有白紙條："友字第15"。其上有正方形陰文硃印，1×1厘米，印文為"李"。旁邊貼有紙簽："購12166，37"。

經文後有4枚硃印：（1）陰文，2.4×2.4厘米，印文為"永明周銑詒字仲澤印"；（2）陽文，3.5×3.5厘米，印文為"友梧長壽"；（3）陽文1.5×2.5厘米，印文為"瓶翁朝朝摩挲之物"；（4）陽文，1.6×1.4厘米，印文為"瓶齋"。

卷尾有3款題跋：

（一）"姜堯章《續（續）書譜》云：真書或者專/喜方正，極意歐顔；或者惟務勻圓，/專師虞永。此書殆兼而有之。得倚/刀較尺之妙，洵唐經中之特健藥/也。/芸初其寶之，勿輕示人。樹枬跋。/"

其後有正方形陰文硃印，1.2×1.2厘米，印文為"臣樹枬印"。

（二）"鄯善土峪溝舊隸/高昌佛國，近年出/土寫經甚多，書于役北/庭，得主省寅好見/貽者不下數十紙。雖/年代不同，妍媸各異，/求如此段之剛方駿整者，殆無幾也。/辛亥冬，/劉侯寶臣權鄯歸，/出此屬題，為識數/紙，永紉眼福。/遼濱梁玉書。/"

其後有5枚印章：

（1）圓形陽文硃印，直徑1.3厘米，印文為"素文"。

（2）長方形陽文硃印，1.4×1.9厘米，印文為"版曹末吏"。

（3）長方形陽文硃印，0.9×1.9厘米，印文為"香凷室主書畫之印"。

（4）正方形陰文硃印，1.8×1.8厘米，印文為"李印鳳池"。

（三）"右二紙亦六朝書，紙色、墨色/均與唐異。所謂單牘片紙，不啻金玉者也。/

辛亥端午晉卿觀並識。/"

其前有正方形陽文硃印，1.9×1.9厘米，印文六字待考。

其後有正方形陽文硃印，1.7×1.7厘米，印文為"晉卿"。

1.1　BD15159號
1.3　救護身命濟人疾病苦厄經
1.4　新1359
2.1　（2.5+129.5）×25厘米；4紙；共75行，行17字。
2.2　01：07.5，04；　02：48.0，31；　03：49.0，28；
04：27.5，12。
2.3　卷軸裝。首殘尾全。經黄打紙。首紙有横向破裂。卷前部有現代裱補，背有古代裱補。有烏絲欄。卷尾接出長條紙，上面有"思"字，被遮蓋不全。
3.1　首行下殘→大正2865，85/1325B03～04。
3.2　尾全→大正2865，85/1326A27。
4.2　佛說救護身命濟人疾病苦厄經一卷（尾）。
5　與《大正藏》本對照，大正85/1326A13～16與1326A17～26文字有顛倒。
8　7～8世紀。唐寫本。
9.1　楷書。
9.2　有行間校加字。
10　卷首背現代補紙下方及卷尾背下方均有正方形陽文硃印，2×2厘米，印文為"顧二郎"。

卷首背現代補紙上貼有2個紙簽，上方紙簽寫有"購12167，38"，旁有藍圓珠筆字"38"；卷背有墨筆字"卅八"。下方紙簽上有蘇州碼子"70號"。

1.1　BD15160號
1.3　妙法蓮華經卷五
1.4　新1360
2.1　312×27厘米；7紙；共145行，行17字。
2.2　01：19.5，10；　02：49.0，26；　03：49.0，26；
04：49.0，26；　05：49.0，25；　06：49.0，25；
07：47.5，08。
2.3　卷軸裝。首斷尾全。卷面多殘破。背有古代及現代裱補。有烏絲欄。
3.1　首殘→大正0262，09/0044A11。
3.2　尾全→大正0262，09/0046B14。
4.2　妙法蓮華經卷第五（尾）。
7.3　卷首背用破舊護首作裱補紙，上寫有"四分律藏卷第□…□二"，有經名號。
8　9～10世紀。歸義軍時期寫本。
9.1　楷書。

10　卷首尾背均有正方形陽文硃印，2×2 厘米，印文為“顧二郎”。

卷尾背中部貼有紙簽：“購 12168、39”。卷尾背下部貼一白條：“唐經破卅七”。

1.1　BD15161 號
1.3　妙法蓮華經卷四
1.4　新 1361
2.1　（739.5＋40.5）×25.5 厘米；19 紙；共 456 行，行 17 字。
2.2　01：06.0，03；　02：43.0，26；　03：43.0，26；
04：43.0，26；　05：43.0，26；　06：43.0，26；
07：43.0，26；　08：43.0，26；　09：43.0，26；
10：43.0，26；　11：43.0，26；　12：43.0，26；
13：43.0，26；　14：43.0，26；　15：43.0，26；
16：43.5，26；　17：43.5，26；　18：43.0，26；
19：42.0，18。
2.3　卷軸裝。首殘尾全。卷面多水漬，下部黴爛，接縫處多有開裂，第 5、6 紙接縫處脱開，卷尾下部殘缺。背有現代裱補。有烏絲欄。
3.1　首殘→大正 0262，09/0030B28。
3.2　尾 17 行下殘→大正 0262，09/0036B30～0037A02。
4.2　妙法蓮華經卷第四（尾）。
8　7～8 世紀。唐寫本。
9.1　楷書。
9.2　有硃筆斷句及塗改。
10　卷首背及卷尾背均有正方形陽文硃印，2×2 厘米，印文為“顧二郎”。

卷尾背貼有 2 個紙簽，寫有蘇州碼子“17”、“48 號”。有圓珠筆寫“購 12169，40”。

1.1　BD15162 號
1.3　正法念處經卷五五
1.4　新 1362
2.1　45.5×27 厘米；1 紙；共 19 行，行 17 字。
2.3　卷軸裝。首脱尾全。有烏絲欄。
3.1　首殘→大正 0721，17/0327C10。
3.2　尾全→大正 0721，17/0327C29。
4.2　正法念處經天品之卅四夜摩天之十，卷第五十五（尾）。
8　8 世紀。唐寫本。
9.1　楷書。
10　卷首尾背均有正方形陽文硃印，2×2 厘米，印文為“顧二郎”。

卷首背上方貼有紙簽，寫有蘇州碼子“22 號”。卷尾背上方貼有紙簽“購 12170，41”。卷背下方貼有蘇州碼子紙簽“唐經，27”。

1.1　BD15163 號
1.3　大般涅槃經（北本）卷一四
1.4　新 1363
2.1　（4.4＋831.2）×25.1 厘米；21 紙；共 483 行，行 17 字。
2.2　01：37.6，24；　02：47.1，27；　03：47.1，27；
04：47.0，27；　05：47.2，27；　06：47.2，27；
07：47.1，27；　08：47.4，27；　09：47.5，27；
10：47.5，27；　11：47.3，27；　12：47.4，27；
13：47.3，27；　14：29.6，17；　15：18.5，11；
16：46.7，27；　17：39.7，24；　18：13.0，08；
19：40.0，23；　20：34.0，20；　21：09.4，05。
2.3　卷軸裝。首殘尾全。卷面多水漬，前 2 紙有殘洞。背有古代及現代裱補，首紙係吐蕃時期後補。有烏絲欄。後配尾軸。
3.1　首 2 行上殘→大正 0374，12/0445B27～28。
3.2　尾全→大正 0374，12/0451B06。
4.2　大般涅槃經卷第十四（尾）。
8　7～8 世紀。唐寫本。
9.1　楷書。
10　卷首背上方貼有紙簽：“購 12171，42”。另有鋼筆寫：“42”。

1.1　BD15164 號
1.3　大般若波羅蜜多經卷三九二
1.4　新 1364
2.1　79×24.5 厘米；2 紙；共 45 行，行 17 字。
2.2　01：46.0，26；　02：33.0，19。
2.3　卷軸裝。首全尾斷。有烏絲欄。通卷現代托裱為手卷。
3.1　首全→大正 0220，06/1026A11。
3.2　尾殘→大正 0220，06/1026B29。
4.1　大般若波羅蜜多經卷第三百九十二，/初分成熟有情品第七十一之三，三藏法師玄奘奉詔譯/（首）。
8　8～9 世紀。吐蕃統治時期寫本。
9.1　楷書。
10　卷首背有：“唐人寫經”。

護首下方貼有紙簽：“購 12172，43”。現代後配軸頭貼有紙簽，一端寫“寫經横”；另一端寫“第 23 號”。

1.1　BD15165 號
1.3　妙法蓮華經（八卷本）卷七
1.4　新 1365
2.1　（5.5＋747.5）×26.5 厘米；17 紙；共 446 行，行 17 字。
2.2　01：36.0，21；　02：47.0，28；　03：47.0，28；
04：47.0，28；　05：47.0，28；　06：47.0，28；
07：47.0，28；　08：47.0，28；　09：47.0，28；
10：47.0，28；　11：47.0，28；　12：47.0，28；
13：47.0，28；　14：47.0，28；　15：47.0，28；
16：47.0，28；　17：12.0，05。
2.3　卷軸裝。首殘尾全。經黄打紙，砑光上蠟。有烏絲欄。

3.1　首4行上下殘→大正0262，09/0050C28～0051A02。
3.2　尾全→大正0262，09/0056C01。
4.2　妙法蓮華經卷第七（尾）。
5　本卷與《大正藏》本對照，分卷不同。相當於大正藏卷六第二十、二十一、二十二、二十三品和卷七第二十四品，屬於八卷本。
7.1　尾題後有題記："貞觀五年十月弟子董處亮為身患寫此經"。
8　7～8世紀。唐寫本。
9.1　楷書。
10　卷首上方卷尾下方均有陽文硃印，2.8×2.8厘米，印文為"德化李氏凡將閣珍藏"。
　　卷首背上方貼有特藝公司宣武經營管理處紙簽："類別：字。貨號：1504。品名：唐人寫經卷。定價：120"。
　　卷尾背下方貼有紙簽："購12173，44"。有鋼筆書寫"44"。

1.1　BD15166號
1.3　大乘無生方便門
1.4　新1366
2.1　（22＋315）×28.5厘米；10紙；共258行，行30餘字。
2.2　01：03.0，02；　02：40.5，35；　03：41.5，34；
　　04：41.5，33；　05：41.5，32；　06：41.5，31；
　　07：41.5，31；　08：41.5，31；　09：15.5，11；
　　10：29.0，18。
2.3　卷軸裝。首殘尾全。通卷上下邊殘損。有烏絲欄。現代托裱為手卷。
3.1　首19行中上殘→大正2834，85/1274B22～1275A01。
3.2　尾151行→大正2834，85/1277C27。
5　本文獻未為歷代大藏經所收。《大正藏》依據敦煌遺書斯2503號錄文。本遺書前151行文字與《大正藏》本相同，其後《大正藏》有殘文11行，與本文獻內容不類。故本遺書可補《大正藏》本之不足。
8　8世紀。唐寫本。
9.1　楷書。有合體字"涅槃"、"提婆"、"菩薩"。
9.2　有行間校加字、倒乙號、重文號及校改。
10　卷尾下方有正方形陰文硃印，1.8×1.8厘米，印文為"抱殘翁壬戌歲所得敦煌古籍"。
　　有護首天竿和尾軸。護首有題簽："五代經卷說文"。
　　護首下方貼有紙簽："購12174，45"；並寫有"廿一號"。

1.1　BD15167號
1.3　無垢淨光大陀羅尼經
1.4　新1367
2.1　595.8×25.7厘米；13紙；共323行，行17字。
2.2　01：22.6，00；　02：46.5，27；　03：46.9，27；
　　04：48.0，28；　05：48.5，28；　06：48.3，28；
　　07：48.5，28；　08：48.6，28；　09：48.5，28；
　　10：48.5，28；　11：48.6，28；　12：48.5，28；
　　13：43.5，16。
2.3　卷軸裝。首全尾全。打紙，研光上蠟。有護首，有竹質天竿，有青蓮色縹帶，長25厘米。卷上下有殘破。尾有原軸，兩端塗棕色漆。背有古代及現代裱補，古代裱補紙上有字。有烏絲欄。
3.1　首全→大正1024，19/0717C05。
3.2　尾全→大正1024，19/0721B12。
4.1　無垢淨光大陀羅尼經，三藏沙門彌山共法藏等奉勅譯（首）。
4.2　無垢淨光大陀羅尼經（尾）。
7.3　第6紙背裱補紙上寫有"虛生一世休"。
7.4　護首有經名"無垢淨光大陀羅尼經"。
8　8世紀。唐寫本。
9.1　楷書。
9.2　有刮改。
10　護首背下方貼有紙簽："購12175，46"。

1.1　BD15168號
1.3　比丘羯磨（擬）
1.4　新1368
2.1　（25＋229.3＋203.5）×27.2厘米；12紙；共322行，行27字。
2.2　01：23.5，17；　02：42.5，30；　03：42.5，30；
　　04：42.5，30；　05：42.3，30；　06：42.5，30；
　　07：42.7，30；　08：42.7，30；　09：42.7，30；
　　10：42.7，30；　11：42.7，30；　12：08.5，05。
2.3　卷軸裝。首殘尾殘。卷面有等距離黴斑及殘損。有烏絲欄。通卷現代托裱。已修整。
3.4　說明：
　　本文獻首18行中下殘，尾141行上殘。為敦煌當地編纂的比丘羯磨，未為歷代大藏經所收。
8　9～10世紀。歸義軍時期寫本。
9.1　楷書。有合體字"菩薩"。
9.2　有行間校加字、重文號、倒乙及校改。
10　現代接出護首，上有題簽"唐人寫經卷殘"。有紙簽"購12176，47"。

1.1　BD15169號
1.3　妙法蓮華經卷六
1.4　新1369
2.1　278.5×24.5厘米；6紙；共146行，行17字。
2.2　01：43.5，26；　02：47.0，28；　03：47.0，28；
　　04：47.0，28；　05：47.0，28；　06：47.0，28。
2.3　卷軸裝。首斷尾脫。經黃打紙。卷面多油污。有烏絲欄。通卷現代托裱。
3.1　首殘→大正0262，09/0051C08。

3.2　尾全→大正 0262，09/0053C23。
8　7~8 世紀。唐寫本。
9.1　楷書。
10　現代用順治年間誥命織錦接出護首，護首右邊寫有“順治十四年（1657）三月初十日”。護首貼有題簽，上寫“唐經”，下貼紙簽寫“購 12177，48”。
　　以虎皮宣為玉池。隔水上有 5 枚印章：
　　（一）橢圓形陽文硃印，1.7×3.6 厘米，印文為“玉硯堂”。
　　（二）正方形陽文硃印，2.4×2.4 厘米，印文為“理齋”。
　　（三）正方形陰文硃印，2.3×2.3 厘米，印文為“曹章（?）印章”（倒印）。
　　（四）正方形陰文硃印，1.3×1.3 厘米，印文為“方氏之寶”。
　　（五）正方形陽文硃印，2.1×2.1 厘米，印文為“大方”。
　　卷尾有 3 枚印章：
　　（一）圓形陽文硃印，直徑 1.3 厘米，印文為“地山”。
　　（二）正方形陽文硃印，1.8×1.8 厘米，印文為“無隅公”。
　　（三）長方形陽文硃印，1.3×3.4 厘米，印文為“杜庵藏”。

1.1　BD15170 號
1.3　大般涅槃經（北本）卷一一
1.4　新 1370
2.1　844.6×26.1 厘米；20 紙；共 448 行，行 17 字。
2.2　01：11.8，00；　02：41.9，22；　03：44.0，24；
　　04：44.0，24；　05：44.2，24；　06：44.1，24；
　　07：44.1，24；　08：44.1，24；　09：44.2，24；
　　10：44.0，24；　11：44.2，24；　12：44.4，24；
　　13：44.3，24；　14：44.0，24；　15：44.2，24；
　　16：44.2，24；　17：43.0，23；　18：43.0，24；
　　19：43.1，24；　20：43.8，19。
2.3　卷軸裝。首全尾全。有護首，已斷。有燕尾。有烏絲欄。通卷現代托裱。
3.1　首全→大正 0374，12/0428B16。
3.2　尾全→大正 0374，12/0433C19。
4.1　大般涅槃經現病品第六，十一（首）。
4.2　大般涅槃經卷第十一（尾）。
8　7~8 世紀。唐寫本。
9.1　楷書。
10　現代接出黄底雲龍花紋織錦護首，上有題簽：“大般涅槃經卷第十一，發”，下貼紙簽寫“購 12178，49”。
　　卷首下部有陰文硃印，1.8×1.8 厘米，印文為“抱殘翁壬戌歲所得敦煌古籍”。
　　卷尾有軸。有人工水晶軸頭。
13　此件原為大谷探險隊所得，其後為羅振玉所得，1963 年，文物局撥交國家圖書館。未經旅順博物館收藏。在《中國所藏“大谷收集品”概況》中列為亡佚。

1.1　BD15171 號
1.3　妙法蓮華經卷四
1.4　新 1371
2.1　708.6×30.2 厘米；16 紙；共 423 行，行 22~23 字。
2.2　01：43.3，26；　02：44.5，27；　03：44.5，27；
　　04：44.5，27；　05：44.5，27；　06：45.0，27；
　　07：44.7，27；　08：44.8，27；　09：44.5，27；
　　10：44.5，27；　11：45.0，27；　12：44.5，27；
　　13：40.7，24；　14：43.7，27；　15：44.9，27；
　　16：45.0，22。
2.3　卷軸裝。首斷尾全。厚皮紙。卷上下有殘缺。背有古代裱補。有烏絲欄。
3.1　首殘→大正 0262，09/0029C28。
3.2　尾全→大正 0262，09/0037A01。
4.2　妙法蓮華經卷第四（尾）。
7.3　卷尾下邊有一雜寫“安”字。
8　8 世紀。唐寫本。
9.1　楷書。
9.2　有行間校加字及倒乙。

1.1　BD15172 號
1.3　妙法蓮華經卷一
1.4　新 1372
2.1　106.8×24.5 厘米；4 紙；共 55 行，行 17 字。
2.2　01：02.0，01；　02：08.3，素紙；　03：47.0，26；
　　04：49.5，28。
2.3　卷軸裝。首全尾脫。原護首倒貼為扉頁。卷面有油污。有烏絲欄。通卷現代托裱。
3.1　首全→大正 0262，09/0001C14。
3.2　尾殘→大正 0262，09/0002B18。
4.1　妙法蓮華經序品第一（首）。
7.4　護首有題名“妙法蓮華經卷第一”。有經名號。
8　8~9 世紀。吐蕃統治時期寫本。
9.1　楷書。
10　現代接出灰地格花織錦護首，有虎皮宣玉池。下方貼有紙簽，上寫“購 12180，51”。

1.1　BD15173 號
1.3　瑜伽師地論卷一二
1.4　新 1373
2.1　623.9×27.1 厘米；14 紙；共 383 行，行 17 字。
2.2　01：45.5，26；　02：45.3，28；　03：45.0，28；
　　04：45.4，28；　05：45.3，28；　06：45.2，28；
　　07：45.3，28；　08：43.8，27；　09：41.1，27；

10：41.1，27；　11：44.0，27；　12：43.8，27；
13：43.8，27；　14：43.3，27。

2.3　卷軸裝。首全尾脫。通卷下邊殘缺。有烏絲欄。已修整。

3.1　首全→大正1579，30/0335A11。

3.2　尾殘→大正1579，30/0339C14。

4.1　瑜伽師地論卷第十二，彌勒菩薩說，三藏法師玄奘奉詔譯（首）。

7.1　卷首背有勘記"瑜伽師地論卷第十二"。

8　9~10世紀。歸義軍時期寫本。

9.1　楷書。

9.2　有硃筆校改、點標、斷句及行間校加字。有刮改。

10　卷首背下方貼有紙簽："12181，52"。

1.1　BD15174號1

1.3　觀世音經

1.4　新1374

2.1　295×25.5厘米；7紙；正面132行，行17字。背面6行，行7~9字。

2.2　01：41.0，00；　02：18.5，10；　03：49.0，27；
04：49.0，27；　05：49.0，27；　06：42.0，23；
07：46.5，18。

2.3　卷軸裝。首斷尾斷。經黄打紙。有護首，有芨芨草天竿。上下邊有殘缺破裂。有燕尾。背有古代裱補，上邊有字。有烏絲欄。

2.4　本遺書包括3個文獻：（一）《觀世音經》，114行，今編為BD15174號1。（二）《般若波羅蜜多心經》，18行，今編為BD15174號2。（三）《社司轉帖》，6行，抄寫在背面古代裱補紙上，今編為BD15174號背。

3.1　首殘→大正0262，09/0056C02。

3.2　尾殘→大正0262，09/0058B02。

4.1　妙法蓮華經觀世音菩薩普門品第廿五（首）。

5　與《大正藏》本相比，缺失偈頌後文字5行，參見大正0262，09/0058B03~07。

7.1　第2~4紙背有題記"丁卯年正月一日金光明寺僧玄教觀世音菩薩經一卷"。

7.2　第4、5紙均有法輪形墨印戳記，直徑1.9厘米。

7.3　背有雜寫"妙法華經觀世音菩薩普門品第廿五"等。

8　8~9世紀。吐蕃統治時期寫本。

9.1　楷書。

10　護首背下方貼有紙簽"購12182，53"。

1.1　BD15174號2

1.3　般若波羅蜜多心經

1.4　新1374

2.4　本遺書由3個文獻組成，本文獻為第2個，18行。餘參見BD15174號1。

3.1　首全→大正0251，08/0848C04。

3.2　尾全→大正0251，08/0848C24。

4.1　佛說多心經（首）。

4.2　佛說多心經（尾）。

5　與《大正藏》本對照，在咒文前缺少"故。說般若波羅蜜多咒"1句。

8　7~8世紀。唐寫本。

9.1　楷書。

9.2　有行間校加字。

1.1　BD15174號背

1.3　社司轉帖

1.4　新1374

2.4　本遺書由3個文獻組成，本文獻為第3個，6行，抄寫在背面古代裱補紙上。餘參見BD15174號1。

3.3　錄文：

□…□願◇、善思、惠堅、惠□…□/
□…□戒成、福善。/
□…□底◇◇各◇◇◇壹事□…□/
□…□◇◇◇，如有後到及□…□/
□…□其帖◇月◇各◇◇也。/
吳法◇帖/
（錄文完）

3.4　說明：

本文獻原為粘貼在背面的裱補紙，有文字的一面向裏，現已經脫落。

該裱補紙有三張小紙粘接：

一張長方形小紙條，上面有一個殘字，難以辨認。

一張長方形小紙條，上面有兩個字，其中一字似為"團"。

一張長方形紙張，有文字6行，為社司轉帖，上有糨糊，文字難辨，錄文如上。人名旁均有墨點。故為實用社司轉帖。

8　9~10世紀。歸義軍時期寫本。

9.1　楷書。

1.1　BD15175號

1.3　金剛般若波羅蜜經

1.4　新1375

2.1　（5+389.7）×25.6厘米；10紙；共241行，行17字。

2.2　01：27.0，17；　02：43.7，27；　03：43.8，27；
04：43.8，27；　05：43.8，26；　06：44.0，27；
07：44.1，27；　08：44.1，27；　09：44.1，27；
10：16.3，09。

2.3　卷軸裝。首殘尾全。卷面多水漬，有黴斑。背有現代裱補。有烏絲欄。現代接出拖尾，後配尾軸。

3.1　首3行中上殘→大正0235，08/0749B29~C02。

3.2　尾全→大正0235，08/0752C03。

4.2　金剛般若波羅蜜經（尾）。

5　與《大正藏》本對照，本號經文無冥司偈，參見《大正

藏》，8/751C16～19。
8　7～8世紀。唐寫本。
9.1　楷書。
10　首紙背端有正方形陽文硃印，2×2厘米，印文為“顧二郎”。
　　卷首背有近人用鋼筆寫有：“金剛經，捌張，前七行，後八行，有尾，54。”
　　卷首背下方貼有紙簽“購12183，54”。
　　首紙背貼紙簽寫有蘇州碼子“181號”。

1.1　BD15176號
1.3　妙法蓮華經卷三
1.4　新1376
2.1　47.5×22.8厘米；1紙；共28行，行17字。
2.3　卷軸裝。首脫尾脫。有烏絲欄。現代托裱為鏡片。
3.1　首殘→大正0262，09/0025B20。
3.2　尾殘→大正0262，09/0025C21。
8　7～8世紀。唐寫本。
9.1　楷書。
10　托裱紙背有字“唐人寫經”。

1.1　BD15177號
1.3　無量壽宗要經
1.4　新1377
2.1　210×31厘米；5紙；共124行，行30餘字。
2.2　01：42.0，26；　02：42.0，28；　03：42.0，28；
　　04：42.0，28；　05：42.0，14。
2.3　卷軸裝。首全尾全。有烏絲欄。
3.1　首全→大正0936，19/0082A03。
3.2　尾全→大正0936，19/0084C29。
4.1　大乘無量壽經（首）。
4.2　佛說無量壽宗要經（尾）。
7.1　卷尾有題記：“唐文英寫”。
8　8～9世紀。吐蕃統治時期寫本。
9.1　行楷。
10　卷首背上方及卷尾背下方，均有正方形陽文硃印，2×2厘米，印文為“顧二郎”。
　　卷首背下方貼有紙簽“購12185，56”。蘇州碼子紙簽“159號”，上寫“56”。

1.1　BD15178號
1.3　入楞伽經鈔（擬）
1.4　新1378
2.1　244.1×29.6厘米；5紙；正面186行，行27～30字。背面99行，行27～30字。
2.2　01：46.7，34；　02：46.6，37；　03：50.6，39；
　　04：49.5，41；　05：50.7，35。
2.3　卷軸裝。首全尾全。雜抄卷子。
2.4　本遺書包括6個文獻：（一）《入楞伽經鈔》（擬），186行，抄寫在正面，今編為BD15178號。（二）《文殊師利問經鈔兑廢稿》（擬），54行，抄寫在背面，今編為BD15178號背1。（三）《大乘入楞伽經鈔兑廢稿》（擬），18行，抄寫在背面，今編為BD15178號背2。（四）《信力入印法門經鈔兑廢稿》（擬），18行，抄寫在背面，今編為BD15178號背3。（五）《瑜伽師地論鈔兑廢稿》（擬），6行，抄寫在背面，今編為BD15178號背4。（六）《入楞伽經鈔兑廢稿》（擬），3行，抄寫在背面，今編為BD15178號背5。
3.4　說明：
　　本文獻為《入楞伽經鈔兑廢稿》（擬），抄寫經文五段，詳情如下：
　　（一）《入楞伽經鈔》卷四：
　　第1行→大正0671，16/0537A14
　　第16行→大正0671，16/0537B10
　　有首題“入楞伽經卷第四云”。
　　（二）《入楞伽經鈔》卷五：
　　第17行→大正0671，16/0540C15
　　第41行→大正0671，16/0541B01
　　有首題“卷第五云”。
　　（三）《入楞伽經鈔》卷六：
　　第42行→大正0671，16/0550C22
　　第52行→大正0671，16/0551A11
　　有首題“卷第六云”。
　　（四）《入楞伽經鈔》卷七：
　　第52行→大正0671，16/0554C05
　　第107行→大正0671，16/0555C19
　　有首題“卷第七云，入道品第九”。
　　（五）《入楞伽經鈔》卷八：
　　第107行→大正0671，16/0559B07
　　第186行→大正0671，16/0561A19
　　有首題“卷第八云，刹那品第十四”。
8　8世紀。唐寫本。
9.1　楷書。
9.2　有行間校加字及塗抹。
10　卷背首尾均有正方形陽文硃印，2×2厘米，印文為“顧二郎”。
　　卷首背下方貼有紙簽“購12186，57”。卷首背下方貼紙簽寫有蘇州碼子“148號”。卷尾下方貼紙簽寫有蘇州碼子“86號”。

1.1　BD15178號背1
1.3　文殊師利問經鈔兑廢稿（擬）
1.4　新1378
2.4　本遺書由6個文獻組成，此為第2個，54行，抄寫在背面，餘參見BD15178號。

3.4 說明：
本文獻為《文殊師利問經鈔》（擬），抄寫經文四段，詳情如下：
（一）《文殊師利問經》卷上：
第1行→大正0468，14/0494A22
第9行→大正0468，14/0494B07
有首題"文殊師利問經卷上/云"。
（二）《文殊師利問經》卷上：
第10行→大正0468，14/0494B25
第29行→大正0468，14/0494C29
有首題"無我品第四"。
（三）《文殊師利問經》卷上：
第29行→大正0468，14/0497B18
第45行→大正0468，14/0497C17
有首題"上出世間戒品第十二"。
（四）《文殊師利問經》卷下：
第45行→大正0468，14/0502B24
第54行→大正0468，14/0502C11
有首題"下卷云"。
8 9～10世紀。歸義軍時期寫本。
9.1 楷書。

1.1 BD15178號背2
1.3 大乘入楞伽經鈔兌廢稿（擬）
1.4 新1378
2.4 本遺書由6個文獻組成，此為第3個，18行，抄寫在背面，餘參見BD15178號。
3.4 說明：
本文獻為《大乘入楞伽經兌廢稿》（擬），抄寫經文二段，詳情如下：
（一）《大乘入楞伽經》卷四：
第1行→大正672，16/610B13
第6行→16/620B25
有首題"大乘入楞伽經無常品第三之一，卷四"。
（二）大乘入楞伽經卷五：
第6行→16/620B25
第18行→16/620C19
有首題"卷第五，刹那品第六"。
8 9～10世紀。歸義軍時期寫本。
9.1 楷書。

1.1 BD15178號背3
1.3 信力入印法門經鈔兌廢稿（擬）
1.4 新1378
2.4 本遺書由6個文獻組成，此為第4個，18行，抄寫在背面，餘參見BD15178號。
3.1 首全→大正0305，10/0929B28。
3.2 尾全→大正0305，10/0930A08。
4.1 信力入印法門經云（首）。
8 9～10世紀。歸義軍時期寫本。
9.1 楷書。

1.1 BD15178號背4
1.3 瑜伽師地論鈔兌廢稿（擬）
1.4 新1378
2.4 本遺書由6個文獻組成，此為第5個，6行，抄寫在背面，餘參見BD15178號。
3.1 首全→大正1579，30/0209A07。
3.2 尾全→大正1579，30/0279A18。
8 9～10世紀。歸義軍時期寫本。
9.1 楷書。

1.1 BD15178號背5
1.3 入楞伽經鈔兌廢稿（擬）
1.4 新1378
2.4 本遺書由6個文獻組成，此為第6個，3行，抄寫在背面，餘參見BD15178號。
3.1 首全→大正0671，16/0569A22。
3.2 尾全→大正0671，16/0569A27。
4.1 入楞伽經卷第九云（首）。
8 9～10世紀。歸義軍時期寫本。
9.1 楷書。

1.1 BD15179號
1.3 維摩詰所說經卷下
1.4 新1379
2.1 152.1×25.5厘米；4紙；共88行，行17字。
2.2 01：17.5，10； 02：48.5，28； 03：48.5，28； 04：37.6，22。
2.3 卷軸裝。首斷尾斷。卷面油污。有烏絲欄。
3.1 首殘→大正0475，14/0556A01。
3.2 尾殘→大正0475，14/0557A05。
6.1 首→BD15186號。
8 8世紀。唐寫本。
9.1 楷書。卷首尾背下均有正方形陽文硃印，2×2厘米，印文為"顧二郎"。
首紙背貼紙簽寫有"唐經卅"。卷首背貼有紙簽"購12187，58"。卷首背貼紙簽寫有蘇州碼子"11號"。

1.1 BD15180號
1.3 佛垂般涅槃略說教誡經
1.4 新1380
2.1 （8.9＋184.5）×25.9厘米；5紙；共111行，行17字。
2.2 01：29.7，17； 02：48.2，28； 03：48.2，28；

04：47.9，28；　05：19.4，10。
2.3　卷軸裝。首殘尾全。經黄打紙，砑光上蠟。卷尾有横裂。有烏絲欄。
3.1　首5行下殘→大正0389，12/0111A25～29。
3.2　尾全→大正0389，12/1112B22。
4.2　佛垂般涅槃略說教戒經一卷（尾）。
8　7～8世紀。唐寫本。
9.1　楷書。
10　卷首尾背下均有正方形陽文硃印，2×2厘米，印文為“顧二郎”。
卷尾背貼紙簽寫有蘇州碼子“67號”。卷首背貼有紙簽“購12188，59”。卷首背中部寫有“押”。

1.1　BD15181號
1.3　維摩詰所說經卷二
1.4　新1381
2.1　142.2×25.7厘米；3紙；共82行，行17字。
2.2　01：46.0，26；　02：48.2，28；　03：48.0，28。
2.3　卷軸裝。首全尾脱。首紙有殘洞，尾紙破損。卷面有鳥糞。背有現代裱補。
3.1　首全→大正0475，14/0544A22。
3.2　尾殘→大正0475，14/0545A25～26。
4.1　文殊師利問疾品第五，卷中（首）。
8　8世紀。唐寫本。
9.1　楷書。
10　卷首尾背下均有陽文硃印，2×2厘米，印文為“顧二郎”。
卷首背上部貼有紙簽：“購12189，60”。卷背寫有“唐經破卅八”。卷尾背上方貼紙簽寫有蘇州碼子：“21號”。

1.1　BD15182號
1.3　灌頂章句拔除過罪生死得度經
1.4　新1382
2.1　（3.2＋296.8）×24.9厘米；7紙；共182行，行17字。
2.2　01：22.4，14；　02：46.1，29；　03：46.2，28；
04：46.0，28；　05：46.1，28；　06：46.2，28；
07：47.0，28。
2.3　卷軸裝。首殘尾斷。打紙，砑光上蠟。卷首上下殘破，卷上下多有殘破，第5、6紙接縫處下開裂。有烏絲欄。背有現代裱補。
3.1　首2行下殘→大正1331，21/0533A20～22。
3.2　尾殘→大正1331，21/0535B04。
6.2　尾→BD15183號。
8　7～8世紀。唐寫本。
9.1　楷書。
10　首紙右下有正方形陽文硃印，2×2厘米，印文為“顧二郎”。
卷首背裱補紙下方貼有紙簽“購12190，6162”。卷首背裱補紙上方貼紙簽寫有蘇州碼子“184號”、“22”。

1.1　BD15183號
1.3　灌頂章句拔除過罪生死得度經
1.4　新1383
2.1　（2＋136.6）×24.7厘米；3紙；共82行，行17字。
2.2　01：46.4，28；　02：46.1，28；　03：46.1，26。
2.3　卷軸裝。首殘尾全。打紙，砑光上蠟。卷面有6排蟲蛀小洞，卷面多有破裂。有烏絲欄。已修整。
3.1　首行中殘→大正1331，21/0535B05。
3.2　尾全→大正1331，21/0536B05。
4.2　佛說藥師經（尾）。
5　與《大正藏》本對照，有缺文。參見大正21/536A24～27。
6.1　首→BD15182號。
7.1　經名後有題記“義澄，一校竟”。
8　7～8世紀。唐寫本。
9.1　楷書。
10　卷首背上方貼有紙簽，上寫“購12191，62”。
尾紙背有正方形陽文硃印，2×2厘米，印文為“顧二郎”。

1.1　BD15184號
1.3　妙法蓮華經卷四
1.4　新1384
2.1　63.6×24.5厘米；2紙；共39行，行17字。
2.2　01：34.0，21；　02：29.6，18。
2.3　卷軸裝。首斷尾斷。有烏絲欄。現代托裱為手卷。
3.1　首殘→大正0262，09/0034C25。
3.2　尾殘→大正0262，09/0035B07。
8　7～8世紀。唐寫本。
9.1　楷書。
10　卷首背下方貼有雙層紙簽，下面一層是特藝公司宣武經營管理處紙簽，上面一層寫“購12192，63”。
卷尾下有正方形陽文硃印，2.4×2.4厘米，印文為“許氏高陽堂所藏書畫”。

1.1　BD15185號
1.3　大方廣佛華嚴經（唐譯八十卷本）卷八〇
1.4　新1385
2.1　335.5×25.2厘米；8紙；共198行，行17字。
2.2　01：10.0，06；　02：46.5，28；　03：46.5，28；
04：46.5，28；　05：46.5，28；　06：46.5，28；
07：46.5，28；　08：46.5，24。
2.3　卷軸裝。首斷尾全。有烏絲欄。現代配有尾軸。
3.1　首殘→大正0279，10/0442C07。
3.2　尾全→大正0279，10/0444C29。
4.2　大方廣佛花嚴經卷第八十，（尾）。
8　7～8世紀。唐寫本。

9.1　楷書。
10　卷首尾背下方均有正方形陽文硃印，2×2厘米，印文為“顧二郎”。卷首背印有硃印“1”字。
　　卷首背上方貼有紙簽“購12193，64”。卷首背下方貼有紙簽“拾柒紙，唐經”。卷首背上方用圓珠筆寫有“04”。卷尾寫有蘇州碼子“183號”。

1.1　BD15186號
1.3　維摩詰所說經卷下
1.4　新1386
2.1　146.4×25.5厘米；4紙；共85行，行17字。
2.2　01：19.4，11；　02：48.2，28；　03：48.3，28；
　　04：30.5，18。
2.3　卷軸裝。首斷尾斷。有烏絲欄。
3.1　首殘→大正0475，14/0554C27。
3.2　尾殘→大正0475，14/0555C29。
6.2　尾→BD15179號。
8　8世紀。唐寫本。
9.1　楷書。
10　卷首背及卷尾背下均有正方形陽文硃印，2×2厘米，印文為“顧二郎”。
　　卷首背下方貼有紙簽“購12194，65”。卷首背中部貼有紙簽“45號”。卷尾背上方貼2塊紙簽寫有蘇州碼子“74號”、“唐經48”。

1.1　BD15187號
1.3　金光明最勝王經卷三
1.4　新1387
2.1　145×26厘米；3紙；共82行，行17字。
2.2　01：47.0，27；　02：49.0，28；　03：49.0，27。
2.3　卷軸裝。首斷尾全。有烏絲欄。
3.1　首殘→大正0665，16/0416C17。
3.2　尾全→大正0665，16/0417C16。
4.2　金光明最勝王經卷第三（尾）。
8　8世紀。唐寫本。
9.1　楷書。
10　卷尾背前後上邊各有正方形陽文硃印，1.2×1.2厘米，印文為“旦景之印”。前后下邊各有正方形陽文硃印，2×2厘米，印文為“顧二郎”。
　　卷尾背下方貼有蘇州碼子紙簽“唐經16”。卷首背上方貼有紙簽“購12195，66”。

1.1　BD15188號
1.3　金剛般若波羅蜜經
1.4　新1388
2.1　（12.6+174.3）×24.8厘米；4紙；共112行，行17字。
2.2　01：47.1，28；　02：47.2，28；　03：47.3，28；
　　04：45.3，28。
2.3　卷軸裝。首殘尾斷。卷首有横向破裂，卷尾有横向破裂及縱向破裂。首紙背面有現代裱補。第4紙紙質字跡與前三紙不同。有烏絲欄。
3.1　首7行中下殘→大正0235，08/0749A18~26。
3.2　尾殘→大正0235，08/0750C19。
8　8~9世紀。吐蕃統治時期寫本。
9.1　楷書。
9.2　有行間校加字。
10　卷首、尾背上下各有正方形陽文硃印，2×2厘米，印文為“顧二郎”。
　　卷首背上方貼有紙簽“購12196，67”。卷首背鋼筆寫“67”。卷首背寫有“卅六”。又有“◇號”，數字不清。

1.1　BD15189號
1.3　妙法蓮華經卷一
1.4　新1389
2.1　146.5×25厘米；3紙；共84行，行17字。
2.2　01：48.5，27；　02：49.0，29；　03：49.0，28。
2.3　卷軸裝。首全尾脫。卷面多水漬。背有現代裱補。有烏絲欄。
3.1　首全→大正0262，09/0001C14。
3.2　尾殘→大正0262，09/0002C20。
4.1　妙法蓮華經序品第一（首）。
7.1　卷首背有勘記“第一”。
8　8世紀。唐寫本。
9.1　楷書。
10　卷首尾背均有正方形陽文硃印，2×2厘米，印文為“顧二郎”。
　　卷首背上方貼有一紙簽，上寫“購12197，68”。中部有藍圓珠筆字“68”。卷尾背寫有“接第一卷”。

1.1　BD15190號
1.3　大般若波羅蜜多經卷七〇
1.4　新1390
2.1　878.5×27.3厘米；19紙；共495行，行17字。
2.2　01：48.5，27；　02：48.5，28；　03：48.5，28；
　　04：48.5，28；　05：48.5，28；　06：48.5，28；
　　07：48.5，28；　08：48.5，28；　09：49.0，28；
　　10：49.0，28；　11：49.0，28；　12：49.0，28；
　　13：49.0，28；　14：49.0，28；　15：49.0，28；
　　16：48.5，28；　17：48.5，28；　18：48.5，28；
　　19：48.5，20。
2.3　卷軸裝。首全尾全。卷首殘缺。卷面有水漬。背有現代裱補，有烏絲欄。
3.1　首全→大正0220，05/0393C20。
3.2　尾全→大正0220，05/0399C04。

4.1　大般若波羅蜜多經卷第七十，/初分無所得品第十八之十，三藏法師玄奘奉詔譯/（首）。
4.2　大般若波羅蜜多經卷第七十（尾）。
7.1　卷首背上方有題名“海覚”。
8　9～10世紀。歸義軍時期寫本。
9.1　楷書。
10　卷首背補紙上貼有紙簽，上寫“購12198，69”。背又有藍圓珠筆字“69”。

1.1　BD15191號
1.3　大般若波羅蜜多經卷六一
1.4　新1391
2.1　110×26厘米；3紙；共59行，行17字。
2.2　01：48.0，28；　02：48.0，28；　03：14.0，03。
2.3　卷軸裝。首脱尾全。首紙上下邊有破裂，尾紙有殘洞。有燕尾。有烏絲欄。
3.1　首殘→大正0220，05/0347C29。
3.2　尾全→大正0220，05/0348C01。
4.2　大般若波羅蜜多經卷第六十一（尾）。
8　8世紀。唐寫本。
9.1　楷書。
10　卷首尾背下方均有正方形陽文硃印，2×2厘米“顧二郎”。
卷首背貼有紙簽，上寫蘇州碼子“73號”。下部貼有一紙簽，上寫“購12199，70”。

1.1　BD15192號
1.3　妙法蓮華經卷五
1.4　新1392
2.1　64.2×26.5厘米；3紙；共39行，行17字。
2.2　01：10.0，6；　02：46.2，28；　03：08.0，05。
2.3　卷軸裝。首斷尾斷。卷面有水漬。有烏絲欄。
3.1　首殘→大正0262，09/0041A04。
3.2　尾殘→大正0262，09/0041B28。
8　7～8世紀。唐寫本。
9.1　楷書。
10　卷尾背面下端有正方形陽文硃印，2×2厘米，印文為“顧二郎”。
卷首背下方貼有紙簽，“購12200，71”。

1.1　BD15193號
1.3　根本薩婆多部律攝卷二
1.4　新1393
2.1　146.3×26.4厘米；4紙；共87行，行19～21字。
2.2　01：45.6，26；　02：46.5，28；　03：46.1，28；
04：08.1，05。
2.3　卷軸裝。首全尾斷。有烏絲欄。
3.1　首全→大正1458，24/0530C16。
3.2　尾殘→大正1458，14/0532B11。
4.1　根本薩婆多部律攝卷第二，尊者勝友集，三藏法師義淨奉制譯（首）。
8　8～9世紀。吐蕃統治時期寫本。
9.1　楷書。
10　原卷首尾背下方均有正方形陽文硃印，2×2厘米，印文為“顧二郎”。
卷首背有圓珠筆字“72”，並貼有2個紙簽，分別寫有“購12201，72”及蘇州碼子“29號”。卷尾有蘇州碼子紙簽“唐經41”。

1.1　BD15194號
1.3　大般若波羅蜜多經卷一八
1.4　新1394
2.1　(6.8＋136＋11.4)×25.5厘米；4紙；共90行，行17字。
2.2　01：39.2，23；　02：47.5，28；　03：47.3，28；
04：20.2，11。
2.3　卷軸裝。首殘尾殘。首紙上下邊有破裂，卷尾上部殘缺。有烏絲欄。
3.1　首4行上下殘→大正0220，05/0096C10～13。
3.2　尾6行上殘→大正0220，05/0097C07～12。
8　8～9世紀。吐蕃統治時期寫本。
9.1　楷書。
10　卷首背上方及卷尾背下方均有正方形陽文硃印，2×2厘米，印文為“顧二郎”。
卷首背上方貼有紙簽，上寫“購12202，73”。另貼有1個紙簽，上寫蘇州碼子，已殘。另有“押”字。

1.1　BD15195號
1.3　佛名經（十六卷本）卷一二
1.4　新1395
2.1　(24.5＋180)×56厘米；5紙；共103行，行17字。
2.2　01：24.5，14；　02：49.0，28；　03：49.0，28；
04：49.0，28；　05：08.5，05。
2.3　卷軸裝。首殘尾斷。經黄打紙。卷面有等距離油污及水漬，第2、3紙下部破裂。有烏絲欄。已修整。
3.1　首14行中下殘→《七寺古逸經典研究叢書》，03/0587A01～0588A02。
3.2　尾殘→《七寺古逸經典研究叢書》，03/0595A10。
5　《七寺古逸經典研究叢書》本對照，佛名略有不同。
8　7～8世紀。唐寫本。
9.1　楷書。
10　卷尾背下方有正方形陽文硃印，2×2厘米，印文為“顧二郎”。
卷尾背下方貼有圓形紙簽，寫有“唐經◇書”。卷尾背上方貼有紙簽，寫有“唐經，廿二”。另有紙簽寫“購12204，75”。

1.1　BD15196 號
1.3　妙法蓮華經卷七
1.4　新 1396
2.1　174.9×26.8 厘米；5 紙；共 110 行，行 17 字。
2.2　01：26.0，16；　02：46.0，29；　03：46.1，29；
04：46.2，29；　05：10.6，07。
2.3　卷軸裝。首殘尾殘。卷面多水漬，有殘洞及破裂。背有現代裱補。有烏絲欄。
3.1　首殘→大正 0262，09/0056C13。
3.2　尾殘→大正 0262，09/0058B07。
8　7～8 世紀。唐寫本
9.1　楷書。
10　卷首、尾背下端各有正方形陽文硃印，2×2 厘米，印文為“顧二郎”。卷尾背下端有長方形陽文硃印，1.4×3.3 厘米，印文為“天義明記”。
卷首背下方貼有紙簽：“購 12205，76”。

1.1　BD15197 號
1.3　妙法蓮華經（八卷本）卷八
1.4　新 1397
2.1　678×26.5 厘米；14 紙；共 377 行，行 17 字。
2.2　01：34.0，19；　02：49.5，28；　03：49.3，28；
04：50.5，27；　05：50.5，28；　06：50.5，29；
07：51.0，28；　08：51.0，29；　09：51.0，28；
10：51.0，29；　11：51.0，29；　12：50.5，28；
13：51.0，28；　14：37.0，20。
2.3　卷軸裝。首斷尾全。首紙下邊有破裂。有烏絲欄。
3.1　首殘→大正 0262，09/0056C09。
3.2　尾全→大正 0262，09/0062A29。
7.1　卷首背上方有勘記“第八”。分卷與八卷本同，故本經應為八卷本。
卷尾有題記，已殘，難以辨認。
8　6 世紀。南北朝寫本。
9.1　楷書。
10　卷首、尾背均有正方形陽文硃印，2×2 厘米，印文為“顧二郎”。
卷首背貼有 2 個紙簽，分別寫“購 12206，77”及蘇州碼子“23 號”。
卷尾背貼有白紙簽：“齊經”。卷尾背下方貼有 2 個紙簽，分別寫有蘇州碼子“262 號”及”卅三”。

1.1　BD15198 號
1.3　金剛般若波羅蜜經
1.4　新 1398
2.1　（2＋158.8＋39.6）×25.2 厘米；6 紙；共 123 行，行 17 字。
2.2　01：03.7，02；　02：44.2，28；　03：44.5，28；
04：44.6，28；　05：44.8，28；　06：18.6，09。
2.3　卷軸裝。首殘尾全。經黄打紙。卷面殘破嚴重。卷尾下部殘缺。有烏絲欄。通卷現代托裱。
3.1　首行中殘→大正 0235，08/0751A16。
3.2　尾 19 行下殘→大正 0235，08/0752B14～C03。
4.2　金剛般若波羅蜜經（尾）。
5　與《大正藏》本對照，本號經文無冥司偈，參見《大正藏》，8/751C16～19。
7.1　尾題後有題記 3 行：“阿侯為亡夫朱行積□…□/波羅蜜經，願亡者□…□/託生西方妙樂國□…□/。”
8　7～8 世紀。唐寫本。
9.1　楷書。
10　卷首、尾背均有正方形陽文硃印，2×2 厘米，印文為“顧二郎”。
卷尾背有鋼筆寫“78”。卷尾背貼有 2 個紙簽，分別寫有“購 12207，78”及蘇州碼子“23 號”。

1.1　BD15199 號
1.3　無量壽宗要經
1.4　新 1399
2.1　212×31 厘米；5 紙；共 136 行，行 30 餘字。
2.2　01：44.0，26；　02：42.0，28；　03：42.0，28；
04：42.0，28；　05：42.0，26。
2.3　卷軸裝。首全尾全。卷面多水漬，上下邊多有殘破。背有現代裱補。有烏絲欄。
3.1　首全→大正 0936，19/0082A03。
3.2　尾全→大正 0936，19/0084C29。
4.1　大乘無量壽經（首）。
4.2　佛說無量壽宗要經（尾）。
7.1　尾題後有題記“唐文英寫”。
8　8～9 世紀。吐蕃統治時期寫本。
9.1　行楷。
10　卷首背上方及卷尾背下方均有正方形陽文硃印，2×2 厘米，印文為“顧二郎”。
卷首背上方寫有“唐文英寫”及鋼筆寫“79”，貼紙簽寫有蘇州碼子“168 號”。卷首背下貼紙簽寫有“購 12208，79”。卷尾背貼紙簽寫有“唐經卅一”。

1.1　BD15200 號
1.3　大般若波羅蜜多經卷三三七
1.4　新 1400
2.1　148×26 厘米；4 紙；共 83 行，行 17 字。
2.2　01：09.0，05；　02：47.0，28；　03：47.0，28；
04：45.0，22。
2.3　卷軸裝。首殘尾全。打紙，研光上蠟。首紙下邊有殘缺，中間橫向破裂。有烏絲欄。
3.1　首殘→大正 0220，06/0731B05。

3.2　尾全→大正0220，06/0732A27。
4.2　大般若波羅蜜多經卷第三百卅七（尾）。
7.1　尾題後有題記2行："王瀚寫，第一校，第二校，第三校，/十七紙。"
8　8~9世紀。吐蕃統治時期寫本。
9.1　楷書。
10　卷首、尾背下方有正方形陽文硃印，2×2厘米，印文為"顧二郎"。
　　卷首背下方貼有紙簽："購12209，80"。卷尾背貼有2個紙簽："唐經卅九"及蘇州碼子"202號"。另有雜寫一字，待辨。

1.1　BD15201號
1.3　金有陀羅尼經
1.4　新1401
2.1　(12+116)×26.4厘米；3紙；共78行，行17字。
2.2　01：39.0，24；　02：44.5，28；　03：44.5，26。
2.3　卷軸裝。首殘尾全。背有現代裱補。有烏絲欄。
3.1　首7行中下殘→大正2910，85/1455C20~26。
3.2　尾全→大正2910，85/1456C10。
4.2　金有陀羅尼經一卷（尾）。
7.1　卷尾下部藏文署名："Lu-tshir-tse-bris"（里次則抄寫）。卷背有勘記"卅八"。
8　9~10世紀。歸義軍時期寫本。
9.1　楷書。
10　卷首、尾背下均有正方形陽文硃印，2×2厘米，印文為"顧二郎"。
　　有鋼筆寫"有蕃字款"。背有2個紙簽，寫有"購12210，81"及蘇州碼子"201號"。尾下有蕃文半行

1.1　BD15202號
1.3　妙法蓮華經卷七
1.4　新1402
2.1　108×26.5厘米；3紙；共61行，行17字。
2.2　01：17.5，09；　02：45.5，26；　03：45.0，26。
2.3　卷軸裝。首斷尾脱。卷面污穢變色，多有殘破及殘洞。通卷背有現代裱補。有烏絲欄。
3.1　首全→大正0262，09/0055A12。
3.2　尾殘→大正0262，09/0055C21。
8　9~10世紀。歸義軍時期寫本。
9.1　楷書。
10　卷首、尾背下方均有正方形陽文硃印，2×2厘米，印文為"顧二郎"。
　　卷首背粘貼有3個紙簽：分別爲寫有蘇州碼子的"68號"。特藝公司宣武經營管理處殘紙簽，上有"82"等字。寫有"購12211，82"。

1.1　BD15203號
1.3　妙法蓮華經卷五
1.4　新1403
2.1　147.5×25.4厘米；4紙；共88行，行17字。
2.2　01：47.0，28；　02：47.0，28；　03：47.0，28；　04：06.5，04。
2.3　卷軸裝。首斷尾斷。經黄打紙。有烏絲欄。
3.1　首殘→大正0262，09/0038B21。
3.2　尾殘→大正0262，09/0039C17。
8　7~8世紀。唐寫本。
9.1　楷書。
10　卷首、尾背下均有正方形陽文硃印，2×2厘米，印文為"顧二郎"。卷首背上部、卷尾下部及各紙接縫處均有長方形陽文硃印：1.3×2.2厘米，印文為"趙永（?）"。
　　卷首背貼有2個紙簽，分別寫有"段號第2/2901"及"購12212，83"。背有蘇州碼子"135號"。

1.1　BD15204號
1.3　觀世音經
1.4　新1404
2.1　162.7×26厘米；4紙；共94行，行17字。
2.2　01：08.9，05；　02：51.4，31；　03：51.3，31；　04：51.1，27。
2.3　卷軸裝。首斷尾全。經黄打紙。卷面有水漬，首紙有破裂。有燕尾。有烏絲欄。
3.1　首殘→大正0262，09/0056C28。
3.2　尾全→大正0262，09/0058B07。
4.2　觀世音經（尾）
8　7~8世紀。唐寫本。
9.1　楷書。
10　卷首、尾背有正方形陽文硃印，2×2厘米，印文為"顧二郎"。
　　卷首背下方寫有："84"。
　　卷首背上方貼紙簽寫有蘇州碼子"57號"及"第6/2901"。卷首背下方貼紙簽寫有"《觀世音經》尾全/□…□5行"，紙簽上又疊壓紙簽，寫有"購12213，84"。卷首背下方貼有紙簽："唐經破卅七"。

1.1　BD15205號
1.3　金剛般若波羅蜜經
1.4　新1405
2.1　(16.5+152.5)×26厘米；4紙；共96行，行17字。
2.2　01：49.5，28；　02：49.5，28；　03：49.5，28；　04：20.5，12。
2.3　卷軸裝。首脱尾斷。經黄紙。卷面有殘缺破損。有烏絲欄。已修整。
3.1　首9行中下殘→大正0235，08/0750B23~C03。
3.2　尾殘→大正0235，08/0751C09。

8　7～8世紀。唐寫本。
9.1　楷書。
10　卷首背上方及卷尾背下方各有正方形陽文硃印，2×2厘米，印文為“顧二郎”。
　　背面紙簽寫有“三張紙又□行”。卷首背上方貼有紙簽，上寫蘇州碼子“72號”。又貼紙簽寫有“購12215，86”。卷首背貼有紙簽：“唐經破卅八”。

1.1　BD15206號
1.3　無量壽宗要經
1.4　新1406
2.1　226×31厘米；5紙；共141行，行30餘字。
2.2　01：46.0，31；　02：45.0，31；　03：45.0，31；
　　04：45.0，31；　05：45.0，17。
2.3　卷軸裝。首全尾全。有烏絲欄。
3.1　首全→大正0936，19/0082A03。
3.2　尾全→大正0936，19/0084C29。
4.1　大乘無量壽經（首）。
4.2　佛說無量壽宗要經（尾）。
7.1　尾題後有題名“鄧英”。題名用硬筆書寫。
8　8～9世紀。吐蕃統治時期寫本。
9.1　行楷。
9.2　有刪除號。
10　卷首背下方有正方形陽文硃印，2×2厘米，印文為“顧二郎”。
　　上方貼有紙簽：“購12216，87”。

1.1　BD15207號
1.3　妙法蓮華經卷五
1.4　新1407
2.1　71×24.5厘米；3紙；共37行，行17字。
2.2　01：10.5，06；　02：48.5，24；　03：12.0，07。
2.3　卷軸裝。首斷尾斷。卷首尾有破裂，中間有斷開。背有現代裱補。有烏絲欄。通卷用薄紙托裱。
3.1　首殘→大正0262，09/0042B21。
3.2　尾殘→大正0262，09/0043A03。
8　7～8世紀。唐寫本。
9.1　楷書。
10　卷首、尾背均有正方形陽文硃印，2×2厘米，印文為“顧二郎”。
　　卷首背有圓珠筆寫“88”。卷首背的現代補紙及紙簽上分別有“殘37行”、“12217，88”、“2901”等字。卷尾背貼紙簽上寫有“唐經卅五”。

1.1　BD15208號
1.3　妙法蓮華經卷五
1.4　新1408
2.1　47.8×25.2厘米；1紙；共28行，行17字。
2.3　卷軸裝。首脫尾脫。經黄紙。尾有殘洞。有烏絲欄。通卷現代托裱。
3.1　首殘→大正0262，09/0045B18。
3.2　尾殘→大正0262，09/0045C19。
8　8世紀。唐寫本。
9.1　楷書。
10　卷首、尾背下均有正方形陽文硃印，2×2厘米，印文為“顧二郎”。卷首上角殘留少半枚陽文硃印，“顧二郎”（三角形）。
　　卷背貼紙簽寫有“購12218，89”。卷首背寫有“1張紙，殘”。有蘇州碼子“169號”。

1.1　BD15209號
1.3　金剛般若波羅蜜經
1.4　新1409
2.1　47.6×24.6厘米；1紙；共28行，行17字。
2.3　卷軸裝。首脫尾斷。有烏絲欄。卷首背面有現代裱補。
3.1　首殘→大正235，8/749C20；
3.2　尾殘→大正0235，08/0750A21。
8　9～10世紀。歸義軍時期寫本。
9.1　楷書。
10　卷首、尾背均有正方形陽文硃印，2×2厘米，印文為“顧二郎”。
　　卷首背貼紙簽分別寫有：“2595殘經，1張紙”、“購12219，90”、“唐經，破卅四”。卷尾背貼紙簽寫有蘇州碼子“234號”。

1.1　BD15210號
1.3　父母恩重經（異本一）
1.4　新1410
2.1　56×27.5厘米；2紙；共25行，行17字。
2.2　01：37.0，21；　02：19.0，04。
2.3　卷軸裝。首斷尾全。通卷上下邊殘損，中有殘洞，接縫處下部開裂。背有現代裱補。
3.4　說明：
　　本文獻首殘尾全，為中國人所撰佛教偽經，有四種異本傳世。本號為第一種異本，保存“丁蘭”段6行。
4.2　佛說父母恩重經（尾）。
8　7～8世紀。唐寫本。
9.1　楷書。
10　卷首背現代補紙下方有正方形陽文硃印，2×2厘米，印文為“顧二郎”。
　　卷首背有一紙簽，上寫蘇州碼子“157號”。背有“購12221，92”。

1.1　BD15211號

1.3　沙彌威儀經
1.4　新1411
2.1　(1.7+144.8)×29.7厘米；3紙；共79行，行字不等。
2.2　01：11.5，07；　02：91.0，54；　03：44.0，18。
2.3　卷軸裝。首殘尾全。前2紙有等距離火灼殘洞，首紙下邊火灼殘缺。有烏絲欄。已修整。
3.4　說明：

本文獻首行中殘，尾全。根據歷代經錄記載，宋罽賓三藏求那跋摩曾譯《沙彌威儀經》一卷，又稱《沙彌威儀》。此佛典為歷代大藏經所收，參見《大正藏》第1472號。但本文獻與《大正藏》本不同，與伯2280號《沙彌威儀經》一卷相同。詳情待考。

4.2　沙彌威儀經一卷（尾）。
8　9~10世紀。歸義軍時期寫本。
9.1　楷書。
9.2　有倒乙。
10　卷首背上、下及卷尾背下均有正方形陽文硃印，2×2厘米，印文為“顧二郎”。

卷尾背貼紙簽分別寫有：“購12222，93”、“沙彌經2595，殘經，尾全，3張紙，又6行”、“唐經，卅九”及蘇州碼子“127號”。

1.1　BD15212號
1.3　大般若波羅蜜多經卷五二四
1.4　新1413
2.1　738.1×25.8厘米；17紙；共427行，行17字。
2.2　01：03.4，02；　02：47.6，28；　03：47.6，28；
04：47.4，28；　05：47.4，28；　06：47.4，28；
07：47.3，28；　08：47.2，28；　09：47.3，28；
10：47.4，28；　11：47.3，28；　12：47.2，28；
13：47.4，28；　14：47.3，28；　15：47.0，28；
16：47.1，28；　17：24.8，05。
2.3　卷軸裝。首殘尾全。卷首右下殘缺，卷面多水漬，變色。有燕尾。有烏絲欄。
3.1　首殘→大正0220，07/0684C15~0685A01。
3.2　尾殘→大正0220，07/0689C09。
4.2　大般若波羅蜜多經卷第五百廿四（尾）。
7.1　卷尾有題記“第一校，第二校，第三校，張良友寫”。
8　8~9世紀。吐蕃統治時期寫本。
9.1　楷書。
9.2　有校改。
10　卷首背有3枚印章：(1)正方形陽文硃印，2×2厘米，印文為“顧二郎”；(2)正方形陰文硃印，1.3×1.3厘米，印文為“◇樓”；(3)長方形陽文硃印，1×2.5厘米，印文不全，難以辨認。卷尾有陽文硃印，2×2厘米，印文為“顧二郎”。

卷首背寫有“19”。貼有3個紙簽，1個已殘，其餘為“◇號”及“購12223，94”。卷尾背貼紙簽寫有“唐經卅八”。

1.1　BD15213號
1.3　大般若波羅蜜多經卷二五八
1.4　新1413
2.1　208.6×27.6厘米；5紙；共123行，行17。
2.2　01：18.6，11；　02：47.5，28；　03：47.5，28；
04：47.5，28；　05：47.5，28。
2.3　卷軸裝。首斷尾脫。有烏絲欄。
3.1　首殘→大正0220，06/0307C25。
3.2　尾殘→大正0220，06/0309B02。
8　8~9世紀。吐蕃統治時期寫本。
9.1　楷書。
10　卷首、尾背下各有正方形陽文硃印，2×2厘米，印文為“顧二郎”。

卷首背貼紙簽寫有：“2595，4張紙，殘經11行”、“購12224，95”及蘇州碼子“46號”。卷中背貼紙簽寫有蘇州碼子“唐經43”。卷尾背貼紙簽寫有蘇州碼子“4號”。

1.1　BD15214號
1.3　無量壽宗要經
1.4　新1414
2.1　(11+129)×31.5厘米；4紙；共96行，行30餘字。
2.2　01：21.0，14；　02：39.0，27；　03：39.0，27；
04：41.0，28。
2.3　卷軸裝。首殘尾全。卷面油污變色，上下邊殘損，中間有破裂。有烏絲欄。已修整。
3.1　首7行中上殘→大正0936，19/0082A27~0082B14。
3.2　尾全→大正0936，19/0084C29。
4.2　佛說無量壽宗要經一卷（尾）。
7.1　尾題下有題記“令狐晏兒寫”。
8　8~9世紀。吐蕃統治時期寫本。
9.1　楷書。
10　卷首、尾背有正方形陽文硃印，2×2厘米，印文為“顧二郎”。

第2紙背有2個紙簽，分別寫有“購12225，96”及“2595，殘經12行，《無量宗要經》，3張紙”。卷尾背貼有紙簽，上寫蘇州碼子“206號”。

1.1　BD15215號
1.3　無量壽宗要經
1.4　新1415
2.1　(10.8+175)×30厘米；5紙；共126行，行33~34字。
2.2　01：42.5，28；　02：42.5，29；　03：42.5，29；
04：42.2，29；　05：16.1，11。
2.3　卷軸裝。首殘尾斷。有烏絲欄。已修整。
3.1　首6行上中下殘→大正0936，19/0082A24~B06。
3.2　尾全→大正0936，19/0084A28。
8　8~9世紀。吐蕃統治時期寫本。

9.1 楷書。
10 卷中接縫處各有圓形陽文硃印，直徑 0.8 厘米，印文為“棲鶴”。尾行有殘印，印文難以辨認。卷首、尾背各有正方形陽文硃印，2×2 厘米，印文為“顧二郎”。
卷首背貼 2 個紙簽，分別寫有蘇州碼子“204 號”、“購 12226，97”。卷尾背有蘇州碼子“50”。又貼有紙簽，上書“唐經卅八”。

1.1 BD15216 號
1.3 大般若波羅蜜多經卷四八三
1.4 新 1416
2.1 48.6×7.7 厘米；1 紙；共 27 行，行 17 字。
2.3 卷軸裝。首脱尾脱。下邊有等距殘缺。有烏絲欄。
3.1 首殘→大正 0220，07/0452C26。
3.2 尾殘→大正 0220，07/0453A23。
8 8～9 世紀。吐蕃統治時期寫本。
9.1 楷書。
10 卷背首、尾下各有正方形陽文硃印，2×2 厘米，印文為“顧二郎”。
卷首背貼有 3 個紙簽，分別為：“2595，殘經，1 張紙”、“購 12227，98”及蘇州碼子“76 號”。

1.1 BD15217 號
1.3 維摩詰所説經卷中
1.4 新 1417
2.1 49.5×26.5 厘米；1 紙；共 28 行，行 20 字。
2.3 卷軸裝。首脱尾脱。有烏絲欄。
3.1 首殘→大正 0475，14/0549C18。
3.2 尾殘→大正 0475，14/0550B15。
8 8～9 世紀。吐蕃統治時期寫本。
9.1 楷書。
10 卷尾背貼有紙簽上寫：“購 12228，99”。紙簽旁寫有“99”。

1.1 BD15218 號
1.3 維摩詰所説經卷中
1.4 新 1418
2.1 50×26.5 厘米；1 紙；共 28 行，行 17 字。
2.3 卷軸裝。首脱尾脱。有烏絲欄。
3.1 首殘→大正 0475，14/0549B08。
3.2 尾殘→大正 0475，14/0549C17。
8 8 世紀。唐寫本。
9.1 楷書。
10 卷首背寫有“唐人寫經”。首背上部寫有：“100”。
卷首背上貼有特藝公司宣武經營管理處紙簽：“類別：雜。貨號：2134。品名：寫經殘卷 1 塊（?）。定價：3.00。”另有紙簽“購 12229，100”。

1.1 BD15219 號
1.3 大乘起信論
1.4 新 1419
2.1 48.3×24 厘米；1 紙；共 27 行，行 17 字。
2.3 卷軸裝。首脱尾脱。卷面中下部有破裂。有烏絲欄。通卷現代托裱。
3.1 首殘→大正 1666，32/0576B16。
3.2 尾殘→大正 1666，32/0576C16。
8 7～8 世紀。唐寫本。
9.1 楷書。
9.2 有硃筆斷句。
10 卷背貼紙簽上寫有“購 12230，101”。

1.1 BD15220 號
1.3 大佛頂如來密因修證了義諸菩薩萬行首楞嚴經卷一殘卷
1.4 新 1420
2.1 124.9×24.8 厘米；14 紙；共 72 行，行 17 字。
2.2 01：08.8，05； 02：08.7，05； 03：09.1，05；
04：08.6，05； 05：08.7，05； 06：08.6，05；
07：08.8，05； 08：08.7，05； 09：08.1，05；
10：08.7，05； 11：08.7，05； 12：08.7，05；
13：10.4，06； 14：10.3，06。
2.3 卷軸裝。首斷尾斷。第 3 紙有接縫，第 3、4、7、8、11、13、14 紙最邊 1 行有殘字。有烏絲欄。現代割裱為冊頁，割裱時有錯簡。首尾有硬板作封面。
3.4 説明：
本冊頁所抄為《大佛頂如來密因修證了義諸菩薩萬行首楞嚴經》卷一，共 14 紙，裝成冊頁。但有錯簡，即使按照正常經文順序排列，諸紙之間依然不連接。應為書商將殘破卷子之等距離殘破處剪掉以後裝裱而成。
14 紙的先後次序如下，不能依次綴接：
（7）大正 0945，106C09～14 →（2）大正 0945，106C17～22 →（1）大正 0945，106C25～107A01 →（3）大正 0945，107A03～07 →（6）大正 0945，107A10～14 →（4）大正 0945，107A18～22 →（5）大正 0945，107A25～B01 →（8）大正 0945，107B03～8 →（9）大正 0945，107B11～16 →（10）大正 0945，107B18～22 →（11）大正 0945，107B25～29 →（12）大正 0945，107C03～08 →（13）大正 0945，107C10～16 →（14）大正 0945，107C17～23。
8 8～9 世紀。吐蕃統治時期寫本。
9.1 楷書。

1.1 BD15221 號
1.3 大寶積經卷一〇二
1.4 新 1421
2.1 （7.2+764）×24.4 厘米；16 紙；共 429 行，行 17 字。
2.2 01：47.3，26； 02：49.1，28； 03：49.9，28；

04：49.6，28；　05：49.6，28；　06：49.7，28；
07：50.0，28；　08：49.6，28；　09：49.6，28；
10：49.4，28；　11：49.4，28；　12：48.7，28；
13：47.5，28；　14：48.9，28；　15：47.9，28；
16：35.0，11。

2.3　卷軸裝。首殘尾全。卷首右下殘缺，卷面多油污及黴斑。有烏絲欄。通卷現代托裱。

3.1　首3行下殘→大正0310，11/0571B04～08。

3.2　尾全→大正0310，11/0576B23。

4.1　大寶積經善住意天子會第［卅］六之一，/緣起品第一，三藏法師芨多譯/（首）。

4.2　大寶積經卷第一百二（尾）。

8　8～9世紀。吐蕃統治時期寫本。

9.1　楷書。

10　現代接出紫紅色菱形花紋織錦護首，有玉別子，用洒金箋作玉池，尾有玉軸頭。卷首上方有陽文硃印，1.4×2.6厘米，印文為“紫石鑑賞之章”。護首貼有2個紙簽，分別為：“雜，大寶積經”及“購12232，103”。

1.1　BD15222號

1.3　金光明最勝王經卷二

1.4　新1422

2.1　156.5×25.2厘米；4紙；共105行，行17字。

2.2　01：38.0，10；　02：34.5，21；　03：42.0，26；
04：42.0，26。

2.3　卷軸裝。首全尾脫。尾端中部橫向破裂。第1、2紙背有現代裱補。有烏絲欄。

3.1　首全→大正0665，16/0408B02。

3.2　尾殘→大正0665，16/0409B06。

4.1　金光明最勝王經分別三身品第三，二，三藏法師義淨奉制譯（首）。

7.3　首紙背有1個雜寫字

8　9～10世紀。歸義軍時期寫本。

9.1　楷書。

10　卷首、尾背中部有正方形陽文硃印，2×2厘米，印文為“顧二郎”。

卷首背貼有2紙簽，分別為：“唐經，破卅五”及“購12233，104”。

1.1　BD15223號

1.3　大智度論卷六三

1.4　新1423

2.1　（5＋342.4）×26厘米；8紙；共199行，行17字。

2.2　01：20.2，12；　02：49.0，28；　03：49.0，28；
04：49.0，28；　05：49.0，28；　06：49.0，28；
07：49.0，28；　08：33.2，19。

2.3　卷軸裝。首殘尾斷。前5紙上邊有等距離殘缺，下邊多有殘缺。背有古代及現代裱補。有烏絲欄。

3.1　首3行上殘→大正1509，25/0504A08～10。

3.2　尾殘→大正1509，25/0506B14。

8　6世紀。南北朝寫本。

9.1　楷書。

10　卷首、卷背下方各有正方形陽文硃印，2×2厘米，印文為“顧二郎”。

卷首背寫有“隋經”及“105”等字。又有3張紙簽重疊粘在一起，上面一張寫“購12234，105”。

1.1　BD15224號

1.3　妙法蓮華經（十卷本）卷六

1.4　新1424

2.1　（1.5＋400.5）×26厘米；12紙；共243行，行17字。

2.2　01：05.0，03；　02：37.0，23；　03：37.0，23；
04：37.0，23；　05：37.0，23；　06：37.0，23；
07：37.0，23；　08：37.0，23；　09：37.0，23；
10：37.0，23；　11：37.0，23；　12：27.0，10。

2.3　卷軸裝。首殘尾全。卷面有水漬，上邊下有破裂、殘缺。有烏絲欄，有劃界欄針孔。

3.1　首行中上殘→大正0262，09/0036A21。

3.2　尾全→大正0262，09/0039C17。

4.2　妙法蓮華經卷第六（尾）。

5　與《大正藏》本對照分卷不同，本文獻屬於十卷本。《安樂行品》的品次，《大正藏》本為第十四，本文獻則為第十三。

8　5～6世紀。南北朝寫本。

9.1　楷書。有古字。

9.2　有刮改。有刪除號。

10　卷首、尾背均有正方形陽文硃印，2×2厘米，印文為“顧二郎”。

卷首背上方貼有紙簽：“購12235，106”。首背下方貼紙簽寫有蘇州碼子“185號”。

1.1　BD15225號

1.3　妙法蓮華經卷一

1.4　新1425

2.1　183×26.5厘米；5紙；共109行，行17字。

2.2　01：07.0，04；　02：47.0，28；　03：47.0，28；
04：47.0，28；　05：35.0，21。

2.3　卷軸裝。首斷尾斷。經黃打紙。上下邊有殘損及破裂。卷面、卷背有鳥糞。背有現代裱補。有烏絲欄。

3.1　首殘→大正0262，09/0003C11。

3.2　尾殘→大正0262，09/0005B23。

8　7～8世紀。唐寫本。

9.1　楷書。

10　卷首、尾背各有正方形陽文硃印，2×2厘米，印文為“顧二郎”。

卷尾背上方貼紙簽寫有蘇州碼子“61號”。尾背下方貼有紙簽：“唐經，卅六”。

卷首背上方貼有特藝公司宣武經營管理處紙簽：“107”。紙條上又貼紙簽“購12236，107”。首紙背下方寫有“羊、八（?）”。

1.1 BD15226號
1.3 待考佛經（擬）
1.4 新1426
2.1 129.7×26厘米；3紙；共72行，行17字。
2.2 01：38.0，21； 02：52.4，29； 03：39.3，22。
2.3 卷軸裝。首斷尾斷。經黄打紙。卷首上方有殘損。有烏絲欄。
3.4 說明：

本文獻首殘尾殘。從形態看，應為正規的佛經，屬於密教部。但歷代大藏經未收。部分内容與《首楞嚴經》有相合之處。詳情待考。

8 8世紀。唐寫本。
9.1 楷書。
10 卷首、尾紙背下方各有正方形陽文硃印，2×2厘米，印文為“顧二郎”。

卷背貼紙簽寫有“購12237，108”。

1.1 BD15227號
1.3 大般若波羅蜜多經卷三一三
1.4 新1427
2.1 248.5×26.8厘米；6紙；共144行，行17字。
2.2 01：48.1，28； 02：47.9，27； 03：47.9，28；
04：48.0，28； 05：48.1，28； 06：08.5，01。
2.3 卷軸裝。首脱尾斷。制式抄寫。有烏絲欄。
3.1 首殘→大正0220，06/0596C15。
3.2 尾殘→大正0220，06/0598B10。
8 8~9世紀。吐蕃統治時期寫本。
9.1 楷書。
10 卷首背上方及各紙接縫處均有長方形陽文硃印，1.2×1.25厘米，印文為“曰景之印”。卷首、尾背下各有正方形陽文硃印，2×2厘米，印文為“顧二郎”。

卷首背貼有2紙簽，分別為“購12238，109”及蘇州碼子“172號”。有鋼筆寫“109”。

1.1 BD15228號
1.3 小鈔
1.4 新1428
2.1 （22.5+214.6）×27厘米；6紙；共125行 行25字。
2.2 01：30.5，17； 02：48.5，27； 03：49.0，27；
04：48.8，27； 05：48.0，27； 06：12.3，00。
2.3 卷軸裝。首殘尾缺。首紙下部殘缺，第2紙地腳殘破。第2至4紙行間有雙行小字。尾有芨芨草尾軸，中間繫有褐色縹帶，長14厘米。有烏絲欄。首紙背有現代托裱。
3.1 首13行上下殘→《敦煌出土律典<略抄>の研究》（二），01/0089A04~0090A01。
3.2 尾殘→《敦煌出土律典<略抄>の研究》（二），01/0100A08。
8 9~10世紀。歸義軍時期寫本。
9.1 楷書。
9.2 有硃筆科分及斷句。
10 卷首背現代裱補紙上寫有“虎皮26張”、“舊宣紙廿五張”、“一丈二宣紙廿五張”，有塗抹。卷首背貼紙簽寫有“購12239，110”。

1.1 BD15229號
1.3 大般若波羅蜜多經卷二七七
1.4 新1429
2.1 901×25.5厘米；20紙；共507行，行17字。
2.2 01：13.5，00； 02：48.0，26； 03：48.0，28；
04：48.0，28； 05：48.0，28； 06：48.0，28；
07：48.0，28； 08：48.0，28； 09：48.0，28；
10：48.0，28； 11：48.0，28； 12：48.0，28；
13：48.0，28； 14：48.0，28； 15：48.0，27；
16：48.0，28； 17：48.0，28； 18：48.0，28；
19：48.0，28； 20：23.5，06。
2.3 卷軸裝。首全尾全。有護首和竹質天竿。有烏絲欄。
3.1 首全→大正0220，06/0403A10。
3.2 尾全→大正0220，06/0408C27。
4.1 大般若波羅蜜多經卷第二百七十七，/初分難信解品第卅四之九十六，三藏法師玄奘奉詔譯/（首）。
4.2 大般若波羅蜜多經卷第二百七十七（尾）。
7.1 尾題後有題記12行：“清信弟子節度監軍使檢校尚書左僕射兼御使大夫/曹延晟撙割小財寫《大般若經》一袟，並錦袟，施入顯/德寺者，奉為軍國永泰，祖業興隆，世路清平，/人民安樂，大王遐壽，寶位［固］於丘山；寵廕日新，福/祚過於江海。夫人仙顏轉茂，魚軒永駕於芝宮；美/貌長滋，鸞［□］恒輝於鳳閣。伏為已躬，後生雄猛，/縱意恣情，不覺不知，廣造業障。或飛鷹走/犬，捕捉衆生；或大箭長弓，傷他性命。惟願承斯/書寫功德，奉施因緣，罪滅福生，無之憂惱。然/後先亡遠代，識托西方。遨遊淨土之宮，速證/無生之果。于時乾德四年（966）丙寅歲五月一日/寫記。/”
7.4 護首有經名“大般若波羅蜜多經卷第二百七十七，廿八（本文獻袟次）”。有經名號。
8 966年。歸義軍時期寫本。
9.1 楷書。有武周新字“正”。“犬”字右上點寫法同《壇經》“代”。
9.2 有行間校加字及刮改，行間、天頭有加字。
10 卷首、尾均有正方形陽文硃印，1.7×1.7厘米，印文待辨

認。卷尾下方有正方形陰文硃印，2×2厘米，印文為“李祥麟印”。卷中各紙接縫處均有正方形陽文硃印，1.2×1.2厘米，印文為“李祥麟”。

1.1 BD15230號
1.3 大般若波羅蜜多經卷五九七
1.4 新1430
2.1 781×25.5厘米；18紙；共458行，行17字。
2.2 01：10.0，05； 02：47.5，28； 03：47.5，28；
04：47.5，28； 05：47.5，28； 06：47.5，28；
07：47.5，28； 08：47.5，28； 09：47.5，28；
10：47.5，28； 11：47.5，28； 12：47.5，28；
13：47.5，28； 14：47.5，28； 15：47.5，28；
16：47.5，28； 17：47.5，28； 18：11.5，05。
2.3 卷軸裝。首斷尾全。打紙，研光上蠟。首紙上邊有殘缺，上下邊多有破裂。有烏絲欄。
3.1 首殘→大正0220，07/1088B26。
3.2 尾全→大正0220，07/1093C20。
4.2 大般若波羅蜜多經卷第五百九十七（尾）。
8 8～9世紀。吐蕃統治時期寫本。
9.1 楷書。

1.1 BD15231號
1.3 大方廣佛華嚴經（八十卷本）卷八〇
1.4 新1431
2.1 388.5×25.5厘米；9紙；共234行，行17字。
2.2 01：26.5，16； 02：46.5，28； 03：46.5，28；
04：46.5，28； 05：46.5，28； 06：46.5，28；
07：46.5，28； 08：46.5，28； 09：36.5，22。
2.3 卷軸裝。首斷尾斷。經黄打紙，研光上蠟。卷面有水漬及油污。有烏絲欄。
3.1 首殘→大正0279，10/0440A01。
3.2 尾殘→大正0279，10/0442C06。
8 8世紀。唐寫本。
9.1 楷書。
10 卷首、尾背下方各有正方形陽文硃印，2×2厘米，印文為“顧二郎”。

卷首背下方貼有紙簽“購12240，111”。卷首背上方貼紙簽寫有蘇州碼子“77號”。

1.1 BD15232號
1.3 金剛般若波羅蜜經
1.4 新1432
2.1 405.2×26.1厘米；10紙；共227行，行17字。
2.2 01：12.3，00； 02：30.3，18； 03：47.6，28；
04：47.6，28； 05：47.6，28； 06：47.7，28；
07：47.7，28； 08：47.6，28； 09：47.7，28；
10：29.0，13。
2.3 卷軸裝。首斷尾全。打紙。卷後部多油污。有燕尾。有烏絲欄。有現代接出護首及竹質尾軸，護首已殘。
3.1 首殘→大正0235，08/0749C25。
3.2 尾全→大正0235，08/0752C03。
4.2 金剛般若波羅蜜經（尾）。
5 與《大正藏》本對照，本號經文無冥司偈。參見《大正藏》，8/751C16～19。
7.1 尾題後有題記3行：“奉請三界尊，十方無量佛。我今發弘願，持此金/剛經，上報四衆恩，下情三徒（途）苦。若有見聞者，悉/發菩提心。盡此一報身，同生極樂國/。”題記字跡、墨色與正文不同，文字可疑，疑僞。
8 7～8世紀。唐寫本。
9.1 楷書。

新舊編號對照表

新字頭號與北敦號對照表

新字頭號	北敦號
新 1350	BD15150 號
新 1351	BD15151 號
新 1352	BD15152 號
新 1353	BD15153 號
新 1354	BD15154 號 1
新 1354	BD15154 號 2
新 1355	BD15155 號
新 1356	BD15156 號
新 1357	BD15157 號
新 1358	BD15158 號
新 1359	BD15159 號
新 1360	BD15160 號
新 1361	BD15161 號
新 1362	BD15162 號
新 1363	BD15163 號
新 1364	BD15164 號
新 1365	BD15165 號
新 1366	BD15166 號
新 1367	BD15167 號
新 1368	BD15168 號
新 1369	BD15169 號
新 1370	BD15170 號
新 1371	BD15171 號
新 1372	BD15172 號
新 1373	BD15173 號
新 1374	BD15174 號 1
新 1374	BD15174 號 2
新 1374	BD15174 號背
新 1375	BD15175 號
新 1376	BD15176 號
新 1377	BD15177 號
新 1378	BD15178 號
新 1378	BD15178 號背 1
新 1378	BD15178 號背 2
新 1378	BD15178 號背 3
新 1378	BD15178 號背 4
新 1378	BD15178 號背 5
新 1379	BD15179 號
新 1380	BD15180 號
新 1381	BD15181 號
新 1382	BD15182 號
新 1383	BD15183 號
新 1384	BD15184 號
新 1385	BD15185 號
新 1386	BD15186 號
新 1387	BD15187 號
新 1388	BD15188 號
新 1389	BD15189 號
新 1390	BD15190 號
新 1391	BD15191 號
新 1392	BD15192 號
新 1393	BD15193 號
新 1394	BD15194 號
新 1395	BD15195 號
新 1396	BD15196 號
新 1397	BD15197 號
新 1398	BD15198 號
新 1399	BD15199 號
新 1400	BD15200 號
新 1401	BD15201 號
新 1402	BD15202 號
新 1403	BD15203 號
新 1404	BD15204 號
新 1405	BD15205 號
新 1406	BD15206 號
新 1407	BD15207 號
新 1408	BD15208 號
新 1409	BD15209 號
新 1410	BD15210 號
新 1411	BD15211 號
新 1413	BD15212 號
新 1413	BD15213 號
新 1414	BD15214 號
新 1415	BD15215 號
新 1416	BD15216 號
新 1417	BD15217 號
新 1418	BD15218 號
新 1419	BD15219 號
新 1420	BD15220 號
新 1421	BD15221 號
新 1422	BD15222 號
新 1423	BD15223 號
新 1424	BD15224 號
新 1425	BD15225 號
新 1426	BD15226 號
新 1427	BD15227 號
新 1428	BD15228 號
新 1429	BD15229 號
新 1430	BD15230 號
新 1431	BD15231 號
新 1432	BD15232 號